EDUARD GRONAU · HILDEGARD VON BINGEN

«Vom zarten Alter an mit besonderen himmlischen Gaben beschenkt, durchschaute die hl. Hildegard weise die Geheimnisse der Theologie, Medizin, Musik und anderer Künste, schrieb über sie zahlreiche Bücher und stellte die Verbindung zwischen Erlösung und Schöpfung ins Licht.»

Papst Johannes Paul II.
in seiner Botschaft
zum Hildegard-Jubiläum

VIA·VERITAS·VITA

Dr. Eduard Gronau

EDUARD GRONAU

Hildegard von Bingen

1098–1179

Prophetische Lehrerin der Kirche
an der Schwelle und am Ende der Neuzeit

Mit einem Vorwort von

FERDINAND HOLBÖCK

Mit 16 Farbfotos von

JOSEF A. SLOMINSKI

CHRISTIANA-VERLAG STEIN AM RHEIN

Der Verfasser, Eduard Gronau, 1905 in Düren im Rheinland geboren, 1923 Abiturient auf dem Gymnasium in Aachen, studierte evangelische Theologie in Greifswald, Kiel und Tübingen, promovierte in Kiel. Bestimmend für ihn waren die Theologieprofessoren Adolf Schlatter und Karl Heim. 1931 begann er seinen Dienst als Dorfpfarrer in Schleswig-Holstein, wechselte 1933 in eine Vorstadtgemeinde in Westfalen. Hier war er Mitglied der Bekennenden Kirche. 1943 wurde er eingezogen zur Wehrmacht und geriet bei Kriegsende in russische Gefangenschaft. Im Moskauer Lager entstanden die ersten Erzählungen, die 1948 unter dem Titel «Entziehen kann sich keiner» erschienen sind. Die Gemeindearbeit, vor allem im Verwaltungsbereich, und kirchliche Bauten (Kirchen, Gemeindehaus, Kindergarten) nahmen alle Kräfte voll in Anspruch. In seinem Bücherschrank stand seit Jahren unberührt das Hildegardbuch «Wisse die Wege». Bei einem Besuch in Rüdesheim fiel ein Rheindampfer aus. Dieser Zufall – oder war es Fügung? – veranlaßte den Autor, eine Buchhandlung zu betreten, wo die von Schwester Adelgundis Führkötter verfaßte Kurzbiographie über Hildegard sein Interesse weckte. Das bald darauf ebenso «zufällig» in einer Bielefelder Buchhandlung gefundene Buch von Dr. Gottfried Hertzka über die Hildegard-Medizin gab den letzten Anstoß zu einer nicht mehr aufhörenden Beschäftigung mit dem Leben und Werk der hl. Hildegard. Die Entdekkung, daß eine neuere umfassende Biographie fehlt und daß die Botschaft der hl. Hildegard höchst aktuell für unsere geistige und kirchliche Situation ist, veranlaßte den Autor, diese Biographie zu schreiben.
Als dieses Buch bereits zur Hälfte ausgedruckt war, starb Eduard Gronau am 19. Juni 1985 in Bethel bei Bielefeld. Seine Gattin Martha Gronau-Heidbrede schrieb in der Todesanzeige: »Der dreieinige Gott, der Schöpfer, Erlöser und Erneuerer, führte heute meinen lieben Mann im Alter von 80 Jahren aus dieser Welt eines inhaltsreichen irdischen Daseins in die uns noch unvorstellbare, aber geglaubte und erhoffte Welt Seiner Ewigkeit.«

Bildteil: Arnold Guillet
Umschlaggestaltung: Josef A. Slominski, Essen.
Fotonachweis: Josef A. Slominski, Fotograf, Essen: Erste Umschlagseite und sämtliche Farbfotos außer Seite 337
Westdeutscher Rundfunk, Abt. Alte Musik, Köln: 337, 442, 423.
Kunsthandlung A. Engelhardt-Rotthaus, Bingen am Rhein: 207
Ernst Herb, Frankfurt/M.: 209, 409, 415.
Heinz Wieseler, Frankfurt/M.-Niederrad: 418.
Fotoarchiv Christiana: 420 und übrige.
Frau Dr. Rita Otto, München 40: Vierte Umschlagseite.

Zweite Auflage 1991: 11.–15. Tausend

Druck: Echter Würzburg – Printed in Germany

CIP-Titelaufnahme der Deutschen Bibliothek
Gronau, Eduard:
Hildegard von Bingen : 1098–1179 ; prophetische Lehrerin der Kirche an der Schwelle und am Ende der Neuzeit / Eduard Gronau. Mit einem Vorwort von Ferdinand Holböck. – 2. Aufl. – Stein am Rhein : Christiana-Verl., 1991
ISBN 3-7171-0868-9

Inhaltsverzeichnis

Bingen am Rhein. Stich von Merian. Rechts Einmündung des Nahe-Flusses in den Rhein. Ganz rechts liegt das Kloster St. Rupertsberg vor der Zerstörung durch die Schweden im Dreißigjährigen Krieg im Jahre 1632.

Vorwort

Von Univ.-Prof. Dr. Ferdinand Holböck, Salzburg
Mitglied der Päpstlichen Theologischen Akademie

Die deutschen Bischöfe haben schon recht gehabt und recht getan, als sie anläßlich des 800. Todestages dieser deutschen Heiligen an den Papst und die römische Kurie das Ersuchen richteten, die hl. Hildegard mit dem Ehrentitel einer Kirchenlehrerin auszuzeichnen, wie dies Papst Paul VI. der hl. Caterina von Siena und der hl. Teresa von Avila gegenüber getan hat, denn die »Posaune Gottes«, die »Prophetissa teutonica«, wie Hildegard schon zu Lebzeiten genannt wurde, steht den beiden ersten Kirchenlehrerinnen kaum nach in der Bedeutung für die Kirche und für eine recht verstandene, ganzheitlich gesehene Theologie im Dienste der Kirche.

Die hl. Hildegard zeigt in ihrem bisweilen sehr leidvollen, bedrängten Leben und in ihren meist im Auftrag Gottes niedergeschriebenen Werken (voran in »Wisse die Wege«, dann im »Buch der Lebensverdienste oder Der Mensch in der Verantwortung« und im »Buch der Gotteswerke oder Welt und Mensch«) überaus anschaulich und aufschlußreich die Zusammenhänge auf zwischen Theologie, Anthropologie und Kosmologie, zwischen Natur und Übernatur, zwischen Naturkunde und Heilkunde und die Bezogenheit des Menschen auf Gott, seinen Schöpfer und Erlöser, aber auch auf die Natur und Schöpfung. Hildegard offenbart dabei – ohne je eine höhere, etwa gar akademische Ausbildung genossen zu haben – eine erstaunlich ganzheitliche Auffassung vom Menschen, eine staunenswerte Kenntnis der Natur und ihrer Kräfte; sie zeigt dabei – aus eigener Erfahrung, da sie zeitlebens kränklich und mit körperlichen Leiden vertraut war – auch ein ungewöhnliches medizinisches Wissen. Weil heute in geradezu apokalyptischer Weise »die gesamte Schöpfung in Seufzen und Wehen liegt« (Röm 8, 22) und die Natur wie nie zuvor ausgebeutet und verschmutzt wird, sollte man die hl. Hildegard wegen all ihrer Vorzüge und Erkenntnisse einsetzen als Schutzpatronin der Natur und des menschlichen Lebens schon im Mutterschoß, über das sie so manches zu sagen hat.

Noch viel bedeutsamer ist, daß uns die hl. Hildegard als Vorkämpferin gegen alle modernistische Uminterpretierung und Verfälschung wichtiger Offenbarungswahrheiten dienen könnte. Man bräuchte in ihren Werken nur nachzulesen, was sie uns – erleuchtet vom »lebendigen Licht« und im vollen Einklang mit dem kirchlichen Lehramt – beispielsweise zu sagen weiß über das Geheimnis der Dreifaltigkeit und Menschwerdung Gottes, über das eucharistische Geheimnis und das der Kirche, sowie über das Geheimnis der Bosheit. Wie modern, aktuell und hellsichtig wird doch z. B. in »Scivias« das Böse und der Böse geschildert; Hildegard kennt nicht den falsch verstandenen »Abschied vom Teufel« oder insgesamt die modern gewordene Leugnung der Existenz der Engel und ihrer Wirksamkeit.

Wenn man das Leben der hl. Hildegard auf sich wirken läßt und in ihre großartigen schriftlichen Werke (bis hin zu ihrer Korrespondenz mit Päpsten und Bischöfen, mit weltlichen Herrschern, mit Priestern, Mönchen und Nonnen, aber auch bis hin zu ihren Liedschöpfungen und ihrem »Spiel der Kräfte«) einzudringen versucht hat, bedauert man es unwillkürlich, daß eine neuere zuverlässige, gut geschriebene Biographie dieser großen deutschen Heiligen, wie man sie mit Recht zu ihrem 800. Todestag im Jahre 1979 erwartet hatte, bisher noch gefehlt hat. Es wurden zwar in der Vorbereitung auf dieses denkwürdige Jubiläum fast alle Werke der hl. Hildegard in sehr guter deutscher Übersetzung im Otto-Müller-Verlag in Salzburg herausgebracht, es sind auch verschiedene Monographien über Teilfragen im Zusammenhang mit dem Leben und der Lehre der hl. Hildegard erschienen, aber eine wirklich befriedigende, auch wissenschaftlichen Ansprüchen genügende Biographie fehlte bisher noch.

Nach jahrelangem Forschen und gründlichem Einlesen in die Werke der Heiligen ist sie nun erarbeitet worden. Ein katholischer Theologe, der sich viel mit der Hagiographie insgesamt und dabei speziell mit der Zeit der Frühscholastik, also der Zeit der hl. Hildegard, beschäftigt hat, kann nun dem Verfasser der jetzt vorliegenden neuen Hildegardis-Biographie, der auffallenderweise – ähnlich wie Walter Nigg – ein evangelischer Pastor ist, bestätigen, daß ihm die Biographie dieser deutschen »Heiligen der ungeteilten Christenheit« trefflich gelungen ist. Er schildert die Lebensabschnitte und die Bedeutung der hl. Hildegard unter den verschiedenen Aspekten vortrefflich und verschafft dabei auch nicht theologisch gebildeten Menschen wirklich soliden und befriedigenden Einblick in die Werke dieser charismatisch begnadeten, vom »lebendigen Licht« erleuchteten heiligen Frau.

Hildegard von Bingen ist in vieler Hinsicht eine ungemein aktuelle und moderne Heilige, die den modernistischen Theologen unserer Tage ins Gewissen reden kann und die den Vertreterinnen einer häresieverdächtigen feministischen Theologie und den emanzipierten Frauen mit ihren wahrlich nicht sehr bescheiden vorgetragenen Forderungen nach Teilhabe an den hierarchischen Ämtern der Kirche zeigen kann, wie viel eine Frau auch ohne Weihesakrament, aber mit selbstlosem Einsatz für die Kirche und den christlichen Glauben, für das Volk Gottes und darüber hinaus für die Welt und die Menschheit zu leisten vermag.

Möge dieses Buch viele dankbare Leser finden und durch seine Lektüre in vielen Menschen Freude am wahren Glauben, den Hildegard tapfer verteidigt hat, und Aufgeschlossenheit für das Ideal des Ordenslebens wecken, das Hildegard in der Treue zur Regel des hl. Benedikt vorbildlich vorgelebt und zu leben gelehrt hat.

Ferdinand Holböck

Einführung

Die Bedeutung des Schrifttums der hl. Hildegard für unsere Gegenwart tritt seit Jahren immer deutlicher hervor. Ihre medizinischen Rezepte und ihre Anweisungen für eine gesunde Lebensführung finden aufmerksame Beachtung, denn wir entdecken, daß sie einer Tendenz in unserer Zeit entsprechen. Wir suchen heute wieder nach einer ganzheitlichen Schau des geistig-materiellen Kosmos und der Geist-Seele-Leib-Einheit des Menschen. Wir fragen nach der lebenerhaltenden Zuordnung aller Dinge zueinander, ohne deren Beachtung wir uns selbst zugrunde richten, und wir wissen, daß wir ohne eine Antwort auf die Frage nach dem letzten Sinn der Weltgeschichte den Boden unter den Füßen verlieren.

Eben darum geht es in dem überraschend reichen und vielschichtigen Schrifttum der hl. Hildegard. Das allerdings unterscheidet sie von anderen Versuchen einer Wegweisung: daß sie zwar sehr betont von den dem Menschen gegebenen Erkenntnisfähigkeiten und seinen hohen Aufgaben in dieser Welt spricht, aber die Antworten auf die letzten Lebensfragen nach dem Woher und Warum und Wozu aller Wirklichkeit nicht von unten her sucht. Diese Antworten empfängt sie von oben, von dem, der als Planer, Schöpfer, Erlöser und Vollender alles Geschaffenen allein dafür zuständig ist. In ihrem, vor uns ausgebreiteten, Weltbild werden die ungeheuer weiten Räume ebenso wie die eng gesteckten Grenzen des menschlichen Erkennens eindrucksvoll beschrieben, ist die Realität des unzerstörbaren Guten und des abgründigen Bösen in allem Weltgeschehen erstaunlich klar gesehen und die spannungsvolle Dynamik im Drama der göttlich-menschlichen Geschichte erregend spürbar.

«Posaune Gottes» nannte sich die hl. Hildegard selbst; «prophetissa teutonica» wurde sie von manchen Zeitgenossen genannt. «Lehrerin der Kirche» nennt man sie heute, nachdem schon bald nach ihrem Tode ihre Stimme nicht mehr gehört oder ihre Aussagen mißdeutet wurden. Vieles ist seit dem Ende des vorigen Jahrhunderts und erst recht in unserer Zeit geschehen, um die Erinnerung an sie zu wecken und ihre Stimme von neuem hörbar zu machen. Wer sich aber nicht gleich selbst an das Lesen der ins Deutsche übertragenen großen Hildegardschriften oder gar neuerdings der wissenschaftlichen lateinischen Ausgabe ihres ersten großen theologischen Buches wagt, der findet zwar vielerlei verstreute Abhandlungen zu Fragen des Hildegardlebens und Hildegardwerkes, Spezialbücher und einige wenige kurze Einführungen in Leben und Werk der Heiligen, aber keine umfassende Einführung. Die beiden letzten großen Biographien stammen aus dem Ende des vorigen und dem Anfang unseres Jahrhunderts. Sie sind immer noch gut zu lesen, aber nicht in unserer und für unsere Zeit geschrieben.

Auf die Botschaft der hl. Hildegard aufmerksam zu machen und ihre Gestalt für uns heute lebendig werden zu lassen, ist das Anliegen der hier vorgelegten Biographie, in der die hl. Hildegard selbst viel zu Wort kommt. Der Verfasser weiß, daß dieser Versuch ein Wagnis ist, und daß ihm genug Mängel anhängen, deren Behebung aber aus persönlichen Gründen nicht mehr möglich ist. Selbst von dieser prophetischen Frau und ihrer Botschaft ergriffen, glaubte er der hl. Hildegard diesen Dienst einer einführenden Gesamtdarstellung und dadurch eines Hinweises auf ihre Verkündigung schuldig zu sein. Großen Dank schulden wir alle und besonders der Verfasser denen, die bisher schon unendlich viel Fleiß und Hingabe an Veröffentlichung, Übersetzung und Ausdeutung des Hildegardschrifttums gewandt haben und erst dadurch unserer Zeit den Zugang zur hl. Hildegard wieder ermöglicht haben. Genannt seien da das Hildegardkloster über Rüdesheim-Eibingen, vor allem die dortige Schwester Adelgundis Führkötter mit ihren gewichtigen Arbeiten, weiter Herr Professor Heinrich Schipperges in Heidelberg, seit zwanzig Jahren unermüdlicher Herausgeber und Ausleger des Hildegardschrifttums, sowie viele andere, deren Namen und Veröffentlichungen in den Anmerkungen benannt sind, wie auch der um die Veröffentlichung des Hildegard-Werkes so außerordentlich verdiente Otto-Müller-Verlag, Salzburg. Dank sei auch dem um die Verwirklichung der Hildegardmedizin so verdienten Dr. Gottfried Hertzka gesagt, der den manchmal ermüdenden Verfasser zur Weiterarbeit drängte, und der Basler Hildegard-Gesellschaft für ihre Hilfe zum Erscheinen dieses Buches. Wenn nun dieses Buch dazu helfen kann, die Gestalt der hl. Hildegard lebendig werden zu lassen und zu weiterem, vertieften Achten auf ihre Verkündigung anzuregen, hat es seinen Dienst erfüllt.

I. Das Kind Hildegard und sein Geheimnis: 1098–1112

1. Das geborgen ungeborgene Kind: 1098–1106

So schreibt Hildegard in ihrer eigenen Lebensbeschreibung: «Im Jahre 1100 nach der Menschwerdung Christi begann die Lehre der Apostel und die glühende Gerechtigkeit, die er in den Christen und Geistlichen grundgelegt hatte, nachzulassen und geriet ins Schwanken. Zu jener Zeit wurde ich geboren, und unter Seufzern haben mich meine Eltern Gott geweiht.»[1] Eine erschreckende Charakterisierung ihrer Zeit! Das Dasein hat keinen festen Grund mehr, alle Dinge kommen ins Wanken, Gottes Gerechtigkeit läßt in ihrem Wirken nach, andere Mächte treten auf das Kampffeld der Geschichte, und Gott läßt es zu.

Drei Generationen vor der Geburt der hl. Hildegard hatte die Christenheit für einen Moment die Wiederkunft Christi zum Jüngsten Tag erwartet, mit Zittern und mit Hoffnung. Aber die Mitternachtsstunde der ersten Jahrtausendwende nach Christi Geburt ging still vorüber, Papst Silvester konnte am frühen Morgen des ersten Tages des Jahres eintausend ungestört die hl. Messe feiern, das Rad des geschaffenen Seins, von dem Hildegard so eindrücklich zu sprechen wußte, drehte sich weiter, die schiffbrüchige Welt, wie Hildegard sie benannte, trieb schwankend weiter auf dem Strom der Zeit, dessen Ziel nach Hildegards Zeugnis allein von Gott gekannt ist und bestimmt wird. Ein neues Jahrhundert der Rebellion der Geschöpfe gegen ihren Schöpfer und der allwissenden Gegenreaktion des Allmächtigen zur Durchsetzung seines von Ewigkeit her festgelegten Heilsplanes zog herauf.

Es war das Jahrhundert, in dem die Kirche, die von Gott gestiftete Institution, zwar ein Haufe sündiger, doch von Gottes Geist angerührter Menschen, ihre Gestalt in dieser vom Satan bedrängten Welt zu verwirklichen suchte.

Ein Wort hallte laut durch Europa: Kirchenreform! Die Kirche Jesu Christi soll das werden, wozu sie von ihrem Stifter bestimmt ist, Vermittlerin des Heils an die Welt und Gemeinschaft derer, die als Empfänger der Heilsgnade christlich leben. Dafür braucht die Kirche in dieser Welt Freiheit mit umfassender Wirkmöglichkeit. Ihre Diener aber müssen in eben dieser Welt ein glaubwürdiges, geheiligtes, apostolisches Leben, stellvertretend und vorbildlich für alle, verwirklichen.

Von der Richtigkeit dieser Zielsetzung waren die Menschen Europas überzeugt, und sie waren bereit, alles dafür Erforderliche in frommer Begeisterung und mit bitterem Ernst zu tun. Belastet aber war dies Bemühen um eine Reform der Kirche durch die Tatsache, daß damals alle Kirchenführung an weltliche Machtstellung gekoppelt war, denn alle Bischöfe waren gleichzeitig landesherrliche Fürsten, das heißt Lehensträger ihrer weltlichen Herren, und der Papst als Herr des Kirchenstaates war gezwungenermaßen Mitspieler im trüben politischen Ränkespiel der Zeit.
Die andere Tatsache, daß alle Diener der Kirche, hohe wie niedrige, sündige Menschen waren, also nur mehr oder weniger Christen.Daß dennoch der Wind des Geistes Gottes durch diese Kirche wehte, führte dazu, daß die Kirchenreformbewegung ein sehr buntes, schillerndes, großartiges, und in manchen Zügen erschreckendes Bild darbot.
In diesem Jahrhundert trat erstmalig eine hinreißende Idee auf den Plan der europäischen Geschichte, die Idee, eine Gott wohlgefällige, Gott gehorsame Welt, das Reich Gottes auf Erden, zu verwirklichen.Und so sah die Logik dieser Idee aus: Christus hat durch sein Erlösungswerk den Anspruch auf die Herrschaft über die Welt erworben. Diesen Anspruch hat er für die Zwischenzeit bis zum Jüngsten Tag der Kirche und damit seinem irdischen Stellvertreteramt, dem Papsttum, übergeben. Daher kommt dem Papst eine Autorität über alle irdischen Gewalten zu, die er als Lehen zu vergeben hat, deren Amtsträger er einsetzen und, falls sie dem Willen Gottes zuwiderhandeln, durch Bannung und Entbindung der Untertanen vom Treueid absetzen kann. Wenn sich weltliche Machthaber dieser von Christus bevollmächtigten Autorität nicht unterwerfen wollen, müssen alle geistlichen und weltlichen Mittel angewandt werden, also auch politische Bündnisse und Kriege, um sie dazu zu zwingen.
Zur Aufrichtung und Ausübung dieser kirchlichen Leitungsgewalt im Weltgeschehen bedarf es einer sicher und zuverlässig zu handhabenden Ordnung. Daher wurde in diesem Jahrhundert mit Eifer die Arbeit am Ausbau des Kanonischen Rechtes betrieben, die zentralistische Leitung der Kirche gegen die Eigenständigkeit der Bischöfe zielstrebig verfolgt und die Wahl der Päpste ausschließlich durch das Kardinalskollegium festgelegt, um alle Einflüsse weltlicher Stellen auf das Papsttum auszuschalten.
Daß auch die in dieser Zeit aufkommende Idee, unter päpstlicher Beauftragung einen Kreuzzug zur Befreiung des Heiligen Landes von der Herrschaft der Ungläubigen zu führen, die universale Stellung des Papstes in Europa vor aller Augen sichtbar machen sollte, wurde schon bald durch die Tatsachen bewiesen.
Gregor VII., der erste unnachgiebige und machtvolle Vertreter dieser schon länger im Untergrund schwelenden Idee, erlebte den Triumph über den damals mächtigsten Mann der europäischen Welt, als Kaiser Hein-

rich IV. im eisigen Januar 1077 barfüßig, im Bußgewand, den Burgberg von Canossa hinaufwankte, um sich als gebannter Kaiser die Absolution des Stellvertreters Christi zu erbitten und wieder Kaiser sein zu dürfen.
Der Triumph währte nicht lange. Der Kaiser gewann sehr bald die Unterstützung der weltlichen und geistlichen Reichsfürsten zurück, überstand zwei machtlose Gegenkönige, besetzte Rom, ließ durch eine Synode Gregor VII. exkommunizieren und einen Gegenpapst einsetzen. Gregor VII. starb 1085 als Flüchtling bei seinem normannischen Schutzherrn in Süditalien. Seine letzten Worte waren: «Ich habe die Gerechtigkeit geliebt und gottloses Wesen gehaßt. Darum sterbe ich in der Verbannung.»

Die Idee scheiterte an der Wirklichkeit. Was sie an Verwirrungen und Verwüstungen in den menschlichen Ordnungen und den Seelen der Menschen stiftete und durch Kriegszüge an Blut forderte, ist kaum zu beschreiben. Sie blieb für die nächsten Jahrhunderte aktiv, und erst im Lauf weiterer langer Jahrhunderte wurde klar, um was es in Wahrheit ging, nämlich um die freie und weltweite Wirkungsmöglichkeit einer eigenständigen Kirche. Die hl. Hildegard hat in ihrem Jahrhundert an dem Ringen um diese Frage teilgehabt.

Die drei Schlagworte, die durch das 11. Jahrhundert hin alle Menschen in Europa bewegten, Investitur, Simonie und Zölibat, hatten auch in Hildegards Jahrhundert noch nichts an Erregung der Gemüter eingebüßt. Investitur: daß in geistliche Ämter nicht von weltlichen Amtsträgern, Fürsten oder Königen oder Kaisern, also Laien, geistliche Amtsträger eingesetzt werden dürfen. Nur die Belehnung mit dem zu dem geistlichen Amt gehörenden Reichsland sollte erlaubt sein. Simonie: wer ein geistliches Amt, das durch seinen Besitz an Ländereien, Märkten, Zehnteinkünften usw. reiche Einkünfte und ein gehobenes Leben verspricht, durch Bestechung oder Bezahlung der für die Wahl Zuständigen erworben hat, wird aus dem Amt ausgestoßen. Gewinndenken und geistliches Amt vertragen sich nicht miteinander. Zölibat: der Kampf um die Verwirklichung dieses Zieles der geistlichen Kirchenreform wurde vom christlichen Kirchenvolk mit großer Anteilnahme verfolgt. Man erwartete von dem, der in der Vollmacht Jesu Christi das Heil darbietet, Glaubwürdigkeit, ein geheiligtes Leben der Selbstentsagung, des Opfers und der Hingabe.

Es war ein unruhiges Jahrhundert, in dem die Menschen seelisch hin und her gerissen wurden, ein Jahrhundert der Wirrnisse und der tiefernsten Bemühungen, der Umbrüche und der Aufbrüche in völliges Neuland.

Wie tief die Erschütterungen gingen, sprach Petrus Damianus aus, wenn er klagte, daß es nicht an Leuten fehle, welche die Worte der Heiligen Schrift als Fabeln achteten, das göttliche Weltregiment leugneten, alles für Zufall erklärten.[2] Einige Zeit vorher hatte der Mönch Othloh von St. Emmeram seine eigenen Lebenserfahrungen aufgeschrieben, um anderen, die in ähnliche Zweifel wie er selbst kommen könnten, in ihrer Not zu helfen. Den nach einem sündhaften Leben in der Welt plötzlich Mönch gewordenen überfielen die schrecklichsten Zweifel an Gottes gerechtem Walten, ja am Dasein Gottes überhaupt, da alle Wirrnisse in der Welt gegen ihn sprächen. Erschütternd ist sein Gebet: «O, wenn Du bist, Allmächtiger, und wenn Du allgegenwärtig bist, dann bitte ich Dich, zeige mir, wer Du bist, und was Du kannst, indem Du mich diesen Versuchungen entreißt. Denn ich kann sie nicht länger ertragen.» Durch das dankbare Bekenntnis seines wiedergefundenen Glaubens will er seiner Umwelt und Nachwelt in ähnlichen Anfechtungen Hilfe geben. Im aufkommenden Zweifel hatte er zutiefst doch noch an Gott als seinem letzten Halt festgehalten. Eine andere Not, die bald in der Kirche vielen Glaubenden zu schaffen machen und Türen zu neuem Denken öffnen sollte, hatte dem Mönch Othloh sein Freund Heinrich in einem Gespräch bekannt: «Ich zweifle nicht an der Wahrheit dessen, wonach ich frage: aber wie es wahr ist, kann ich nicht verstehen.»[3] Bald sollte es heißen: Man muß es auch verstehen können, wenn es wirklich die Wahrheit ist.

Aufs ganze gesehen aber lebten die Menschen dieses Jahrhunderts, vital wie sie waren, in ihren Bedrängnissen um sich schlagend, kräftig in allen nur möglichen Lastern. Aber sie waren sich ihrer Sünden bewußt und verlangten bußfertig nach dem Heil Gottes. Ihr ganzes Leben in Tageslauf und Jahreslauf und Lebenslauf war kirchlich eingebunden, religiös gehalten, und wo geistliche Erbauung geboten wurde, wo das Buß- und Gnadenwort ertönte, wo das Heilige den Menschen nahekam, an Erinnerungsstätten geheiligten Lebens, strömte das Volk zusammen.

Daß «vita apostolica», die urchristliche Lebensführung, das Gebot der Stunde und die Grundforderung an alle wahre Reform der Kirche im geistlichen Stand, in den Klöstern und auch im Leben der Laien sei, war allen Christen bewußt. Darüber wurde überall geschrieben und gesprochen. So ist dieses Jahrhundert voll von Bemühungen um die geistliche Erneuerung des Priesterstandes, von Reformbewegungen im Mönchtum, und zur Aufrüttelung des einfachen Volkes, der Laien, zogen Wanderprediger und sogar Wanderpredigerinnen durch die Lande. Daß dabei viel Kritik am Luxus und Wohlleben kirchlicher Oberer, an Genußsucht und Zuchtlosigkeit bei Klerikern und Mönchen laut wurde, daß diese Frömmigkeit mit mancherlei Aberglauben und Gefühlsüberschwenglichkeit verbunden war, gehört zur Menschlichkeit der Menschen dieses wie jeden Jahrhunderts. Von solcher Überschwenglichkeit getrieben, zogen im Jahr 1064 etwa zwölftausend Menschen aller Art, Fromme und abenteuerliches Gesindel, als Demonstration einer blinden Idee unter bischöflicher Leitung nach Palästina. Sie wollten die Pilgerschaft zur heiligen Stadt Gottes verwirklichen, aber dreiviertel von ihnen kam auf dem mühseligen und gefahrvollen Weg durch ganz Europa und Kleinasien um.

Die Idee, durch päpstlichen Zentralismus und Universalismus von oben her das Reich Christi auf dieser Erde zu verwirklichen, fand in diesem Jahrhundert in ersten Ansätzen ihren Gegenpol: Im Untergrund, an der Basis der an ihrer Verweltlichung krankenden Kirche, entstand eine religiöse Bewegung, hier und da in kleinen Gruppen, durch Wanderprediger und von Mund zu Mund sich ausbreitend, die ein radikales Christsein, die Nachfolge des armen Christus, den neuen guten Menschen, die Verwirklichung des Reiches Gottes von unten her praktisch leben wollte. Zunächst wurde diese Bewegung in der Kirche, die mit ihren andern großen Streitfragen zur Genüge zu tun hatte, noch nicht recht beachtet. Im kommenden Hildegard-Jahrhundert aber wurde diese Idee, eine gute Gotteswelt von unten her aufzubauen, zu einer umheimlichen Bedrohung der institutionellen Kirche.

Was die Menschen dieses Jahrhunderts an geistiger und seelischer Verunsicherung durchzustehen hatten, an Wissen um die Gültigkeit letzter Autoritäten in sich bewahrten und an Bemühen um Ordnung und sinnerfülltes Dasein aufbrachten, ist schwer nachzuempfinden. Kraftvolle und ohnmächtige Kaisergestalten, Könige und Gegenkönige, Päpste und Gegenpäpste, geistliche und weltliche Fürsten zu diesem oder jenem stehend, in Rivalität miteinander, aus Überzeugung oder um ihres Vorteiles willen die Partei wechselnd, – und immer bedeutete dies alles machtpolitische Auseinandersetzungen, Kriege und Feldzüge, die auf dem Rücken der blutenden Bevölkerung ausgetragen wurden. Dazu kam das überhandnehmende Fehdewesen des kleinen Adels, mit Geiselnahme, Plünderung und Brandschatzung. Verunsicherung der Handelswege, Verängstigung der Landbevölkerung, Beeinträchtigung von Ackerbau und Wirtschaft. Aber es gab auch die Gegenkraft des öffentlichen Rechtsbewußtseins, den Ruf nach Recht, den Willen zur Durchsetzung des Rechts zum Schutz der leidenden Bevölkerung und zum Wohl des Landes. Die Ausrufung von Gottesfrieden, Festsetzung von Friedenszeiten mit Fehdeverbot geschah erstmalig in diesem Jahrhundert. Geistliche und weltliche Fürsten festigten ihre Macht in ihren Bereichen durch Überwindung der zwieträchtigen niederen Unruhstifter und begannen mit der Festlegung von Gerichtsordnungen, um die Einhaltung des Gottes- oder Landesfriedens durchzusetzen. Auch die aufstrebenden Städte nahmen an diesem Bemühen um Rechtsschutz und Rechtssicherung teil. Immer wieder bewährte sich, daß kraftvolle und ihre Macht durchsetzende Autorität den Frieden am ehesten sichern konnte, wenigstens für kurze Zeit, bis diese Autorität selbst wieder in die alles übergreifenden politischen Auseinandersetzungen hineingezogen wurde. Wenn zum Ende des Jahrhunderts sogar der Kaisersohn mit Hin-

terlist und argen Bündnissen auf den Sturz seines eigenen Vaters zielte, wie sollte dann im Land ehrlicher Friede gedeihen können!
Es war ein Jahrhundert, in dem sich kommende Wandlungen anbahnten: Das wirtschaftliche Aufblühen der Städte, zuerst in Italien, dann auch in Frankreich und Deutschland, führte zu Veränderungen in der Ordnung des menschlichen Zusammenlebens. Die unteren Bevölkerungsschichten erhoben ihre Stimme und forderten durch Wortführer Einfluß auf das öffentliche Geschehen. Die handwerkliche und Handel treibende Mittelschicht geriet allerorten in Bewegung. Das sich ausdehnende Wirtschaftsleben weitete den Horizont, förderte die geistige Regsamkeit, und erweckte unternehmerischen Geist und kulturelle Interessen. Dies führte zu einem lebendigen Eigenbewußtsein der Menschen und ließ das Verlangen nach freiheitlicher Selbstbestimmung aufkeimen. Die Auseinandersetzungen zwischen Stadtbevölkerung und fürstbischöflicher Obrigkeit bereiteten sich vor. Stadtluft macht frei! Dies geflügelte Wort hat seinen Ursprung in diesen Vorgängen. Denn vom Land her kam nun der Zuzug, entlaufene oder freigelassene Leibeigene, Landmenschen, die in der Stadt ein freieres und lebenswerteres Dasein suchten. Um ihre kostbare Freiheit zu schützen, ummauerten die Städter ihre Wohngebiete.
Ein neuer Pioniergeist trieb die Menschen vorwärts. Die Bevölkerungszahl wuchs, die Landwirtschaft machte Fortschritte, bessere Wirtschaftsformen trugen zur Ertragssteigerung bei. Durch die steigenden Geburtenzahlen geriet das Land in Bewegung. Überall wurden neue Rodungs- und Siedlungsgebiete erschlossen. Neue Dörfer, Märkte, kleine Städte, Pfarreien, Kirchen und kulturelle Zentren entstanden. Die Mobilität der Menschen war erstaunlich, der Verkehr auf den Landstraßen nahm ständig zu, Händler, Reisende, Wallfahrer, Scholaren, Kunsthandwerker und anderes Volk waren unterwegs. Nachrichten kamen so in kurzer Zeit von Ort zu Ort. Überall waren Baustellen, denn überall wurde gebaut. Die großen Bischofsdome und Stadtkirchen entstanden. Neue Pfarrkirchen und Klöster wurden errichtet, Ortschaften befestigt, Ritterburgen gebaut, und überall war das Bauen nicht nur eine technisch-organisatorische Leistung, sondern auch mit Kunsthandwerk verbunden. Der Menschengeist wollte das Notwendige und Praktische mit dem Schönen verbinden. Aufbruchstimmung erfüllte die Menschen.
Die Besetzung Spaniens durch die Moslems hatte zu einem folgenreichen Kontakt zwischen der europäischen Christenheit und der arabischen Wissenschaft geführt, die das Erbe der griechisch-lateinischen Antike bewahrte und fortführte. Von daher kam eine ungeahnte Wissenserweiterung, es gab neue Denkanstöße, eine die Gemüter erregende intellektuelle Neugier. In steigendem Maße wurde ungeheuer viel geschrieben und gelesen. Dabei gewannen die Schreibenden zusehends an geistig-persönlicher

WIE·S·HILDEGARD·ZU·DER·HL·IUTTA·AUF·DEN·DISIBODENBERG·GEHT

ST. REGVLA
WIE·S·HILDEGARD·AUF·DEN·RUPERTSBERG·BEI·BINGEN·ZIEHT

Ausdruckskraft. Zu dem bisherigen Sammeln überkommenen Wissens auf den verschiedenen Wissensgebieten kam das Fragen nach dem inneren Zusammenhang und Ziel der Weltgeschichte. Man schrieb Weltgeschichtsbücher, und weit folgenreicher: es trat der kritisch fragende Verstand auf den Plan. Er versuchte, die Offenbahrungswahrheiten als logisch überzeugend und darum auch glaubhaft zu erweisen. Der nächste Denkschritt wollte dann der rationalen Logik als dem gültigen kritischen Instrument die Entscheidungszuständigkeit darüber zuweisen, was Wahrheit sein könnte und was nicht.[4]

Daß das Jahrhundert vor Hildegard auch folgenreiche Veränderungen auf der kirchen- und weltpolitischen Landkarte aufzuweisen hat, gehört mit zum Bild der Zeit. Im Jahr 1054 legte der päpstliche Legat Humbert in der riesigen Kuppelkirche Hagia Sophia in Konstantinopel die päpstliche Exkommunikationsbulle gegen den Patriarchen von Byzanz auf den Altar und eröffnete damit das Schisma zwischen der *römisch-* und *griechisch-katholischen* Christenheit. Der Untergang des noch christlichen Ostens kam am noch fernen Horizont in Sicht. In der Zeit nach 1060 eroberten die Normannen von der französischen Normandie aus ganz England und schufen ein starkes normannisches Reich. Gleichzeitig vertrieben die Normannen die Sarazenen aus Sizilien und setzten ihren Fuß auf das bis dahin noch von Byzanz beherrschte Süditalien. So wurden sie zu Nachbarn des päpstlichen Kirchenstaates und bald begehrte, bald gefürchtete Nachbarn der Päpste. Im fernen Osten stieg die Großmacht der Seldschuken empor. Seit den sechziger Jahren bauten sie ihr Reich vom Aralsee bis nach Syrien aus, entrissen Jerusalem den Arabern und ganz Kleinasien der oströmischen Herrschaft. Die Macht der Mohammedaner reichte jetzt bis an den Bosporus, bis vor die Tore von Byzanz. Dadurch hatte sich die Situation für die christlichen Wallfahrer nach Jerusalem zu ihren Ungunsten verändert.

Am Ausgang dieses Jahrhunderts, das alle seine Lasten und Ängste, Gnaden und unerfüllten Aufgaben an das heraufziehende neue weitergab, erblickte das Kind Hildegard das Licht der Welt, das gottgeschenkte Sonnenlicht, das alles Lebendige sprießen und wachsen läßt, und das menschengefertigte schwache Licht der Kienspäne, Öllampen und Kerzen, durch dessen Schein die Menschen das Dunkel ihrer kurzen Tage zu erhellen trachteten.

Im christlichen Europa wartete man hoffnungsvoll auf die Eilbotschaft, daß den Kreuzfahrerheeren die kurz bevorstehende Eroberung Jerusalems gelungen sei. Gut ein Jahr zuvor waren Ströme von Menschen, Gewappnete und nichtgewappnete Begleiter, unter dem Ruf «Gott will es» aus dem Westen durch das Rheingebiet gen Osten gezogen. In Mainz hatten sie, da der Mainzer Erzbischof trotz empfangener jüdischer Schutzgelder dem

Treiben nicht wehren konnte, die Juden als die zunächst greifbaren Feinde Christi ausgeplündert und fast ausgerottet. Das Kind Hildegard konnte noch nicht auf den eigenen Füßen stehen, da brachen diese Heere die Tore der hochgebauten Stadt Jerusalem und befreiten sie, bis an die Knöchel in Blut watend, aus der Gewalt der *Heiden.* In diesem Kreuzzugsgeschehen stellte sich vor den Augen der zeitgenössischen und späteren Geschichte dar, zu welchem erschütternden und unentwirrbaren, teils bewunderns-werten, teils entsetzlichem Gemisch aller menschlichen Strebungen und Leidenschaften Menschen fähig sind. Da wirkten miteinander, *zogen auf derselben Straße* hochherzige geistliche Aufschwünge, tiefe Glaubens-kräfte, Opfer- und Sterbensbereitschaft, Anbetungssehnsucht und Heils-verlangen, kaufmännische Gewinninteressen, Herrschaftsgelüste, Erobe-rungsverlangen, Abenteurergeist und die niedrigen Triebe der Grausam-keit, Mordlust und Lebensgier. In eine solche Welt wurde Hildegard hin-eingeboren.

In Hildegards Geburtsjahr schlug die Geburtsstunde einer neuen Ordens-bewegung, die wie ein Sturmwind durch Europa jagte und Zehntausende von Menschen in ein neues, wir würden heute sagen «alternatives» Leben riß. Im Jahre 1098 verließ der schon siebzigjährige Robert von Molesme seine Abtei. Ihm war der vom reformerischen Mönchsgeist geprägte, kirchlich kulturell gepflegte benediktinische Lebensstil nicht streng genug. Er baute mitten in einsamer, wüster, von Dornen und Dickicht bewachse-ner Gegend Frankreichs, in Cîteaux, ein schmuckloses, einfaches Kloster und legte die Regel für den hier von ihm gegründeten Zisterzienser-Orden fest: Über Tag und Nacht verteilte gottesdienstliche Zeiten, schwere kör-perliche, landwirtschaftliche und Bauarbeit bei Tage, karge Kleidung, schmale Mahlzeiten, kalte Räume, eben ausreichende Schlafzeiten, viel Schweigen, straffe Disziplin, Klostergründung stets in abgelegener Gegend, möglichst in Wildnis, wo die Kultivierungsarbeit die größten Anforderungen an die Mönche stellte, die besitzlos von dem Ertrag dieser Arbeit leben mußten. Gerade diese Forderung des radikalen Ernstmachens mit der Hingabe des Lebens für den Gehorsam Christi zog Menschen aller Stände an. Otto von Freising, selbst Zisterzienser, schrieb 1146 über das Leben dieser Mönche: «Obwohl durch Arbeit ermattet, durch Nachtwa-chen erschöpft, durch Fasten abgezehrt, singen sie wie die Grillen, die dann am schönsten singen, wenn sie hungrig sind.»[5] Hildegard hatte eben ihr fünfzigstes Lebensjahr überschritten, ihr eigenes Kloster eingerichtet, da gab es in Frankreich und Deutschland, bis in die fernen, neu erschlosse-nen Ostgebiete, schon an dreihundertundfünfzig Zisterzienserklöster.

Zur gleichen Zeit, in der sich dieser aufopferungsvolle Geist in solchen Klöstern sichtbar vor aller Welt verwirklichte, gab es aber auch hin und her im Land klösterliches Wohlleben aus gesichertem, reichem Klosterbesitz,

weltliche Genüsse geistiger und materieller Art nicht verschmähend, dem Ungeist und der Zuchtlosigkeit verfallen, ein Ärgernis für Kirche und Christen.
Und andere Klöster gab es, in denen der anbetende Dienst vor Gott und der fürbittende und hilfsbereite Dienst für die von Sünden und Nöten geplagten Menschen in stiller, treuer, aufmerksamer Weise tagaus, tagein getan wurde, Klöster, in denen Frömmigkeit und geistig-geistliche Arbeit und Kunsthandwerk miteinander in Harmonie standen.
Der Lebensweg führte das Kind Hildegard sehr bald in diese Welt. Klösterliches Leben wurde vom achten Lebensjahr an Hildegards Lebensform, von Menschen und von Gott so verfügt.
Im Jahr 1098 nach der Menschwerdung Christi wurde Hildegard in der Ortschaft Bermersheim geboren. Etwa zwei Fußwegstunden südlich liegt das Städtchen Alzey, in dem damals schon eine Ritterburg stand. Nordwärts bis Ingelheim, wo Hildegard später mit Kaiser Friedrich I. in der Kaiserpfalz zusammentraf, waren es gute acht Wegstunden, und bis Mainz, mit dessen erzbischöflichem Stuhl Hildegard im Guten und Unguten zu tun hatte, war es etwa ebensoweit. Rings um Bermersheim erstreckten sich Weiden, Äcker und Wingerte, weiter sah man Wald, und in der Ferne nach Osten hin die Höhen über dem Rheintal, nach Westen die Berge des Pfälzer Waldes. In diesem Ort hatte seit Generationen das dem Hochadel angehörende Geschlecht der Edelfreien von Bermersheim seinen Stammsitz und weit darüber hinaus einen reichen Besitz an Land. Auf einer Urkunde aus dem Jahr 1127 finden wir die Unterschrift des Hiltebertus von Vermersheim, dem im Jahr 1098 seine Ehefrau Mechthild, aus der Burg Merxheim im Nahetal stammend, als zehntes und letztes Kind ein Mädchen gebar. Sie gaben ihm den Namen Hildegard, die Kampfkühne. Aber es wurde ein zartes, schwächliches, krankheitsanfälliges Geschöpf, das dennoch das einundachtzigste Lebensjahr erreichte, ein Leben voller Arbeit, Kämpfe und geistiger Auseinandersetzungen bewältigte, durch göttliche Beauftragungen gestärkt, noch im hohen Greisenalter eine geistig weitblickende und geistlich kühne Gestalt.
«Unter Seufzern haben mich meine Eltern Gott geweiht»[6], schrieb Hildegard später über sich selbst. Das Kirchlein, in welchem das Kind in der heiligen Taufe dem Teufel abgesprochen und dem dreieinigen Gott zugesprochen wurde, steht heute noch. Unter dem Gesimse des Ostchores grünt eine starkstämmige, uralte Eibe. Ob das Kind Hildegard schon ihre verlokkend roten Früchte bewundert hat? Niemand weiß es. Woher wußte Hildegard von den Seufzern der Mutter und des Vaters? Sie müssen es ihr wohl erzählt haben, wie armselig und zum Gotterbarmen ihnen das Geschöpf erschien, das mit noch unklaren Augen sie Tag um Tag aus der Wiege anschaute und öfter leise vor sich hin jammerte.

Das Kind wuchs in dem Lebensreichtum einer Großfamilie auf, dies Wort im weitesten Sinne gefaßt. Da war das Zuhause bei den Eltern und im Geschwisterkreis. Die Namen von drei Brüdern und vier Schwestern sind uns erhalten. Zwei Kinder sind demnach wohl den Eltern früh weggestorben. Bruder Hugo wurde Kantor, das heißt einer der vier höchsten Würdenträger am Mainzer erzbischöflichen Hof, als solcher auch Erzieher an der Domschule. Dadurch wurden später Beziehungen für Hildegard nach Belgien und Holland geknüpft. Seine letzten Lebensjahre verbrachte Hugo im Hildegardkloster Rupertsberg als treuer Helfer für seine Schwester in geistigen und geistlichen Belangen. Bruder Rorich wurde geistlicher Kanoniker in Tholey an der Saar. Drutwin erbte und verwaltete das überkommene Besitztum. Als er es kinderlos hinterließ, vermachten die noch lebenden Geschwister das Erbe dem Kloster ihrer Schwester Hildegard. Von den vier Schwestern lebte Clementia im Kloster Disibodenberg und später Rupertsberg. Wann sie eingetreten ist, wissen wir nicht. Über das Leben der anderen Schwestern, Irmingard, Odilia und Jutta, ist nichts bekannt, nur dies, daß Hildegard mit zwei Neffen in Verbindung stand, also Söhnen einer oder zweier ihrer Schwestern.

Nach alledem ist gewiß, daß im Hause Bermersheim, in der engeren Familie, gutes Einvernehmen und Zusammenhalt selbstverständlich waren. Es muß auch ein zur Welt hin offenes Haus gewesen sein, aufgeschlossen für alles, was in Kirche und Reich vor sich ging, gegründet auf guter kirchlicher Frömmigkeit, bewegt von den religiösen Fragen der damaligen Zeit. Das Kind Hildegard wuchs aber auch auf in der Großfamilie einer adeligen Herrschaft. Die Bermersheimer waren bescheidene Leute. Sie hatten sich noch nicht, wie es damals unter dem Hochadel immer mehr geschah, eine stolze Burg bauen lassen. Im Ring einer durch Tore zugänglichen Umwallung oder Schutzmauer lag nicht nur das Wohnhaus der Bermersheimer, von dem sich noch Gewölbereste und Mauerstücke in den heutigen Dorfhäusern finden. Da waren auch die Gesindewohnungen, die Unterkunftshäuser für Knechte und Mägde, die Stallungen für die Tiere und die großen Scheunen und Vorratsgebäude. Dieser Schutzring war auch Zufluchtsstätte für die außerhalb angesiedelten Bauern, die im Lehnsverhältnis zur adeligen Herrschaft standen. Der Edelfreie Hiltebertus waltete über ihnen und für sie als das Haupt einer Großfamilie, in der jeder seinen ihm zukommenden Stand und alles seine das Leben erhaltende Ordnung hatte. In der Geborgenheit solcher Verhältnisse wuchs Hildegard auf, und sie war später bemüht, auch aus ihrem Kloster solch eine Familiengemeinschaft werden zu lassen.

In ihrem Elternhaus war Hildegard das Sorgenkind. Der Mönch Gottfried schreibt in der Vita über sie: «Beinahe von Kindheit an hatte sie fast ständig an schmerzlichen Krankheiten zu leiden, so daß sie nur selten gehen konnte. Und da ihr Körper ununterbrochen Schwankungen unterworfen war, glich ihr Leben dem Bild eines kostbaren Sterbens.»[7] Soweit Hildegards Kindheitserinnerung zurückreichte, wußte sie von Schmerzen und davon, daß sie liegen mußte, wenn ihre Geschwister in strotzender Lebenskraft unternehmen konnten, wozu sie Lust hatten.

Hin und wieder machte Hildegard später im Laufe ihres Lebens die Ausnahmeerfahrung einer ihr zufließenden Kraft, wenn sie von Gott zu bestimmten Aufgaben gezwungen wurde. So erging es ihr, als sie mit dem Schreiben ihres ersten Buches begann. Sie sagt: «Meine Adern und mein Mark waren damals voller Kräfte, an denen es mir doch von Kindheit an gefehlt hatte.»[8] Im hohen Alter berichtet sie, daß sie bei den seltenen Visionserfahrungen des lebendigen Lichtes sich so empfunden habe, als wäre sie ein junges Mädchen, und nicht eine alte Frau.[8a]

Aber das blieben Ausnahmeerfahrungen. Die Last eines von Geburt an labilen, kränklichen, schwachen, oft von Schmerzen heimgesuchten Körpers mußte sie ihr Leben lang tragen. Im Schlußwort ihres letzten großen theologischen Werkes schreibt die damals wohl Fünfundsiebzigjährige: «Vom Tag ihrer Geburt an lebt diese Frau unter schmerzhaften Krankheiten wie in einem Netz verstrickt, so daß sie in ihren Adern, ihrem Mark und ihrem Fleische von Schmerzen ständig geplagt wird.»[9] Ihre Eltern müssen ihr also später davon gesprochen haben, wie sie die Leiden ihres Kindes schon in den ersten Lebensjahren mit schmerzlichen Gefühlen und ohne helfen zu können angesehen haben. Im Lauf der Zeit wird dem heranwachsenden Kind aufgegangen sein, wie diese Krankheitsbelastung eine Einengung seines Lebens bedeutete, es von vielen Möglichkeiten der Lebenserfahrung und Kenntnisgewinnung ausschloß. Darüber schrieb sie in ihren eigenen Aufzeichnungen: «Viele äußere Dinge erfuhr ich nicht wegen der häufigen Erkrankungen, an denen ich von der Muttermilch an bis jetzt gelitten habe, die meinen Leib schwächten, so daß meine Kräfte nachließen.»[10] Ein andermal erwähnt sie, daß eben um dieser ihrer Beschaffenheit willen andere meinten, man könne von ihr keine besonderen Fähigkeiten erwarten, daß die Welt keine Freude und kein Ergötzen an ihr hatte und sie ungeschickt für weltliche Geschäfte fand.[11]

Um so erstaunlicher ist, was sie ihrem schwachen Körper im Lauf ihres langen Lebens an Leistung abgerungen hat und welche Fülle an Welterfahrung und Erkenntnis in ihren Schriften vor uns ausgebreitet ist. Was jedem einigermaßen gesunden Menschen fast eine tägliche Selbstverständlichkeit ist und worauf er einen Anspruch zu haben meint, das Gefühl einer ihn tragenden Lebenssicherheit, hat Hildegard nie gekannt. Sie mußte ihr Leben lang mit dem Gefühl des völligen Ungesichertseins von einem Tag in den andern hinüberleben. Halt und Kraft gewann sie nur aus dem demütigen Gehorsam gegenüber Gott und seinem Wort.

Eine andere Erfahrung, welche Hildegard seit den ersten bewußten Anfängen ihrer menschlichen Existenz durch ihr ganzes Leben begleitete und die Art und Weise ihres Daseins bestimmte, war die Begabung mit einem besonderen Schauungsvermögen. Hier soll nur von den ersten Anfängen berichtet werden. Später wird noch mehr darüber zu sagen sein. Das erste Erleben dieser Art lag weit zurück, aber Hildegard hat es in ihrer Erinnerung festgehalten. «In meinem dritten Lebensjahr sah ich ein so großes Licht, daß meine Seele erbebte, doch wegen meiner Kindheit konnte ich mich nicht darüber äußern.»[12] Ihr Wortschatz bot ihr noch nicht die Worte, um aussagen zu können, was sie erfuhr. Da Hildegard in ihren Zeitangaben immer genau ist, besteht kein Grund, an ihrer Angabe zu zweifeln. Erst in späteren Jahren konnte sie die Unterschiede zwischen den verschiedenen Arten ihrer Schauungen klar erkennen und beschreiben. Sie sprach dann von der Schau des lebendigen Lichtes, also des göttlichen Lichtes, und von Schauungen im Schatten dieses Lichtes. Danach war dies erste, in der Erinnerung unauslöschliche Erlebnis wohl eine Schau der göttlichen Lichtherrlichkeit.

Weiter erinnert sich Hildegard, daß sie ab ihrem fünften Lebensjahr bildhafte Schauungen erfuhr. «Die Kraft und das Mysterium verborgener, wunderbarer Gesichte erfuhr ich geheimnisvoll in meinem Innern seit meinem Kindesalter, das heißt, seit meinem fünften Lebensjahr, so wie auch heute noch», schreibt Hildegard im Vorwort zu ihrem Buch *Scivias.*[13] Sie vermerkt gleich danach, daß sie ihre Schauungen niemals in ekstatischen Zuständen hatte, sondern bei klarem Tagesbewußtsein. Hildegard ist später zu der Erkenntnis gekommen, daß das Vermögen zu solcher Schauung, die Befähigung, außergewöhnliche Schauungen zu empfangen, ihr von Gott anerschaffen, d.h. als Bestimmung mitgegeben wurde. «Bei meiner ersten Gestaltung, als Gott mich im Schoß meiner Mutter durch den Hauch des Lebens erweckte, prägte er dieses Schauen meiner Seele ein.» Und ein andermal spricht sie von der «Schau, die meiner Seele vor meiner Geburt von der Künstlerhand Gottes eingeprägt wurde».[14]

Ein anderes Erlebnis deutet schon früh darauf hin, daß Hildegard auch telepathische Begabung hatte, also Dinge sehen konnte, die mit den natürlichen Sinnen nicht wahrzunehmen oder noch zukünftig sind. Als sie mit ihrer Wärterin auf der Weide beim Haus spazieren ging, blieb das fünfjährige Kind vor einer hochträchtigen Kuh stehen und beschrieb, wie das Kälbchen im Leib der Mutterkuh aussehe, an Stirn, Rücken und Füßen gefleckt, sonst aber ganz weiß. Die Wärterin erzählte dies der Mutter, die gleich nach der Geburt des Kälbchens die Aussage ihres Kindes bewahrheitet fand.[15] Dieser Bericht ist nicht nur ein früher Hinweis auf Hildegards Begabung, durch die äußere Hülle der Dinge hindurchzusehen, sondern auch auf ihre liebende Zuwendung zu allen Schöpfungswerken Gottes.

Schon früh erlebte das Kind, daß es mit seiner Gabe der Schau eine Sonderstellung in seiner Umwelt einnahm, ja sogar mit Scheu als Fremdkörper betrachtet wurde. Zunächst hatte Hildegard unreflektiert, wie eben ein Kind es tut, erzählt, was sie an merkwürdigen Bildern schaute: «Ich versuchte, von meiner Amme zu erfahren, ob sie, abgesehen von äußeren Dingen, irgend etwas sähe. Und sie erwiderte: Nichts. Weil sie nichts dergleichen sah. Da ward ich von großer Furcht ergriffen und wagte nicht, dies irgend jemandem zu offenbaren. Indem ich über vielerlei sprach, pflegte ich aber auch von zukünftigen Dingen zu erzählen.»[16] Der Amme mag das Kind unheimlich gewesen sein, das mit seinen klaren Körperaugen die Welt um sich her anschaute und realistisch wahrnahm, und das gleichzeitig mit irgendeiner Art innerer Schau eine ganz andere Wirklichkeit erblickte und davon als Realität sprach. Besonders unheimlich muß der Amme gewesen sein, wenn das kleine Mädchen von zukünftigen Dingen sprach, die es voraussah. Ein Mensch mit dem Zweiten Gesicht ist immer irgendwie unheimlich, besonders, wenn er noch ein so kleines Kind ist. Die Amme wollte die kleine Hildegard von solchen phantasierenden Gedankenwegen loßreißen, es in die alltägliche Welt zurückholen, und antwortete deshalb mit ihrem schroffen: Nichts.
Im Lauf der Zeit wurde diese Erfahrung des Andersseins dem heranwachsenden Kind Hildegard noch bedrückender deutlich. Der Eindruck der geschauten Bilder war stark und bedrängend. Hildegard konnte einfach nicht davon schweigen. «Manches erzählte ich einfach, so daß die, die es hörten, sich sehr wunderten, woher es käme und von wem es sei. Da wunderte ich mich selbst, daß ich, während ich tief in meiner Seele schaute, doch auch das äußere Sehvermögen behielt, und daß ich dies von keinem andern Menschen hörte. Darauf verbarg ich die Schau, die ich in meiner Seele sah, so gut ich konnte.»[17]
Auf dem spätgotischen Schnitzaltar in der Rochuskapelle zu Bingen ist in einem der Felder die Familie Bermersheim dargestellt: Das Elternpaar schaut auf die im Hofplatz musizierende, tanzende und sich beschäftigende Kinderschar. Nur Hildegard steht für sich allein, Kopf und Hände zu einem Lichtstrahl erhoben, der durch das durchbrochene Gewölbe vom offenen Himmel her auf das Angesicht des Kindes fällt. Mit ihrem Anderssein geborgen in einer frommen Familiengemeinschaft, so waren ihre frühen Kinderjahre.
Hildegard trug Jahr um Jahr ihre Doppelbelastung: die sie einengende, oft genug mit Schmerzen verbundene Krankheit und die sie tief bedrängende Gabe der Schau. Sie entwuchs darunter ihrem Kindesalter, wurde Jungfrau, Nonne, wurde Meisterin im Kloster Disibodenberg, sie verbot ihrem Mund die Klage und das Reden. Sie beugte sich der Führung Gottes, aber sie konnte keinen Sinn darin erkennen, außer dem einen, gemäß der Weis-

heit des Klosters, sich in Demut und Gehorsam zu üben. Erst als sie längst ihr vierzigstes Lebensjahr überschritten hatte, wurde ihr geoffenbart, daß ihr Leben vom ersten Moment ihres Daseins an unter einer göttlichen Bestimmung stand, und daß alles, was ihr auferlegt war, den einen Sinn hatte, sie zu einem brauchbaren Werkzeug Gottes zu machen. Nach Abschluß ihres ersten großen theologischen Buches *Scivias* schrieb sie in der vorgehefteten Vorrede: «Als ich die Mädchenjahre überschritten hatte und zu dem erwähnten gereiften Alter gekommen war, hörte ich eine Stimme vom Himmel sagen: ‹Ich bin das lebendige Licht, das alles Dunkel durchleuchtet. Den Menschen, den Ich erwählt (Hildegard) und den Ich, wie es Mir gefiel, machtvoll erschüttert habe, stellte Ich in große Wunder hinein, mehr noch als die Menschen der alten Zeiten, die viele Geheimnisse in Mir schauten. Doch warf Ich ihn zur Erde nieder, damit er sich nicht in Aufgeblasenheit erhebe. Die Welt hatte keine Freude und kein Ergötzen an ihm und fand ihn ungeschickt für weltliche Geschäfte, denn Ich habe ihn von trotziger Verwegenheit befreit. Furcht erfüllte ihn, und er zitterte in seinen Mühen. Er leidet Schmerzen in seinem Marke und in den Adern seines Fleisches. Sinne und Gefühl sind ihm beengt, und schwere Leiden duldet er in seinem Körper, so daß keine Sicherheit in ihm wohnt, er sich vielmehr in allem schuldig erachtet. Die Ritzen seines Herzens habe ich umzäunt, damit sein Geist sich nicht in Stolz und Ehrsucht erhebe, sondern aus alle dem mehr Furcht und Schmerz als Freude und Lust schöpfe›».[18]
Wenn ein mit heutigen psychologischen und anthropologischen Denkbegriffen vertrauter Mensch solches liest, wird Empörung in ihm aufsteigen, Empörung gegen eine nicht zu verantwortende, unmenschliche, zerstörend wirkende Grausamkeit angeblich göttlicher Erziehungsmethode. Denn das wird hier ja gesagt: «So hat Gott mich erzogen, und diese Erziehung hatte ich nötig.» Hildegard hat diese Art von Erziehung zu ihrem seit etwa dem vierzigsten Lebensjahr auszuübenden prophetischen Beruf nicht als ungerecht, grausam oder zerstörerisch empfunden, sondern als notwendig. Denn Hildegard wußte zutiefst, was an Rebellion in jedem Menschenherzen steckt, wie vieleMöglichkeiten zu Hochmut, Eitelkeit, Überheblichkeit, Aufgeblasenheit das Menschenherz wahrzunehmen weiß, und das um so mehr, je höher Gott einen Menschen in dieser Welt steigen läßt. Hildegard, schon zu Lebzeiten zur Höhe des Standes einer prophetischen Deuterin der Gotteswege und einer Heiligen erhoben, hat die Strenge der göttlichen Pädagogik als notwendig erkannt und anerkannt. Daher gewann sie die nüchterne, objektive, sachliche, von ihrer eigenen Person völlig absehende Art in der Betrachtung und Behandlung aller Dinge des menschlichen Lebens.

Von daher gewinnen wir auch die Gewißheit der Glaubwürdigkeit aller ihrer Aussagen, ob es nun Zeitangaben oder Erlebnisberichte sind. Es wird aber auch deutlich, daß Versuche, Hildegards Leben und Werk unter psychologischen, neurologischen, psychopathologischen oder parapsychologischen Kategorien zu betrachten und zu deuten, auf Irrwege führen müssen.

Solche Einordnungsversuche aufgrund der Voraussetzung, daß alle Menschen letztlich aus den gleichen, natürlicherweise vorgegebenen Bedingungen erklärbar sein müßten, versagen vor diesem Menschen. Die Gestalt der hl. Hildegard kann man nur unter der Gültigkeit des Wortes wahrnehmen und annehmen, das der hl. Paulus aus später Erkenntnis über sich selbst schrieb: «Gott hat mich von meiner Mutter Leibe an ausgesondert und berufen durch seine Gnade.»[19]

Nun dürfen wir uns aber noch einer erfreulichen Seite im Leben des Kindes Hildegard von Bermersheim zuwenden.

Die Seherin Hildegard war ein Augenmensch, von Kindheit an. Wie schön spricht sie von der Bedeutung der Augen für den Menschen! «Die Seele durchdringt die Augen; sind diese doch ihre Fenster, durch welche sie die äußere Natur erkennt.»[20] Das erkennende Sehen geschieht also von innen nach außen. Sehen ist eine Tätigkeit der Seele, welche durch ein ihr zuerschaffenes Fenster, das Auge, die Welt betrachtet, um sie zu erkennen und sich in ihr zurechtfinden zu können. «Mit Hilfe seines Sehvermögens erkennt und unterscheidet der Mensch alles. Würde ihm diese Sehkraft fehlen, so wäre er einem Toten gleich.»[21] So hoch wertet Hildegard die Möglichkeit der Welterfahrung durch das Auge. Sie ist nie ein in sich gekehrter, sich nach außen abschließender Mensch gewesen, was bei ihrer doppelten Belastung beinahe anzunehmen wäre. Mit wachen, aufmerksamen Sinnen war sie offen und aufnahmefähig der Welt zugewandt.

Um den elterlichen Gutshof her erlebte sie unvergeßlich das Wunder der nach jedem Winter neu aufbrechenden Grünkraft der Natur, die Blühkraft der Blumen in ihrem Farbenreichtum, die früchtetragende Kraft der Felder, Sträucher, Bäume und Reben. Die an solchen Worten reiche Sprache der Hildegardbücher hat ihre Wurzel in diesem tiefen Erleben. Der Monat Mai muß es ihr, wie jedem mit natürlichem Gefühl ausgestatteten Menschen, von Jugend auf angetan haben, wenn ringsum im Land ihrer Kindheit das Leben der Natur erwachte, alles Getier sich regte, Vogelstimmen von überall her die Luft erfüllten und die Schwalben zwischen den Gebäuden wie schnelle Pfeile vorüberflogen. Daß der Mensch im Laufe eines langen Lebens lernen muß, aus der Fülle der Welt das für ihn Wichtige auszuwählen, hat Hildegard mit ihrem Älterwerden dann auch erfahren. «Gleichermaßen wie der Monat Mai das Herz des Menschen mit Freude erfüllt, so soll auch der Mensch mit der Schau seiner Augen den vollen Gebrauch der natürlichen Dinge auf ganz natürliche Weise erkennen, damit er mit seiner Reife unter den Dingen das Sehenswürdige unterscheiden lerne, um

sich dann dafür mit aller Schärfe seiner Vernunft zu entscheiden.»[22] Daß Hildegard später für ihre Ausführungen über die körperliche und seelische Entwicklung des Menschen und die dafür notwendigen Erfordernisse Vorgänge aus der Gärtnerkunst, der Bewirtschaftung des Landes und der Pflege der Obstbäume heranzieht[23], geht auf das zurück, was sie in den jungen Jahren ihres Lebens deutlich vor Augen hatte und mit Aufmerksamkeit verfolgte. Wenn das Kind Hildegard am sonnenklaren frühen Morgen die Tautropfen auf Gräsern und Sträuchern bewunderte und ihm erklärt wurde, wie der Tau das Land erfrischt und das Grünen fördert, dann blieb das in ihrem Gedächtnis und wurde später Symbol für den geistlichen Tau, der das Feld der Menschenseele erfrischt.[24]
Hildegards Augen sahen staunend und liebend auch das Kleine und Geringe, das Leben, das auf einem kleinen Stück Rasen beisammen ist. Wo sie in ihrem Buch *Scivias* dem anmaßenden Wissenwollen des Menschen Gott gegenüber Grenzen setzt, schreibt sie: «Die Gräslein können den Acker nicht begreifen, aus dem sie sprießen. Denn sie haben nicht Sinn und Verstand und kennen weder ihr eigenes Wesen noch die Wirkung ihres Samens. Und doch umgeben sie den Acker mit der Anmut der Fruchtbarkeit. Mücke und Ameise und die übrigen kleinen Tiere verlangen nicht, über ihresgleichen zu herrschen oder Kraft und Sinn des Löwen und der anderen großen Tiere zu verstehen. Wieviel weniger kannst du erkennen, was im Wissen Gottes ist!»[25]
Auf dem elterlichen Geflügelhof beobachtete das Kind Hildegard, wie die Henne das Ausschlüpfen ihrer Küken fördert. «Die Sonne regiert alles, was unter der Erde ist, wie eine Henne ihre Küken hegt. Daraufhin steigt sie mit dem heiteren Tag über die Erde und stärkt alles, was auf ihr lebt, so, wie eine Henne ihre Küken aus den Eiern herauslockt.»[26] Dem voreilig und hoffärtig aufstrebenden Menschen, wenn Gott ihn auf den Weg des ewigen Heils berufen hat, hält Hildegard vor, was sie erfahren hat, als sie Tag um Tag vorsichtig die noch nicht flüggen Vöglein im versteckten Nest beobachtete: «Das bedenke der Mensch bei sich: Auch das aus dem Ei schlüpfende Vöglein, das noch keine Flügel hat, beeilt sich nicht zu fliegen; erst wenn ihm Flügel gewachsen sind, fliegt es, da es sieht: das Fliegen ist ihm angemessen.»[27]
Eines Tages sah sie, wie eine auf dem Hofplatz liegende Flaumfeder von einem Windhauch erfaßt und hochgetragen wurde, schwebte und schwebte und ins Weite fortgetragen wurde. Dies, das sie mit staunenden und glücklichen Augen sah, wurde ihr später zum Symbol ihrer eigenen Existenz. Sie bekannte von sich, daß sie nichts anderes sei als eine solche im Windhauch Gottes schwebende Feder.
Selbstverständlich hatte der elterliche Gutshof auch seine Bienenstöcke. Hildegard hat das Treiben der Bienen beobachtet und die honiggefüllten

Waben betrachtet, die beim Schleudern unterschiedlichen Honig ergaben. Das wurde ihr ein Bild für das unterschiedliche Ergebnis des mühsamen Wirkens der Seele im menschlichen Leibe: «Das verhält sich so, wie auch die Biene in ihrem Stock die Wabe mit dem Honig bildet, bald einen reineren, bald einen mehr verunreinigten.»[28]

Oft genug muß Hildegard schon in frühen Jahren angstvoll die Not der im Netz zappelnden Fische angesehen haben. Dies grausige Geschehen, das den Erwachsenen nicht so sehr trifft, weil er die Notwendigkeit solchen menschlichen Handelns anerkennt, muß sich ihr tief eingeprägt haben. Denn noch als Greisin drückt sie die ihr auferlegten körperlichen Leiden mit diesem Bilde aus: «Wie in einem Netz verstrickt.»[29] Einige Vorstellungen, die später in ihrem Werk eine große Bedeutung haben, sind sicher auf Erlebnisse in ihren jungen Jahren zurückzuführen.

Hildegard mag wohl öfter in der Großküche des herrschaftlichen Gutshauses vor der Herdstelle gestanden und mit staunenden Augen die Kochvorgänge beobachtet haben: Die brodelnden Kräfte in den verschiedenen Töpfen, den Zusammenhang zwischen starkem oder schwachem Feuer und der Art des Kochens, die auflösende, verwandelnde, umschaffende Kraft des Kochens, wodurch neue lebensspendende Substanzen und Kräfte geschaffen werden. Das setzte sich ihr dann später um in analoge Beschreibungen anderer Wandlungsvorgänge in Lebensprozessen auf verschiedenen Wirklichkeitsebenen, die sie entsprechend als «Kochen» bezeichnete.[30] Gott, der seinem Wesen nach lebendiges Licht und Feuer ist, «kocht den Menschen im Feuer und durchtränkt ihn mit Wasser.»[31] Vor dem flammenden Herd der Gutsküche und vor der Esse der Gutsschmiede hat Hildegard staunend gestanden, ergriffen von der Wirkungskraft des Feuers und Wassers und ihrem die Dinge umschaffenden und neuschaffenden Zusammenwirken, und so hat sie da in kindlicher Ahnung schon Zusammenhänge des göttlichen schöpferischen Schaffens empfunden. Was sie in der Schmiede sah, wie das unter der Schlacke verborgen ruhende Feuer aufflammt unter dem Windhauch des Blasebalges, das stand als inneres Bild vor ihr, als sie später schrieb: «Wie das Feuer schweigt, bevor es durch den Windhauch entflammt wird, dann aber vom Windhauch erregt wird und aufflackert, so schwieg auch Gottes Werk in seiner Vorsehung, bevor es offenkundig wurde.»[32]

Oder ein anderes Bild. Auf dem elterlichen Gutshof fuhren zu allen Zeiten die Arbeitswagen über trockene und aufgeweichte Wege und Felder. Einmal muß der Blick Hildegards auf das Rad solch eines Wagens gefallen und von dessen Bewegung gefesselt worden sein. Staunend sah sie das Rad, dies in sich selbst ruhende, um seine innere Achse sich drehende, kreisende, unaufhaltsam vorwärtsgleitende, sich durch den Schlamm wälzende und wieder hoch aufsteigende, sich selbst und anderes tragende und fortbewegende Rad. Später hat das Rad, Gott als das unantastbare, feste, sich in sich selbst bewegende Rad, das Rad der Welt- und Heilsgeschichte, in Hildegards Werk eine symbolstarke Bedeutung gewonnen.[33]

Die Erlebnisse des Kindes Hildegard sind zeitlich nicht festzulegen. Sie werden sich später im Laufe des Lebens wiederholt und vertieft haben. Sie sind wahrscheinlich eher in der Zeit im elterlichen Gutshof anzusiedeln als in den darauf folgenden Jahren auf dem Disibodenberg. Denn dort lebte Hildegard eine ganze Reihe von Jahren in der abgeschlossenen Frauenklause, also von der Außenwelt abgesondert.

Schon in diesen frühen Jahren wird deutlich, daß der Mensch Hildegard kein gespaltenes Wesen ist, zwiegeteilt in den normalen Alltagsmenschen und den ekstatisch einer Überwelt zugewandten Mystiker. Für Hildegard ist die Wirklichkeit aller Dinge um sie her weiter, offener, vielschichtiger als für die anderen, aber es ist die eine große Gotteswelt, in der sie lebt, und die sie mit den Sinnen und der Seele und dem Geist wahrnimmt.

Alles, was Hildegard von Kindheit an erlebt, was sie beeindruckt, ihr Nachsinnen anregt, sie bewegt, sammelt sich in ihrer bewußten und unterbewußten Erinnerung, liegt in ihrem Innern als Material bereit, dessen sich die Inspiration von oben im Lauf der Zeit bedienen kann, um den Inhalt der Offenbarungen auf anschauliche, faßbare Weise mitzuteilen. Hildegard war von Kindheit an mit einer starken Beobachtungsfähigkeit ausgestattet, wodurch alle ihre späteren Äußerungen eine so beeindruckende Realitätskraft besitzen.

Auch das fällt schon auf, daß Hildegard ein dem Wachsenden, Werdenden, Sichwandelnden, Lebendigen, Dynamischen offen zugewandter Mensch ist. Überall in der Wirklichkeit sieht sie dynamische Vorgänge. Sie denkt nie theoretisch, sie sucht nichts Statisches. Für sie ist alles voller Dynamik, auch die Weltgeschichte, mit der Hildegard gewiß schon im Elternhaus in Berührung kam. Die Folgewirkungen des Kreuzzugsgeschehens drangen in den ersten Jahren des neuen Jahrhunderts auch nach Deutschland, politische, wirtschaftliche und kulturelle. Davon spürte man etwas in den Adelshöfen und sprach davon.

Hildegards Bruder ging an den erzbischöflichen Hof um die Zeit, als die jüngste Schwester heranwuchs. Manche Nachricht kam von dorther in das Elternhaus. Auf dem Reichstag von Mainz 1103 forderte Kaiser Heinrich IV. von dem Erzbischof, daß dieser seinen Gewinn aus der Judenverfolgung beim Aufbruch der Kreuzzugsfahrer herausgebe, aber der Erzbischof entzog sich dem Zugriff durch die Flucht. Der Kaiser gab den überlebenden zwangsgetauften Juden die Erlaubnis, zum Glauben ihrer Väter zurückzukehren. Sicher sprach man davon. Den deutschen Adel beschäftigten die Taten und die Nöte ihres Kaisers. Auf ebendiesem Reichstag versuchte der Kaiser durch die Anordnung des Gottesfriedens und durch

gesetzliche Festlegung von Strafen auch für die fehdewütige Ritterschaft den Bewohnern des Landes Schutz und Sicherheit zu geben. Auch davon wird das Kind Hildegard gehört haben.
Nicht weniger hat die Bewohner von Bermersheim betroffen, was mit Kaiser Heinrich geschah, als dieser, vom Papst neu gebannt, von seinem eigenen Sohn verfolgt wurde, als sich ein großer Teil der deutschen Fürsten auf die Seite des Sohnes stellte und dieser nach vielem Hin und Her seinen Vater, den die Bevölkerung von Ingelheim umjubelt hatte, betrog, täuschte, gefangennahm und in den Kerker der Naheburg Böckelheim warf. Der Kaiser, der entkommen konnte, starb im Winter 1105/1106 auf der Flucht, verzagt und entkräftet. In allen Höfen und Dörfern werden die Menschen davon gesprochen haben, und vielleicht sind auch Bauern aus Bermersheim unter den vielen schlichten Menschen gewesen, die nach Speyer wallfahrteten, um geweihte Erde auf die unwürdige Grabstätte ihres geliebten Kaisers zu legen. Davon, wie es in der Welt zugeht, hat Hildegard schon in diesen frühen Zeiten ihres Lebens erfahren, und der spätere Umgang mit der Bibel, dem Buch, in dem die Weltgeschichte realistischer als in jedem anderen Buch gedeutet wird, hat ihr den Blick dafür tiefer und tiefer erschlossen.

2. Das Kind in der Klosterklause: 1106–1113

Mit dem Jahr 1106 begann für Hildegard ein neuer Lebensabschnitt. «Im Alter von acht Jahren ließ sie sich auf dem Berg des hl. Disibod einschließen, um mit Christus begraben zu werden und mit ihm zur Glorie der Unsterblichkeit aufzuerstehen. Bei ihr war die fromme gottgeweihte Frau Jutta.»[34] Der Disibodenberg liegt einen bequemen Tagesritt weit von Bermersheim im Winkel zwischen der Nahe und dem in sie einmündenden kleineren Flüßchen Glan. Man blickt von ihm in die liebliche, fruchtbare Landschaft zweier Flußtäler und auf die gegenüberliegenden bewaldeten Höhen. Am Fuße dieses Berges hatte zwischen sechshundert und siebenhundert ein nach einem langen Wanderpredigerleben altersmüder irischer Mönch, Disibod, unterhalb der schon länger auf der Bergkuppe stehenden Kirche eine Eremitenhütte errichtet, um darin seine letzte Lebenszeit zu verbringen. Die Predigt, das selbstlose karge Leben, die Menschenliebe und die Wunder dieses ganz Gott hingegebenen Mönches hatten die Bevölkerung der Gegend tief beeindruckt. Sie gaben ihm nach seinem Tod eine würdige Grabstätte, hielten sein christliches Leben in treuer Erinnerung und ehrten ihn schon bald als Heiligen. Der Berg wurde nach seinem Namen genannt, und seine Gebeine wurden später auf der Höhe in einer neuen Kirche als Reliquie bewahrt. Nach mancherlei Wechselfällen im Laufe der Jahrhunderte löste Erzbischof Ruthard von Mainz ein auf dem

Disibodenberg bestehendes Kanonikerstift auf, von dem aus die Umgebung seelsorgerlich betreut wurde, und verpflanzte Benediktiner auf den Platz. Sie begannen dort seit den frühen Jahren des zwölften Jahrhunderts mit der Neuerrichtung eines großen Klosters, das in wenigen Jahrzehnten zu einer der glanzvollsten Benediktinerabteien in dem ganzen Gebiet ausgebaut wurde.

Eben um diese Zeit begehrte die zweiundzwanzigjährige Tochter Jutta des Grafenehepaares Stephan und Sophie von der Burg Sponheim, etwas nördlich des Disibodenberges, auf alle ihr angetragenen Werbungen zu verzichten und ihr Leben ganz Gott hinzugeben. Die frommen Eltern waren mit ihrem Wollen einverstanden, und ihr Vater ließ auf dem Disibodenberg eine Frauenklause an die Mönchskirche anbauen. Dazu versah er das Kloster mit reichem Landbesitz. Solche Verbindung von Mönchskloster und Frauenklause gab es im frühen Mittelalter an vielen Stellen.

Nun waren Hildegards Eltern mit der Sponheimer Grafenfamilie befreundet, vielleicht sogar verwandt. So kam es zu der Überlegung, das achtjährige Kind Hildegard als Zehntopfer Gott zu übergeben und es der Klausnerin Jutta zur klösterlichen frommen Bildung anzuvertrauen. Dabei mögen sie auch daran gedacht haben, daß ihr immer kränkelndes Mädchen in einem Kloster gut aufgehoben sei. Sicher aber bewegte auch der damals vertraute Gedanke das Herz der Eltern, daß es ein gutes Tun sei, wenn man sich von einem in viel Sorge besonders geliebten Kind trennte und es ganz Gott hingebe. Wahrscheinlich wurde solches Denken für die Eltern sogar beglückend und ein Anlaß zum Danken, weil sie längst gespürt hatten, daß die vor ihren Augen heranwachsende Hildegard ein Gott zugewandtes Herz hatte.

Hildegard hat sehr viel später einmal dazu Stellung genommen, ob es gut und recht sei, Menschen schon als nicht entscheidungsfähige Kinder in ein Kloster zu geben. Sie hat davon abgeraten, weil ein Mensch dadurch in große innere Schwierigkeiten kommen könne. Hildegard meinte aber, wenn einmal so über einen Menschen entschieden worden sei, dann solle er sich durchringen und eine positive Einstellung zu der über ihn getroffenen Bestimmung erstreben. Unsere heutige, andersartige, sich human nennende Meinung zu solchem Geschehen vergißt, daß es weite Gebiete auf unserer Erde gibt, in denen die Eltern früh über die Verheiratung ihrer Kinder bestimmen, und daß dies sogar in Europa lange Zeit so gewesen ist. Außerdem müßte man daran denken, daß in vieler Hinsicht über den Menschen vorausbestimmt wird, ohne daß er darum befragt wird: seine körperlich-seelisch-geistige Konstitution, seine Erbanlagen, seine Krankheits- und Unfallschicksale, sein Hineingeworfenwerden in bestimmte Zeitumstände. Die Entscheidungsfreiheit des Menschen besteht darin, daß er Ja sagt zu dem ihm Auferlegten und es positiv in seine Lebensführung einarbeitet. Hildegard war in dieser Beziehung sehr nüchtern, sehr realistisch; aus den diesbezüglichen Stellen in ihren Schriften und ihrem Briefwechsel ist viel zu lernen.

Über Hildegard hat der Mönch Gottfried in der Vita sicher mit Recht geschrieben: «Sie ließ sich einschließen», und nicht: «Sie wurde der Klause übergeben.» Das Kind war innerlich, geistlich so gereift, daß es nicht nur einen frommen Wunsch der Eltern erfüllte, sondern diesen Schritt bewußt und mit eigenem Willen vollzog.

Am 1. November, dem Allerheiligentag des Jahres 1106, zog die Klausnerin Jutta von Sponheim mit der achtjährigen Hildegard und einem anderen gleichaltrigen Mädchen, das auch Jutta hieß, in die Klause ein. Sechs Jahre später trat noch die damals zehnjährige Hiltrud von Sponheim ein, mit der Hildegard sich besonders anfreundete.

Wie es bei der Eröffnung einer neuen Klause zuging, ist bekannt. Das ganze Mönchskloster nahm daran teil, selbstverständlich die Verwandten und guten Bekannten der Gottgeweihten, dazu eine große Menge Volkes aus der Umgebung. Denn die von ihren Alltagslasten geplagten Menschen nahmen starken Anteil daran, daß Menschen aus ihrer Mitte ganz in die Nähe Gottes treten wollten, auf alles irdische Menschenglück verzichteten und den stellvertretenden und fürbittenden Gebetsdienst für die Menschen in der Welt taten. Die schlichte Frömmigkeit der Leute maß solchem Tun Bedeutung und Wirkung bei.

Der Tag begann mit einem Gottesdienst in der für eine Totenfeier geschmückten Kirche, denn die Klausnerinnen sollten und wollten ja ihrem irdischen Leben absterben und mit Christus leben. Während des Gottesdienstes und bei der nachfolgenden feierlichen Prozession von der Kirche über den Klostervorplatz zur Klause wurden viele Hymnen und Psalmen gesungen, darunter auch die Antiphon, die noch heute bei der Einsegnung einer Nonne gesungen wird: «Das Reich der Welt und alle Erdenschönheit habe ich verachtet um der Liebe unseres Herrn Jesus Christus willen. Ihn habe ich gesehen, ihn geliebt, ihm habe ich mich verlobt, ihn habe ich erwählt. Mein Herz wallt auf zu gutem Wort; ich sage: mein Werk dem König, den ich gesehen, den ich geliebt, dem ich mich anverlobt, den ich erwählt.» Die neuen Klausnerinnen trugen Kerzen in ihren Händen, wie die klugen Jungfrauen Öllampen. Jutta, als schon Erwachsene und ihr Gelübde Ablegende, gab dem Abt auf seine Fragen, ob sie zu ihrem neuen Lebensstand bereit sei, ihre bejahende Antwort. Ein großes Kreuz wurde ihr auf die Schultern gelegt, damit sie es als ihren einzigen Schatz mit in ihre Klause nehme. Dann warf sie sich lang hingestreckt auf die Schwelle ihrer Zelle und blieb so liegen, während die Mönche über ihr die Gebete für sie als Klausnerin sprachen. Danach verließen die Mönche den Raum, und vor den Augen der draußen stehenden Klosterleute, Angehörigen und des ehrfürchtig zuschauenden Volkes wurde die Tür der Klause zugemauert. Für die Eingeschlossenen gab es keinen Weg mehr in die Außenwelt.[35]

Solch eine Klause war nicht so eng, wie wir vielleicht heute meinen. Neben dem Schlafraum gab es einen Wohn- und Arbeitsraum, natürlich eine Feuerstelle, sodann einen kleinen nach außen abgeschlossenen Garten, in dem Kräuter gezogen werden konnten und in dem die Klausnerinnen sich in der frischen Luft bewegen konnten. Irgendwo war denn auch noch eine Waschstelle und eine Latrine. Man hielt in den benediktinischen Klöstern auf Sauberkeit, Hygiene und Gesundheit. Die Frömmigkeit sollte den Menschen nicht körperlich ruinieren.[36]

Von dem Wohnraum der Klausnerinnen gab es ein Fenster in das Innere der angrenzenden Kirche, so daß die Insassinnen an den Chorgebeten und Gottesdiensten der Mönche teilnehmen konnten. Sodann gab es noch ein Fenster, durch das Licht und Luft in den Klausurraum kam, und schließlich ein kleines Fenster zum Klosterhof hin, das zum Durchreichen von Versorgungsgütern diente und an dem Gespräche mit Besuchern geführt werden konnten.

Jutta, die verantwortliche Meisterin, brachte eine gewisse Bildung und handarbeitliche Fähigkeiten mit, so daß sie die ihr anvertrauten Kinder zu beschäftigen wußte und zur Teilnahme an den Chorgebeten erziehen konnte. «Sie erzog sie sorgfältig im Gewande der Demut und Unschuld, unterwies sie einzig in den Gesängen Davids und lehrte sie das Singen der Psalmen», schreibt die Vita. Das heißt, sie führte die ihr Anvertrauten in die Kenntnis der heiligen Schrift ein, soweit ihr das möglich war.[37]

Wir wissen nichts weiter über diese Jahre. Aber daß es keine stumpfsinnige, inhaltsarme, den Geist der Kinder in ihrer entscheidenden Entwicklungszeit lähmende Zeit war, das zeigt sich an dem Ergebnis. Hildegard war ihrer Erzieherin und geistlichen Führerin immer in inniger Dankbarkeit zugetan und bewies in ihren weiteren Jahren, daß sie auf einen Weg geführt worden war, auf dem sie zu der hohen Gestalt werden konnte, als die wir sie kennen.

WIE · S · HILDEGARD · IN · INGELHEIM · ZV · KAISER · BARBAROSSA · SPRICHT

WIE·S·HILDEGARD·EIBINGEN·GRÜNDET·U·ZU·RÜDESHEIM·EINEN·BLINDEN·KNABEN·HEILT

II. Die Nonne Hildegard im Kloster Disibodenberg: 1113–1136

1. Stilles Lernen im Kloster

Wenn Hildegard Jahreszahlen ihres Lebens angibt, dann darf man annehmen, daß sie stimmen. Denn Hildegard hatte ein sehr gutes Gedächtnis, und jedesmal berichtet sie von etwas, das für sie von großer Wichtigkeit war oder eine besondere Bedeutung für ihren Lebensweg hatte.
«Bis zu meinem fünfzehnten Lebensjahr sah ich vieles, und manches erzählte ich einfach, so daß die, die es hörten, sich sehr wunderten.»[38] In ihrem fünfzehnten Lebensjahr hat sich also etwas geändert, ist nachher anders gewesen. Aber nicht das «Sehen» hat aufgehört. Das ist nie von ihr genommen worden. Hildegard hat in ihren eigenen Aufzeichnungen sehr genau festgehalten, was geschah. «Wenn ich von dieser Schau ganz durchdrungen war, sprach ich vieles, was denen, die es hörten, fremd war. Ließ aber die Gewalt der Schau ein wenig nach, in der ich mich mehr wie ein kleines Kind als nach den Jahren meines Alters verhielt, so schämte ich mich sehr, weinte oft und hätte häufig lieber geschwiegen, wenn es mir möglich gewesen wäre.»[39] Hildegard, in ein Alter kommend, in dem damals adelige Mädchen oft schon heirateten, wurde sich dessen bewußt, daß sie sich unter der Übermacht ihrer Schauung nicht in der Gewalt hatte und unbefangen erzählte wie ein kleines Kind. Sobald sie das erkannte, erschrak sie, schämte sich, ging abseits und weinte. Eines Tages aber, in ihrem fünfzehnten Lebensjahr, gewann sie Gewalt über sich, versiegelte ihren Mund, verschloß in ihrem Innern, was sie doppelsichtig sah, und verhielt sich, als sähe sie nicht mehr und nichts anderes als ihre Gefährtinnen. Sie konnte das, da sie ja nie in Ekstase geriet, immer ihre leibhaftige Umwelt ebenso deutlich sah und sich in ihr bewegen konnte wie jeder andere Mensch. «Darauf verbarg ich die Schau.»[40]
Hier erleben wir zum ersten Mal, in welch harte Zucht sich Hildegard nehmen konnte. Sie hat es oft genug bewiesen. Aber mit diesem ersten Mal war sie eine Erwachsene geworden. Die Zeit war gekommen, daß Hildegard die Jahre des noch frei mitlaufenden Klausenmädchens hinter sich ließ, sich für die lebenslange Bindung entschied und Nonne wurde. Die Meisterin Jutta, die ein waches Auge für die Entwicklung ihrer Schutzbefohlenen hatte, besprach dies mit Hildegard und sprach mit dem Abt des Klosters. Dieser wandte sich an den frommen Erzbischof Otto von Bamberg, der in den Jahren 1112–1115 das Erzbistum Mainz mit verwalten mußte, weil

Erzbischof Adalbert von Kaiser Heinrich V. gefangengesetzt war und im Kellergewölbe der Feste Trifels schmachtete. Sorge und Ängste lasteten auf dem Erzbistum Mainz. Kaiserliche Truppen hatten dem Land zugesetzt, die Spannung zwischen dem Kaiser und dem Papst, zwischen dem Kaiser und dem zum Papst haltenden Mainzer Erzbischof bedrückte auch die Insassen des Klosters Disibodenberg. Gebetsseufzer stiegen zum Himmel auf. In dieser Zeit, wir wissen das genaue Datum nicht, legte Hildegard ihr Gelübde ab. In Gegenwart ihrer Verwandten, ihrer Mitschwestern und der Mönche des Klosters hörte sie aus dem Munde des Bamberger Amtsträgers der Kirche dreimal die rufende Stimme ihres Herrn Jesus Christus: «Komm, Tochter, höre mich, die Furcht des Herrn will ich dich lehren!»

Demütig, aber in klarer Entschlossenheit, antwortete sie: «Ja, ich folge aus ganzem Herzen. Ich fürchte dich, und doch – ich suche dein Antlitz zu schauen. Herr, laß mich nicht zuschanden werden, sondern tue nach deiner Milde an mir und nach deinem übergroßen Erbarmen.» Darauf hörte sie wieder die Stimme des Erzbischofs, und die Worte legten ein festes, unlösbares Band um ihre Seele: «Ich vermähle dich Jesu Christo, dem Sohn des höchsten Vaters.» Hildegard ließ sich den Schleier über ihr Haupt legen, und forthin war sie Nonne, dem himmlischen Herrn geweihte und ihm zum Dienst bereite Jungfrau.[41]

In den nächsten mehr als dreißig Jahren geschah nun eigentlich nichts Besonderes mehr, außer daß Hildegard im Jahr 1136 an Stelle der verstorbenen Jutta zur Meisterin des kleinen Frauenklosters bestimmt wurde. Aber damit änderte sich im Grunde an ihrer Stellung in der Welt nichts. Sie war eine Unbekannte. Über die nähere Umgebung hinaus wußte niemand von ihrem Dasein, nur der Himmel kannte ihre Bestimmung und hatte acht auf ihren Lebensweg.

Hildegard wird still ihre Tage und Jahre dahingelebt haben, ihre klösterlichen Pflichten treu und mit Hingabe erfüllend, soweit sie ihrem kränkelnden Körper die Kräfte dafür abringen konnte oder Gottes Güte ihr in guten Tagen ein leichteres und freudigeres Tun schenkte. Wir können uns denken, daß sie an linden Sonnentagen wohl gern in ihrem kleinen Klausengärtchen saß, die verschiedenartigen Pflanzen beobachtete und an ihre von Gott geschenkten heilsamen Wirkungen dachte. An bösen Tagen mag sie wohl nur als schwache Kranke von ihrem Lager aus am Leben der Klause teilgenommen haben, aber ohne jede Wehleidigkeit, ohne den Gefährtinnen eine Last aufzulegen. Immer muß ihr abzuspüren gewesen sein, daß sie sich von einer höheren Kraft stärken ließ und dadurch geistig Herrin ihrer selbst war. Wie wäre es sonst möglich gewesen, daß sie dazu bestimmt wurde, Juttas Nachfolgerin zu werden.

Über diese Jahrzehnte in Hildegards Leben haben wir kaum Nachrichten und stützen uns daher auf Vermutungen. Alles, was wir wissen können, gewinnen wir, indem wir die wenigen direkten Aussagen genau hinhörend abwägen und daraus Schlußfolgerungen ziehen, weiter dadurch, daß wir bekannte Tatsachen der damaligen Zeit hinzunehmen und die Gestalt der hl. Hildegard vor diesem Hintergrund zu sehen versuchen.

Das von Anfang an Bestimmende und durch die Jahre hindurch sich ständig Vertiefende war für Hildegard auf dem Disibodenberg das Erfahren dessen, was Kirche ist, das Erleben der Gemeinschaft der Heiligen und das tägliche Leben in ihr. Hildegard wurde vertraut mit der geistlichen Tradition eines Ortes. Hier war Erinnerung lebendig, hier wurde in der ehrerbietigen Bewahrung der Reliquien des hl. Disibod Gott dafür gedankt, daß er im 7./8. Jahrhundert an diesem Ort einen wahrhaft frommen Menschen hatte leben und seinen Mitmenschen dienen lassen. Am Gedenktag des Heiligen am 8. Juli kam das in feierlichen Gesängen zum Ausdruck. Von Kirchenjahr zu Kirchenjahr wurden in den Gottesdiensten die Namen vieler heiliger Männer und Frauen genannt, und man gedachte ihrer, die schon in der erhöhten Gemeinde vor Gottes Thron stehen. Hier erfuhr Hildegard, daß Kirche eine die Grenzen von Raum und Zeit überschreitende Gemeinschaft ist.

«Ora et labora» (bete und arbeite), nicht umgekehrt, diese benediktinische Grundregel bestimmte das Leben der Männer und Frauen auf dem Disibodenberg. Die mönchischen Tagzeiten, das Chorgebet und die feierlichen Gottesdienste hoben ständig den menschlichen Alltag mit seinen festgesetzten Arbeitsstunden und Essenszeiten über sich selbst hinaus, stellten den Menschen mit seinem täglichen Leben vor Gott und in die Gemeinschaft der Kirche. Eine Fülle von Psalmen, Schriftlesungen, Antiphonen, Responsorien, Hymnen, dazu Lesungen aus den Schriften der großen Kirchentheologen wurde hörend, betend, singend von Tag zu Tag und von einem Kirchenjahr ins andere von Geist und Seele aufgenommen, wurde innerer Besitz und Reichtum. Wie in allen Klöstern, las zur Tischzeit jeweils eine der Klausnerinnen aus einem Heiligenleben oder einem erbaulichen Buch der Kirchenväter. Jutta, die Meisterin, las nach benediktinischer Gewohnheit den ihr anvertrauten Töchtern fortlaufend Abschnitte aus der Regel des hl. Benedikt vor und gab Erklärungen dazu.

So wurde Hildegard von Jahr zu Jahr tiefer in die anbetende Erkenntnis der großen Wunder des Handelns Gottes mit seiner Welt eingeführt. Der vielfältige Reichtum und die unermeßliche Weite des göttlichen Heilswirkens teilten sich ihr mit. Die dabei gewonnene Haltung ehrfürchtiger Anbetung wird in den großen theologischen Schriften der hl. Hildegard überall spürbar.

Die notwendigen bildungsmäßigen Voraussetzungen für diese Teilhabe am Leben der Kirche wurden schon früh erfüllt. Denn selbstverständlich hatte Jutta ihre jungen Klausnerinnen in der Kenntnis der Buchstaben unterwiesen, sie zu lesen gelehrt, dabei auf genaues Sprechen geachtet, sie die kirchlichen Texte singen lassen, so daß sie mit der Schönheit und melodischen Biegsamkeit der Gregorianik vertraut wurden und die sinnvollen liturgischen Bewegungen mit dem Singen verbanden. Hildegard lernte das «wiederkäuende» Insichaufnehmen und das meditative Betrachten von biblischen und liturgischen Texten. Natürlich vermittelte Jutta ihren Schülerinnen auch in mühseliger Kleinarbeit und mit vielen Wiederholungsstunden die Bedeutung der lateinischen Worte, damit sie den Sinn des Gehörten, Gebeteten und Gesungenen fassen konnten. Aber im Unterschied von den Mönchsklöstern, in denen gründlich die Grammatik der lateinischen Sprache betrieben wurde und der Stil der klassischen Latinität in fleißiger Lektüre der überkommenen antiken Literatur studiert wurde, konnte Hildegard mit ihren Gefährtinnen nur die schlichte Wortbedeutung der ihnen vorliegenden Texte erlernen und ein Latein sprechen und später auch schreiben, das zwar kunstvolle grammatische Stilgestaltung vermissen ließ, aber gerade dadurch eine plastische, kraftvolle Lebensnähe in sich trug.[42]

Das Kloster Disibodenberg stellte den Klausnerinnen die Bücher mit den für sie notwendigen Texten zur Verfügung. Jutta hat ihnen dann auch das Schreiben beigebracht, zunächst, wie damals gebräuchlich, auf Wachstafeln. Dann aber wird im Laufe der Zeit die Klause auch eine eigene Schreibstube entwickelt haben, denn das Vervielfältigen der für die Gottesdienste und Chorgebete notwendigen Texte gehörte zur klösterlichen Arbeit. Das Kloster Disibodenberg, von dem einige sehr schöne liturgische Handschriften erhalten sind, bot dafür Anregungen genug.

Hildegard konnte also, in der Liturgie der Kirche aufgewachsen und täglich in ihr lebend, eine umfassende Kenntnis der in den Texten enthaltenen theologischen Lehre ihrer Kirche gewinnen. Gern wird behauptet, Hildegard habe sich in ihren stillen Jahren eine umfassende theologische Bildung angeeignet und sich mit der theologischen Literatur der vorausgegangenen Jahrhunderte und auch ihrer Epoche gründlich vertraut gemacht, daher sei sie dann imstande gewesen, in genialer Weise die Sachverhalte neu darstellend, ihre großen theologischen Bücher zu schreiben. Dadurch wird Hildegard in die Reihe der hervorragenden, genial schaffenden Geister der Kirchen- und Theologiegeschichte eingegliedert, ein bewundernswerter, Staunen erregender, bedeutender Mensch, zumal als Frau. Ihr Werk wird menschlich zu erklären versucht. Doch das sind Fehldeutungen.

Nur die Schätze der Liturgie und der täglichen klösterlichen Lesungen vermittelten Hildegard die Kenntnisse, auf denen die ihr zuteil gewordene prophetische Offenbarung aufbauen konnte, um sie zu der herausragenden prophetischen Lehrerin der Kirche werden zu lassen. Hildegard war, im Vergleich mit den Mönchstheologen, eine ungebildete Frau. Wir müssen die Zeugnisaussagen darüber ernst nehmen. Hier seien zunächst zwei herausgegriffen. Später muß diese Frage noch ausführlich behandelt werden. Im hohen Alter teilt Hildegard dem Mönch Wibert von Gembloux auf dessen sehr exakte Fragen mit: «Was ich nicht sehe (in den visionären Bildern ihrer Schau), das weiß ich nicht, denn ich bin ungelehrt und wurde nur unterwiesen, in Einfalt Buchstaben zu lesen. Und was ich schreibe, das schaue und höre ich in der Vision und setze keine anderen Worte als die, die ich höre, in ungefeilten lateinischen Worten, so wie ich sie in der Vision höre.»[43] Hildegard hat also nie in der Art wissenschaftlicher Arbeitsweise, wie die Mönchstheologen ihrer Zeit, gearbeitet. Das wird bestätigt in einem Brief, den der Prior Albert vom Disibodenberg um 1160 an Hildegard schrieb. Darin sagt er: «Wir wissen ja, wie Ihr bei uns erzogen und unterrichtet wurdet und das klösterliche Leben führtet, wir wissen auch, daß Ihr nur weiblichen Arbeiten oblagt, daß Ihr durch keine andern Bücher als das einfache Psalterium (die Chorgebetsbücher) unterwiesen wurdet und in Lauterkeit den guten und heiligen Wandel liebtet.»[44] Hildegard ist also niemals dadurch aufgefallen, daß sie weitere theologische Literatur erbeten und sich mit ihr beschäftigt hätte.

2. Klausur und Weltoffenheit

Die Klause hatte außer der Öffnung zum Einlaß von Licht und Luft noch zwei lebenswichtige Fenster. Das eine, zum Kirchenraum hin, verband die Klausnerinnen mit dem gottesdienstlichen Leben des Klosters. Dort auch wartete der für ihre Seelsorge bestimmte Mönch auf das Herantreten der einzelnen Nonnen und nahm ihnen die Beichte ab, dort empfingen sie die Kommunion, und dort durften vielleicht auch seelsorgerliche Gespräche geführt werden.

An dem anderen, dem Durchreichefenster zum Klosterhof hin, ging es lebhafter zu. Dort durfte man mit Besuchern sprechen, dort wandten sich Rat suchende Frauen an die fromme Meisterin. Dieses Fenster war die Öffnung zur Außenwelt, zur nahen und zur fernen. Durch diese Öffnung kamen alle Nachrichten in die kleine Klause und weiteten den seelischen und geistigen Raum der Eingeschlossenen. Sie führten wahrscheinlich keine langen Gespräche über das, was sie hörten, denn die Schweigezeiten waren länger als die Zeiten des erlaubten Miteinanderredens. Aber sie blickten sich an, sie verstanden sich schweigend und nahmen das, was sie bewegte, hinein in ihr persönliches und gemeinsames Gebet. Sie dachten lange darüber nach.

So war es, als 1109 die Nachricht vom Tode ihres Erzbischofs Ruthard, des Gründers ihres Klosters, auf dem Disibodenberg eintraf. So war es, als das

Kloster seit 1112 jahrelang um der schauderhaften Qualen willen seufzte, die ihr geistlicher Oberhirte, Erzbischof Adalbert von Mainz, im Burggefängnis Trifels leiden mußte, weil er zu dem rechtmäßigen Papst hielt und den kaiserlichen Gegenpapst nicht anerkennen wollte. Schauder und Entsetzen breitete sich im Kloster aus, als sich herumsprach, in welch erbärmlichem, zerschundenem Zustand dieser hohe Geistliche aus dem Verlies emporstieg und in sein Bistum zurückkehrte.
Nicht weniger bewegte das Geschehen in nächster Nähe die Klausnerinnen. Sie nahmen von ihrem Fenster aus an der Totenmesse für den ersten Abt des Klosters, Burkard, teil, unter dessen Gebet und Segen sie sich wenige Jahre zuvor hatten einschließen lassen. Sie beteten im Jahre 1128 für die Seele ihres zweiten Abtes, als sein Leib zur irdischen Ruhe gelegt wurde. Er war ein kluger, schreibgelehrter und geachteter Mann gewesen. Sie geleiteten seinen Nachfolger, Abt Fulkard, einen frommen Mönch, mit ihrer Fürbitte in sein hohes Amt, als sie von ihrem Fenster aus an dem feierlichen Einführungsgottesdienst teilnahmen. Sie freuten sich mit ihrer Meisterin Jutta, als sie hörten, daß deren Bruder Meginhard den 1118 gefaßten Plan seines verstorbenen Vaters ausführte und in Sponheim ein Benediktinerkloster baute, das schon 1123 eingeweiht werden konnte.
Durch das kleine Fenster kamen auch die Nachrichten über das Geschehen im Reich und in der Kirche zu den Klausnerinnen. Die Auseinandersetzungen des begabten, hochfahrenden, oft grausamen Kaisers Heinrich V. mit dem Papsttum um die Ämterbelehnungen in den hohen geistlichen Stellen, Bannung, Einsetzung eines Gegenpapstes, zögerndes Nachgeben und früher Tod nach elendem Siechtum, das bewegte auch die Menschen auf dem Disibodenberg. Das Kaisergeschlecht der Salier war erloschen. Die wirren Verhältnisse im Reich kamen nicht zur Ruhe. Dem durch sein Herzogtum Sachsen starken, aber schon alten Lothar von Supplinburg, den ein Teil der deutschen Fürsten 1125 zum König wählte, setzten die andern Fürsten den Staufer Konrad III. als König entgegen, der sich später mit einer sehr persönlichen Bitte an Hildegard wandte. König stand gegen König. Das bedeutete Not für das Volk. Und Papst stand gegen Papst, denn im Jahre 1130 wurden in Rom im Konflikt der dortigen Parteien zwei Päpste eingesetzt. Geistliche Autorität stand gegen geistliche Autorität. Durch den Tod des einen der beiden Päpste wurde 1138 das Schisma beendet. Aber ein nächster rechtmäßig gewählter Papst mußte im Jahr 1145 nach Deutschland flüchten, weil die römische Stadtbevölkerung in städtischem Freiheitsdurst die politische Oberhoheit des Papstes nicht mehr ertragen wollte. Doch das Ansehen des Papsttums und seiner zentralistischen Leitungsmacht waren im Bewußtsein der Menschen im Aufstieg, nicht zur Freude mancher nach größerer Selbständigkeit trachtenden geistlichen Fürsten.

Deren mächtigster im Reich, Albero von Trier, brachte es fertig, nach dem Tode König Lothars den inzwischen schon zurückgetretenen Gegenkönig, den Staufer Konrad III., nun doch auf den Thron zu heben, einen schwachen und nicht durchhaltefähigen Mann, dem die inzwischen versippten Sachsen- und Bayernherzöge im Reich ein starkes Gegengewicht boten. So waren kommende Auseinandersetzungen und kommende Leiden für Volk und Kirche noch immer in Sicht.

Das waren die Jahre in Hildegards Leben, die wir die stillen nannten, weil Hildegard in der Klause ein geborgenes, stilles Leben führen konnte. Aber es ist gewiß, daß ihr wacher Geist und ihre empfindungsstarke Seele hellhörig für die Unruhen ihrer Zeit war. Davon geben später ihre Schriften und ihr Briefwechsel Zeugnis. Hildegard war vorbereitet, als Gott sie in den prophetischen Dienst führte.

In mancherlei Weise hilfreich für ihr späteres Tun war das Miterleben der entscheidenden Neubauperiode des Disibodenberges. Dort standen noch frühere Gebäude und eine kleine Kirche, als die Benediktiner zu Anfang des Jahrhunderts ansässig wurden. Aber sie kamen als neue Klostergründer, hatten andere Aufgaben als vorher die kleine Gruppe von Kanonikern, brachten eine andere geistige und geistliche Tradition mit und brauchten viel mehr Raum, vor allem auch als Zentrum ihres Lebens ein würdiges Gotteshaus, eine große Kirche. So hörte denn in diesen Jahrzehnten das Abbrechen, Aufbauen, Erweitern und Neubauen nie auf. Vielspännige Ochsenkarren brachten mühsam die nötigen Steinmassen heran, das Hämmern der Steinmetzen drang bis in jeden Winkel, Winden ächzten beim Hochhieven der Steingewichte, und überall im Kloster, auch in der Frauenklause sprach man davon, was zur Zeit im Bau war, was fertig wurde, und was dann noch nötig sei. Es gehört ja so viel dazu: Die Wirtschaftsgebäude, die Vorratsgewölbe für die Erträge der weitgestreuten Landbesitze, die Unterkunfts- und Konventsgebäude, die Abtei, das Hospiz für Gäste und Kranke, die Zisterne zum Sammeln des Regenwassers von den vielen Dächern, die Steinrohrleitung zum Herbeiführen des Wassers aus der Bergquelle und zur Zuleitung in die verschiedenen Gebäude. Und vor allem die Kirche mit dem angeschlossenen großen Kreuzgang. Immer war es ein Freudentag, wenn ein neues Gebäude in Benutzung genommen wurde, und besondere Festtage waren es für die Klosterinsassen, wenn im Fortgang des Kirchenbaues wieder ein Altar durch feierliche Einsegnung seiner gottesdienstlichen Bestimmung übergeben wurde. Die Klausnerinnen hatten von ihrem Fenster aus das Wachsen des Kirchbaues mit Bewunderung und Ehrfurcht verfolgt, das Aufsteigen zur Höhe, das Sichausweiten in eine Länge von fast sechzig Metern und in eine Querschiffbreite von über dreißig Metern. Von Jahr zu Jahr war der den Mönchen für ihre Gottesdienste zur Verfügung stehende Raum grö-

ßer geworden und in dem achteckigen Turmgewölbe über der Kreuzung von Längs- und Querschiff zu seiner höchsten Höhe aufgestiegen. Die Einweihung dieser Kirche im Jahr 1143 erfüllte Mönche und Nonnen mit heiliger Freude und jubelndem Dank. Mit ihren Gesängen begleiteten sie die Überführung der aus ihrem bisherigen Ruheort erhobenen Gebeine des hl. Disibod hinter den Hochaltar des neuen Gotteshauses.Dieser Ort sollte ihnen hinfort eine Erinnerung an das gnädige Handeln Gottes mit den Menschen und eine Mahnung zur eigenen Christusnachfolge sein.
Etwa hundert Jahre später wurde das Kloster in den Auseinandersetzungen zwischen dem Mainzer Erzbischof und den Grafen und Rittern dieses Gebietes militärisch mißbraucht und daher zerstört. Was heute an Ruinen auf dem Disibodenberg zu sehen ist, sind die aus metertiefem Schutt vergangener Zeiten herausragenden Reste einer einst bedeutenden Klosteranlage.
Sprach man im Land von dem Ruhm dieses Klosters, dann fehlte es nie an Lob für die kleine Frauenklause und ihre fromme Meisterin Jutta, und es währte nicht lange, und weitere Töchter aus den Adelsfamilien des Landes klopften an die Tür und baten um Aufnahme. Die Eintretenden brachten dem Kloster neue Besitztümer, Stiftungen von ihren Land besitzenden Angehörigen. Auch aus andern Anlässen kamen Schenkungen. Durch all dies war der Disibodenberg ein wohlhabendes Kloster geworden und die Existenz der Frauenklause gut gesichert.
Die Zahl der Klausnerinnen hatte im Laufe der Jahre so zugenommen, daß der Raum nicht mehr reichte. Die Enge und Weltverschlossenheit der Klause wurde gesprengt. Irgendwann im Laufe der Zeit, wir wissen nicht genau wann, wurde die zugemauerte Klause in ein offenes Frauenkloster umgewandelt. Ein Beweis dafür ist der Bericht der «Vita» über einen Besuch des Abtes im Frauenkloster, als Hildegard krank und bewegungsunfähig auf ihrem Bett lag.[45] Das war um die Zeit, als die Entscheidung über die Umsiedlung der Nonnen auf den Rupertsberg fallen mußte. Aber auch schon vorher, als Hildegard den Schreibauftrag für ihr erstes Buch empfing und das Kloster ihr einen Sekretär für die Reinschrift ihrer Aufzeichnungen stellte, muß es Verbindung zwischen dem Frauen- und dem Männerkloster gegeben haben. So wird die Öffnung irgendwann vor 1140 geschehen sein, wahrscheinlich aber schon in der Zeit vor Juttas Tod.

3. Die Schauende und Angefochtene

Solange Jutta lebte, bestand zwischen ihr und Hildegard ein besonderes Vertrauensverhältnis. Seit ihrem fünfzehnten Lebensjahr hatte Hildegard ihren Mund verschlossen und nichts mehr von ihren Gesichten gesagt. Aber sie war von ihrer Last nicht befreit, eher noch mehr bedrückt. «Die

Kraft und das Mysterium verborgener, wunderbarer Gesichte erfuhr ich geheimnisvoll in meinem Inneren seit meinem Kindesalter, so wie auch heute noch», schrieb Hildegard im Begleitwort zu ihrem *Scivias*-Buch.[46] Es gab also keine schauungsfreie Zeit in ihrem Leben. Die aufmerksame Meisterin Jutta sah, daß Hildegard litt. Diese bekennt in ihren Aufzeichnungen in der Vita: «Die Edelfrau, der ich zur Erziehung übergeben worden war, bemerkte es und teilte es einem ihr bekannten Mönch mit.»[47] Es muß also ein Gespräch zwischen Jutta und Hildegard gegeben haben, durch das die sich sorgende Meisterin erfuhr, wie es um Hildegards Innenleben stand. Sie hat dann einen ihr als vertrauenswürdig erscheinenden Mönch darüber um Rat gefragt und muß danach wieder mit der ihr Anbefohlenen gesprochen haben. Wenn Hildegard dies in ihrer Vita festgehalten hat, so ist das ein Zeichen dafür, daß die Mitwisserschaft und der Zuspruch dieser beiden geistlich reifen Menschen ihr eine Hilfe gewesen sind.

Aus diesen Erfahrungen bewahrte sich Hildegard ein unauslöschliches Bild ihrer Meisterin in ihrer Seele, das sie in ihren Aufzeichnungen mit wenigen treffsicheren Worten beschrieb: «Dieser Frau schenkte Gott sozusagen Ströme von Gnaden, so daß sie ihrem Leib durch Wachen, Fasten und andere gute Werke keine Ruhe gewährte, bis sie ihr irdisches Leben durch ein gutes Ende beschloß. Ihre Verdienste hat Gott auch durch herrliche Zeichen offenkundig gemacht.»[48]

Hildegard ertrug die Schauungen nun leichter, auch in den Jahren nach Juttas Tod, als sie selbst Meisterin des Frauenklosters war. «Nach ihrem (Juttas) Tod schaute ich in der gleichen Weise bis zu meinem zweiundvierzigsten Lebensjahr. Da wurde ich in dieser Schau unter heftigen Schmerzen gezwungen zu offenbaren, was ich gesehen und gehört hatte.»[49] Das war, als Hildegard den wie einen Zwang über sie ergehenden Auftrag empfing, als prophetische Offenbarerin der göttlichen Wahrheiten vor die Welt zu treten. Damit begann eine neue Notzeit für sie.

Was für Schauungen Hildegard in diesen Jahren und was sie an deutenden Worten dazu empfing, darüber hat sie nie berichtet. Wir haben nur einige Andeutungen, wie z. B. die Aussage, daß sie bei ihrem unbedachten Erzählen als junges Mädchen auch von zukünftigen Dingen gesprochen habe. Aufschlußreich ist das, was die über Fünfundsiebzigjährige an den Mönch Wibert von Gembloux schrieb: «Von Kindheit an, da meine Gebeine, Nerven und Adern noch nicht erstarkt waren, bis zur gegenwärtigen Stunde, da ich schon über siebzig Jahre alt bin, habe ich in meiner Seele diese Schau. Wie es Gott gefällt, steigt meine Seele bei diesem Schauen bald empor in die Höhe des Firmamentes und in die wechselnden Luftzonen. Bald weitet sie sich unter die verschiedenen Völker, seien sie auch weit fort in fernen Gegenden und an unbekannten Orten. Ich schaue all das in meiner Seele und erblicke es nach Art des Wechsels der Wolken und der übrigen Schöpfungsgebilde. ... Wie Sonne, Mond und Sterne sich im Wasser spiegeln, so leuchten mir aus ihm (dem überräumlichen Licht) die Schriften, Worte, Kräfte und manchmal auch Taten der Menschen gestalthaft entgegen.»[50]

Einiges Wichtige ist hier festzuhalten. Zunächst noch einmal: Es gibt keine schauungsfreien Abschnitte in dem langen Hildegard-Leben. Sodann: Die Schauungen eröffnen ihr Einblicke in die überirdischen Regionen der Engelwelt und in die Abläufe der Völker- und Weltgeschichte sowie in die den Lauf des Naturgeschehens und der Menschengeschichte bestimmenden Kräfte, die sich ihr in symbolhaften Gestalten darstellen. Zu diesen Bildvorgängen empfängt sie deutende Mitteilungen in Wort und Bild. Es ist also eine überaus reichhaltige Wirklichkeitsfülle, die sich in all den Jahren vor ihr ausbreitet. Um so erstaunlicher ist das vollkommene Schweigen über die Inhalte, ein Beweis für die tiefe und echte Demut Hildegards sowie für ihre geistige Entscheidungskraft. Erst als es ihr von ihrem Schöpfer in schon höherem Alter befohlen wurde, öffnete sie den Mund und nahm den Schreibgriffel in die Hand.

Hildegard suchte und begehrte diese Schauungen nicht, aber sie dachte über sie nach, suchte sie geistig zu verarbeiten. Darauf deuten ihre Bemerkungen in dem oben angeführten Brief: «Was ich in dieser Schau sehe oder lerne, behalte ich lange im Gedächtnis. Sobald ich es sehe oder höre, geht es mir ins Bewußtsein ein.»[51] Von daher kann man wohl vermuten, daß die in Hildegards erstem Buch von 1141 an niedergeschriebenen Offenbarungen eine längere Vorbereitungsgeschichte in Hildegards Innenleben haben.

Wenn wir auch kein Bildnis der hl. Hildegard und keine Beschreibung ihres äußeren Aussehens haben, ersteht doch vor uns die Gestalt eines hohen, gefestigten, ausstrahlungsstarken Menschen, dem zu begegnen als Bereicherung erlebt werden mußte. Es verwundert denn auch nicht, in dem späteren Briefwechsel immer wieder auf Äußerungen von Zeitgenossen zu stoßen, die das offen von sich bekennen. Der Mönch Gottfried hat in der «Vita» beschrieben, wie die Gefährtinnen und die Mönche auf dem Disibodenberg in diesen Jahrzehnten die Entwicklung der Nonne Hildegard erlebten. In kurzen Sätzen, jeder von Gewicht, jeder eine Herausmeißelung eines bestimmten Wesenszuges dieser Gestalt, stellt er den Menschen dar, den Gott für eine einzigartige Aufgabe heranreifen ließ. Gottfried schreibt: «Nachdem die Jungfrau Christi das monastische Gelübde abgelegt und den geweihten Schleier empfangen hatte, machte sie große Fortschritte und stieg von Tugend zu Tugend. Mit Anerkennung und Freude gewahrte dies ihre ehrwürdige Mutter (Jutta) und nahm voll Bewunderung wahr, wie aus einer Schülerin die Lehrmeisterin wurde und eine Wegbereiterin auf den Höhenpfaden der Tugend. In ihrem Herzen glühte eine milde Liebe, die von ihrer Weite niemanden ausschloß. Den Turm der Jungfräulichkeit schützte die Mauer der Demut. Zu der Kargheit in Speise und Trank gesellte sich die Schlichtheit der Gewandung. Die züchtige Ruhe ihres Herzens offenbarte sich im Schweigen und in sparsamen Worten. Und all diese Kleinodien heiliger Tugendkräfte, die aus der Hand des höchsten Künstlers kommen, hütete die Schatzmeisterin Geduld als Zierde für die Braut Christi. Doch wie sich im Feuerofen das Gefäß des Töpfers bewährt, so gelangt im Leiden die Tugend zur Vollendung. Beinahe von Kindheit an hatte sie fast ständig an schmerzlichen Krankheiten zu leiden, so daß sie nur selten gehen konnte ... Was aber den Kräften des äußeren Menschen abging, das wuchs dem inneren durch den Geist der Weisheit und der Stärke zu. Während der Leib verfiel, entbrannte wunderbar feurig in ihr die Kraft des Geistes.»[52]

Es scheint nach dieser Beschreibung der hl. Hildegard so, aber es scheint wirklich nur so, als sei ihr Leben geradlinig, ohne innere Anfechtungen und Kämpfe verlaufen, ein stilles und stetiges Höhersteigen. Schon ihre persönlichen Auseinandersetzungen mit der Last ihres Krankseins und der Last ihres Schauenmüssens deuten darauf hin, daß sie kämpfen mußte. Aber es gibt noch einen deutlicheren Hinweis.

In dem Buch *Scivias* stehen ziemlich am Anfang einige Seiten, die man nur zaghaft ein zweites Mal liest, wenn man erkannt hat, daß Hildegard in dieser Vision von sich selbst reden muß. Sie erlebt sich in einer Rückschau auf dem Weg durch die Jahre ihres Lebens. Schaurige Anfechtungen, satanische Versuchungen und quälende Seelennöte mußte sie durchstehen, bis sie notvoll zur demütigen Geborgenheit in Gott fand.

Die an das Zelt ihrer Leiblichkeit gebundene Seele, hineingestoßen in eine Welt, in der die Mächte des Bösen ihr Wesen treiben, klagt laut: «Ich Pilgrim! Wo bin ich? Im Todesschatten. Auf welchem Wege ziehe ich dahin? Auf dem Wege des Irrtums. Welchen Trost habe ich? Den Trost der Heimatfernen.» Alle Art von leiblicher und geistiger Versuchung bricht über sie herein. Immer ist sie in Gefahr, durch die Einflüsterungen böser Mächte von ihrem Schöpfer losgerissen zu werden. Aber sie kämpft und kämpft, bis sie in der standhaften Demut Frieden findet.

«Obgleich ich ein armseliges Wesen bin, so obliegt mir doch Großes. Ach, wer bin ich! Was klage ich! Ich bin der lebendige Hauch im Menschen, eingesenkt in das Zelt von Mark und Adern, von Gebein und Fleisch. Ich bin es, die diesem Zelte Wachstum gibt und es in all seinen Bewegungen trägt. Aber wehe, meines Zeltes Sinnenverhaftung gebiert Unreinheit, Ausgelassenheit, Leichtfertigkeit und jede Art von Lastern. Ach, wie beklage ich dieses Unheil! Denn wenn ich gedeihendes Leben in meinem Zelte spüre, stürzt sofort eine teuflische Einflüsterung auf mich los und umnebelt mich und reißt mich mit im Rausch des Stolzes, so daß ich mir immer wieder vorsage: Wie die sprossende Grüne der Erde will ich wirken! Denn ich weiß, daß ich in meinem Zelte (Leibe) jegliches Werk, gutes wie böses, in meiner Macht habe. Aber meines Zeltes Begierlichkeit hemmt mich, so daß ich meine Werke erst durchschaue, wenn ich die grausame Wunde in mir fühle. O welches Klagegeschrei erhebe ich da! Gott, hast nicht Du mich erschaffen? Gemeine Erde drückt mich nieder! Soll ich fliehen? Wenn in meinem Zelte die fleischliche Begierde sich regt, flößt sie mir die Lust zum bösen Werke ein, und ich vollbringe es. Aber die Vernunft und das Wissen, die in mir lebendig sind, erinnern mich, daß ich von Gott erschaffen bin, und ich spüre, daß es Furcht war, wenn Adam sich nach seiner Übertretung verbarg. So fliehe ich auch furchtsam das Angesicht meines Gottes, weil ich empfinde, daß die Werke meines Zeltes ihm zuwider sind...

Ich Elende! Schändliche Gifte sind in mich geweht von Adam her, der die Fleischeszelte baute, nachdem er über das göttliche Gebot hinweggeschritten und auf die Erde hinausgestoßen war. Denn das Schmecken der Sünde senkte unheilvolle Süßigkeit in Blut und Fleisch. Sie ist es, die die Makel der Laster gebiert. Ich fühle sie in mir – diese Lust des Fleisches zur Sünde. Von Schuld berauscht, vernachlässige ich den reinsten Gott. Und doch wollte ich den Gelüsten meines Zeltes nicht folgen. Denn im Anfang erschuf Gott den Adam in Reinheit und Einfalt. Darum ist auch mir die Gottesfurcht eingewurzelt, da ich weiß, daß auch ich rein und einfältig erschaffen bin.

Doch alsbald erfaßte mich infolge der bösen, lasterhaften Gewohnheit wieder die alte Unruhe. Ach, wie bin ich der Heimat so fern und gehe irre Pfade! Viele Stürme erheben sich in mir und sprechen mit lügenhaften Stimmen: ‹Wer bist du? Was tust du? Was sind das für Kämpfe, in denen du dich abmühst? Unglückselige! Du weißt ja nicht, ob dein Werk gut oder böse ist. Wohin wirst du noch geraten? Wer wird dein Verderben aufhalten? Was sind das für Irrlichter, die dich zum Wahnsinn führen? Kannst du denn das vollbringen, was dich erfreut, oder kannst du dem entfliehen, wovor du dich ängstigst? Was wirst du tun? Das eine kennst du, das andere ist dir fremd; denn was dich erfreut, das ist dir nicht erlaubt, und was dich ängstigt, dazu treibt das Gebot Gottes dich an. Und woher weißt du, daß dies alles wirklich so ist? Besser wäre es dir, du wärest nicht.›

Doch wie alle diese Stürme so in mir toben, beginne ich einen neuen Weg zu wandeln, der meinem Fleisch beschwerlich ist. Ich fange an, die Gerechtigkeit zu üben. Aber dann packt mich wieder der Zweifel, ob das vom Heiligen Geist sei oder nicht, und ich spreche: Es ist unnütz! Und dann wieder will ich über die Wolken fliegen, das heißt, ich will über das vernünftige Maß hinausgehen und das beginnen, was ich nicht vollenden kann. Aber durch diesen Versuch rufe ich eine übergroße Traurigkeit in mir hervor, so daß ich weder auf dem Berge der Heiligkeit noch in der Ebene des guten

Willens irgend etwas zustande bringe, sondern nur die Unruhe des Zweifels, der Hoffnungslosigkeit, der Trauer und gänzlicher Niedergeschlagenheit in mir fühle.

Wenn so die teuflische Einflüsterung mich in Aufruhr bringt, ach, welches Verderben bricht da über mich herein! Alle Übel, die da sind oder sein können in Tadel, Fluch, Ertötung des Leibes und der Seele, in schändlichen Worten wider die Reinheit, Seligkeit und Erhabenheit, die bei Gott zu finden sind, sie alle stürmen auf mich Unselige ein. Und auch noch *die* Bosheit erhebt sich wider mich, daß alles Glück und alles Gute, das in Gott oder den Menschen ist, mir zur schweren Last wird, mir mehr den Tod als das Leben in Aussicht stellt. Weh mir! Welch unseliger Kampf reißt mich in seinen Strudel, von Mühe zu Mühe, von Schmerz zu Schmerz, und zerreißt mich in stets neuer Spaltung! Alles Glück ist mir geraubt. Doch woher das Übel solcher Irrtümer? Die alte Schlange ist voll Schlauheit und trügerischer List, voll des mordenden Giftes der Bosheit. Schlau, wie sie ist, flößt sie mir den trotzigen Mut zur Sünde ein. Sie lenkt meine Erkenntnis ab von der Furcht des Herrn, so daß ich mich nicht scheue, das Böse zu tun, da ich mir sage: ‹Wer ist denn Gott? Ich weiß nicht, wer Gott ist.› Ihre trügerische List treibt mich zur Verstocktheit, so daß ich hart werde in der Sünde. Das mörderische Gift der Bosheit raubt mir alle geistliche Freude, so daß ich weder am Menschen noch an Gott mehr froh werden kann, und so stürzt sie mich endlich in den Zwiespalt der Verzweiflung, da ich nicht mehr weiß, ob ich gerettet werden kann oder nicht. Oh, was sind das doch für Zelte, die so großen Gefahren durch den Trug des Teufels ausgesetzt sind!

Aber wenn ich durch die Gnade Gottes mich erinnere, daß ich von Gott geschaffen bin, dann antworte ich inmitten all der Bedrängnisse den teuflischen Einflüsterungen: ‹Ich werde der gebrechlichen Erde nicht weichen, sondern männlich wider sie streiten.›

Wenn mein Zelt die Werke der Ungerechtigkeit vollbringen will, so werde ich Mark, Blut und Fleisch durch die Weisheit der Geduld niedertreten und mich verteidigen wie ein starker Löwe.

Wenn der Zorn mein Zelt umlodert, so schaue ich auf die Güte Gottes, den der Zorn niemals berührt. Dann werde ich sanfter als die Luft, die durch ihr lindes Wehen die Trockenheit der Erde befeuchtet. Geistliche Freude durchdringt mich, da die Tugenden in mir ihr Leben zu entfalten beginnen. So erfahre ich die Güte Gottes.

Wenn der Haß mich zu schwärzen versucht, so schaue ich auf die Barmherzigkeit und das Leiden des Gottessohnes, und um seinetwillen zügele ich mein Fleisch und empfange durch solch gläubiges Gedenken den Duft der Rosen, die aus Dornen sprießen. Und ich erkenne meinen Erlöser.

Wenn der Stolz in mir den Turm der Eitelkeit, der nicht auf Felsengrund gebaut ist, aufrichten will, wenn er jene Höhe in mir erstrebt, die nicht ihresgleichen hat, sondern alle überragen möchte, wer wird mir dann zu Hilfe kommen? Denn dann versucht die alte Schlange mich zu stürzen, die selber in den Tod fiel, weil sie höher sein wollte als alle. Dann spreche ich traurig: ‹Wo ist mein König und mein Gott? Was kann ich Gutes ohne Gott? – Nichts.› So schaue ich auf ihn, der mir das Leben gab, und eile zu der seligen Jungfrau, die den Stolz Luzifers zertrat. Und wenn ich dadurch ein fester Stein im Gottesgebäude geworden bin, vermag mich der reißende Wolf nicht mehr zu überwinden. Ich erkenne in der Höhe Gottes das süßeste Gut, die Demut. Und so besiege ich auch die übrigen Laster mit dem starken Schilde der Demut.»[53]

Hiernach erfassen wir wahrhaft das Gewicht der kurzen Sätze des Mönches Gottfried: «Den Turm der Jungfräulichkeit (d. h. des Nonnenstandes) schützte die Mauer der Demut. Die züchtige Ruhe ihres Herzens offenbarte sich im Schweigen und in sparsamen Worten.»

Die Ruinen des Klosters St. Disibod, wo Hildegard als Äbtissin gewirkt hat. Nach einer Zeichnung von J. C. Scheuren und einer Lithographie von A. Brandmayer um 1830. Strichzeichnung von Hanns Pfeifer, Mainz-Kastel.

III. Äbtissin des Frauenklosters Disibodenberg: 1136–1147

Hildegard war schon achtunddreißig Jahre alt, als die erste folgenreiche Veränderung in ihrem Leben geschah. Sie mußte Verantwortung für andere übernehmen. Benedikt schreibt in seiner Regel im zweiten Kapitel: «Der Abt sei klar davon überzeugt, daß er sich am Tage des Gerichtes vor dem Herrn über alle im einzelnen verantworten muß, die er als Brüder unter seiner Obhut weiß.» Das Gleiche gilt für eine Äbtissin, und in diese Verantwortlichkeit für die Seelen anderer Menschen sah sich von jetzt an Hildegard gestellt, zunächst im noch kleinen Kreis ihrer klösterlichen Gemeinschaft, und dann im Laufe der kommenden Jahrzehnte weit darüber hinaus.

Achtunddreißig Jahre hindurch hatte Hildegard ein stilles, eingeordnetes und untergeordnetes Leben geführt, als umsorgtes Kind, als demütig gehorsame Klausnerin, als einer heiligen Ordnung sich einfügende Nonne, als ein in der Stille kämpfender, wachsender, reifender Mensch und Christ. Andere waren Autorität für sie gewesen. Von jetzt an sollte sie lernen, im Auftrag der höchsten Autorität selbst Autorität für andere zu sein.

Am 22. Dezember 1136 war die Meisterin Jutta durch einen guten, sanften Tod dem Kloster genommen worden, kurze Zeit nach Abt Fulkards Heimgang. Die Nachricht von ihrem Tode breitete sich in Eile im Nahetal aus. Das einfache Volk, dem diese Frau ein leuchtendes Beispiel wahrhaft christlichen Lebens gewesen war, eine immer hilfsbereite Mutter und zuverlässige Ratgeberin in seelischen Nöten, eine verläßliche Fürbitterin, strömte zum Disibodenberg. Die Adelsfamilien der Nachbarschaft, Priester und Äbte kamen herbei, denn alle wollten noch einmal das Antlitz der verehrten Klosterfrau sehen und an der Feier ihrer Beisetzung teilnehmen. Sie nahmen mit nach Haus, was ihnen im Kloster über ein göttliches Zeichen beim Tode der seligen Jutta erzählt worden war und hörten bald darauf eine weitere Kunde. In Juttas Sterbestunde hatte sich ein großer Schwarm Vögel vor dem Fenster niedergelassen, zwitschernd, singend und jubilierend. Als Jutta den letzten Atemzug getan hatte und die Totenglocke vom Turm der Kirche die Nachricht in das Land läutete, verstummte das gefiederte Volk, und es wurde ganz still. Sodann geschah am Samstag nach der Beisetzung des Sarges unter den Platten des Kapitelsaales ein weiteres Zeichen. Während die Mönche hier beisammen waren, entstieg eine Wolke wunderbaren Wohlgeruches dem Boden an der Stelle, unter welcher Juttas Leichnam ruhte. Die Mönche scheuten sich, fortan dort zu gehen, und betteten Jutta um, gaben ihr einen Ruheort vor dem Altar der Marienkapelle in ihrer Kirche.[54] Über solche Berichte wird gern, vielleicht weil Ähnliches auch von anderen Heiligen überliefert wird, oder weil solches grundsätzlich für Märchen gehalten wird, als von späteren Legendenbildungen gesprochen. Aber Wibert von Gembloux hat darüber aus dem Munde von noch lebenden Zeugen später gehört, und vor allem, Hildegard selbst steht dafür ein, daß solches geschah. Sie war ja wohl von dem Tod ihrer geistlichen Mutter und hochverehrten Erzieherin am tiefsten betroffen und wird alles aus diesen Tagen in bester Erinnerung behalten haben, ihrem Charakter entsprechend in zuverlässiger Genauigkeit. Und sie bezeugt von Jutta: «Ihre Verdienste hat Gott auch durch herrliche Zeichen offenkundig gemacht.»[55] Wer hätte danach ein Recht, die Möglichkeit solcher Zeichen zu leugnen? Es gibt merkwürdige Dinge auf Erden, und auch in Hildegards eigenem Leben fehlt es nicht an zeichenhaften Beglaubigungen. Nach Juttas Tod mußte eine neue Äbtissin – während der Disibodenberger Zeit hieß der Titel noch Meisterin – das Frauenkloster übernehmen. Vermutlich hat Jutta selbst schon vor ihrem Verlassen der irdischen Welt in treuer Vorsorge für die ihr anvertrauten Töchter an Hildegard als Nachfolgerin gedacht und das auch ausgesprochen. Denn «sie nahm (im Ablauf der Jahre) voll Bewunderung wahr, wie aus einer Schülerin die Lehrmeisterin wurde und eine Wegbereiterin auf den Höhenpfaden der Tugend.»[56] Aus dieser Bemerkung in der Vita darf man wohl schließen, daß Jutta ihrer Schülerin Hildegard schon längst manche Aufgaben geistiger und geistlicher Führung im Kreis jüngerer Nonnen übertragen hatte. So konnte es nicht anders sein, als daß die Nonnen Hildegard baten, ihre neue Meisterin zu sein. Als Hildegard, im Wissen um die hohe Verantwortung, in Abschätzung ihrer Kräfte und aus ängstlicher Furcht vor dieser in ihrer möglichen Ausweitung nicht absehbaren Aufgabe abwehrte, bedrängten sie sie flehend. Ja, sie wandten sich an den neuen Abt, und da auch dieser darauf beharrte, sie sei die für dieses Amt Berufene in der Schar der Nonnen, konnte sie der Wegweisung Gottes nicht länger ausweichen.[57] Durch dreiundvierzig Jahre hat Hildegard die Last dieses Amtes getragen, in vielfacher Weise wirklich Last, körperlich, seelisch und geistlich. Aber ebensosehr brachte diese Zeit ihr ein überreiches Maß an Erleben menschlicher Reifungsvorgänge, an Freude und Mitfreude, an Erweisungen von Vertrauen, Liebe und Dank. Sie muß nach allem, was wir darüber erfahren, eine wunderbare Äbtissin gewesen sein.

Natürlich stellt sich die Frage: Wie konnten die Nonnen und der Abt einer so gebrechlichen, immer wieder kranken Frau die Verantwortung einer Klosterleitung anvertrauen. Darauf gibt es zwei Antworten. Einmal, es muß etwas in ihrem Wesen und Verhalten gegeben haben, das alle ihre Mitschwestern dazu nötigte, in Hildegard ihre zukünftige Führerin und geistliche Mutter zu sehen: Tiefe Frömmigkeit, Klarheit des Geistes, inneres Gesammeltsein, Offenheit für das Wesen und die Anliegen ihrer Gefährtinnen, überhaupt anderer Menschen, eine ungesuchte, ungewollte, aber wirkliche Autorität. Dazu kam gewiß ein ausgeprägt praktischer Verstand, wie ihn jede Äbtissin nötig hat, und wie ihn Hildegard während ihrer Amtszeit, gerade auch in schwierigen Situationen, immer bewiesen hat. So war es möglich, daß Hildegard in leiblichen Behinderungszeiten ihr Amt auch von ihrer Liegestatt aus verwalten konnte. Sodann auch, daß ja die Dinge des täglichen Klosterlebens alle geordnet waren. Das Wirtschaftliche lag noch in der Verwaltung durch das Mönchskloster, die Hauswirtschaft des kleinen Frauenklosters war geregelt. Wie in jedem Kloster, waren die verschiedenen Aufgaben in Küche, Vorratsverwaltung, Waschhaus, Wäscheverwaltung, Kleiderkammer, handarbeitlichen Tätigkeiten und Geldverwaltung auf die verschiedenen Nonnen aufgeteilt, so daß die Äbtissin nur die Aufsichtspflicht durch ständigen Kontakt mit den einzelnen Ämterinhaberinnen zu erfüllen hatte. Und das hat Hildegard nach allem, was wir über ihre Äbtissinnentätigkeit wissen, hervorragend gekonnt. Vielleicht hängt damit zusammen, daß die «Vita» die Übernahme des Äbtissinnenamtes nicht erwähnt. Denn dadurch veränderte sich im Grunde für Hildegard zunächst gar nicht viel. Äbtissinnen gab es viele. Das Frauenkloster Disibodenberg war klein und fiel durch keine Besonderheiten auf. Hildegard blieb für die Außenwelt eine Unbekannte. Noch lebte sie in der Verborgenheit und Geborgenheit, noch war für sie stille Zeit. Hildegard konnte diese ruhigen Jahre nutzen, um den rechten Umgang einer Äbtissin, einer ehrwürdigen Mutter, mit ihren Nonnen, den ihr anvertrauten Töchtern, wie sie ihn unter ihrer Vorgängerin Jutta erfahren hatte, nun selbst zu üben. Wir sehen sie in ihrer Klostergemeinschaft vor uns, ruhig, fest, in jeder Lage so reagierend, wie es der Sache oder dem jeweiligen Menschen gemäß war, wenn wir in der «Vita» über sie lesen: «Sie wurde im Glück nicht vermessen, im Unglück nicht verzagt, sondern bewahrte in beiden Lagen die gleiche Kraft. Sie ließ sich weder durch Tadel verängstigen noch durch Lob verführen. Ihren Geist richtete sie wie einen gespannten Bogen auf jegliche Zucht. Sie leitete die ihrigen, ohne zu erschlaffen, bald mit milder, bald mit strenger Autorität. Ihr Ernst war gewürzt mit Freundlichkeit, und von ihrer Zunge floß die Rede süßer als Honig.»[58] Was Wibert von Gembloux während seines Aufenthaltes im Kloster Rupertsberg seinem Freund Bovo im Jahr 1177 begeistert und tief bewegt berichtet, hat damals im Jahr 1136 auf dem Disibodenberg seinen Anfang genommen: «Ein wunderbarer Wettstreit der Tugenden wird hier sichtbar. Die Mutter umfängt ihre Töchter mit solcher Liebe und die Töchter unterwerfen sich der Mutter mit solcher Ehrfurcht, daß man kaum unterscheiden kann, ob in diesem Eifer die Mutter die Töchter oder die

Töchter die Mutter übertreffen. Diese gottgeweihten Dienerinnen ehren in einmütiger Gesinnung Gott durch ihre Hingabe, sich selbst durch ihre Zucht, sich gegenseitig durch Ehrerbietung und Gehorsam mit solchem Eifer, daß ihnen durch die Hilfe Christi wahrhaftig der Sieg des schwachen Geschlechtes über sich selbst, über die Welt und über den Teufel zum herzerfreuenden Schauspiel geworden ist.»[59]

Nur vier ruhige Jahre waren Hildegard noch beschert, dann begann die Zeit, in welcher sie von einer Aufgabe in die andere gestoßen, gedrängt, gezwungen wurde, in die Öffentlichkeit gestellt, der staunenden Bewunderung und dem Streit der Meinungen ausgeliefert, angegangen von allen Seiten mit Bitten um Hilfe oder Rat, in Unruhe bis zu ihrem Tod im hohen Alter von einundachtzig Jahren.

Die erste große und folgenreiche Veränderung in Hildegards Leben bahnte sich im Jahr 1141 damit an, daß die Schauungen bedrängender wurden. «Da nahte die Zeit, in der ihr Leben und ihre Weisheit zum Heil vieler offenkundig werden sollte. Die Stimme Gottes mahnte sie, nicht länger mit dem Aufschreiben des Geschauten zu zögern», berichtet die Vita.[60] Es ist also nicht von einem Tag auf den anderen plötzlich geschehen. In der Sicht Gottes war die Zeit reif geworden und war auch Hildegard auf ihrem Lebensweg zu solcher Reife geführt worden, daß sie nun den Auftrag übernehmen konnte, schreibende Verkünderin der ihr kundgetanen Wege Gottes zu sein. Nach schon längerem Drängen mahnte die Stimme in ihren Visionen sie, nicht mehr zu zögern, und nach einer notvollen Überwindung ihres letzten Widerstandes wurde Hildegard der Schreibgriffel in die Hand gedrückt.

Sechs Jahre später brach dann der zweite Überfall über diesen von Natur aus ängstlichen und zögernden Menschen herein. Die Vita berichtet: «Es kamen viele Töchter aus dem Adel zu Hildegard, um im Ordensgewand das klösterliche Leben zu führen. Da die Klause als Wohnstatt kaum alle zu fassen vermochte, erwog man eine Verlegung oder Erweiterung der Gebäulichkeiten.»[61] «Man», das war in diesem Fall zuständigkeitshalber der Abt des Disibodenberges mit seinen Mönchen. In diese Überlegungen brach etwas völlig Unerwartetes und Unerwünschtes ein, vom Kloster und von Hildegard nicht vorgesehen und zunächst mit Widerstreben aufgenommen, nämlich ein deutlicher Befehl Gottes. Hildegard sollte sich mit ihren Nonnen verselbständigen und ein neues, eigenes Kloster gründen. Daß dies mit größten Schwierigkeiten verbunden sein würde und für die Zukunft große Bedeutung haben müßte, ist allen Beteiligten sofort deutlich gewesen. Auch in diesem Fall wurde Hildegard zum Gehorsam gegen Gottes Stimme geführt. Im Jahr 1147 zog sie aus dem Disibodenberg aus und gründete ihr eigenes Kloster auf dem Rupertsberg bei Bingen. Hildegard mußte ihren in jeder Beziehung eigenen Weg gehen.

IV. Die Posaune Gottes tönt: Wisse die Wege! 1141–1151

1. Berufung zur prophetischen Lehrerin der Kirche

Der Gehorsamsweg begann mit einer Berufungsvision. Die hl. Hildegard hat selbst einen genauen Bericht darüber gegeben. In ihrem dreiundfünfzigsten Lebensjahr schrieb sie, nach zehnjähriger Arbeit an ihrem ersten großen Buch mit dem Titel «*Scivias*» – «Wisse die Wege», das Vorwort, in dem sie Rechenschaft ablegte über ihr Unterfangen, als Künderin der göttlichen Botschaft vor das Forum der Welt getreten zu sein. Dort heißt es: «Und siehe! Im dreiundfünfzigsten Jahr meines Lebenslaufes schaute ich ein himmlisches Gesicht. Zitternd und mit großer Furcht spannte ich ihm meinen Geist entgegen.

Ich sah einen sehr großen Glanz. Eine himmlische Stimme erscholl daraus. Sie sprach zu mir: «Gebrechlicher Mensch, Asche von Asche, Moder von Moder, sage und schreibe, was du siehst und hörst! Doch weil du schüchtern bist zum Reden, einfältig zur Auslegung, und ungelehrt, das Geschaute zu beschreiben, sage und beschreibe es nicht nach der Redeweise der Menschen, nicht nach der Erkenntnis menschlicher Erfindung noch nach dem Willen menschlicher Abfassung, sondern aus der Gabe heraus, die dir in himmlischen Gesichten zuteil wird: wie du es in den Wundern Gottes siehst und hörst. So tu es kund wie der Zuhörer, der die Worte seines Meisters erlauscht und sie ganz, wie der Meister es meint und will, wie er es zeigt und vorschreibt, weitergibt. So tu auch du, o Mensch! Sage, was du siehst und hörst, und schreibe es, nicht wie es dir noch irgendeinem anderen Menschen gefällt, sondern schreibe es nach dem Willen dessen, der alles weiß, alles sieht, alles ordnet in den verborgenen Tiefen seiner geheimen Ratschlüsse.» Und wieder hörte ich die Stimme vom Himmel zu mir sagen: «So tue denn diese Wunder (mirabilia, im Sinn von Paradoxien, Mysterien) kund! Und schreibe sie, also belehrt, und sprich.»[62] Dem entspricht genau der Beginn des Buches selbst mit der Darstellung der ersten Vision: «Ich schaute – und sah etwas wie einen großen, eisenfarbigen Berg. Darauf thronte ein so Lichtherrlicher, daß seine Herrlichkeit meine Augen blendete. Und siehe, der auf dem Berge saß, rief mit starker, durchdringender Stimme und sprach: Gebrechlicher Mensch, Staub vom Staube der Erde, Asche von Asche, rufe und sage, wie man in die Erlösung, die alles wiederherstellt, eingeht, damit die unterrichtet werden, die, obgleich sie den innersten Gehalt der Schriften kennen, ihn dennoch nicht aussprechen oder verkünden wollen. Denn sie sind lau und schwerfällig, die Gerechtigkeit Gottes zu beobachten. Ihnen tue die verschlossenen Geheimnisse kund, die sie furchtsam im verborgenen Acker fruchtlos vergraben. Ergieße dich wie ein überreicher Quell, und ströme geheimnisvolle Lehre aus, damit durch die Flut deiner Wasser die aufgerüttelt werden, die um der Sünde Evas willen dich (als Frau) für verächtlich halten. Denn du empfängst diese (Geistes-) Schärfe und Tiefe nicht von einem Menschen. Von dem himmlischen, furchtbaren Richter wird sie dir von oben her gegeben, wo dieses starke Licht unter den Leuchtenden mit heller Klarheit flammen wird. Erhebe dich also, rufe und sprich, was dir durch die so starke Kraft göttlicher Hilfe kund wird. Denn der, der seine ganze Schöpfung mit Macht und Milde regiert, durchströmt die, die ihn fürchten und ihm mit hingebender Liebe im Geiste der Demut dienen, mit dem Licht himmlischer Erleuchtung.»[63]

In innerem und zeitlichem Zusammenhang mit der Berufungsvision, in der Hildegard die Berufung als prophetische Verkünderin empfing, steht eine Erleuchtungsvision. «Im Jahr 1141 nach der Menschwerdung Jesu Christi, des Gottessohnes, als ich zweiundvierzig Jahre und sieben Monate alt war, kam ein feuriges Licht mit Blitzesleuchten vom offenen Himmel hernieder. Es durchströmte mein Gehirn und durchglühte mir Herz und Brust gleich einer Flamme, die jedoch nicht brannte, sondern wärmte, wie die Sonne den Gegenstand erwärmt, auf den sie ihre Strahlen legt. Nun erschloß sich mir plötzlich der Sinn der Schriften, des Psalters, des Evangeliums und der übrigen katholischen Bücher des Alten und Neuen Testamentes. Doch den Wortsinn ihrer Texte, die Regeln der Silbenteilung und der (grammatischen) Fälle und Zeiten erlernte ich dadurch nicht.»[64] Diese Stellen, den Leser des Buches «Wisse die Wege» auf das vorbereitend, worauf er sich einläßt, bieten gleich eine Fülle des Bedeutsamen.

Man ist gefangen und beeindruckt von dem kraftvollen, dynamischen, persönlich lebendigen Sprachstil dieses Menschen. Nichts von kunstvollem Satzbau, klassischer Latinität, mönchischer Übung in gefälligem, geschmücktem Schreibstil ist da, wodurch eine günstige Aufnahme beim Leser erweckt werden soll.[65] Hier kommt nur die Sache, um die es geht, klar und deutlich zur Sprache. Hier spricht ein im Lateinischen ungeschulter, aber des plastischen Ausdrucks fähiger Mensch, der von einer höheren Macht beschlagnahmt und in Dienst genommen wurde. So sehr ist dieser Mensch unter Zwang gestellt, daß er sich hütet, wie andere Schriftsteller seinen eigenen Gedanken nachzugehen, um ein großes gedankliches Werk zu planen und zu gestalten. So sehr ist dieser Mensch von der ihn treibenden und bestimmenden Macht des Geistes aus der Höhe in Dienst gestellt, daß sein gehemmt auf Wachs schreibender Griffel Worte bildet und Sätze schreibt, in denen immer noch etwas von der Feuerglut ihres Ursprungs spürbar bleibt. Dabei weiß sich dieser Mensch als Mensch völlig bedeutungslos, nur als ein von Gott zurechtgeschmiedetes Werkzeug brauchbar und wichtig. Hildegard würde sich mit aller Energie dagegen wehren, als geistesgeschichtliche Größe angesehen, auf ihre Genialität und geistig-schöpferische Begabung hin untersucht und bewertet zu werden. Ja, sie würde das geradezu als satanische Verblendung verurteilen, als einen Versuch des großen Verführers, die Menschen von der ihr aufgetragenen Botschaft abzulenken und sie zu Bewunderern der geistigen Größe eines mittelalterlichen Menschen mit dem Namen Hildegard von Bingen zu machen. Alle solche Bemühungen dienen ja der menschlichen Selbsterhöhung. Hildegard stellte die Demut als die wichtigste und notwendigste Tugend dagegen. Sie wollte nur «Posaune Gottes» sein. Nicht das Instrument ist wichtig, soll beachtet werden. Die Signale dessen, der sich des Instrumentes bedient, sollen gehört werden.[66]

Aber das Instrument muß die Signale übermitteln. Das heißt, Hildegard muß niederschreiben, was zu schauen und zu hören ihr anvertraut wurde. Wie kam es dazu?

«Ich wurde in der Schau unter heftigen Schmerzen gezwungen zu offenbaren, was ich gesehen und gehört hatte.»[67] Hildegard weigerte sich zunächst. «Ich fürchtete mich sehr und schämte mich, das auszusprechen, was ich so lange verschwiegen hatte.»[68] So berichtet Hildegard selbst. Der Mönch Gottfried schreibt davon in der Vita: «Aus weiblicher Scheu, aus Furcht vor dem Gerede der Leute und dem verwegenen Urteil der Menschen unterließ sie es. Da sollte ein heftiger Stachel sie zwingen, nicht länger mit der Enthüllung des Geoffenbarten zu zögern. Denn als sie von einer langwierigen Krankheit daniederlag, eröffnete sie zuerst einem Mönch, den sie sich als Lehrer erwählt hatte (Volmar), in Furcht und Demut den Grund ihres Leidens.»[69] In Hildegards eigenen Aufzeichnungen lesen wir darüber: «Ich vertraute dies einem Mönch an, meinem Lehrer, der sich durch einen guten klösterlichen Wandel und sein eifriges Streben auszeichnete, und dem neugieriges Ausfragen, das vielen Menschen anhaftet, fernlag. Daher hörte er auch diese wunderbaren Erscheinungen gerne an, war voller Staunen und trug mir auf, sie insgeheim aufzuschreiben, bis er sähe, welcher Art sie seien und woher sie kämen. Als er jedoch erkannte, daß sie von Gott waren, vertraute er sie seinem Abt (Kuno) an und arbeitete von nun an mit großem Eifer mit daran.»[70]

Der «Vita»-Schreiber berichtet, wie es weiterging, nachdem Volmar dem Abt Kuno Mitteilung gemacht hatte. «Dieser erwog das außergewöhnliche Ereignis. Da er jedoch erkannte, daß bei Gott nichts unmöglich sei, berief er die Klügsten des Klosters und legte ihnen das Gehörte zur Beurteilung vor. Er fragte Hildegard nach ihren Schriften und Visionen und riet ihr, das kundzutun, was Gott ihr eingebe. Sobald sie mit dem Schreiben begann, das sie doch nicht gelernt hatte, kehrten die früheren Körperkräfte zurück, und sie erhob sich wieder von ihrem Lager. (Jetzt begann also die fortlaufende Niederschrift des Buches, nachdem zunächst nur probeweise dem Mönche Volmar etwas aufgeschrieben worden war). Da war der Abt von einem ungewöhnlichen Ereignis überzeugt. Weil ihm das eigene Urteil nicht genügte, sah er sich verpflichtet, die Sache der Öffentlichkeit vorzutragen. Er begab sich zur Mutterkirche nach Mainz und berichtete das Gehörte dem Erzbischof Heinrich und dem Domkapitel. Auch legte er die Schriften vor, die die heilige Jungfrau vor kurzem verfaßt hatte.»[71]

Man wußte in der mittelalterlichen Kirche, daß es Visionen verschiedensten Ursprungs gibt, hysterische Einbildungen, subjektive Illusionen, dämonische Täuschungen, aber auch und vor allem Mitteilungen, Weisungen und Offenbarungen aus dem göttlichen Bereich. Da in allen Jahrhunderten Visionäre und Ekstatiker in der Kirche auftraten, war man immer darauf bedacht, heilsame Wahrheit von gefährlicher Täuschung zu unterscheiden.[72] So kann man verstehen, daß Abt Kuno sicher sein wollte, in seinem Kloster keinen Irrgeist zu beherbergen; auch daß es für das Kloster viel bedeuten mußte, eine kirchlich anerkannte prophetische Visionärin in seinen Mauern zu haben. Für Hildegard selbst war diese erste kirchliche Autorisierung ihres Schreibauftrages eine Bestätigung ihres eigenen Erlebens.

Die Bedeutung des Mönches Volmar für Hildegard zeichnet sich hier auch schon ab. Er war niemals ihr theologischer Lehrmeister, sondern immer nur ihr unermüdlicher, fleißiger, treuer, demütiger Sekretär, das heißt Schreiber in sprachlich gebesserte Reinschrift. Theologische Unterweisungen hat Hildegard nie empfangen. Das wird weiterhin noch deutlich werden. Ihre theologische Weitsicht und Klarsicht hatte sie aus der unmittelbaren Erleuchtung, von der sie im Vorwort zu *Scivias* Zeugnis ablegt und über die sie auch in ihren Aufzeichnungen im Zusammenhang mit der Schilderung ihrer Erlebnisse berichtet: «In dieser Schau verstand ich ohne irgendeine menschliche Belehrung die Schriften der Propheten, der Evangelien und anderer heiliger Lehrer (aus den zum mönchischen Tageslauf gehörigen Väterlesungen und Heiligenleben). Und ich erklärte einiges daraus, obwohl ich kaum erst zu schreiben verstand, wie die ungelehrte Frau (Meisterin Jutta) es mich gelehrt hatte.»[73]

Bestätigt wird diese Darstellung des Hildegardweges zur prophetischen Lehrerin der Kirche durch das, was das Vorwort zum *Scivias*-Buch darüber festhält. Es ist wichtig, dieses Selbstzeugnis genau zu beachten. Hildegard beschreibt zunächst wieder, was sie die Stimme aus dem lebendigen Licht über sich selbst sagen hört. Nach den schon früher zitierten Sätzen über die Strenge der göttlichen Erziehung spricht die Stimme: «So sann er (der in Zucht genommene Mensch Hildegard) denn aus Liebe zu mir in seiner Seele nach, wo er den fände, der ihm helfend entgegenkomme. Und er fand einen (Volmar) und liebte ihn in der Erkenntnis, daß er ein treuer Mensch sei, der gleich ihm sich um den Auftrag Gottes mühe. Und er hielt ihn fest. Gemeinsam arbeiteten sie in hochstrebendem Eifer, Meine verborgenen Wunder kundzutun. Er aber, der von Mir Erwählte, (also Hildegard) erhob sich nicht über sich selbst, sondern neigte sich in der Selbsterhöhung der Demut und in der Zielstrebigkeit guten Wollens seufzend dem zu, den er gefunden. Du also, o Mensch, der du all dies nicht in der Unruhe der Täuschung, sondern in der Reinheit der Einfalt empfängst, hast den Auftrag, das Verborgene zu offenbaren. Schreibe, was du siehst und hörst.»

Hildegard fährt dann in Selbstaussage fort: «All dieses sah und hörte ich, und dennoch – ich weigerte mich zu schreiben. Nicht aus Hartnäckigkeit, sondern aus dem Empfinden meiner Unfähigkeit, wegen der Zweifelsucht, des Achselzuckens und des mannigfachen Geredes der Menschen[74], bis Gottes Geißel mich auf das Krankenlager warf. Da endlich legte ich, bezwungen durch die vielen Leiden, Hand ans Schreiben. Ein adeliges Mädchen von guten Sitten[75] und der Mann, den ich, wie oben gesagt, heimlich gesucht und gefunden hatte, waren meine Zeugen. Als ich nun zu schreiben begann und alsbald, wie anfangs berichtet, die Gabe tiefsinnender Schriftauslegung in mir wirksam fühlte, kam ich wieder zu Kräften und stand von meiner Krankheit auf. Nur mit Mühe brachte ich in zehn Jahren dieses Werk zustande und vollendete es. In den Tagen des Erzbischofs Heinrich von Mainz, des Römischen Königs Konrad und des Abtes Kuno vom Disibodenberg, unter dem Papst Eugenius sind diese Gesichte und Worte an mich ergangen. Und ich sagte und schrieb dies nicht nach der Erfindung meines Herzens oder irgendeines Menschen, sondern wie ich es in Himmelskundgebungen sah, hörte und empfing durch die verborgenen Geheimnisse Gottes.»[76]

Hildegard sagt so oft und so ausdrücklich betont, sie sei nicht wie die namhaften Mönchstheologen vorgebildet, sie sei eigentlich gar nicht imstande gewesen, ihr Buch zu schreiben, sie sei im Grunde überhaupt gar nicht die Verfasserin, daß man ihr wohl glauben muß, wenn sie vor Gott und Menschen bezeugt, dies sei die Wahrheit über sie als Mensch. Es entspräche auch nicht ihrem Charakter, wenn sie sich in der Gefolgschaft anderer bedeutender Autoren, die das gerne taten, in gespielter Bescheidenheit gering und unwürdig nannte, um dadurch in Wahrheit ihr Werk als besondere Leistung herauszuheben. Hildegard war zutiefst bescheiden, wo es sich vor Gott und Menschen gehörte. Aber sie trat auch mit dem kraftvollen Bewußtsein der ihr zugewiesenen Autorität auf, wo es gegenüber den Menschen nötig war. Daher hat sie die in ihrem Briefwechsel immer wieder erstaunliche Unempfindlichkeit gegenüber den huldigenden Lobesworten derer, die an sie schreiben. Hildegard weiß genau, was sie, menschlich gesehen, darstellt, und mit welchem Anspruch sie, von Gott her gesehen, vor die Menschen hintreten muß. Das sollen hier noch zwei Zitate aus ihrem ersten Buch verdeutlichen.

«Und ich, ein Mensch, der ich nicht glühe nach der Art der starken Löwen, noch auch durch ihren Unterricht belehrt wurde, sondern in der Zartheit der gebrechlichen Rippe verblieb[77], sah, durchweht von geheimnisvollem Hauch, ein hell-leuchtendes Feuer, ein Feuer, das unbegreiflich, unauslöschlich, ganz lebendig, ganz Leben war.[78] Und ich hörte aus dem vorerwähnten lebendigen Feuer eine Stimme, zu mir sprechend: O du, die du bist armselige Erde und unter dem Namen Weib ungelehrt in jeglicher Lehre fleischlicher Magister, ungelehrt zu lesen Schriften vermittels des Verstandes der Philosophen, sondern nur angerührt von meinem Licht, das dich zuinnerst berührt mit einem Feuer wie glühende Sonne, schreibe und erzähle erschöpfend und schreibe diese meine Mysterien, die du siehst und hörst in mystischer Schau. Wolle also nicht furchtsam sein, sondern sage das, was du erkennst im Geist, auf die Weise, wie ich es durch dich rede, damit diejenigen Schamgefühl erleben, die meinem Volk den richtigen Weg zu zeigen schuldig wären, aber sich um der Leichtfertigkeit ihrer Lebensführung willen weigern, die Gerechtigkeit offen auszusprechen, die sie doch kennen, nicht willens, von ihren schlechten Begierden zu lassen. Die hängen ihnen so an, daß sie Lehrmeister darin sind, vor dem Angesicht Gottes zu fliehen, so daß sie davor erröten, die Wahrheit zu reden. Daher, o Puselchen (pusilla = Kleine) im Geist, die du im Innersten gelehrt bist durch mystische Anhauchung, obwohl du von der Spezies Mann niedergehalten wirst wegen der Pflichtverletzung Evas, dennoch sage aus das feurige Werk, das dir in allergewissester Voraugenstellung demonstriert wird.»[79]

Noch eine andere, ebenso überzeugende Stelle aus dem *Scivias*-Buch: «Und nun hörte ich, wie der auf dem Thron Sitzende zu mir sprach: Schreibe, was du siehst und hörst! Da antwortete ich aus dem innersten Erkennen meines Schauens: Ich bitte dich, Herr, gib mir Verstehen, daß ich diese Geheimnisse in Worte fassen kann. Verlaß mich nicht, sondern gib mir Kraft aus der Morgenröte Deiner Gerechtigkeit, in der Dein Sohn sich offenbarte. Gib Du mir ein und laß mich erkennen, wie ich den göttlichen, den ewigen Ratschluß kundtun soll, kraft dessen Du wolltest, daß Dein Sohn Fleisch annehme und Mensch werde in der Zeit. Und wiederum hörte ich, wie Er sprach: Wie schön sind deine Augen, wenn du Gottestaten kündest, und wenn in ihnen die Morgenröte des göttlichen Ratschlusses aufleuchtet. Ich wiederum antwortete: Wie Asche und Aschenkot bin ich vor mir im tiefen Grunde meiner Seele und wie verwehender Staub. Zitternd verweile ich im Schatten wie unter schützenden Flügeln. Vertilg mich nicht als einen Fremdling aus dem Lande der Lebendigen! Denn schwer mühe ich mich ab mit dieser Schau. Und wegen der Geringheit meiner unbeholfenen Einsicht, die mein Anteil im Fleische ist, stelle ich mich an den geringsten, niedrigsten Platz, weil ich nicht wert bin, Mensch zu heißen. Groß ist meine Furcht, und ich wage nicht, Deine Geheimnisse kundzutun. O Vater, voll Milde und Güte, belehre mich, was Dein Wille ist, und was ich reden soll. Vater, Schauererregender, Liebreichster, der Du voll bist jeglicher Gnade, verlaß mich nicht, sondern bewahre mich in Deiner Barmherzigkeit. Und wiederum hörte ich, wie die Stimme sprach: Rede, wie du belehrt worden bist. Ich will, daß du redest, obgleich du Asche bist. Rede, enthülle das Brot, das der Sohn Gottes ist.»[80]

Man hat je länger desto mehr den Eindruck, daß Hildegard bei dem Schreiben ihres Buches nicht die Freude und innere Befriedigung gekannt hat, wie sie sonst wohl der Autor eines bedeutenden Werkes erfährt. Vielmehr war es für Hildegard eine mühselige, notvolle, mit manchem Schrekkenserleben verbundene, außerdem durch quälende Krankheitsbelastungen behinderte Arbeit. Es war eine «Zwangsarbeit», bei der Hildegards Seele immer wieder zu höchsten Erkenntnissen emporgerissen wurde und, auf ihre Grenzen aufmerksam gemacht, den Stand der Demut niemals verlassen konnte.

Hildegard hat das sehr bewußt erfahren, bis ins hohe Alter hinein. Ihr Brief an den Mönch Wibert von Gembloux läßt uns Einblicke tun. Sie schreibt: «O getreuer Diener! Wenn es Gott gefallen hat, meinen Leib und auch meine Seele zu prophetischer Schau zu erheben, so konnte doch nicht die Furcht aus meinem Geist und meinem Herzen weichen. Denn ich weiß, daß ich ein Mensch bin, obgleich ich von meiner Kindheit an eingeschlossen (Nonne) bin. Viele Weise wurden so von Wundern durchströmt, daß sie sehr viele Geheimnisse kundtaten. Doch aus eitler Ruhmsucht schrieben sie diese sich selbst zu und kamen deshalb zu Fall. Diejenigen hingegen, die im Aufstieg der Seele die Weisheit aus Gott schöpften und sich für nichts erachteten, wurden Säulen des Himmels. Wie wäre es also zu verstehen, wenn ich Armselige mich nicht erkennen würde? Gott wirkt, wo Er will, zur Ehre Seines Namens und nicht zur Ehre der erdhaften Menschen. Ich aber bin ständig von zitternder Furcht erfüllt. Denn keine Sicherheit irgendeines Könnens erkenne ich in mir. Doch strecke ich meine Hände zu Gott empor, daß ich von Ihm gehalten werde, wie eine Feder, die ohne jedes Gewicht von Kräften sich vom Wind dahinwehen läßt. Das, was ich schaue, kann ich nicht vollkommen wissen, solange ich in der Dienstbarkeit des Leibes und der unsichtbaren Seele bin. In der Schau sah ich auch, daß das erste Buch meiner Visionen *Scivias* genannt werden sollte, weil es auf dem Wege des lebendigen Lichtes kundgetan wurde und nicht aus anderer Lehre stammt.»

In diesem Brief gibt Hildegard auch sehr genaue Auskunft über die Art und Weise ihrer Visionen: «Ich sehe diese Dinge nicht mit den äußeren Augen und höre sie nicht mit den äußeren Ohren, auch nehme ich sie nicht mit den Gedanken meines Herzens wahr noch durch irgendwelche Vermittlung meiner fünf Sinne. Ich sehe sie vielmehr einzig in meiner Seele, mit offenen leiblichen Augen, so daß ich dabei niemals die Bewußtlosigkeit einer Ekstase erleide, sondern wachend schaue ich dies, bei Tag und Nacht. Wie Sonne, Mond und Sterne in Wassern sich spiegeln, so leuchten mir Schriften, Reden, Kräfte und gewisse Werke der Menschen in ihm (dem Licht) auf. Was ich nicht sehe, das weiß ich nicht, denn ich bin ungelehrt und wurde nur unterwiesen, in Einfalt Buchstaben zu lesen. Und was ich schreibe, das schaue und höre ich in der Vision und setze keine anderen Worte als die, die ich höre und in ungefeilten lateinischen Worten, so wie ich sie in der Vision höre, kundtue. Denn ich werde in der Schau nicht gelehrt, wie die Philosophen zu schreiben. Die Worte in dieser Schau klingen nicht wie die aus Menschenmund, sondern sie sind wie eine blitzende Flamme und wie eine im reinen Äther sich bewegende Wolke. Die Gestalt dieses Lichtes vermag ich aber nicht zu erkennen, wie ich ja auch die Sonnenscheibe nicht ungehindert anschauen kann... In beidem, Leib und Seele, kenne ich mich selbst nicht und erachte mich gleich dem Nichts. Ich strecke mich aus nach dem lebendigen Gott und überlasse all dies Ihm, damit Er, der weder Anfang noch Ende hat, mich in all dem vor dem Bösen bewahre. Deshalb bete auch du für mich, damit ich im Dienst Gottes ausharre.»[81]

Dieser Brief ist kennzeichnend für Hildegards Realitätssinn. Sie hatte wohl erschütternde Erlebnisse. «Bei diesem Anblick befiel mich ein solches Zittern, daß mir die Kräfte schwanden. Ich sank zu Boden und war nicht imstande zu reden. Da nahte sich ein helleuchtender Glanz, berührte mich wie mit einer Hand, und so kam ich zu Kräften und fand die Sprache wieder. Nun hörte ich, wie aus dem Glanz eine Stimme sprach.»[82] Oder ein anderes Beispiel. «Als ich so schaute, rief plötzlich eine furchtbare Stimme vom Himmel: ‹Göttlich ist, was du siehst!› Ich prallte zurück. Schrecken erfaßte mich ob dieser Stimme, und ich zitterte so, daß ich den Blick nicht mehr dorthin zu erheben wagte. Da sah ich zu Füßen der Säule auf dem Pflaster eine Gestalt.» Nun kann sie hören.[83]

Bei der Vision der wahren Dreieinigkeit Gottes wird Hildegard die Grenzsetzung für alles menschliche Wissenwollen deutlich gemacht. «Und wiederum sprach der, den ich auf dem Thron sitzen sah, und der mir all dies zeigte: Die Fülle geheimnisreicher, wunderbarer und unbekannter Gnaden, die dir, erleuchteter Mensch, hier im wahren Licht erscheinen, zeige und übergebe Ich dir, daß du sie kundtuest und darlegest, damit Feuersglut in den Herzen der Gläubigen entbrenne. Die heilige und unaussprechliche

Dreifaltigkeit der Einen höchsten Einheit war denen, die das Joch des Gesetzes trugen (Israel), verborgen. Durch die neue Gnade wurde sie den von der Knechtschaft Befreiten kund und muß nun mit einfältigem und demütigem Herzen im Glauben als der Eine und wahre Gott in drei Personen erkannt werden. Niemand darf sich vermessen, sie ergründen zu wollen. Wer, unzufrieden mit der Gabe des Heiligen Geistes, mehr zu erforschen sucht, als er darf, wird stürzen und ob der Verwegenheit seines Hochfluges um so tiefer fallen, je ungeziemender sein Begehren war. Dies kündet das Gesicht, das du jetzt schaust.»[84]

Hildegard hat ihr Leben lang nie den Zustand der Ekstase gehabt, wie andere große Mystikerinnen und Visionärinnen. Sie erfuhr ihre Visionen und Auditionen, ihre Bilderschau und ihr Hören der überirdischen Stimme nie unter Verlust ihres normalen Alltagsbewußtseins. Sie hatte auch keinen Seh- oder Sprechverkehr mit Wesen der jenseitigen oder überirdischen Welt, mit Engeln, Heiligen oder gar mit dem himmlischen Bräutigam selbst, wie das bei anderen Visionärinnen häufig ist. Hildegard, Feind aller übertriebenen Askese, übte auch keine asketische Methode, um das Eintreten von Visionen herbeizuführen.[85] Sie geriet bei ihren Visionen nicht in verzückte, seelisch genießende Schwärmerei, aus der sonst oft andre Visionärinnen nur schwer in den bedrückenden irdischen Zustand zurückkehren mochten. Hildegard hat die Erde, der sie zugehörte, nie verlassen. Den bei anderen Visionären vorkommenden Zustand der Schwerelosigkeit gab es bei Hildegard nicht.[86]

Der tiefgehende Unterschied zwischen der hl. Hildegard und anderen mittelalterlichen Visionärinnen soll durch zwei Zitate verdeutlicht werden. Elisabeth von Schönau, Äbtissin in einem Taunuskloster, 1129–1164, bedeutendste Visionärin ihrer Zeit in Deutschland, schreibt über ihre visionäre Erfahrung der göttlichen Trinität: «Beim Nahen des Weihnachtsfestes bereitete ich mich zwei Tage vorher auf den gewohnten Austritt des Geistes (aus dem Körper) vor. Als die Vesper des Weihnachtsfestes herbeigekommen war, geriet ich endlich in die Ruhe der Ekstase. Ich fühlte mich wie in die Höhe erhoben und sah ein offenes Tor im Himmel, und das verehrungswürdige Geheimnis, das ich am Allerheiligenfest geschaut hatte, wurde mir zum dritten Male gezeigt. Und als ich durch die Vielfalt der göttlichen Süßigkeit erquickt war, kehrte ich endlich zu mir zurück und brach alsbald in die Worte aus: ‹Sehend sehnte ich mich zu schauen den Herrn Gott, meinen Erlöser, und ich schaute, und siehe, heil wurde meine Seele›.»[87]

Elisabeth hatte sich in einem langen Brief an Hildegard gewandt, ihre Beauftragung zur Bußpredigt durch einen Engel mitgeteilt, ihre äußeren Anfeindungen und inneren Anfechtungen geschildert und um Fürbitte und geistlichen Trost gebeten. Hildegard liebte diese geistlich tapfere Nonne und war davon überzeugt, daß Gott die Kirche durch sie zur Buße mahnen wollte. Aber nun ist sehr aufschlußreich, was Hildegard ihr in dem Antwortbrief zu sagen hat. Nach einer längeren Einleitung über das Spannungsverhältnis zwischen Gott und den Menschen wird Hildegard ganz persönlich: «Höre, meine bekümmerte Tochter! Die Einflüsterung der ehrgeizigen Schlange sucht manchmal gerade die Menschen, die Gott durch Seine Eingebung unterwies, mürbe zu machen. Denn wenn die alte Schlange eine erlesene Gemme erspäht, fährt sie zischend hoch und spricht: ‹Was ist das?› und quält mit vielen Nöten das Herz, das danach brennt, über die Wolken zu fliegen – wie sie selbst getan –, als wären die Menschen Götter. Und jetzt höre weiter! Die danach verlangen, Gottes Werke zu vollbringen, müssen stets beachten, daß sie, weil Menschen, Gefäße von Ton sind, und mögen ständig ihren Blick darauf richten, was sie sind und was sie sein werden. Das Himmlische sollen sie dem überlassen, der himmlisch ist, weil sie selbst Verbannte sind, die das Himmlische nicht kennen. Sie künden die Geheimnisse nur wie eine Posaune, die den Ton zwar erklingen läßt, ihn aber nicht selbst hervorbringt. Denn ein anderer bläst in sie hinein, daß sie töne. Den Panzer des Glaubens sollen sie anlegen, mild, sanft, arm und verachtet sein, wie jenes Lamm es war, dessen Posaunenton sie sind, von Kindeseinfalt in ihrem Gehaben. Gott aber züchtigt immer die, die Seine Posaune blasen, und achtet darauf, daß das Tongefäß nicht zerbricht, sondern Ihm wohlgefällt. O Tochter, Gott mache dich zu einem Spiegel des Lebens! Aber auch ich, die ich kleinmütigen Herzens daniederliege und immer wieder von Furcht beunruhigt erlahme, erklinge zuweilen wie ein schwacher Posaunenton des Lebendigen Lichtes. So helfe mir Gott, daß ich ausharre in Seinem Dienst.»[88]

Elisabeth schreibt einige Zeit später in einem weiteren Brief an Hildegard von ihrer Sorge um die innere Not ihrer Kirche. Hildegard, die von den äußerst strengen, sie zugrunde richtenden asketischen Züchtigungen Elisabeths gehört hat, antwortete ihr. Dieser Brief ist ein Zeugnis der biblischen Nüchternheit, eines echt christlichen Realismus. Einige Sätze mögen das bezeugen: «In einer wahren Schau sah und hörte ich folgende Worte: ‹O Tochter Gottes, die du aus Liebe zu Gott mich armseliges Gebilde Mutter nennst, lerne Maßhaltung! Sie ist für Himmlisches und Irdisches die Mutter aller Tugenden. Denn durch sie wird die Seele geleitet und ebenso der Leib in rechter Zucht ernährt ... Wie durch unangebrachten Sturzregen die Frucht der Erde Schaden leidet und wie in ungepflügter Erde nicht gute Frucht, sondern unnütze Kräuter aufsprießen, so wird auch der Mensch, der sich mehr Mühsal auferlegt, als sein Körper aushalten kann, da in ihm das Wirken der heiligen Diskretion (Unterscheidungsfähigkeit) geschwächt ist, durch maßlos auferlegte Mühsal und Enthaltsamkeit seiner Seele keinen Nutzen bringen ... Der Mensch, der nach dem Beispiel Christi in der Bindung des Gehorsams steht, hüte sich mit aller Sorgfalt davor, nach seinem Eigenwillen sich etwas auszuwählen, indem er mehr auf sich selbst als auf den guten Rat anderer vertraut, damit er nicht durch den vom Himmel herniedergestürzten Hochmut überwunden wird, weil er besser sein will als andere gute Menschen und sich selbst als gut und heilig anrechnet, was immer er sich zurechtgelegt hat.»[89] Elisabeth starb bald darauf, aller körperlichen Widerstandskräfte beraubt, im Alter von 36 Jahren.

Als zweites Beispiel eines Hildegard fremden Visionserlebens sei angeführt, was von der etwa hundert Jahre später lebenden Gertrud von Helfta berichtet wird: «Da sie eines Tages ihr Herz erforschte, fand sie einiges, das sie gern gebeichtet hätte. Weil sie aber gerade keinen Beichtvater haben konnte, flüchtete sie zu dem einzigen Tröster, dem Herrn Jesus Christus, und klagte ihm diese Schwierigkeit. Der Herr antwortete ihr: ‹Warum betrübst du dich? Sooft du es verlangst, werde ich, der höchste Priester und wahre Bischof, bei dir sein und jedesmal die sieben Sakramente zugleich in deiner Seele wirksamer erneuern, als dies irgendein Priester oder Hohepriester zu sieben Malen vermöchte. Denn mit meinem kostbaren Blut werde ich dich taufen, in der Kraft meines Sieges dich firmen, in der Treue meiner Liebe dich mir vermählen, in der Vollkommenheit meines heiligen Wandels dich weihen, in der Huld meiner Barmherzigkeit von jeder Fessel der Sünde dich lossprechen, in dem Übermaße meiner Liebe dich mit mir selber speisen und sättigen, und in der Süßigkeit meines Geistes dein ganzes Innere mit so wirksamer Salbung durchdringen, daß die Fülle der Andacht durch alle deine Sinne und Bewegungen träufeln wird, so daß du ohne Unterlaß befähigt und geheiligt wirst zum ewigen Leben!»[90] Hildegard hätte niemals auf solche Weise sprechen können. Hildegard hat sich immer streng, gehorsam, sachlich, ohne Gefühle zu suchen, an das gehalten, was sie sah und hörte. Sie sah Bilder, die etwas bedeuteten. Sie sah gleichzeitig die sie umgebende Außenwelt und die Bilder. Sie sah die Bilder so, «wie Sonne, Mond und Sterne im Wasser sich spiegeln».[91] Es war, als ob für Hildegard ein den Augen der andern Menschen nicht sehbarer Tonfilm abrollte, dessen Bilder und Worte sich unauslöschlich in ihr Gedächtnis einprägten. Während dieses Geschehens aber riß für sie der Kontakt mit der sie umgebenden Umwelt nicht ab.[92]

Was Hildegard sah, waren symbolische Bilder. Deshalb sind auch die dem *Scivias*-Buch beigegebenen Miniaturen wichtig. Die Bilder, manchmal Stehbilder, manchmal bewegte Bilder, bedurften der Deutung. Darum hörte Hildegard die deutende Stimme dessen, der auf dem Throne sitzt, der das Lebendige Licht ist. Die Bilder zeigen Geschichte, Geschichte von ihrem Ursprung her und zu ihrem Ziel hin. Über dieser Geschichte waltet ihr Schöpfer. In dieser Geschichte vollzieht sich die Auseinandersetzung zwischen dem Schöpfer und einer auf Zerstörung abzielenden Gegenmacht. Der Mensch, in dies gewaltige Drama als wichtigster Mitspieler hineingestellt, weiß von sich aus nicht um den Sinn oder Unsinn seiner Existenz. Die Vorgänge seines Daseins bieten ihm immer nur unzureichende und täuschende Teilaspekte. Außerdem ist er geneigt, in diesem Drama auf der falschen Seite zu stehen. Er bedarf daher dessen, daß der Herr und Schöpfer der Geschichte, der Regisseur dieses Weltendramas, ihm den Sinn seiner Existenz deutet und ihn aufruft, sich diesen Sinn in seinem Leben zu eigen zu machen. Das geschieht durch göttliche Offenbarung.

Die hl. Hildegard sieht sich unter den Auftrag gestellt, in eine bestimmte Zeitsituation hinein, in die Kirchen- und Menschheitsgeschichte der beginnenden Neuzeit hinein, diese göttliche Offenbarung auf besondere, aufrüttelnde, ermahnende, warnende, ermutigende Weise hineinzurufen. Dieses Auftrages war sie sich allergewissest bewußt, um dieses ihres Auftrages willen nannte man sie zu ihrer Zeit die «prophetissa teutonica», die deutsche Prophetin.

Nicht geisteswissenschaftlich einzuordnende Theologin, Gelehrte, auch «nicht Mystikerin war Hildegard, sondern Prophetin. Das ist nicht in jenem allgemeinen und verschwommenen Sinn gemeint, in dem gelegentlich der eine oder andere Künstler oder Dichter Prophet genannt wird, sondern genau in der Bedeutung, in der die Bibel das Wort verwendet. Prophet heißt Künder, Sprecher; einer, der etwas heraussagt: einer, der vor jemandem spricht, und zwar im Namen eines Höheren. Das Prophezeien bezieht sich keineswegs bloß auf zukünftige Dinge. Prophetie ist Einsicht in die Ratschlüsse Gottes, mögen sie sich auf Vergangenheit, Gegenwart, oder Zukunft beziehen. Diese Ein-sicht wird dem Propheten von Gott geschenkt, damit er sie kundtue. Schweigen kann der Erwählte nicht, er muß reden, als Gottes Offenbarungsorgan.»[93]

Was der zum prophetischen Reden bestimmte Mensch spricht, wird also nicht von ihm erzeugt, sondern ist ihm vorgegeben, ist in Gottes Willen da, bevor es gesprochen wird. In ihrem Buch *De operatione Dei*, herausgegeben unter dem Titel «Welt und Mensch», spricht Hildegard das um 1170 auf sehr eigenartige Weise aus. Dort sagt sie, alles Geschaffene sei als Entwurf zuvor wie ein Schatten in der Liebe Gottes als in einem lebendigen Brunnen da, aus dem es dann hervorgeht. «Alles, was Gott erschaffen wollte, war Schatten, ehe es wurde... Aus diesem Schatten ist auch die Schrift *Scivias* hervorgegangen, gestaltet von einer Frau, die gleichsam nur ein Schatten von Kraft und Gesundheit war, weil jene Kräfte selbst nicht in ihr am Werk waren.»[94] Hildegard würde also diese Schrift nie als ihr «eigenes Werk» bezeichnet haben.

Von jedem menschlichen, geisteswissenschaftlichen Standpunkt aus ungeheuerlich, menschlich gesehen anmaßend und überheblich würden die prophetischen Sätze klingen, die am Schluß des *Scivias*-Buches stehen: «Höret her, merkt alle auf, die ihr euch wünschet Lohn und Glück von oben! O ihr Menschen, die ihr Herzen habt, bereit zum Glauben, und mit Lohn vom Himmel rechnet! Nehmet an dies göttliche Sagen und im Innern eures Herzens legt es nieder. Nicht versaget euch der Mahnung, wenn sie euch entgegenkommt. Denn Garant der Wahrheit, Ich, Lebendiger, Gott der Wahrheit, rede und Ich schweige nicht, sag's und sage es nochmals. Wer ist's, der Mich übertreffen kann? Er soll's nur versuchen! Stürzen werde Ich ihn! Vom Platz rücken ein Gebirge, was doch niemand kann, soll kein Mensch versuchen. In dem Tal der Demut soll er bleiben... Ich bin Charitas, die Liebe, gegen die auflodernder Hochmut nichts vermag! Welche Tiefgesunkene nie ausloten und der Bösen noch so große Menge niemals überstimmt. Bin nicht Ich Baumeister in des Himmels Thrones Höhen? Mächt'ge, die nur in den Tiefen stark sich zeigen, blicken Mich verächtlich an. Abgestumpft, im Tageslärm Ertaubte, lehnen ab Mich, und die Superklugen spotten Meiner Kost. Alle kurz, die sich verkriechen in die Burg des eigenen Dünkels. Untergang bereite Ich ihnen in den Kleinen und Bescheidenen wie ein Knab dem Goliath, Judith einem Holophernes. Weiset einer dieses Buches mystische Worte von sich, auf den ziel Ich Meinen Bogen; ihn durchbohre Ich mit den Pfeilen Meines Köchers und vom Haupt reiß Ich seine Krone ihm. Und Ich werde dafür sorgen, daß ihm's geht wie jenen, die zu Oreb einst versanken, als sie murrten wider Mich.

Wer gar gegen dies Prophezeien Flüche ausstößt, über den der Fluch wird kommen, welchen Isaak ausgesprochen. Doch mit Himmelstaues Fülle wird erfüllet, wer mit Liebe sie umfängt und wer fest in seinem Herzen sie behält und ihr die Wege zur Verbreitung bahnt... Wollte einer ganz verblendet diese Finger-Gottes-Worte gar verbergen und aus Wahnwitz sie verkürzen, an den falschen Platz sie stellen, rein aus menschlichem Vernünfteln, und sie so zum Spott machen, ein Verworfener wird er werden, und zerquetschen wird ihn Gottes Finger.»[95]

In völliger Übereinstimmung hiermit steht das, was Hildegard in ihrem Begleitbrief an Papst Eugen III. schrieb, als sie ihm das vollendete Werk zusandte. Zunächst nimmt Hildegard Bezug auf die Autorisierung ihres prophetischen Schreibauftrages durch den Papst während der Trierer Synode im Winter 1147/48. «O milder Vater, ich armseliges Gebilde habe dir dies geschrieben in wahrhaftiger Schau, im geheimnisvollen Hauch, so wie Gott es mich lehren wollte. O strahlender Vater, als Papst kamst du in unser Land, wie Gott es vorherbestimmt hat, und nahmst Einsicht in die wahrhaftigen Gesichte, wie das Lebendige Licht sie mich gelehrt. Du hörtest sie und nahmest sie in dein Herz. Nun ist dieser Teil der Schrift beendet. Doch hat das Licht mich nicht verlassen. Es brennt in meiner Seele, wie ich es von Kindheit an gehabt. Daher sende ich dir jetzt diesen Brief auf die wahrhaftige Ermahnung Gottes hin.»[96]

Hildegard würde sich im Bewußtsein ihrer menschlichen Unbedeutendheit nie vermessen haben, an den Papst zu schreiben. Aber die Stimme in ihrem Innern, die sie als «wahrhaftige Ermahnung Gottes» erkannte, ließ ihr keine Ruhe. Sie mußte sich wegen ihres Buches an den Papst als das Oberhaupt der Kirche wenden. Erst noch spricht sie in eigener Person: «Und meine Seele wünscht: Das Licht vom Licht leuchte in dir, erschließe dir reine Augen und mache deinen Geist wach für dieses Schriftwerk, damit deine Seele, wie es Gott gefällt, darob gekrönt werde. Denn viele irdisch gesinnte Kluge verwerfen es in der Unbeständigkeit ihres Geistes, weil es von einem armseligen Gebilde stammt, das aus der Rippe erbaut und nicht von Philosophen belehrt worden ist.»[97] Hildegard hat also inzwischen erfahren, daß ihr Buch in bestimmten theologischen Kreisen auf Ablehnung gestoßen ist, nicht bekämpft wurde, sondern unbeachtet blieb, totgeschwiegen wurde. Sie bezeichnet diese Leute als unbeständige, nicht in Gottes Wahrheit gefestigte Geister. Sie sind in dem Vorurteil befangen, von einer Nonne, einem Weibsbild, einem dem Mann untergeordneten Wesen könne keine gültige Wahrheit an das Licht gebracht werden. Außerdem beharren sie als «irdisch gesinnte Kluge» darauf, daß eine gründliche philosophisch-theologische Bildung die notwendige Voraussetzung für eine theologisch bedeutsame Erörterung sei. Da sich herumgesprochen hat, daß Hildegard solche Bildung fehlt, ist man sicher, von ihr keine Förderung auf theologischem Gebiet erwarten zu können. Hinter dieser Bemerkung Hildegards steht die Tatsache, daß die heraufziehende, bald das Feld beherrschende scholastische Theologie Hildegards Schriften überhaupt nicht zur Kenntnis nahm.
Um so erregender ist, wie hier in dem Brief an den Papst von der Bedeutung des *Scivias*-Buches geschrieben wird. Hildegard spricht nun weiter nicht mehr selbst. Ihre Stimme wird prophetische Stimme, durch die ein Höherer spricht: «Du also, Vater der Pilger, höre den, der IST: Ein mächtiger König (Gott) thronte in seinem Palast. Hohe Säulen standen vor ihm (die großen Heiligen), von goldenem Schmuckwerk umwunden und mit vielen Steinen und Perlen herrlich geziert. Dem König aber gefiel es, eine kleine Feder (Hildegard) zu berühren, daß sie in Wundern emporfliege. Und ein starker Wind trug sie, daß sie nicht sinke. Nun spricht wiederum Er zu dir, der das Lebendige Licht ist, das da leuchtet in Höhen und Tiefen und auch im Innersten hörender Herzen sich nicht verbirgt: Bestätige diese Schrift, damit sie denen zu Gehör gebracht werde, die für Mich (Gott) offen sind. Mache sie grünen in süß schmeckendem Saft, mach sie zur Wurzel, die sich verzweigt, zum wehenden Blatt wider den Teufel, und du wirst leben in Ewigkeit. Hüte dich, diese Gottesgeheimnisse zu verachten. Denn sie sind notwendig mit jener Notwendigkeit, die noch verborgen ist und noch nicht offen erscheint.»[98] Eigenartige Worte sind das. Enthalten

sie eine geheimnisvoll drohende Aussage über die zukünftige Bedeutung des *Scivias*-Buches? Sprechen sie von der göttlichen Notwendigkeit dieses Buches für die Kirche?
Nach all diesen Ausführungen über Person und Werk der hl. Hildegard wird man sich voreingenommen oder erwartungsvoll ihrem Schrifttum nähern. Voreingenommen, das heißt, man wird von der Voraussetzung ausgehen, daß es gültige prophetische Aussagen in dem von Hildegard behaupteten Sinn nicht geben könne. Dann wird man das Visionäre illusionär, neurotisch, hysterisch, vielleicht sogar psychopathologisch zu erklären versuchen, vielleicht auch nur als literarische Einkleidung, um der Schrift höhere Autorität zuzusprechen.[99] Man wird nach literarischen Abhängigkeiten suchen und meinen, guten Grund dafür zu haben. Denn in der Kirchen- und Religionsgeschichte gibt es Beispiele genug für solche Abhängigkeit. Warum sollte Hildegard eine Ausnahme bilden? Von ihr bleiben dann noch einige Dinge übrig, die heute weltanschaulich oder ethisch aktuell sind.
Oder man nähert sich diesem von der hl. Hildegard hinterlassenen Werk erwartungsvoll, mit offener Bereitschaft, auf eine besondere, für die Christenheit wichtige Auslegung der vorgegebenen göttlichen Offenbarung zu hören. Man wird dann damit rechnen, daß hier Dinge zur Sprache kommen, die in der Geschichte der Kirche leichtfertiger- oder gefährlicherweise oft vergessen oder verdunkelt werden. Dann geht es um die Frage nach der Wahrheit. Natürlich darf man auch nach gewissen parapsychologischen, etwa telepathischen Begabungen der hl. Hildegard fragen, auch nach Übereinstimmungen zwischen ihren und anderen kirchlichen Texten. Aber das hat mit der Wahrheitsfrage nichts zu tun. Hildegard würde sagen, dabei geht es nur um das Material, die Dimension und die Formung der Posaune, was alles ja so beschaffen sein muß, daß durch sie bestimmte Signale gegeben werden können.

2. Die Niederschrift des Sciviasbuches

Über den Hergang des Niederschreibens der Texte wissen wir genau Bescheid. Die Vita berichtet: «Dies ist groß und der Bewunderung würdig: daß sie das, was sie im Geist hörte und sah, in der gleichen Bedeutung und mit den gleichen Worten umsichtig und lauteren Herzens eigenhändig niederschrieb oder mit eigenem Munde sprach (man sprach damals selbst beim Lesen und Schreiben), wobei sie sich mit einem einzigen zuverlässigen Mann als Symmysta (Mitwisser der Geheimnisse) begnügte. Dieser stellte lediglich nach den Regeln der Grammatik, die sie nicht genügend kannte, die Fälle, Zeiten und Genera richtig. Doch nahm er sich nicht heraus, zum Sinn oder zum Verständnis irgendetwas hinzuzufügen oder wegzulassen. Übrigens hat sie darüber auch an Papst Hadrian geschrieben, daß ihr in himmlischer Schau gesagt worden sei: «Das, was dir von oben gezeigt wurde, kannst du nicht in die übliche Form der lateinischen Sprache bringen, weil dir diese Ausdrucksweise nicht gegeben ist. Deshalb soll dir, der die Feile hat, es eifrig zu einem den Menschen entsprechenden Klang vervollkommnen.»[100]

Die verschiedenen Miniaturen in den alten Handschriften der Hildegardbücher zeigen die schreibende Hildegard. Besonders schön ist das auf dem Umschlag der neuen Vita-Ausgabe wiedergegebene Bild. Aus dem offenen Himmelsfenster strömt die Flut des Heiligen Geistes auf das erhobene Angesicht Hildegards hernieder. Vor ihr liegen zwei Wachstafeln. In der rechten Hand hält sie schreibbereit den Griffel. Links sitzt in einem zweiten Gemach der treue Mönch Volmar und schreibt mit der Gänsefeder auf Pergamentblätter. Genaue Untersuchungen haben ergeben, daß Hildegard zunächst auf Wachstafeln schrieb und das Geschriebene durch ihren Sekretär auf Pergament umschreiben ließ. Diese erste Abschrift wurde von Hildegard korrigiert und von ihrem Sekretär in grammatisch richtiges Latein gebracht. Nach dieser Überarbeitung wurde dann die Reinschrift hergestellt.[101] Das war ein mühseliger, mit viel Zeitaufwand verbundener Arbeitsprozeß, zumal in sehr kunstvoller Einzelbuchstabengestaltung geschrieben wurde. Es kam der Arbeit zugute, daß Hildegard nicht darauf angewiesen war, das ihr in Visionen Zugekommene schnell festzuhalten. Sie konnte alles in den weiträumigen Kammern ihres Gedächtnisses unterbringen und hielt es dort lange Zeit fest, wie sie später an Wibert von Gembloux schrieb.[102]

Auf keiner Miniatur wird die hl. Hildegard so dargestellt, daß sie neben ihren Wachstafeln Bücher, etwa die Heilige Schrift oder theologische Väterwerke, liegen hat. Sollte das sagen, daß sie solche Literatur zur Genüge in ihrem Gedächtnis hatte, oder daß sie andere Literatur nicht zu Rate ziehen mußte? Die Frage nach der literarischen Herkunft der Inhalte der Hildegardbücher ist vielfältig gestellt und beantwortet worden.

Der Versuch eines Nachweises, daß Hildegard aus antiken Quellen geschöpft haben könnte und ihre Weltschau von daher beeinflußt sein könnte, hat sich als nicht tragfähig erwiesen.[103] Öfter wird angenommen, daß Hildegard sich in ihren langen Klosterjahren eine umfassende Kenntnis der alten Kirchenväter und der mittelalterlichen Autoren angeeignet hätte. In ihren Schriften soll sie dann das Gedankengut dieser Schriftsteller in genialer Weise verwertet und daraus ihre eigene theologische Schau gestaltet haben. Bei Hildegard fehlen Zitate aus den kirchlichen Schriftstellern[104], wie es sonst bei theologischen Werken üblich war. Der Grund dafür ist unbekannt. Sollte es vielleicht so sein, daß Hildegard von den in Klöstern üblichen fortlaufenden Lesungen während der Mahlzeiten Kontakt mit auf dem Disibodenberg vorhandenen Exzerptsammlungen hatte und daraus vieles in ihrem sehr geübten Gedächtnis behielt? Sie dachte bei ihrem eigenen Schreiben nicht darüber nach, aber es wurde bei ihren Visionen als ihr vorhandenes Gedächtnismaterial benutzt und in ihren eigenen Schreibstil eingeschmolzen. Daß Hildegard in ihren Evangelienauslegungen einige Namen der großen Kirchenlehrer nennt, kann kein Beweis für ein eigenes Studium ihrer Bücher sein.[105]

«Der Bereich des visionären Bilddenkens im Raum des Christentums ist aufs allerstärkste durch eine dreifache Form der Überlieferung bestimmt, in der ein ganzer Kosmos von Symbolen und Bildern vorgegeben ist und weitertradiert wird: 1. Durch die Bibel, 2. durch die Liturgie, und 3. durch das Dogma.» «Liturgie und Heilige Schrift sind keine Elemente, die getrennt nebeneinander stehen, vielmehr ist ja die Heilige Schrift zu einem großen Teil Bestandteil der Liturgie in Gestalt der Psalmen und der Lesungen des Alten und Neuen Testamentes, so daß große Teile der Heiligen Schrift regelmäßig von den Liturgen und den Teilnehmern an der Liturgie mitgebetet und damit in einer intensiven Weise innerlich angeeignet und in das eigene religiöse Bewußtsein aufgenommen werden. Der Einfluß der Liturgie auf das religiöse Bilddenken und die religiöse Vorstellungswelt ist deswegen besonders stark, weil sie aus Gebet, Meditation und Kontemplation besteht, die sowohl gedanklich wie emotional wie phantasiemäßig auf das zentrale Ereignis der Vergegenwärtigung Christi im Sakrament gerichtet ist. Die Aufnahme der in den liturgischen Texten vorkommenden Bilder und Symbole in das religiöse Bewußtsein des mitbetenden Teilnehmers der Liturgie vollzieht sich also anders als etwa bei einer gewöhnlichen Lektüre, da der Gläubige sich mitbetend und mitmeditierend den Bild- und Symbolgehalt der liturgischen Texte zu eigen macht, ihn sich vergegenwärtigt und selbständig weiterbildet oder weiterdenkt.»[106]

Da in dem Kirchenjahresablauf der mönchischen Liturgie die großen Heiligentage mit der Bedeutung der großen kirchlichen Lehrer vertraut machten, und da man weite Teile der vom Kirchenjahr her bestimmten Liturgie als gebetetes Dogma werten kann, bedurfte Hildegard gar nicht einer besonderen Kenntnis der Bücher der früheren Theologen, um ihre visionären Bücher schreiben zu können. Ein an Einzelstellen gelingender Nachweis literarischer Ähnlichkeit oder Gleichheit trägt kaum etwas zum wahren Verständnis der Hildegardbücher bei. [107] Man muß sie in ihrer Eigenständigkeit wahrnehmen.

Wesentlich wichtiger als die literarische Quellenfrage ist die Frage nach der Glaubwürdigkeit der visionären Niederschriften, noch deutlicher gesagt, die Wahrheitsfrage gegenüber dem Inhalt der Hildegardbücher. Viele Visionäre im Lauf der Kirchengeschichte haben sich selbst diese Frage immer wieder gestellt, oder sie mußten sie sich von anderen stellen lassen.[108] Auch Hildegard konnte in ihren ersten Jahren dieser Frage nicht ausweichen. Sie wandte sich an Bernhard von Clairvaux, den berühmten Zisterzienserabt, den bedeutenden Theologen, großen Prediger, tieffrommen Mystiker, geistlichen Seelsorger, von dem es hieß, er sei der wahre Papst, der geistliche Vater seiner Zeit gewesen. Hildegard sandte ihm einen Brief. Es ist der erste Brief, den sie an jemanden geschrieben hat, ein Notruf, eine flehende Bitte.

Dies geschah nicht von heute auf morgen, hatte sich vielmehr lange vorbereitet. Hildegard schrieb damals schon im vierten Jahr an ihrem ersten Buch. Ihr Magister Volmar, der Abt und die klügsten Mönche des Disibodenberges, auch der Mainzer Erzbischof und sein Domkapitel hatten ihr die Übereinstimmung ihrer Visionen mit der Lehre der Kirche bestätigt, ja sie zum Schreiben ermutigt. Aber immer wieder wurde Hildegard in ihrem Innern unsicher. Sie schreibt an Bernhard: «Große Mühe habe ich in dieser Schau, inwieweit ich das, was ich gesehen und gehört habe, sagen darf. Ja, bisweilen werde ich – weil ich schweige – von dieser Schau mit schweren Krankheiten aufs Lager niedergeworfen, so daß ich mich nicht aufrichten kann.» «Bisweilen», also nicht nur zu Anfang, sondern während des Schreibprozesses. Hildegard sagt auch, was sie beunruhigt: «Ich bin ja ein Mensch, der durch keinerlei Schulwissen über äußere Dinge unterwiesen wurde. Nur innen in meiner Seele bin ich unterwiesen. Deshalb spreche ich wie im Zweifel.» Und weiter: «Weil es unter den Menschen, wie ich die Leute sagen höre, viele Spaltungen gibt.» Hildegard weiß, daß es Irrlehrer gibt, aber sie weiß auch, daß ihr selbst die Fähigkeit zur schulmäßigen theologischen Auseinandersetzung und Klarstellung fehlt.

Unter solcher Unsicherheit geschah es nun, daß sie in einer visionären telepathischen Schau den vielgenannten Abt Bernhard erblickte. Lange trug sie dies verschwiegen mit sich, empfand es aber als Weisung, daß sie sich an ihn wenden solle. Und nun schreibt sie im Jahr 1147: «Ich sah dich vor mehr als zwei Jahren in dieser Schau als einen Menschen, der in die Sonne blickt und sich nicht fürchtet, sondern sehr kühn ist. Und ich habe geweint, weil ich so sehr erröte und schamhaft bin. – Ich werde so leicht niedergeschlagen vom fallenden Hebebaum der Kelter in meiner Natur, der aus der Wurzel stammt, die durch Teufelseinfluß in Adam entsprang, so daß er ausgewiesen wurde in die heimatlose Welt.» Hildegard fühlte sich zerschlagen und ausgepreßt. Ihr war, als hätte sie keinen festen Boden mehr unter den Füßen. «Nun aber erhebe ich mich und eile zu dir: du wirst nicht niedergeschlagen, sondern du richtest ständig den Baum empor und bist Sieger in deiner Seele. Und du richtest nicht allein dich selbst, sondern auch die Welt zum Heile auf. Du bist der Adler, der in die Sonne schaut.»
Hildegard hatte erkannt, daß sie von Gott an diesen mit Gott verbundenen Menschen gewiesen wurde, um Antwort auf ihr banges Fragen zu empfan-

gen, und sie begann ihren Brief: «Verehrungswürdiger Vater Bernhard, wunderbar stehst du da in hohen Ehren aus Gottes Kraft. Schreckenerregend bist du für die unziemliche Torheit der Welt... Ich bitte dich, Vater, beim lebendigen Gott, höre mich, da ich frage.» Sie berichtet nun kurz von der Art ihrer Schau, von ihrer lebenslangen Unsicherheit, von der erleuchtenden Einsicht in den Sinn der heiligen Schriften, und bittet: «Bei deiner Vaterliebe und Weisheit forsche in deiner Seele, wie du im Heiligen Geist belehrt wirst, und schenke deiner Magd aus deinem Herzen Trost. – Gütiger Vater, mildester, ich bin in deine Seele hineingelegt, damit du mir durch dein Wort enthüllst, ob du willst, daß ich dies offen sagen oder Schweigen bewahren soll.»

Hildegard machte ihr Weiterschreiben abhängig von Bernhards Antwort. Aber was sucht sie denn bei ihm? Keine theologisch-dogmatische Prüfung und Beurteilung ihres halbfertigen Buches, denn Sie schickt ihm ja keine Abschrift des schon geschriebenen Textes. Hildegard vertraut darauf, Bernhard werde durch Erleuchtung die rechte Erkenntnis gewinnen. Darauf zielen ihre inständig drängenden Sätze: «Ich bitte dich bei der strahlenden Klarheit des Vaters und bei Seinem wunderbaren Wort und bei der süßesten Tränengabe der Zerknirschung – dem Geist der Wahrheit – und bei dem heiligen Schall, durch den die ganze Schöpfung schallt: bei Ihm, dem Wort, aus dem die Welt geworden ist. Bei der Hoheit des Vaters, der in zarter Erweckungskraft das Wort in den Schoß der Jungfrau sandte, aus der es Fleisch sog, wie der Honig ringsum von der Wabe umbaut wird. Und dieser Schall, die Kraft des Vaters, falle in dein Herz und richte deine Seele auf, daß du nicht bei den Worten dieses Menschen (Hildegard) teilnahmslos erstarrst, da du doch alles bei Gott, beim Menschen oder beim Geheimnis selbst suchst, bis du durch den Spalt deiner Seele so weit vordringst, daß du all dies in Gott erkennst. Leb wohl, leb wohl in deiner Seele, und sei ein starker Kämpfer in Gott. Amen.»[109]

Bernhard, der Vielbeanspruchte, immer Überlastete, körperlich Abgezehrte, aber geistig ungeheuer Lebendige und Klarsichtige, gibt Hildegard, was sie braucht. Der Brief, spätestens im Frühherbst 1147 geschrieben, ist kurz, aber enthält alles Notwendige. Bernhard versichert Hildegard seiner Fürbitte, läßt sie fühlen, daß er von der Ehrlichkeit ihrer Demut überzeugt ist, bittet zart um Entschuldigung für die Kürze seines Schreibens und spricht seine geistliche Mitfreude über Hildegards Begnadung aus. Aus Erfahrung wissend um die Versuchlichkeit des Menschen, warnt er Hildegard vor Überheblichkeit und ermahnt sie zu demütiger Hingabe. Er erspart sich alle weitere Belehrung unter Anerkennung der geistlichen Erleuchtung Hildegards selbst. Diese Anerkennung wird unterstrichen durch Erbitten und Anbefehlen der Fürbitte für den Abt und seine Mönchs-

gemeinschaft. Es ist ein wahrhaft bedeutender Brief. Jedes Wort ist geistig und geistlich gewogen. Deshalb soll er hier im Wortlaut stehen.
«Abt Bernhard von Clairvaux an Hildegard.
Für die in Christo geliebte Tochter Hildegard betet Bruder Bernhard, genannt Abt von Clairvaux, wenn das Gebet eines Sünders etwas vermag. Da du von unserer Wenigkeit weit anders zu denken scheinst, als unser Gewissen sich selbst einschätzt, so glauben wir dies einzig deiner Demut beimessen zu sollen. Doch habe ich keineswegs übersehen, den Brief deiner Liebe zu erwidern, obwohl die Menge meiner Geschäfte mich zwingt, es kürzer zu tun, als ich gern möchte. Wir freuen uns mit dir über die Gnade Gottes, die in dir ist. Und was uns angeht, so ermahnen und beschwören wir dich, daß du sie als Gnade erachtest und ihr mit der ganzen Liebeskraft der Demut und Hingabe entsprichst. Du weißt ja, daß Gott den Stolzen widersteht, den Demütigen hingegen Gnade gibt. Im übrigen, was sollen wir noch lehren oder ermahnen, wo schon eine innere Unterweisung besteht und eine Salbung über alles belehrt? Vielmehr bitten und verlangen wir inständig, daß du unser bei Gott gedenkst und auch derer, die uns in geistlicher Gemeinschaft in Gott verbunden sind.»[110]
Hildegard hat seitdem nie wieder mit Zweifeln an ihrer prophetischen Beauftragung gerungen. Sie war ihres Auftrages gewiß geworden und diente ihm auf vielfältige Weise in allezeit demütiger Hingabe.
Daß Hildegard bald danach auch noch die Autorisierung ihres Auftrages von der höchsten kirchlichen Stelle, dem Papst selbst, empfing, geschah nicht auf ihr Drängen, sondern kam durch das Interesse der örtlichen kirchlichen Stellen.
Papst Eugen III. hielt vom 30. November 1147 bis in den Februar 1148 in der Bischofsstadt Trier eine Synode ab. Achtzehn Kardinäle und eine große Zahl von Bischöfen nahmen an ihr teil. Eine Menge höherer Geistlicher, auch Äbte, darunter Bernhard von Clairvaux, der geistliche Vater des Papstes, weilten während dieser Zeit in Trier. Es gab viel Neuigkeiten zu hören und auch weiterzutragen. Der Abt vom Disibodenberg sah eine günstige Gelegenheit, das Ansehen seines Klosters zu erhöhen. Er bat seinen Schirmherrn, den Erzbischof von Mainz, die Angelegenheit der Prophetin Hildegard dem Papst vorzulegen. Auch dem Ruf des Erzbistums konnte dies förderlich sein, und so nahmen die Dinge ihren Lauf. Die Vita berichtet darüber: «Der Erzbischof von Mainz und die höhere Geistlichkeit hielten es für gut, die Angelegenheit Hildegards dem Papst zu unterbreiten, um durch seine Autorität zu erfahren, was anzunehmen und was zu verwerfen sei. Der Papst hörte mit großer Ehrfurcht und voller Staunen diese Neuigkeit, und da er wußte, daß bei Gott alles möglich ist, beschloß er, der Sache genau auf den Grund zu gehen. Daher sandte er den Bischof von Verdun und mit ihm den Primizerius Adelbert und andere geeignete Män-

ner zu dem Kloster, wo die Jungfrau so viele Jahre als Inkluse lebte, und hieß sie, ohne Aufsehen und Erregung der Neugierde, die Vorgänge bei ihr selbst zu erforschen. In Demut entledigten sie sich ihres Auftrages. Hildegard gab ihnen einfach und schlicht Auskunft. Sie kehrten zu dem Papst zurück und berichteten unter der großen Erwartung aller Versammelten, was sie in Erfahrung gebracht hatten. Nachdem der Papst dies vernommen, ließ er sich die Schriften Hildegards vorlegen (den bis dahin fertiggestellten Teil des *Scivias*-Buches), die ihm aus dem genannten Kloster überbracht worden waren. Er hielt sie mit eigenen Händen, übernahm das Amt des Vorlesers und trug dem Erzbischof, den Kardinälen und allen anwesenden Geistlichen öffentlich daraus vor. Und als er die Antwort der Männer, die er zur Untersuchung entsandt hatte, verkündete, rief er die Herzen aller zum Lobe des Schöpfers und zur jubelnden Mitfreude auf. Auch Abt Bernhard seligen Angedenkens war dort zugegen. Er ergriff das Wort und forderte unter dem Beifall aller den Papst auf, er möge nicht dulden, daß ein solch hellstrahlendes Licht von Schweigen überdeckt würde, er solle vielmehr eine solche Begnadung, die der Herr in seiner Zeit offenbaren wolle, durch seine Autorität bestätigen. Dem gab der verehrungswürdige Vater der Väter ebenso gütig wie klug seine Zustimmung. Er richtete an die Jungfrau ein ehrenvolles Schreiben, in dem er ihr im Namen Christi und des hl. Petrus die Erlaubnis erteilte, alles, was sie im Heiligen Geist erkenne, kundzutun, und ermunterte sie zum Schreiben. Die Stätte aber, an der sie erzogen war, ehrte er durch ein in seinem Namen verfaßtes, an den Abt und die Brüder gerichtetes Glückwunschschreiben.»[111]

Der Brief des Papstes an Hildegard ist leider verloren gegangen. Mainz und das Kloster Disibodenberg hatten ihr Ziel erreicht. Die Nachricht, es gebe eine Prophetin in Deutschland, verbreitete sich mit Windeseile. Hildegard wurde berühmt. Sie diente der sie nun immer mehr fordernden göttlichen Berufung mit lebenslanger Hingabe und willigem Gehorsam. Den Ruhm ertrug sie geduldig in tiefer Demut, sie ließ ihn schweigend an sich abgleiten. Für das Kloster Disibodenberg hatte dieses Gedrängtwerden Hildegards in die Weite eines öffentlichen Wirkens sehr bald eine unerwartete Konsequenz: den Auszug Hildegards in ein eigenes Kloster.

3. Das Mysterium der göttlichen Offenbarung

Wenden wir uns nun dem Buch selbst zu, das die hl. Hildegard als ihr erstes schreiben mußte.

Schon der Titel, den sie ihm auftragsgemäß gab, ist spannungsgeladen: «*Scivias, Wisse die Wege!*» Wisse, das ist ein Anruf: Merke auf, höre genau hin, erfahre, was du aus dir selbst nicht weißt, nicht wissen kannst, und mache es dir zu eigen, zu deinem eigenen Wissen. Wisse die Wege! Welche

Wege? Natürlich die Wege Gottes. Aber warum nicht: *Den* Weg? Warum: *Die* Wege? Weil es sehr verschlungene, auf verschiedenen Ebenen liegende, durch sehr verschiedene Begleitumstände führende Wege sind. Aber eben Wege!
Wege führen in eine Richtung, von – nach. Auf Wegen ist Bewegung, eben in eine Richtung, auf ein Ziel zu. Wer geht diese Wege? Gott geht sie! Und Gott läßt andere diese von ihm bestimmten Wege gehen, ihnen zuschauend, abwartend, vorwärtstreibend, zuschlagend, vernichtend, zum beglückenden Ziel führend, je nachdem. Erst wenn die Wege zu Ende gegangen sind, tritt Ruhe ein.
Wer soll diese Wege wissen? Jeder, den die Stimme dieses Buches erreichen kann, also der Mensch. Denn der Mensch ist hörfähig und erkenntnisfähig. Warum soll er sie wissen? Weil er, ohne es schon zu wissen, ein an irgendeiner Stelle auf diesen Wegen Gehender ist. Wozu soll er sie wissen? Damit auch er das letzte hohe Ziel dieser Wege erreicht, und damit so Gott selbst zu seinem Ziel kommt.
So ist also dies Buch ein in sich geschlossenes Ganzes, aber kein in sich ruhendes Ganzes, ein Aufbruch, eine Vorwärtsbewegung, voller Dynamik.
Versuchen wir zunächst einmal, in großen Zügen einen Durchblick, einen Überblick zu gewinnen, wie man auf einer Landkarte die Wege von einem Ausgangsort zum Zielort zu überschauen versucht.
Das Buch ist aufgegliedert in drei Teile. Im lateinischen Text heißt es ganz einfach erster, zweiter, dritter Teil, ohne die in gewisser Weise einengenden Überschriften der deutschen Übersetzung. Die drei Teile bilden zusammen das Ganze. Jeder Teil enthält eine Reihe von Visionen, die jeweils zuerst von der schauenden Hildegard sehr genau beschrieben werden. Dann wird schriftlich festgehalten, was die Stimme aus der Höhe erklärend zu diesen Schauungen sagt. Der laufende Text zu diesen Visionen ist im Original jeweils unterteilt in Kapitel mit den Inhalt angebenden Überschriften.[112]
In der ersten Schau des ersten Teiles erblickt Hildegard über dem gewaltigen, von Menschen bevölkerten Berg des unzerstörbaren Reiches Gottes die augenblendende Lichtgestalt des «Leuchtenden», des Allherrschers und Schöpfers alles Geschaffenen. Tief unter ihm sieht sie die menschlichen Gestalten der nach allen Seiten hin wachsamen Gottesfurcht und der von göttlichem Licht übergossenen Armut im Geist, also der Demut, denn nur diesen beiden ist es möglich, die Offenbarungen des Leuchtenden wahrhaft zu empfangen. In den folgenden Schauungen empfängt Hildegard Kundgebungen über den Ursprung des Bösen im geistigen Bereich der Schöpfungserstlinge, der Engel, und über den Sündenfall des Menschen mit allen seinen Folgen für diesen selbst und für den Kosmos des

Geschaffenen. Sich selbst erlösen kann dieser in sich gespaltene Mensch nicht, aber das in weiterer Schau bloßgelegte Elend der Sünde und der Todesbedrängnis lassen ihn nach Erlösung Ausschau halten. In der Schau der Synagoge wird kundgetan, daß der Schöpfer im harten Bund des Gesetzes den Menschen die notwendige und schon geplante Erlösung aufweisen wollte. Zuletzt dann, in der Schau der gewaltigen, vielgestaltigen Engelchöre, leuchtet die heilige Schöpfung der nicht gefallenen Geistwesen auf, die Gott und seinem Heilshandeln in der gefallenen Schöpfung in gespannter Teilnahme zugewandt sind.

Jede dieser Schauungen schließt mit dem gleichen Satz: «Daher jeder, der Einsicht im Heiligen Geist und Flugfittiche im Glauben hat, der übergehe meine Hinweisung nicht, sondern mache sie sich in liebgewinnendem Schmecken seiner Seele zu eigen.»[113]

Der zweite Teil des *Scivias*-Buches wird eröffnet mit der Schau des geheimnisvollsten, unbegreiflichsten Ereignisses im Weltgeschehen. Um des wunderbar aus Materie und Geist erschaffenen, aber in die Finsternis der Sünde gesunkenen Wesens «Mensch» willen geht der unerschaffene, ewige Gottessohn unter dem staunenden Jubel der Engel im Schoß der Jungfraumutter in die erschaffene menschliche Leiblichkeit ein, um die gefallene Schöpfung zu erlösen und sie in die Freiheit der Kinder Gottes zu führen. Damit ist, so kündet es die zweite Schau, der Welt erstmalig und für immer das Mysterium des dreieinigen Gottes offenbar gemacht und zur gläubigen Verehrung vermittelt worden. In den weiteren Schauungen wird das Wirken des dreieinigen Gottes Schritt um Schritt enthüllt, das Werden der Kirche als des mystischen Leibes Christi durch die Gabe der Geisttaufe, der Aufbau der Kirche durch das in ihr nicht mehr aufhörende, sie stärkende Wirken des Heiligen Geistes, das Leben und Wirken der Kirche in dieser Welt und zum Heil der Welt durch die in ihr geordneten verschiedenen Berufungen und Stände. Die vorletzte Schau mahnt ehrfürchtig zum rechten Gebrauch der wunderbaren Gabe, welche der inkarnierte, gekreuzigte und erhöhte Christus seiner noch in der Welt streitenden Kirche im wahrhaftigen Sakrament seines Leibes und Blutes anvertraut hat, damit sie dadurch allezeit Teil an seinem erlösenden Opfer und seinem unvergänglichen Leben habe. Denn, so kündet es die letzte Schau dieses zweiten Teiles, bis ans Ende der Zeit hat Gott dem Satan Macht gegeben, auf hinterhältigste Weise die Menschen zu verführen und sogar die Gläubigen durch seine Versuchungen zu gefährden, um durch die Zerstörung der Kirche Gott ins Herz zu treffen. Christus aber wird in seinen wahrhaft Gläubigen Sieger bleiben.

Jede dieser Schauungsniederschriften schließt wieder mit einem gleichlautenden Mahnruf der Stimme aus der Höhe: «Wer aber mit wachsamen Augen sieht und mit widerhallenden Ohren hört, der biete meinen geheimnisbefrachteten Worten, die mir, dem Lebendigen, entströmen, den Kuß der Umarmung dar.»

So beginnt nun das Schauen im dritten Teil des *Scivias*-Buches: Im Herzen des Leuchtenden, dessen Herrlichkeit alles geschöpfliche Fassungsvermögen übersteigt, dessen feuriges Wirken keine Grenzen erkennen läßt, ruht von Ewigkeit her das Bild des lehmgeschaffenen, aber kostbar geschmückten Menschen. Darauf folgen die weiteren Schauungen: Nach dem Sturz des rebellischen Luzifer und seines Gefolges aus dem Himmel wird Gottes Plan mit Adam und dem aus ihm entsprossenen Geschlecht verwirklicht. Adam verfiel zwar der luziferischen Verführung, aber durch die Menschwerdung des ewigen Sohnes eröffnet Gott ihm den Weg zu einer ewigen Vollendung. Nachdem dann in einem weit ausladenden Bild, zu Füssen des Leuchtenden, umschlossen von dem Feuerkreis seines allmächtigen Wirkens, die Grundlinien des «im Lauf der kreisenden Zeit» in der Heilsgeschichte errichteten Gebäudes des Heils sichtbar gemacht worden sind, werden in den weiteren Schauungen Baugrund und Bauelemente des Heilsgebäudes und Station um Station des Baufortschrittes offengelegt.

An einer sich vom Sitz des Leuchtenden her lang hinziehenden leuchtenden Mauer steht der unerschütterliche Turm des göttlichen Ratschlusses, denn das Heilshandeln Gottes geschieht in stufenweiser Ausführung seiner ewigen, unveränderlichen Planung. Es folgt die dreikantig messerscharfe Säule des Wortes Gottes, symbolische Darstellung der fortschreitenden Selbstoffenbarung Gottes, im Alten Bund beginnend, im Evangelium erfüllt, von den Lehrern der Kirche weitergegeben, Erkenntnis Gottes vermittelnd. In einer weiteren Schau wird, sinnbildlich als eine in neue Richtung führende schützende Mauer beschrieben, die Notwendigkeit rechtlicher Ordnungen und lebenserhaltender sittlicher Grundhaltungen kundgemacht, ohne welche das Menschengeschlecht nicht existieren kann. An der nächsten Winkelung des Heilsgebäudes erhebt sich die Säule der wahren Dreieinigkeit. Denn nur das Wirken des unergründbar geheimnisvollen dreieinigen Gottes wirkt das Heil der Welt, das durch gläubige Hinwendung zu diesem Gott empfangen wird. Die weiteren Schauungen führen in eine neue Richtung, über die grundlegenden Fundamente der geheimnisvoll schon wirklichen, aber in der Zeit noch werdenden und wachsenden Kirche, in welcher sich von der Säule der Menschheit des Erlösers her das Ringen um die gefährdeten Menschenseelen auswirkt. Am Ende dieses noch unfertigen Abschnittes des Heilsgebäudes erhebt sich der Turm der Kirche, noch im Aufstreben, aber schon unbesiegliches Bollwerk gegen die nicht aufhörenden Zerstörungsversuche Luzifers. Am Zielpunkt dieser Mauerführung der Kirche wird der erhöhte, über leuchtenden Stufen thronende Menschensohn sichtbar, der die Menschen in gewaltiger Rede aufruft, sich aus der Verfallenheit an die Sünde zu erheben und seinem Erlösungsruf zu folgen. Doch muß die Kirche, so beschreibt es die nächste Schau, erst noch den letzten Ansturm der gottfeindlichen Finsternismächte durchstehen, die infamen Greuel der Lüge und der brutalen Gewalt, die Epochen der Endzeit, bis dann, in den letzten großartigen Visionen geschaut, der große Tag der Offenbarung Gottes anbricht und eine erneute, von Gott durchlichtete Schöpfung dasteht. Die Gesänge der Engel und der Seligen im Himmel beschließen das Buch.

Auch jede dieser vielen Schauungsniederschriften schließt wieder mit gleichlautenden Worten der himmlischen Stimme: «Wer aber geschärfte Ohren der inneren Wahrnehmung hat, der lechze, in glühender Liebe zu allem, was mich widerspiegelt, nach diesen Worten und trage sie im Gewissen seiner Seele ein.» Diese Worte stehen so zuletzt auch noch einmal am Ende des ganzen *Scivias*-Buches und schließen dort mit einem «Amen».

Ein gewaltiger Bogen ist es, den dieses prophetische Buch vor unsern Blikken schlägt, von der ersten Schau des «Leuchtenden» über schaurige Abgründe und wunderbare Erhebungen hin bis zu dem über einer erneuerten Schöpfung in immer noch unbegreiflichem Licht thronenden und in nie mehr endendem Freudenjubel verehrten Gott.

Die beiden späteren theologischen Bücher der hl. Hildegard weisen in keiner Weise einen Fortschritt in der geistigen Entwicklung der Schreiberin auf, vor allem aber auch keine Veränderung in der Auffassung irgendwelcher im ersten Buch mitgeteilter Wahrheiten. Sie vertiefen wohl und weiten aus, was vorher gesagt wurde, und vor allem bringen sie von der geoffenbarten Wahrheit her vielfältige, oft sehr konkrete Ausführungen über menschliche Verhaltensweisen, die psychologisch und psychotherapeutisch höchst modern anmuten.

Selbstverständlich stellen die Bücher der heiligen Hildegard an den heutigen Leser einige Anforderungen. Er muß sich mit dem prophetischen Stil vertraut machen, der manchmal hymnisch gestaltet ist, dem nüchternen Denken unserer Tage überschwenglich erscheinen kann, der nicht wissenschaftlich erklärend oder sachlich berichtend ist, sondern anrufend, ermahnend, auffordernd oder sogar drohend. So kann das Lesen mühsam oder gar belastend werden, und doch bewegend.

Man erkennt bald, daß vieles symbolisch aufzufassen ist, z. B. die Bedeutung von Farben, die Bezeichnung geistiger Qualitäten und Bewegungen durch die Namen der Himmelsrichtungen, die Erfindung und Beschreibung von Gestalten, Orten oder Gegenden. Darüber wird man sogar gewahr, daß die Aussagen dieses Buches unabhängig von dem antik-mittelalterlichen Weltbild sind. Der Leser muß Geduld aufbringen, denn es gibt Weitschweifigkeiten, Wiederholungen, die unserm Leseempfinden überflüssig erscheinen. Manchmal werden auch in den Lauf der Darlegungen Dinge eingefügt, die man mit Verwunderung liest, weil sie anscheinend gar nicht dahingehören, z. B. Fragen der Erziehung, des Sexualverhaltens, aus dem Bereich der Natur, Priestersünden, Eheschwierigkeiten und anderes. Es ist eben kein systematisch aufgebautes und durchgeführtes theologisch-wissenschaftliches Buch. Wenn man dann aber fragen würde, weshalb denn derjenige, welcher dieses Buch zu schreiben eingab, sich nicht an eine geradlinige Systematik gehalten habe, dann ist wohl zu sagen, daß in der Wirklichkeit des Lebens und der Schöpfung die vielfältigsten Beziehungen und Querverbindungen bestehen, die plötzlich und unerwartet etwas andersartiges an die Oberfläche kommen und akut werden lassen.

Das Anschauen der Miniaturen, die wohl schon zu Hildegards Lebzeiten der vorliegenden Handschrift beigefügt worden sind, ist hilfreich.[114] Man muß sich aber darüber klar sein, daß diese statischen, ruhenden Darstellungen in Wahrheit Bewegungsvorgänge schildern, daß der zugehörige Text oft wunderbare Lichtentfaltungen, Machterweisungen und ungeheuer dynamische Ereignisse beschreibt. Ein gewissermaßen meditatives Hin- und Herwandern zwischen Text und Bild lohnt das Bemühen um Erkenntnis.

Überhaupt muß der Leser dieses Buches, wenn er es mit Gewinn lesen will, sich von der Meinung freimachen, als fortschrittlicher Mensch unseres Jahrhunderts natürlich weit über das hinausgekommen zu sein, was eine Frau des 12. Jahrhunderts an Schauungen und Erkenntnissen gehabt haben mag. Ganz schlicht gesagt, der Leser darf von sich selbst geistig, charakterlich, menschlich nicht mehr halten als von dieser menschlich überdurchschnittlichen Frau, eher umgekehrt. Ja, es muß wohl gelten, was Hildegard in ihrer ersten Schau aussagt, daß es eine unentbehrliche Voraussetzung für das erkenntnisfördernde Lesen dieses Buches gebe: Gottesfurcht und das Zugeben der geistlichen Armut des Menschen vor Gott. Diese beiden Tugenden sollen den Menschen ja nicht erniedrigen, sondern ihn öffnen für das und erheben zu dem, das größer ist als er selbst. Allerdings, so steht es im *Scivias*-Buch, «ist die Gottesfurcht dem Menschen eine harte Last».[115]

Scivias verweist den Menschen immer wieder an den ihm zugewiesenen Ort. Das bedeutet nicht, daß es ihn gering bewertet oder sogar erniedrigt. Im Gegenteil, denn in den späteren Hildegardschriften wird die Erkenntnisfähigkeit und Erkenntnisaufgabe des Menschen in Bezug auf Gottes Schöpfungswerke sehr hoch gepriesen und der Mensch aufgefordert, ihr in jeder Beziehung gerecht zu werden und so seine Würde wahrzunehmen. Aber derselbe Mensch soll und muß auch seine ihm in diesem Weltzustand und wegen seiner eigenenVerfassung gesetzten Grenzen wissen und achten.

Daß die ausschlaggebenden menschlichen Entscheidungen im Geistigen fallen, und daß die letzten Beurteilungsmaßstäbe über den Menschen im

Geistigen liegen, spricht ein für das heutige Empfinden erschreckender, schier unmöglicher Satz aus: «Nur einer ist Gott, ohne Anfang und Ende, in Ewigkeit seiend. Und darum ist der frevelhafteste, über alle andern hinausragende Frevel, wer sich Gott gleich macht.»[116] In dem dortigen Zusammenhang bedeutet das soviel wie: Wer sich als geschaffenes Wesen autonom dünkt und seine Autonomie verwirklichen will, begeht den höchstmöglichen Frevel.

Deshalb finden sich im *Scivias* auch immer wieder Mahnungen und Warnungen dieser Art: Kein Sterblicher kann wissen; es ist frevelhaft, das erforschen zu wollen, was dem Menschen zu wissen nicht möglich ist. «Kein Sterblicher kann wissen, was vor Grundlegung der Welt war, noch was nach dem Jüngsten Tag sein wird. Gott allein weiß es. Es sei denn, daß Er einiges davon Seinen Erwählten zu wissen gestattet.»[117] Auch das Handeln Gottes zwischen Schöpfung und Jüngstem Tag ist für den Menschen weithin unbekanntes und vom Menschen her unerforschliches Gebiet: «Du weißt nicht einmal, wie du selbst geschaffen wurdest, und du willst Himmel und Erde erforschen! Du willst ihre Harmonie und die Einrichtungen Gottes vor dein Gericht ziehen und das Höchste wissen, während du nicht einmal das Geringste zu beurteilen verstehst. Du kannst dir ja nicht erklären, wie du selbst im Körper lebst, oder wie du ihn verläßt.»[118] Das bekommt der Mensch als Antwort, der sich zu der Frage erkühnt und erforschen will, wie und warum Gott das Böse in die Welt kommen ließ. Die Realität des Bösen und das Menschsein selbst, die den Anthropologen, Soziologen und Psychologen so viel Kopfzerbrechen bereiten, und was Gott zur Erlösung seiner gestörten Schöpfung geplant hat und auch tut, alles dies ist von Geheimnis umgeben. «Du wunderst dich, o Mensch, und willst wissen, warum dies so geschieht. Aber wie du mit sterblichem Blick die Gottheit nicht anzuschauen vermagst, so kannst du auch ihre Geheimnisse nicht mit sterblichen Sinnen erfassen, oder nur insoweit, als es dir durch Gottes Zulassung möglich ist. Du aber verweilst mit zweifelnder Seele bald hier, bald dort. Wie die Glut des brennenden Herdfeuers das Wasser auflöst, so wird die Unruhe deiner törichten Seele deinen Geist zernichten, weil du Dinge zu wissen begehrst, deren Erkenntnis dem menschlichen, in Sünde empfangenen Fleische vorenthalten ist.«[119] «Denn der Sinn des Menschen, der im gebrechlichen und sterblichen Leibe von der überschweren Last der Sünde niedergebeugt wird, kann die Geheimnisse Gottes nicht tiefer schauen, als der Heilige Geist sie dem enthüllt, dem Er sie offenbaren will.»[120]

Dem Menschen werden also deutliche und harte Grenzen des Erkenntnisstrebens gesetzt. Aber er wird nicht in Unkenntnis über das gelassen, was ihm zu wissen nottut, damit er seiner Bestimmung gemäß als Mensch leben kann.

«Tue die verschlossenen Geheimnisse kund!» So hört die Prophetin Hildegard während ihrer ersten Schau den Ruf des Leuchtenden.[121] In der ersten, sie sehr erschreckenden Schau des dritten *Scivias*-Teiles wird sie erneut angerufen: «Schreibe, was du siehst und hörst!» «Da antwortete ich aus dem innersten Erkennen meines Schauens: Ich bitte dich, Herr, gib mir Verstehen, daß ich diese Geheimnisse in Worte fassen kann. Verlaß mich nicht, sondern gib mir Kraft aus der Morgenröte deiner Gerechtigkeit, in der dein Sohn sich offenbarte. Gib Du mir ein und laß mich erkennen, wie ich den göttlichen, den ewigen Ratschluß kundtun soll.»[122]

Es geht im *Scivias* also nicht um Irrationales, um Nichtaussprechbares, Nichtverstehbares. Hildegards prophetische Aussagen liegen nicht auf der Ebene einer negativen Theologie, die darauf besteht, daß man letzten Endes über Gott nichts inhaltlich Positives aussagen könne, weil Gott alle Dimensionen und Kategorien unseres Denkens und Begreifens übersteigt, daß wir also im Grunde von ihm nur sagen könnten, was er, gemessen an unseren Vorstellungen, nicht ist.

Die Prophetin Hildegard schreibt, durch Schauungen beauftragt, nieder, was ohne göttliche Offenbarung unbekannt wäre, aber bekannt gemacht werden soll, was verborgen ist, aber aufgedeckt werden soll, was Geheimnis ist, aber enthüllt werden soll, was zwar schon längst der Kirche zu wissen anvertraut wurde, aber allzuoft von den Menschen wieder zugedeckt und mißachtet wird. Deshalb soll es wieder zu Bewußtsein gebracht, deutlich verkündet werden, in mitteilbaren, verstehbaren, eindeutigen Worten.

Scivias nennt diese Mitteilungen, der Heiligen Schrift folgend, Mysterien, göttliche Geheimnisse, Gedanken, Pläne, Willensrichtungen, Wissenstatbestände, die nur Gott selbst kennt. Nicht einmal die Engel wissen sie von sich aus. Sie wurden und werden bekannt, wann, wie und soweit Gott selbst es will und sie kundtut. Sie werden mit dem bedeutungsschweren Wort *Mysterium* bezeichnet, weil sie letztlich Gottes ewiges Eigentum sind, weil ihnen Heiligkeit, göttlicher Geheimnischarakter anhaftet, und weil bei aller Offenbarung immer eine letzte, zu glaubende Unergründlichkeit bleibt. Ihre Erkenntnis kann nicht von unten her, induktiv oder deduktiv, analytisch oder synthetisch, auf irgendeine wissenschaftliche oder philosophische Weise aus der uns vorgegebenen Weltwirklichkeit heraus, der wir selbst angehören, gewonnen werden. Es sind Realitäten, in deren Bereich wir existieren, deren Auswirkungen wir ausgesetzt sind, sie auch irgendwie spüren, die wir aber nicht erkennen und nicht richtig deuten können, bis sie uns von der allein zuständigen höchsten Stelle bekannt gemacht und gedeutet werden.[123]

Solchen Mysterien gegenüber gibt es zwei Verhaltensweisen. Die geläufige und fast selbstverständliche Reaktion äußert sich als eine irgendwie wissenschaftlich begründete oder als einfach diktatorisch ausgesprochene Ableh-

nung. Der Mensch will sich in seinem Erkenntnis- und Urteilsvermögen autonom wissen. Er fürchtet, seine Würde als Mensch zu verlieren, wenn er anerkennt, daß ihm irgendwelche wesentlichen Wahrheiten und Wirklichkeitsbereiche grundsätzlich verborgen, unzugänglich bleiben sollen, daß er sich hier die für ihn lebensnotwendigen Erkenntnisse von einer höheren, ihm übergeordneten und natürlicherweise unerreichbaren Stelle zuteilen lassen müsse, und daß diese Zuteilungen nicht mit wissenschaftlichen Methoden auf ihre Richtigkeit geprüft werden könnten. Hildegards Schrifttum ist eine ständige Auseinandersetzung mit dieser Grundhaltung.
Es gibt aber auch eine andere Reaktion. Der Mensch gibt sein ihn verderbendes Autonomiestreben auf, er beugt sich unter den höheren Willen, der ihm durch Offenbarung den Weg aus der in den Untergang führenden Rebellion zeigt und ihn zu der ihm von Gott angebotenen höheren Bestimmung und unzerstörbaren Zukunft führt. Das Hildegardschrifttum ist ein unablässiges Bemühen darum, dem Menschen zu dieser Reaktion zu verhelfen.

4. Das Mysterium Gottes, des Dreieinigen

Vor allen und über allen anderen Mysterien steht das für jedes geschaffene Wesen für immer, auch in der zukünftigen Welt, unergründliche Mysterium des Wesens, Wissens, Planens und Handelns des dreieinigen Gottes. In immer wieder staunender Ehrfurcht und Scheu formt Hildegard ihre Worte, mit denen sie die unmeßbare Größe, unergründliche Tiefe und das wunderbare innere Leben des dreieinigen Gottes aussagen soll.
«Denn die heilige und unaussprechliche Dreiheit in umfassender Einheit wurde den unter dem Joch des (alttestamentlichen) Gesetzes in Knechtschaft Lebenden verborgen gehalten. Aber den im neuen Gnadenerweis aus der Knechtschaft Befreiten wurde sie offenbar gemacht, und nun muß sie mit einfältigem und demütigem Herzen als einer und wahrer Gott in drei Personen von den Gläubigen geglaubt werden und darf nicht unbesonnen durchforscht werden.»[124] «In Übereinstimmung mit dem Willen des Vaters hat dessen alleiniger Sohn, sein Purpurblut für die Schwärze der Menschensünde vergießend und so durch sein Leiden die Welt erlösend, den Glaubenden den richtigen und wahren Glauben herzugebracht. Denn mit dem Dahinschwinden der alten Gesetzesbeobachtung und dem Sonnenaufgang neuen Heilschaffens wurde die fromme Verehrung (der ‹Kult›) der heiligen Dreieinigkeit in aller Öffentlichkeit ausgerufen. Nun wird dies freimütig geglaubt, daß eben dieser erhabene Vater eben diesen Seinen Sohn in die Welt sandte als vom Heiligen Geist Empfangenen, der die Ehre des Vaters, und nicht seine eigene, suchte, und der die tiefinnere Tröstung des Heiligen Geistes quellhaft entspringen ließ, so wie es verhei-

ßen war. So ist dies nun auf keine Weise mehr verborgen, denn es wird sowohl den Gläubigen, die in Gottes Werk beständig sind, wie auch den Ungläubigen, die außerhalb des Glaubens ihre Stellung halten, in aller Form verkündet.»[125]

Zweierlei besagen diese Stellen sehr eindrücklich. Zum einen, daß die Botschaft, Gott sei der Dreieinige, seit Christus vor der Weltöffentlichkeit verkündet wird, und daß diese Botschaft seitdem unwiderruflich an die Weltöffentlichkeit ergehen soll, beziehungsweise sogar ergehen muß. Die Proklamation Gottes als des Dreieinigen ist in die Weltgeschichte hineingerufen und wird nicht mehr verstummen, ob sie nun geglaubt wird oder nicht. Aber, und das ist die zweite wichtige Aussage, nun gilt, daß die Wahrheit des dreieinigen Gottes, so unbegreiflich und unerforschlich wie sie ist, einfach (mit einfältigem und demütigem Herzen, nicht Geist) geglaubt werden «muß».

Was ist das für ein «Muß»? Hildegard weiß, und ihr Buch spricht es deutlich genug aus, daß sich der menschliche Wille immer neu gegen dieses «Muß» sträubt. Dennoch besteht es, und zwar in dreifacher Richtung.

Grundsätzlich ist der Mensch der Selbstoffenbarung Gottes gegenüber auf Glauben angesprochen und angewiesen, weil sein geschöpfliches, erdgebundenes Erkenntnisvermögen niemals zur Erkenntnis Gottes ausreicht. «Diese Dreieinigkeit ist von so unaussprechlicher Herrlichkeit und Macht, daß sie weder in der Größe ihrer Majestät noch in der Erhabenheit ihrer Göttlichkeit durch irgendein Zirkelschlagen oder durch den Weitwurf menschlicher Geistesweisheit in Grenzen festgelegt werden kann.»[126]

Weiter ist der Mensch dieser Offenbarung Gottes gegenüber immer darauf angewiesen, daß sich sein Herz in vertrauendem Glauben öffnet, weil Gottes Offenbarung auch in Jesus Christus immer noch in Verhüllung geschieht, sowohl in der Inkarnation wie in der Passion und der Auferstehung. Das wahre Geschehen und die heilschaffende Bedeutung dieser Ereignisse auf der Bühne des Menschheitsdramas lassen sich nicht mit menschlichen Erkenntnismitteln, also mit Hilfe irgendeiner Wissenschaft, objektiv feststellen. Das ganze *Scivias*-Buch ist eine göttliche Einladung an die Menschen, dieses Heilsangebot im Glauben anzunehmen. Es «muß» geglaubt werden, wenn es zur Wirksamkeit kommen soll.

Und der letzte Grund, von dem das *Scivias*-Buch in seinen und zwischen seinen Zeilen immer wieder spricht: Die Stellung Gottes als des Schöpfers über den Geschöpfen, die Hoheit, Würde und Ehre Gottes verlangen es, daß das geistbegabte Geschöpf Mensch ihn in gläubiger Verehrung so ehrt, wie es der Stellung des sterblichen Menschen gegenüber seinem ewigen Schöpfer angemessen ist. Dieses «Muß» der gläubigen Verehrung ist im Sinn des *Scivias*-Buches die selbstverständlichste Selbstverständlichkeit, gegen die allerdings als erster der erstgeschaffene herrliche Engel Luzifer

rebellierte und seitdem zum Satan und großen Verführer der Menschen geworden ist.
Was nun ist das Werk des dreieinigen Gottes, wie wirkt der dreieinige Gott über und in der Welt, der wir als seine Geschöpfe zugehören? In der Schau des Mysteriums Gottes zu Anfang des dritten Teiles von *Scivias* lesen wir: «Daß du aber siehst, daß von dem auf dem Thron Sitzenden, wie das Morgenrot, ein gewaltiger goldfarbener Lichtbogen ausgeworfen wird, dessen Ausmaß du überhaupt nicht zu fassen vermagst, das bedeutet: Von dem allmächtigen Vater wird eine äußerst starke Machtausübung und ein allerkühnstes Werk weithin ausgebreitet, alles in seiner Gewalt zusammenhaltend, mit der er der in seinem Sohn Wirkende ist. Ihn hatte er immer in der Majestät göttlichen Wesens bei sich, durch ihn alle seine Werke aufstellend und vollendend, schon vor der Welt und in der Welt seit ihrem Anbeginn. Wie das Morgenrot in wunderbarstem Leuchten rot erglänzt er, denn eben er, der Sohn, wurde in der allerweisesten Jungfrau, für welche die Morgenröte das Symbol ist, eingefleischt durch den Hauch des Gottesfingers, nämlich des Heiligen Geistes, in ihm ist auch jegliches Werk des Vaters geschaffen. Das Ausmaß seiner Herrlichkeit vermagst du mit keiner Vernunft zu fassen, denn weder für seine Machtfülle noch für sein Werk gibt es irgendeinen Maßstab der Güte oder der Wirkungsmacht, gemessen am Maßstab jeglicher seienden, gewesenen oder noch zu schaffenden Kreatur. Es gilt allein, daß Gott unvergleichlich und unfaßbar ist in seiner Gewalt, und unbesiegt und wunderbar in seinem Werk.»[127]
«Macht und Werk Gottes umkreisen umfassend das gesamte Geschaffene. Im Willen des Vaters, der mit dem Sohn und dem Heiligen Geist ein Gott ist, haben alle Geschöpfe ihren Ursprung, die alle ihn fühlen in seiner Macht. Inwiefern? Sie alle erfühlen ihn in seinem Schöpfungswirken, nämlich den vom Osten, vom Aufgang aller Gerechtigkeit her seine Kreise Ziehenden, drängend zum Norden hin, zur Vernichtung des Teufels, und zum Westen, wo die Todesschatten das Licht des Lebens zudecken wollen, wo aber das Licht neu ersteht, nachdem der Dunst der Finsternis überwunden wurde, und zum Süden hin, wo die Glut der Gerechtigkeit Gottes in den Herzen der Gläubigen glüht, und schließlich sich zurückwendend zum Aufgang seiner Gerechtigkeit, zum Osten.
Dann, wenn durch höchste Machtanwendung Gottes Werk gemäß der von Gott vorher so geordneten Zeit vollendet sein wird unter den Menschen in der Welt, dann wird auch der Kreislauf dieser Welt in sich geschlossen werden, mit dem Jüngsten Tag am Ende der Zeit vollendet. Dann werden in dem auf dem Thron Sitzenden alle seine Werke in seinen Gläubigen ihren Widerschein finden, in ihm, der kein Ende hat. Denn Gott ist unangetastet in seiner Macht und in seinem Werk, Er, der war und ist und bleiben wird, ohne irgendein Beginnen irgendeiner Art

von Zeit in seinem Gottsein, so daß Er nicht war, sondern ist.»[128] Diese Aussagen über das Mysterium Gottes genügen, um klarzumachen, daß für *Scivias* jede Art von metaphysischem Dualismus und jegliche rein kausal-mechanistische Welterklärung unmöglich sind. Das ist wichtig für die Erklärung des Bösen in der Welt und für die Schau der Geschichte. Auch das ist deutlich, daß alle Inhalte der christlichen Heilsbotschaft verändert und ihrer Wahrheit beraubt werden, wenn das Mysterium des dreieinigen Gottes zugunsten eines «rational» vertretbaren Monotheismus preisgegeben. Die Schau der Schöpfung und der Erlösung wird dadurch verändert. Alles wird in seinen Dimensionen begrenzt, wird eingeengt auf das, was in den Rahmen einer rationalen Weltsicht und natürlicher ethischer Vorstellungen paßt.

In Hildegards Schau des dreieinigen Gottes und seiner Schöpfung ist alles Geschaffene und alles Geschehen im Raum des Geschaffenen voll lebendiger Bewegung, dynamisiert von der inneren Dynamik des lebendigen, in drei Personen miteinander, zueinander hin und nach außen einmütig wirkenden einen Gottes. Daher schaut Hildegard auch in der Geschöpflichkeit immerfort die Spuren des dreieinigen Gottes. «Drei Kräfte sind im Stein, drei in der Flamme, und drei im Worte.»[129] Der Mensch, der in seinem dreischichtigen Wesen immer ein und derselbe ganze Mensch ist, trägt das Siegel seines dreieinigen Schöpfers an sich[130], und auch die Gestalt der Kirche ist «ein Nachbild der hochherrlichen Dreifaltigkeit».[131]

In ihren Briefen kommt Hildegard, gefragt oder aus sich heraus, auch öfter auf das ihr ganzes Schrifttum durchziehende Thema des Mysteriums des dreieinigen Gottes zu sprechen. An den über achtzigjährigen, frommen, aber schwachen Papst Athanasius, dem sie ein prophetisches Wort zur inneren Stärkung sandte, schreibt Hildegard: «Bevor die Welt entstand, sprach der himmlische Vater in seinem Innern das Wort: O mein Sohn! Und die Weltkugel entstand, da sie den Klang, der vom Vater ausging, aufnahm.» Weiter führt sie dann aus, wie durch das «Es werde» die verschiedenen Geschöpfesarten hervortraten und um des Wortes (des Sohnes) willen alle Geschöpfe im Willen des Vaters gebildet wurden.[132]

Noch wunderbarer schreibt Hildegard über das Werk der göttlichen Schöpfung an die unruhigen, in ihrer Zucht verwirrten Mönche in Zwiefalten: «Gott Vater hatte in sich selbst ein solches Entzücken, daß er die ganze Schöpfung durch sein Wort (den Sohn) hervorrief. Daher gefiel ihm auch seine Schöpfung, und jedes Geschöpf, das ihn liebend berührte, nahm er in seine Arme. O großes Entzücken über dieses Werk!»[133] In einem andern Briefsatz schreibt Hildegard: «Als Gott die Welt erschaffen wollte, neigte er sich in zärtlicher Liebe herab. Alles Notwendige sah er voraus, gleichwie ein Vater seinem Sohn das Erbe bereitet, und erstellte so in glühendem Liebeseifer alle seine Werke. Da erkannte die Schöpfung – in allen diesen Arten und ihren Formen – den Schöpfer. Denn die Liebe war im Anfang dieser Schöpfung, da Gott sprach: Es werde! Und es ward. Wie in einem Augenblick wurde die ganze Schöpfung durch sie gebildet.»[134] Nicht in einem zeitlichen Augenblick, sondern im allumfassenden, alles liebend in sich gegenwärtig habenden Augenblick der Liebe. Eine solche Aussage, wie auch viele andere bei der hl. Hildegard, zeigt an, daß ihre Schau von Gott und Welt nicht an die Fesseln eines raum-zeitlichen antiken oder modernen Weltbildes gebunden ist. Solche Einengungen werden einfach gesprengt.

Gottes Wille schafft in Freiheit seine Schöpfung. Aber wie anders ist hier die Freiheit des göttlichen Willens begründet als später bei dem Scholastiker Duns Scotus, der gegen den heraufziehenden Zwang des Denkens in unanfechtbaren, allgültigen Gesetzen der Logik, des Kausalgeschehens, des mathematischen Geistes die absolute, von allem unabhängige, schier willkürliche Freiheit des Gotteswillens zu verteidigen trachtete, um Gottes Hoheit zu wahren. Im *Scivias*-Buch der hl. Hildegard ist es die Freiheit der Liebe, der innertrinitarischen, innergöttlichen Liebe, die sich aus Liebe die Schöpfung erschafft und als Liebe in die Schöpfung ergießt. Wie bei dem großen Mathematiker und Christen Pascal, der über die Ordnung des Geistes die Ordnung der Liebe stellte, wird im *Scivias* Gott nicht darum gerühmt und als Gott gepriesen, weil seine Werke von der Größe seines mathematischen Geistes Zeugnis ablegen, seines genialen schöpferischen Geistes, sondern weil sie Zeugen der Tiefe, Weite und Kraft seiner Liebe sind, weil sie den dreieinigen Gott widerspiegeln, den der Mensch gewordene Sohn offenbarte.

«Leise in die Welt eintretend hat der Sohn geoffenbart, daß die heilige Dreieinigkeit auf das allerwahrhaftigste zu verehren sei.»[135] «Daher, o Mensch, erkenne in diesen drei Personen deinen Gott, der dich erschaffen hat in der kühnen Kraft seiner Gottheit und der dich erlöst hat vom Verderben.»[136] Deshalb sollen die Gläubigen beim Empfang des Altarsakramentes auch nicht auf ihre persönliche augenblickliche Beschaffenheit und Aufnahmefähigkeit sehen, sondern «allein darauf sich ausrichten, daß sie den dreifaltigen und einen Gott mit festem und unversehrtem Glauben in ihren Herzen haben».[137]

Immer liegt dem Menschen die Überheblichkeit des eigenen Denkens nahe. Gott warnt ihn! «Anerkenne, o Mensch, einen Gott in drei Personen! Aber du, in der Albernheit deines Geistes, meinst, Gott sei so unmächtig, daß es ihm nicht möglich sei, in drei Personen wahrhaft lebenskräftig zu sein, sondern nur in einer, schon erkaltend, zu bestehen.»[138]

Solche Haltung aber ist für den Menschen gefährlich, selbstzerstörerisch. Denn «die wahre und heilige Dreieinigkeit läßt es zu, daß Ungläubige, welche entweder verwegen sie zerschlagen wollen oder welche starrsinnig nicht an sie glauben wollen, von ihr (nämlich der lebenspendenden Gottheit) abgeschnitten in das Verderben gehen. Denn toll und unbedenklich greifen sie die Gottheit an, nicht willens, sich dem Glauben zu beugen, den der Sohn Gottes in eigener Person herzubrachte und den er auch durch seine Apostel den Menschen übermittelte.»[139] Dreimal in diesem kurzen Abschnitt wird vom Willen des Menschen und von der Reaktion Gottes auf das ihm entgegenstehende Wollen gesprochen. Damit stehen wir vor der die Weltgeschichte bewegenden Tatsache der geistigen Rebellion gegen Gott. Wir müssen nun von dem sprechen, was die hl. Hildegard über Möglichkeit, Ursprung, Wesen, Wirken und Folgewirkungen dessen hat schreiben müssen, was wir meinen, wenn wir sagen: Es gibt in der Welt das Böse oder «den Bösen».

5. Das Mysterium des Bösen

Die menschliche Frage, woher, warum, wieso gibt es in der Welt, der wir angehören, das Böse, erhält im Schrifttum der hl. Hildegard Antwort aus der christlichen Offenbarung. Das heißt, daß wir hier Antworten empfangen, auf welche der Mensch aus eigenen Überlegungen und Erklärungsversuchen nicht kommen würde. Das bedeutet gleichzeitig, daß sie dem menschlichen Denken zuwider sind, daher auch immer wieder angefochten werden. Das Böse ist für die hl. Hildegard keine metaphysische Qualität der Natur, also nicht etwas, das dem Wesen der Natur von Ursprung her anhaftet, als immer neu auszugleichender Mangel, als immer wieder aus sich selbst zu korrigierende Fehlentwicklung, oder als notwendiger Spannungspol, weil ohne ein ständiges, spannungsvolles Gegenüber von Positiv und Negativ keine Bewegung und Entwicklung möglich wäre. Das Böse hat seinen Ursprung auch nicht, wie manche gnostischen Weltdeutungen annehmen, in einer Zwiespältigkeit in Gott selbst, in einem ewigen, immer neues Gestalten gebärenden Ringen zwischen Dunkel und Licht im Wesen Gottes. Der Gott der Offenbarung bedarf, um lebendig zu sein, nicht solcher inneren Spannungen. Der dreieinige Gott ist der lebendige Gott durch das innergöttliche Miteinander und Zueinander der Liebe und des Wirkens.

Das Böse ist also niemals als etwas Notwendiges, unbedingt Dazugehöriges gedeutet.

Das Böse ist auch nicht, wie gnostische, sektiererische und idealistische Weltanschauungen behaupten, Wesensmerkmal des Fleischlichen, Leiblichen, niedrig Naturhaften, wogegen dann das Geistige wesenhaft gut wäre. Diese Fehldeutung der christlichen Offenbarung wird in den Büchern, Briefen und Reden der hl. Hildegard erbittert bekämpft. Leibverachtung und Leibfeindlichkeit gibt es bei ihr nicht. Ihr Lobpreis auf den

Stand der Jungfräulichkeit darf nicht zu solchem Fehlurteil führen. Da liegen ganz andere Gründe vor.

Das Böse ist nach den prophetischen Aussagen der hl. Hildegard, in Übereinstimmung mit der Offenbarung der Bibel, eine geistige Aktivität. Das bedeutet, daß man, wenn man die prophetisch-lehrhaften Aussagen der hl. Hildegard richtig wiedergeben will, von «dem» Bösen, der Luzifer oder Satan genannt wird, und von den in ihrer Grundhaltung, ihrer geistigen Aktivität bösen, für die satanischen Verführungen offenen Menschen sprechen muß. So unheimlich das klingt, so real ist es im *Scivias*-Buch und in den weiteren Schriften der hl. Hildegard beschrieben, und zwar mit großer Nüchternheit.

Die sachlich gebrauchten Worte «das Böse» und «böse»sind die sachlichen Bezeichnungen für Verhaltensweisen, Handlungsweisen oder Taten, und weiter für deren Folgewirkungen im Bereich der Natur und Geschichte, also für all das, worunter wir Menschen selbst und auch die uns umgebende und zugehörige Natur ohne Unterlaß zu leiden haben und bis ans Ende der Welt zu leiden haben werden. Die Niederschriften der hl. Hildegard sind voll davon.[140]

Das Böse kam in die gute Schöpfung Gottes als geistige Rebellion, als Selbstüberhebung, als Versuch einer absoluten und totalen Selbstverwirklichung, als Mißbrauch verliehener Freiheit. So schrecklich mußte Hildegard es sehen und beschreiben.

Gleich nach der Schau der Herrlichkeit des Leuchtenden folgt in *Scivias* die Schau des Engelsturzes.

«Danach sah ich etwas wie eine gewaltig große Menge lebendiger Leuchten, jede überwältigend hell. In feurigem Glanz glühten sie auf und erreichten dann ihren ruhigen, bleibenden Glanz ... Dies ist das nicht zählbare Heer der oberen Geistwesen, die in glückseligem Leben strahlen und in großer Zier und Rüstung hervortreten.» Hildegard schaut die Erschaffung der Engel und ihr feuriges Aufflammen: «Weil nämlich Luzifer mit den Seinen sich gegen seinen erhabenen Schöpfer zu empören versuchte.»[141]

«Luzifer, der wegen seines Hochmutes aus der himmlischen Herrlichkeit hinausgestoßen worden ist, stand im Anfang seines Erschaffenseins so bedeutend und so groß da, daß er in seiner Schönheit und in seiner Kraft keinen Mangel erspürte. Als er nun aber seine Schönheit und als er die Kraft der ihm selbst einwohnenden Stärke prüfend erwog, da erfand er den Hochmut, der ihm zuredete, er solle beginnen, wozu sein Wille ihn dränge, denn er werde vollenden können, was er einmal begonnen hätte. Und da er nun die Stelle schaute, an die er sich selbst stellen zu können glaubte, an der seine eigene Schönheit und Kühnheit zu zeigen er willens war, da sprach er so bei sich selbst über Gott: Ich will dort glänzen, wie

auch jener da! Ihm gab seine ganze Streitmacht Zustimmung mit den Worten: Was du hier willst, das wollen auch wir!»[142]
Merkwürdigerweise werden solche Aussagen sehr oft und sehr schnell damit abgetan, daß es sich um Mythen handle, die angesichts unseres naturwissenschaftlichen Weltbildes nicht mehr als Beschreibung von Realitäten ausgegeben werden könnten. Man dürfe sie nur noch als überholte bildhafte Umschreibung der Tatsache ansehen, daß es in unserer Welt das sogenannte Böse gibt und daß dieses Böse auch geistiges Gepräge tragen könne. Dabei vergißt man, daß es auch heute noch immer nur die zwei Möglichkeiten gibt, entweder das sogenannte Geistige auf naturwissenschaftlich ergründbare materielle Grundlagen zurückzuführen (Geist ein Ergebnis der Evolution), oder aber zuzugeben, daß das Geistige, eben der Geist, bis heute immer noch letztlich mysteriös, unerklärbar ist. Dann ist es aber nicht absurd, zuzugeben, daß zwischen dem ewigen Schöpfergeist, Gott, und den geistbegabten Menschen auch noch andere, uns unsichtbare, nicht an eine biologische Lebensform gebundene Geistwesen zur Gesamtschöpfung gehören. Die Botschaft der hl. Hildegard von der Existenz und Bedeutung außer- oder übermenschlicher Geistwesen ist erhellender für die Realitäten unserer menschlichen Lebenswelt und unserer Menschheitsgeschichte als jede nur immanent-wissenschaftliche Daseinsdeutung des Menschseins und der Menschengeschichte und auch der menschlichen Zukunft.
Wenden wir uns darum weiter dem zu, was die hl. Hildegard im *Scivias*-Buch in der ersten Schau des dritten Teiles festhält. Sie hat die Größe, Herrlichkeit und Gerechtigkeit Gottes, die alles Fassungsvermögen aller Geschöpfe übersteigen, im Bild geschaut. Doch plötzlich ändert sich alles. Es heißt da:
«Du siehst aus dem Geheimnis des auf dem Thron Sitzenden einen großen, in Glanz und Schönheit prangenden Stern hervorgehen, und mit ihm eine wimmelnde Menge hell erglühender Funken. Denn nach der Weisung des allmächtigen Vaters trat der Engel Luzifer (Lichtträger), der jetzt der Satan ist, in seinem Aufgang mit großer Herrlichkeit geschmückt und mit viel Glanz und Zier bekleidet hervor, mit ihm auch die Sternenfunken seines Heeres. Er, abstürzend ins Böse, schaute nicht auf Mich, den Unversehrten, sondern meinte, auf sich selbst vertrauend, er könne beginnen, was er wolle, und vollenden, was er beginne. Daher, was er dem auf dem Thron Sitzenden an Ehre schuldig gewesen wäre, da er doch von ihm erschaffen worden ist, das wandte er sich selbst zu, und damit neigte er sich zum Bösen ... Luzifer und sein Gefolge, wunderbar erschaffen in der brennenden Güte Gottes, stand da voll Neid, nämlich in Hochmut den ablehnend, der im Himmel herrscht. Denn sie alle, eben durch Schöpfung entstanden, gewannen von Anfang an Geschmack an der Ruchlosigkeit, die

sich ins Verderben wendet. Gott schauten sie nicht so an, daß sie ihn in seiner Güte hätten erkennen wollen, sondern so, daß sie sich über ihn als einen ihnen völlig Fremden erheben wollten. Dabei wandten sie sich in flammender Überhebung von seiner Erkenntnis ab, lieber ihrem eigenen Untergang zu, als daß sie sich dem Verlangen öffneten, Gott in seiner Herrlichkeit zu erkennen.»[143]

Wenn man solche Stellen aufmerksam liest, dann fallen einem sehr charakteristische Worte und Wendungen auf. Zusammengestellt wirken sie um so erschreckender: Weigerung, Abhängigkeit anzuerkennen; Verweigerung von Ehrfurcht; Neid; Hochmut; Überhebung; Ruchlosigkeit; die Meinung, alles zu dürfen und zu können, was man will; Massenzustimmung zu überheblichem Gebaren; die Neigung zum eigenen Untergang. Wir werden das alles noch viel ausführlicher und deutlicher im weiteren Schrifttum der hl. Hildegard finden. All dies Schreckliche wird hier auf seinen Ursprung im Geistigen zurückgeführt, also nicht aus naturhaften Grundlagen erklärt, wird als unentschuldbar, strafwürdig und in seinen Auswirkungen zerstörerisch, ja selbstzerstörerisch festgestellt. Denn, so werden wir weiter erfahren, zu allem, wozu Luzifer mit seinem Anhang fähig ist, wird auch der Mensch fähig sein, und dies alles wird die Menschheitsgeschichte prägen. Mit einem Unterschied, daß nämlich der Mensch immer noch eine Fähigkeit zu Gott hin, zur Buße, zum Guten hin behalten hat, wie später darzulegen ist.

Die Überhebung Luzifers wird zum Sturz. Gott hat den Satan mit seinem Engelanhang aus dem Himmel entfernt. Als gefesseltes furchtbares Untier, aber immer noch feurige Flammen in die Welt Gottes und der Menschen auswerfend, liegt er in der Finsternis. So beschreibt es Hildegard und ist es auf einer Miniatur im *Scivias*-Buch dargestellt. Denn Gottes Gerechtigkeit kann den Frevel solcher Überhebung in seiner Schöpfung nicht zulassen. Wir würden heute sagen: Prinzipiell nicht. Die hl. Hildegard denkt und schreibt aber nicht von theologischen Prinzipien aus, schlußfolgernd, was sein könnte, dürfte oder müßte. Sie läßt sich sagen, was unter Gottes Regiment und nach Gottes Plan tatsächlich ist. Und deshalb muß sie darstellen, wie der Satan immer noch, unter Gottes Vorsehung und Zulassung, ein zwar gefallener, aber machtvoller Engel mit einer kaum faßbaren Wirkmöglichkeit ist. Wenn wir verfolgen, was in Hildegards Schrifttum darüber geschrieben steht, dann ist immer davon auszugehen, daß der gestürzte Lichtengel die Gabe des Verstandes, eine höchste, jetzt raffinierte Intelligenz und eine ungebrochene Kraft des Willens behalten hat, und daß er mit diesen Fähigkeiten unablässig in die Schöpfung Gottes hineinwirken kann, vor allem in die Menschengeschichte. Daß ihm dabei die «unübersehbare Schar stolzer Geister»[144] zu Diensten steht, macht in Hildegards Schau das Leben in der Geschichte so gefährlich. Sowohl die erste Rebellion Luzifers wie auch sein Weiterwirken als Satan bis zum Jüngsten Tag stehen unter Gottes Zulassung.

Die Ausweichfragen, die der Mensch stellt, sind alle im *Scivias*-Buch ausgesprochen und finden dort ihre Antwort. Es sind Ausweichfragen: Wie kann ich zu verantwortlichem Handeln aufgerufen werden, wie kann ich zur persönlichen Verantwortung gezogen werden, wenn das Böse in der Welt unter Gottes Vorauswissen und unter Gottes Zulassung immer schon vorliegt und festliegt? Wie kann man dann überhaupt noch von einem gerechten Gott sprechen? Der Mensch weicht, um vor sich selbst entschuldbar zu sein, auf die verschiedenen Erklärungsversuche aus, die außerhalb der Bibel für die Tatsache des Bösen immer wieder gegeben wurden und gegeben werden.

«Warum Gott den Menschen so geschaffen hat, daß er sündigen konnte»[145], da er doch alle daraus entstehende Verwirrung und Not vorauswußte, so hält das *Scivias*-Buch die Frage des an Gott zweifelnden Menschen fest. Oder, da Gott darauf hinweist, daß der Mensch seit der ersten Verführung durch Satan dem sich forterbenden Trend zur Auflehnung gegen seinen Schöpfer und dessen Gebote verfallen ist, muß Gott ihn fragen: «Was wunderst du dich, o Mensch, daß ich aus Ehebruch und anderen derartigen Verbrechen Kinder geboren werden lasse?»[146] Denn auch Hildegard und ihre Zeitgenossen wußten, daß unter solchen Umständen gezeugte Menschen nachher öfter im Leben unter besonderen Schwierigkeiten zu leiden haben. «Ich handle gerecht», antwortet Gott, «denn seit Adams Fall habe ich im Menschengeschlecht nichts mehr von der Gerechtigkeit gefunden, die sie mir schuldig gewesen wären.»[147] Gott will Menschen, denn er ist der schaffende, seine Schöpfung liebende, rettende und vollendende Gott. Und «Gottes Weisheit sieht alle in die Welt kommenden Menschen, sowohl die, welche verworfen werden, wie auch die, welche zusammengebracht werden, aufs schärfste voraus.»[148] Er sieht voraus! Aber die hl. Hildegard sagt nicht: Er bestimmt voraus! «Doch du, o Mensch, sagst: Was soll der Mensch vermögen, wenn Gott alles vorher weiß, was der Mensch tun wird? Und Ich, o Mensch, sage dir: Daß in der Vortrefflichkeit der Gerechtigkeit Gottes keine Ungerechtigkeit gefunden werden kann. O du Tor! In der Nichtsnutzigkeit deines Herzens äffst du den nach, der erstmals den Weg der Wahrheit ablehnte und die Lüge der Wahrheit entgegenstellte, da er sich der höchsten Vollkommenheit gleichmachen wollte. Wer kann Anfang und Ende bereiten? Nur, der ist, war und ewig sein wird. Aber was stellst du dar, der du ein Aschefünkchen bist? Und was wußtest du, da du noch gar nicht warst? Aber du, der du einen beklagenswerten Anfang und ein armseliges Ende hast, erhebst Einspruch gegen das, was du nicht wissen kannst und nicht wissen sollst, nämlich gegen die nicht aufzurechnende Vortrefflichkeit der Gerechtigkeit Gottes,

in welcher sich keine Entwürdigung durch Ungerechtigkeit finden läßt, noch finden ließ, noch jemals wird finden lassen.» Weiter hält Gott diesem Menschen alle seine Wohltaten vor und fragt dann: «Darum, o Mensch, was für einen Vorteil suchst du dir eigentlich dadurch zu verschaffen, daß du in meinem Rechtshandeln herumpflückst?»[149]
Auf den Vorwurf, es sei ungerecht, wenn er die von ihm als gut geschaffenen Menschen den Versuchungen durch den Satan aussetze, antwortete Gott: «Höret und verstehet mich, ihr, die ihr in eurem Herzen sagt: Was ist das? Und: Warum ist das so? O warum seid ihr so töricht in eurem Herzen, die ihr doch nach dem Bilde und Gleichnis Gottes geschaffen seid? Wie könnte so große Herrlichkeit und Ehre, wie sie euch gegeben ist, ohne Prüfung bleiben, als wäre sie nichtig und eine wertlose Sache? Gold muß im Feuer geläutert werden, kostbare Steine müssen gereinigt und geschliffen werden, und alle derartigen Dinge müssen nach jeder Richtung hin untersucht werden. Woher also, ihr törichten Menschen, sollte das, was nach dem Ebenbilde und Gleichnisse Gottes geschaffen ist, ohne Bewährung bestehen können? Mehr als alles andere Geschaffene muß der Mensch geprüft werden. – Gott ist gerecht, aber das Menschengeschlecht, das Gottes Gebot übertrat, ist ungerecht, da es weiser sein wollte als Gott.»[150]
Für das widergöttliche Mysterium des Bösen gibt es nur eine zureichende Erklärung: Das immer unfaßliche Mysterium der Freiheit Gottes, das sich uns immer wieder beängstigend darbietet in der göttlichen Freiheitsgewährung an seine höchsten Geschöpfe. Gott schuf nicht eine Welt, in der Gut und Böse, Licht und Dunkelheit die alles in Bewegung haltenden ewigen Spannungspole sind, die Welt in der Balance haltend. Er schuf eine gute Welt. Neben Gott steht nicht von Ewigkeit her ein dunkler, dämonischer Gegengeist. Gott schuf als erstes seiner Geschöpfe ein glänzendes, hohes Geistwesen, ausgestattet mit den es Gott ähnlich machenden Gaben höchster Erkenntniskraft und Freiheit. So beginnt die Schöpfung mit dem uns immer unbegreiflichen göttlichen Wagnis der Freiheit. Die von Gott geschaffenen Geistwesen unterstehen nicht, wie der materielle Kosmos, physikalischen oder biologischen Naturgesetzen. Sie haben die Möglichkeit, sie haben die Freiheit, sich für oder gegen ihren Schöpfer zu entscheiden. Luzifer mit seinem Anhang entschied sich gegen Gott.
Gott schuf den Menschen, das auf der Basis der kosmischen Materie existierende Leib-Geistwesen, als gutes Geschöpf, auch ausgestattet mit den Gaben der Erkenntnis und der geistigen Freiheit. Und wieder stehen wir vor dem Mysterium der Freiheit Gottes, vor dem erneuten göttlichen Wagnis der Freiheit. Das Mysterium des Bösen setzt sich nun auf der Ebene der menschlichen Geschichte fort, als notvolles, qualvolles Geschehen. Das ganze Schrifttum der hl. Hildegard handelt im Grunde hiervon, sehr realistisch, aber auf eine ertragbare Weise, weil alles Geschehen im menschli-

chen Dasein und in der Menschheitsgeschichte unter der Perspektive der das endgültige Heil schaffenden göttlichen Gerechtigkeit steht.

Wer diesem in *Scivias* so offengelegten Mysterium des Bösen durch andere Erklärungsversuche der Mißhelligkeiten dieser Welt auszuweichen sucht, der verschließt sich damit zugleich dem, was im Schrifttum der hl. Hildegard, in Übereinstimmung mit der Offenbarung der Bibel, über den Menschen und die Menschengeschichte und über das Mysterium des göttlichen Heilsschaffens gesagt wird.

Wenden wir uns nun dem zu, was die hl. Hildegard über die Realität des Bösen sagen mußte.

Bei den scholastischen Theologen tritt der Satan als farbloser Schattenriß im Lehrgebäude der Theologie auf. Im Laufe der Zeit wurde er in Kirche und Welt zu einer komischen, nicht weiter ernst zu nehmenden Figur. Heute erregt es in den öffentlichen Medien Ärgernis, weil konservative theologische Kreise den Glauben an seine Existenz für notwendig erklären, wenn der Mensch seine Erlösungsbedürftigkeit wahrhaft erkennen soll. Die hl. Hildegard sieht mit erschauerndem Geist sein Wirken in der Schöpfung Gottes. In ihrer Schau sieht sie ihn als ein für menschliches Erkennen überdimensionales Wesen, voll dämonischer Lebendigkeit und rastloser Dynamik, wahnwitzig in seiner Zielstrebigkeit, unermüdlich in immer neuen Versuchen, die Schöpfung Gottes zu verderben und sich dadurch an seinem Schöpfer zu rächen, unerschöpflich in seiner Phantasie, wenn es darum geht, Mittel und Wege zu erfinden, um die Ebenbilder Gottes, die Menschen, in den Abgrund des Nichts zu stürzen.[151]

Es scheint widersprüchlich zu sein, was Hildegard über den Satan schreibt. Einerseits ist er durch Christus besiegt, niedergeworfen, und er liegt so gefesselt danieder, daß er sich nicht vom Fleck regen kann. Andererseits aber liegt er lauernd am Wege der Menschheit und wütet mit allen seinen Kräften furchtbar und zerstörend gegen sie. Nur in dieser Doppelsicht kann die Wirklichkeit erfaßt werden, und nur, dieses beides wissend, kann die Kirche Gottes ihren Weg durch die Weltgeschichte bis zur Erreichung ihres endgültigen Zieles gehen.

«Groß erscheint die alte Schlange in ihrer Schlechtigkeit, lang hingestreckt in ihren listigen Anschlägen, gierig nach oben schnappend, damit sie diejenigen, die nach dem Himmlischen trachten, durch ihren Betrug in die Tiefe stürze. Aber dennoch liegt sie am Boden. Denn durch den Sohn Gottes sind ihre Kräfte ausgehöhlt, so daß sie nicht mehr aufrecht stehen kann. Dennoch geht größerer Schrecken und größere Raserei von ihr aus als ein Mensch zu beschreiben vermöchte. Denn ihre giftige Brunst und ihre hinterlistigen Anläufe, in der Vielfalt ihrer immer wechselnden Methoden, vermag das Fassungsvermögen des sterblichen Menschen nicht auszudrükken.»[152] Die Bosheit und Wirkungsmöglichkeit Satans geht über alles

Menschenbegreifen, und die hl. Hildegard würde es als gefährliche Vermessenheit bezeichnen, wenn Christen die Realität der satanischen Macht bagatellisierten und sich ihr überlegen oder ihrer enthoben dünkten.
Der Realismus der hl. Hildegard in der Beschreibung des Bösen in allen seinen Erscheinungsformen kann von keinem Tiefenpsychologen, Soziologen oder modernem Schriftsteller übertroffen werden. Es ist erstaunlich, was diese wahrhaft gottesfürchtige Nonne alles durch ihr Gehirn ziehen lassen und in ihrem vielfältigen Schrifttum mit eigener Hand niederschreiben mußte. Doch es besteht ein grundsätzlicher Unterschied. Von heutigen Schriftstellern werden alle diese Dinge als mögliche, gelingende oder nicht gelingende Versuche menschlicher Selbstverwirklichung hingestellt. Im Schrifttum der hl. Hildegard werden sie als Verstöße gegen die gottgesetzten Ordnungen, als Auflehnung gegen Gott und als letztlich für den Menschen selbstzerstörerisch gekennzeichnet.
Die Bemühungen Satans, die Menschen ihrer gottgesetzten Bestimmung zu entfremden, beginnen in scheinbarer Harmlosigkeit, nämlich mit einer Einladung an die gedeckten Tische des Jahrmarktes der Vergänglichkeiten und Eitelkeiten. Die Menschen sollen aussuchen, was ihnen lustfördernd und darum kaufenswert erscheint. «Zur Linken des Teufels ist so etwas wie ein Markt, auf dem alles, was den Menschen als Kostbarkeit gilt, und die Genüsse weltlichen Lebens, und was sonst alles zu kaufen ist, offen ausliegt. Zwar spielt sich dieser Markt im Bereich des Todes ab, denn es sind alles unwerte, dem Tod verfallene Dinge. Zu den dort angebotenen vergänglichen Reichtümern gehören Hochmut, eitler Ruhm, Zügellosigkeit in Augenblicksgenüssen, und Begierlichkeit, im Handel versteigerte Güter und das Kaufen vieler abwechslungsreicher Gegenstände irdischer Gelüste. – Wie ein Kaufmann seine Waren offen auslegt, so bietet der Teufel den Menschen arglistig seine Kunstfertigkeiten an. Welche sie dann begehren, die kaufen sie auch. Ihr gutes Gewissen werfen sie ihm gewissermaßen als Kaufpreis hin, und todbringende Verwundungen ihrer Seelen handeln sie sich als Käufer ein.»[153] Raffiniert und zielstrebig richtet die gottwidrige Bosheitsmacht ihre Bemühungen auf den Menschen, um ihn zu verderben. «Von seinem ersten Betrug an bis zu seinem Untergang hört der Teufel nicht auf, die fünf Sinne der Menschen mit den verschiedensten lasterhaften Leidenschaften anzuhauchen. Heuchlerisch täuscht er Rechtschaffenheit vor, zieht aber damit die Menschen auf die schiefe Bahn seiner unsauberen Künste. So kommt es zu weltentiefer Traurigkeit (Frustration), alberner Ehrfurchtslosigkeit, trügerischer Ehrsucht, beißender Ehrabschneidung, schmählicher Heuchelei samt einer Fülle anderer Perversitäten, die den sich darauf einlassenden Menschen das tödliche Verderben bringen.»[154]
Das Ringen der Menschenseele mit den Polypenarmen des teuflischen

Verführers hört nie auf. Der alte Feind Gottes und des Menschen wendet sich ja nicht nur auf dem Weg über die fünf Sinne an das Ich des Menschen. Er versucht das Innere, das Herz des Menschen zu verwirren. Wo es ihm nicht gelingt, die Menschen durch Verführung zu fleischlicher Begierlichkeit zu Fall zu bringen, da «träufelt er die Traurigkeit der Welt, wie wucherndes Unkraut wachsend, in sie hinein, so daß sie weder in geistlichen noch in weltlichen Dingen wirklich etwas vermögen, oder er macht sie zu so lasterhaften, albern farblosen Gestalten, daß sie ihre Schändlichkeit weder vor Gott noch vor den Menschen zu verbergen suchen.»[155]
Solches alles geschieht, wie Hildegard im dortigen Zusammenhang ausdrücklich wiederholt, unter Gottes Zulassung, unter der Voraussetzung der Freiheitsgewährung für den Satan wie für die Menschen. In Übereinstimmung mit den Aussagen der Bibel bezeugt Hildegard aufgrund ihrer Schauungen, daß sich das Wirken der widergöttlichen Bosheitsmacht in der Menschheitsgeschichte bis zum Auftreten des Antichrist unaufhaltsam steigern wird. Gott hindert diesen Trend nicht, abgesehen von einigen kurzen Unterbrechungszeiten, in denen der Kirche Wirkungsmöglichkeit und der Welt Friede und Ordnung gewährt wird. Die Christen können das Wirken des Teufels und zuletzt seines Antichrist nicht unterbinden. Sie können nur, auf Gottes Barmherzigkeit und Beistand trauend, standhalten und mit Gott dafür wirken, daß das von Gott schon längst begonnene Gebäude des Heils seiner Vollendung entgegenwächst. Es ist also sinnlos, in schwer zu ertragenden Zeiten der Kirche Christi den Vorwurf zu machen, sie habe in ihrer Aufgabe der Weltverbesserung versagt.
In Übereinstimmung mit der biblisch-kirchlichen Tradition werden von Hildegard in *Scivias* und in ihren weiteren theologischen Schriften aufeinanderfolgende Geschichtsepochen charakterisiert, die dem machtvollen Auftreten des Antichrist und damit dem letzten Erhebungsversuch Satans gegen den allmächtigen Gott vorausgehen und deutlich darauf zu drängen. Jede dieser Epochen ist gekennzeichnet durch das Vorherrschen bestimmter Bosheiten, Sünden, die sich gleichsam epidemisch ausbreiten und wie eine geistige Seuche die Menschen erregen. Geistesgeschichtliche Erklärungsversuche für solche lawinenartigen Vorgänge, wie wir sie in unserm Jahrhundert geradezu beunruhigend erleben, bringen im Grunde nur eine Beschreibung der Tatbestände, aber kaum eine wirkliche Erklärung. Sollte nicht letztlich das Buch «Wisse die Wege» eher Recht haben, wenn es geistige Bewegungen, zum Bösen hin, auf die Einflüsse aus uns verborgenen geistigen Bereichen und die Verführbarkeit des Menschen zurückführt?
Die zeitliche Identifizierung der im Hildegardschrifttum benannten Epochen ist und bleibt umstritten, obwohl gerade das Fragen danach die Christen durch alle Jahrhunderte hindurch beunruhigt hat. Hildegard selbst unterscheidet deutlich zwischen Wißbarem und Unwißbarem. Die Zeit der

Erscheinung des Antichrist und das Heraufkommen des Jüngsten Tages, wie auch vieles andere in dem damit verbundenen Gotteshandeln, sind nur verschlüsselt mitgeteilt. «Ihr, o Menschen, durcheilt jetzt vom Lauf der Zeiten jene Zeit, die der Heraufkunft jenes Mörders voraufgeht, der darauf abzielt, den katholischen Glauben zu verderben. Was aber dann geschieht, davon könnt ihr weder Zeit noch Augenblick wissen ... Allein der Vater weiß es, der dies aus seiner Macht heraus festlegt.»[156]
Wißbar und wissensnotwendig für die Kirche auf ihrem Weg durch die Zeiten der Welt ist das Wissen, daß Gott ein unverrückbar festliegendes Ziel hat und es auch erreichen wird. Zum glaubenden Wissen der Christen gehört also notwendigerweise eine sehr weite Perspektive. Weiter ist wißbar und wissensnotwendig, daß die Kirche Christi immer unter den Angriffen Satans stehen wird, aber durch die Geduld und Barmherzigkeit Gottes bestehen bleiben und in die zukünftige Herrlichkeit hinüberwachsen wird. Schließlich ist wißbar und um des Bestehens im Glaubenskampf willen wissensnotwendig, daß die in der Endauseinandersetzung aufs höchste gesteigerten Mittel und Methoden Satans im Laufe der Geschichte immer schon angewandt werden.
Was die hl. Hildegard hierüber in ihrem «Wisse die Wege» kundgetan hat, davon soll noch kurz berichtet werden. Nachäffen des Heiligen ist eines der wirksamen Mittel des Verführers. Dazu gehört, daß der Antichrist sich wegen seiner besonderen Geburt preisen lassen wird, daß er Tod und Auferstehung an sich geschehen läßt, und schließlich, was nur im Hildegardschrifttum berichtet wird, seine Auffahrt in den Himmel.[157] Die Beschreibung dieses Vorganges, bergehohes Sicherheben unter gewaltiger Dunstentwicklung und schnelles Aufsteigen in die Höhe des Himmels vor den Augen der unzählbaren, überwältigten Zuschauermenge läßt uns heute an den kühnen Start einer ungeheuren Weltraumrakete denken als ein Unternehmen, das der Menschheit neue, bis dahin für unmöglich gehaltene Zukunftshoffnungen bieten soll. Ob die hl. Hildegard dies nur erfunden hat, um kraft ihrer dramatischen Phantasiebegabung dem Auftreten des Antichrist eine besonders theatralische Erscheinung zu verleihen?[158] Das wäre ganz gegen ihre sonstige Art des Schreibens. Hildegard sah hier in prophetischer Schau etwas von den himmelstürmenden technischen Vorhaben kommender Zeiten voraus. Wir stehen heute ja erst am Anfang dieser Entwicklungen. Phantastisch kühne Vorstellungen von Raketenunternehmungen zur Rettung der Menschheit, wenn die den Menschen als Wohnort zugewiesene Erde ein ungeeigneter Lebensraum zu werden droht, liest man sogar schon in «wissenschaftlichen» Artikeln.
Mit den satanischen Versuchen, das religiöse Bedürfnis der Menschen zu mißbrauchen und sie zu falscher Heiligkeit zu verführen, hat die hl. Hildegard im Laufe ihres Lebens in der Auseinandersetzung mit den damaligen

Sektierern zu tun. Ihre Worte und Warnungen sind achthundert Jahre danach sehr aktuell. Hildegard weiß, daß die religiöse Sehnsucht der Menschen, das Verlangen nach Vergeistigung und Heiligung des Lebens für den Teufel ein geeigneter und von ihm immer wieder gesuchter Ansatzpunkt für seine Verführung zu Schwärmerei, Überspannungen und spiritueller Erlebnissucht, auch zu leib-seelischer Totalauslieferung ist, besonders bei labilen Menschen und in labilen Zeiten. Der Abschnitt vom Ende der Zeiten und das weitere Schrifttum der hl. Hildegard haben dazu viel zu sagen.

Es geht in diesen Bereichen weithin um Dinge und Tatsachen, die an sich neutral oder sogar gut sind, wie Gesundheit, Schönheit, Anmut, Glück, «Lebensqualität», Erlebnissteigerung, Besitz, Stellung, Ehre, und anderes mehr. Daher entsteht für den Menschen die Frage, woran er erkennen soll, was gute Gabe Gottes, Leben erhaltend und fördernd ist, und was ihm von dem Widersacher Gottes und Verführer unter dem Schein des Guten, in Wirklichkeit aber zur Trennung von Gott angeboten wird. Für die hl. Hildegard gibt es nur ein einziges brauchbares und immer gültiges Unterscheidungsmerkmal. Das Bösesein oder Gutsein hängt nicht an den Dingen, sondern daran, wem sie verdankt werden, wer über ihnen als Geber gepriesen wird, wem zu Ehren und zu Dienst sie gebraucht werden. Was mit Stolz, Überheblichkeit, Ruhmsucht, Besitz- oder Genußgier, Neid und Lügenhaftigkeit verbunden ist, ist vom Bösen. Was dem Menschen unter diesen Aspekten angeboten wird, und wo er unter solchen Aspekten danach greift, führt dies alles ihn von Gott weg.

Wie vielschichtig die Situation des Menschen zwischen Gott und Satan ist, kann am Beispiel von Krankheit und Gesundheit verdeutlicht werden. Nach den Aussagen der hl. Hildegard ist es möglich, daß der Satan den Menschen mit Krankheit schlägt, um ihn zum Zweifel an Gottes Gütigkeit und Gerechtigkeit zu treiben, so daß er seine Hilfe bei Magie und Astrologie sucht. Derselbe Satan schenkt dann aber auch auf ans Wunderhafte grenzende Weise von irdischer Seite her Besserung oder kurzfristige Heilung, die der Mensch dann nicht Gott verdanken will, sondern den irdischen Vermittlern. Andererseits benutzt auch Gott das Mittel der Krankheit, wenn er an der Seele des Menschen arbeiten will, strafend, züchtigend, zur Buße rufend, oder den Glauben auf seine Bewährung hin prüfend. Gott schenkt auch Besserung und Heilung, damit der Mensch Gottes Güte erfährt, seinem Schöpfer aufs neue dankt und ihn lobpreist. So haben die äußerlich gleichen Vorgänge, denn Krankheit ist medizinisch Krankheit und Genesung ist medizinisch Genesung, unter der Perspektive Hildegards je nachdem eine ganz verschiedene, aus dem Überirdischen kommende Zielrichtung. Wie soll sich der Mensch darin zurechtfinden? Wiederum ist zu sagen, daß Hildegard in *Scivias* – «Wisse die Wege», nur die eine Wegweisung gibt: Stelle alles in Beziehung zu Gott, frage in allem und über allem, womit du in deinem Leben zu tun hast, nach Gott. Denn auch hinter und über dem Satan steht Gott, und der Satan kann alle seine listigen und böswilligen Machenschaften nur treiben, soweit und solange Gott es im Rahmen seines ewigen Planens zuläßt. Daß der Mensch diesen Weg nur finden und gehen kann, wenn er sich in der Gottesfurcht und Demut hält, sich auch das geistliche Unterscheidungsvermögen bewahrt, davon spricht die hl. Hildegard ihr Leben lang.[159]

Auf eine eigenartige Stelle sei hier noch aufmerksam gemacht, die wie die Ausführung über die Himmelfahrt des Antichrist zum Nachdenken Anlaß gibt. Bei der Aufzählung der Wundertaten des Antichrist heißt es nach dem Satz über die Krankheiten und die Heilungen: «Wenn irgendwann irgend jemand aus dem Leben verschieden sein wird, dessen Seele in der Gewalt des Teufels ist, dann wird er an der Leiche dieses Menschen zuweilen, unter meiner Zulassung, seine Verspottungen (Gottes) vorführen, indem er macht, daß die Leiche dieses Menschen sich bewegt, als wie lebendig. Doch solches zu tun wird ihm nur für ganz kurze Uhrzeit und nicht für einen längeren Zeitraum gestattet, damit nicht durch dieses Vorwegnehmen Gottes Ehre verspottet werde.»[160] Ist etwa dies auch eine prophetische Vorausschau durch den Triumph der Wissenschaft erreichter menschlicher Möglichkeiten, wie wir sie heute als Wunder der medizinischen Technik manchmal erschauernd erleben müssen? Sieht Hildegard satanische Möglichkeiten in der menschlichen Wissenschaft voraus? Wir werden später noch daran erinnert werden.

Eins muß hier deutlich gesagt werden: Wenn die hl. Hildegard vom Teufel spricht, dann ist sie nicht einem inzwischen schon lange erledigten mittelalterlichen Spuk verfallen, so daß wir das alles unbesehen unter den Tisch des wissenschaftlichen Fortschritts fegen, oder vielleicht wohlmeinend mit den Methoden psychoanalytischer Wissenschaft erklären könnten.

Hildegard, ausgestattet mit einem überfeinen Gewissen, weiß genau, was sie sagt. Sie spricht vom Teufel ebenso wie von Gott, wissend, daß wir beide mit unsern Sinnen nicht wahrnehmen können, und daß die Ausmaße ihres Wirkens das Fassungsvermögen unseres Geistes übersteigen. Wir nehmen immer nur handelnde Menschen und ihre Erzeugnisse wahr, Vorgänge in der Welt um uns her oder an uns selbst, bleibende und sich verändernde Dinge. Die hl. Hildegard aber soll uns durch ihr «Wisse die Wege» darauf hinweisen, daß hintergründig in dem allen und durch dies alles eine geistige, auf unsere Existenz zielende Macht wirksam ist, eine zugelassene böse und eine immer übergeordnete gute. Beide Mächte sehen wir nicht, aber sie sind da, und sie müssen mit Namen benannt werden, damit wir Menschen wissen, woran wir sind. Denn unsere Existenz bewegt sich immer auf dem Scheideweg zwischen beiden.

Auch im Antichrist tritt der Satan nicht sichtbar auf. Der Antichrist ist eine geschichtliche, menschliche Gestalt. Im Uranfang sprach der Lichtengel Luzifer, wodurch er zum Teufel wurde: «Gleichsein werde ich dem Höchsten.» In der Endzeit der Menschheitsgeschichte läßt der Teufel den Antichrist, seinen geistigen Sohn, sprechen: «Retter der Welt, ich bin es!»[161] Mit anderen Worten, der Antichrist wird als großartige geschichtliche Gestalt auftreten, mit der Ankündigung, er werde die Welt aus all ihrer Misere endlich auf dem Weg des Fortschritts zu ihrem Ziel führen: Glück und Leben und Frieden für alle. Vieles auf dem Weg der Menschheitsgeschichte trägt schon die Vorzeichen dieses Antichrist an sich, bis es dann zu seiner letzten Verkörperung in höchster Steigerung aller satanischen Wirkungsweisen kommt.

Auch die Erkenntnisbemühungen und wissenschaftlichen Fortschrittswege der Menschen sind unter dem doppelten hintergründigen Aspekt zu sehen, wie dies zuvor am Beispiel Krankheit – Gesundheit dargestellt wurde. Die hl. Hildegard hat in ihren Schriften Bedeutsames über die Erkenntnismöglichkeit und Erkenntnisaufgabe des Menschen geschrieben. Aber sie mußte auch auf die Erkenntnisirrwege hinweisen. Daher spricht sie davon, daß der gottentfremdete Mensch «nur tastend mit blinden Augen blinzelt, in umschatteter Erkenntniskraft des irdischen Fleisches gar nicht wirklich lebt».[162] Eben der Mensch ist es, der doch eigentlich nach Gottes Schöpferwillen sciendo – cogitando – operando (durch Erkennen wissend, durch Denken zur Entscheidung kommend, wirksam handelnd) sein Werk an der Welt tun sollte, als begnadeter und weiser Künstler.[163]

Die Menschen aber lassen sich durch teuflische Erfolgskünste auf den verschiedensten Gebieten blenden. «Und so werden viele irregeleitet, da sie selbst die Augen des inneren Menschen (ihre geistige Unterscheidungskraft) umwölken, durch welche sie ihren Blick umgekehrt auf mich hätten richten müssen. Doch sie wollten in eigenem geistigen Prüfungsverfahren, gleichsam auf einer neuen, bisher nicht erreichten Ebene (fortschrittlich) alle die Dinge erkennen, die sie mit äußeren Augen sehen und mit Händen erfassen können (die also experimentell feststellbar sind). Darüber verachten sie jene Unsichtbarkeiten, die immer in mir da sind.»[164] Der menschliche Erkenntnistrieb, von Wissensneugier oder Lebenssicherungsverlangen luziferisch in Bewegung gesetzt, führt schnell auf Irrwege. Immer ist der Mensch inmitten des Kosmos von allerhand Kreaturen umgeben und sieht sich in Beziehung zu ihnen allen. «Wenn du nun», so warnt die Stimme aus der Höhe, «auf solches Geschaffene, das dir zu Dienst vom Schöpfer gebildet wurde, dein Vertrauen setzest und mich dabei aus deinem Herzen wegwirfst, dann werde auch ich durch mein gerechtes Urteil dich aus meinen Augen jagen und dir die Glückseligkeit meines Reiches entreißen.» Man könnte einwenden, daß im Zusammenhang dieser Stelle insbesondere von

magischen Manipulationen und Zukunftserforschung durch Beobachten von Sternen, Feuererscheinungen und Vogelflug die Rede sei. Aber vor Hildegards Augen steht hier der Mensch als Glied im gottgeschaffenen Kosmos. Es geht darum, wie der Mensch zu der ihn umgebenden Dingwelt, Naturwelt steht, ob er sich ihrer bemächtigen will, ohne auf den Schöpfer zu sehen, oder ob er in ihr und mit ihr als wirkender Mensch im Aufblick zu seinem Schöpfer leben will. Kurz gesagt, es geht darum, ob der Mensch theoretische und praktische Naturwissenschaft treibt unter Verwerfung Gottes, als ein nach seiner Meinung autonom gewordenes Wesen, oder ob er dies tut im Wissen um seine eigene Geschöpflichkeit und in Ehrfurcht vor dem über uns in allem waltenden Schöpfer. «Aber die Überheblichkeit derartiger Forscherei hat in der ersten Abspaltung ihren Ursprung, nämlich da die Menschen Gott so der Vergessenheit übergaben, daß Generation auf Generation hochmütig all das verschiedene Geschaffene inspizierten, um dadurch die Zukunfssicherung zu entdecken ... So haben die Menschen, irregeleitet, das von Gott Geschaffene an Stelle Gottes verehrt, so daß sie nun mehr auf das Geschaffene als auf ihren Schöpfer achthaben voll Verlangen, das zu wissen, was sie nicht zu wissen brauchen.»[165]
Also auch Forschung und Wissenschaft sind keine neutralen Gebiete, sondern können Wirkungsfelder des Bösen sein, oder aber in Ehrfurcht vor Gott, in Gottesfurcht und Demut betrieben werden. Wieder stehen wir vor dem Mysterium des Bösen, daß nämlich Gott auf dem wunderbaren Gebiet, auf dem reichen Feld des Forschens, Wissens und Handelns der Wirksamkeit des Bösen einen von ihm zugelassenen Freiraum gewährt. Wie gefährlich diese Gebiete sind, das erfahren wir heute bedrohlich genug, und auch, wie es mit den Versuchen steht, diesen Gefahren ohne neue Ehrfurcht vor Gott und seinen Schöpfungsordnungen zu entgehen. Wie verbreitet gerade unter Wissenschaftlern und Forschern Eitelkeit, Mißgunst, Neid, Ruhmsucht und Machtgier sein können, und welche Gefahren dies für die Umwelt mit sich bringt, ist bekannt.[166] Wie umgekehrt auch deutlich sichtbar ist, daß es kaum etwas Eindrucksvolleres gibt als die Demut eines Forschergenies.
Seid in eurem Denken autonom, befreit euch von den Fesseln, die irgendeine sich auf Transzendenz berufende Institution euch anlegen will! So kennzeichnet das *Scivias*-Buch den geistigen Anhauch des Bösen. Das gilt noch weit stärker auf einem anderen Gebiet. Neben der Verführung zur intellektuellen Grenzüberschreitung steht die Verführung zur Überschreitung der durch Gottes sittliche Ordnungen für die menschliche Lebensführung gesetzten Grenzen. Neben der Verführung zur Autonomie der Vernunft steht die Verführung zur Autonomie einer naturgebundenen Lebensführung. Daß diese Verführungsversuche sich aller nur möglichen Methoden bedienen, des lockenden Zuredens, des psychologischen Druckes, der

Anstachelung der Eitelkeit, des scheinbar anteilnehmenden Gutmeinens, das steht im *Scivias*-Buch so deutlich geschrieben, daß es fast scheint, als habe Hildegard schon eine Vorahnung des Wirkens unserer öffentlichen Medien gehabt.[167]

In *Scivias* lesen wir darüber: «Was der Sohn der Ungerechtigkeit wirkt, das tut er unter Druckanwendung, unter Zurschaustellung von Stolz und mit Hilfe von seelischer Roheit. Mitleid, demütiges Sichherablassen und feinfühliges Unterscheidungsvermögen kennt er nicht, sondern durch überlegen gebieterisches Auftreten und durch sie überrennendes Verblüffen drängt er die Menschen kopfüber dahin, daß sie auf seine Verführungen eingehen. Das meiste Volk nämlich gewinnt er sich dadurch, daß er ihnen sagt, sie sollten doch das, was sie (ihrer Natur nach) gern möchten, in aller Freiheit auch tun, sie sollten sich doch nicht mit Wachen oder Fasten gar so sehr ihr Leben einengen. So legt er ihnen nahe, daß sie dem ihre Liebe schenken, der es so gut mit ihnen meint, für sie gewissermaßen wie Gott selbst spricht. (Würden sie seinem Rat folgen, sagt er), so würden sie von seelischen Qualen (Hölle) befreit werden und zu einem Leben hindurchstoßen, das Leben genannt zu werden verdient. So kommt es dann, daß die, welche sich durch solches Reden haben täuschen lassen, erklären: ‹O weh über die Armen, die vor unserer Zeit haben leben müssen, weil sie sich mit grausigen Folterungen ihr Leben unglücklich machten. Sie kannten ja leider die Milde unseres Gottes noch nicht›! – Er, der Verführer dagegen, zeigt ihnen funkelnde Schätze und Reichtümer und stellt ihnen frei, nach Herzenslust das Leben zu genießen. Dabei läßt er seine Lehre vor ihrem Urteil durch trügerische Erfolgszeichen als wahr erscheinen. So kommt es dann, daß sie selbst glauben, daß es für sie nicht nötig sei, ihren eigenen Leibern Fesseln anzulegen und sie zu bändigen. Allerdings die äußerlichen jüdischen Gesetzlichkeiten zu beobachten, das legt er ihnen auf.» Heute würde es da wohl heißen: Die mohammedanischen oder die irgend einer anderen Sekte oder vernünftigen Religiosität. «Aber die viel kraftvolleren Weisungen des göttlichen Gesetzes, die das Evangelium bei angemessener Reue in eine gnädige Gottesgabe verwandelt, macht er ihnen bedeutungslos, genau nach ihren Wünschen. Dazu sagt er: ‹Wer sich mir zuwendet, für den ist das Wort Sünde ausradiert, und sein Lebensglück wird durch mich ewig währen›. Taufe natürlich und das Evangelium meines Sohnes schafft er sich vom Halse, und alle jene Gebote, die der Kirche zur Bewahrung anvertraut sind, verlacht er. Und noch einmal, sich an die wendend, die bei ihm in die Lehre gehen, sagt er mit teuflischem Hohn: ‹Seht doch selbst, wer und was für einer jener geistig nicht Normale gewesen ist, der durch seine lügnerischen Versprechungen das ungebildete Volk gesetzlich dazu zwingen wollte, so grausame Lebensregeln zu befolgen.›»[168] Mit anderen Worten: Befreit euch von der Moralknechtschaft der Kirche und ihrer sogenannten göttlichen Gebote, werdet autonom, und ihr werdet die Lust eines von moralischen Skrupeln befreiten Lebens erfahren. Ihr sollt glückliche Menschen werden, wonach eure Natur ja auch verlangt.

Daß diese Befreiungsappelle in Wahrheit auf Lebenszerrüttung zielen und in neue Knechtschaft führen, wird in den letzten Büchern der hl. Hildegard noch sehr ausführlich nachzulesen sein.

Befreit euch! Von wem? Nicht von dem, was vordergründig genannt und vorgeschoben wird, sondern von Gott! Im Grunde sind diese Befreiungsrufe Aufrufe zur Rebellion gegen Gott. Daher versteht es sich, daß die Mittel der Verleumdung, des psychischen, geistigen und brutalen körperlichen Terrors gegen diejenigen angewandt werden, welche es wagen, den Freiheitsappellen und der Rebellion gegen Gott im Wege zu stehen. Die milden und schmeichlerischen, vernünftig überzeugenden und auf tatsächliche Lebenserleichterung hinweisenden Verführungskünste werden sich in Härte, Grausamkeit und Terror verwandeln, wo und wann die Kirche dem Verführer entgegensteht. «Dann wirst du erleben, wie Meine Gläubigen, die wie Säulen dastehen, durch die Martern wie auch durch die geistigen Widersprüchlichkeiten, die auszeichnenden Ehrungen und erstaunlichen Wunder, die dieser Sohn des Verderbens in die Welt setzt, ja wie Meine Gläubigen von tiefen Schrecken des Entsetzens geschüttelt erscheinen, wehklagende Rufe notvoller Angst ausstoßend.»[169]

Und Gott läßt dies alles in seiner Schöpfung zu! Allerdings nur bis zu dem im Datum uns unbekannten Jüngsten Tag, doch bis dahin in voller Realität.

Die prophetische Botschaft der hl. Hildegard steht gegen alle Versuche, den Teufel zu entmythologisieren und die Wirkungsmacht des Bösen als personaler geistiger Macht abzuwerten. Sätze wie die folgenden, einer Predigttextauslegung unserer Tage entnommen, würde sie als gefährliche Illusion abwehren: «Wir haben die Mächte nicht mehr zu fürchten. Wer an den Sieg Jesu glaubt, ist durch ihn vor ihnen geborgen. Wie ein triumphierender Feldherr hat Gott durch Jesus am Kreuz über sie triumphiert und sie in aller Öffentlichkeit entmachtet.» Nein, es gibt in dieser Weltzeit keine Geborgenheit vor den satanischen Angriffen, denn der Satan darf unter Gottes Zulassung eben immer noch in aller Öffentlichkeit wirken.

Natürlich spricht *Scivias* von der unerschütterlichen Siegesmacht Gottes über den Satan und sein Gefolge: «Der Ansturm ihrer Gottlosigkeit warf sie ganz zurück, nämlich in das Vergessensein bei Gott, der alles regiert.»[170] Das bedeutet, Gott hat sie in seinem Vorauswissen schon aus dem Dasein gestrichen. Aber da Gott noch in der Zeit der ersten Schöpfung handelt, seine Zukunftspläne in die Tat umsetzend, ist die Auseinandersetzung zwischen Satan und Gott noch im Gang. Natürlich spricht *Scivias* auch von der schon gebrochenen Macht Satans: «Seine Überhebung wurde in der Menschwerdung des Sohnes Gottes so niedergeschmettert, daß das an ihm sich schon auswirkende Todesverhängnis ihn nicht mehr die Vollkraft seiner Verbitterung ausüben läßt.»[171] Mit der Menschwerdung begann ja die Ausführung des göttlichen Heilsplanes zur Erlösung der Menschen und damit der Weg zur kommenden Entmachtung Satans. Die Sorge, ein Festhalten an der noch bestehenden Wirkungsmöglichkeit Satans führe zu einem metaphysischen Dualismus oder zu einer Abwertung des Heilswerkes Christi, drängt leicht dazu, wie in den oben angeführten Sätzen zu sprechen, als sei für den an den Sieg Christi Glaubenden die Welt schon von der Wirkungsmacht Satans befreit. So kann dann gesagt werden: «Das Böse ist für Hildegard nichts als die schauerliche Möglichkeit, die uns in der Entscheidungssituation des opus (des Wirkens in der Verantwortung vor Gott) immer wieder droht: zu versagen, zu verwirken, zu vernichten, eine Chance zu vertun, einer Entscheidung auszuweichen, eben unser Werk an der Welt nicht mehr zu verrichten, und damit auch unser Selbst zu verlieren. Insofern hat der Teufel bei Hildegard keine Wirklichkeit, keine Operationsbasis, keine Gestalt. Und doch ist der Teufel da, mit seinem penetranten Haß auf alles Schöne, mit seinem Neid auf alles Gute. – Wegen dieses Hassens und Neidens gelingt auch dem Teufel nichts Wirkliches und Schönes; sein Werk ist durch und durch unkünstlerisch, ist er doch der Diabolus, der alles durcheinanderwirft. Das Diabolische hat kein Können und keine Kunst, es kann nur unterlassen, kann nur hassen, was da ist! – Bei aller faktischen Macht des Teufels wird seine prinzipielle Ohnmacht herausgestellt.»[172]

Solches Herausstellen einer prinzipiellen Ohnmacht Satans ist nicht im Sinn des warnenden *Scivias*-Buches und hat als Begleiterscheinung, daß aus der Sünde des Menschen ein Fehlverhalten, ein Fehlen wird. *Scivias* aber kennzeichnet die Sünde als Auflehnung gegen den Willen Gottes, als Nachfolge der Auflehnung Satans.

Ähnlich liegt es mit der Deutung der *Scivias*-Aussagen über das Satanswirken, wenn es in dem Werk über «Das Bild des Antichrist im Mittelalter» heißt: «Adso (ein früherer Theologe) hatte die Mirakel des falschen Messias für bare Münze genommen. An dieser Stelle setzt Hildegard zur Korrektur der Überlieferung an. Unangefochten vom Dualismus Adsos, der selbst dem Widersacher große und unerhörte Wunder zugestand, leugnete sie deren Realitätscharakter. Ihre Begründung ist allerdings nicht ontologisch, sondern psychologisch: Die vermeintlichen Wunder existieren nur secundum voluntatem hominum, in den Köpfen derer, über welche der Antichrist Macht hat; sie sind das Produkt von Suggestion und Hypnose. In Hildegards ethischem Weltbild sind Dasein und Wahrheit identisch. Was die Lüge zu schaffen vermag, sind allenfalls Masken der Dinge. Die Schöpfung in ihrer Substanz bleibt unversehrt vom Bösen.»[173]

Dabei beruft sich der Verfasser auf eine Stelle im *Scivias*-Buch, die in ihrem größeren Zusammenhang so nicht gedeutet werden kann. Es heißt dort: «Die mich verachten, wenden sich dem Teufel zu, denn sie wollen mich nicht kennen. Daher verwerfe auch ich sie.» Dabei muß gleich gesagt werden, daß Hildegard nicht so primitiv ist zu meinen, die Menschen wendeten sich bewußt dem Teufel zu. Sie meinen, daß sie sich etwas Besserem zuwenden als Gott ihnen bieten könnte, wenn es wirklich Gott geben sollte. Ihre Existenz bauen sie also auf eine ihnen selbst nicht durchsichtige Täuschung. Eine geistige Täuschung durch den Teufel liegt hier vor und eine damit verbundene Selbsttäuschung. Dann heißt es weiter: «Diesen für sein Wirken offenen Menschen aber spielt der Teufel übel mit und täuscht sie, auf welche Weise es ihm immer gefallen mag, so daß sie selbst glauben, es sei wirklich so, wie er es ihnen gerade vor Augen stellt. Und eben diese Kunst seiner Vortäuscherei gießt der Teufel in jene hinein (andere Menschen), die sich auf ihn verlassen, so daß diese selbst vermöge dieser Kunst, seinem Willen gemäß, verschiedene Wunder im kreatürlichen Bereich den Menschen betrügerisch vorführen. Dabei können sie weder die Elemente (die Grundbestandteile der kosmischen Welt) noch schon von Gott geschaffene Gestalten in eine andere Seinsweise wandeln. Nur das ist Tatsache, daß sie durch ihre Täuschungsmanöver in denen, die ihnen Vertrauen schenken, gewisse wunderbare Dinge in gewisser nebelhafter Weise (Gedankentäuscherei) darstellen (zu etwas machen). Denn auch Adam, da er mehr erreichen wollte, als er haben durfte, verlor die Herrlichkeit des paradiesischen Zustandes, und so verlieren auch diese das Schauen und das Hören des inwendigen Menschen, da sie Gott treulos verlassen und dem Teufel huldigen. Auf diese Weise wirkt der Sohn des Verderbens seine trügerischen Künste mit Hilfe der Elemente», indem er nämlich den Menschen, auf ihr Wünschen eingehend, allerhand Verführerisches anbietet.[174] Rauh nun deutet die «Täuschungsmanöver» so, als würden nur durch Suggestion oder Hypnose Wahnbilder in den Köpfen der Gott ungetreuen Menschen erzeugt. Durch diese Deutung soll sichergestellt sein, daß der Teufel keine Wirkungsmacht im Bereich des Geschaffenen habe. Aber erstens wird hier übersehen, daß auch dabei dem Teufel Wirkungsmacht im geschöpflichen Bereich zuerkannt wird, denn eine Erzeugung von Wahnbildern ist immer mit chemo-physikalischen Vorgängen im Gehirnbereich verbunden. Der Teufel hat also Wirkungsmöglichkeit durch geistige Impulse im Gehirnbereich seiner menschlichen Werkzeuge und der Verführten. Vor allem aber ist aus anderen Gründen eine solche Einschränkung nicht möglich. Hildegard schreibt viel zu deutlich von satanischem Mißbrauch von Naturvorgängen, durch welche die Menschen bedrängt, geplagt, erschreckt werden, damit sie ihr Gottvertrauen verleugnen. Außerdem beruht all das, was vom Teufel auf dem Gebiet sittlicher

Zügellosigkeit, Genußgier und Geldgier angerichtet wird, nicht auf Halluzinationen, sondern geschieht wirklich auf der Ebene des alltäglichen Lebens. Ebenso sind die vom Teufel herbeigeführten Martern, blutigen Verfolgungen und Tötungen der Christen keine Halluzinationen, suggestive Täuschungen, sondern wirkliche Vorgänge.

Es geht kein Weg daran vorbei, das *Scivias*-Buch der hl. Hildegard schreibt dem Teufel unter göttlicher Zulassung Wirkungsmöglichkeiten und dadurch Verführungsmöglichkeiten in allen Bereichen des menschlichen Lebens zu. Allerdings ist der Verführer selbst immer unsichtbar, getarnt hinter dem, was er als Instrument einsetzt. Das Böse ist und bleibt ein zu fürchtendes, Schauer erregendes Mysterium.

Die Macht des Bösen hat im Menschenleben nur eine Grenze: Die Seelen, die sich gegen alle Verführungen und Bedrängnisse treulich an Gott halten, kann er nicht verderben, nur ihre Leiber kann er quälen oder töten. Und die Seelen derer, die aus ihren Irrtümern und Verblendungen, sogar noch erst ganz zuletzt, zurückfinden zu ihrem Gott, kann er nicht mehr festhalten. Gott nimmt sich ihrer an. Das wird sehr tröstlich in der 7. Schau des II. Teiles über den Widersacher und in der 11. Schau des III. Teiles über das Ende der Zeit ausgeführt.

Auch das ist für alle Gläubigen tröstlich, was Hildegard über die geistige Beschränktheit des Teufels schreibt. Zwar ist er intelligent bis zum äußersten, verfügt über ungetrübte Verstandeskraft (ratio). Aber er ist ohne Weisheit (sapientia), er ist im Grunde dumm (stultus), ein in Überheblichkeit Wahnsinniger (insanus). Dadurch ist er ein in Verblendung (error) Gefangener, der die Wirklichkeit des planvollen, von unbesieglicher Macht getragenen Handelns Gottes unterschätzt, weil er sie nicht wahrhaben «will». Durch dies alles geht er zwangsmäßig den Weg der Selbstzerstörung. Daß ein intelligenter Wahnsinn ganz besonders zu fürchten ist, daß gerade er seine Kräfte bis zum äußersten steigert, und daß schließlich die vom Teufel verführten Menschen auf die gleichen Wege geraten, das mußte die hl. Hildegard zur Warnung in aller Deutlichkeit schreiben.

Wenn man ihre Aufzeichnungen liest, spürt man, daß es ihr nicht um theologische Spitzfindigkeiten und dogmatische Erörterungen ging, daß sie dies alles in tiefer Betroffenheit und unter innerer Bedrängnis schrieb, weil sie es so schreiben mußte.

Es geht an der beunruhigenden und schrecklichen Wahrheit der Verkündigung Hildegards vorbei, wenn gesagt wird: In Hildegards Geschichtsbild ist der Teufel «die notwendige Gegenfigur im Prozeß der Consummatio mundi (der Zuendeführung des Weltprozesses). Ohne Mitleid und Furcht heftet die Seherin ihren Blick auf den Versucher, den Irrlehrer und Gesetzlosen – überzeugt davon, daß noch »das Böse ein positives Moment in jenem Heilsplan darstellt, der identisch ist mit dem Recht Gottes»[175]. Oder auch: «Das Böse ist für sie einfach kein Prinzip, es ist nur Resultat, Vehikel eines höheren, höchst produktiv gestaltenden lichthaften Waltens.»[176] Das Böse nur ein Vehikel Gottes in einem lichtvollen Plan, ein positives Moment im gerechten Heilsplan Gottes? Nein, sondern eine schreckliche, auf Zeit geduldete Wirklichkeit, ein uns sterblichen Menschen unbegreifliches Mysterium.

6. Das Mysterium des Menschen

Man könnte einem heutigen Naturwissenschaftler die Frage stellen, ob für ihn der Kosmos ohne die Existenz des Menschen vorstellbar sei. Vorstellbar? So würde er zunächst gegenfragen, und er würde antworten: Es gäbe dann überhaupt keine Vorstellung vom Kosmos, denn der Mensch ist das einzige Wesen, das einen Kosmos denken und sich vorstellen kann. Aber natürlich wäre ein Kosmos ohne den Menschen möglich. Denn die Evolution, die angeblich zur Existenz von Menschen führte, ist kein gesetzmäßiger Vorgang. Sie schließt unendlich viele Zufälle ein. So besteht die Möglichkeit, daß es aus irgendwelchen Zufällen keine Menschen gäbe. Außerdem müssen wir ja damit rechnen, daß die Erde nach einigen Millionen Jahren oder auch schon viel eher keine Lebensbedingungen mehr für organisches Leben, also auch für Menschen bietet, daß also die Menschheit untergeht, wenn nicht ein Rest, die Klügsten und Stärksten, mit einem Raumschiff anderswo im Weltall einen neuen Lebensort gefunden haben. Eine Phantasterei! Der Mensch wäre also eine zufällige Vorübergangserscheinung.
Die hl. Hildegard, vor die gleiche Frage gestellt, würde sofort mit einem ganz entschiedenen Nein antworten. Nein, ein Kosmos ohne den Menschen darin ist nicht vorstellbar, nicht denkbar, nicht zu denken erlaubt. Es wäre eine Verunehrung Gottes und des Menschen. Gott hat von Ewigkeit her den Menschen in seinem Kosmos gewollt, und darum den Kosmos mit dem Menschen darin geschaffen.
Der Naturwissenschaftler, weiter gefragt, ob er, da der Mensch nun einmal da sei, sagen könne, woher, warum, wozu und auf welches Ziel hin es den Menschen im Kosmos gebe, würde wahrscheinlich im Antwortgeben immer zögernder verfahren. Woher? Nun, durch die Evolution, also gewissermaßen aus Zufall. Warum? Diese Frage läßt sich bei Zufälligkeiten kaum beantworten. Die Erde würde gewiß auch ohne den Menschen eine reiche und schöne Flora und Fauna haben, wahrscheinlich sogar eine bessere, weil ungestörte. Wozu? Damit er, wie jedes andere durch Evolution entstandene Wesen, für die Zeit seiner Existenz seinen Platz ausfülle. Gefragt, ob gut oder schlecht, denn da bestehe ja wohl ein Unterschied zwischen dem Menschen und den anderen durch Evolution entstandenen

Wesen, würde der Naturwissenschaftler wohl einen Augenblick stutzig sein und dann etwa sagen: Natürlich, gut, aber das geht die Psychologen und Soziologen an, vielleicht auch die Philosophen. Auf welches Ziel hin? Nun, daß man alles tut, um die Lebensmöglichkeit des Menschen auf dieser Erde möglichst lange zu sichern, und zwar mit möglichst hoher und möglichst gleicher Lebensqualität für alle. Darüber hinaus kann es kein Ziel geben.
Die hl. Hildegard, vor die gleichen Fragen gestellt, würde sie alle ohne Zögern und mit großer Gewißheit beantworten. Von unserm Naturwissenschaftler gefragt, ob sie, wenn sie erst heute lebte und unsere heutigen astronomischen Kenntnisse von den Ausmaßen des Kosmos hätte, immer noch behaupten würde, der Mensch sei in diesem Kosmos ein einmaliges Wesen, wäre sie in keiner Weise erschrocken. Sie würde das bejahen und sagen, daß sie sich mit ihrer Meinung in guter Gesellschaft anderer ernst zu nehmender heutiger Naturwissenschaftler befände. Weiter würde sie fragen, ob er denn nicht inzwischen von dem großen Denker Pascal gelernt hätte, daß Geist eine andere Qualität und Dimension als Masse ist. Ihr sei das längst aus der Offenbarung klar geworden, und diese müsse man befragen, wenn man wissen wolle, was es mit dem Menschen im Kosmos auf sich habe. Denn letztlich stünden wir ja immer noch vor großen Geheimnissen, wie ja auch aus den unsicheren Antworten des Naturwissenschaftlers zu ersehen sei.
Für die hl. Hildegard ist der Mensch ein Mysterium.
Auf die Fragen, woher, wieso, warum, wozu, woraufhin ist der Mensch überhaupt da, und ist er so, wie er jetzt ist, gibt es keine hinreichenden Antworten, wenn man den Menschen von unten her, aus sich selbst, aus seinen biologischen und soziologischen Voraussetzungen erklären will. Teils ist man mit vorläufigen Teilantworten zufrieden, teils schiebt man die Fragen still beiseite. Der Mensch aber, das Wesen, das sich seiner selbst bewußt ist, das als «Ich» in seinem Körper, seiner Umwelt und dem von ihm erforschten Kosmos lebt, leben muß, wird nie aufhören zu fragen, denn er bleibt sich selbst ein Rätsel. Das Mysterium seines Menschseins begreift er, nach Hildegards Auskunft, soweit er sich dem aufschließt, was sein Schöpfer ihm darüber offenbart. «Wisse die Wege», das gilt auch für die Erkenntnis der Wege, die der Schöpfer mit der Erschaffung des Menschen diesem eröffnet hat. Der Ansatz liegt sehr hoch und für menschliches Forschen im Dunkeln. Vorzeitlich schon in Gottes ewigen Schöpfergedanken, zeitlich dann in der Weise, wie er sein irdisches Leben führt, steht der Mensch, jeder einzeln, vor Gott. «Denn Ich, o Mensch, vor der Grundlegung der Welt habe Ich dich deutlich vor mir gesehen. Und nun, die Tage deines Lebens mit allem, was du darin tust, will Ich prüfend beobachten und ihren Wert beurteilen und jedes deiner Werke achtsam und auf das Genaueste prüfen.»[177] Nicht die Massen des Universums, deren Ausmaße und

Gewichtsmaße unsere Naturwissenschaftler zu erkennen suchen, sondern den Wert des einzelnen, als Leib-Geistwesen erschaffenen Menschen erforscht Gott. Welch ein Unterschied des Denkens! Woher?

Weil Gott den Menschen in der Perspektive der Menschwerdung seines eingeborenen Sohnes sieht. Und nur unter dieser Perspektive ist daher in Wahrheit die Bedeutung des Menschen zu erkennen. «Gleichsam in seinem Herzen, das heißt in der Weisheit seines Geheimnisses, trägt Gott aus Liebe zu seinem Sohn den unzuverlässigen und haltlosen und armseligen Lehm, das nämlich ist der Mensch, schwarz in der Schwärze der Sünden und kotig in der Besudelung seines Fleisches, im Herzen Gottes bewahrt noch das Bild eines menschlichen Herzens.»[178]

«Ganz gewiß deshalb erscheinen sie bildhaft im Herzen des gütigen Vaters, damit nur ja kein Engel noch irgendeine andere Kreatur den Menschen verachte, weil ja doch des höchsten Gottes Sohn, fleischgeworden, nun an sich selbst die Menschengestalt trägt. Denn der selige Engelchor würde den Menschen wegen der großen Schändlichkeit der Laster in allen seinen Sünden für unwert halten, sie, die hohen Engel, die selbst von keiner Zerstörungsmacht der Ungerechtigkeit verletzt werden können. Nur deshalb verachten sie den Menschen nicht, weil sie mit geschärftem Blick auf das Angesicht des Vaters sehen. Und so ist es: Was vom Vater geliebt wird, das lieben auch sie im Sohn. Wieso? Genau deshalb, weil eben dieser Sohn Gottes als Mensch geboren wurde.»[179]

Um der Menschwerdung des Sohnes willen darf der irdische Mensch, auch wenn er durch den tiefsten Schmutz geht, und erst recht, wenn er sich aus seiner Verwüstung wieder zu Gott erhebt, nie verachtet werden. Denn Gott hat dem Menschen eine überragende Sonderstellung inmitten aller Elemente des Kosmos zugewiesen. Die hl. Hildegard schaut: «Inmitten der Weltelemente schwebt so etwas wie eine sandige Kugel von erstaunlicher Größe. Die Elemente umschließen sie so, daß sie weder nach dieser noch nach jener Seite fallen kann. Dies geschaute Bild weist deutlich angesichts der Kühnheit der göttlichen Schöpfungsfülle auf den Menschen hin, ein Wesen mit der Begabung tiefen Nachdenkens, aus dem Lehm der Erde auf wunderbare Weise in vielfältiger Herrlichkeit erschaffen und als solches sein Leben zubringend. Dazu wird er von der Kraft der übrigen Geschöpfe so umhüllt, daß er auf keine Weise von ihnen losgelöst werden kann. Denn die Weltelemente, zur Existenzermöglichung des Menschen geschaffen, bieten ihm Dienstbarkeit dar, während der Mensch, gleichsam in ihrer Mitte thronend, nach göttlicher Anordnung die Stelle des Vorsitzenden und Verwalters unter ihnen einnimmt.»[180] Diese Sätze nehmen vorweg, was von naturwissenschaftlicher Seite heute erstaunlicherweise, neben gewohnten andersartigen Aussagen, zu hören ist: daß nämlich einerseits die Linien der kosmischen Entwicklung auf die Existenzermögli-

chung des Menschen an einer Stelle im Kosmos hinlaufen, daß dementsprechend andererseits der Mensch das Wesen im Universum ist, das den gesamten Kosmos geistig zu durchdringen vermag und somit über dem Kosmos und seinen Elementen steht.[181]
Hymnisch preist die hl. Hildegard Gott im Anschauen des größten Wunders seiner Schöpfung: «Du,o Gott, der du alles wunderbar geschaffen hast, mit der goldenen und purpurnen Krone des Verstandes und der würdevollsten Kleidung seiner sichtbaren Gestalt hast du den Menschen gekrönt, und so hast du ihn gewissermaßen als Haupt über die Aufgipfelung aller deiner vollkommenen Werke gestellt, die du in deinen Geschöpfen zu einer gerechten und guten Ordnung gebracht hast. Du nämlich hast dem Menschen vor deinen übrigen Geschöpfen hohe und bewundernswerte Ehrenstellungen zugeteilt.»[182] Es ist nicht verwunderlich, daß die hl. Hildegard schreibt, der Teufel habe nie begreifen können, daß Gott auf dem Wege über ein so armseliges, nämlich aus Lehm gebildetes Geschöpf, wie der Mensch es ist, seine ewigen Planungen zur Vollendung bringen könnte, und auch die Engel seien in verwundertes Staunen darüber geraten, wie Gott ein Lehmgeschöpf mit so wunderbaren Ehrungen ausstatten und diesen Menschen in der Menschwerdung seines Sohnes mit sich selbst einen konnte. Zur meditativen Besinnung einladend ist diese Anthropologie des *Scivias*-Buches auf der vierten Miniatur des späteren Hildegardbuches von den göttlichen Werken dargestellt. Der Mensch, schön gestaltet und herrscherlich die Arme ausbreitend, frei aufgerichtet, steht inmitten des ihn in Schichten umgebenden und von Kräften durchwirkten Kosmos. Dieser Kosmos wiederum wird von den Armen des dahinter stehenden, gewaltigen und feurig lodernden menschgestalteten Gottessohnes umschlossen. Über dem Haupt dieses das Universum haltenden Gottessohnes erscheint das sinnend in fernes Schauen versunkene Angesicht des allwissenden Gott-Vaters.[183] Die Erschaffung des Menschen im Kosmos und die Menschwerdung des ewigen Sohnes Gottes liegen im Schöpfungs- und Heilsplan Gottes auf einer Ziellinie.
Noch eine andere Linie im Plan Gottes muß aufgezeigt werden, wenn die Bedeutung des Menschen für Gott und im Kosmos erkannt werden soll. Gott hatte seine ersten Geschöpfe, die Engel, in herrlicher Schönheit und glanzvoller Hoheit erschaffen. Ein Teil von ihnen hatte sich unter der Anführung Luzifers gegen ihren Schöpfer erhoben, sie wurden von Gott ihrer Herrlichkeit entkleidet und in die Finsternis gestürzt. War Gottes Schöpfung nun gemindert? Nein, denn «Gott, der das Gesamt geschaffen hat, hat den Menschen für jene Ehre vorbestimmt, aus welcher der verlorene Engel mit seinem Anhang verstoßen worden ist».[184] Der verlorene-Glanz Luzifers «kehrte zu Gott dem Vater zurück und wurde in dessen Geheimnis bewahrt. Denn der Ruhm jenes Glanzes durfte nicht verschwin-

den, sondern Gott bewahrte ihn auf für ein anderes geschaffenes Licht». Diesen Glanz des körperlos ohne Fleisch ins Dasein getretenen ersten Engels «hielt Gott bereit für den Lehm, den er zum Menschen bildete, und er bekleidete diesen mit der sehr minderwertigen Natur des irdischen Stoffes, damit er sich nicht zum Gottgleichsein erhebe. So habe Ich, Gott, jenen verlorenen (Luzifer-)Glanz dem Erdenlehm zugeteilt, den ich zu meinem Bild und Gleichnis gebildet habe».[185]

Aus diesen Worten wird deutlich, daß der ewige Schöpfer mit der Erschaffung des Menschen einen uns unbegreiflichen Schritt weiter getan hat. Was Luzifer in Überheblichkeit erstrebte, die Ähnlichkeit, gar Gleichheit mit Gott, das will Gott im letzten seiner Schöpfungswerke, nach Erschaffung des Kosmos und damit der Naturgrundlage alles körperhaften Seins, im Menschen verwirklichen. Hier fügt sich das, was die hl. Hildegard in dem eben Ausgeführten sagt, mit dem zusammen, was wir vorher über die Beziehung zwischen der Erschaffung des Menschen und der Menschwerdung des ewigen Gottessohnes erfuhren. Der aus Erdenlehm erschaffene Mensch ist die erste Stufe in einem Plan, der über die Körperhaftigkeit dieses Menschen und weiter über die gekreuzigte und auferstandene Leibhaftigkeit des Inkarnierten hinausweist auf ein Wesen, das erst in der erneuten Schöpfung zu seiner wahren Gestalt und wahren Herrlichkeit kommen soll. Die Gottebenbildlichkeit ist in dem ersten Adam erst noch eine verborgen angelegte. Sie wird erst nach dem Durchgang durch die Sünde und die Erlösung zur endgültigen Verwirklichung kommen.[186] So stellt das *Scivias*-Buch den irdischen Menschen unter die Perspektive seiner ewigen Vollendung, wahrhaft eine staunenswerte Lehre über das Wesen des Menschen, gemessen an dem, was die wissenschaftliche Anthropologie über den Menschen zu sagen weiß.

Der Mensch, nach Gottes Schöpfungsplan gewissermaßen auf einer anderen Ebene Stellvertreter des gestürzten Luzifer, steht nach Aussage des *Scivias*-Buches in Verbindung mit den Chören der hohen körperlosen Geistwesen, der Engel. Die hl. Hildegard sieht geheimnisvolle Verbindungen zwischen der Ordnung dieser Engelschöre und der Ordnung des menschlichen Sinnesorganismus.[187] Der paradiesische Mensch verstand noch die Sprache der Engel, in der auch Gott zu ihm sprach, wie er überhaupt «durch seine ihm von Gott geschenkte Vernunft und den Geist der Prophetengabe in seinem Wissen alle Sprachen besaß, die später von den Menschen erfunden wurden».[188]

Dieser Mensch, in geistige Gemeinschaft mit den Engeln gestellt, war und ist auch nach seinem Fall noch immer dazu berufen, daß er mit dem Lobpreis der Engel Gemeinschaft habe. Es gehört nach Gottes Schöpferwillen zum Wesen des Menschen, daß er sich in bewunderndem Erkennen der großartigen Schöpferwerke Gottes an den preisenden Lobgesängen der Engel beteiligt. Daß eine empirisch forschende wissenschaftliche Anthropologie hiervon nichts zu sagen weiß, ist verständlich. Wenn aber eine christliche Theologie nichts mehr von der Sinnerfüllung des Kosmos in den anbetenden Lobpreisungen der Engel zu sagen weiß und die kultische Erfüllung dieses Auftrages durch den Menschen nicht mehr als relevant für die sozial-ethische Weltgestaltung ansieht, dann bleibt als Rest eines sogenannten Christentums nur noch das Bemühen um das rechte sozial-ethische Verhalten des Menschen.[189]

Der paradiesische Mensch, noch in einmütigem Gotteslob mit den Engeln verbunden, war gemäß den Schauungen der hl. Hildegard in seiner leiblichen Gestalt von einer lichten Geistigkeit durchstrahlt. Schlafen war für ihn das traumhafte Empfangen prophetischer Schau der Schöpfungsherrlichkeit, nicht aber notwendige Pause in der Aktivität, um geschwächte Kräfte zu erneuern. Die Nahrungsaufnahme war wunderbare Kommunikation mit dem kosmischen Kräftekreislauf.[190] Dennoch war dies noch nicht seine durch die Menschwerdung Christi von Gott geplante Endgestalt. Ja, durch seinen Sündenfall verlor er sogar diese seine erste Schönheit. Sein körperliches Wesen erlitt schwere Schädigungen. Er wurde zu dem gebrechlichen, gestörten, angefochtenen Menschen, wie wir ihn täglich an uns selbst erfahren. Der Kontakt mit der überirdischen Welt ist unterbrochen. Wohl können Engel den Menschen als Schutzengel dienen und ihnen im Kampf mit dem Bösen nahe sein.[191] Der Mensch aber hat von sich aus keine Verbindungsmöglichkeit mehr zu ihnen hin, ja, er kann sie in ihrer Existenz nicht einmal mehr begreifen. «Weder bei den einen noch bei den andern (Arten von Engeln) kannst du ihre Gestalt erkennend unterscheiden, denn im Wesen der Engel und der Erzengel gibt es viele Geheimnisse mysterienhafter Art, die der menschliche Geist, durch den sterblichen Körper belastet, nicht zu fassen vermag.»[192] Eine Kluft ist aufgerissen, aber sie soll einmal wieder überbrückt werden, denn über diesem so verriegelten Menschen bleibt Gottes Verheißung bestehen: «Jener aber wird am priesterlichen Tanz der überschwenglichen Freude, vom Glück des wahren Heils erfüllt, teilhaben, der das heiß ersehnte Gute entschlossen vollbringt und, während er noch in seiner Körperlichkeit wohnt, sich in Liebe nach dem (himmlischen) Aufenthaltsort derer sehnt, die den Weg der Wahrheit laufen und den Irrweg der Lüge scheuten.»[193]

Sind solche Aussagen über einen ehemaligen paradiesischen Zustand des Menschen, in dem er noch nicht von der Gemeinschaft mit Gott und den Engeln gelöst war, Phantastereien? Stehen sie nicht in unlösbarem Widerspruch zu allen Ergebnissen einer nach dem Ursprung und nach den Anfängen des Menschseins forschenden anthropologischen Wissenschaft? Die hl. Hildegard würde auch heute auf der Wahrheit ihrer Aussagen bestehen. Denn wenn das wahr ist, was sie über Wesen und Ursprung des Bösen, über Sündenfall und Gottes Vorhaben mit der Inkarnation seines

ewigen Sohnes kundtun mußte, dann muß es auch in einer uns unzugänglichen Vergangenheit den noch mit Gott verbundenen Menschen gegeben haben, und dann muß es in einer uns ebenso unzugänglichen Vergangenheit im Dasein dieses Menschen den Schritt auf den Weg des Ungehorsams gegen Gott gegeben haben, mit allen seinen Folgen.
Die hl. Hildegard würde, wenn man ihr die sogenannten endgültigen Forschungsergebnisse als Gegenbeweis vorlegte, darauf bestehen, daß die Forschung niemals die Spuren des noch gottverbundenen paradiesischen Menschen werde finden können, weil der Mensch, wie er jetzt ist, diesen ursprünglichen Menschen gar nicht würde begreifen können. Die Spuren des noch guten Anfangs sind ausgelöscht, durch die Folgen des Sündenfalles von Gott selbst ausgelöscht. Die hl. Hildegard weiß über dies Mysterium des Menschseins auch nur, weil es ihr von dem, der allein davon weiß, kundgetan wurde. Und in Wahrheit gibt es für eine ehrliche, offene Wissenschaft im Blick auf erdgeschichtliche umwälzende Vorgänge noch so viele ungelöste Rätsel, wahrscheinlich sogar unlösbare, und außerdem reichen die Menschenknochenfunde in so kurze erdgeschichtliche Zeit zurück und bieten selbst noch wieder so viele Probleme[194], deuten auch immer nur auf den körperlich anfälligen und geistig mordgierigen Menschen, daß die hl. Hildegard mit ihrer Behauptung wohl recht haben mag: Das Mysterium des gottgeschaffenen guten Anfangs des Menschen bleibt für den gefallenen Folgemenschen unzugänglich.
Wir können diesen Fragen hier nicht weiter nachgehen. Für die hl. Hildegard besteht kein Interesse an einer wissenschaftlichen Theorie über den Werdegang des Menschen im Lauf seiner Erdgeschichte. Wissenschaftliche Neugier dieser Art ist ihr fremd. Daß in der Linie des menschlichen Daseins ein Bruch stattgefunden hat, ein Fall zum Bösen hin, ist ihr gewiß. Sie fragt immer nach dem Verhalten des einzelnen heutigen Menschen und seiner Stellung vor Gott. Sie weiß, daß Gott durch sie zu den gefallenen Menschen sprechen will. Darum so oft der Anruf: «Du aber, o Mensch!» Sie weiß, daß Gott den gefallenen Menschen neu auf den Weg des Lebens führen will. Immer steht deshalb der Mensch vor ihrem Blick in seiner Zukünftigkeit, entweder in seiner ihm von Gott zugedachten ewigen Vollendung, oder, wenn er sich der Barmherzigkeit Gottes endgültig verschlossen hat, in der Finsternis ewiger Verworfenheit.
Es ist nicht verwunderlich, daß die hl. Hildegard bei einer solchen Sicht des Menschen auch ihr Wort zu Abtreibung und Selbstmord sagen mußte.
Natürlich wußte sie von den verschiedenen dunklen Hintergründen, die ein Mädchen oder eine Frau zu solcher Tat drängen. Was auf diesem Gebiet über die Sünden der Männer und der Frauen zu sagen ist, kann man in Hildegards Schrifttum nachlesen. Sie weiß über die dunklen Vorgänge bei der Kinderzeugung genau Bescheid, und auch, welche Folgen sich für

den gezeugten Menschen ergeben können. Dennoch, auch das alles steht nach dem Sündenfall unter Gottes Zulassung. Gott läßt auch unter solchen bösen Vorgegebenheiten das Menschengeschlecht sich fortpflanzen. Auch solche werdenden Menschen sind von Gott in Ewigkeit geplante Wesen. Ein so von Gott geplantes und auf welche Weise auch immer in die Leibwerdung eingetretenes Menschwesen ist und bleibt vor Gott Mensch.[195]
Die hl. Hildegard schreibt davon, wie sie die seelischen Leiden durch Kindesabtreibung oder Kindestötung schuldig gewordener Frauen in der jenseitigen Welt schauen muß: «Das waren die Seelen jener Menschen, die während ihrer irdischen Lebenszeit das in ihnen keimende Menschenleben ausgelöscht hatten, indem sie ihre eigenen Kinder aus dem Wege räumten. – Die Seelen jener, die ihre eigenen Kinder dem Tod ausgeliefert hatten (Kindesmörderinnen, Engelmacherinnen), wurden dieser Schlechtigkeit wegen in demselben Feuer gezeigt. Wegen des unmenschlichen Menschenmordes, wegen der Hartherzigkeit, die in solcher Handlung liegt – da sie nicht einsehen wollten, was sie zu tun hatten (nämlich das unerwünschte Kind in ein Menschenleben hineinzuführen), wurde ihre Strafe noch dadurch erhöht, daß sie dies alles beständig noch einmal anschauen mußten, nicht zu ihrem Trost, sondern zur Vergrößerung ihrer Leiden.»[195]
Es gehört zu Gottes Gerechtigkeit, daß Menschen die gottwidrige Abscheulichkeit ihres Handelns leidend erkennen müssen, wenn auch erst im Jenseits. Es gehört aber zu Gottes Barmherzigkeit, daß dem Menschen solche zukünftige Qual erspart wird, wenn er schon hier auf Erden seine Schuld einsieht und büßt. Deshalb schreibt die hl. Hildegard: «Frauen aber, die das keimende Leben in ihrem Schoß erstickt haben und somit die stoffliche Voraussetzung für einen werdenden Menschen zugrunde gehen ließen (und damit seine von Gott gewollte leibliche Existenz unmöglich machten, ohne den von Gott vorgesehenen und vor Gott existierenden Menschen zerstören zu können), sollen ein hartes Fasten und rauhe Hiebe in wahrer Bußgesinnung über sich ergehen lassen, damit sie von der jenseitigen Pein verschont bleiben.»[196]
Ist das mittelalterliche Unmenschlichkeit? Achten wir einmal genau auf das, was die hl. Hildegard sagt! Unantastbar ist für sie Wert und Würde des Menschen, des noch ungeborenen, des eben erst geborenen, und auch des an diesen schuldig gewordenen. Der Schuldige muß zur Verantwortung gezogen werden, hier oder drüben, er muß seine Schuld erkennen und zu ihr stehen. Der Mensch wird in seinem Menschsein ernst genommen! Die hl. Hildegard kennt keine Todesstrafe, auch nicht für andere Mordtaten. Sie schreibt ernste öffentliche Buße vor, mit läuterndem Fasten und körperlicher Züchtigung oder Selbstgeißelung verbunden, hartes Bußgewand und ein Verweilen in beklemmender Abgesondertheit von den Mitmenschen, Gelegenheit zu beschämendem, bereuendem Nachdenken.

Aber dies alles zeitlich begrenzt. Und sogar das fügt sie hinzu: «Bei jeder Buße aber, die der Richter auferlegt, muß auch die Leistungsfähigkeit und Schwäche der menschlichen Natur berücksichtigt werden.»[197] Mit dieser Buße ist die Freveltat dann vor Gott und Menschen gesühnt, bereinigt. Ist das mittelalterliche Unmenschlichkeit? Wieviel seelische Hilfe könnte heutigen Menschen gegeben werden, wenn wir Wege wüßten, die Würde des Menschen so zu achten!

Die hl. Hildegard mußte auch ein Wort zur eigenen Lebensverhinderung als Ende des in Verstrickung geratenen menschlichen Lebensweges sprechen, zum Selbstmord. Ihre Ausführungen zielen auf den bewußten Selbstmord von Menschen, die ihrem verdorbenen Leben ein Ende setzen, weil sie keinen Sinn mehr darin finden und an eine Erlösungsmöglichkeit nicht glauben wollen. Gott in seiner nie aufhörenden Vergebungsbereitschaft wartet geradezu darauf, daß sich der Mensch in seinen inneren Verwirrungen und Nöten zu ihm wendet: «Ich werde ihn als tapfersten der Kämpfer gegen die schlimmsten Stürme achten, ich werde ihm aufs schnellste helfen und ihn als meinen Freund behandeln», spricht Gott. «Wer aber das als fest beschlossen in seinem Herzen trägt, daß er an Gottes Barmherzigkeit zweifelt und sich vorredet: Gott ist ein Nichts! Den negiere ich, weil er mich negiert hat. Darum wird ein solcher nicht zum Leben auferstehen, kann auch keine Lebensfreude haben, denn alle Geschöpfe lassen ihn im Stich, weil er ihren Schöpfer für Nichts hält.» Wer sich solcher Verzweiflung an Gott und an sich selbst ausliefert, und darum sich selbst entleibt, der «tötet das (nämlich seine Leiblichkeit), womit er hätte Buße tun können» ... Er läßt zu Staub werden, womit er sein Vergehen (durch ein sinnvolles, gutes Leben) hätte tilgen können.[198]

Welche Wertung der leiblichen Existenz des Menschen, welche Einsicht in die Verzweiflung eines Nihilisten, welche Erkenntnis seiner Einsamkeit inmitten einer gottgeschaffenen Kreaturwelt, welch bewegende Aussage über die Offenheit Gottes auch für den verzweifeltsten, ringenden Menschen, und welch schreckliche Aussage, daß es letztlich allein der Mensch selber ist, der sich zugrunde richtet!

Die hl. Hildegard schließt dies Kapitel mit den herrlichen Worten, die ihr von der Stimme aus der Höhe zugesprochen werden: «Aber Ich, aus Erde habe Ich den Menschen gebildet, damit er von Geringerem zu Höherem aufsteigen solle, und damit er durch das Beginnen und zur Vollendungführen guten Wirkens, immer aufwärts, sein Leben zu einem hohen Bauwerk leuchtender guter Taten werden lasse.»[199] Ein unter solch hoher göttlicher Berufung geborener Mensch dürfte sich doch nicht selbst entleiben!

Wie hat der Schöpfer diesen Menschen für seine irdische Existenz ausgestattet?

Der Mensch ist vom ersten Augenblick der Zeugung an das Leib/Seele/

Geist-Wesen und bleibt es bis zu seinem Tode, wenn die Seele den Körper, ihr Zelt, verläßt. «Nachdem das Weib den menschlichen Samen empfangen hat, wird in Fehllosigkeit seiner Glieder das Kind im verborgenen Kämmerlein ihres Leibes gestaltet. Und siehe, nach der geheimnisvollen Fügung des höchsten Schöpfers gibt dies Gebilde ein Bewegungszeichen lebhafter Erregung, nämlich dann, wenn nach geheimem und verborgenem Befehl und Willen Gottes das Kind im mütterlichen Leib zur passend und richtig von Gott bestimmten Zeit die Gabe geistiger Betätigung empfangen hat, dann tut es durch körperliche Bewegung kund, daß es lebt.»[200]
Am Beginn steht die Einung von Leib und Seele, denn nach allen folgenden Ausführungen im *Scivias*-Buch ist es die Seele, die, vom Schöpfer geschaffen und dem Körper verbunden, den Lebensprozeß nach Gottes Schöpferordnung anregt, in Gang hält und ständig belebt. Nach einer von Gott bestimmten Zeit gewinnt diese Seele aufgrund der Gestaltwerdung des Leibes die erste Möglichkeit geistiger Aufnahmefähigkeit und Betätigung.[201]
Während ihrer Existenz im raum-zeitlich-irdischen Bereich ist sie an die wechselnden Zustände des mit ihr verbundenen Leibes gebunden, mit seinen verschiedenen Erbanlagen und mit seinen Veränderungen im Lauf des Lebens vom Kindsein bis zum langsamen Absterben des alternden Menschen. «Gemäß den Kräften des Körpers tut auch die Seele selbst ihre Kräfte kund.»[202] Diese Seele ist das Ich, das von Gott gewollte Personwesen, das nach dem Tod, nach der schmerzvollen Auseinanderlösung von Leib und Seele, sich der richterlichen Entscheidung Gottes stellen muß und eine ihr gemäße neue Zukunft oder Verderben vor sich hat.

Diese Seele «gewährt dem Körper Leben, wie Feuer Licht in die Finsternisse hineingibt. Daher hat sie zwei Hauptkräfte, nämlich das Erkennen (intellectus) und den Willen (voluntas), gleichsam wie zwei Arme. Nicht als ob die Seele solche Arme brauchte, um sich in Bewegung zu halten, sondern weil sie sich in diesen Kräften so offenbart, wie sich die Sonne durch ihren Glanz kundtut.»[203]

«Das Erkennen ist der Seele so fest zu eigen gemacht, wie der Arm zum Körper gehört. Denn wie der Arm, dem die Hand mit den Fingern zugehört, vom Körper ausgestreckt wird, so greift auch aufs Gewisseste das Erkennen mitsamt den übrigen Kräften der Seele, mit deren Hilfe sie jegliches Tun des Menschen, gut oder böse, erkennen kann, aus der Seele nach außen. Alles wird durch das Erkenntnisvermögen wie durch einen prüfenden Meister richtig erkannt. Denn das Erkennen schüttelt alles so durch ein Sieb, wie der Weizen von jeglicher Unart gereinigt wird, prüft, ob etwas nützlich oder unnütz, liebenswert oder hassenswert ist, ob es zum Leben oder zum Tode beiträgt. Daher, wie Speise ohne Salz fade ist, so sind auch die andern Seelenkräfte ohne das Erkennen wie abgestorben und nicht faßbar.»[204]

WIE·BEIM·TODE·S·HILDEGARDS·AM·HIMMEL·ZEICHEN·GESCHEHEN

Die andere Hauptkraft der Seele ist der Wille. «Den Willen benutzt die Seele gewissermaßen als ihren rechten Arm, zur Festigung von Adern und Mark (zur Sicherung der Existenz) und zur Bewegung des ganzen Körpers (zum aktiven Handeln). Denn der Wille ist es, der alles (geplante) Werk, es sei gut oder böse, in die Tat umsetzt. Der Wille ist wie ein Feuer, der jegliches Tun wie in einem Backofen zum Garen bringt... Der Wille ist der Kampfesmut in jedem Tun. (Wie ein tüchtiger Bäcker) mahlt er es zuerst zu Mehl, mit Kraft mengt er Sauerteig hinein, gefühllos knetet er es durch, dann läßt er sein Werk, still zusehend, aufgehen, schließlich läßt er es durch das volle Einwirken seiner Gluthitze garbacken, und so schafft er es, daß das Wirken für den Menschen eine kräftigere Lockspeise ist als das tägliche Brot. Die menschliche Nahrung mag für den Menschen manchmal wegfallen, das wühlende Wirken des Wollens aber wird in ihm fortdauern, bis sich seine Seele vom Körper scheidet. Und wie unterschiedlich auch das Wirkvermögen sein mag, im Kindesalter, in der Jugendzeit, im reifen Mannesalter, in der Altersschwachheit des gekrümmten Rückens, in der Kraft des Willens schreitet es gerade einher und in ihr gelangt es zur Spitzenleistung.»[205]

Eine Reihe weiterer Kräfte, Gaben, Fähigkeiten kommt hinzu. So ist dem Menschen das geistige Denkvermögen (mens) zu eigen, die Verstandeskraft als Fähigkeit, das Wesen der Dinge und ihre Zusammenhänge zu erfassen.

Weiter die das Wort bildende Vernunft (ratio). «Für das Erkennen wie für das Wollen erweist sich die Vernunft gleichsam als tönender Klang der Seele, wodurch sie in Worte faßt, was auch immer Gottes- oder Menschenwerk sein mag. Denn der Klang bringt das von der Vernunft gedachte Wort zum Tragen, wie Wind, der den Adler emporhebt, damit er fliegen könne. So auch sendet die Seele die Tonwellen ihrer Worte aus, damit sie für die Menschen hörbar und verstehbar sind, weil ja doch die Kräfte der Seele (Erkenntnis und Wille) erfaßt werden sollen, und damit jegliches (geplante) Werk zur Vollendung gebracht werden möge.»[206]

Durch das Sprachvermögen dringt nach außen, was den Menschen in seinem Innern umtreibt, denn immer wird er durchwogt von den verschiedensten Gemütsbewegungen. «Der Wille hat im Vorhof des menschlichen Herzens eine heimliche Wohnstatt (tabernaculum), nämlich das Gemüt (animum). Erkenntnis und Wille und jegliche andere Kraft der Seele wehen es mit ihrer ungestümen Kraft an. Und sie alle fachen in diesem innersten Ort des Menschen ihr Feuer an und verbinden sich gegenseitig miteinander.» So regen sich hier dann Zorn und Begierde, aber auch reine Freude und durch den Heiligen Geist erweckte Sehnsucht nach dem Himmlischen. Es können aber auch frustrierende Gefühle der Niedergeschlagenheit aus dem körperlichen Befund des Menschen aufsteigen, zu

geistiger Lähmung, Lebensüberdruß, Haßgefühlen und zerstörenden Leidenschaften führen. Dann bedarf der Mensch der gnädigen Hilfe Gottes, damit das Gemüt von solchen Bedrohungen befreit wird.[207] Der Zugang zur und die Verbindung mit der Außenwelt wird dem Menschen durch das sinnliche Wahrnehmungsvermögen (sensus) vermittelt. «Die Seele erweckt durch ihren Anhauch das Sinnesvermögen. Wie denn? Sie ist's, die den Menschen als lebendige Erscheinung in das Leben stellt und ihn mit Sehen, Hören, Schmecken, Riechen und Tasten herrlich ausrüstet, so daß der Mensch durch diese sinnenhafte Berührung mit seiner Außenwelt in allen Dingen stets wachsam ist. Denn das Sinnesvermögen ist der Signalgeber für alle Kräfte der Seele, wie der Leib das Gefäß der Seele ist.»[208]
Die Seele, das lebendige Ich, ist das personhafte Zentrum aller dieser Kräfte, sich ihrer aller je nach Bedarf mit erstaunlicher Energie und in bewußter Zielsetzung bedienend. Dadurch unterscheidet sich der Mensch vom Tier.[209] Diese Eigenart und Besonderheit des Menschen ist und bleibt, so wie die hl. Hildegard es schaut, letztlich unlösbares Schöpfergeheimnis Gottes.[210] In dieser Besonderheit ist dem Menschen auch seine Freiheit gegeben, und diese seine Freiheit, die ihn, als den durch solche Gabe Ausgezeichneten, gleichzeitig verantwortlich macht, muß geachtet werden. Deshalb warnt die hl. Hildegard im Namen Gottes davor, Kinder, deren geistige Kräfte ja noch nicht voll entfaltet sind, schon ins Kloster zu geben und zum Ordensstand zu zwingen. Wo das geschehen ist, muß den Betroffenen die Wahl der eigenen Entscheidung freigestellt werden.[211]
Es fällt dem Leser auf, daß die hl. Hildegard einerseits mit großer Anerkennung von den vielseitigen Kräften spricht, mit welchen der Schöpfer den Menschen gekrönt hat, daß sie aber gleichzeitig immer hinzufügt, der Mensch bediene sich ihrer «zum Guten oder zum Bösen», je nachdem, wem seine Seele sich zuneigt, dem Bösen oder Gott. Der Mensch ist das zwiespältig gewordene, gefallene Geschöpf. Deshalb genügt, um ihn zu verstehen, auch nicht die Kenntnis seiner Ausstattung, sondern entscheidend ist das Wissen um seine innerste Tendenz, die Grundhaltung seines «Ich». Jeder Mensch aber wird mit einem von Gott abgewandten «Ich» geboren, vernimmt auf seinem Lebensweg auf mancherlei Weise den Ruf Gottes, sich ihm wieder zuzuwenden, um das wahre Leben zu gewinnen, und er kann unter Gottes Gnade noch bis zum letzten Augenblick diesem Ruf Folge leisten.
Wir kennen praktisch nur diesen von Gott abgewandt lebenden und den sich wieder Gott zuwendenden Menschen, also den in vieler Hinsicht geschädigten und den durch Gottes Barmherzigkeit auf dem Weg zur Wiederherstellung befindlichen Menschen. Einen Menschen vor diesem Zustand gibt es gemäß dem *Scivias*-Buch auf dieser gegenwärtigen Erde nicht. Der Mensch, dies herausragende Geschöpf in der Schöpfung Got-

tes, war und bleibt für den gestürzten Luzifer die Angriffsbasis in seinem Kampf gegen Gott.

«Die alte Schlange, als sie den ersten Menschen im Paradies irreführte, sprach bei sich selbst: Zwar bin ich aus dem Himmel hinausgeworfen worden, als ich gegen das Heer des Höchsten mit meinen Engeln kämpfen wollte und ihm nicht widerstehen konnte, weil ich von ihm besiegt wurde. Aber nun habe ich auf der Erde den Menschen entdeckt. An ihm werde ich meinen Zorn gegen Gott auslassen und mich kühnlich rächen. Denn auf dieser Erde will ich jetzt im Menschen das zu Ende führen, was ich schon im Himmel erreichen wollte, nämlich daß ich dem Allerhöchsten gleich wäre. Und wenn Gott überhaupt noch gerecht ist, dann kann mir dieser Erfolg nicht mehr zunichte gemacht werden, weil der Mensch mir ja schon zugestimmt und Gott den Gehorsam aufgesagt hat. Der Teufel, so bei sich selber sprechend, hat nun alle seine Künste gegen den Menschen zu Felde geführt, nachdem dieser sich von Gott losgesagt und nach dem Teufel gerichtet hatte. Daher konnte dieser ihn nun so fest an sich binden, daß der Mensch ihm als dem huldigt, der ihm alles Gute bietet (als Gott), und Gott, seinem Schöpfer, den Rücken kehrt.»[212]

Dem Bösen in Person als Willensmacht, dem Teufel, ist der Einbruch in Gottes Schöpfung gelungen, indem er den Menschen, ebenso Personwesen mit Willen, zum Mißtrauen gegenüber Gott, zu hemmungsloser Neugier und dem willentlichen Entschluß verführte, ein nach seiner Meinung höheres, nämlich autonomes Eigenleben zu führen. Die Willensrichtung des Menschen hat sich verkehrt. Infolgedessen ist der Mensch das leicht zu jeder Art von gottlosem Leben verführbare Wesen und ist zu jeder nur möglichen Bosheit fähig. Er hat zwar die Erkenntnis von Gut und Böse gewonnen, er hat die Stimme des Gewissens, er hat auch eine gewisse Erkenntnis Gottes, aber der Wille ist mächtiger als die Erkenntnis, die «rechte Hand der Seele», und immer wieder ist im Menschen der Wille lebendig, sich der Zucht wie auch der Gnade Gottes zu entziehen, um sein Eigenleben zu führen. Ja, der Mensch, diesem bösen Wollen in seiner Seele folgend, kann sich so verhärten, daß er unnachgiebig in diesem Wollen verharrt und sich selbst aus der lichten Welt Gottes ausschließt.[213]

Gott aber will in seiner gegenwärtigen und zukünftigen Welt Menschen haben. Deshalb läßt er den so entarteten Menschen sich fortzeugen. «Der erste Mensch stand noch in keiner Widersprüchlichkeit, sondern war rein in seinem Fleisch und Blut. Doch als er seine erste Pflichtverletzung beging, wurde er in seinem Wesen verdorben, so daß er forthin immer sein Blut in den Modergestank hurenhafter Unreinigkeit aussäte. Denn wie eben dieser Mensch die Ehre der Unschuld weggeworfen hatte, so hat auch sein Blut seine reine Blutbeschaffenheit verloren und wurde bei der menschlichen Empfängnis in häßlichen Schleim verwandelt.»[214]

Die hl. Hildegard schaut Seele und Leib des Menschen in so wirkungsvoller Verbundenheit, wie ja alles in der Welt für ihre Schau in vielschichtigem Zusammenhang steht und ein unlösliches Geflecht bildet, daß Schädigung auf einer Seite auch Schädigung auf der anderen Seite nach sich zieht. Darum vererbt sich auch diese einmal eingetretene Wesensverderbnis auf dem Wege über die geist-leibliche Fortpflanzung in alle kommenden Generationen hinein. Das bedeutet allerdings nicht, daß die hl. Hildegard nicht auch von der Vererbung guter Charaktereigenschaften und vortrefflicher Begabungen wüßte[215], wie auch von beglückender ehelicher Beziehung.

Was die hl. Hildegard über Veränderungen im Blut und Samen des Menschen schreibt, mag auf den ersten Blick als primitive Vorstellung erscheinen. In Wahrheit aber drückt sie mit den Denkmöglichkeiten ihrer Zeit aus, was wir heute nach Erfindung des Elektronenmikroskopes Veränderungen in dem genetischen Code der menschlichen Fortpflanzungszellen nennen würden. Mit der Vereinigung der männlichen und weiblichen Zelle nimmt die körperlose Seele mit dem ihr vorgegebenen Erbgut Verbindung auf. Mit zunehmender Gestaltwerdung (forma) des Menschen kann die Seele Zug um Zug die ihr sich darbietenden Kräfte des leiblich-menschlichen Organismus in Gebrauch nehmen. Dazu gehört schon im Mutterleib auch das Gehirn.[216]

Wie nun das Böse in diesen Kräften seit dem Sündenfall eine Basis gefunden hat, darüber spekuliert die hl. Hildegard nicht. Was würde solches Wissen auch dem Menschen helfen! Sie beschreibt nur, in wie vielfältiger Weise es wirksam ist, wie die mit dem Leib verbundene Seele notvoll an sein Wirken angebunden ist und wie die ganze Menschheitsgeschichte hierdurch ihr Gepräge empfängt. Denn so viele Veränderungen in der Gestaltung des menschlichen Daseins auch die Geschichte zu einem interessanten Bilderbuch machen, auf manchen Gebieten auch den Anschein eines tatsächlichen Fortschrittes erwecken, im Wesen des Menschen hat sich garnichts verändert. Hier gibt es keinen Fortschritt zum Besseren.

Nun ist es aber an der Zeit, damit die hl. Hildegard nicht in den Verdacht eines grundsätzlichen Pessimismus in Bezug auf den Menschen gerät, auf den bedeutsamen Unterschied zwischen dem Böse-sein des Teufels und dem Böse-sein des Menschen hinzuweisen. «Luzifer und der Mensch, sie beide, haben versucht, im Anbeginn ihres Erschaffenseins gegen Mich zu rebellieren, konnten sich aber nicht behaupten. Vom Guten fielen sie ab und erwählten das Böse. Luzifer allerdings griff nach dem von Grund auf Bösen und warf jegliche Art von Gutem weit von sich. Er hat es überhaupt nicht erst einmal versucht, sondern stürzte gleich in sein Verderben. Adam hingegen hat zunächst Geschmack am Guten gefunden, da er freiwillig Gehorsam leistete. Dann aber empfand er das Verlangen nach dem Bösen (indem er das vom Schöpfer Verweigerte erstrebte), und in seiner Begierlichkeit führte er es dann auch aus und erwies sich so Gott gegenüber als ungehorsam.»[217] Daß dies, nach allem, was über die wunderbare Ausstattung des Menschen als höchstes Wesen in der Schöpfung gesagt wurde, nicht zu erklären und zu fassen ist, ein Rätsel bleibt, darauf weist der sofort folgende Satz hin: «Warum das so geschehen ist, das zu erforschen ist dir, o Mensch, nicht gewährt.»

Hier wird dem Menschen im Urteil Gottes zugute geschrieben, daß er zuerst Freude am Guten hatte. In Schuld geriet er, weil er einem vom Verführer angeregten, aus seiner leib-seelischen Existenz aufsteigenden Lustverlangen nachgab, anstatt sich in freiem, tapferen Entschluß selbst zu überwinden und an Gottes Weisung zu halten. An einer anderen Stelle wird weiter zugunsten des Menschen gesagt, daß er bei der Schwäche seiner körperlichen Existenz von innerem Verlangen nach Erfüllung eines Begehrens bedrängt werden konnte und daß er nicht aus sich selbst heraus ungehorsam wurde. Er erlag der Verführung durch den raffinierten Versucher, der die Schwäche des Menschen durch Betrügerei ausnutzte. «Deshalb wurde der Mensch auch von dem ihm wieder aufhelfenden Gott auf den Weg zum Leben zurückgeführt.»[218] Wies die hl. Hildegard an anderer Stelle darauf hin, daß Gott zur Rettung des Menschen seinen eingeborenen Sohn Mensch werden ließ[219], so schreibt sie hier von dem Erweis des göttlichen Retterwillens in der Auferstehung des Menschgewordenen und in der Stiftung des Altarsakramentes mit seiner Anteilgabe am Leben des Auferstandenen.

Der Mensch ist und bleibt in der Schau der hl. Hildegard ein rätselhaftes Wesen. Nach seiner letztlich unfaßbaren Abkehr von Gott, den er ja am Anfang als seinen über alles wunderbaren Schöpfer erkannte und ehrte, und angesichts der an menschlichen Untaten jeder Art überreichen Menschheitsgeschichte ist es wiederum ein Rätsel für unser Begreifen, daß Gott diesen Menschen niemals aufgeben will. Woran der Mensch selbst kaum denkt, daran denkt Gott über jeden einzelnen Menschen, vom Augenblick der Empfängnis bis zum letzten Atemzug, wie dieser Mensch gerettet werden könne zum Erbteil des ewigen Lebens in der zukünftigen Schöpfung.

Deshalb ruft Gott dem Menschen zu: «Aber dennoch, wenn du wieder einmal in Sünden zu Fall gekommen bist, laut und voll Vertrauen schreiend suche Mich, ich werde dich vom Boden aufheben und als mein Kind anerkennen.»[220]

Man soll aber nicht meinen, diese Barmherzigkeit Gottes sei weichlich und stelle keine Anforderungen an den Menschen. An einer Stelle schreibt die hl. Hildegard, daß Gott einen Menschen sterben lasse, wenn er erkennt, daß dieser Mensch sich in seiner Gewissensnot gerade ganz der Barmherzigkeit Gottes in die Hände gegeben hat, und daß ein Weiterleben ihn, den Schwachen, erneut in größte Sündengefährdung bringen würde. Im übrigen aber gilt, daß der Mensch das Wesen ist, das von Gott erzogen werden muß, und zwar in einer oft sehr harten Erziehung.

«Wenn Ich einem Menschen mit Ermahnen und Ermuntern die Schönheit des Guten vorhalte und ihm dadurch einen neuen Anstoß gebe, dann erhebt sich in ihm ein Ringen, ob das getan werden soll, was ich vorhalte, oder nicht. Denn Ich gebe den Anstoß zum Guten, mache dem Menschen warm in seinem Gemüt und reize seinen Willen an, die gute Tat zu vollführen. Der Mensch aber achtet Meiner nicht, denkt bei sich, er könne wohl alles tun, was er selbst gern möchte ... Dann ermahne Ich ihn zum zweiten Mal und treibe ihn zum Guten an und sage ihm, daß er seinen Gelüsten Widerstand entgegensetzen müsse. Wenn er Mich dann weiter als nicht vorhanden behandelt, dann bringe Ich ihn durch Mißgeschicke in Geld- und anderen Angelegenheiten so weit, daß er gleichsam unfreiwillig und gegen sein eigenes Ich das Gute vollbringen muß, weil er keine Lust mehr zu dem verspürt, was er vorher im Sinn hatte.» Es kann vorkommen, daß ein solcher Mensch durch seine innere Unentschlossenheit ganz in Schlechtigkeit versinkt. «Doch gibt es auch viele unter ihnen, die Mich verstehen. Was ist mit mir, sagt solch ein Mensch in seinem Innern. Und noch einmal seufzt er in seiner Unwissenheit und spricht: O weh über mich Sünder! Mehr kann er noch nicht begreifen ... Dann rühre Ich an seine alten Wunden. Er erschrickt, geht in sich und wendet sich in Buße Mir zu.»

«Es gibt aber auch viele Menschen, die, sobald sie Meine Nähe spüren und ihren Geist durch Mein Ermahnen angetastet sehen, vor Mir flüchten, weil ihnen das Sündigen zur Gewohnheit geworden ist ... Mit solchen, die nichts von Mir wissen wollen, will auch Ich nichts zu tun haben ... Nun aber will Ich von Meinen geliebten Söhnen reden, die Mich mit offenem Sinn, williger Seele und klarsehendem Verstand annehmen. Sie will Ich unermüdlich abschleifen und säubern ... Oft lasse Ich sie links liegen, so daß es ihnen so erscheint, als seien sie ohne Hilfe. Aber mit starker Hand halte Ich sie fest, doch mache Ich sie auf diese Weise von Hochmut frei ... Oft lasse Ich zu, daß teuflische gemeine Einflüsterungen in sie eindringen und sie als schwache Leibeswesen verletzen. Das lasse Ich zu, damit sie sich um so kräftiger von der Eingebung des Heiligen Geistes erfüllen lassen. So werden sie im Prüfstand gehalten, wie Gold in Feuersglut. Sie werden geprüft unter Spott und Schanden, sie werden als ein Nichts behandelt werden und sehr oft durch Räuber ihrer letzten Lebensgrundlage beraubt, und durch die Feindseligkeit des Pöbels werden sie in Streitereien wie ein Schaf von den Wölfen zerrissen. Solche Menschen sterben nicht den Tod der Seele, sondern, durch solche Widrigkeiten gereinigt, gewinnen sie um so mehr ihr wahres Leben.»[221]

Bis an sein Lebensende bedarf der Mensch der Erziehung durch Gott. Das ist das Zeichen der Berufung zu hoher Würde. Die hl. Hildegard hat es an sich selbst erfahren.
Vom Menschen wird aber auch gefordert, daß er sich selbst erziehe, daß er (sein besseres Ich) sich gegen sich selbst stelle. So spricht der menschgewordene Sohn Gottes zu ihm: «Was tat Ich, als ich am Kreuz in der Schwachheit Meines Fleisches litt, Ich als zitternder und angstgequälter Menschensohn? Deshalb verlange Ich von dir Märtyrertum gegen dich selbst, das du durchstehen sollst, wenn dein Fleisch aufbegehrt, andere Stürme dich durchtoben, unerlaubte Wünsche in dir aufsteigen. Das Gute, das du von Mir empfängst (z. B. eine reine Ehe), mußt du lieben gegen dein eigenes anders gerichtetes Verlangen. Höchste Erkenntniskraft ist dir zu eigen, deshalb wird von dir auch genauestes Abschätzen im Tun gefordert. Viel ist dir gegeben, viel muß auch von dir gefordert werden. Der Geist schärfster Erkenntnis durchströmt dich, und damit trägst du alles, was dir von Nutzen ist, in dir. Deshalb fordere Ich von deinem Gewissen die Wunden und den Schmerz deines Herzens, durch welche du dich selbst züchtigst, wenn du merkst, wie dein Wille dich zum Sündigen zieht und du dadurch so ins Glühen kommst, daß du, völlig aufgelöst, kaum mehr Luft schöpfen kannst. Und achte darauf, dann beobachte Ich dich. Was wirst du tun? Wenn du dann, in solchem Ringen, mit verwundetem Herzen, tränenden Augen, von Furcht vor Meinem Gericht geschüttelt, Mich anrufst, und wenn du dann mit solchem Angstgeschrei nicht aufhörst, damit Ich dir gegen die Nichtsnutzigkeiten des Fleisches und gegen die Angriffe der bösen Geister hülfe, dann will Ich dein innerstes Verlangen erfüllen und will Meine Wohnstatt in dir aufschlagen.»[222] Der Mensch wird nur dann zu dem Menschen, der er werden soll, wenn er mit sich selbst ringt, wenn er den schmerzvollen inneren Auseinandersetzungen nicht ausweicht, sondern standhält und in der Erfahrung seiner Schwachheit die Hilfe Gottes sucht.
Gottes dem Menschen nachgehende Barmherzigkeit kennt dann keine Schranken und kein Ende, es sei denn, daß der Mensch selbst sich endgültig gegen Gott verschließt. So spricht die Stimme in Hildegards Schau: «Es ekelt Mich nicht, zu Geschwüren gewordene Wunden anzufassen, rundherum ist der Schmutz fressender Würmer, das sind die unzählbaren Laster, sie stinken von üblem Ruf und Schande, sind mürbe durch die tief eingewurzelte Härte der Sünden. Ich sehe nicht weg, im Gegenteil, Ich möchte sie sanft schließen, indem Ich zuerst die ätzende Flüssigkeit, die Bosheit, herausziehe, das heißt, indem Ich tief hineinschaue und diese Wunden mit der lockenden Wärme des Heiligen Geistes anrühre. Oft aber läßt man ein derartiges Übel unter einem nicht abgenommenen Verband alt werden. Dann beginnt die Sünde im Menschenherzen fiebernd zu glü-

hen, und es entstehen unter Schmerzen wieder Sündenwunden, die ein wucherndes Übel bilden, und so entstehen haufenweise Beulen voll von Würmerdreck und schmutzigen Absonderungen, in denen sich todbringende Substanzen bilden. Und dann werden sie hart wie Stein, so hart, daß keiner mehr es für möglich hält, sie aufzubrechen. Was soll dann geschehen? Dann, ja dann bringen die Menschen in ihrer Glaubenslosigkeit nicht mehr das Vertrauen auf, daß es möglich sei, daß solch ein Mensch sich aus seiner Verdorbenheit wieder zu Gott bekehren könne. Sie sagen: Den hat der Teufel gefressen. Ich aber, Ich will dennoch einen solchen Menschen nicht aufgeben, sondern mit Meiner Streitmacht und mit Meinem Beistand will Ich im Kampf vor ihm stehen. Dabei werde Ich anfangs die hart wie Stein gewordene Sünde dieses Menschen nur liebevoll eben berühren. Denn es ist gleichsam unmöglich, sie aufzubrechen. Denn alle seine Untaten sind der reine Teufelsfraß, und durch Verführung zu solchen Taten versucht der Teufel die Menschen festzuhalten. Doch gibt es unter solchen Menschen viele, die Mich (mein Bemühen um sie) verstehen.»[223]
Es sollen noch einige Züge im Menschenbild der hl. Hildegard erwähnt werden.
Der Mensch ist das Geschöpf, dem Gott für seinen Lebensweg Schutzengel zur Seite stellt, die Schutz, Führung und Geleit geben, das Gewissen des Menschen ansprechen, ihn zu freudigem guten Wirken in der Welt anregen und in ihm die Sehnsucht nach Gott und das Heimweh nach seiner wahren Heimat wachhalten.[224] Der Mensch ist von seinem nie ganz vergessenen Ursprung her das Sehnsuchtswesen auf dieser Erde. Immer sucht er wahre Lebenserfüllung, und weil diese Sehnsucht auf dieser Erde ohne Gott nicht erfüllt wird, verfällt er so leicht den Verführungen Satans.
Immer noch ist eine Ahnung vom Sein Gottes im Menschen. Daher ist der Mensch das Wesen, das in seinem Innern von der Frage nach Gott umgetrieben wird. «Die Menschen werden von dem Kampf zwischen Bejahung und Verneinung hin und her gerissen. Wieso? Insofern als der eine Mich bekennt, der andere Mich leugnet. In diesem Kampf ist das die entscheidende Frage: Ist Gott, oder ist er nicht? Diese Frage nun erhält im Innern des Menschen folgende Antwort des Heiligen Geistes: Gott ist's, der dich geschaffen hat. Aber er selbst hat dich auch erlöst. Solange nun diese Frage und diese Antwort im Menschen lebendig sind, wird Gottes Kraft ihm nicht fehlen, weil diese Frage mitsamt ihrer Antwort zur Buße (d.h. zur Hinwendung zu Gott) führt. Hört aber das Fragen im Menschen auf, dann wird auch die Antwort des Heiligen Geistes nicht mehr vernommen, denn solch ein Mensch stößt Gottes Angebot von sich.»[225] Solange der Mensch das Fragen nach Gott in sich offen hält, wird er vor Gott noch als Mensch geachtet. Das Ersticken dieser Frage durch ein endgültiges «Nein, Gott ist nicht» macht den Menschen vor Gott zum Unmenschen.

Der Mensch ist das laufend in die Entscheidungssituation gestellte Wesen. Sein Lebensweg führt ihn immer wieder vor Weggabelungen mit zwei Wegweisern. «Der Mensch hört in seinem Innern zwei Stimmen, einerseits den verlangenden Ruf nach einem wirkungsguten, sinnerfüllten Leben (fructus), andererseits den verlockenden Ruf zur Empörung (gegen den Grenzen setzenden Willen Gottes). Einerseits sagt er zu sich selbst: Vollbringe Gutes. Andererseits treibt er sich selbst an: Tu, was dir Lust einträgt.«[226]

Der Mensch ist das Wesen, das nicht sein will, was es wirklich ist. Entweder will er mehr sein, als er auf dieser Erde sein kann, strebt nach einer von der Bindung an die leibliche Sinnenhaftigkeit freien Übergeistigkeit, wird zum sich frei dünkenden Idealisten und Schwärmer. Oder aber er will weniger sein, als wozu er von Gott erschaffen ist, nur noch biogenetisch erklärbares Produkt der Natur, primitiv gesprochen: der nackte, aufrecht gehende, zu einer besonderen Intelligenzstufe aufgestiegene Affe, eben höchstmögliche Art von Tier. Er will nicht die Hoheit, die Gott ihm bietet, sondern eine eigene, unabhängige, nach seiner Meinung höhere Hoheit. Er will nicht die Hoheit, die Gott von ihm fordert, sondern will seine Existenz auf der Stufe der Natur leben und ausleben.

Gott spricht den Menschen an: «O Mensch, paßt es denn zusammen und ist es schicklich, daß der vernunftbegabte Mensch ohne Erkenntnis ist, wie das unvernünftige Vieh, das nichts anderes tut, als wonach sein Trieb verlangt?»[227] «Erkenne, o Mensch, was für ein Wesen mit Seele du bist! Du bringst es fertig, dein kostbares Gut, die Erkenntnisfähigkeit, achtlos abzutun und willst dich den Tieren an die Seite stellen.»[228] Daß diese Selbsterniedrigung des Menschen sich besonders in den Perversitäten und Zügellosigkeiten auf geschlechtlichem Gebiet auswirkt, wird im *Scivias*-Buch in aller Deutlichkeit gesagt. Es ist aber verfehlt, moralische, nonnenhafte Engherzigkeit zu vermuten, mangelnde Achtung vor den gottgesetzten ehelichen Beziehungen. Nur auf die nicht abzuleugnende Tatsache wird aufmerksam gemacht, daß an dieser Stelle die seelenzerstörenden Kräfte ihre besondere Angriffsbasis finden und die meisten menschlichen Entwürdigungen geschehen. Über die homosexuellen Entartungen bei Mann und Frau und über andere Verkehrungen der gottgesetzten leiblichen Ordnungen wird das Urteil gesprochen: «Deshalb erheben die Weltelemente über euch Menschen ihren Schreckensschrei und rufen: Weh, weh, die als gute Herren über uns stehen sollten, vermischen sich geschlechtlich mit uns! So tun sie ihre tiefe Traurigkeit über die Entwürdigung Gottes in euerm Handeln kund. Wie könnt ihr eure einsichtsfähige Erkenntniskraft in viehische Torheit verkehren, wo ihr doch wißt, daß ihr Menschen seid. Habe ich euch etwa dazu erschaffen, daß ihr euch mit den Tieren gemein macht? Keineswegs!»[229]

Die Nonne St. Hildegard schreibt von diesem so wissend und ausführlich nicht als forschende Sexualkundlerin. Sie schreibt auch nicht, weil sie die gesellschaftlichen Zustände ihrer Zeit durchforscht hätte und ihre Stellungnahme dazu äußern wollte. Sie schreibt, weil sie die prophetische Stimme Gottes ist und muß daher auch von Dingen sprechen, über die sie praktisch kaum etwas wissen konnte oder wissen wollte. Die auftraggebende Stimme von oben spricht ein sehr aufhellendes und entschuldigendes Wort über die Nonne Hildegard: «Ich, ja Ich erörtere dies alles durch diesen Menschen so ausführlich. Ihm selbst ist dies alles nicht durch menschliche Erfahrung bekannt. Er hat auch diese Reden nicht von irgendeinem anderen Menschen empfangen, sondern allein aus der Mitteilung des göttlichen Wissens.»[230] Die prophetische Nonne, die als Warnerin Gottes reden muß, wird von dem, der sie als sein Werkzeug benutzt, gegen alle Art möglicher Verdächtigungen in Schutz genommen. Man wird der hl. Hildegard wohl glauben müssen, daß sie diesen Satz in ehrlichem Gehorsam niedergeschrieben hat.
Hildegards Geist wird in ihren Schauungen durch alle Gebiete der menschlichen Lebenswelt geführt. An ihr selbst erfüllt sich, was sie über die zentrale Stellung des Menschen im Kosmos kundzutun hatte. Alle Gebiete des Kosmos soll der Mensch schauend erkennen und erkennend schauen. Das weite Schrifttum der hl. Hildegard in den gut dreieinhalb letzten Jahrzehnten ihres Lebens zeigt, wie sie im Geist schauend die Welt durchwandern mußte. Sie schrieb vom Lauf der Gestirne, von der tönenden Symphonie im Kosmos und auch im Engel- und Menschenlied, vom Zusammenspiel der Weltelemente im Großen und Kleinen, vom Reich der Edelsteine, der Pflanzen und der Tiere, von der heilkräftigen und lebensfördernden Beziehung zwischen Naturdingen des Pflanzen- und Tierreiches und dem menschlichen Lebensorganismus. Erschrocken und erzitternd erlebte sie die gewaltigen Wunder der Schöpfung in den kosmischen Vorgängen. «Wenn sich zu angemessener Zeit im Weltraum die Geschöpfe Gottes, den Ruhm seiner Wunder tönend, umeinander kreisend begegnen, wenn so unter gewaltig kündendem Donnergetön Wunder an Wunder gereiht wird, dann spürt der Mensch, von der Größe dieser Wunder zu Boden geworfen, daß es wie ein Erdbeben durch seinen Geist und Körper geht. Von solchen Wundern verzückt bedenkt er dann das Haltlose seiner eigenen Zerbrechlichkeit.»[231]
Die hl. Hildegard sieht aber auch die dem in seinen kleinen Lebensbereich eingebundenen Menschen vom Schöpfer gegebenen Möglichkeiten, Gutes zu wirken und dadurch, wenn auch nur schattenhaft, etwas von Gottes Glanz in dieser Welt sichtbar werden zu lassen. «Das WORT, das vor den Geschöpfen ohne Anfang war, und das nach ihnen ohne Ende sein wird, hieß alle Kreaturen hervorgehen. Und es schuf sein Werk, ähnlich wie der

Werkmeister sein Werk zum Leuchten bringt. Daher ist der Mensch mit aller Kreatur das Werk Gottes. Aber der Mensch ist auch der Werkmann Gottes, er muß der Schatten der Geheimnisse Gottes sein und in allem die Heilige Dreifaltigkeit offenbaren: er, den Gott zu seinem Bild und Gleichnis schuf. Wie Luzifer in seiner Bosheit Gott nicht vernichten konnte, so wird er auch nicht die Natur des Menschen zerstören können, obgleich er dies beim ersten Menschen versucht hat.[232]

Die Natur des Menschen, seine Beschaffenheit, seine Ausstattung, Begabung und Bestimmung sind vom Schöpfer nicht zurückgenommen worden. Aber durch den Fall des Menschen haben sie schweren Schaden genommen, sind gewissermaßen in eine falsche Richtung verdreht worden. Dem Menschen kommt immer noch seine Sonderstellung und sein Sonderauftrag in der Gesamtschöpfung zu. Aber sein Verhältnis zur Schöpfung ist gestört. Immer wieder kommt die hl. Hildegard auf die Verstörung der Schöpfung durch den Menschen zu sprechen. Sie hat auch praktisch in ihrer Lebensarbeit als Äbtissin und als prophetische Dienerin der Kirche damit zu tun, im ungeordneten Lebenshaushalt des einzelnen Menschen und in den großen Verworrenheiten der Welt.

«Die Elemente der (belebten) Erde, die zuvor in ruhiger Sicherheit ihren festen Bestand hatten, wurden (durch den Sündenfall) in äußerste Unruhe gestürzt und brachten furchterregende Schrecknisse hervor. Denn jener Teil der Schöpfung, der dazu erschaffen war, den Menschen (im Guten) dienstbar zu sein, trug dabei keinerlei Feindseligkeit gegen den Menschen in sich. Da aber der Mensch nach dem Ungehorsam griff und Gott ungehorsam wurde, da verlor auch sie ihren Frieden, wurde von Unruhe ergriffen und bringt nun große und vielfältige Widrigkeiten über die Menschen. Denn weil der Mensch sich dem Schlechten zugewandt hat, soll er nun durch die Schöpfung selbst gezüchtigt werden. Weil der Mensch sich, als er noch in seinem Glück lebte, zum Empörer gegen Gott aufwarf, deshalb stellt sich nun auch jene Kreatur, die dem Menschen dienen sollte, gegen den Menschen.»[233]

Die Natur als Schöpfung Gottes bringt dem Menschen aber immer auch noch die Fülle des Guten und Heilenden. Wie hätte die hl. Hildegard sonst ihre Heilkunde schreiben können! Aber sie hört dabei die Klage der Natur gegen den Himmel. «Die Elemente mitsamt der ganzen übrigen Kreatur schreien und erheben laut Klage darüber, daß die so verächtliche Natur des Menschen, der doch nur ein kurzes Dasein hat, so aufrührerisch gegen Gott ist, während sie selbst immer in Furcht und Ehrerbietung die Gesetze Gottes achten. Deshalb stimmen sie über den Menschen grausige Klage an. Nicht in klarer Erkenntnis vernunftbegabter Geschöpfe, sondern ihrer Art nach in rauschendem Getöse, und ihre Klagen lassen sie laut werden in der Ängstigung vor neuen Schrecknissen.» Wenn sie dann Unheil über den

Menschen bringen müssen, so geschieht das nur im Rahmen des ihnen von Gott zugewiesenen Gerichtsauftrages.[234] Erst mit der Erlösung der Menschen ist eine Heilung der Welt im Ganzen zu erwarten.
Daß der Mensch ein soziales, in Gemeinschaft lebendes Wesen ist, sogar auf eine höhere Gemeinschaft mit dem dreieinigen Gott und den Engeln in der zukünftigen Welt hin geschaffen, und daß die Folgen des Sündenfalles das Zusammenleben auf dieser Erde in vielfältiger Weise erschweren, kommt im Schrifttum der hl. Hildegard an den verschiedensten Stellen zur Sprache. Durch Weitergabe von Vererbungseigenschaften werden in der Zeugung verschiedene Charakterzüge, Fähigkeiten und körperliche Gestaltungsmerkmale in den werdenden Menschen hineingelegt und beeinflussen später sein Leben. Die hl. Hildegard erfährt darüber in einer Schau: «Du siehst auf der Erde Menschen, die in ihren Gefäßen Milch tragen und daraus verschiedene Käse bilden. Das sind irdische Menschen, Männer und Frauen, die in ihren Leibern menschlichen Samen tragen, aus dem die verschiedene Art der Nachkommen gezeugt wird. Ein Teil der Milch ist dickflüssig. Davon entstehen feste Käse. Jener Same, vorteilhaft in seiner Kraftfülle, gut durchgekocht und temperiert, bringt tatkräftige Menschen hervor. Eine leuchtende Fülle sowohl geistiger wie auch körperlicher Begabungen wird ihnen in der Erbfolge großer Vorväter und hochragender Persönlichkeiten zugeteilt, so daß sie sich in ihrer glücklichen Begabung mit Klugheit und geistigem Unterscheidungsvermögen und allgemeinnützlichem Wirken vor Gott und vor den Menschen deutlich hervortun. Ja, der Teufel findet in ihnen keinen Ansatzpunkt, von dem aus er wirken könnte. Ein anderer Teil der Milch auf dem Bild, das du siehst, ist dünn, und daraus gerinnen haltlose Käse. Dieser menschliche Samen, in seiner Zartheit nutzlos nur halb durchgekocht und nur mangelhaft temperiert, bringt nur schwache Menschen ins Leben. Sie sind daher vor Gott und der Welt häufig dumme, unentschlossene und in ihrem Handeln wirkungslose Menschen, da sie auch nicht mit Ernst nach Gott fragen. Und dann ist da noch ein Teil Milch, mit Fäulnisstoffen durchmischt, aus dem bittere Käse gemacht werden. Sie stellt jenen Samen dar, der in kraftloser Umarmung nichtswürdig ausgestoßen und unvorteilhaft gemischt häßliche Menschen hervorbringt. Diese leiden daher häufig unter Verbitterung, inneren Schwierigkeiten und Bedrängnisgefühlen. Daher können sie oftmals auch ihren Geist nicht zu Höherem erheben.»[235] Auch solchen Menschen kann Gott, der weise, barmherzige und gerechte Erzieher, Wege zum Heil eröffnen oder sich an ihnen vor den Augen der Menschen als wunderbarer Helfer erweisen. Darum darf keiner von ihnen verachtet werden!
In ihren späteren Schriften beschreibt die hl. Hildegard sehr ausführlich die verschiedenen Menschentypen genau nach Temperamenten, körperli-

cher Gestaltung, charakterlicher und geistiger Begabung und allen sich daraus ergebenden Folgen. Es gibt also gewisse Typisierungsmöglichkeiten, die dazu helfen, Menschen in ihrem Wesen besser zu erfassen und sich demgemäß auf sie einzustellen. Aber innerhalb solch einer typischen Gruppe ist dann doch wieder jeder Mensch das besondere Einzelwesen mit seinem eigenen Lebensweg unter den Menschen und unter den Augen Gottes.

Wenn man das «*Wisse die Wege*»-Buch nach der Gleichheit, Rechtsgleichheit, Anspruchsgleichheit und Chancengleichheit der Menschen befragt, erhält man nicht die heute üblichen Antworten. Aber nicht, weil die hl. Hildegard einem überholten sozialen, nämlich ständischem Denken verpflichtet wäre. Gleich sind die Menschen darin, daß sie Geschöpfe Gottes sind, aber gefallene, daß sie ihr Leben als Sünder leben, aber unter der ihnen nachgehenden und auf sie wartenden Barmherzigkeit Gottes. Ungleich sind sie, weil jeder ein von Gott gewolltes Eigenwesen ist, weil jeder von seinem Erbgut her verschieden ist, zum Teil sogar sehr unterschiedlich, und weil jeder seinen eigenen, von ihm selbst, von der Umwelt und von Gott beeinflußten Lebensweg hat. Hartnäckig muß die hl. Hildegard im *Scivias*-Buch und in ihren späteren Schriften die Gerechtigkeit Gottes verteidigen, der eben nicht jedem Menschen gleiche Gaben, gleiches Glück, gleiches Recht, gleiche Wirkungsmöglichkeiten zuteilt. Aber jedem bietet Gott die Möglichkeit, daß er sich in dem ihm zuteil gewordenen Befund seines Lebens bewähren kann, ja daß er sogar in aller Niedrigkeit und Bescheidenheit ein Heiliger werden kann. Aber diesen Ausnahmestand erreichen wenige Menschen. Die meisten bewegen sich auf niedrigen Wegen und Allgemeinplätzen, auch als Glieder der Kirche, in viel Schwachheit, geistig-seelischer Armseligkeit und Wankelmütigkeit. Die hl. Hildegard sieht in ihrer Schau, wie diese Menschen kaum würdig die Kommunion empfangen, wie sie erkenntnisschwach und zwischen Gottessehnsucht und irdischen Begierden hin und her gerissen zwischen dem Gebäude der Kirche und der Welt hin und her pendeln, wie sie so wenig und so selten den Forderungen Gottes in ihrem Leben genügen. Anspruch auf gleiches Lebensrecht und gleiche Lebenschancen? Für die hl. Hildegard, die nicht von Prinzipien und Ideen her denkt, sondern der von Gott die Wirklichkeit der Gottes- und Menschenwege gezeigt wurde, wären das Worte, die sie nicht begreifen könnte. Mit schmerzendem Herzen hat sie ihrer liebsten Vertrauten in ihrem Kloster, als diese einen Ruf als Äbtissin in ein anderes Kloster annahm, warnend vorausgesagt, daß sie scheitern würde, weil sie nicht zur Äbtissin berufen sei, und mit weinendem Herzen hat sie dieses Scheitern erlebt. Die hl. Hildegard wußte, daß Gott die Menschen nicht auf dem Wege über Chancengleichheit zu einem erfüllten Leben führt.

In der Sicht der hl. Hildegard ist der Mensch seinem Ursprung und seinem Wesen nach ein grundsätzlich untergeordnetes Wesen, dem Schöpfer und seinem Willen und seiner Bestimmung untergeordnet. Weiter ist er immer ein eingeordnetes Wesen, von seinem Schöpfer eingeordnet in den Zusammenhang des Schöpfungsganzen, nämlich der Naturwelt und der Menschenwelt. Diese seine Einordnung hat er zu erkennen und zu achten. Weiter ist er immer ein zugeordnetes Wesen, auf irgendeine Weise Verhältnissen oder besonderen Dingen oder Menschen zugeordnet als einer, der diesen gegenüber verantwortlich ist, antwortend zu ihrem Dasein Stellung nehmen muß, aktiv handelnd oder passiv empfangend. Das ist etwas anderes als das von der Naturwissenschaft entdeckte und schon von der hl. Hildegard geschaute Ökosystem im Naturbereich, das von den Menschen so oft zerstört wird, sich dann aber manchmal aus sich selbst regeneriert. Die menschliche Einanderzuordnung ist keine naturhaft geschenkte, sondern eine zur Verwirklichung aufgegebene. Als zugeordnetes Wesen kann dieser Mensch im Verhältnis zu anderen übergeordnet oder gleichgeordnet oder untergeordnet sein. In welcher dieser Beziehungen er auch steht, er muß sich selbst darin erkennen, sie willentlich anerkennen und sie auf richtige Weise erfüllen. Dies alles ist dadurch erschwert, daß die Menschen immer unter der Verführung zur Auflehnung gegen Gottes Willen leben, unter dem Anreiz, als erstes ihren eigenen Willen zu erfüllen.
Daher würde das Menschenleben, anders als die im Ökosystem sich selbst bewahrende Natur, im Chaos untergehen, wenn es nicht Recht und Autorität und Machtausübung gäbe.
«Keiner unter den Gläubigen, der demütig Gott dienen will, soll Zweifel daran haben, daß er sich der menschlichen Staatsautorität (Obrigkeit) unterordnen muß, denn durch den Heiligen Geist ist in jedem Volk Regierung verfügt, damit das Wohlergehen aller in ihm Lebenden gesichert sei.»[236] Hinter jedem, der das Amt des irdisch Regierenden in seinem Volk wahrnehmen muß, steht die Autorität Gottes, der will, daß auf der Erde Gerechtigkeit walte und die Menschen leben können. «In die Würde seiner Amtsautorität ist der Mensch gewissermaßen eingesetzt als Vertreter Gottes. Wie das? Weil durch Gottes Gnade tiefstes und grundlegendes Rechtswissen der menschlichen Vernünftigkeit in den Mund gelegt wurde, so daß ein Mensch im Namen Gottes das Regierungsamt ausüben kann, indem er nach dem Willen des Höchsten Gericht hält oder Barmherzigkeit übt.»[237]
Die hl. Hildegard sieht in ihrer Schau des Heilsgebäudes die Regierenden und Amtsverwalter als schützende Mauer: Die Mauer des kirchlich-geistlichen Amtes, die Mauer der hohen weltlichen Regierenden und die Mauer, niedriger, der niedrigeren Amtsinhaber. «Für die Verwaltung der menschlichen irdischen Lebensverhältnisse gibt es die unterschiedliche Einrichtung höherer und niederer Stelleninhaber, die nach Gottes Willen gewis-

sermaßen wie zwei Schutzmauern errichtet sind. Die äußere Mauer stellt die von höherer Geburt (Begabung) her kraftvoll die weltliche Gewalt Ausübenden dar, so wie Ich es geordnet habe. Die innere Mauer stellt dar die niederen Amtsinhaber, die unter der Leitungsvollmacht der höheren (geistlichen und weltlichen) Personen stehen. So sind also zwei Mauern außerhalb des kirchlich-geistlichen Bereiches errichtet, denn die weltlichen Amtspersonen haben im irdischen Weltlauf die äußeren Dinge in der Hand. Doch auch sie stehen im Weinbergsdienst meiner Weltordnung.»[238]
Natürlich sind diese Worte zunächst im Rahmen der damaligen ständischen Ordnung zu verstehen, aber keineswegs darauf einzuengen, als seien diese Aussagen über die Ordnung des menschlichen Gemeinschaftslebens längst überholt. Auch heute noch gibt es keine tragfähige Ordnung des menschlichen Zusammenlebens, ohne daß auf einer höchsten Stufe die Fähigsten, Begabtesten, Entschlußstärksten stünden, denen die «Richtlinienkompetenz», die Entscheidungsgewalt zukommt. Darunter muß es die größere Zahl derer geben, die ausführen und durchführen, was von den Übergeordneten beschlossen und angeordnet wird. Auf welche Weise diese verschiedenen Stellen besetzt werden, spielt für diese grundsätzliche Schau keine Rolle. Da kann es geschichtliche Veränderungen geben. Aber die menschliche Gemeinschaft wird haltlos, wenn diese Amts- und Autoritätsunterschiede mißachtet werden; sie sind die Stützmauern der Menschengemeinschaft, darum notwendig, darum auch gottgewollt. Gottes Autorität steht deshalb hinter den verschiedenen Amtsinhabern, ob sie es wissen und wahrhaben wollen oder nicht. Deshalb aber sind sie auch Gott für ihre Amtsausführung verantwortlich, worauf die hl. Hildegard in ihren Briefen an die verschiedensten hohen Personen immer wieder hinweisen wird.
Es muß also «Staat» (recta constitutio) geben, damit nicht im Überborden des Eigenwillens das Menschengeschlecht in Anarchie und Mord untergeht. «Gottes Anhauchung gab den Menschen vermittels ihrer Vernunftbegabung ein, daß in den Völkern hochgestellte Personen in rechtsgültiger Ordnung die Regierung wahrnehmen, die darum auch von den Leuten zu fürchten und zu ehren sind. Deshalb hat Gott es zugelassen, daß eine Elite in einer Volksgemeinschaft herausrage und der andere Teil sein Leben darunter führen möge, damit dadurch die Menschen auseinandergehalten würden und sich nicht selbst gegenseitig umbrächten und so zugrunde gingen, oder im andern Fall unnütz und träge dahinlebten. Sie wüßten auch nicht, wie sie zur Erkenntnis Gottes kommen sollten, wenn sie nicht schon im menschlichen Bereich Furcht und Ehrerweisung kennen lernten.»[239]
Liberales Denken mag Anstoß daran nehmen, daß hier Furcht vor der höchsten Staatsgewalt zur Erhaltung der Menschengemeinschaft gefordert wird. Aber wie sollte ein Volk in innerem Frieden leben können, wenn

es in den Herzen seiner Menschen keine Furcht mehr vor den richterlichen Gewalten und keine Bereitschaft zur Ehrerweisung vor den Trägern höchster Verantwortung mehr gäbe! Die hl. Hildegard sah die Gefährdung der menschlichen Existenz sehr deutlich, wenn Furcht und Ehrfurcht im menschlichen Bereich und Gott gegenüber schwinden. Sie sah auch deutlich den Zusammenhang zwischen beiden.

Daß dabei nicht an ein autoritäres Regiment gedacht ist, zeigen in den breiten Ausführungen über diesen Sachverhalt Sätze wie dieser: «Durch die unschätzbare Weisheit seines Ratschlusses verhindert Gott, daß jeder tun könnte, was er seiner Willkür nach tun möchte. Deshalb setzte er Stellungsunterschiede zwischen den Menschen, niedrigere, damit sie sich in gehorsamem Dienst unterordneten, höhere, damit sie durch ein Regieren zum allgemeinen Wohl den Niedrigeren klug und sich aufopfernd Hilfestellung leisteten.»[240] Von denen, die reinen Gewissens ihr Amt ausüben, nicht mit unlauteren Mitteln nach Ämtern streben, im Amt nicht nach Menschenlob trachten, sondern demütig sich von Gott und den sie beauftragenden Menschen ihr Amt auflegen lassen, sagt die Stimme Gottes: «Sie sind mir die liebenswertesten und bewährtesten Wächter und meine allergewissesten Freunde.»[241] Gottes Weheruf aber ergeht über die, welche aus Machtgier, und um ihre Gelüste erfüllen zu können, Ämter erstreben und ihr Amt mißbrauchen.[242] Die hl. Hildegard unterstand sich sogar, ihrem verehrten und ihr gewogenen Kaiser Barbarossa in diesem Sinne drohend zu schreiben.

Eins in ihrer Beziehung zu Gott und in ihrer jeweiligen Verantwortung vor Gott, aber unterschiedlich in ihrer ihnen von Gott in der menschlichen Geburt zugeteilten Begabung, Veranlagung und dementsprechend auch Lebensgestaltung und Lebensstellung, das ist das Bild des Menschen, wie es im *Scivias*-Buch vor uns hingestellt wird. Gleichheit und Unterschiedlichkeit wird hier auf eine Weise geachtet, die jedemMenschen Hilfe zur Selbstachtung bietet. Daß aber auch die ständige Bedrohung des einzelnen Menschen und der menschlichen Gemeinschaft durch das Wirksamwerden des Bösen in jedem Menschen ernst genommen wird, hilft zur Bewahrung vor utopischer Schwärmerei, zum Anerkennen der notwendigen Grenzsetzungen.

Dieser von der hl. Hildegard so geschaute Mensch ist das Wesen, das unter Gottes Regie und unter dem teuflischen Versuch einer Gegenregie auf der Bühne der Welt im Drama der Weltgeschichte handelnd und erleidend auftritt.

O·FILIA·REGIS·QVAM·SVAVIS·EST·TVA·DILECTIO·IN·SVMMO·DEO
S·HILDEGARDIS·PROPHETISSA
SPIRITVS·SANCTI·SPLENDORIBVS·ILLVSTRATA·VIAS·DOMINI·REVELAVIT

ALLELVIA
PAX
IC
XC

7. Das Mysterium der Geschichte

Wenn das wahr wäre, was eine heutige anthropologische Theorie behauptet, daß der Mensch das zwiespältige, ebenso zum schier grenzenlosen schöpferischen Tun wie zum Negieren, Töten und Zerstören hingerissene Wesen sei, weil durch ein Versehen in der Evolution Althirn und Neuhirn im Menschenschädel nicht richtig zueinander geschaltet worden wären, ja, wenn das wahr wäre, dann wäre die ganze großartige und zugleich grauenhafte Menschheitsgeschichte nicht nur ein sinnloser Zufall, sondern letzten Endes ein Wahnsinn. Denn alle vom Menschen geschaffenen Kulturgüter gehen spätestens mit dem Verschwinden biologischer Existenzmöglichkeit auf dieser Erde zugrunde. Alles Leiden von Millionen und Milliarden Menschen durch Menschen in der Menschheitsgeschichte wäre ein sinnloses Geschehen gewesen, eine schreckliche Quälerei. Die Verursacher dieser Leiden wären nicht einmal dafür verantwortlich zu machen, da ja ihr Tun einem Evolutionsversehen zuzuschreiben wäre. Die hl. Hildegard, gefragt, woher es kommt, daß solch eine Theorie eher für wahr gehalten wird als die Offenbarung Gottes über Sinn und Weg der Geschichte, würde antworten: Aus teuflischer Verblendung.

Seit Hildegards Tod sind achthundert Jahre Menschheitsgeschichte über die Erde hingegangen, ohne daß sich in ihrem Grundmuster etwas wesentlich geändert hätte. Heute vor die Frage gestellt, ob sie der Menschheitsgeschichte, da ja die Spuren des Menschen auf der Erde von der Wissenschaft wohl über eine Million Jahre zurückverfolgt werden könnten, noch eine Million Jahre geben möchte, oder vielleicht hunderttausend, oder zumindest noch zehntausend Jahre, würde sie wohl die Gegenfrage stellen: Möchten Sie angesichts der tatsächlichen menschlichen Geschichte noch nach zehntausend Jahren auf dieser Menschenerde leben? Meinen Sie, daß im Jahr 11985 noch menschenwürdig zu leben sein wird?

Wenn heute von Zukunftshoffnung und Sinn der Menschheitsgeschichte gesprochen wird, dann werden zumeist zwei Tatsachen ausgeklammert, obwohl sie von den zuständigen Wissenschaften deutlich benannt werden. Der eine Tatbestand ist der, daß an den uns lückenhaft bekannten erdgeschichtlichen Vorgängen gemessen unsere Erde nicht mehr für sehr lange Zeit die Lebensvoraussetzungen für ein menschliches Dasein bieten wird. Die Gründe dafür sind vielschichtig. Der andere Tatbestand ist der, daß das Wesen des Menschen, sein menschliches Sein, qualitativ nicht zu ändern ist. Die Phantasterei von genetischen Umstellungsmöglichkeiten ist ja nur ein Ausdruck der menschlichen Verzweiflung und Verblendung gegenüber diesem Tatbestand, nachdem sich erwiesen hat, daß alle ideellen Versuche, einen neuen Menschen zu bilden und dadurch eine neue Menschheitsgeschichte zu schaffen, nur neue Nöte erzeugen.

Was ist Sinn und Ziel dieser Menschheitsgeschichte? Vom Stand der menschlichen Erkenntnismöglichkeiten aus gibt es immer nur Beschreibung geschichtlicher Vorgänge und kurzfristiger Zusammenhänge, wobei immer noch vieles im Ungewissen bleibt. Ein Ziel und ein Sinn der Geschichte sind aus den Ereignissen, wie sie sich vor den Augen der Menschen darstellen, nicht abzulesen. Die Naturwissenschaft zeigt nur die Endperspektive einer schwindenden Biosphäre. Die Geschichtswissenschaft beschreibt den Gang der Menschheitsgeschichte als einen sich bisher immer gleichgebliebenen Schrittwechsel von Aufbau und Zerstörung. In der Archäologie, der Ausgrabungswissenschaft, steht der Mensch staunend vor den Ergebnissen dieses Schrittwechsels seiner eigenen Geschichte. Er fragt sich, wohin das führen soll, und er tröstet sich, indem er mit dem leuchtenden Farbmaterial einer sogenannten fortschrittlichen Vernunft und fortschrittlichen Humanität ein Zukunftsbild malt, von dem er hofft, gegen besseres Wissen, daß es zu verwirklichen sei. Dabei hat er deutlich vor Augen, daß sich der Mensch bisher wohl in seinen Lebensformen, nicht aber in seinem Wesen, und daß sich der Zustand der Welt wohl in seinen Erscheinungsbildern verändert, aber nicht in seinem Wesen geändert hat.
Alle diesbezüglichen Veränderungen sind äußerst interessant, sie gehören zum wunderbaren Reichtum der in der Schöpfung angelegten menschlichen Möglichkeiten. Deshalb haben die frühmittelalterlichen Mönchstheologen auch mit Fleiß die klassische Geschichtsliteratur gelesen und selbst Chroniken geschrieben. Der Mensch blättert nun einmal gern im Buch der Geschichte. Die hl. Hildegard aber hat weder die antike noch die zeitgenössische Historienliteratur gelesen. Sie war nicht am Wechsel der Erscheinungsformen der Menschheitsgeschichte interessiert. Aber nicht, weil sie als eine gegen die Welt abgekapselte Nonne gelebt hätte. Ihr Herz war nur für eines geöffnet, ihr Blick wurde nur auf eines gerichtet, auf Sinn und Ziel der Menschheitsgeschichte. Nur das, was unter dieser Perspektive wichtig ist, schrieb sie. Wahrscheinlich würde sie in einer Zeit, in der die Menschen mit einer Fülle von Informationen über Kultur-, Religions-, Kunst- und Völkergeschichte der ganzen Welt überflutet werden, die Gefahr noch größer achten, daß das eigentliche Thema der Geschichte, die Frage nach Sinn und Ziel, verschleiert wird.
Für die hl. Hildegard steht fest, daß dies alles, was da so farbenreich und aufregend interessant beschrieben werden kann, vor dem Zukunftsziel der Geschichte ohne Gewicht ist, nur aufgebaute wechselnde Kulisse für das eigentliche Geschehen. Die Kulissen schwinden, so schön sie auch sind, aber das eigentliche Geschehen, von dem die hl. Hildegard zu berichten hat, geht fort und führt in eine bleibende Zukunft. Die Kulissen der Welt schwinden. In der vorletzten Vision des *Scivias*-Buches lesen wir: «Und ich

hörte eine Stimme vom Himmel herab zu mir sprechen über fünf unbändige wilde Sturmläufe zeitgebundener Herrschaftssysteme: Alles, was auf Erden ist, drängt auf sein Ende zu. So steht es mit der Welt, daß sie, im Sicherschöpfen ihrer Kräfte existierend, sich ihrem Untergang zuneigt, von vielen Drangsalen und Schlägen niedergedrückt.»[243] Es gibt also in der Welt nichts, das sich mit Recht als Zukunft bezeichnen ließe.

Und doch gibt es Zukunft! In der letzten Vision heißt es: «Wiederum hörte ich eine Stimme vom Himmel herab zu mir sprechen: Diese mysterienhaften Geschehnisse (im Ablauf der Menschengeschichte) deuten auf die letzten Zeiten hin, in welchen die zeithaften Zeiten verwandelt werden in die Ewigkeit jenes schimmernden Glanzes, der ohne Ende ist.»[244]

Die hl. Hildegard hörte vom Himmel herab die deutenden Worte des ewigen Weltenschöpfers und Weltenlenkers über den Ablauf der Weltgeschichte. Sie kannte aber auch die lügenhafte, verführerische Stimme, die aus dem Abgrund, aus der Tiefe des Mysteriums des Bösen heraus unablässig in die Menschheitsgeschichte hineinredet. Hinter dem offensichtlichen Geschehen auf der Bühne der Weltgeschichte schaute sie zwei unsichtbare Mächte, unsichtbar, aber dem durch Gottes Geist hör- und sehfähig Gemachten in ihrem Wirken spürbar und erkennbar. Die spannungsvollen Vorgänge auf der Daseinsbühne bleiben für den von ihnen betroffenen, in ihnen mitagierenden oder im Nachhinein auf sie zurückblickenden Menschen zielloses Stückwerk, wenn ihm nicht von einer Stelle außerhalb der Bühne, von oben her, Sinn und Ziel und seine eigene Zuordnung zu diesem Ziel gedeutet werden. Die hl. Hildegard sieht die Geschichte in der Perspektive der göttlichen Offenbarung und ist gewiß, daß der Mensch nur unter dieser Perspektive seinen eigenen Ort in der Geschichte wahrhaft erkennen und ihm gerecht werden kann. Daß solche sich auf Offenbarung berufende Geschichtsdeutung den Widerspruch des neuzeitlichen, auf autonomes Forschen und Erkennen ausgerichteten Menschen herausfordert, ist selbstverständlich. Das Glaubensollen an eine auf Offenbarung gegründete Geschichtsdeutung erscheint dem modernen Wissenschaftsdenken als unzumutbar. Um vor sich selbst bestehen zu können, begnügt es sich mit dem Beschreiben der Fülle der vielschichtigen geschichtlichen Vorgänge und unterschlägt die letzte Frage nach einem Sinn und Ziel der Geschichte. Da es aber zum Menschsein zu gehören scheint, daß er auf die Verwirklichung von Zielen zulebt, werden Kulissen utopischer Ziele der Menschheitsgeschichte aufgestellt, deren Kulissenhaftigkeit durch den bisherigen Geschichtsverlauf längst erwiesen ist, aber verleugnet wird.[245]

Die hl. Hildegard deutet Lauf, Sinn und Ziel der Geschichte aus prophetischer Schau, weiß aber, daß sie nicht Erstempfängerin solcher Offenbarung ist. Sie ist sich dessen ganz gewiß, daß sie in voller Übereinstimmung mit der Erstoffenbarung in der Heilsgeschichte und deren Niederschlag in der Heiligen Schrift und weiter deren Auslegung in der Vätertheologie steht. Sie ist beauftragt, an diese Erstoffenbarung zu erinnern. Denn die Welt steht im letzten Säculum des göttlichen Heilshandelns, vor der Vollzahl der Zeiten und dem Jüngsten Tag.[246]

«Jetzt wankt der katholische Glaube in den Völkern, und das Evangelium bei ebendiesen Menschen hinkt, ja die kühnsten Schriftwerke, welche bewährteste Lehrmeister mit vielem Eifer aus voller Überzeugung ausgearbeitet haben, gehen unter in schmählichem Überdruß, und die Lebensspeise der göttlichen heiligen Schriften ist schon lau geworden. Daher rede Ich jetzt über die Heiligen Schriften durch einen Menschen, der nicht aus sich selbst den Mund auftut, der auch nicht von einem irdischen Lehrmeister unterrichtet worden ist. Sondern Ich, der Ich-Bin, sage durch ihn neu Verborgenes und viel Geheimnisvolles, das bis jetzt in den Schriftwerken übersehen lag, wie ein Mensch tut, der sich zuerst einen Lehm bereitet und danach aus ihm die jeweiligen Formen nach seinem Willen bildet.» Da die Zeiten auf die Ankunft des Antichrist zueilen, werden die Verantwortlichen in der Kirche aufgerufen, diese Gottesbotschaften zu achten und zu verkündigen.[247]

Im Lauf der Geschichte gibt es also Zeiten, in denen Wille und Walten Gottes verdunkelt sind. Gott aber spricht in solche Zeiten sein altes, längst gegebenes Wort neu und warnend so hinein, daß die Menschen wieder wissen können, um was es in der ihnen noch gegebenen Zeit letzten Endes geht, welches der Sinn ihres Daseins in dieser Zeit ist, in welches Drama sie einbezogen sind. Darüber hinaus aber sind und bleiben dem Wissen des Menschen von Gott Grenzen des Nichtwissenkönnens gesetzt.

In der Schau der hl. Hildegard ist also Geschichte das auf der Bühne der irdischen Raumzeitlichkeit und Biosphäre im Leben der jeweiligen Menschen sich abspielende Drama der Auseinandersetzung Gottes mit seinem Widersacher. Das Drama ist erst abgeschlossen, wenn der Widersacher endgültig ausgeschaltet sein wird und Gott seine letzten Zielsetzungen verwirklicht hat. Was dann sein wird, ist nicht mehr «Geschichte». Mit diesem Satz wird daran erinnert, daß für die hl. Hildegard die Menschheitsgeschichte das sie auslösende Vorspiel in einem vorirdischen, vormenschlichen Geschehen hat, in der Rebellion Luzifers mit seinem Gefolge gegen seinen Schöpfer und der Reaktion Gottes darauf. Der Konflikt ereignete sich und wird ausgetragen auf der Ebene des Geistes und des Willens. Gott selbst ist es, der ihn in der Fortsetzung seiner Schöpfung in die Dimensionen der Raumzeitlichkeit verlagert, in die Menschheitsgeschichte, die auf der Basis der erschaffenen materiellen Kreatürlichkeit möglich wird.

Der Konflikt behält aber seine Wesensart, er bleibt Auseinandersetzung in der Dimension des Geistes und des Willens. Nur spielt er sich jetzt vordergründig ab auf der Bühne der Menschheitsgeschichte. Der Mensch ist das vernunftbegabte Wesen, das in seinem Tun und Leben hin und her gerissen wird zwischen dem Willen des auf die Zerstörung der Gottesschöpfung ausgerichteten vernunftbegabten Teufels und dem seine Schöpfung liebenden Gott. Die naturhafte Schöpfung ist leidend und reagierend in diese Auseinandersetzung, ihre Äußerungen und Folgen, auf vielerlei Weise hineingezogen.

Die Menschheitsgeschichte ist also kein eigengesetzlicher Ablauf von aufeinander- und auseinanderfolgenden Ereignissen. Zwei starke Willensmächte wirken hinein, ringen um den Menschen, der seinerseits selbst, mit Vernunft und Willen ausgerüstet, über die ihm anvertraute Erde wandert. Daher ist die Menschheitsgeschichte eine dramatische Folge spannungsvoller, überraschungsreicher und bedeutsamer kleiner und großer Szenen. Was der Mensch allerdings aus sich selbst nicht wissen und auch aus der Szenenfolge nicht ablesen kann, ist dies: Die Menschheitsgeschichte ist tatsächlich ein Drama, mit eröffnendem Vorspiel, sich entwickelndem Konflikt, den Fortgang bestimmenden besonderen Ereignissen, zum Höhepunkt sich steigernder Spannung und einem die Spannung endgültig lösendem Abschluß. Gott hat dieses Drama der Menschheitsgeschichte konzipiert, und Gott ist es auch, der kraftvoll, unbeeinflußbar und bis zuletzt mit fester Hand Regie führt, auch wenn es für die Spieler, in ihren kurzen Szenen, nicht so aussieht oder sie nichts davon spüren. Sie können aber ihrer Rolle im Drama als Mitspieler der Menschheitsgeschichte wahrhaft gerecht werden und am glücklichen Ausgang des Dramas teilhaben, wenn sie dem vertrauen, was der Regisseur dieses Weltendramas ihnen über den engen Rahmen ihres kurzen Auftretens hinaus zu sagen versucht. Ob sie es hörend annehmen oder nicht, überläßt er ihnen.

Dieser Tatbestand stellt sich der hl. Hildegard in zwei Visionsbildern dar, im Turm des göttlichen Ratschlusses und in der Säule des Wortes Gottes. Der dritte Teil des *Scivias*-Buches entwickelt den Ablauf des Weltendramas bis zum Jüngsten Tag, immer unter der göttlichen Zielsetzung, den irrenden Menschen anzusprechen und ihm den Weg des Heils zu zeigen. Unter dem unfaßbar weiten Lichtbogen, der den auf dem Thron Sitzenden umgibt, sieht Hildegard auf einem sich in die Breite lagernden Berg «etwas wie ein vierwinkeliges Gebäude, nach dem Bild einer viereckigen Stadt geschaffen, und ein wenig schräg gestellt, so daß einer ihrer Winkel sich nach Osten (nach oben, in Richtung zum Thron des Lichtes), ein anderer nach Westen, einer zum Norden hin und einer zum Süden hin ausrichtete.»[248] Die von Winkel zu Winkel verlaufende Mauer dieses Gebäudes ist unterschiedlicher Art, hat Haltepunkte von besonderer Bedeutung und weist in ihrem Fortgang von Osten über Norden, Westen und Süden zum Osten, zum Thron des Lichtes zurückkehrend, Lücken auf, beziehungsweise ist noch erst im Bau.

Diese symbolische Darstellung der von Gott gewirkten Geschichte, in Gestalt eines Heilsgebäudes, weist darauf hin, daß bestimmte Aufbauabschnitte grundgelegt und fertiggestellt sind, während an anderen noch gebaut wird. Die Glieder des Menschengeschlechtes, für die Gott dies Heilsgebäude ausführt, stehen unter den ständigen Anfechtungen durch den Satan und sind den mannigfachen Bewährungsproben des um sie bemühten Gottes unterworfen. Der Durchblick durch ihre eigene Lebensgeschichte wie auch die Geschichte der Welt überhaupt ist ihnen nicht gegeben. «Daher müssen sie alle offensichtlich ihr ganzes Vertrauen darauf setzen, daß Ich sie in allen ihren Bedrängnissen als ihr Hirte weide. Denn all dies Geschehen ist so in Meinen geheimen Gedanken verborgen, daß keines Menschen Sinn und Verstand es verstehen könnte, außer soweit es durch Meine Freigabe gewährt wird.»[249] Nur, soweit Gott es freigegeben hat, hat der Mensch Einblick in das Mysterium der Geschichte.
Hierauf nun folgt im *Scivias*-Buch die Schau etwa eines genau in der Mitte des ersten Mauerabschnittes ihm von außen vorgebauten eisenfarbenen Turmes. «Dieser Turm, den du dort siehst», so deutet die Stimme von oben, «sinnbildet die vorgezeichnete Kursfestlegung, das heißt die Marschroute des Willens Gottes (praecursus voluntatis Dei)», die im Lauf der Heilsgeschichte auf vielerlei Weise und in verschiedenen Zeichensetzungen manifestiert worden ist.[250]
«Dieser eisenfarbene Turm stellt dar die starke und unbesiegbare Gerechtigkeit Gottes, die sich in dem erst nur spiegelbildlichen Heilswissen der Beschneidung (des Abrahamsbundes) gewissermaßen nur ganz von außen zeigt. Die Beschneidung ist ja ein fleischliches äußeres Geschehen. Aber auch sie war schon mit glückseligen Tugenden (gottgemäßen Verhaltens) auf den geistlichen Grund der geistlichen Mauer gestellt, die Gott im Menschengeschlecht errichtet hat.»[251]
Im Bild dieses Turmes der Kursfestlegung, der vorgesehenen Marschroute des Willens Gottes stellt sich für die hl. Hildegard dar, daß die Geschichte ihren Lauf unter der zielvollen Planung des Gotteswillens nehmen muß.
Gott hat, so hörten wir früher schon, dem Mann die Zeugungskraft gegeben und sie ihm nach dem Sündenfall als ungestüm vorwärtsdrängende Macht gelassen, damit die Menschheit bleibe und von Generation zu Generation das Menschsein weitertrage. Aber nicht das ist Sinn und Ziel dieses Vermehrungsprozesses, daß Kolonne auf Kolonne jeweils für ihre kurze Daseinsfrist das Menschsein auf ihre Art gut oder schlecht verwirkliche, dann den Platz für Nächstkommende freigebe und selbst in das Nichtsein hinabsinke. Die Menschheitsgeschichte ist in der Schau der hl. Hildegard immer eine dramatische Auseinandersetzung zwischen Gut und Böse und damit ein von Gott gewollter Ausleseprozeß auf ein Ziel zu, das jenseits, im Nachhinein der Geschichte liegt.

In Nachfolge der Aussagen des Neuen Testamentes spricht die hl. Hildegard von der Vollzahl oder Fülle, deren Erreichung sich Gott als Ziel der von ihm in Gang gesetzten Geschichte vorgenommen hat. Die mystische Kirche ist es, in der Gott sich diese Vollzahl sammeln will. «Die Mutter der Gläubigen, das ist die Kirche, fleht getreulich in ihren Gebeten, daß ihre Söhne dem Tode entfliehen und das Leben finden. Wie geschieht das? Sie selbst hält in ihren Söhnen immer den Seufzerruf lebendig, von Gott in sie hineingegeben, solange, bis endlich die Fülle ihrer Söhne in das Heiligtum der oberen Bürgerschaft eingeht.»[252] «Dann wird sich die Kirche mit ihrem Bräutigam in der vollen Zahl ihrer Söhne freuen.»[253] An anderer Stelle heißt es: «Wenn die Fülle der Völker eingegangen sein wird, dann ...»[254] In die gleiche Richtung weist, wenn von der vollen Zahl der Zeiten gesprochen wird.[255] Die Fülle, die volle Zahl, die erreicht sein muß, ist ein zugleich quantitativer wie qualitativer Begriff. Quantitativ, weil das Drama der Geschichte auf der Bühne der Raumzeitlichkeit abläuft. Gott will eine bestimmte Zahl von Menschen aus dem dramatischen Entscheidungsprozeß der Geschichte herausretten, weil er sie in seiner vorgesehenen neuen Welt als neugestaltete, nach dem Bild Christi gestaltete Menschen haben will. Die zukünftige Welt soll mit neuen Menschen bevölkert sein. Qualitativ ist der Begriff, weil Gott Menschen haben will, die sich vom Bösen abgewandt und ihm zugewandt haben. «Deshalb auch muß das Sakrament des Leibes und Blutes Christi, der göttlichen Heilswahrheit dienend, solange in der Kirche dargereicht werden, bis am Ende der Welt der letzte Mensch kommt, der durch dieses Mysterium wahrhaft und wirklich zu retten ist.«[256]

Bis der letzte Mensch kommt, der gerettet wird. Eine dem menschlichen Denken ferne Perspektive der Geschichtsschau. Die Menschheitsgeschichte wird nicht theoretisch betrachtet, mit geistigem Interesse die verschiedenen kulturellen, soziologischen und machtpolitischen Wandlungen durchforschend, sondern immer unter der Frage: Wie rettet Gott uns Menschen aus der Verfallenheit an das Böse, aus der Übermacht des Bösen. Die Schau der Geschichte in ihren Epochen, in ihrem Ablauf, in ihrer Verwirklichung des Menschseins, in den einzelnen Personen, ist dem Menschen von Natur aus nicht gegeben. Darum wird der hl. Hildegard in der nächsten Schau die Säule des sich offenbarenden Wortes Gottes gezeigt. Am Fuß des Turmes des göttlichen Geschichtsratschlusses sah die hl. Hildegard sieben edel gekleidete Gestalten stehen, Verkörperungen göttlicher Tugendkräfte. Nur wer auf den Ruf dieser Gotteskräfte achtet und ihm sein Leben öffnet, kann in innerer Bereitschaft den Geschichtsweg mitgehen, auf den Gott ihn führen will. Die Gestalten verkörpern die Liebe zum Himmlischen, die Zucht, die Schamhaftigkeit, die Barmherzigkeit, die siegreiche Kraft, die Geduld und das Seufzen in der Kreuzesnachfolge.

Zur Schau der Säule des Wortes Gottes hört die hl. Hildegard die deutende Stimme des auf dem Thron Sitzenden: «Das Wort Gottes, durch welches alles geschaffen ist, das selbst vor aller Zeit aus dem Herzen des Vaters gezeugt wurde, aber danach, auf das Ende der Zeiten hin, aus der Jungfrau Fleisch wurde, durchsüßte die Welt mit seiner Süße und erhellte sie mit dem Glanz seiner Klarheit. Daher bezeichnet die Säule, die du nach dem vorbeschriebenen Turm der Marschroute des göttlichen Willens siehst, das unaussprechbare Geheimnis des Wortes Gottes. Denn im wahrhaftigen Wort, das ist im Sohn Gottes, ist alle Gerechtigkeit (alles gerechte, zum Heil führende Gotteshandeln) erfüllt, die den vertrauensvoll glaubenden Menschen zu ihrem eigenen Heil durch göttliche Einhauchung aufgeschlossen wurde.»[257]

Der als das ewige Wort Schöpfung und Geschichte wirkende Sohn Gottes spricht, die Geschichte deutend, zur Welt. Drei scharfe Schneiden hat die Säule des Wortes Gottes, «das alttestamentliche Gesetz, die neutestamentliche Gnade und die Aufschlüsselung durch die gläubigen Lehrer (der Kirche).»[258] Vorausdeutend wurde der göttliche Heilsratsschluß von den Vätern des Alten Bundes verkündet, seit der Menschwerdung des Sohnes strahlt in der Verkündigung seiner Apostel das helle Licht des Evangeliums in die Welt, und «so kam es zu den Lenkern der Kirche, nämlich zu den tiefen Erforschern der Worte des Alten und des Neuen Testamentes. Sie zeigen auf, was für Weisheit aus der die Welt erhellenden Sonne Christus aufgeht, der kraftvoll wie Mittagsglut in seine Auserwählten glüht.»[259]

Die festgelegte Marschroute Gottes bestimmt den Verlauf des Dramas der Menschheitsgeschichte. Das in die Szenenfolge dieser Geschichte von Fall zu Fall hineingesprochene Wort Gottes deutet den Menschen das Drama, in dem sie als Agierende auftreten. Diese Menschen existieren nicht, weil die Evolution der Natur sie notwendiger- oder zufälligerweise hervorbrachte, sondern weil Gott die Menschheit will. «Gott hat im Geheimnis seiner Weisheit gütigerweise die Vereinigung von Mann und Frau zur Vermehrung des Menschengeschlechtes verfügt.»[260]

Diese biologische Existenzgrundlage, die Gott jederzeit durch vernichtende Naturkatastrophen hätte auflösen können, ist und wird nicht zurückgenommen, bis zum Jüngsten Tag, bis «zum letzten Menschen, der gerettet wird». Im geistigen Bereich aber sind im Lauf der Geschichte wichtige Veränderungen geschehen, weil Gott neue Tatbestände setzte.

Den ersten Abschnitt der Menschheitsgeschichte sieht die hl. Hildegard unter dem Schatten völliger geistiger Verirrung. Das Menschengeschlecht mußte nach dem Sündenfall seinen Weg in geistigem Dunkel gehen, ausgeliefert an die Einflüsterungen des Bösen. Hildegard empfing darüber Gottes Deutung: «Ich hatte Adam sein Gesetz in Gestalt des (Verbots-)Baumes gegeben, als er Mich noch in seiner Herzensunschuld sehen konnte. Er aber verachtete Mich, mit der listigen Schlange konspirierend... Weil Adam so über Mein Gebot hinweggeschritten ist, war er von da ab mit seinem Geschlecht ohne Gesetz, bis zu jener Zeit (Noe), welche die edle Geburt meines Sohnes vorauskündete... Nach Adams Übertretung irrte dessen Geschlecht umher, unwissend, daß Ich Gott bin. Sie sagten: ‹Wer ist Gott? Wer ist Gott?› Und demgemäß entsprang in ihnen alle Bosheit, weil die alte Schlange sich mit losgelassener Macht zwischen ihnen hin und her bewegen konnte und ständig reizte, allen ihren Willen auszuführen... Ich habe dem Teufel erlaubt, vor der Sintflut seine Macht in der Welt auszuüben, wegen des alten Streitfalles, in dem er Sieger über Adam wurde, so lange, bis er seinen Leib voll hat von Kadavergestank jeder Art von Ungerechtigkeit. Und das habe Ich zugelassen, weil meine Rechtswahrung gerecht ist.»[261] In ähnlichem Zusammenhang steht weiterweisend an anderer Stelle: «Aber ganz verborgen stand im Herzen des Vaters schon fest, was Er mit dem Menschen (zu dessen Heil) tun wollte.»[262]

In der ersten Szenenfolge des Dramas der Menschheitsgeschichte, nach Paradieseslicht und Gerichtsdonner, herrscht auf der Bühne ein sinnloses, wüstes, unseliges Treiben. Ein Geist der ständigen Gieraufreizung zum Bösen beherrscht die Atmosphäre. Niemand könnte als Zuschauer oder Beteiligter erkennen, was daraus einmal werden sollte. Das Leben wurde gelebt auf dem immer gefüllten Jahrmarkt der Lüste und Eitelkeiten, in völliger Gottvergessenheit. Gab es eine solche Epoche der Menschheitsgeschichte wirklich einmal? Unsere wissenschaftliche Anthropologie und Archäologie würden diese Frage wohl mit einem Nein beantworten. Aber können wir wirklich darüber Auskunft geben, was auf dieser Erde zu der Zeit geschah, als das Südpolargebiet noch blühendes tropisches Land war, und was im Lauf der umwälzenden Erdbewegungen geschehen sein mag? Könnte nicht ein aus solchen Katastrophen übrig gebliebener Menschenrest irgendwo als winziger Neuanfang der Menchheitszukunft sein Dasein gefristet haben? Ist diese Frage so abwegig, wo wir uns doch heute darüber Gedanken machen, wie ein armseliger Menschenrest eine weltweite Atomkatastrophe überstehen würde?

Gott war stumm geworden. Gott hatte lange nicht mehr gesprochen. Gott hatte die Menschen sich selbst überlassen und dem, dessen Verführung sie gefolgt waren. Das Unheil hatte sich ausgebreitet. Aber plötzlich tut Gott kund, daß er da ist und Gott ist.

«Der Ostwinkel des Heilsgebäudes deutet auf Noe, wo die Gerechtigkeit Gottes zutagezutreten begann, und dort wurde auch öffentlich jene ausspähende (wie im Spiegel erkennende) Erkenntnis manifestiert, welche den Ausblick auf alle Heiligkeit eröffnet, die später im Sohn Gottes vollendet werden sollte.»[263]

Die auf das Heil seiner Menschheit ausgerichtete Gerechtigkeit Gottes

beginnt nach der dunklen Epoche der Gottvergessenheit und Gottverborgenheit auf dieser Erde aktiv zu werden, in zweifacher Weise: richtend, und das kommende Heilsschaffen voraus andeutend. Hier stoßen wir wieder auf die eigenartige Betonung der Tatsache, daß es für die Fortentwicklung des Dramas der Menschheitsgeschichte genügt, wenn an einer oder an einzelnen ausgewählten Stellen Gottes Wille und Handeln in der Weltöffentlichkeit manifestiert wird. Wie ein Blitz erleuchtet das auf der Bühne des Geschichtsdramas die Situation zwischen Mensch und Gott, wenn auch die Auswirkung im Fortgang des Dramas lange auf sich warten läßt. «Ich (Gott) auch erhob Mich als Wasserberg in der Sintflut und tötete die Sünder, bewahrte Mir aber in meinem Heilsmysterium den Noe, den ebendieser Satan nicht zuschanden machen konnte, weil er kraft Meines Wollens die Flut überstand. Und Ich deutete schon in dieser Sintflut auf den wahrhaftigen Sproß, nämlich Meinen Sohn, kündete Ihn voraus für eine neue Weltzeit, Ihn, der (später) leise in die Welt eintretend, offenbarte, daß die heilige Dreieinigkeit auf das Wahrhaftigste zu verehren sei.»[264]
Irgendwann einmal auf dieser Erde, in uns dunkler Zeit, geschah ein furchtbares Gottesgericht, aber im gleichen Augenblick leuchtete ein fernes Zukunftslicht auf.
«Die Warnung des Heiligen Geistes wurde in Noe offenkundig, als das Menschengeschlecht seinem Untergang zueilte, wo Ich über der Flut die Arche errichtete.»[265] «In Noe, in dem eine neue Nachkommenschaft erstand, drohte Ich dem Menschen durch die Ermahnung des Heiligen Geistes, da Ich meinem Menschenvolk eine solche Lehre gab, daß jene Belehrung niemals vergessen werden könnte.»[266] «In Noe wurde durch Meine warnende Ermahnung die ausschauende Erkenntnis der zwiefachen Wahlmöglichkeit vorgehalten, nämlich mit haarscharfer Aufmerksamkeit das Böse zu verschmähen und das Gute zu lieben.»[267] «Bei der Sintflut begann in Noe jene ausschauende Erkenntnis aufzuleuchten, mit dem Erkennen des Guten!»[268] In einem bestimmten, zeitlich für uns nicht feststellbaren Augenblick spricht Gott wieder zum Menschen und hört ein Mensch wieder die Stimme Gottes. Dies ist in der Schau der hl. Hildegard ein entscheidungsvoller Vorgang in der Geschichte. Gott macht dem Menschen auf schreckliche Weise deutlich, daß das Böse ihn in den Untergang führt. Gleichzeitig tut er dem Menschen kund, daß er dem Guten dienen soll und daß er zum Leben berufen ist. Der Mensch ist so beschaffen, daß er diese Sprache Gottes hören und verstehen kann. Da aber immer auch die Stimme des Widersachers Gottes, des Erzbösen, sein Ohr erreicht und seinen Willen anspricht, ist der Mensch nun vor die Entscheidung gestellt, welcher Stimme er folgen will, jeder einzelne Mensch, in ihm die Völker, ja das Menschengeschlecht. Wenn wir den Wortlaut des *Scivias*-Buches beachten, spüren wir etwas von dieser unheimlichen Verflochtenheit. Das

Drama der Menschengeschichte wird von nun an spannungsgeladen, wahrhaft dramatisch.
«Obwohl sich in (dem Geschehen um) Noe Gottes Ermahnung hoch aufgereckt hatte, machte dennoch die Hinneigung zu und das Verlangen nach dem Bösen kraft ihres Haftens in der Erinnerung (bald) wieder Fortschritte. Daher wurde die Unbilligkeit der sich auflehnenden Abspaltung von Gott nicht niedergetreten, bis zu Abraham, in dem sie gewürgt wurde, denn in ihm erhob sich die äußerst scharfe Schlachtordnung der Gerechtigkeit Gottes.»[269] Im Drama der Geschichte beginnt ein neuer Akt. Er beginnt mit einer Gesprächsszene. Gott spricht wieder, und wieder nur mit einem einzigen Menschen unter den vielen. Gott schließt mit ihm einen auch für seine Nachkommen gültigen Bund auf der Grundlage des Glaubensgehorsams und der Verbundenheit durch ein äußeres Zeichen, die Beschneidung. Seitdem läßt der Regisseur des Menschheitsdramas auf der Bühne des Welttheaters ein Häuflein Menschen auftreten, die sich von den anderen dadurch unterscheiden, daß sie ein ständiger Hinweis auf Gott und seine noch kommenden Taten sind.
Ein Hinweis nur, denn zum einen ist dies ja erst der Anfang des Kampfes der göttlichen Gerechtigkeit gegen die Front Luzifers, ein noch undeutlicher Vorrausschatten. Zum andern ist es ein armseliges Häuflein, das da auf der Weltbühne agiert. «Die strenge Zucht und behutsame Pflege des (göttlichen) Gesetzes gab es vor Moses noch nicht. Allein die Beschneidung seit Abraham, nach Gottes Geheiß vollführt, hatte schon langsam darauf vorausgedeutet. Aber die in den Tod führende Verführung schritt weiter fort, von Verblendung zu Verblendung, wie es ihr gerade gefiel. Da erhob sich kraft des Wollens Gottes der tapfere Kämpfer Moses und bot die starken Waffen der Gerechtigkeit dar ... Denn das Gesetz birgt in sich, unter Vorausweisung auf den Sohn Gottes, alle Errettung der Seelen.»[270]
Gott hat an einer Stelle der Weltbühne sein das Leben ordnende und erhaltende Gesetz vor den Augen der Menschen aufgerichtet, zunächst für sein Abrahamsvolk, letztlich aber rechtsgültig für alle Menschen. Im Drama der Menschheitsgeschichte geht es forthin in der Schau der hl.Hildegard nicht um die Weltreiche der Assyrer, Babylonier, Ägypter und Alexander des Großen, sondern um die Auseinandersetzung oder Begegnung des Menschen mit seinem Gott aufgrund des von Gott gegebenen Gesetzes. Die großen Weltreiche und weltgeschichtlichen Vorgänge sind nur die jeweils von Gott in Bewegung gesetzten Kulissen und Massenszenen und Marionetten und Bühnendonner. Im Fortgang des Geschichtsdramas geht es entscheidend darum, wie das Menschheitsgeschlecht, exemplarisch vertreten durch das Abrahamsvolk und mosaische Bundesvolk, mit den heiligen Gesetzesordnungen Gottes zurechtkommt. Gottes Gerechtigkeit tut sich darin kund, daß er Heil verheißendes Gesetz gibt, und dann weiter

darin, daß er dem am Gesetz versagenden Menschen einen neuen Weg zum Heil bietet, wie er es von Ewigkeit her vorgesehen hat. Im Drama der Auseinandersetzung zwischen Gott und seinem Widersacher bahnt sich die Wende an. Eine neue, nicht irdische und zugleich irdische Gestalt betritt leise, und doch unaufhaltsam wirkend, die Bühne des Weltgeschehens: Das inkarnierte ewige Wort, der menschgewordene Sohn Gottes. Die Geschichtswissenschaft der Neuzeit steht diesem Geschehen mit Vorbehalt, verständnislos, es ausklammernd gegenüber, da für ihre Sicht der Menschheitsgeschichte nur menschliches Handeln als Geschichte machend in Frage kommt. Auf solches menschliche, geistesgeschichtliche Maß wird daher transformiert, was in der Geschichtsschau der hl. Hildegard mysterienhafter Einbruch der göttlichen Dimension in die Dimension des Menschlich-Kreatürlichen ist und auf rettende Veränderung des bisherigen Geschichtslaufes abzielt. «Da der Mensch in so tiefer Finsternis des Unglaubens lag und sich selbst nicht aufrichten konnte, sandte Ich zu seiner Errettung Meinen Sohn, wunderbar aus der Jungfrau Fleisch geworden, als wahrhaftiger Gott und wahrhaftiger Mensch existierend. Seiner Gottheit nach ging er wahrhaft von Mir, dem Vater, aus, und seiner Menschheit nach nahm er von der Jungfrau wahrhaft Fleisch an ... Nicht in der Folge sündenbelastender Fortpflanzung trat Mein Sohn in die Welt, sondern in Heiligkeit wurde Er aus der reinsten Jungfrau zur Erlösung der Menschen geboren. Denn Gleiches vermöchte nicht Gleiches aus seiner Fessel zu lösen, wenn nicht ein Größerer käme, der ihn herausreißen könnte. Was bedeutet dies? Da der in Sünden geborene Mensch den Sünder Mensch nicht vom Verderben des Todes zu befreien vermochte, kam deshalb mein Sohn, ohne die Belastung der Sünde, und er hat den Menschen, indem er den Tod besiegte, barmherzig aus der Gewalt des Todes herausgerissen.»[271]

Auf der Bühne der Geschichte ist der erschienen, der den Menschen aus der immer in den Tod führenden Menschheitsgeschichte herausretten kann und will. Die zu immer neuen Ruinenfeldern sich ausweitende Mauer der die Menschen umklammernden Weltgeschichte ist aufgebrochen, der Weg in eine neue Zukunft ist eröffnet.[272]

«Das vor den Zeiten des Schöpfungsbaues im Vater wesende unendliche Wort sollte im Feuerbrand der Liebe, unter dem Absturz der dem Untergang zueilenden Zeiten, durch die wohltuende Grünkraft des Heiligen Geistes, in der Morgenröte seliger Jungfrauenschaft in das Fleisch eingehen. Und das so, daß es, wie es vor der Fleischannahme unteilbar im Vater war, so auch, nach angenommenem Menschsein, unzertrennlich darin bliebe.»[273]

An dieser Stelle der dahineilenden Zeit, an dieser Stelle im Raum des Geschaffenen, geschah auf dem Boden der Menschheitsgeschichte das, was in Gottes innertrinitarischem Ratschluß von Ewigkeit her vorgesehen war: Das Mysterium der Einung Gottes mit seiner Schöpfung. Im Drama der Weltgeschichte hat der letzte Akt begonnen. Die Menschen- und die Naturgeschichte sind in den Beginn eines absolut Neuen und Kommenden gestellt.

Die Menschwerdung des Sohnes Gottes bietet dem Menschen eine völlig neue Stellung in der Schöpfung an: «Du (Gottes Sohn) bist Herr über jene (die Menschen) kraft der himmlischen Herrlichkeit des Gottseins, die deine Brüder sind wegen deiner Fleischwerdung, durch welche du Mensch bist.»[274] Die Menschwerdung des ewigen Sohnes Gottes ist wirksam in dem geschichtlichen Jesus von Nazaret, und nach dessen Kreuzigung und Auferstehung in der Geschichte seiner Kirche. Aber sie bleibt, obwohl diese Wirksamkeit sichtbar ist, göttliches Mysterium. «Die wahrhaftige Fleischwerdung meines Sohnes, in der mystischen Erhabenheit der verborgenen Geheimnisse Gottes unfaßbar und in der herausragenden Größe göttlicher Macht unvergleichbar, überschreitet jede Erkenntnismöglichkeit menschlichen Verstandes.»[275] «Die Fleischwerdung des Sohnes ... ist als kühnstes Instrument der neuen Gnade (in die Welt) gestellt.»[276] So ist es nicht zu verwundern, daß unsere Menschliches menschlich betrachtende Geschichtswissenschaft diese Wirklichkeit, so sehr sie auch geschichtsmächtig ist, außer acht läßt, ja vielleicht lassen muß. Dürfte das aber auch für die Kirchengeschichte als Wissenschaft gelten? Denn aus dem Kreuzestod des Gottmenschen entstand die Kirche, das Mysterium der Heilsverwirklichung.

«Als Er, das unschuldige Lamm, zum Heil der Menschen auf den Altar des Kreuzes emporgehoben war, da, in reinster Schönheit des Glaubens und aller übrigen Tugenden, erschien plötzlich aus dem Verborgensein in Gott, ein unmeßbar tiefes Mysterium, die Kirche. Im Himmel wurde sie dem eingeborenen Sohn Gottes angetraut. Was bedeutet das? Als aus der verwundeten Seite eben dieses Meines Sohnes das Blut herausfloß, da brach Errettung der Seelen hervor. Denn jene Herrlichkeit, aus welcher der Teufel mit seinem Anhang vertrieben wurde, ist nun dem Menschen zugewiesen. Denn ebendieser, Mein Eingeborener, nahm in der Zeit den Tod durch Kreuzigung auf sich, entriß der Hölle ihren Raub und führte die gläubigen Seelen zu den himmlischen Bereichen. So kam es, daß in Seinen Jüngern und denen, die diesen aufrichtigen Herzens folgten, schon bald der Glaube zu wachsen und zu erstarken begann, so daß sie Erben des himmlischen Reiches werden konnten.»[277]

Verborgensein von Ewigkeit her in Gott, plötzliches Erscheinen in der irdischen Geschichte, Geschehen im Himmel, Folgewirkung in der Geschichte menschlicher Existenz, alles immer in Zielrichtung auf die Ewigkeit, dieses Verflochtensein von Zeit und Ewigkeit ist kennzeichnend für die

Geschichtsschau der hl. Hildegard. Dazu gehört auch dies, daß die Menschwerdung des Sohnes Gottes an einer ganz bestimmten Stelle im Geschichts- und Zeitplan Gottes steht und verwirklicht wird. «Ich wollte, Daß Mein Eingeborener Fleisch von der Jungfrau annähme, doch Ich wollte Ihn nicht senden, bevor nicht alles dies (die Geschichte der Menschheit und des jüdischen Volkes) vorher geschehen wäre, damit alle Gerechtigkeit in Ihm bewiesen und alle Ungerechtigkeit in Ihm zu Fall gebracht würde ... So kam Mein Sohn gleichsam zu jener Zeit (der Welt), da der Tag sich nach der neunten Stunde schon zum Abend neigt, nämlich da die höchste Kraftwirkung Gottes (in dieser Welt) sich schon zurückzieht und eisiger Todesschauer heraufzuziehen beginnt, so daß Mein Sohn in die Welt eingegangen ist, da die Welt schon zum Untergang eilt.»[278]

Demgemäß kann von einem jetzt geschehenden oder noch zu erwartenden geschichtlichen Fortschritt, von einer moralischen, religiösen oder kulturellen Aufwärtsentwicklung der Menschheit nicht die Rede sein. Solche Schwärmereien eines Joachim von Fiore oder der Katharer oder heute eines sozialistischen oder pazifistischen Weltverbesserungsglaubens erkennt die hl. Hildegard in prophetischer Klarheit als gefährliche geistige Verirrungen, die nur neue Nöte über die Menschen bringen. An den in hohem Alter nur kurz amtierenden frommen, doch im Handeln schwachen Papst Anastasius IV. schreibt Hildegard: «O Mensch, das Auge deines Erkennens läßt nach, und du bist müde geworden, die stolzen Prahlereien der Menschen zu zügeln, die deinem Herzen anvertraut sind. Warum rufst du die Schiffbrüchigen nicht zurück, die sich aus schwerer Gefahr nur durch deine Hilfe erheben können? ... Die ganze Erde ist in Verwirrung infolge der immer neuen Irrlehren, da der Mensch das liebt, was Gott zunichte gemacht hat ... Die Welt ist jetzt voller Ausschweifung, später wird sie in Traurigkeit sein, dann so sehr in Schrecken, daß die Menschen sich nichts daraus machen, getötet zu werden. Bei all dem sind bald Zeiten der Ausgelassenheit, bald der Zerknirschung, bald Zeiten, wo es blitzt und donnert von allerlei Bosheiten. Denn das Auge stiehlt, die Nase wittert, der Mund tötet.»[279]

Die Vertreter der Kirche haben die Pflicht, zur Buße zu rufen und Gottes Gnade anzubieten, die Menschen auf den Weg des Gottesgehorsams zu weisen. Aber den Lauf der Geschichte vermögen sie nicht umzulenken. So drängt denn alles auf ein von Gott gesetztes Ende zu und auf einen von Gott vorbereiteten und zu verwirklichenden neuen Anfang.

«Zwar drängt alles, was auf Erden ist, seinem Ende zu, so daß die Welt, im Abnehmen ihrer Kräfte auf den Untergang festgelegt, durch vielerlei Drangsale und Unheilsschläge ganz zu Boden gedrückt wird. Die Braut Meines Sohnes dagegen (die Kirche) wird zwar von den Vorboten des Sohnes des Verderbens wie auch von dem Verderber selbst in ihren Söhnen viel und bis zur Erschöpfung gequält, doch keineswegs aufgerieben werden. Sie wird nämlich, obwohl sie von diesen Bosheitsmächten ständig angegriffen wird, gegen das Ende der Zeiten hin sich kräftiger und rüstiger erhebend, umso schöner und strahlender zu ihrem wahren Bild gestaltet werden, so daß sie dieserart desto liebenswürdiger und zärtlicher den Umarmungen Ihres Geliebten entgegeneilt.»[280] Auf der Bühne des Weltgeschehens wird in den weiteren Szenenfolgen immer deutlicher werden, daß das Handeln der Menschen, trotz aller scheinbaren Kühnheit, Großartigkeit und Brutalität, in den Abgrund führen muß, und die durch Gottes Wirken neu in das Weltendrama eingeführte armselige, von innen und außen immer gefährdete Kirche wird zum Ende hin als das Einzige dastehen, das in der Geschichte nicht untergeht, das den Abschluß des Dramas «Menschheitsgeschichte» glanzvoll übersteht.

Bis dahin geschieht noch einiges auf der Weltenbühne. Nach dem eben zitierten Text hört Hildegard wieder die Stimme von oben her: «Du schaust nach Norden. Siehe, dort stehen fünf wilde Tiere. Sie stellen fünf aufeinanderfolgende geschichtliche Herrschaftsepochen dar, in ihrem Lauf bestimmt von fleischlichen, mit dem Sündenmakel behafteten Wunschbegehrungen, und in unbändigen Orgien gegen sich selbst rasend.»[281] Diese Worte erinnern uns an geschichtliche Erfahrungen. Verschiedene Tiere, Hund, Löwe, Pferd, Schwein und Wolf, symbolisieren die Wesenszüge dieser Geschichtsepochen, die sich also voneinander unterscheiden. Aber im sündigen Grundcharakter der Geschichte ändert sich nichts. Wenn im Laufe der antichristlichen Bedrängnisse eine Pause eintritt, eine Zeit sich dadurch auszeichnet, daß Friede herrscht und sich die geistige Wirkkraft der Kirche entfalten kann, so ist dies nicht die Frucht einer geistesgeschichtlichen Entwicklung zum Besseren hin, also so etwas wie ein geistig-sittlicher Fortschritt der Menschheit, sondern eine besondere Tat Gottes, der zeitweise die Wirkungsmöglichkeit des Bösen einschränkt und besonders leuchtende Zeugen der göttlichen Wahrheit sendet.

Der Lauf des Weltendramas drängt gemäß Gottes Plan auf die letzten Szenen zu, auf das Auftreten des Antichrist, seine Beseitigung und schließlich die große Wende durch die Parusie Christi am Jüngsten Tag, wenn der menschgewordene und in der Auferstehung erhöhte Gottessohn noch einmal die Bühne des Weltendramas betritt, als Richter und Erneuerer. Danach gibt es Geschichte in dem Sinn, wie wir sie kennen, nicht mehr. Nur kurz spricht die hl. Hildegard von den dem Ende vorausgehenden Geschichtsepochen. Sie werden, am Ziel gemessen, in Eile dahingehen.

Die treibende Kraft von unten in diesem Geschichtsdrama drängt stürmisch auf den Plan. Gott, der Regisseur dieses Dramas, erlaubt ihr aufzutreten, warnt seine Menschheit, besonders aber seine Kirche schon vorher.

«Der wahnsinnige Menschenmörder, nämlich der Sohn des Verderbens, wird in kürzester Zeit kommen, da ja schon der Tag schwindet, die Sonne in ihrem Lauf nachläßt.»[282]
Doch das Geheimnis dieser Zukunft wird gewahrt. Der Tag des Auftrittes des Antichrist wird von Gott nicht mitgeteilt. Erst recht der Anbruch des Jüngsten Tages bleibt als göttliches Geheimnis dem Menschen verborgen. Der Mensch bleibt immer in die spannungsvolle Entscheidung gestellt, der Stimme Gottes zu glauben und zu folgen, oder auf andere Stimmen zu hören.
«Wann aber, nach dem Sturz jenes Gottlosen, des Satans, der Jüngste Tag unter dem Zeichen der Auflösung der alten Welt hereinbrechen mag, danach soll der sterbliche Mensch nicht forschen, weil er das nie zu wissen vermöchte. Denn diesen Tag hat der Vater im Verborgenen seines geheimen Wissens bewahrt. Darum, o Menschen, bereitet euch zu für das Gericht.»[283]
Die hl. Hildegard wäre völlig falsch verstanden, wenn man ihre Worte dahin deuten würde, daß sie nicht an einem Fortschreiten der Zeit auf das Ziel zu interessiert gewesen sei, als achte sie nicht gespannt auf das tickende Vorrücken des Weltenuhrzeigers. Eine Theologie, welche die Eschatologie auf eine immer gleichbleibende existentielle Entscheidungssituation des Menschen gegenüber Gott reduziert und die Frage nach den wirklichen Letzten Dingen ablehnt, wäre für die hl. Hildegard keine Theologie mehr. Sie wäre eine Verleugnung der dramatischen Auseinandersetzung Gottes mit der radikal bösen Gegenmacht; sie glaubte nicht an den endgültigen Sieg Gottes über diese schöpfungszerstörerische Gegenmacht; sie nähme den versehrten Zustand der Gottesschöpfung nicht ernst. Für die Welt- und Geschichtsschau der hl. Hildegard steht unbezweifelbar fest, daß Gott sich endlich durch seinen menschgewordenen Sohn in der Öffentlichkeit dieser Welt als der Herr erweisen wird.
Die erregende Dynamik dieses unter Gottes zielvollem Handeln unaufhaltsam fortschreitenden Geschehens kommt in vielen sprachlichen Wendungen des *Scivias*-Buches kraftvoll und packend zum Ausdruck. Die zunehmende Härte dieser Auseinandersetzung und der Druck der in Eile dahinschwindenden Zeit aktualisieren das *Scivias*-Buch und machen es zu einem durch und durch seelsorgerlichen, um das Heil der Menschenseelen besorgten Buch.[284]
Daher kommt es auch, daß von den Aufgaben des Menschen im weltlichen Bereich mit allem, was für uns eigentlich Menschengeschichte ausmacht, kaum die Rede ist. Aber das bedeutet nicht, daß die hl. Hildegard davon nichts verstanden hätte oder dem gleichgültig gegenübergestanden wäre. In ihrer Anthropologie betont sie, daß der Schöpfer den Menschen mit allen Fähigkeiten ausgestattet hat, deren er bedarf, um die ihm anvertraute

Welt, in der er ja leben muß und sich im Gehorsam gegen Gott bewähren soll, gut zu verwalten und sich der ihm in ihr angebotenen Güter zu seinem wahren Besten zu bedienen. Die Heilkundebücher sind wohl der deutlichste Beweis für ihre positive Einstellung zu den Gottesgaben der Schöpfung. Auch ihre Pflege der Musik und der geistlichen Dichtung darf hier genannt werden. Dazu fehlt es im *Scivias*-Buch selbst nicht an Hinweisen darauf, wie der Mensch als Bürger dieser Welt in ihr Gutes zu wirken fähig ist. Die Regierenden jeder Art und Stufe sollen dafür Sorge tragen, daß Gerechtigkeit und leibliche Lebensmöglichkeit in dem ihnen anvertrauten Bereich gesichert sind. Der Geschäftsmann behandelt mit aller Sorgfalt seine Waren, der Schmied ist kompetent dafür, aus Metall schöne Formen zu schaffen, der kluge Gärtner legt seinen Garten oder Park auf das Beste an, gute Baumeister gehen bei anderen Erfahrenen in die Lehre und beachten die Gesetze der Statik. Für alles Tun und Handeln des Menschen ist die Anwendung der ratio, des Verstandes, von entscheidender Bedeutung, und Klugheit ist dem Baumeister vonnöten.[285] Letztlich beweist die hl. Hildegard mit ihrem ganzen Lebenswerk, daß sie, fern aller Weltfremdheit oder gar Weltflucht, ihren Part auf der Bühne der Welt erstaunlich gut gespielt hat. Sie war, menschlich gesprochen, eine große geschichtliche Persönlichkeit.
Dennoch schaute sie sehnsüchtig über das Ende der Geschichte hinaus auf den neuen Zustand, der nicht mehr in unserem jetzigen Sinn Geschichte genannt werden kann. Berückend schön und großartig ist, was sie in der letzten Schau des *Scivias*-Buches sieht und wie sie es in Worten festgehalten hat. Armselig ist dagegen, was von naturwissenschaftlicher Seite über das Thema «Die Schöpfung ist noch nicht zu Ende» gesagt und von Wundern fortschreitender Evolution phantasiert wird, als ob darin ein Sinn und Ziel der qualvollen Welt- und Naturgeschichte gefunden und dem Menschen ein Hoffnungsziel geboten werden könnte.
Ganz anders die Weltgeschichts- und Kosmosschau der hl. Hildegard!
Sie hört den Ruf Christi an seine Jünger und an seine Kirche: «Ich, der Ich die Welt verlassend zum Vater aufgestiegen bin, werde wiederkommen, um die Welt zu richten und sie in den Zustand unerschütterlicher Stabilität zu versetzen, so daß sie nie mehr durch den Sturzfall der Zeiten zerrüttet wird.»[286] Zeit, Zeitlichkeit, das Dahingleiten, Entgleiten, Fallen, Stürzen, Versinken gehört zum Wesen des Geschichtlichen. Gegen den Sturz der Zeit stellt Gott, der Zeit setzte und gibt, in seinem Heilsschaffen das Haltende, Aufwärtsführende, Zeitüberwindende, auf Ewigkeit Zielende.
«Wenn gemäß Gottes höchstem Machteinsatz, wie von Gott vorausbestimmt, die Zeit der Menschheitsgeschichte auf dieser Erde erfüllt sein wird, dann wird auch der Umlauf eben dieser Welt voll erreicht werden, abgeschlossen am Ende der Zeit mit dem Anbruch des Jüngsten Tages, und

in dem auf dem Thron Sitzenden werden alle Seine Werke erstrahlen, die Er in seinen Auserwählten gewirkt hat, in Ihm, der kein Ende hat, denn Gott ist unverletzbar in Seiner Macht und Seinem Wirken, der war und ist und fortdauern wird in seinem Gottsein ohne irgendeinen Anfang irgendeiner (Art von) Zeit, so daß Er nicht sein wird, sondern ist.»[287]
Die Geschichte des Menschengeschlechtes und das Geschehen in der Naturwelt, in ihren Elementen, stehen in engster Beziehung zueinander. Das Ende des Geschichtsdramas bringt daher auch das Ende der Weltgestalt, der menschlichen Lebensbühne.
«Durch eine plötzliche und unerwartete Erschütterung werden an diesem Ende die Elemente aus ihrer Bindung gelöst, alles Geschaffene kommt in Bewegung, Feuer bricht aus, Luft löst sich auf, Wasser strömt über, Erde zerfällt, Blitze zucken, Donner dröhnen, Berge zerreißen, Wälder sinken um, und was in der Luft oder im Wasser oder auf der Erde (lebt und sterblich) ist, haucht das Leben aus. Denn Feuer wird die ganze Luft durchwirbeln und Wasser die ganze Erde überfluten. Und so wird alles gereinigt, so daß, was auch immer in dieser Welt an Häßlichem existiert, so verschwindet, als wäre es nie gewesen, so wie Salz zerfließt, wenn es ins Wasser geworfen wird. Nach dem Empfang des göttlichen Befehles, aufzuerstehen, werden die Gebeine der Toten, wo sie auch sein mögen, an ihrem Ort wie in einem Augenaufschlag wieder zusammengebracht und mit Fleisch bekleidet.»[288] «Wie in einem Moment», heißt es an anderer Stelle. Das Plötzliche im Handeln Gottes und sein Festhalten an der Substanz seiner Schöpfung stehen, für uns kaum begreifbar, nebeneinander. Die Auferweckung zum Gericht geschieht in Leibhaftigkeit, in der Bekleidung mit den Elementen der ersten Schöpfung. Denn die Elemente, die in der Vision des Eifers Gottes laut über die Sünden der Menschen klagen, weil die Schöpfung durch sie verunreinigt wird, haben Anteil an dem Erlösungsgeschehen.
«Dann wird in der Klarheit des ewigen Lichtes der Sohn Gottes kommen, erkennbar in seiner Menschlichkeit und in den Zeichen seiner Passion, die er für das Heil des Menschengeschlechtes litt, und umgeben vom Heer der Engel wird er das Menschengeschlecht richten. Denn der Vater übergab ihm das Gericht, damit er, der sich selbst sichtbar in dieser Welt bewegt hatte, über alles Sichtbare in dieser Welt sein Urteil fälle.»[289]
«Da er selbst immer mit dem Vater in der Göttlichkeit eins bleibt, von der Mutter aber das Menschsein empfing, demgemäß er Mensch ist, empfing er vom Vater auch, daß alle Kreatur ihn als Sohn Gottes erspürt, wie auch alle Kreatur in der ihr von Gott anerschaffenen Gestalt existiert. Und darum werden auch vom Sohn alle Werke beurteilt, welche Würde oder welcher Mangel ihnen zukomme, und danach, wie sie einzuordnen sind, gibt er ihnen ihren Platz. Weil er selbst betastbar und sichtbar als Mensch

in dieser Welt gewesen ist, beurteilt er auch alles, was es in der Welt gibt, gerechterweise, nämlich als in seinem Richteramt zu Fürchtender für die Ungerechten, aber als liebenswert für die Gerechten. Und so richtet er über sie, daß auch die Elemente spüren, wie sie dadurch gereinigt werden.»[290]
Für dies Gericht wird unterschieden zwischen solchen, die noch vor das Gericht des gerechten Richters gestellt werden, da alles mit gerechtem Gewicht gewogen werden muß, was gut oder weniger gut oder gar mangelhaft ist[291], und denen, die gar nicht mehr vor Gericht gestellt werden, «weil sie weder in den Zeiten des alten Gesetzes noch der neuen Gnade Kenntnis des lebendigen und wahren Gottes haben wollten»[292], d.h. weil sie in ihrem Leben konsequent Gott nicht zur Kenntnis nehmen wollten, wie auch ihr Lehrmeister, der Teufel. Deshalb gibt es für sie nur die Verwerfung in den Abgrund der Finsternis. Gott kann in seiner Schöpfung keine Art von Gegenwillen dulden, solche Willensmächte müssen ausgestoßen werden. Aber über den schwachen, unentschlossenen, schwankenden und in seinen Werken mangelhaften Willen kann sich Gott erbarmen, gerecht abwägend und auf gerechte Weise richtend, «da sie nicht in wissentlicher Ablehnung der göttlichen Majestät das Unrechte taten»[293]. Hier hat das von den Gerichteten als gerechtes Handeln Gottes anerkannte läuternde Fegfeuer seinen Ort.
«Wenn das Gericht abgeschlossen ist, dann hören das Wüten der Elemente, die Blitz-, Donner- und Sturmwetter auf, alles Hinfällige und Vergängliche zerfällt, kommt nie wieder, wunderbare Ruhe und Stille ist eingezogen, wie Gott es wollte.»[294] Vor den Augen der hl. Hildegard erscheint das Bild der gereinigten Elemente in der neuen Schöpfung. «Nach allem diesem siehst du die Elemente, wie sie in äußerster Klarheit und Schönheit leuchten, befreit von aller ihnen früher anhaftenden Schwärze und Beschmutzung. Feuer schimmert ohne Brandglut wie Morgenröte, Luft strahlt in reinster Helle ohne Dunst, Wasser, durchsichtig und still steht es ohne Überlauf und Überschwall, Erde zeigt sich in voller Kraft und Ebenmaß, ohne jegliche Gebrechlichkeit und Mißgestalt. Sie alle sind verwandelt, voller Ruhe, voller Schönheit.» Es gibt nicht mehr Tag und Nacht, denn es ist nun nie aufhörender Tag.[295]
Das Geschichtsdrama ist abgeschlossen. «Et finitum est – Es ist beendet.» Dies sind die lapidaren Schlußworte der am Eingang der zwölften Vision beschriebenen Schau. Weiter heißt es dann: «Wiederum hörte ich die Stimme, die vom Himmel herab zu mir sprach: Diese (eben von dir geschauten Mysterien) deuten auf die letzten Zeiten, in welchen die zeitlichen Zeiten verwandelt werden in die Ewigkeit jenes strahlenden Glanzes, der ohne Ende ist.»[296]
Wenn nun jemand fragen sollte, ob es nicht einen neuen Abfall von Gott geben könne, ja sogar geben müsse, damit Bewegung in der Welt bleibe, ob

es nicht doch einen immer spannungsvollen Dualismus, einen ewigen Kreislauf von Gut und Böse, einen die Dinge vorwärtstreibenden Wechsel von Licht und Schatten, Kraft und Gegenkraft geben müsse? Wir könnten uns doch, so sagt man, ein Weltgeschehen gar nicht denken ohne die Spannung von Gegenkräften in geschichtlichen Abläufen oder die Spannung des Fortschrittes über die retardierenden Elemente hinweg.
Die hl. Hildegard würde antworten: Geschichte kannst du dir, o Mensch, nicht anders vorstellen und nicht anders denken, weil du aufgrund deines Herkommens von Adam her parteiisches Glied in dem Drama dieser Geschichte bist, offen für die Stimme der aufrührerischen Gegenpartei. Du willst das Recht der Freiheit des Menschen gegenüber Gott vertreten, ohne Gott und sogar gegen Gott Geschichte machen zu können. Dein Schöpfer aber mahnt dich, ihm die Ehre des Gottseins und Schöpferseins zuzuerkennen und umzudenken. Erkenne Gott und erkenne ihn in seinem Gottsein an, dann wirst du lernen, daß die Mysterien Gottes höher sind als alles menschliche Denkvermögen, daß es keinen Rückfall mehr geben wird, weil die Erlösten, wie schon jetzt die seligen Engel, nie damit zu Ende kommen werden, an der Herrlichkeit Gottes und den Wundern seiner Schöpfung teilzuhaben. Darum, o Mensch, höre und ergreife Partei!
Der dreieinige Gott stiftete das Mysterium der Kirche, damit der Mensch in ihr dies zu seinem Heil verwirklichen könne.

8. Das Mysterium der Kirche

Gott hat die Kirche gestiftet, weil es für den Menschen und somit für das Menschengeschlecht keine Entwicklung von unten her gibt.
Von den Natur- und Humanwissenschaften her, mit ihrem quantitativ und qualitativ beschränkten Horizont, stellt sich die Frage nach Erlösung nicht. Für sie ist die Existenz des Menschen nur eine Episode im Kosmosgeschehen, und somit können sie nur die Frage stellen und zu beantworten versuchen: Wie läßt sich das menschliche Dasein während der Dauer dieser Episode menschenwürdig und lebenswert für einen Teil oder für alle gestalten?
Die Erfahrung der Erlösungsbedürftigkeit wird dem Menschen nach Aussage der hl. Hildegard zuteil, wenn er irgendwo und irgendwie den Anruf Gottes erfährt.
Erlösungsbedürftig ist der Mensch, weil er mehr ist als ein evolutionistisches Naturprodukt, nämlich ein gottbezogenes, aber von Gott abgefallenes, gottentfremdetes und dadurch zu Schaden gekommenes Gottesgeschöpf.
Erlösungsfähig ist und bleibt der Mensch in der Schau der hl. Hildegard, wenn er sich nicht selbst, wie Luzifer, und in dessen Gefolgschaft, gegen

Gott verschließt und in seiner eigenen Existenzbehauptung verharren will. Erlösungsfähig ist der Mensch, weil Gott nicht aufhört, ihn als sein besonderes Geschöpf zu wollen und zu lieben und ihm die Umkehrfähigkeit gelassen hat.
Erlösungsmöglichkeit aber gibt es für den Menschen nicht von unten her, kraft eigenen Aufstieges aus der Tiefe, aus eigenem menschlichen Vermögen, sondern allein durch den Liebeswillen und die Liebestat Gottes. «Ich sah», schreibt die hl. Hildegard, «zwischen Himmel und Erde dickste Finsternisse heraufziehen, so grauenhaft, daß sie mit Menschensprache nicht zu beschreiben sind. Und wiederum hörte ich die Stimme vom Himmel sprechend: Wenn nicht Gottes Sohn am Kreuz gelitten hätte, dann hätten es diese Finsternisse auf keine Weise zugelassen, daß der Mensch zur überirdischen Lichtherrlichkeit (seinem ursprünglichen Zielort) gelange.»[297]
Es gibt auch keine zwischenmenschliche, mitmenschliche Erlösungsmöglichkeit. «Der selbst (als Folge des Falles) in Sünde geborene Mensch kann den im Sündenstand existierenden Mitmenschen nicht vom Todesverderben befreien. Deshalb (so spricht Gott) kam Mein Sohn, der ohne Sünde ist, und entriß, nach Seinem Sieg über die Todesmacht, den Menschen barmherzig der Todesverfallenheit.»[298]
Die Erlösung des Menschen kann nur von oben her, von Gott selbst kommen. Sie wird Wirklichkeit, denn «von Barmherzigkeit bewegt, gedachte Gott seines bedeutenden Schöpfungswerkes, seiner kostbaren Perle, nämlich des Menschen, den er aus Erdenlehm gebildet und dem er den Atem des Lebens eingehaucht hat».[299] «Der himmlische Vater erwies uns seine Liebe in unserm gefährdeten Dasein, uns, den darin Strafgefangenen, indem er sein Wort, das vor den Menschenkindern allein und durch und durch heilig ist, kraft seiner Macht in die Finsternisse der Zeitabläufe sandte.»[300]
Zum himmlischen Licht zurückgeführt, wird der Mensch, indem er der von Gott gestifteten Kirche, dem neuen Volke Gottes, dem geheimnisvollen Leibe Christi eingegliedert wird. Darauf zielt alles Gotteshandeln im Ablauf dieser Weltzeit.
«Bei Hildegard steht das ‹Credo ecclesiam› als Mysterium des Glaubens absolut im Mittelpunkt, ja, es dürfte das geheime Leitthema ihrer Schriften sein, denn ‹die Vollendung der Schöpfung geschieht in der Kirche›. Aus dieser Schau erfaßt sie nicht nur einen Teilaspekt, sondern betrachtet die Weite und Tiefe des ganzen Geheimnisses. Mit verschiedenen Mitteln verdeutlicht sie die herausragende Stellung der Kirche als eines Kraftzentrums, in dem alle Lebensmacht pulsiert.»[301]
Selbstverständlich hat die Kirche, wie die hl. Hildegard sie schaut, auch ihre irdische, leibhaftige Gestalt, wie ja auch das inkarnierte ewige Wort seine menschliche Leiblichkeit als sichtbare Gestalt hatte. Aber nie denkt

die hl. Hildegard daran, das Wesen der Kirche von dieser sichtbaren Gestalt her beurteilen oder gar ergründen zu können. Wer die Kirche vom Institutionellen, Soziologischen, Gesellschaftlichen, Humanen her erfassen will, kann immer auch nur nach ihrer humanen, sozialen, gesellschaftlichen und politischen Relevanz für diese Welt fragen und sie danach bewerten. Daher kommt es dann auch, daß die Aussagen der hl. Hildegard über die hierarchische Gliederung der Kirche als gesellschaftlich aus ihrer Zeit bedingter Konservativismus mißdeutet werden.

Immer wieder nimmt dann auch der kritische Blick, blind für das göttliche Heilshandeln in seiner Kirche, Anstoß an den Fehlern und Schwächen der äußeren Kirchengestalt. Für die hl. Hildegard wurden diese nie zum Zweifel erregenden Ärgernis, denn «erst wenn jeder einzelne der Gerechten zu den Söhnen des Lichtes gelangt sein wird, dann erst wird das gute Werk, das sie (während ihrer Lebenszeit) gewirkt haben, an ihnen sichtbar werden, das in der Todverfallenheit des Erdenstaubes nicht erkannt werden kann, weil es hier in verwirrender Schattenhaftigkeit verhüllt ist».[302] Außerdem sah die hl. Hildegard die Kirche immer von den Anstürmen des Bösen nicht nur bedroht, sondern auch getroffen.

Das bedeutet also, daß das Mysterium Kirche, ihr wahres Wesen, nicht für jedes Auge sichtbar, nachweisbar, und nicht aus dem irdisch Vorgegebenen erklärbar ist. Denn die Kirche ist nicht aus der menschlichen Religions- und Geistesgeschichte hervorgegangen, deshalb auch nicht aus ihr erklärbar. Sie wurde von Gott in die Menschheits- und Kosmosgeschichte als etwas bisher nie Dagewesenes, als ein auf eine neue Zukunft hin wachsendes neues Gotteswerk hineingepflanzt.

Die Erlösung ist für die hl. Hildegard das Werk des dreieinigen Gottes. Einer nur monotheistischen, nicht trinitarischen Theologie bleibt der Zugang zur Verkündigung des *Scivias*-Buches über Erlösung und Kirche verschlossen. Bei der Schau der Lichtgestalt des Erlösers wird der Schreiberin des Buches kundgetan: «Den alleredelsten Leib des Sohnes Gottes, aus der lieblichsten Jungfrau geboren und eine Dreitagezeit im Grab gelegen – was ein Hinweis darauf ist, daß drei Personen in der einen Gottheit sind – diesen Leib berührte die Lichtherrlichkeit des Vaters, so daß er den Geist zurückempfing und in solch strahlendster Unsterblichkeit auferstand, wie sie kein Mensch ausdenken oder in Worten aussagen könnte. Ihn stellte der Vater mit geöffneten Wunden den himmlischen Engelchören vor, sprechend: Dies ist Mein geliebter Sohn, den Ich sandte, für das Volk zu sterben. Da brach in ihnen eine über alles Menschenbegreifen hinausgehende unermeßliche Freude aus, weil die verbrecherische Gottvergessenheit so in den Grund gebohrt wurde, daß die Menschenvernunft, durch teuflischen Einfluß zu Boden gestreckt, wieder zur Erkenntnis Gottes erhoben wurde. Denn unter höchster Beglückung ist dem Menschen der Weg zur Wahrheit gewiesen worden, auf dem er vom Tode empor zum Leben geführt worden ist.»[303]

Die Eigenart der Hildegardischen Erlösungsschau wird in diesen Sätzen deutlich. Das gottgewollte leibhaftige Leiden und Sterben des inkarnierten Gottessohnes wirkt die Erlösung. In überschwenglicher Teilnahme wendet sich die nicht von Gott abgefallene Welt der hohen Geistwesen, der Engel, diesem Gotteshandeln zu. Die Erlösung bringt den geistigen Kosmos zum Jubeln! Durch die Erlösungstat wird im Menschengeschlecht ein geistiger Umschwung eingeleitet. Das Ziel der Erlösung, so sehr sie auch die leiblichen Bereiche des Menschen anrührt, liegt oberhalb der gegenwärtigen Todeswelt.

Der ewige Vater sagt über den fleischgewordenen Sohn: «Meinem Eingeborenen, in Angst von Schweiß genäßt, mit Ruten und Geißeln mißhandelt, und unter dem Kreuzesholz erdrückt, entströmte aus Seinen Wunden das wertvollste und kostbarste Blut, mit heilkräftigster Befreiung die Menge der Glaubenden salbend.»[304] Weil es das Blut des inkarnierten Gottessohnes ist, hat es wunderbare Wirkungskraft. Die hl. Hildegard stellt keine Sühnetheorie auf. Sie beschreibt nur die Wirkung des leibhaftigen Kreuzesleidens des menschgewordenen Gottessohnes auf die durch den Fall der Menschen geschädigte Schöpfung, insbesondere die Spitze dieser Schöpfung, den Menschen selbst. «Seine Seitenwunde, aus der die Kirche entsprang, löschte Adams und Evas Schuld, wie ja aus Adams Seite Eva erschaffen wurde.»[305] Der aus Adams Seite erschaffenen Mutter des jetzigen irdischen Menschengeschlechtes und seiner Sündengeschichte steht die aus der offenen Seite Christi hervorgegangene Kirche, Mutter einer neuen Menschheit mit einer in die Ewigkeit weisenden Geschichte, gegenüber. Wie leibhaft und wirklichkeitsnah die hl. Hildegard die Erlösung begreift, sagen Sätze wie die, daß die fünf Sinne der Menschen, die sie in Beziehung sieht zu den fünf Kreisen himmlischer Engel, durch die fünf Wunden Christi erlöst seien, oder daß die Hand- und Fußwunden Christi die Erlösung für die Hand- und Fußsünden Adams und Evas und ihrer Nachkommenschaft bringen.[306]

In der Kirche wird diese Erlösung den Menschen zuteil. «Wieder hörte ich eine Stimme aus der Höhe der Himmel, die zu mir sprach: Als Christus Jesus, wahrhaftiger Sohn Gottes, am Holze seines Leidens hing, wurde die Ihm in der Verborgenheit der überirdischen Mysterien angetraute Kirche mit Seinem purpurfarbenen Blut (als Hochzeitsgabe) dotiert. Sie selbst (die Kirche) weist ja auch darauf hin, da sie ständig, zum Altare tretend, ihre Hochzeitsgabe sich wieder ausbittet (in der Eucharistie), und mit höchster Aufmerksamkeit betrachtet sie, in welch gläubiger Ehrfurcht ihre Kinder, zu den göttlichen Mysterien hinzutretend, diese in Empfang nehmen. Daher siehst du, wie die vorerwähnte weibliche Gestalt (die Kirche), blitzschnell als strahlender Glanz aus dem uralten Ratschluß hervorgehend, dem Sohne Gottes, da Er am Kreuze hing, zugeführt wurde. Denn, da eben dies unschuldige Lamm für das Heil der Menschen auf dem Altar des Kreuzes erhöht worden war, da erschien aus Gottes geheimen Ratschluß plötzlich – abgrundtiefes Geheimnis! – im Himmel die Kirche, fehlerlos in der Reinheit des Glaubens und der anderen Tugenden. So wurde sie durch die höchste Majestät eben diesem Eingeborenen Gottes verbunden.»[307]

Dem, der nur das als Wirklichkeit gelten läßt, was er in historischen Abläufen und Entwicklungen forschend verfolgen kann, tritt hier etwas Unbegreifbares entgegen. Blitzschnell, plötzlich, aus urewigem Ratschluß hervorgehend, steht neben dem leiblich Gestorbenen, verborgen als eingeborenem Sohn Gottes Lebendigen, in Bälde leiblich Auferstehenden und zu seinem himmlischen Ursprung Erhöhten ein von Ewigkeit her geplantes neues Gebilde, die Kirche. In Gottes Sicht fehllos, sieghaft glaubend und kämpfend, ein Wunder vor den Augen der Engel, ist sie im Augenblick der Entstehung armselige, schwache irdische Wirklichkeit, zwei, drei erschütterte Menschen unter dem Kreuz, einige mehr tief Betroffene in der Nähe des Kreuzes, und ein oder zwei Wochen später eine in Angst und erstem Glauben und Hoffen zusammengedrängte Schar, die sich regelmäßig zur Wiederholung der ihnen anvertrauten Gabe des Gegenwärtigseins Christi im heiligen Abendmahl sammelt. So sah die hl. Hildegard die Kirche: Vollkommene, ewige Freude bereitende Wirklichkeit schon in der Sicht des Himmels, schwer ringende, vielfach verletzte und beschmutzte, aber unüberwindliche und schon vielfältig siegende Leidensgestalt im Ablauf der Zeiten, strahlend im Vorausblick auf ihre ewig-endgültige Vollendung nach dem Jüngsten Tag.

In einem anderen Text des *Scivias*-Buches ist der gekreuzigte Sohn Gottes selbst der Handelnde, der sich die Kirche als seine Braut und als die Mutter aller Gläubigen erwählt. «Dem Wirken der (satanischen) Boshaftigkeit widerstand Gott durch den Einsatz vollkommensten Gutseins, indem er nämlich seinen Sohn in die Welt sandte, der in seiner Leibhaftigkeit, in tiefster Demut, sein verlorenes Schaf zur Himmelswelt zurückbrachte. Wie? Das Blut, das aus seinem Körper herausströmte, wie aus geöffneten Wunden brach es hervor, erschien alsbald in den (uns Menschen) verborgenen himmlischen Orten mit dem Verlangen, daß die Rettung der Seelen freigegeben würde. Wieso? Weil die ganze Schöpfung unter Hinweis auf eben diesen Sohn Gottes dartat, daß durch Leiden und Tod desselben die Verdammnis der Menschen in Leben zurückverwandelt ist. Wieso? Weil eben dieser Eingeborene Gottes – sein Sein ist Leben – sich selbst für die Erlösung des Menschengeschlechtes in das Leiden auf dem Altar des Kreuzes darbrachte. Dort erwählte er sich – du selbst hast es in wahrhaftiger Schau als Stimme aus der überirdischen Welt vernommen – die Kirche zu seiner Braut. Sie sollte, zur Wiederaufrichtung des Heils, als die Mutter aller

Gläubigen dastehen, indem sie nämlich diese durch geistliche Neugeburt ohne Fehl in die himmlischen Bereiche hinübergeleitete.»[308] Es ist zu beachten, wie die hl. Hildegard in dieser Schau «die ganze Schöpfung» an dem Erlösungsgeschehen interessiert und beteiligt sieht.
Wir zitieren dazu aus der schon erwähnten Schrift von Margot Schmidt: «Obgleich bei Hildegard das Geheimnis der Menschwerdung im Mittelpunkt steht, hebt sie für die konkrete Gründung der Kirche neben der Inkarnation die Einzigartigkeit des Kreuzesopfers Christi hervor. Ferner ist zu sehen: In Parallele zur Schöpfung geht die Kirche wie die Natur aus dem Worte Gottes – nämlich aus der Seite Christi hervor, und zwar nicht wie ein gesetzmäßiges Naturereignis (oder ein geschichtlicher Entwicklungsprozeß), sondern ‹plötzlich› als ‹abgrundtiefes Geheimnis›. Sie wird zur ‹neuen Welt› der Gnade, in der allein Gerechtigkeit ist. Denn Christus ist in seiner Menschwerdung ‹der Ursprung der Gerechtigkeit›. Alle frühere Gerechtigkeit war nur ein vorlaufender Schatten. Menschwerdung und Kreuz bilden im Blick auf die Erlösung eine Einheit, aber für die Gründung der Kirche ist der Schöpfungsakt im Opfer die unabdingbare Voraussetzung, wenn auch dieser durch das ihm innewohnende Geheimnis unfaßlich bleibt. Unfaßliches Geheimnis vor allem deswegen, weil die Kirche in ihrem Gründungsakt über das Heil des Menschen hinaus auch kosmische Dimensionen aufweist. Wie eine machtvolle, ‹von keinem menschlichen Geist zu erfassende› Frauengestalt erblickt Hildegard die Kirche, die sich vom Abgrund bis zum Himmel erhebt und am Ende der Zeit ‹über die Himmel der Himmel fliegt›. Diese in der abendländischen Geschichte wohl einmalige Schau der Kirche in ihrer Durchdringung von Mensch und Kosmos, die keinen Bereich der Schöpfung ausklammert, ist für unsere Zeit von besonderer Anziehungskraft.»[309]
Das Dasein der Kirche im Laufe des Weltgeschehens ist für die hl. Hildegard die Zukunftsgarantie Gottes für seine Schöpfung, für die Menschen in ihr und alle Kreatur um ihn. Denn in der Kirche wird dem leib-geistigen Geschöpf Mensch, dem Mikrokosmos im Makrokosmos, Erlösung und Zukunft dargeboten.
Es gehört zum prophetischen Auftrag der hl. Hildegard, dieses Mysterium Kirche zu verkündigen. Wenden wir uns nun den einzelnen Aussagen zu. Grundlegend für alles, was sie über die Kirche zu sagen hat, ist ihre Schau des Mysteriums der Inkarnation. Von ihrem Ursprung her steht die Schöpfung, über die Zwischenakte Fall und Erlösung hinweg, unter dem ewigen göttlichen Ziel: Einung des Schöpfers mit seiner Schöpfung. Das «Cur Deus homo», warum mußte Gott Mensch werden, ist letztlich nicht von der Notwendigkeit der Sühne her bestimmt. Diese mußte zwar in der Dramatik des göttlichen Heilshandelns in der Leiblichkeit des Menschgewordenen geschehen. Aber die Kommunion des ewigen Wortes, des Sohnes in

der Trinität, mit der von ihm erschaffenen Materie in der Fleischesgestalt des Menschen, ist mit allen sich daraus ergebenden Folgen das allem weiteren Handeln Gottes vor- und übergeordnete Prinzip seines Liebeswillens. Deshalb muß man sagen: Erst von der Inkarnation her gewinnt der Christ die wahre Schau des Wunders der Schöpfung, erst von der Inkarnation her kann er den Sinn der Existenz des Kosmos und der Existenz des Menschen in diesem Kosmos erfahren. In ihrem letzten großen theologischen Buch wird die hl. Hildegard mehr darüber sagen. In ihrem Schreiben an die Mainzer Geistlichen über die Gefahr der leibverachtenden Sekte der Katharer stehen zwei Sätze, die für diese Zusammenhänge aufschlußreich sind: «Das sind die, welche die ersten Prinzipien leugnen, nämlich daß Gott alles geschaffen hat und ihm gebot, durch Keimen und Wachsen fortzuschreiten.» Und weiter: «Das sind die, welche das schon vor aller Zeit aufgeleuchtete Prinzip leugnen, daß das Wort Gottes (der Sohn) dazu bestimmt war, Mensch zu werden.»[310]

Dieses menschgewordene ewige Wort hat nie, auch in seiner menschlichen Erniedrigung nicht, aufgehört, wahrhaftiger Gott zu sein. Es ist völlig abwegig, führt von Gottes Heilswalten weg, in dem Fleischgewordenen nur den Menschen Jesus, den Gott zugewandten und von Gott wegen seiner absoluten Hingabe an Gott und die Menschen als einzigartigen Sohn anerkannten Menschen zu sehen. Der noch so sehr erhöhte Mensch Jesus bringt der Welt kein Heil – nur der menschgewordene ewige Sohn. «Das Wort Gottes, durch welches alles gemacht ist, das selbst vor den Zeiten (der Welt) aus dem Herzen des Vaters geboren, doch aber am Ende der Zeiten, wie die alten Heiligen voraussagten, aus der Jungfrau ins Fleisch gekommen, dieses Wort, obwohl es das Menschsein annahm, hat dennoch seine Göttlichkeit nicht verlassen, sondern, mit dem Vater und dem Heiligen Geiste als der eine und wahre Gott existierend, brachte es mit seiner Lieblichkeit Herzensfreude in die Welt und erhellte sie durch den Glanz seiner Klarheit.»[311]

Und weiter: «Wie ein Mensch, der eine wunderschöne Perle in seinem Kasten hat, sie in Metall faßt, damit sie vor den Menschen zur Schau komme, so habe Ich (spricht Gott), der Ich Meinen Sohn in Meinem Herzen trage, Ihn von einer Jungfrau eingefleischt werden lassen, damit Er so selbst den Menschen das Heil des wahren Lebens zutrüge. Hätte Ich Ihm einen fleischlichen Vater gegeben, wer wäre Er wohl gewesen? Gewiß nicht Sohn, sondern Mein Knecht. Doch das durfte nicht sein.»[312]

«Im fleischgewordenen Wort Gottes ist jener bedeutende und uralte Ratschluß sichtbar geworden: Auf der Erde erscheint jenes Licht, die Morgenröte, in die auf wunderbare Weise eben diese Lohe (der Sohn) eingesenkt ist, ohne jedoch von dem vorerwähnten leuchtenden Feuer getrennt zu sein. Das bedeutet, daß Gott an Stelle natürlichen Hervorsprossens den überwältigenden Schimmer goldglänzenden Lichtes einpflanzte, indem Er aus der Fülle seines Liebesverlangens Sein Wort dorthin entsandte, aber ohne daß es von Ihm selbst getrennt wäre.»[313] Und ein wenig weiter: «Gottes Wort ist im strahlenden Weiß unbefleckter Jungfräulichkeit unverletzt eingefleischt worden und wurde ohne Schmerz geboren, wurde aber dennoch nicht vom Vater getrennt. Wieso? Als der Sohn Gottes in dieser Welt aus der Mutter geboren wurde, erschien Er in der Himmelswelt im Vater, so daß die Engel sogleich erzitterten und nicht aufhörten, frohlockend die lieblichsten Lobgesänge zu singen.»[314]

Wir stehen vor Geheimnissen, die dem menschlichen Begreifen verschlossen bleiben. Das gilt auch, wenn wir glauben sollen, daß die Menschwerdung des Sohnes gerade im richtigen Augenblick des kosmischen Geschehens, auf dem Scheitelpunkt, Kipp-Punkt der gottgesetzten Zeiten geschah. «Mein Sohn kam zu der Zeit..., da schon die Kraft des Tages (des Weltentages) nachließ und die Nachtkälte heraufzog..., als die Welt (die durch den Sündenfall des Menschen gestörte Schöpfung) schon dem Untergang entgegeneilte.»[315]

Keine menschliche Wissenschaft kann prüfen, ob diese in Übereinstimmung mit den Aussagen der Bibel stehende Aussage den Tatsachen entspricht. Nur eines bemerken wir, daß der Lauf der Dinge ein immer rasanteres Tempo annimmt. Daß dies ein Zeichen für das Vorrücken der göttlichen Planung sei, kann nur geglaubt werden.

Daß alle diese Geheimnisse nur dem Glaubenden und tätig Gott Dienenden zugängig sind, darüber schreibt die hl. Hildegard in der Vision der Säule des Erlösers: «Die erhabene und unermeßliche Heiligkeit der wahren Fleischwerdung ist für die geistigen menschlichen Fähigkeiten so tief verschattet, daß sie nicht beurteilt werden kann. Nur soweit es durch den Glauben möglich ist, kann sie erschaut und von denen, die sich innerhalb des Heilsgebäudes in Glaube und Werk um den Dienst Gottes bemühen, erkannt werden, auch den draußen (von Gott her gesehen) dem Leerlauf Hingegebenen als fernes Gerücht oder in vernehmbarer Rede kundgetan werden... Mein Sohn erschien unter den Menschen in der Sterblichkeit des Fleisches, da Er für das Volk den Tod auf sich nehmen sollte, also von Sterblichkeit überschattet, wenn auch ohne jeden Sündenfehl lebend. So gilt denn, daß Seine wahre Fleischwerdung, in der mystischen Größe der Geheimnisse Gottes unbegreifbar und in der Erhabenheit göttlichen Machtwirkens nicht abzuschätzen, alle Erkenntnisfähigkeit des menschlichen Verstandes weit hinter sich läßt.»[316]

Die Inkarnation des Sohnes Gottes erreicht ihr von Ewigkeit her gesetztes Ziel und kommt zur Vollendung, wenn die Kirche als der Leib Christi in der Vollzahl ihrer Glieder zur Vollendung gekommen und die lebendige Mitte der erneuerten Schöpfung geworden ist. So allumfassend schaut die

hl. Hildegard das Heilshandeln Gottes. In sieben Visionen des *Scivias*-Buches steht die Kirche im zentralen Blickpunkt ihrer Schau: Die Nachfolgerin der Synagoge und Erfüllung aller Verheißungen, die Mutter ihrer geistlichen Kinder, die mit dem Heiligen Geist gesalbte Braut Christi, der mystische Leib Christi, die Verwalterin ihrer Hochzeitsgabe, der Eucharistie, die durch die letzten satanischen Anfechtungen siegreich hindurchgerettete Braut Christi. Hinzu kommt die Schau des noch im Bau befindlichen, seiner Vollendung entgegengehenden Turmes der Kirche.
In der dritten Schau des zweiten *Scivias*teiles heißt es: «Danach sah ich etwas wie eine weibliche Gestalt von solcher Größe, wie eine große Stadt sich darbietet. Ihr Haupt trug sie mit wunderbarem Zierat gekrönt, die Arme hielt sie ausgestreckt, von denen, langen Ärmeln gleich, vom Himmel bis zur Erde hinab ausstrahlend, Glanz herniederglitt. Ihr Leib aber war nach Netzesart von vielen Löchern durchbohrt, durch welche eine große Menge von Menschen hin und her eilte. Beine aber und Füße hatte sie (noch) nicht, sondern nur mit dem Teil ihrer Gestalt, der oberhalb des Leibes ist, sah ich sie vor dem Altar stehen, der vor den Augen Gottes ist. Mit ausgestreckten Händen umfaßte sie ihn und mit ihren Augen spähte sie durch die ganze Weite des Himmels. Gewandung aber konnte ich an ihr nicht erkennen, nur sah ich, daß sie, in durch und durch leuchtender Hoheit strahlend, von lauter Glanz umkleidet war. Auf ihrer Brust erglühte rötlich schimmernd eine Art Morgenrot. Von dorther hörte ich auch unter vielfältigster Musikbegleitung den Liedgesang:
‹Gleichwie das Morgenrot in Röte herrlich schimmert.›
Und diese Gestalt breitete ihren Glanz wie einen weiten Mantel aus und sprach: ‹Ich muß empfangen und gebären.› Und schon eilte ihr wie Blitzesleuchten die Engelvielheit hilfreich zu, in ihr Stufen und Sitze für die Menschen zu errichten, durch welche sie ihre Vollgestalt erreichen sollte.
Darauf sah ich schwarze Kindlein dicht über der Erde durch die Luft, wie Fische im Wasser, vordringen und durch die vielen Öffnungen in den Leib der Gestalt eindringen. Sie aber stöhnte auf, zog sie zu ihrem Haupt empor, wo sie aus ihrem Mund hervorgingen. Sie selbst aber blieb dabei unverletzt. Und siehe, jenes hoheitsvolle Licht und in ihm die in rotglühender Lohe brennende Menschengestalt, wie ich sie früher schon sah, erschien mir wieder. Und sie zog jedem einzelnen dieser Kinder die schrecklich schwarze Haut ab, warf sie weg jenseits des Weges, und kleidete jedes einzelne von ihnen mit strahlend weißem Gewand, öffnete ihm den Ausblick in das erhabenst strahlende Licht und sprach zu jedem einzelnen: ‹Ziehe aus den alten Zustand der Ungerechtigkeit, zieh an das neue Wesen der Heiligkeit! Denn aufgetan ist dir die Tür zu deinem Erbe. Bedenke also, wie du belehrt worden seiest, daß du deinen Vater erkennst, den du (öffentlich in der Taufe) bekannt hast. Ich habe dich aufgenom-

men, und du hast mich bekannt. Nun sieh zu, es gibt zwei Wege, den einen zum Aufgang, den andern zum Untergang. Wenn du also, wie du durch den Glauben belehrt wurdest, mit deinem inneren Auge liebevoll auf mich schaust, werde ich dich in meinem Reiche aufnehmen. Wenn du aber, rückwärts blickend, dich in Verachtung von mir abwendest, nichts von mir wissen und erfahren willst, dich trotz meines Rufes zur Buße wieder dem Teufel zuwendest, als wäre er dein Vater, dann wird das Verderben dich verschlingen.›

Die Kinder, die durch den Leib der vorgenannten Gestalt hindurchgegangen waren, wandelten in dem Lichtglanz, der sie umgab. Doch sie, mit gütigstem Blick auf sie schauend, sprach mit trauriger Stimme: ‹Diese meine Kinder werden wieder in den Staub zurückkehren. Viele ja empfange und gebäre ich, die mich, ihre Mutter, durch vielfältige stürmische Unruhen ermüden und bedrängen, indem sie gegen mich losziehen durch Irrlehren, Spaltungen und unnütze Streitereien, durch Raub und Mord, durch Ehebruch und Unzucht und andere ihnen ähnliche Verirrungen. Doch sehr viele von ihnen werden in wahrhaftiger Buße zum ewigen Leben auferstehen, und sehr viele verfallen in irriger Verhärtung dem ewigen Tod.›

Und wiederum hörte ich die Stimme vom Himmel, die zu mir sprach: ‹Zur Vollendung kommt der Bau aus lebendigen Seelen, der in der Himmelswelt aus lebendigen Steinen errichtet wird, geschmückt mit der herrlichen Zier der (gottgewirkten) Tugenden in seinen Söhnen.›»[317]

Ähnlich überwältigend in seiner strahlenden Gewalt ist das Bild der Kirche als des mystischen Leibes Christi in der fünften Schau des zweiten *Scivias*teiles. Hier erzittert die hl. Hildegard beim Anblick der die Kirche bedrohenden, aus der Tiefe aufsteigenden Finsternis: «Unterhalb dieses Glanzes, wo dieser wie das Morgenrot glühend sich bewegte, sah ich zwischen Himmel und Erde dickste Finsternisse heraufziehen, so grauenerregend, daß Menschenzunge es nicht fertigbringt, sie auszusprechen. Und wieder hörte ich die Stimme, die vom Himmel sprach: ‹Wenn Gottes Sohn nicht am Kreuz gelitten hätte, würden diese Finsternisse es unmöglich machen, daß auch nur ein Mensch zur himmlischen Herrlichkeit gelangen könnte.›

Wo aber der (überirdische) Glanz in Purpur und Hyazinth schimmerte, da loderte er in kühner Umschlingung der zuvor beschriebenen weiblichen Gestalt. Ein andersartiger Glanz, wie eine blendendweiße Wolke, umgab ehrbar diese Gestalt vom Nabel abwärts, soweit sie noch nicht vollendet war. Und nun breitete sich ein dreifaltiger Glanz weit um diese Gestalt und ließ in ihr vielfältige Grade und Stufen sehen.

Aber da ich dies erblickte, stürzte ich durch den übergroßen Schrecken, der mich überfallen hatte, mit aufgelösten Kräften zu Boden, unfähig, zu jemandem zu reden. Und siehe da, ein übergroßer Glanz berührte mich, wie eine Hand, und so empfing ich wieder Lebenskraft und Stimme. Und wiederum vernahm ich aus jenem Glanz die Stimme, zu mir sprechend: ‹Das sind große Geheimnisse.›»[318]

Wir haben ausführlich diese längeren Texte gebracht, weil sie einen Eindruck von der Kraft und Lebendigkeit der Hildegardvisionen vermitteln, und weil in ihnen in knappen Worten die wesentlichen Aussagen der hl. Hildegard über die Kirche beisammen sind: Die Kirche, wie sie schon vor dem Angesicht Gottes steht, als die wunderbare Heilsgestalt, die Kirche in ihren vielen Gliedern, die noch unfertige, wachsende, furchtbar bedrohte Kirche, und die von ihrem Herrn und Schöpfer wunderbar bewahrte Kirche.

Denn das ist der hl. Hildegard, die täglich die irdische Kirche in allen ihren Schäden und Nöten sah, durch und durch gewiß: «Die weibliche Gestalt (die Kirche) kann niemals zu Fall kommen. Denn der Heilige Geist hat in der kühnsten Machttat der Inkarnation dessen, der als wahrer Bräutigam seiner Kirche dasteht, seine Wunder wunderbar gewirkt, und er hat die Kirche in der Verteidigung ihrer Festung als so stark erwiesen, daß sie aus der durch sein feuriges Gnadenwirken befestigten Stellung niemals im Irrtum irgendeiner Verkehrtheit zu Fall kommen kann. Immer wird sie unter himmlischem Schutz sich ohne Makel und Runzel der Liebe ihres Bräutigams erfreuen.»[319]

Darum rät die hl. Hildegard, sich nicht durch den Blick auf die Fehlstellen der Kirche beirren zu lassen, sondern auf Gott zu schauen, in dessen Vorauswissen die Kirche schon vollendet dasteht: «Das Fundament ist gelegt, denn in Gottes Vorauswissen sind sie (die noch fehlenden Glieder mit ihren Gott wohlgefälligen Werken) schon da, und ihr zukünftiger Glaube an ihr Heil ist schon kraftvoll mit eingebaut. Darum soll ein Mensch (im Blick auf die Kirche) Hoffnung und Vertrauen auf niemand anderen setzen als auf Gott, nicht an seiner Barmherzigkeit zweifeln, sondern auf ihn vertrauen. Das ist das stärkste Fundament für die glaubende Seele.»[320] Immer soll der Christ daran denken, »daß der menschliche Verstand, beschwert von seiner Schwäche und Hinfälligkeit, die Geheimnisse der Kirche nicht in Ganzheit durchschauen kann. Nur das siehst du, daß sie in hellstem Licht leuchtet und von der Fülle des Glanzes umhüllt ist.»[321]

Aber es ist eben auch anderes, Schreckliches zu sehen. In der elften Schau des dritten Sciviasteiles erblickt die hl. Hildegard über dem oberen Winkel des Heilsgebäudes die Jünglingsgestalt des erhöhten Christus, bekleidet mit Purpur, Zeichen seines vergossenen Erlöserblutes, und umringt vom Morgenröteglanz der werdenden, Märtyrerlieder singenden Kirche. Dann heißt es: «Aber auch jene weibliche Gestalt, die ich vorher schon vor dem vor Gottes Augen stehenden Altar erblickt hatte, wurde mir nun wieder ebendort gezeigt, doch so, daß ich sie jetzt auch vom Nabel ihres Leibes abwärts sehen konnte. Von ihrem Nabel bis zur Stelle der Weibeserkennbarkeit hatte sie mannigfaltige und schuppige Flecken. An der Stelle ihrer Weibeserkennbarkeit aber erschien ein monströses und pechschwarzes Haupt, das hatte glühende Augen, Ohren wie Eselsohren, Nüstern und Maul wie eines Löwen, das Maul weit aufreißend knirschte es, und schrekkenerregend wetzte es seine eisenharten und schaurigen Zähne. Von diesem Haupt ab bis zu ihren Knien war diese Frauengestalt fleckig weiß und rötlich und sah aus wie von vielen Schlägen getroffen. Von ihren Knien abwärts aber bis zu den weiß erscheinenden Füßen sah sie blutig aus. Und siehe, das monströse Haupt löste sich mit solchem Getöse von seiner Stelle, daß die ganze weibliche Gestalt in allen ihren Gliedern dadurch erschüttert wurde.»[322]

In der Folge wird ausführlich beschrieben, wie die Kirche in tiefer Ehrfurcht Gott die Gebete der Heiligen als heilige Opfer darbringt. Aber eben diese Braut Christi ist in dieser Welt im Kampf mit den vielen Lastern verwundet und befleckt, sie ist verfolgt und verletzt vom Antichrist, der aus ihrem eigenen Schoß hervorgeht und in hinterhältiger Kampfesweise die Verführung der Menschen zur vollen Auswirkung bringen will.[323] Sicherlich setzte sich die hl. Hildegard diesen Schauungen nur mit Schauder, Furcht und Zittern aus. Sie schrieb sie nieder, nicht um Schauder zu erregen oder Zukunftsneugier zu befriedigen. Es sollten Warnungen an ihre in Christus geliebten Glieder der Kirche sein. «Damit euch nicht die terroristischen Methoden jenes Verderbers in Glaubensverlust und Verderben stürzen. Darum rüstet euch und bereitet euch auf härtesten Kampf vor.»[324]

Die Kirche ist der starke, von Gott errichtete Turm, in dem ihre Glieder gegen die Angriffe des Teufels bewahrt sind. «Nach der Menschwerdung des Sohnes Gottes erging durch seine Lehre im Heiligen Geist die heilbringende Berufung eines neuen Volkes. Da erstarkten durch die Ermahnung der seligen Gotteskräfte die tugendliebenden Menschen zu einem Bollwerk gegen den ungeheuerlichen Feind, dem kein Mensch zu widerstehen vermag, er sei durch Gottes Gnade unterstützt. Durch Gottes Beistand steht es nun unerstürmbar da, so daß es durch keine noch so kunstvollen Nachstellungen (des Teufels) aus Gott herausgerissen oder vernichtet werden kann. Dieser Turm nun sinnbildet die Kirche, als stärkste Befestigung zum Widerstand gegen die Ungerechtigkeit dem Teufel entgegengestellt.»[325]

Vom Menschen her gesehen ist das zwar nicht erkennbar, soll aber im Vertrauen auf Gott geglaubt werden. Denn «die wunderbare Verherrlichung der Kirche, die Meinem Sohn als Braut verbunden ist, steht noch verborgen im Wissen Gottes als auf einem sicheren Fundament. Denn noch strahlt sie nicht im abgeschlossenen Werk ihrer Vollendung vor der Weltöffentlichkeit, sondern ruht unerschlossen in den Menschenherzen...

Noch hat diese Kirche nicht jenen Kurs und Stand erreicht, den sie erreichen soll, obwohl sie mit viel Besorgnis und Beharrlichkeit nicht nachläßt, gegen den Geschwindschritt der stürzenden Zeiten, täglich ohne Verzögerung in ihren bei ihr ein- und ausgehenden Kindern die Vollendung ihrer Schönheit zu betreiben.»[326]

Der Turm der Kirche ist zur Menschenwelt hin offen. Sehr realistisch schreibt die hl. Hildegard: «Darauf sah ich an der Nordseite des Gebäudes Menschen aus dem Adamsgeschlecht zwischen der leuchtenden Mauer der forschenden Erkenntnis und dem Lichtbereich, der von dem auf dem Thron Sitzenden ausgeht, hin und her laufen. Viele von ihnen traten in das Gebäude ein, viele verließen es, wie ein Wolkengeschiebe bewegte es sich hin und her. Aber die in das Gebäude wirklich eintraten, wurden mit einem schneeweißen Gewand bekleidet. Die einen von ihnen frohlockten voller Freude über die Sanftheit und Milde des Gewandes und behielten es darum an. Andere aber wurden ärgerlich über seine Last und Beschwerlichkeit, wollten es darum wieder ausziehen. Da bemühte sich jene Gotteskraft, die mir früher als Erkenntnis Gottes bezeichnet worden war, mit viel Beruhigungsversuchen um sie und sprach zu jedem einzelnen von ihnen: Sieh dir doch das Gewand genau an, mit dem du bekleidet worden bist, und bewahre es.

Und nun sah ich, wie manche von ihnen sich durch diese Worte in Zucht genommen fühlten und, obwohl dies Gewand ihnen beschwerlich zu sein schien, es doch unter viel Schweiß weitertrugen. Manche aber schnitten Grimassen über diese Worte, rissen sich das Gewand wütend vom Leib, warfen es weg und kehrten in die Welt zurück, aus der sie gekommen waren, forschten unruhigen Geistes überall herum und nahmen viel unnützes Zeug von Welteitelkeiten in sich auf. Andere unter ihnen kehrten endlich doch in dies Gebäude zurück, hoben ihr weggeworfenes Gewand wieder auf und bekleideten sich damit. Wieder andere aber wollten nicht zurückkehren, und ihres Gewandes für immer entblößt, blieben sie voller Schande in der Welt.

Ich sah aber auch, daß manche, über und über schmutzig, pechschwarz, wie von Wahnsinn getrieben, aus der Dunkelheit kommend, in das Gebäude hineinstürzten, in betrunkener Raserei in den Turm einzudringen versuchten und wie Schlangen gegen ihn zischten. Einige von ihnen lösten sich aus dieser Geistesverwirrung und wurden wieder reingewaschen. Andere blieben beharrlich in ihrer Nichtsnutzigkeit und Gemeinheit.»[327]

Ein zutreffendes Bild der Kirchengeschichte und der Existenz der Kirche in dieser Welt! Beachtenswert ist, wie die hl. Hildegard die Kirche als eine Ganzheit und gleichzeitig die Eigenexistenz jedes einzelnen Menschen in ihr oder ihr gegenüber sieht. Wie realistisch ist wieder die Beschreibung der Mutter Kirche und ihrer verschiedenartigen Kinder! «Du siehst, wie ein Teil dieser Kinder auf einen reinen, lichthellen Glanz schaut, andere aber auf ein unruhiges, rötliches Wetterleuchten ... Von denen, die in den reinen und lichthellen Glanz genau hineinschauen, haben manche klare Augen und starke Füße. Sie streben dem Himmlischen zu und wandeln in der herzlichen Liebesumarmung ihrer Mutter (Kirche) so sicher, daß ihre Hingabe an Gott nie nachläßt ... Andere aber haben unscharfe Augen und schwache Füße und werden vom Wind hin und her geworfen, vertrauen fälschlicherweise auf ihre Werke, erscheinen vor dem Urteil der Menschen als weise, aber ihr Ruhm vor Gott ist eitel. Wieder andere aber haben helle Augen, doch kraftlose Füße. Sie haben wohl die Schau der göttlichen Weisungen, aber ihr Gang ist hinkend, sie suchen nach Weisheit im Dunkeln und bilden sich ein, sie gefunden zu haben. Wieder andere haben unscharfe Augen, aber starke Füße. Matt schleichen sie vor der Frauengestalt (vor den Augen ihrer Mutter Kirche) dahin. Mehr dem Irdischen als dem Himmlischen zugetan, wandeln sie nicht einfältigen Herzens in den kirchlichen Lebensformen. Sie sind Toren vor Gott, denn durch weltliche Klugheit wollen sie erlangen, was sie so nie erreichen können. Aber von denen, die auf das unruhige, rötliche Wetterleuchten (des Heils) blicken, gehen die einen, reich geschmückt in ihrer Verbundenheit mit ihrer Mutter Kirche, ein zu Gott. Sie leben zwar mit weltlichen Gütern, befolgen aber alle göttlichen Gebote der Nächstenliebe. Wie glücklich sind sie. Andere aber reißen sich von der (Gestalt der) Kirche los, bekämpfen sie und unterdrücken ihre festgesetzten Ordnungen. Einige von ihnen allerdings wenden sich durch die Frucht der Buße demütig zu ihr zurück. Manche aber sind verhärtet und verharren in tödlicher Überheblichkeit.»[328]

Wie oft und wie leicht ergreift ungeduldige und radikal und prinzipiell denkende Menschen der Zorn über dieses unfertige und oft genug unwürdige Gebilde, die Kirche! Wie realistisch, aber auch barmherzig und geduldig sieht die hl. Hildegard diesen Zustand! Sie weiß, daß die Kirche, dieses geheimnisvolle, mystische Wesen, selbst am meisten darunter seufzt, und daß Gottes Erbarmen bis zum Jüngsten Tag währt.

«Die Mutter der Gläubigen, und eine solche ist die Kirche, verrichtet getreulich in diesen Gläubigen ihr Gebet, daß ihre Kinder dem Tode entfliehen und das Leben finden. Wie? Sie, die Kirche, erhebt in ihren Kindern ein unablässiges Seufzen, das von Gott selbst in sie hineingegeben ist, bis die Vollzahl ihrer Kinder in das Heiligtum der Himmelsstadt eingegangen ist. Und diese klagende Stimme ist ihr deshalb zu eigen gegeben, damit sie Mich, der Ich vor aller Zeit bin, mahnend erinnere, immer vor Augen zu haben und im Herzen zu erwägen, daß Mein Eingeborener Fleisch geworden ist, damit Ich um Seiner Liebe willen ihre Kinder schone, die sie selbst durch die Wiedergeburt aus Geist und Wasser empfangen hat.»[329]

So ist denn immer das Handeln des Heiligen Geistes in der Kirche wirksam, und obwohl es ihr oft an vielen Stellen nicht anzusehen ist, wächst sie der Vollendung entgegen. «Im fleischgewordenen Gottessohn wurden alle Gotteskräfte (die Demut, Liebe, Gottesfurcht, Gehorsam, Glaube, Hoffnung, Keuschheit, Gnade) in vollem Maße wirkend tätig. Er ist es, der in sich selbst die Fußspuren des Erlösungsweges hinterließ, so daß nun sowohl der Winzigste wie auch der Große unter den Gläubigen in Ihm die ihm angemessene Stufe finden könne, auf die er auf der Aufstiegsleiter der Gotteskräfte seinen Fuß setzen möge, damit er an die für das Wirken dieser Gotteskräfte geeignetste Stelle gelange. Wie? Die besten Ansatzpunkte für ihr hochheiliges Wirken finden sie in willigen Herzen, wodurch sie den Sohn Gottes in seinen Gliedern, in den auserwählten Menschen zur Vollendung bringen. Daher siehst du auch, wie die Gotteskräfte hier hinunter- und hinaufsteigend in Bewegung und Bausteine tragend am Werk sind. Denn in dem Eingeborenen Gottes steigen die leuchtendsten Tugendkräfte gewissermaßen durch Sein Menschsein hinunter, und durch Sein Gottsein streben sie zur Höhe hinauf. Hinunter steigen sie durch Ihn selbst zu den Herzen der gläubigen Menschen, die aus Gott zugewandten Herzen ihren Eigenwillen aufgeben und sich lenksam dem Wirken dessen hingeben, was vor Gott richtig ist, so wie ein Bauarbeiter sich bückt, um einen Stein aufzuheben, den er zum Bauwerk tragen soll. So steigen in Christus die Gotteskräfte empor, wenn sie die in den Menschen vollbrachten himmlischen Werke in teilnehmender Freude Gott darbringen, damit der Leib Christi in seinen gläubigen Gliedern so weit wie möglich vollendet werde.»[330]

Das besonders zu preisende Mysterium der Kirche ist ihre unverletzliche Jungfräulichkeit, die durch den makelvollen Augenschein ihrer äußeren Gestalt in keiner Weise betroffen wird. Sie liegt nicht äußerlich vor Augen, und sie ist doch, ein Wunder der Gegenwart des Heiligen Geistes in der Kirche, in der rein bewahrten Lehre der Kirche erkennbar. Die Vielschichtigkeit dessen, was die hl. Hildegard von der Jungfräulichkeit der Kirche zu sagen hat, finden wir in dem folgenden Zitat in beeindruckender Weise beisammen. Der vorangehende Abschnitt spricht davon, daß die Kirche in der Taufe ihre Kinder durch den Heiligen Geist als neue Menschen wiedergebiert. Weiter heißt es dann: «Diese ihre Mutter erleidet dabei überhaupt keine Verletzung, denn sie selbst bleibt in Ewigkeit in der Unversehrtheit ihrer Jungfrauschaft, welche der katholische Glaube ist. Denn sie hat ihren Ursprung im Blut des wahren Lammes als ihres vertrauten Bräutigams, der ohne Verletzung der Unversehrtheit aus der unberührtesten Jungfrau geboren wurde. So wird auch nun seine Braut unversehrt bleiben, so daß kein Schisma sie verderben kann.

Doch oftmals wird sie von verdrehten Menschen gequält werden, aber

durch den Beistand ihres Bräutigams verteidigt sie sich immer auf das Tapferste, wie eine Jungfrau, die oftmals durch Teufelslist und Menschenzureden von Fleischesbegierlichkeit angefochten wird, sich aber durch ihre auf Gott vertrauenden Gebetsrufe von den Versuchungen jener Bösen entschlossen freimacht und ihre Jungfräulichkeit bewahrt. So widersteht auch die Kirche kämpfend den nichtswürdigen Verführern, häretische Irrlehrer aus Christen, Juden und Heiden, die sie angreifen, weil sie ihre Jungfräulichkeit, den katholischen Glauben, verderben wollen. Tapfer widersteht sie ihnen, damit sie nicht geschändet werde, denn sie war immer Jungfrau und ist es und wird es immer bleiben, indem sie gegen jede Art von Irrtum unversehrt im wahren Glauben bleibt, welcher der Urstoff ihrer Jungfrauschaft ist, wie auch die Ehre einer reinen Jungfrau im Grundstoff ihrer leiblichen Schamhaftigkeit gegen jede begierliche Berührung ihren Bestand hat.
So ist also auch die Kirche die jungfräuliche Mutter aller Christen. Denn in der geheimnisvollen Kraft des Heiligen Geistes empfängt und gebiert sie diese und bringt sie Gott dar, so daß sie neue Kinder Gottes genannt werden. Wie der Heilige Geist die selige Mutter überschattete, so daß sie schmerzlos auf wunderbare Weise den Sohn Gottes empfing und gebar und dennoch Jungfrau blieb, so verherrlicht auch der Heilige Geist die Kirche als die glückliche Mutter der Gläubigen, so daß sie ohne jeden Schaden in Einfalt Kinder empfängt und gebiert und Jungfrau bleibt.»[331]
Die hl. Hildegard spricht in gottesfürchtiger, tief ergriffener Verehrung von der Jungfräulichkeit des menschgewordenen Gottessohnes selbst, von der Jungfräulichkeit der seligen Gottesmutter Maria, von der Jungfräulichkeit der Kirche und von dem Jungfrauenstand der Nonnen, Mönche und Priester in der Kirche. Dies alles ist für sie etwas geheimnisvoll miteinander Verbundenes, liegt auf der Ebene des Wirkens des Heiligen Geistes, ist leibgeistgewirkter, schöpferischer Neuanfang inmitten der alten Schöpfung, ist Wirklichkeit der sich anmeldenden zukünftigen Welt auf dem Boden der alten Welt, ist Verwirklichung der vollen Hingabe der erschaffenen Kreatur an ihren Schöpfer, darum heilig und rein. Es ist ganz und gar abwegig, hinter solchen Gedanken eine leibfeindliche Voreingenommenheit zu vermuten. Im *Scivias*-Buch spricht, so könnte man sagen, die Voreingenommenheit für das neuschaffende Wunderwirken Gottes in dieser notvollen und durch die Macht des Bösen so verworrenen Welt, und die Vorfreude auf eine Welt strahlender, reiner Vollkommenheit. Den Beginn dieser neuen Welt erkennt Hildegard im Wunder der Kirche und lädt die Christen ein, an diesem Wunder teilzuhaben. Sie denkt und schreibt daher nie abstrakt, konstruiert kein abstraktes Gedankengebäude. Sie sieht und denkt sehr vielschichtig und von den verschiedensten Seiten her, weil die Wirklichkeit Gottes und seiner Welt so unendlich vielseitig und vielschich-

tig ist, und doch zugleich ein auf wunderbare Weise zusammenhängendes Ganzes.

In Hildegards Schau des Mysteriums Kirche wird das immer wieder sichtbar. Sie kann von der Kirche als einem großen, lebendigen, geistig selbst entscheidenden oder unter einer geistigen Leitung stehenden Gesamtorganismus sprechen, sieht aber gleichzeitig in dieser Kirche und um sie her sehr realistisch die vielen selbständigen Einzelglieder, Einzelmenschen, mit ihrem eigenen unterschiedlichen Wollen und in ihrer sehr unterschiedlichen Gottbezogenheit und Gottverbundenheit. Es ist immer wieder erstaunlich, wie offen sie für jede Art von Individualität und Unterschiedlichkeit ist. Alle Art von Gleichmacherei ist ihr völlig fremd. Unsere soziologischen Begriffe und Maßstäbe sind auf ihr Bild von der Kirche nicht anwendbar. So etwa der Gedanke einer demokratischen Kirche aus gleichberechtigten, weil gleichen Gliedern, wäre für sie unmöglich, nicht weil sie konservativ ständisch und eng denkt, sondern weil für sie die Wirklichkeit der Kirche unendlich weiter, vielgestaltiger und reicher ist.

Das Geheimnis, daß die Kirche gleichzeitig der ihren Gliedern vor- und übergeordnete lebendige, irgendwie personale Organismus ist, die Jungfrau Kirche vor Gott und gegenüber der Welt, die gebärende und sorgende Mutter Kirche über ihren Kindern, und daß andererseits die Glieder der Kirche als einzelne Individualitäten, personhafte Wesen, vor Gott und in dieser Welt die Kirche ausmachen, ist aufs kürzeste in einem Satz ausgesprochen: «Der Eingeborene Gottes hat seinen Leib und sein Blut in einzigartigster Herrlichkeit seinen Gläubigen zukommen lassen, die zugleich die Kirche und die Kinder der Kirche sind. Sie sollten durch ihn das Leben im zukünftigen Reich haben.»[332]

Und wie groß ist die Unterschiedlichkeit dieser Kinder der Kirche! Von den in den Gläubigen wirkenden Gotteskräften sagt Hildegard, daß sie alle in dem einen Ziel übereinstimmen, den Menschen dahin zu führen, daß er in seinem Lebenswirken Gott ehre und verherrliche. Dann aber heißt es: «Dennoch besteht eine Unähnlichkeit in ihnen: Denn soweit sie auch immer im Ziel übereinstimmen und sich wechselseitig in ihrem Wirken ergänzen, so demonstriert doch jede einzelne von ihnen ihre Kräfte in den ihr zugewiesenen Menschen auf einzigartige Weise in der Glut himmlischer Klarheit.»[333] Jeder Christ ist ein Sonderfall des Wirkens des Heiligen Geistes an dem von Gott geschaffenen individuellen Geschöpf Mensch.

Von Bedeutung für die Existenz der Kirche sind die ihr von Gott gesetzten Stufen der Wahrheitsvermittlung. Die Kirche hat nicht neue Wahrheiten und Lehren zu suchen und zu finden. Sie besteht vielmehr dadurch, daß die einmal gegebene Wahrheit des Evangeliums in ihr von ihrem Ursprung her über die von Gott gesetzten Zwischenstufen empfangen und weitergegeben wird.

Bei der Schau des Turmes der Kirche erfährt die hl. Hildegard: «Du siehst, daß im Inneren des Gebäudes etwas wie eine Leiter errichtet ist, die bis zur Spitze des Turmes hinaufreicht. Von zuunterst bis zuoberst stehen auf ihren Stufen eine Menge von Menschen. Das ist so, denn von den ersten Zeiten an, da die Kirche ihrem Bräutigam verlobt wurde, bis zu jener hochzeitlichen Zeit, wenn sie sich öffentlich mit ihrem Verlobten in der Vollzahl ihrer Kinder wird freuen können, leuchten in ihr gemäß ihrem gottverordneten Aufbau die apostolischen Fackeln und bewahren sie schützend vor den Finsternissen des Unglaubens.»[334]
«Unter diesen Beschützern der Kirche haben diejenigen den Grund der Kirche gelegt, die zuerst, nach dem Sohn Gottes selbst, durch ihre Predigt mit ihrem Aufbau begannen. Sie haben die gleiche Sendung wie die nach ihnen Kommenden, die als ihre getreuen Nachfolger bekannt sind. Aber das ist der Unterschied: Die einen gingen voraus, die anderen sind nachgefolgt, aber die ersteren blieben für die anderen doch immer die maßgebende Norm. Denn sie hatten keinen anderen Vorgänger, von dem her sie die Urgestalt der neuen Gnade empfingen, als den Sohn Gottes selbst, aus dessen Mund sie das Wort des Lebens hörten. Und sie übertreffen die Nachfolgenden an Klarheit, weil sie den Lichtglanz seiner Inkarnation allen anderen zuvor persönlich schauten. Sie sind es auch, die (aus der himmlischen Welt) den Turm der Kirche aufmerksam betrachten, denn sie hören in ihrer gottliebenden Frömmigkeit nicht auf, der Braut des Sohnes Gottes in teilnehmender Sorge beizustehen.»[335]
Der Blick tut sich auf für die Verbindung der Erstzeugen des Evangeliums im Himmel mit der noch kämpfenden und wachsenden Kirche auf Erden, und für die unaufgebbare Rangfolge in der Weitergabe der Botschaft der Kirche.
«Die apostolische Lehre umstrahlt die Kirche in ihrem Haupt (in ihrer Grundlegung), da die Apostel zuerst begannen, sie durch ihre Predigt zu erbauen, als sie nämlich von Ort zu Ort eilend Mitarbeiter sammelten, welche die Kirche im katholischen Glauben stärken sollten. Diese selbst sollten wiederum Sorge tragen für die Einsetzung von Ältesten und Bischöfen und die Gestaltung der ganzen kirchlichen Institution (ordo), auch das Eherecht und alles sonst derartige sollten sie getreulich aufstellen. Daher folgen auf die Erstlehre der Apostel die Salbenspender (Bischöfe und Priester) ... So ersannen schon die Apostel diese kirchlichen Ordnungen (Institutionen), mit denen sie unter Eingebung des Geistes aus der Höhe die Kirche ausstatteten.»[336]
Von den Aposteln her, den von Christus selbst gelehrten, gibt es in der Kirche die autoritativen Lehrer, die an Gottes Statt, an Christi Statt, die Wahrheit des Evangeliums weitergeben als die vor Gott allein gültige Lehre. Woher kann ein Mensch zu solch hoher Stellung befähigt sein? «Unter

dem Ehrenbogen (den Hildegard in einer Schau sieht) steht ein Mensch, zur Würde des Lehramtes erhoben und damit zum Vertreter Gottes. Wie ist das möglich? Weil durch Gottes Gnade tiefste und grundlegendste Weisheit in den Mund des vernunftbegabten Menschen gegeben ist, so daß ein Mensch durch Zuteilung von Gerechtigkeit und Barmherzigkeit des Allerhöchsten im Namen Gottes das Lehramt (und damit das leitende Amt) ausüben könne.»[337]

Die Weitergabe der rechten Lehre ist für die Kirche von grundlegender und existenzbewahrender Bedeutung. Die Heiligkeit der Kirche besteht nicht in ihrer Sündenlosigkeit, die es nicht gibt, auf dieser Erde nie geben kann, sondern in der bleibenden Anwesenheit des Heiligen Geistes und der dadurch gewährten Unversehrtheit der Lehre und Reinheit des Glaubens. Gegen diese Wahrheit der göttlichen Lehre stellt der Satan seine verführerische, lügnerische Gegenlehre, eine falsche Lehre über Gott und Welt und Wesen des Menschen und Sinn des Lebens. Die hl. Hildegard weiß genau, daß die menschliche Lebensführung immer von einer vorausgesetzten Lehre bestimmt wird. In ihrem späteren Buch vom verdienstvollen Leben ist darüber sehr ausführlich geschrieben. Das Kennzeichen des Antichrist ist, daß er «eine (der Gotteslehre) entgegengesetzte Lehre lehrt».[338] Sie ist gottlose Lüge, Irreführung, die er als die den Menschen hilfreiche, besser bekommende und allein wahre Wahrheit auszugeben versucht, durch alle Gassen, Straßen und Städte bläst, mit geistigem und zuletzt auch physischem Terror durchzusetzen versucht.[339] Lehre steht in dieser Welt gegen Lehre, und es ist die Aufgabe der Bischöfe, Priester und Kirchenlehrer, den Gläubigen die wahre Lehre zu verkündigen und sie vor falscher Lehre zu warnen. Die Wahrheitsfrage war von Anfang an, ist und bleibt ein Grundthema der Kirche.[340]

Die hl. Hildegard sieht die Kirche in drei Stände gegliedert, den Priesterstand, den Ordensstand und den Laienstand. Der Priesterstand, hierarchisch gestuft, hat die Lehre weiterzugeben und demgemäß auch die lebenspendenden, zur Heiligung des Lebens verhelfenden Sakramente zu verwalten. Bei der Darstellung der Hildegardbotschaft von der Gabe der Eucharistie werden wir ihm wieder begegnen.

Der zweite Stand der Kirche ist der Ordensstand. Als die Kirche durch die apostolische Predigt innerlich so erstarkt war, «daß sie die Speise des Heils wahrhaft zu unterscheiden und zur inneren Ertüchtigung sich zu eigen zu machen vermochte, da erhob sich in edler Vollkommenheit der kirchliche Ordensstand».[341] Im Verzicht auf die Eigenverwirklichung ihres natürlichen Lebens, in der Ganzhingabe an Gott leben sie in der Nachfolge Christi. Sie sind «das Volk, das kein Gesetz dazu verpflichtet, daß es solch einen steilen Weg zu gehen begehrt, sondern aus sich heraus, unter meinem sanften Eingeben, begibt es sich, ohne jede gesetzliche Vorschrift, auf ihn»[342]. Ihre Bedeutung für das Leben der Kirche ist groß und vielseitig. «Sich selbst verachtend, ihren Leib durch Tugendübung dem Christusdienst unterwerfend, scheuen sie bei der Strenge ihrer Lebensführung jede Leichtfertigkeit, und so leuchten sie den andern Menschen durch ihr Beispiel als hellstrahlendes Licht.»[343]

Aus dem Mönchsstand kann die Kirche brauchbare, nützliche Menschen für die verschiedensten kirchlichen Aufgaben gewinnen. «So wie Mein Sohn», spricht Gott, «Überbringer der heilsamen Sakramente, Priester der Priester, Prophet der Propheten und Erbauer gesegneter Türme ist, so soll auch, wenn sich die Notwendigkeit aufdrängt, derjenige unter diesen Menschen, der das Wesen der mönchischen Frömmigkeit von Grund auf verkörpert und geeignet dafür ist, Heilsüberbringer und Priester, Prophet und Ratgeber für den Aufbau der Kirche sein. Man soll ihn nicht davon zurückhalten, wenn nur das Auge der (göttlichen) Klarheit in ihm leuchtet.»[344]

Der immerwährende Gebetsdienst der Menschen im Kloster kommt den Menschen in der Kirche und in der Welt zugute. «Sie sind nämlich nach Meinem Willen zu Beschützern Meines Volkes bestellt... Gleich den Engeln leben die Ordensmenschen in zwei Richtungen hin. Die Engel stehen in der Himmelswelt ohne Unterlaß im Dienst vor Gott, und gleichzeitig bewahren sie auf Erden die Menschen vor den teuflischen Nachstellungen. So vollzieht dieses Ordensvolk den Engeldienst nach, indem es, das Irdische verschmähend, vor Gott dient und gleichzeitig Tag und Nacht durch seine Gebete die andern Menschen vor den bösen Geistern bewahrt. Und weiter, wenn Meiner Kirche der rechte Hirte fehlt, dann soll dieses Ordensvolk ihr mit Flehen und mit Bitten unter Tränen zu Hilfe kommen.»[345] Dem stellvertretenden, fürbittenden Gebetsdienst der Ordensleute wird eine große Bedeutung zugemessen.

«Die Ordensleute sind der Gürtel der Kirche, der sie fest zusammenschnürt, denn sie sind (in ihrer Lebensführung) ganz von der Fleischwerdung Meines Sohnes beherrscht. Auch üben sie den Engeldienst (auf dieser Erde) aus, indem sie nicht aufhören, zu allen Stunden im Chor zu singen oder in innerer Hingabe zu beten. Sie scheuen nicht die Arbeit für die nötigsten Bedürfnisse, aber sie rühren nicht ihre Hände für weltliche Güter, sondern mit Liebe und Demut achten sie scharfen Auges auf sich selbst.

O du Mein so kühnes und überaus liebenswertes Volk, denn in ihnen ziele Ich auf jene Anfechtung, die Mein Sohn in seinem Fleisch erlitten hat. Denn sie sterben in ihrem Leben schon seinen Tod, indem sie ihren eigenen Willen verlassen und um des ewigen Lebens willen, sich ihrer Klosterführung unterwerfend, unter der Befehlsgewalt ihrer Oberen wandeln.»[346]

Alle diese Aussagen könnten den Eindruck erwecken, als ob die hl. Hildegard den Ordensstand nur aus idealer Sicht betrachte. Aber über viele Seiten hin spricht sie sehr realistisch von den Schwierigkeiten und Gefährdungen des Ordensstandes. Sie warnt davor, Kinder für den Ordensstand zu verpflichten; zumindest müsse man ihnen in geeignetem Alter die Entscheidungsfreiheit gewähren. Sie warnt, nur gar nicht leichtfertig oder aus selbstsüchtigen Motiven den Ordensstand zu wählen, sondern vorher gründlich zu überlegen und sich selbst zu prüfen. Sie warnt die im Ordensstand zuchtlos und überdrüssig Werdenden vor den Strafen Gottes. Sie fordert, daß ein Mensch nicht eigenmächtig den Weg der außerordentlichen Frömmigkeit gehen dürfe, sondern daß der Eintritt in den Ordensstand unter kirchlicher Genehmigung und Segnung geschehen müsse. Innere Freiheit und kirchliche Bindung sind Voraussetzung eines rechten Ordenslebens. Wer aber unter diesen Voraussetzungen das Joch auf sich genommen und das Gelübde abgelegt hat, und wer dann doch aus Weltbegierde in die Welt zurückkehrt, der «treibt seinen Spott mit Gott» und «hat seine Freiheit zu Knechtschaft gemacht».[347] Welche Klarsicht spricht sich in diesen Bemerkungen aus!

Der dritte Stand der Kirche ist der Laienstand. Die hl. Hildegard ist weit davon entfernt, diesen Stand gegenüber den beiden andern Ständen niedriger zu stufen oder abzuwerten. Es ist erstaunlich, wie in ihrer Schau der Kirche Unterschiedlichkeit und Kommunikation, Besonderheit und Gemeinsamkeit zusammengehören. Sie schreibt über den Laienstand: «Das ist der Stand des Lebens in der Welt. Im Glanz hochgemuter Zielstrebigkeit umgibt er die Kirche in der Ehrerweisung rechtschaffener Hilfeleistung, von ihrer Vollzeit sprossender Kraft an bis zu dem letzten Ende, da sie in der Zahl ihrer Kinder nicht mehr zunehmen wird. Im Mutterschoß liegt der Keimgrund, aus dem das ganze Menschengeschlecht hervorgeschaffen wird. So stellt sich auch ebendort in der Kirche (in ihrem Mutterschoß) das Laienvolk dar, durch das sie selbst zur Vollzahl in deren verschiedenen Ordnungen fortschreitet. Dazu gehören Könige und Herzöge, Fürsten und Führer mit den ihnen Untergebenen, weiter auch Reiche und Arme und die mit dem übrigen Volk zusammenlebenden Elenden. Diese alle gereichen der Kirche zu herrlichem Schmuck, da ja auch die Laien das ihnen auferlegte Gottesgebot treulich wahren, so die Kirche aufs Höchste zieren, Gott in herzlicher Liebe umarmen, in aufrichtiger Demut und Ehrerbietung ihren Leitenden gehorchen, und in Werken der Barmherzigkeit, Nachtwachen, Enthaltsamkeit, oder auch in Witwenschaft oder sonstigen Gott wohlgefallenden Werken sich selbst in Zucht nehmen. Diese alle, die das nach Meinem Willen ihnen auferlegte Joch achten, sind Mir überaus liebenswert.»[348] Eine ernste Warnung ergeht an diejenigen, die sich aus einer Ehe lösen wollen, um einen angeblich höheren, heiligeren Stand zu erreichen, denn das sei nicht gottgefälliges Opfer, sondern Raub an seinem Nächsten. Ebenso ergehen weiterhin Warnungen an diejenigen, die sich besonders herausstellen wollen, eigenmächtig eigene höhere Institutionen errichten wollen und so die Ordnungen Gottes durch Schismen zerstören.

Gott hat die Kirche gewollt und geschaffen als die wunderbar gegliederte Einheit des Leibes Christi und hat sie dadurch in Wesensverbindung mit dem dreifaltigen und dreieinigen Gott selbst gestellt. «Wie in drei Personen ein Gott ist, so ist auch in diesen genannten drei Ständen eine Kirche, deren Grundlage der ist, welcher der Pfleger alles Guten ist.» Und vorher: «Daß du siehst, wie der dreifache Lichtglanz sich um die Gestalt (der Kirche) weithin ausbreitet, das bedeutet, daß die drei kirchlichen Stände zur Ehre der erhabenen Trinität allenthalben die fruchtbare Kirche auf wunderbare Weise umfassen und festigen, durch Ausbreitung überall hervorspringender Zweige und durch das Ausgießen gesegneter Grün(Wachstums)-kräfte.»[349] «In der Kirche entfaltet sich das Geheimnis (sacramentum) der wahren Dreifaltigkeit.»[350] Größeres kann über die Kirche nicht gesagt werden.

Der scheinbare kirchliche Konservativismus, ihr Festhalten an gottgegebenen und gottgewollten Ordnungen, ist nicht zeitgeschichtlich bedingt, sondern für die hl. Hildegard theologisch begründet. Gott hat den Heilsweg, und damit auch den Weg seiner Kirche, festgelegt. Das Wesentliche der Kirche ist vorgegeben und wird zu dem von Gott bestimmten Ziel geführt. Für die Kirche gibt es keine Evolutionsgeschichte auf eine institutionsfreie, reine Geistkirche zu.

Die hl. Hildegard beschäftigt sich deshalb auch nicht, wie Theologen ihrer Zeit, mit Reformplänen und Reformvorschlägen für die Institution «Kirche». Sie weiß, daß der Verfall und der Mißbrauch dieser Institution vom antichristlichen jeweiligen Zeitgeist, vom Eindringen des Bösen in die Kirche kommt. Immer ist die Kirche nicht nur bedroht, sondern auch verletzt durch Verweltlichung und durch Verführungsversuche des Teufels. Das kann nicht durch institutionelle Reformen gebessert werden. Die hl. Hildegard schwärmt weder in pseudoprophetischem Optimismus, noch leidet sie an einem durch die Vorgänge in der Kirche hervorgerufenen Pessimismus. Ihre aus prophetischer Erkenntnis gewonnene Einsicht macht sie realistisch in dem Glauben, daß Gott seine aus zur Erlösung berufenen Sündern zusammengefügte Kirche auf einem prüfungsreichen Weg zur Vollendung führen wird, das heißt, sie zur Lebensmitte der neuen Schöpfung machen wird. Deshalb ist die hl. Hildegard nicht Reformerin, wohl aber Lehrerin und Bußpredigerin ihrer Kirche.[351] Sie ist Ermahnerin, die der Kirche anvertrauten Heilsgaben gläubig zu ehren und zu nutzen. Das gilt insbesondere für das Altarsakrament des Leibes und Blutes Jesu Christi.

Als der ewige Vater seinem am Kreuze sterbenden menschgewordenen Sohn die aus dessen Seitenwunde entsprossene Kirche als Braut zuwies, gab er dieser als lebenspendende Hochzeitsgabe das Mysterium der Eucharistie. Zuvor schon hatte der Sohn Gottes vor seinem Tode seinen Jüngern dieses Sakrament selbst gespendet in der Voraussicht, daß es die immerwährende Gabe des Heils sein werde. «Wie der Eingeborene Gottes beim Abendmahl seinen Leib und sein Blut seinen Jüngern gegeben hat, so gibt er auch jetzt auf dem Altar seinen Gläubigen sein Fleisch und sein Blut, so wie ein Mensch, wenn er das Werk, das er ausführen wollte, vollendet hat, es den Menschen zur Nutzung zuteilt. So hat auch dieser Sohn Gottes in Ausführung des Willens seines Vaters sich selbst zum Heil der Menschen hingegeben und reicht ihnen nun seinen Leib und sein Blut zu ihrer Heiligung zu essen und zu trinken.»[352]

Hildegards Schau des Altarsakramentes ist von solcher Weite, Tiefe und Lebendigkeit, daß wir sie ausführlich zu Wort kommen lassen. Das Besondere und zutiefst Bewegende ist, wie die hl. Hildegard im Altarsakrament Himmel und Erde in wirkender Verbindung sieht, und wie für sie das ganze göttliche Heilshandeln hier gewissermaßen wie in einem Brennspiegel zusammengefaßt ist.

«Im Mysterium des Altares bietet die Kirche vor den Augen der lebendigen brennenden Leuchten, nämlich der himmlischen Heerscharen, dem Schöpfer aller Dinge in tiefster Ehrerbietung und in der Beugung demütigsten Gehorsams den Leib und das Blut des Sohnes Gottes dar.»[353]

Der dreieinige Gott ist der im Mysterium der Eucharistie gegenwärtig Wirkende. «Wie ein Goldschmied sein durch Feuer eben flüssig gemachtes Gold (es abkühlend) zu einem festen Stück macht und das eben zu einem Ganzen Gemachte dann aufteilt, so handle Ich, der Vater, indem Ich Fleisch und Blut Meines Sohnes durch das heiligende Wirken des Heiligen Geistes in der Gabendarbringung jetzt verherrliche und jetzt das Verherrlichte den gläubigen Menschen zu ihrem Heil austeile.»[354]

In wunderbarer Lebendigkeit wird der hl. Hildegard gedeutet, was sie in ihrer Schau des Altarsakramentes vor Augen hatte. «Wenn der Priester in den heiligen Gewändern zum Altar tritt, um die göttlichen Geheimnisse zu zelebrieren, dann siehst du, wie plötzlich eine Fülle überirdischen Lichtes mit nachfolgenden Engelscharen vom Himmel herniederkommt und den ganzen Altar umleuchtet. Denn wenn immer ein Seelenhirte in geheiligter Umgürtung zur Opferung des unschuldigen Lammes an den lebenspendenden Altar tritt, dann bricht plötzlich die übermächtige Helligkeit des himmlischen Erbes leuchtend hervor, vertreibt unter mitwirkendem Dienst der hohen Geistermächte aus dem verborgenen Bereich der Himmelswelten die Dichte der Finsternisse und durchstrahlt diese heilige Handlung, weil dort die Wiederherstellung der Seelen zum Heil der Gläubigen gewirkt wird. Denn wenn die Kirche durch den Mund des Priesters sich ihre Hochzeitsgabe ausbittet, Leib und Blut meines Sohnes, dann durch-

lichte Ich in meiner Heiligkeit, der Ich das nie erlöschende Licht bin, den Ort jener heiligen Handlung zur Ehre des Leibes und Blutes dieses meines eingeborenen Sohnes. Denn wenn der Priester über der Heiligung des Altares begonnen hat, mich anzurufen, ich möge doch ansehen, daß mein Sohn mir im Mahl seines Todes Brot und Wein darbrachte, als er die Welt verlassen sollte, dann sehe ich, daß dieser mein Sohn in der Stunde seines Leidens, da er am Kreuzesholze sterben sollte, mir diese Gaben vor Augen stellte. Darauf wollte er hinweisen, daß ich dieses sein Leiden immer im Blick hätte, es nie aus meiner aufmerksamsten Beachtung wegwische, wenn mir durch den Dienst des Priesters die selige Darbringung des geheiligten Opfers dargebracht würde. Denn auch er selbst hat bei der Vergießung seines Blutes mir das Brot und den Kelch dargebracht, als er den Tod zuschanden machte und den Menschen (wieder) aufrichtete.»[355]
«Wenn nun dort (in der Eucharistiefeier) das Evangelium des Friedens verlesen worden ist, die zu konsekrierende Gabe auf dem Altar niedergelegt worden ist, wenn dann der Priester die Lobpreisung des allmächtigen Gottes, das ‹Heilig, heilig, heilig ist der Herr Sabaoth› singt, und so die Mysterien dieser sakramentalen Geschehnisse einleitet, dann senken sich plötzlich aus dem geöffneten Himmel lodernde Wellen unfaßbarer Lichtherrlichkeit über diese Gabendarbringung ... Aus dem geöffneten lichthellen himmlischen Heiligtum (Tabernakel) neigt sich plötzlich der undurchdringliche Glanz unbegreiflicher Hoheit über das Mysterium dieses Sakramentes und durchdringt es so völlig mit seiner Klarheit, wie die Sonne den Gegenstand durchlichtet, den sie mit ihren Strahlen durchdrungen hat.
Die Braut meines Sohnes bringt die Gaben Brot und Wein in ehrerbietigster Absicht auf meinem Altare dar. Wie? Indem sie durch die Hand des Priesters mich in gläubiger Erinnerung ermahnt, daß ich ihr meinerseits in dieser Darbringung Fleisch und Blut meines Sohnes überreiche. Wie? Da die Leiden dieses meines Eingeborenen immer in den verborgenen Himmelsräumen offen sichtbar sind, soll nun diese Gabendarbringung diesem meinem Sohne durch meine glühende Liebesglut unter tiefster Bewunderung (der Engel) so vereinigt werden, daß mit allerwahrhaftigster Sicherheit sein Fleisch und Blut gewirkt wird. Dadurch wird diese Kirche mit glückseligstem Wachstum gestärkt.»[356]
Die Eucharistie steht im Verbund des einen großen, alles umfassenden Heilshandelns Gottes. Auf der Miniatur zur Vision des Altarsakramentes sind unterhalb des Kreuzes vier kleine goldene Medaillons mit der Darstellung der Geburt, der Grablegung, der Auferstehung und der Himmelfahrt Christi. Hierzu heißt es in den Erläuterungen: «Wie du siehst, erscheinen dort im Altarsakrament wie in einem (Brenn-)Spiegel die Zeichen der Geburt, des Leidens, des Begräbnisses, erst recht der Auferstehung und der Himmelfahrt des Heilandes der Menschen, nämlich des Eingeborenen

Gottes, so wie sie auch, während dieser Sohn Gottes in dieser Welt war, vollbracht wurden. Wie du durch die wahre Kundgebung schaust, leuchten die Mysterien des aus der Jungfrau Geborenen und am Kreuz Leidenden und im Grab Begrabenen und erst recht von den Toten Auferstandenen und zum Himmel Aufsteigenden als dessen, der für das Heil der Menschen auf die Erde kam, in eben diesem Sakrament in reinster Klarheit... Offenkundig steht vor meinen Augen, was mein Sohn um seiner Liebe zum Menschen willen in der Welt gelitten hat, da doch Geburt, Leiden und Grab, Auferstehung und Erhöhung dieses meines Eingeborenen den Tod des menschlichen Geschlechtes getötet haben. Daher strahlen sie auch in der Himmelswelt vor mir in hellem Licht, denn ich kann ihrer nicht vergessen, sondern bis zur Auflösung der jetzigen Welt werden sie vor mir in großer Klarheit leuchten.»[357]

Gott weiß dies alles, aber im Altarsakrament darf die Kirche Gott immer neu an dies alles erinnern und ihn darum bitten, daß er durch sein wunderbares Wirken jetzt ihre Kinder, die noch in dieser Welt leben, an dem Ertrag dieser Heilstaten leibhaftig teilhaben lasse. So ist das Altarsakrament eingefügt in die Kette der wunderbaren Heilstaten Gottes und hat, wie diese alle, seine Zielrichtung auf die Vollendung des Heils in der zukünftigen Welt hin.

Daß Menschen unter Brot und Wein den wahren Leib und das wahre Blut des gekreuzigten, auferstandenen und erhöhten menschgewordenen Gottessohnes empfangen, ist die schöpferische Machttat Gottes, des Allmächtigen. Um dies deutlich zu machen, weist die hl. Hildegard hin auf den Unterschied zwischen dem Verhältnis des Menschen zu den geschaffenen Dingen und dem Verhältnis Gottes zu ihnen. Der Mensch steht ihnen immer außen gegenüber, kann nicht schöpferisch in sie hineinwirken, sondern sie nur bearbeiten. Gott aber wirkt in seiner sie durchdringenden, in ihnen gegenwärtigen Allmacht und schafft, was er will. «So beweise ich auch im Sakrament des Leibes und Blutes meines Sohnes wahrhaft meine Majestät, indem ich von Anbeginn der geheimnisvollen Priesterworte bis zu dem Augenblick, da dies Mysterium vom Volk empfangen wird, in wunderbarer Weise meine Wunder schaffe.»[358]

An anderer Stelle redet Gott die Menschen an: «O ihr törichten Menschen, wollt doch nicht zweifeln, ob dies Sakrament Leib und Blut meines Sohnes ist! Denkt doch daran, woraus ich Adams Fleisch und Blut geschaffen habe, nämlich aus Erdenmaterie (Lehm der Erde). Was meint ihr? Ob es für mich leichter ist, aus dieser Gabe (auf dem Altar) Leib und Blut meines Sohnes zu schaffen, oder aus Erdenmaterie den Menschen zu schaffen?»[359]

Dem Menschen wird vorgehalten, daß er nie schöpferisch neue Menschen schafft, sondern immer nur auf der vorgegebenen Grundlage das Menschengeschlecht fortpflanzt. Gott allein ist wahrhaft schöpferischer Herr in und über seiner Schöpfung. Der Mensch ist nur ein Wirkender im Bereich des ihm Vorgegebenen. «Der den ersten Menschen gebildet hat, dem ist auch möglich, dies Sakrament auf solch schöpferische Weise zu wirken. Daher, o jungfräulicher Ursprung, du erhebst dich, wächst, breitest dich aus und schaffst in vielen Sprößlingen ein weit ausladendes Zweigwerk, durch welches das himmlische Jerusalem erbaut wird, nicht aus männlicher Zeugung, sondern aus mystischem Samen hervorkommend.»[360]

Das Altarsakrament, vom Schöpfer des ersten Menschen wunderbar gewirkt, zielt ab auf die Umwandlung des alten in den neuen Menschen. «Deshalb muß auch dieses Sakrament des Leibes und Blutes (des Gottmenschen) so lange in der Kirche im Gehorsam der Wahrheit heilig gehalten werden, bis am Ende der Welt der jüngste Mensch kommt, der durch dies Mysterium wahrhaft zu retten ist.»[361]

Die Äußerungen über die Austeilung von Fleisch und Blut des menschgewordenen Gottessohnes sind so realistisch, und gleichzeitig wird unsichtbare, überirdische Besonderheit dieser Gaben so sehr betont, daß man noch einmal nach der dahinter stehenden Gesamtschau des Mysteriums fragen muß.

«Wie das Fleisch meines Eingeborenen im unversehrten Schoß Marias, der Jungfrau, entstanden und nachher zum Heil der Menschen hingegeben ist, so wächst auch jetzt sein Fleisch in der unverdorbenen Unversehrtheit der Kirche und wird zur Heiligung der Gläubigen hingegeben.»[362]

Diese Gabe hat der Mensch als geist-leibliches Geschöpf nötig, wenn er zur Nachfolge des gottmenschlichen Gottessohnes die innere Kraft haben will. In der Auslegung der Einsetzungsworte heißt es: «Verzehrt meinen Leib, denn in euerm Geist und Leib sollt ihr meine Werke nachahmen, wenn der Heilige Geist sie euerm Herzen einhaucht, wie ein Mensch die Speise hinunterschlingt, die er in seinen Bauch sendet (um seinem Körper Kräfte zu geben). Weil ihr mir in meinen Werken nachfolgen sollt, müßt ihr auch meinen Leib kauen, ihr und alle, die meine Gebote werden befolgen wollen.»[363] Oder entsprechend über das Blut im Altarsakrament: «Wie das Blut des Menschen Kräftigung aus einem Trank gewinnt, so empfängt auch der Mensch Heiligung aus dem Blut des Sohnes Gottes.»[364]

Dem entspricht, was über den menschgewordenen Gottessohn gesagt wird: «Als mein Eingeborener leibhaftig in der (materiellen) Welt lebte, wurde sein Körper bei der Ernährung seines Fleisches und Blutes von Brot und Wein bei Kräften gehalten. Deshalb wird auch jetzt auf dem Altar sein Fleisch und Blut in der Darreichung von Brot und Wein konsekriert, weil dadurch die gläubigen Menschen an Leib und Seele gestärkt werden ... In der Konsekration der vorerwähnten Gabendarbringung wird offenkundig, was mein Sohn im Fleische für die Erlösung des Menschen gelitten hat, und

das will ich nicht aus dem Gesicht verlieren, weil ich seine Auserwählten zur Himmelswelt emporziehe. Denn durch sie soll sein Leib in den vorerwähnten Gliedern zur Vollendung geführt werden.»[365]
In den Zusammenhang dieser Schau der geheimnisvollen Verbindung zwischen Göttlichem und Menschlichem, Geistigem und Materiellem gehören auch die folgenden Sätze: «Aber auch das, o du Mensch, sollst du genauestens beachten, daß in dieser Konsekration dem Wein Wasser untergemischt sein muß, weil aus der Seite meines Sohnes Blut und Wasser herausfloß. Und das deshalb, weil im Wein seine Göttlichkeit erkannt wird, und weil im Wasser seine Menschlichkeit wahrgenommen wird. Und deshalb, weil in ihm Göttlichkeit und Menschlichkeit ist, deshalb soll auch in dieser Konsekration dem Wein Wasser untermischt sein.»[366]
Es ist offensichtlich, daß diese Aussagen weit über symbolische Deutungsversuche hinausgehen. Was im Sakrament des Altares geschieht, ist nicht bloß zeichenhaftes Geschehen. Es wäre aber auch völlig abwegig, hier magische Vorstellungen zu vermuten. Diese Aussagen lassen sich nur begreifen, wenn ernstgenommen wird, daß der Schöpfer mit seiner Schöpfung eine uns während unserer irdischen Existenz unbegreifliche, uns aber sehr real betreffende Verbindung eingegangen ist. Gottheit und Menschheit werden, für immer unlöslich, im Menschgewordenen geeint, und diese ursprunghafte Einung ist der lebendige Urquell dieses sich in der Schöpfung ausbreitenden Mysteriums. Angelegt sieht die hl. Hildegard dieses Mysterium schon in der mysterienhaften Existenz des Menschen, der unfaßbar, unzerlegbar, aber durch Gottes Schöpfermacht in sich wirklich die Einung von Geist und Materie verkörpert, der ein Mensch aus Geist und Materie ist. Das Sakrament des Altares nun gilt diesem erlösungsbedürftigen Menschen in seiner Ganzheit als Geist-Leiblichkeit. Darüber hinaus nimmt die hl. Hildegard wahr, daß, wie zu dem besonderen geistleiblichen Geschöpf Mensch, so auch zwischen der übrigen Schöpfung und ihrem Schöpfer geheimnisvolle Beziehungen bestehen. Von daher begreift sich die Abwehr aller Leibfeindlichkeit im Werk der hl. Hildegard, die Warnung vor der Sekte der Katharer und allen spiritualistischen Tendenzen, wie auch vor jeder Überbewertung der Intellektualität. Erlösung ist ein allumfassendes Geschehen, das nicht nur die Dimension des Geistigen betrifft. In ihrem letzten großen theologischen Werk wird das umfassend ausgeführt.
Es sei noch auf einige Stellen hingewiesen, welche diese Zusammenhänge hervorheben. Über die in groben Sünden lebenden Priester, die es wagen, die Gaben des Altarsakramentes in ihre Hände zu nehmen, ergeht Gottes Wort: «O ihr Hirten, heult und trauert über eure Vergehen, die über eure Gottlosigkeit laut ihre Klagerufe aussenden, so daß auch die Elemente ihr Geschrei vernehmen und mit ihnen vor mir heulen. Denn wie könnt ihr es

wagen, in euerem Priesterdienst euern Herrn zu berühren, ihr mit blutbefleckten Händen und in eurer gottwidrigen Unflätigkeit und ehebrecherischen Ungerechtigkeit? Wahrhaftig, ihr erschüttert in eurer Unanständigkeit das Fundament der Erde. Wie? Weil ihr euch nicht fürchtet, im Schmutz so großer Vergehen steckend euern Herrn zu berühren, bedränge ich in tiefer Verbitterung die Erde, auf diese Weise Fleisch und Blut meines Sohnes rächend. Denn nicht nur die Erde erschüttert ihr grausam durch solche Schreckenstat, sondern in eurer Unreinheit entehrt ihr aufs höchste auch den Himmel.»[367] Es gibt verborgene Zusammenhänge zwischen Verunheiligung des Altarsakramentes und Geschehnissen im Weltzusammenhang. Die Weltelemente erheben Klage über solche Frevel und die Folgen.
Die Elemente, die unter den Sünden eines Menschen gelitten haben oder durch sie beschmutzt sind, können kraft ihrer Beziehung zu ihrem Schöpfer Helfer für einen Büßer werden. Wenn ein Mensch in Todesgefahr Heilung für seine Sündenwunden sucht, aber keinen Priester und auch nicht irgendeinen anderen Menschen als Beichtiger und Lossprecher finden kann, «dann soll er sie mir vor den Elementen, mit denen er seine Vergehen begangen hat, aus innerster Zuneigung seines Herzens bekennen. Und ich, wenn ich die Unterwerfung seines Herzens wahrnehme, werde seine Buße nicht verwerfen.»[368] Der Mensch steht nicht nur als Geistwesen vor Gott, sondern in seiner Leiblichkeit und in seiner Verflochtenheit mit den ihn umgebenden Weltelementen.
So kann es nicht anders sein, als daß die hl. Hildegard als Endziel des Erlösungshandelns Gottes nicht nur die Errettung des Mensch sieht, sondern auch die Reinigung der Weltelemente. «Dann, am letzten Tage, geschieht die Durcheinanderwirbelung des Weltalls, wenn ich, Gott, die vier Elemente reinwasche, zusammen mit dem, was im Fleisch des Menschen vergänglich ist. Dann, in der Vollendung dieser Weltzeit, wird es für die Sprößlinge der Kirche randvolle Freude geben.»[369]
Aber noch wandelt die Kirche auf dieser Erde, noch sind ihre Kinder irdische Menschen. Deshalb sind ihrem Erkenntnisvermögen und Wissensdrang gegenüber dem Mysterium des Altarsakramentes unübersteigbare Grenzen gesetzt, und deshalb haben sie Weisung nötig, wie sie sich dem Sakrament nahen sollen.
Die immer wiederholten Einwände des Menschen gegen das Mysterienhafte des Sakramentes sind der hl. Hildegard wohl bekannt. «Du aber, o Mensch, sagst: Ich sehe nicht. – Darauf werde ich (Gott) dir antworten. – Wie ihr mich in meiner Herrlichkeit nicht zu sehen vermögt, solange ihr sterblich seid, so seht ihr auch weder Fleisch noch Blut meines Sohnes – der jetzt unsterblich im Himmel ist – mit euren fleischlichen Augen auf fleischliche Weise, gemäß der Tatsache, daß ihr das, was unsichtbar ist, nicht wahrnehmen könnt, sondern daß euer sterblicher Gesichtssinn nur die

Fähigkeit hat, das was sichtbar ist, durch das sinnenhafte Sehen zu erfassen.»[370] Die hl. Hildegard erinnert daran, daß der Mensch sogar sich selbst ein Mysterium bleibt, weil «der Mensch wohl den Körper des Menschen, aber nicht seinen Geist sehen kann.»[371]

Der Mensch der Neuzeit, der die Grenzen seines Erkenntnisvermögens dadurch zerbrechen zu können meinte, daß er nur das sinnenhaft wahrnehmbare für wirklich erklärt, leugnet das Mysterium des Altarsakramentes, anerkennt es nur noch als symbolisches Zeichen und als Gemeinschaftsmahl. Derselbe Mensch ist es dann auch, der den Geist als experimentell feststellbares Erzeugnis chemisch-physikalischer Gehirnvorgänge meint erklären zu können. Der Mensch ist kein Mysterium, kein Wunder Gottes mehr.

Nicht ohne Grund nimmt das *Scivias*-Buch diese Fragen so ernst. «O Mensch, wie der lebendige Geist in dir unsichtbar ist (und doch lebst du mit ihm), so muß auch dieses lebendige Sakrament, das in seiner Darbietung unsichtbar existiert, von dir auf nicht sichtbare (nicht sinnenhafte) Weise empfangen werden. Denn der (gottgeschaffene) Geist des Menschen, der unsichtbar existiert, nimmt auf unsichtbare (nicht sinnenhafte) Weise dies Sakrament auf, das in dieser Gabendarbietung unsichtbare Wirklichkeit ist. Dabei nimmt der Leib des Menschen, der sichtbar (sinnenhaft) ist, das auf sichtbare Weise auf, was die sichtbare Seite in diesem Sakrament ist. Dabei gilt aber, daß beides miteinander als Eines (ungeteilt) existiert, so wie Gott und Mensch *ein* Christus ist, und so wie die vernunftbegabte Seele und das sterbliche Fleisch im Menschen als der eine Mensch existiert.»[372]

Die hl. Hildegard unterläßt nicht, darauf hinzuweisen, daß diese gottgefügten Gesetze des Erkennens auch in bezug auf das Erdenleben des menschgewordenen Gottessohnes gelten. Die göttliche Seite seines Wesens war dem sinnlichen Wahrnehmungs- und Feststellungsvermögen der Menschen verschlossen. «In der Menschlichkeit des Sohnes Gottes war seine Göttlichkeit, die er doch in sich trug, für die (ihn sehenden) Menschen so zugedeckt, daß sie ihn nur als einen Menschen sehen konnten, der mit ihnen als Mensch Umgang hatte, aber doch ohne Sünde.»[373]

So ist es auch mit der Gabe des Altarsakramentes. Mit seinen natürlichen Sinnen und seinem natürlichen Erkennen kann der Mensch die ihm dargereichte göttliche Gabe nicht erkennen. «Durch das, was sichtbar ist, empfängst du in wahrhaftigem Glauben das, was unsichtbar ist.» Nur in besonderen Ausnahmefällen kann Gott für einen Menschen dies Unsichtbare so aufleuchten lassen, daß er es in tiefer Betroffenheit wahrnimmt.[374]

Sonst aber gilt: «Aber ihr, o ihr törichten Menschen, wollt doch nicht zweifeln, ob ...»[375] Wollt doch nicht! Die eigentliche Sünde des Menschen liegt in seiner willentlichen Überheblichkeit. Es ist nicht zufällig, daß in den

Ausführungen über das Altarsakrament darauf hingewiesen wird. «Alle Kreatur ist meinen Gesetzen unterworfen. Aber du, o Mensch, stehst mir immer als Empörer gegenüber. Daher bist du blind und taub. Aber dennoch, mir widerstehen kannst du nicht!»[376]

Deshalb steht Gott gegen die alles Wissenwollenden, gegen die alles zergliedernden und damit wahre Erkenntnis zerstörenden Wie-Frager den Mysterien Gottes gegenüber.

«Wenn du aber, Mensch, in der Unbeständigkeit deines Herzens in dir selbst die Frage stellst, wie jene Gabendarbringung auf dem Altar zu Leib und Blut meines Sohnes wird, dann werde ich selbst dir antworten: Warum, o Mensch, fragst du das, und weswegen forschst du dem nach? Fordere ich das etwa von dir? Was untersuchst du meine Geheimnisse inbetreff Leib und Blut meines Sohnes? Das ist nicht dafür da, daß du es ausforschen sollst. Hab vielmehr aufmerksam acht auf dich, daß du sie in tiefer Furcht und Ehrerbietung empfängst, und mehr über dies Mysterium wolle nicht herausstottern. Denn so unbesonnen darfst du mich nicht versuchen. Und was geht dich das überhaupt an? Vielmehr suche mich in gewissestem Glauben. Wenn ich nämlich auf deinen heilen Glauben blicke, dann will ich nicht von dir wissen, was Leib und Blut meines Sohnes sei, noch wie dies Mysterium auf dem Altar konsekriert wird. Forsche du nicht unbesonnen nach mir in meinen Geheimnissen herum, damit du nicht dabei Schaden nimmst.» In ehrerbietiger Herzensbeugung, unter Gebet und Tränen der inneren Rührung darf der Mensch, in der Weise der frommen Vätertheologen, dem Mysterium nachsinnen und sich seiner Tiefe öffnen. «Was dir dann noch fehlt, das überlaß dem Heiligen Geist.»[377]

Das ist eine deutliche Absage an eine intellektualistische Theologie, die mit ihren Fragemethoden vor dem Mysterium nicht haltmachen will.

Daher erklärt sich auch die Ablehnung der nicht erst heute bekannten Bemühungen, durch Veränderung, Vermehrung und Umschreibungsversuche der alten liturgischen Worte das Sakrament verständlicher zu machen. Das Mysterium dieses Sakramentes ist nicht intellektuell verstehbar zu machen! Deshalb muß die Liturgie den Geheimnischarakter dieses Sakramentes in der gleichbleibenden schlichten Größe altvertrauter Worte wahren. So vernimmt die hl. Hildegard hierüber den Willen Gottes: «Ich, der Vater aller Dinge, will nicht, daß die geheimnisvolle Ordnung des allerheiligsten (liturgischen) Gesprächs, durch welches mich der Priester am Altar anrufen soll, in vielen und großen (überzogenen) Worten geschehe, sondern in der richtigen Festlegung der früheren Kirchenlehrer, welche die Gabe des Heiligen Geistes gründlich gelehrt hat, mich in rechter (gehöriger) Erinnerung (an das Opfer meines Sohnes) anzurufen. Und es soll nicht in der Vieldeutigkeit törichter Weisheit geschehen, sondern in Einfalt des Herzens, weil ich an viel Wortmacherei keinen Gefallen habe,

sondern an der Herzensreinheit derer, die mich treu ergeben suchen und mich in brennender Liebe in ihr Herz schließen.»[378]
Die hl. Hildegard weiß, daß es dem Menschen naheliegt, alles, daher auch den Empfang der Gabe des Altarsakramentes, mit menschlich-irdischen Maßstäben zu messen. Es gibt Maßunterschiede in der Glaubenskraft wie auch in den Sündenbelastungen, mehr oder weniger Frömmigkeit, schwerere oder leichtere Sünden, aber immer kommt es nur darauf an, daß der Mensch beim Empfang des Sakramentes in Hingabe des Herzens an Gott das Heil begehrt. Daher macht es keinen Unterschied, ob der Mensch eine größere oder geringere Quantität der Altargabe empfängt. «Dies Sakrament wird nicht für den heiliger sein, der mehr von ihm empfangen haben wird, noch für den verringert, der weniger von ihm genossen hat, sondern wer es empfangen hat, den wird es auch gemäß seinem Glauben erleuchten. Deshalb, o Mensch, soll man beim Empfang nicht auf die Menge achten, denn der starke Gott ist sowohl in der kleinen wie auch in der großen Gabe dieses Mysteriums gegenwärtig. Deshalb sollen seine Empfänger allein auf dies eine achten, daß sie den dreieinigen Gott mit festem und reinem Glauben in ihren Herzen haben.»[379] Die hl. Hildegard pflegte, wie sie selbst in einem Brief an die Mainzer Prälaten schreibt, einmal im Monat mit ihren Nonnen zu kommunizieren.[380]
Daß die Priester und die Laien in gleicher Weise verpflichtet sind, auf all das zu achten und es von sich abzutun, was einem geheiligten Umgang mit diesem Sakrament im Wege steht, davon wird im *Scivias*-Buch ausführlich gehandelt. Wenn dabei auch viel von den leiblichen (corporaliter) Sünden gesprochen wird, so hängt das damit zusammen, daß das Altarsakrament die heilsame Gabe für den ganzen Menschen sein soll.
Dem ganzen Menschen will Gott durch diese Gabe zurechthelfen. «O Gott, dessen Hochherzigkeit über alle ergeht, ... deshalb hast du dies Wunder erschaffen, damit das Blut dieses deines Eingeborenen, das zum Heil der Seelen vergossen ist, die innere Kraft der Menschen froh mache. Wie? Weil, wie früher der Leib deines Sohnes am Kreuze dargebracht worden ist, so auch jetzt sein Leib und Blut auf dem Altar zum Heil der Glaubenden konsekriert wird. Denn, wenn dies nach deinem Willen wunderbar vollbracht sein wird, dann wird auch geschehen, daß dies Sakrament das Angesicht der mit dem Öl der Barmherzigkeit gesalbten Kirche aufheitert, weil die mit Glaubensfreude Glaubenden, die Barmherzigkeit liebend Umfangenden, den Augen Gottes vortrefflich erscheinen. Denn als das Heil der Welt am Kreuze hängend barmherzig den Menschen aus der Schlinge des Teufels befreite, da hat er auch die Menschen gütig aus der Gebundenheit an die Sünde gelöst. Daher glauben sie nun selbst in der Freude ihres einfältigen Herzens treulich an Gott und hören nicht auf, in glühender Frömmigkeit denen, die Not leiden, zu helfen.»[381]

Die innere Geschlossenheit der Botschaft des *Scivias*-Buches wird in der Darstellung des Altarsakramentes offensichtlich. Der Mysteriencharakter des Sakramentes wird ehrfürchtig gewahrt. Seine Verbundenheit mit dem schon geschehenen, mit dem gegenwärtigen und dem noch kommenden Heilshandeln Gottes, seine Ganzheitlichkeit, Vieldimensionalität, seine Unergründlichkeit und seine dem sterblichen Menschen zuvorkommende und zu Hilfe kommende Lebensnotwendigkeit werden verkündet. Über dem Altarsakrament leuchtet die Wahrheit Gottes auf.
Aber auch die Wahrheit über den Menschen wird offenkundig. Dieses Sakrament kann für ihn zur Bewährung seiner gottgeschenkten Menschenwürde werden, in der Achtung seiner ihm gesetzten Grenzen, in dem Erweis seiner gläubigen Hingabefähigkeit und Ehrfurchtsfähigkeit, und in seinem Willen, sich durch Gottes Wirken erneuern zu lassen. Aus dem bohrend, zergliedernd, auflösend, gierig verlangend und herrschsüchtig nach unten und oben Blickenden wird der um sich her frei in die Nähe und Weite blickende, den Reichtum und die Fülle dankerfüllt wahrnehmende und befreit nach oben zum Urheber aller Dinge schauende Mensch.
So wird er dann der lobpreisende und singende Mensch. Die letzte Schau des *Scivias*-Buches ist erfüllt von symphonischer Musik, herrlichen Chören und wunderbaren Hymnen. «Ich hörte eine Stimme, aus der lichtglänzenden Luft zu mir sprechend: Es gebührt sich, daß dem erhabenen Schöpfer mit nie ermüdender Stimme des Herzens und Mundes Lobgesänge dargebracht werden, denn nicht nur die Stehenden und Aufgerichteten, sondern auch die Fallenden und Krummen läßt Er in seiner Gnade Platz nehmen auf himmlischen Thronen... Deshalb lobt jeder Geist, der guten Willens ist, an Gott zu glauben und ihn zu ehren, den Herrn, den, der Herr über alle ist. Denn es ist nicht mehr als recht, daß jener, der das Leben begehrt, den verherrlicht, der das Leben ist.»[382] Das Leben der Schöpfung erfüllt sich in der Verherrlichung ihres Lebenspenders.
Wir vergessen über diesem erhebenden Ausklang nicht die Worte, die auf den letzten Seiten des *Scivias*-Buches stehen: «Wenn aber jemand diese von Gottes Finger geschriebenen Worte verstecken und sie, getrieben von seinem grimmigen Geist, verkürzen will, oder wenn er sie, weil irgendein anderer Mensch darüber anders gesinnt ist, abseits bringen will und sie somit verhöhnt, der ist ein Verworfener. Und der Finger Gottes zerdrückt ihn.»[383]
Welche Wirkungen gingen von diesem Buch aus?
Es ist deutlich, daß die hl. Hildegard unabhängig von den Theologen ihres Zeitalters geschrieben hat. Ihr *Scivias*-Buch ist ein durch und durch originelles Werk, in seiner Art und Geschlossenheit einmalig in ihrer Zeitgenossenschaft, ja in der Kirche überhaupt.
Seit der Papst auf der Trierer Synode Hildegards Schreibauftrag öffentlich

anerkannt und sie zum Weiterschreiben ermutigt hatte, waren Bischöfe und Klöster in Deutschland und darüber hinaus auf sie aufmerksam geworden. Viele suchten die Verbindung mit ihr, erkannten sie als prophetische Lehrerin und Mahnerin der Kirche: «Feuer, das aus der Lohe der Gottheit herabgefallen ist.»[384] Schon zu Hildegards Lebzeiten entstanden verschiedene Abschriften ihres Buches, auch noch einige wenige im Anfang des nächsten Jahrhunderts. Aber sie sind für den Gang der Theologiegeschichte bedeutungslos geblieben. Ebenso die erste Druckausgabe in Paris 1513 und der Nachdruck 1628 in Köln.[385]

Die hl. Hildegard wußte um die Bedeutung ihres Buches für die Kirche und hatte Papst Eugen nach Fertigstellung gebeten, seine Verbreitung zu fördern.[386] Der Papst aber hatte andere Sorgen genug. Die theologischen Bücher der hl. Hildegard, an der Schwelle der Neuzeit geschrieben, sind vom Geist der Neuzeit nicht angenommen worden. Eine neue Art des Fragens, Denkens, Wollens und Strebens war heraufgestiegen und wurde im Abendland beherrschend. Für die «begrifflich-rational-dialektisch-scholastische Weiterentwicklung der Theologie war das Schrifttum der hl. Hildegard unbrauchbar.»[387]

Die hl. Hildegard wäre wohl für Jahrhunderte ganz in Vergessenheit versunken, wenn nicht um 1220 der Abt Gebeno aus dem Cisterzienserkloster Eberbach «Prophezeiungen» für die Zukunft der Kirche und der Welt aus ihren Schriften zusammengestellt und eine chronologische Ordnung versucht hätte. Danach fragten die Menschen in den aufgewühlten Jahrhunderten der Folgezeit, und diese Prophezeiungen wurden immer wieder abgeschrieben, gedruckt und nachgedruckt. Jeder deutete sie für sich in seine Richtung passend. Hildegard wurde als gottbegabte Zukunftswahrsagerin geachtet.[388]

Erst in unserm Jahrhundert, nach einigen Vorarbeiten im vorigen, wurde die Aufmerksamkeit wieder auf die Gestalt der hl. Hildegard gelenkt. Immer deutlicher tritt sie, wenn auch noch manchmal aus dem Geist der zu Ende gehenden Neuzeit gedeutet, als die fremdartige, eigenartige, prophetische Deuterin der Wege Gottes mit seiner Schöpfung hervor. Einen letzten, bedeutenden Schritt tat Papst Johannes Paul II., indem er aus Anlaß ihres achthundertsten Todestages die hl. Hildegard in einem Schreiben an Bischof Volk in Mainz als Lehrerin der Kirche rühmte.[389]

V. Klostergründung auf dem Rupertsberg: 1147–1152

1. Die Mühsal der Klostergründung

Mitten in der mühsamen Arbeit des Empfangens und schriftlichen Festhaltens des *Scivias*-Buches erhielt die hl. Hildegard im Jahr 1147 durch eine Vision den folgenreichen Auftrag, ein eigenes Kloster zu gründen. Der Disibodenberger Abt hatte sich schon Gedanken darüber gemacht, daß wegen des Zuzugs vieler Töchter aus dem Adel in das kleine Nonnenkloster die Gebäulichkeiten nicht mehr ausreichten und erwog eine Erweiterung der Bauten oder eine Neueinrichtung an geeigneter naher Stelle.
Gott aber hatte andere Pläne, und so «wurde Hildegard vom Heiligen Geist jene Stätte gezeigt, wo die Nahe in den Rhein mündet, nämlich der Hügel, der früher vom heiligen Bekenner Rupertus seinen Namen erhielt. Rupertus hatte den Hügel erblich besessen und dort mit seiner seligen Mutter Bertha und dem heiligen Bekenner Wibert im Werk und Dienst für Gott sein Leben glückselig vollendet. Von seinem Grab und seinen Reliquien ist dem Ort der Name verblieben.»[390] Mit diesen Sätzen leitet die Vita den Bericht über die Klostergründung ein. Die hl. Hildegard hat später zur Erbauung für die Nonnen ihres Klosters aus innerer Schau eine Vita des hl. Rupert geschrieben und darin Angaben gemacht, die so nicht bekannt waren, sich aber heute bei Nachprüfung als richtig erwiesen.[391] In der zweiten Hälfte des siebenten Jahrhunderts hatte der fromme, früh verstorbene adelige Rupert zusammen mit seiner Mutter und dem Priester Wibert bei seiner Burg auf dem Hügelgelände vor den Hunsrückbergen eine christliche Sozialsiedlung für alle Art von Hilfsbedürftigen und eine kleine Kirche errichtet. Durch die Normannen wurden alle Gebäude bis auf die Kirche zerstört. Eine Zeitlang pilgerten fromme Menschen zu dem Kirchlein, die Erinnerung an die hier beigesetzten heiligen Menschen lebendig erhaltend. Dann aber war es um das allmählich verödende Gotteshaus still geworden, und Wildwuchs hatte den Hügel weithin überwuchert. Dieses einmal geheiligte und geschichtsträchtige Fleckchen Erde hatte Gott als Wohnstätte für die hl. Hildegard ausersehen. Hier sollte ihr Kloster als weithin sichtbare Gottesburg an der Kreuzung der immer belebten Verkehrsadern in nordsüdlicher und ostwestlicher Richtung liegen, mit freier Sicht auf den schiffebefahrenen Rheinstrom, auf das befestigte Bingen, wohin der Weg über die noch aus der Römerzeit stammende Drususbrücke führte, und auf das durch Fähren zu erreichende Rüdesheim, über dem die hl. Hildegard später ihr Zweitkloster Eibing errichten würde.

Die Vita berichtet über das Geschehen: «Die Stätte, zu der sie übersiedeln wollte – die Jungfrau Gottes hatte sie nicht mit leiblichen Augen gesehen, sondern in innerer Schau erkannt –, bezeichnete sie ihrem Abt und den Brüdern. Diese aber hatten Bedenken, ihre Einwilligung zu geben, weil sie Hildegard ungern wegziehen sahen. Damit sie aber nicht gehindert würde, die Weisung Gottes auszuführen, lag sie, wie früher, lange auf dem Krankenlager. Sie konnte sich jedoch nicht eher erheben, als bis der Abt und die anderen erkannten, daß sie durch eine göttliche Anregung gedrängt wurde, und sich nicht länger der Einwilligung widersetzten, sondern nach Kräften ihre Zustimmung gaben.»[392]

Die hl. Hildegard schaute ihr zukünftiges Kloster, so ist die kurze Bemerkung zu verstehen, als deutliches Bild in ihrer geistigen Schau: Den aufsteigenden, in Kulturland verwandelten Hügel, im Dreieck zwischen Rhein und Nahe liegend, das hoch aufragende, mauergeschützte Kloster mit seinen vielen Gebäuden, so wie es wenige Jahre später in Wirklichkeit dastand. Unverwischbar stand dieses Bild als göttliche Weisung vor ihrem Innern und bestimmte nachher die Ausführung.[393]

Selbstverständlich wollte das Disibodenberger Kloster die inzwischen schon in den Ruf einer gottbegnadeten Prophetin gekommene Äbtissin Hildegard nicht gern ziehen lassen. Als sie es dann doch schließlich taten, hatten sie noch länger vor, die neue Klostergründung in Abhängigkeit vom Altkloster Disibodenberg zu halten. Über die vielen Schwierigkeiten erfahren wir aus den eigenen Aufzeichnungen der hl. Hildegard, die in die Vita aufgenommen worden sind. Sie zeigen uns Hildegard als einen Menschen, der vor jeder neuen großen Aufgabe zurückschreckt, ihr auszuweichen sucht und krank wird. Aber nicht, weil er sich in die Krankheit flüchtet. Hier versagen unsere psychologischen Erklärungsversuche. Wir werden der hl. Hildegard nicht gerecht, wenn wir ihrer eigenen Deutung nicht glauben. Sie erfährt die Erkrankung als Strafe und Züchtigung Gottes, der sie zwingen will, seine Weisungen auszuführen. Jedesmal, wenn sie dies eingesehen hat, schüttelt sie die körperlichen Beschwernisse ab und entwickelt Kräfte, die man diesem von Geburt schwachen Menschen nicht zutrauen würde.

Hildegard trug das Zukunftsbild ihres Eigenklosters länger in sich. Wie lange, wissen wir nicht. Aber sie schwieg. Sie versuchte, dem Befehl auszuweichen. Die Vita berichtet: «Willst du wissen, was sie erleiden mußte, weil sie die göttliche Offenbarung verheimlicht hatte, daß sie von ihrem bisherigen Aufenthaltsort zu einer anderen Stätte übersiedeln sollte? Höre, was sie selbst darüber schreibt!»[394]

Es folgen die eigenen Aufzeichnungen der hl. Hildegard. «Eine Zeitlang waren meine Augen umdunkelt, ich vermochte kein Licht mehr zu sehen. Ich fühlte meinen Körper von einer derartigen Last niedergedrückt, daß ich mich nicht erheben konnte, und lag mit heftigen Schmerzen danieder.» «Dies erlitt ich deshalb, weil ich die Schau, die mir gezeigt worden war, nicht offenbaren wollte (!): und daß ich von dem Ort, wo ich Gott geweiht worden war, zusammen mit meinen Schwestern an einen anderen Ort ziehen sollte. Das erlitt ich so lange, bis ich meinen jetzigen Wohnort (den Rupertsberg) angab. Sofort erhielt ich die Sehfähigkeit zurück, fühlte mich zwar erleichtert, doch war ich von der Schwäche noch nicht völlig befreit.» Die eigene innere Schwierigkeit war überwunden. Aber nun stürmten die Abwehrmaßnahmen der Disibodenberger Mönche auf sie ein, die Gegenreden der umwohnenden Freunde des Klosters und der Angehörigen ihrer Mitschwestern. «Als aber mein Abt und die Brüder und das Volk jener Gegend von diesem Ortswechsel und seiner Bedeutung erfuhren – daß wir von fruchtbaren Feldern und Weinbergen und einer lieblichen Gegend weg in ein wasserloses Gebiet ziehen wollten –, wunderten sie sich sehr. Damit dies nicht zustande komme, verschworen sie sich, uns Widerstand entgegenzusetzen. Von mir behaupteten sie, ich habe mich durch ein Trugbild täuschen lassen.» Durch Tage und Wochen mußte Hildegard diese betulichen, mitleidigen, fürsorglichen, warnenden, kränkenden Reden über sich ergehen lassen. Es half ihr wenig, daß ihre Nonnen zu ihr standen und sich mit ihrer verehrten Äbtissin zu gemeinsamem Wollen zusammenfanden. «Als ich das (nicht aufhörende Gerede gegen mich) hörte, wurde mein Herz betrübt, mein Fleisch und meine Adern erstarrten. Und als ich viele Tage zu Bett lag, hörte ich eine gewaltige Stimme, die mir verbot, weiterhin an diesem Ort etwas über die Vision zu sagen oder zu schreiben.»[395]

Gott griff ein, schloß seiner Prophetin den Mund, verbot ihr, weiter auf dem Disibodenberg an dem *Scivias*-Buch zu schreiben. Wie ein Donnerschlag kam dieser Befehl über sie und das ganze Kloster. Der Mönch Volmar mußte seine Feder niederlegen, der Abt erschrak, wußte aber nicht, was er tun sollte, denn sein Wille stand fest, Hildegard nicht ziehen zu lassen. Er hoffte wohl, es werde sich noch alles zum Besten des Klosters Disibodenberg wenden. Aber eine der Nonnen, Richardis, der hl. Hildegard besonders verbunden, schrieb an ihre Mutter, eine Verwandte der Jutta von Sponheim, Markgräfin Richardis von Stade. Diese hochstehende, einflußreiche und tatkräftige Frau griff in den Lauf der Dinge ein. Hildegard berichtet darüber: «Da ging eine uns bekannte vornehme Markgräfin zum Erzbischof (Heinrich) von Mainz und teilte ihm und anderen klugen Männern dies alles mit. Sie sagten, jeder Ort werde einzig und allein durch gute Werke geheiligt. Daher erscheine es ihnen angepaßt, daß man an die Ausführung (des Planes) gehe. Also sind wir mit der Erlaubnis des Erzbischofes mit dem großen Gefolge unserer Verwandten und anderer Leute in Ehrfurcht vor Gott an diese unsere Stätte gekommen.»[396]

Doch bis dahin verging noch einige Zeit und mußten manche Schwierigkeiten überwunden werden. An einer Stelle griff wiederum Gott ein. Die Vita berichtet: «Unter ihnen (den widersetzlichen Mönchen) befand sich Arnold, ein ehemaliger Laie, der Mönch geworden war. Er hatte durch seine grimmige Hartnäckigkeit anscheinend auch die anderen zur Widersetzlichkeit bewogen. Als er sich auf einem Landgut der Kirche, dem Hofe Weiler, befand, wurde sein Körper plötzlich so heftig geschüttelt, daß er zu sterben glaubte, und seine Zunge schwoll so stark an, daß sein Mund sie nicht fassen konnte. Er verlangte durch Zeichen, so gut er konnte, zur Kirche von St. Rupert gebracht zu werden. Als er dann hier gelobte, sich fürderhin nicht mehr zu widersetzen, erhielt er sofort seine Gesundheit zurück und war ein eifriger Helfer bei der Herrichtung der Wohnungen. Eigenhändig rodete er die Weinstöcke aus, wo die Gebäude zur Aufnahme der Nonnen gebaut werden sollten.»[397]

Die Vorgänge lassen sich im einzelnen nicht mehr genau festlegen. Nach dem Eingreifen des Mainzer Erzbischofs kamen die Dinge in Gang. Geländestücke, die Eigentum von Mainzer Domherren waren, und das Grundstück mit der Kapelle des hl. Rupertus, das zum Besitztum eines Hildesheimer Grafen gehörte, wurden von Hildegard käuflich erworben.[398] Die Bauvorbereitungen oder sogar Bauarbeiten scheinen dann schon in Gang gekommen zu sein. Aber immer noch müssen Widerstände bestanden haben, denn Hildegard kam mit sich selbst nicht zurecht. Darüber berichtet wiederum die Vita, und wir bringen diese Stellen, weil hier die menschliche Gestalt der Heiligen in ihren Nöten, mit denen sie ihr Leben lang zu tun hatte, so deutlich vor uns steht. «Hildegard aber, für deren Umzug diese Wohnstätte errichtet wurde, lag indessen wegen ihrer Säumigkeit in der Erfüllung der göttlichen Schau danieder.» Sie hatte noch nicht wieder den Mut und die Kraft gefunden, in der Niederschrift der *Scivias*-Offenbarungen fortzufahren, obwohl doch Gottes Verbot nur ein Mittel gewesen war, um den Weg zur Gründung des eigenen Klosters zu öffnen. «Die Füße versagten vollständig ihren Dienst, und sie konnte überhaupt nicht von ihrem Bett, in dem sie wie ein Felsblock lag, bewegt werden.» Wie im Starrkrampf lag die Äbtissin vor den Augen ihrer um sie besorgten Schwestern auf dem Lager. Es ist schwer vorstellbar, welche Not dieser Zustand den Nonnen bereitet haben muß, und was Hildegard in diesen Tagen, bei vollem Bewußtsein so liegend, in ihrer Seele durchlitten und durchkämpft haben mag. Die Vita berichtet weiter: «Da der Abt denen, die davon erzählten, nicht recht glaubte, trat er zu ihr ein, um sich davon zu überzeugen. Nachdem er mit aller Kraft versucht hatte, sie am Kopf aufzuheben oder auf die andere Seite zu wenden, und mit seinem Versuch nichts auszurichten vermochte, erkannte er – fassungslos über ein so ungewöhnliches Zeichen –, daß es sich hier nicht um menschliches Leiden, sondern um göttliche Strafe handelte. Und er sah ein, daß er sich nicht länger der göttlichen Weisung widersetzen dürfe, wenn er selbst nicht noch Schlimmeres erleiden wollte.»[399] Dies bedeutet, nachdem die Dinge schon in Gang gekommen waren, daß der Abt nun auch sein inneres Widerstreben aufgab. Es besagt aber nicht, daß die Disi-

bodenberger das neue Kloster aus ihrer Oberaufsicht zu entlassen gedachten. Darüber vergingen noch Jahre mit schwierigen Auseinandersetzungen.
Der Vita-Schreiber, der Hildegard noch persönlich gekannt hat, nimmt an dieser Stelle die Gelegenheit wahr, unter der Überschrift «Daß sie jedesmal an einer Krankheit litt, wenn sie zögerte, die Weisungen der himmlischen Schau auszuführen», die Heilige zu charakterisieren: «Schon lange konnte Hildegard nicht mehr gehen, als bereits von beiden Seiten entschieden worden war, daß man sie und die Mitschwestern an den Ort gehen lassen wollte, den sie im Geist vorausgesehen hatte.» Dieser Satz läßt uns daran denken, daß wochen-, wenn nicht monatelang Unsicherheiten und Nöte das kleine Nonnenkloster belastet haben müssen. «Da trat der Abt zu der Schwerkranken ein und sagte, sie möge im Namen des Herrn aufstehen und zu der Wohnung ziehen, die ihr vom Himmel bestimmt sei. Kaum war das Wort gesagt, erhob sie sich schnell, als hätte sie nach so langer Zeit an keiner Schwäche mehr gelitten. Da ergriff alle Anwesenden Staunen und Bewunderung. Und wohl mit Recht. Denn das, was man um die Kranke hatte geschehen sehen, war höchst staunenswert. Seitdem sie nämlich vom Himmel die Weisung erhalten hatte, den Wohnsitz zu wechseln, spürte sie jedesmal, wenn die Angelegenheit sich günstig entwikkelte, eine Linderung ihres körperlichen Leidens. Und umgekehrt: Wenn die Bemühungen am Widerspruch der Gegner zu scheitern schienen, litt sie unter stärkeren Beschwerden, auch wenn sie selbst nicht dabei war. Zuweilen erhob sie sich plötzlich von ihrem Lager und ging durch alle Winkel und Räume der Klause, konnte aber überhaupt nicht mehr sprechen; als sie dann zu ihrem Bett zurückkehrte, war sie unfähig zu gehen, sprach aber wie früher. An dieser Krankheit litt sie nicht nur damals, sondern immer, wenn sie aus weiblicher Furcht zögerte oder zweifelte, den Auftrag des göttlichen Willens auszuführen, erfuhr sie dieses sichere Zeichen an sich.»[400]
Die hl. Hildegard gehört also nicht zu den von Natur aus geistesstarken, tatkräftigen, zielstrebigen und erfolgreichen großen Frauengestalten der Geschichte. Sie war ein stets kränkelnder, sehr sensibler, fein- und fernfühliger Mensch, furchtsam, gegenüber von Schwierigkeiten ängstlich reagierend, auf mannigfache Weise von Behinderungen belastet. Aber sie war ein auserwähltes, von Gott beschlagnahmtes und benutzes Werkzeug, das sich immer wieder zurechtbiegen und zu stählerner Spannkraft schmieden ließ. Für ihre Mitschwestern muß der Umgang mit dieser Äbtissin nicht immer leicht gewesen sein, aber bis auf einige wenige schenkten sie ihr als einer von Gott Geführten volles Vertrauen, ehrfürchtigen, manchmal staunenden Gehorsam und hingebende Liebe. Auch sie sahen die Krankheitsvorgänge als Zeichen göttlicher Erziehung, Strafe und Führung. Es ist ohne Ertrag, aus heutiger medizinischer und psychopathologischer Sicht Erklärungsversuche für diese merkwürdigen Zustände zu unternehmen. Es gibt nur eine gültige und aufschlußreiche Erklärung: Die Sinnaussagen der hl. Hildegard selbst und derer,

die sie aus nächster Nähe kannten. Das rein Medizinische wäre nichts anderes als eine sinnleere äußere Darstellung der eigentlichen Vorgänge.
Inzwischen hatten also die Rodungs- und Bauarbeiten auf dem Rupertsberg schon begonnen. Wer den Bauplan entwarf, die Bauausführung leitete und die Bezahlung der Baukosten regelte, darüber haben wir keine Auskünfte. Es gab damals grundsätzliche Regeln für die Errichtung von Klosteranlagen. Diese mußten dann der jeweiligen Örtlichkeit angepaßt werden. Wie weit die hl. Hildegard selbst von ihrer Schau her hierfür Anweisungen gab oder geben konnte, wissen wir nicht. Es ist aber kaum anzunehmen, daß sie mit ihren Schwestern in einen noch unfertigen Gebäudekomplex einzog, über dessen Gestaltung sie vorher nichts gewußt hätte. Sie hat oft genug bewiesen, daß sie auch für praktische Dinge scharfen Sachverstand entwickeln konnte. Daß sie auch Bauverstand hatte, aus aufmerksamer Beobachtung der miterlebten langen Disibodenberger Bauentwicklung und aus der Errichtung ihres eigenen Klosters, ist aus Sätzen ihres Buches der Gotteswerke zu entnehmen. Da schreibt sie von den Materialien, die für das Bauen nötig sind, und daß der Mensch alle Materialien und Bauteile für das von ihm sorgsam geplante Gebäude «nach seinem eigenen Plan» auswählt.[401]
Vor allem aber hatte sie in dem ihr bekannten und freundlich gesonnenen kinderlosen Pfalzgrafenehepaar von Stahleck über Bacharach sehr tatkräftige Helfer.[402] Dieser Pfalzgraf Hermann muß ein stürmischer, leidenschaftlicher, auch zu unbesonnenem Handeln neigender Mann gewesen sein. Wegen einer Bluttat und seiner Fehden mit benachbarten geistlichen Fürsten war er von Kaiser Barbarossa zum öffentlichen Hundetragen verurteilt worden. Gleichzeitig aber muß er auch ein geistig interessierter, suchender Mensch gewesen sein, der von Hildegard zur Umkehr gebracht wurde.[403] Er ist es, über den sie in ihren eigenen Aufzeichnungen schrieb: «Ein Philosoph, der wegen seines Reichtums hoch in Ehren stand, hatte lange an meinen Schauungen gezweifelt. Trotzdem besuchte er uns und stattete unsern Besitz mit Gebäulichkeiten, Ländereien und anderen lebensnotwendigen Dingen reichlich aus. Mein Herz war darüber ungemein erfreut, weil Gott uns nicht vergessen hatte. Mit scharfem, aber zugleich weisem Forschungsdrang erkundigte er sich nach dem Inhalt und Ursprung der Visionsschriften, bis er durch göttliche Eingebung vollends daran glaubte. Und er, der uns vorher mit boshaften Worten verspottet hatte, wandte sich uns nun mit vielen Segenswünschen zu. Denn Gott hatte in seinem Herzen die Ungerechtigkeit erstickt. Über diese Gesinnungsänderung staunten viele und wurden in ihrem Glauben gefestigt. Und Gott hat durch diesen Weisen seinen Segen über uns ergossen. Daher nannten wir ihn alle ‹Vater›.»[404] Nach dem Tode dieses treuen Helfers im Jahre 1156, der sich zuletzt noch zu einem mönchischen Leben entschloß[405], blieb Hildegard seiner Witwe Gertrud verbunden und stand ihr bei, als sie eine geeignete Stätte für ein mit christlicher Tätigkeit verbundenes zurückgezogenes geistliches Leben suchte.[406]

Dank der Hilfe des Pfalzgrafen Hermann war die Bautätigkeit Ende der vierziger Jahre gut in Gang gekommen und fortgeschritten. Nach Errichtung der Wohn- und notwendigen Wirtschaftsräume konnte im Jahr 1150 an den Einzug gedacht werden, bevor der Gesamtklosterbau und die Kirche fertig waren. Die Vita berichtet nicht von dem Abschiednehmen aus der seit Kinderjahren gewohnten klösterlichen Umgebung des Disibodenberges, von den die Nonnen auf den Weg geleitenden Segenswünschen des Abtes und der Mönche, von dem Ritt durch das Nahetal und von der begleitenden Fuhrwerkskolonne mit den notwendigen Gebrauchsgegenständen aus der bisherigen Herberge. Schlicht erzählt sie: «Endlich zog also die Dienerin Gottes mit achtzehn gottgeweihten Jungfrauen von der Stätte ihres bisherigen Aufenthaltes fort. Und wenn sie den Zurückbleibenden viel Schmerz und Trauer hinterließ, so brachte sie der Gegend, in die sie nun zog, viel Freude und Jubel. Denn aus der Stadt Bingen und den umliegenden Ortschaften waren ihr viele angesehene Persönlichkeiten und beträchtliche Volksmengen entgegengekommen, die sie unter Frohlocken mit geistlichen Gesängen empfingen. Als Hildegard mit ihrer oder vielmehr mit Christi kleiner Herde die für sie bereitete Stätte bezogen hatte, pries sie frommen und freudigen Herzens die göttliche Weisheit, die alles fügt, umfing die ihrem Schutz anvertrauten Nonnen mit mütterlicher Liebe und ließ nicht ab, sie in der Lehre der Regel St. Benedikts mit Klugheit zu unterweisen.»[407]
Diese Unterweisung zu Demut, Gehorsam und Armut tat dringend not, denn die erste Freude wurde sehr bald überschattet, wenn nicht sogar hinweggenommen. Die Disibodenberger Besitzungen des Frauenklosters wurden von den dortigen Mönchen als Eigenbesitz ihres Klosters angesehen und verwaltet. Also nahmen sie die Erträge weiterhin ein, führten sie aber nicht an das neugegründete Kloster ab, das aus eigenen Einkünften existieren sollte. Auf diese Weise nahmen sie den Rupertsberg in die Zange. Die hl. Hildegard und ihre Nonnen gerieten in Lebensnot. Sie selbst hat diese schwere Anfangszeit nie vergessen und in ihren späteren Aufzeichnungen davon berichtet. Die inneren Spannungen dieser Monate und sogar Jahre konnte sie nur durchstehen, weil sie der Führung durch Gott ganz gewiß war und ihr Leben als einen Weg des Gehorsams erkannt hatte. Ihre eigenen Aufzeichnungen reden in großer Nüchternheit von alledem.
«Nun aber setzte uns der alte Betrüger mit vielen Verspottungen zu, so daß viele sagten: Was soll das bedeuten, daß dieser törichten und ungelehrten Frau solche Geheimnisse geoffenbart werden, da es doch viele starke und weise Männer gibt? Also muß es vereitelt werden! Denn viele wunderten sich über die Offenbarung und fragten, ob sie aus Gott sei oder von dürren Luftgeistern, die manche irreführen. Ich nahm nun mit zwanzig adligen Nonnen, die von reichen Eltern abstammten, an dieser Stätte (dem Rupertsberg) meinen Aufenthalt. Dort fanden wir keinerlei Wohnung noch Bewohner, mit

Ausnahme eines alten Mannes, seiner Frau und seinen Kindern. So große Widerwärtigkeit, Trübsal und Arbeitslast überfielen mich, wie wenn eine Sturmwolke die Sonne verdeckt. Da seufzte ich, vergoß Tränen und sprach: Oh, oh, Gott läßt niemanden zu Schanden werden, der auf ihn vertraut! Doch wiederum schenkte mir Gott seine Gnade, wie wenn die Wolken weichen und die Sonne scheint und die Mutter dem weinenden Kind die Brust reicht, das nach dem Weinen sich freut.»[408]
In einer weithin noch wüsten Gegend, ohne helfende menschliche Nachbarschaft, umgeben vom Lärm und Getriebe der Bauleute, ohne geregelte Zufuhr des Nötigsten zum Leben, hin und wieder die Freude, daß sie ihren Schwestern eine Labsal und Erquickung bieten konnte, so bemühte sich die Äbtissin Hildegard, ihre Verpflichtung für Leib und Seele der ihr Anvertrauten zu erfüllen. Wie Bedrückung und Aufrichtung in diesen Wochen und Monaten wechselten, erfahren wir von ihr selbst. «Dann schaute ich in einer wahren Vision, daß derartige Trübsale über mich kommen würden, wie sie Mose widerfuhren. Als er die Kinder Israels aus Ägypten in die Wüste führte, murrten sie wider Gott und setzten Mose sehr zu, obgleich ihnen Gott wunderbare Zeichen hatte aufleuchten lassen. So ließ Gott auch mich Trübsale erfahren durch das einfache Volk, meine Verwandten und einige, die mit mir zusammen wohnten (ihre Nonnen). Denn es fehlte uns, soweit man es uns nicht mit Gottes Gnade durch Almosen schenkte, am Lebensnotwendigen. Wie die Kinder Israels dem Mose das Herz schwer machten, so schüttelten nämlich auch jetzt die Menschen über mich den Kopf und sprachen: Was nützt es, daß adelige und reiche Nonnen von dem Ort, wo es ihnen an nichts gefehlt hat, weggehen zu einer Stätte solchen Mangels? Wir aber hofften, die Gnade Gottes, der uns diesen Ort gezeigt hatte, werde uns beistehen.»[409]
Hildegard erfuhr in dieser Zeit alles, was an Anfechtungen möglich ist: «Die Last der Krankheit» und körperliche Schwäche, «Verunglimpfungen und Spott der Menschen», dahinter nahm sie die Zerstörungsversuche «des alten Betrügers», Satans, wahr, und in ihren inneren Anfechtungen erfuhr sie die «Wut der Dämonen».[410] Bei allen Güteerweisungen und Tröstungen Gottes, die ihr «den Geist wieder festigten» und die Fürsorge für die Bedürfnisse ihrer Töchter ermöglichten, mußte sie auch den Einbruch des Bösen in ihr eigenes Kloster erleben. «In einer wahrhaften Schau erblickte ich mit großer Sorge, wie die Luftgeister wider uns kämpften. Und ich sah, daß diese Geister einige meiner adeligen Töchter durch verschiedene Eitelkeiten wie in ein Netz verstrickt hatten. Nach einer Offenbarung Gottes ließ ich sie das erkennen und gab ihnen durch Worte der Heiligen Schrift, durch die Zucht der Regel und den guten klösterlichen Wandel Sicherung und Schutz. Doch einige von ihnen sahen mich finsteren Blickes an, sprachen insgeheim böse von mir und sagten, sie könnten das unausstehliche Gerede über die reguläre Disziplin, mit der ich sie zügeln wolle, nicht ertragen.» Diese verließen das Kloster und

kehrten in die Welt zurück. «Aber Gott schickte mir Trost in andern guten und weisen Schwestern, die mir in all meinen Leiden beistanden.»[411]
«In all meinen Leiden». Hier soll noch einiges über die für uns kaum durchschaubare Verflechtung leiblicher, seelischer und geistlicher Betroffenheit, kämpferischer Auseinandersetzung und geistlichen Ringens mit Menschen, satanischen Geistern und Gott berichtet werden. Die Berichtstücke der Vita sind zeitlich zwar nicht genau einzuordnen, stehen aber zumeist vor dem Hintergrund dieser schweren Jahre der Klostererrichtung auf dem Rupertsberg. Sie helfen uns, das Wesensbild dieser um die Erfüllung ihres Lebensauftrages kämpfende Frau, Äbtissin, prophetischen Künderin und Heiligen deutlicher zu sehen. Wenn man die Texte aufmerksam liest, sieht man, daß die hl. Hildegard selbst ein sehr klares Unterscheidungsvermögen für organisch-körperliche Vorgänge, Einwirkungen dämonischer Geistermächte, Verbindung mit der jenseitigen Welt der Engel und der schon erlösten Heiligen, und das zulassende, bewirkende und führende Handeln Gottes hatte. Daher konnte sie auch in so klarer Erkenntnis und geistiger Sicherheit in den drei letzten Jahrzehnten ihren Lebensweg gehen.
Die Vita berichtet: «Nun wollen wir sehen, wie die heilige Jungfrau in doppelter Weise bald von Krankheitsschmerzen gepeinigt, bald von Schrecken und Dämonen heimgesucht, nicht nur nicht überwunden, sondern auch in einem vielfachen Sieg unter dem Schutz der Engel verherrlicht wurde. Kurz gesagt: Einerseits hatte sie unter ihrer Krankheit zu leiden; dabei wappnete sie sich als Frau von wunderbarer Unschuld mit der Kraft der Geduld, und als würde ihre Beschwernis von dem Gotteswort gelindert, sprach sie: ‹Meine Gnade genügt dir, denn die Kraft kommt in der Schwachheit zur Vollendung› (2 Kor 12,9). Gern rühmte sie sich ihrer Schwäche, damit die Kraft Christi in ihr wohne. Sie glaubte, je mehr sie geprüft würde, desto mehr werde sie geliebt. Andererseits wurde sie von der List der Dämonen heimgesucht, dabei wappnete sich die hervorragende Kämpferin mit dem Schutz der apostolischen Lehre. Inwiefern? Sie sprach: ‹Nehmet den Helm des Heiles und das Schwert des Geistes, das ist das Wort Gottes› (Eph 6,17). Und wiederum: ‹Legt die Waffenrüstung Gottes an, auf daß ihr standhalten könnt gegen die Ränke des Teufels. Denn unser Kampf geht nicht gegen Fleisch und Blut, sondern gegen die Mächte und Gewalten der Finsternis›» (Eph 6,11 f.).[412]
Einer rein rationalistisch-diesseitigen Wirklichkeitsauffassung bleiben diese geistlichen Kämpfe und Siege Hildegards verschlossen. Die Heilige wird zu einem komplizierten Menschen, der unter mittelalterlichen Vorurteilen zu leiden hat.
Die Vita fährt fort: «Mit dieser ausgezeichneten Kriegskunst und diesen Waffen stritt sie als unbesiegbare Kämpferin, und noch vom Fleische umschlossen und auf Erden weilend, kämpfte sie gegen die bösen Geister in den Himmelshöhen. Schrecken ergriff die Fürsten der Finsternis, als sie sahen, daß eine

Frau, die mit solcher Kunst ausgerüstet und mit jeglicher Waffe der Tapferkeit bewehrt war, gegen sie stritt. Sie erschraken, wie gesagt, schrien ihr ‹Wehe!› und ergriffen voll Verwirrung die Flucht. Denn Furcht und Schrekken waren über sie gekommen, als sie sahen, daß der furchtbare Cherub wie ein geordnetes Schlachtheer sie mit flammendem Schwert verfolgte, damit sie Hildegard nicht mehr quälten, und wie er die Magd Gottes in Schutz nahm. So kämpfte die Heldin Gottes zwischen den Geistern des Himmels und der Hölle, schlug die Widersacher und war immer froh über den Siegesruhm.»[413]

Diese letzten Worte «immer froh über den Siegesruhm» geben wieder, wie die Nonnen ihre Äbtissin erlebten, leise singend durch den Kreuzgang ihres Klosters wandelnd, die Hände dankend gefaltet, ihr Angesicht von innerer Freude durchlichtet. Nur vor dem Hintergrund der tatsächlichen Geisteskämpfe ist dies begreifbar.

Der Vita-Schreiber hat Teile des von der hl. Hildegard selbst geschriebenen Lebensberichtes aufgenommen, die das von ihm Mitgeteilte sehr eindrucksvoll bestätigen: «Das Gefäß meines Leibes wurde wie in einem Ofen gekocht, wie Gott auch viele prüfte, die er seine Worte zu künden geheißen hat. Dafür sei ihm Lob gesagt! Dagegen schenkte er mir in zweien meiner Töchter und in anderen Menschen große Hilfe, weil sie meine Leiden unermüdlich mit mir teilten. Seufzend sagte ich Gott auch dafür Dank, daß die Menschen meiner nicht überdrüssig wurden. Wären die quälenden Schmerzen, die ich an meinem Leibe erlitt, nicht von Gott gekommen, ich hätte nicht länger zu leben vermocht. Obgleich ich auch durch all dies gepeinigt wurde, so sprach, sang und schrieb ich doch in der göttlichen Schau, was der Heilige Geist durch mich verkünden wollte.»

Nach drei Jahren hatte diese Krankheit ein Ende. (Wahrscheinlich um 1160, Vita S. 143; doch spielt die Zeit in diesem Zusammenhang keine Rolle). «Da sah ich, wie ein Cherub im lodernden Feuer, in dem sich der Spiegel der Geheimnisse Gottes befindet, mit einem feurigen Schwert die mich quälenden Luftgeister vertrieb, so daß sie die Flucht vor mir ergriffen und schrien: Ach, ach, wehe, wehe! Nun wird uns diese hier entschwinden, und wir sollen sie nicht ergreifen?! Daraufhin lebte mein Geist wiederum gänzlich auf, mein Leib wurde in Adern und Mark wie neu gekräftigt, und so gelangte ich zur vollkommenen Genesung» (für eine begrenzte Zeit).[414]

Noch ein anderes längeres autobiographisches Zeugnis sei hier mitgeteilt, weil in ihm die hl. Hildegard so vor uns steht, wie sie bis an ihr Lebensende ihr Dasein in wechselvoller, im Grunde aber sich immer gleichbleibender Weise erlebte. «Einst warf mich Gott aufs Krankenlager und belastete meinen Körper mit Atemnot, so daß die Adern mit dem Blut, das Fleisch mit dem Saft und das Mark mit den Knochen vertrockneten, als müßte meine Seele aus dem Leibe scheiden. In diesem Aufruhr befand ich mich dreißig Tage. Mein Leib brannte durch die Hitze der glühenden Luft. Daher hielten einige diese

Krankheit für eine Strafe. Auch die Kraft meines an den Körper gebundenen Geistes schwand dahin. Noch war ich nicht aus diesem Leben geschieden, aber ich war auch nicht mehr völlig darin. Mein Körper lag unbeweglich auf einer Decke auf dem Boden. Doch sah ich mein Ende noch nicht, obwohl meine geistlichen Oberen, meine Töchter und meine Verwandten unter großem Klagen kamen, um meinem Tod beizuwohnen. Ich aber sah während dieser Tage in einer wahrhaften Schau eine große, nach menschlichem Ermessen unzählbare Schar von Engeln aus der Heerschar des hl. Michael, die mit dem alten Drachen gekämpft hatten. Sie harrten dessen, was Gott an mir geschehen lassen wollte. Einer von ihnen, ein starker, rief mir zu und sagte: Ei, ei, Adler, warum schläfst du in deinem Wissen? Erhebe dich aus deiner Unschlüssigkeit! Du wirst erkannt werden, strahlende Gemme, alle Adler werden dich sehen, die Welt wird trauern, das ewige Leben aber sich freuen. Darum, o Morgenröte, erhebe dich zur Sonne! Auf, auf, erhebe dich und trinke! Sogleich rief die ganze Schar mit gewaltiger Stimme: ‹Freudenruf! Die Boten haben geschwiegen. Die Zeit des Hinübergehens ist noch nicht gekommen. Also, Jungfrau, steh auf!› Sogleich kehrten Körper und Sinne zum gegenwärtigen Leben zurück.
Das sahen meine Töchter, die zuvor um mich geweint hatten. Sie hoben mich von der Erde auf und legten mich wieder ins Bett. Und so erhielt ich die früheren Kräfte zurück. Wenn auch die züchtigende Krankheit nicht ganz von mir wich, so erstarkte doch mein Geist von Tag zu Tag mehr in mir als zuvor. Denn die bösen Geister der Luft, die die Strafmartern an den Menschen vollziehen, schickten mir diese Strafe, soweit es Gott zuließ, wie dies auch die Folterer taten, die dem hl. Laurentius und anderen Märtyrern glühende Kohlen auflegten. Sie eilten auf mich zu und riefen mit lauter Stimme: ‹Wir wollen diese hier verführen, damit sie an Gott zweifle, ihn lästere, weil er sie in solche Qualen verstrickt.› Mit Gottes Zulassung geschah es auch, daß Satan den Leib des Ijob derart schlug, daß er von Würmern wimmelte. So drang feurige Luft in mein Fleisch und ließ es zusammenschrumpfen, wie es auch Jeremia geschah, der über seine Schmerzen klagte und weinte. Doch war der Teufel nicht imstande, ihn zur Gotteslästerung zu bewegen. Ich dagegen, zarten Fleisches und zaghaften Herzens, war über meine Schmerzen heftig erschrocken. Doch Gott gab mir die Kraft, sie geduldig zu ertragen, und ich sprach in meinem Geiste: ‹O du mein Herr und Gott, ich weiß, alles, wodurch du mich berührst, ist gut. Denn alle deine Werke sind gut und heilig. Dies alles habe ich von meiner Kindheit an verdient. Aber dennoch vertraue ich darauf, Du werdest nicht zugeben, daß meine Seele im künftigen Leben so gepeinigt wird.›»[415]

Rein rationalem Betrachten müssen diese Ausführungen widerspruchsvoll und unlogisch erscheinen, muß die Gestalt der hl. Hildegard unbegreifbar bleiben. Was sich rational und psychologisch kaum einen läßt, ist für die

Betroffene selbst Erlebniseinheit unter göttlicher Führung. Alles, was sie erfährt, ist für sie gut und klar, weil sie hinter und über allem Gott wirksam glaubt. Daher kennt Hildegard keine Zwiespältigkeit, aber auch keine einengende Begrenzung ihrer Wirklichkeitserfahrung. Die Wirklichkeit geht für ihre Erfahrung weit über die Bereiche des Sichtbaren hinaus, ins Unheimliche und ins strahlend Lichte, soweit, wie Gottes wunderbare Schöpfermacht und zulassende gerechte Planung reicht.

Ein kurzer Hinweis des Vita-Schreibers auf Hildegards Verbindung mit der oberen Welt der schon Erlösten sei hier eingefügt: «Wir dürfen nicht verschweigen, wie sie einmal während eines Fieberleidens Heilige sah, die zu ihr sprachen: ‹Räche, Herr, das Blut deiner Heiligen!› Und andere sagten zu ihr: ‹Den Schmerz, den du zu erdulden hast,mußt du gern tragen.› Andere Heilige dagegen sprachen untereinander: ‹Vergangenheit, Gegenwart und Zukunft gestatten es ihr noch nicht. Wenn sie aber ihr Werk vollbracht hat, wollen wir sie mit uns nehmen!› Dann riefen alle zusammen: ‹O glückliche und zuversichtliche Seele, erhebe dich gleich dem Adler, denn die Sonne hat dich hervorgebracht, und du hast es nicht gewußt.› Und sogleich ward sie gesund.»[416]

Die hl. Hildegard erfuhr, daß auch die obere Welt an dem Anteil nahm, was mit ihr als gotterwähltem Werkzeig hier auf Erden geschah.

2. Äbtissin auf dem Rupertsberg

Wir wenden uns nun wieder der gerade anstehenden Aufgabe zu, der Klostergründung auf dem Rupertsberg. Die anfänglichen Nöte wurden überwunden. Die hl. Hildegard faßte dies rückblickend zusammen: «Nach dieser schmerzlichen Drangsal überströmte uns Gott mit seiner Gnade. Denn viele, die vorher verächtlich unser Unternehmen als nutzlos bezeichnet hatten, kamen nun von allen Seiten zu Hilfe und brachten uns Segen in Fülle. Auch ließen viele Reiche ihre Toten ehrenvoll bei uns bestatten (solche Bestattungen waren mit Stiftungen für das Kloster verbunden). Sehr viele auch, die diese Schau (das *Scivias*-Buch) im Glauben erkannt hatten, kamen mit großem Verlangen zu uns, wie durch den Propheten gesagt worden ist: ‹Es werden zu dir kommen, die dich verschmähten.› Da lebte mein Geist wieder auf. Und wie ich früher vor Schmerz geweint habe, so weinte ich nun vor Freude, weil Gott mich nicht vergessen hatte, da er unsere Stätte auszeichnete und dadurch bestätigte, daß er sie durch viele nützliche Dinge und Gebäulichkeiten bereicherte.»[417]

Graf Meginhard von Sponheim schenkte Ländereien und gab reiche Mittel für die Innenausstattung des Klosters. Die Markgräfin von Stade schenkte ein wertvolles Landgut in der Nähe von Bingen. Pfalzgraf Hermann von Stahleck erwies sich als bedeutender fürstlicher Wohltäter für das Kloster. Hildegards

Schwester Clementia trat in das Kloster ein und brachte Landbesitz als Mitgift. Hildegards Brüder stifteten ihre Bermersheimer Besitzungen. Neu eintretende adelige Nonnen brachtem dem Kloster als Morgengabe weitere Besitzungen ein.[418] Die äußere Existenz des neuen Klosters wurde also bald gesichert. Es gehörten aber noch viele langjährige Bemühungen dazu, auch die rechtliche Existenz des Eigenklosters festzulegen.

Durch umfangreiche Bautätigkeit wurde in verhältnismäßig kurzer Zeit die großzügige, burgartige Klosteranlage mit der zweitürmigen, dreischiffigen Kirche als ihrem geistlichen Zentrum vollendet.Schon am 1. Mai 1151 konnte Erzbischof Heinrich I. von Mainz die Kirche und das Kloster festlich einweihen. Die Klosterweihe wurde in ihrer Bedeutung dadurch unterstrichen, daß der Erzbischof im Einweihungsgottesdienst einigen Nonnen die *consecratio virginum* (Jungfrauenweihe) mit der Übergabe des Schleiers verlieh. In der sehr ausführlichen erzbischöflichen Urkunde heißt es: «Wir aber, die wir zur Wiederweihe jener Kapelle (d.h. der an Stelle des alten Rupertskirchleins errichteten neuen Kirche) berufen worden, haben sie an dem Gedächtnistage der Apostel Philippus und Jakobus zu Ehre der heiligen Mutter Gottes Maria und der genannten Apostel, wie auch der heiligen Bekenner Martinus und Rupertus, eingeweiht, auch einigen Jungfrauen den Schleier gegeben und zur Versorgung der Jungfrauen, welche Gott dort dienen, weil es ihnen an einer Mühle fehlte, den Mühlplatz, der uns zugehörte, Mulenwert heißt und bei dem Loch im Rhein gelegen ist, mit seinem ganzen Wasserfall... nach dem Rat unserer Freunde zugestanden.»[419]

Hildegards Bruder Hugo aus Mainz, viele Angehörige der Nonnen, vornehme Leute und viel einfaches Volk aus der Umgebung nahmen an diesem Festtag teil. Ihnen allen war es ein Gottesgeschenk, daß in ihrer Gegend ein geistliches Zentrum unter so ausgezeichneter Leitung entstand.

Der Satz über die Mühlenstiftung macht darauf aufmerksam, daß zu einem damaligen Kloster vielerlei gehörte. Wie eine Gottesburg lag das mauerumgebene Kloster über Rhein und Nahe, großzügig angelegt, Raum bietend für fünfzig Nonnen, sieben arme pflegebedürftige Frauen, zwei Priester und Gäste, die im Kloster zu Besuch weilten. Kloster und Kirche waren arm an besonderem Schmuck, aber in jeder Beziehung praktisch angelegt. Es gab Krankenstube und Apothekenkammer, Werkräume, Waschräume, Küche, Backhaus, Kelterhaus, Vorratsräume und Kellergewölbe. Die Einkünfte aus den Landbesitzungen und Weinbergen mußten verarbeitet und bewahrt werden können. Aus den nahen Bergen kam fließendes Quellwasser und wurde in alle Räume geleitet, in denen man seiner bedurfte. Im Klosterbereich lag auch der Friedhof. Außerhalb, über einen dazwischen liegenden Weg vom Kloster aus zu erreichen, lag ein von niedriger Mauer umgebener großer Gemüsegarten mit Wirtschaftsgebäuden und Wohngelegenheit für Bedienstete.[420]

All dies war nicht ohne Beteiligung der hl. Hildegard entstanden. Mit Recht heißt es in der Festschrift: «Für eine Frau des 12. Jahrhunderts eine unerhört mutige Tat, für die es keine Parallele gibt.»[421] Im Leben und Handeln der hl. Hildegard sind charismatische Begabung und kluges, realitätsbewußtes Handeln, geheimnisvolle Führung mit Weisung von oben und nüchterne menschliche Überlegung, Offenbarung göttlichen Willens und Erkenntnis irdischer Gegebenheiten mit dem daraus sich ergebenden notwendigen Handeln auf das engste miteinander verbunden.

Der Maler Matthias Grünewald, nach 1510 längere Zeit in Bingen, sah von dort aus auf dem gegenüber liegenden Naheufer das Kloster der hl. Hildegard liegen. War er ein Geistesverwandter? Die Klosterkirche ist ihm so in Erinnerung geblieben, daß er sie auf der Christgeburtstafel seines Isenheimer Altares getreulich abbildete.[422]

Das mönchisch-benediktinische Leben der hl. Hildegard und ihrer Nonnen hatte eine Heimat gefunden. Unter der geistlich-mütterlichen Leitung der Äbtissin vollzog sich der geregelte Tagesablauf in den festgelegten gottesdienstlichen Ordnungen, Arbeitsstunden und Rekreationszeiten. Frühling, Sommer, Herbst und Winter waren die großen Veränderungen, die das Leben unterschiedlich gestalteten. Die kirchlichen Feste beschenkten die Klostergemeinschaft mit immer neuem geistlichem Reichtum. Das neue Jahr weckte im ersten Klosterwinter, nach den freudenreichen Christgeburtsfesttagen, die Sehnsucht nach sonnenbringendem Frühjahr und der ersten Feier der Auferstehung des Herrn in der zu Ehren seiner Mutter und seiner Heiligen gestifteten Kirche. Friede und Ruhe schienen eingekehrt zu sein.

«Es war aber nicht Gottes Wille», schrieb Hildegard später im Rückblick, «daß ich ständig in völliger Sicherheit bliebe, so wie er es von meinen Kindesbeinen an in allen Lagen für mich gefügt hatte, daß er mir in den Freuden dieses Lebens keine Sicherheit zukommen ließ. Denn als ich das Buch *Scivias* schrieb, war ich einer adligen Nonne (Richardis), der Tochter der genannten Markgräfin (Richardis von Stade), in voller Liebe zugetan, so wie Paulus dem Timotheus. Sie hatte sich mir in allem durch liebende Freundschaft verbunden, und litt in meinen Leiden mit mir, bis ich das Buch (*Scivias*) vollendet hatte. Danach neigte sie sich im Hinblick auf ihr angesehenes Geschlecht einer höheren Stellung zu. Sie wollte die Mutter eines vornehmen Klosters (Bassum bei Bremen) genannt werden. Dies erstrebte sie nicht im Sinne Gottes, sondern im Sinne weltlicher Ehrsucht. Nachdem sie von uns weg in eine andere Gegend gezogen war und auch mich also verlassen hatte, verlor sie sehr bald mit dem Namen ihrer Würde das irdische Leben.»[423]

Hinter diesen wenigen Zeilen stehen tief bewegende Erlebnisse. In dem wegen dieser Angelegenheit geschriebenen Briefwechsel ersteht vor uns das Bild des Menschen Hildegard: Die sich nach Freundschaft sehnende Frau, die Liebende, die als Äbtissin in ihrer Hoheit Einsame, die geistlich und streng Urteilende, die unter dieser Pflicht schmerzvoll Leidende, die nach den letzten menschlichen Zielen Fragende, die allein in Gott Getröstete und dadurch wiederum für andere Trostfähige. Dieser Briefwechsel ist so aufschlußreich und so eindrucksvoll, daß wir näher auf ihn eingehen müssen. Es sei zuvor bemerkt, daß der Bruder der Nonne Richardis, Hartwig, seit 1148 Erzbischof von Bremen, Oberhirte des Klosters von Bassum war und seine Schwester gern dort als Klosteräbtissin in seiner Nähe haben wollte.

Richardis' Mutter ist uns schon durch ihr Eintreten für Hildegards Klostergründung bei dem Erzbischof in Mainz bekannt. Daß sie durch die notvollen Geschehnisse im Leben ihrer Tochter der hl. Hildegard nicht entfremdet wurde, bewies sie später durch Stiftung eines Güterbesitzes an das Kloster Rupertsberg.

Hildegard hatte sich geweigert, ihre Nonne für die Berufung nach Bassum freizugeben. Das Kloster Bassum wandte sich daraufhin an den für Hildegard zuständigen Mainzer Erzbischof, damit er die Freigabe veranlasse.[424] Zur richtigen Beurteilung der Haltung Hildegards ist wichtig zu wissen, daß zur gleichen Zeit die Enkelin Adelheid der Markgräfin Richardis, seit einiger Zeit in der Schwesternschaft der hl. Hildegard, als Äbtissin in das Stift Gandersheim berufen wurde. Hier widersprach die hl. Hildegard nur anfänglich, ließ sie aber bald frei. Aus späteren Jahren ist ein Briefwechsel erhalten, der zeigt, daß es zwischen Hildegard und Adelheid keine Spannungen gegeben hat. Um so aufmerksamer liest man die Briefe, die wegen der Nonne Richardis geschrieben wurden.

Der von Kloster Bassum angegangene Erzbischof von Mainz schrieb höflich, aber kurz und deutlich:

«Heinrich, durch Gottes Gnade Erzbischof des Mainzer Stuhles, entbietet Hildegard, der geliebten Meisterin vom Berge des hl. Rupertus, mit väterlicher Zuneigung seine Gunst.

Da wir viel Gutes und erstaunliche Wunderdinge von dir hören, ist es nur unserer Trägheit zuzuschreiben, daß wir dich nicht so oft besuchen, wie wir könnten. Allein durch viel Geschäfte verhindert, vermögen wir unsere Seele zu dem, was ewig ist, kaum dann und wann und nur langsam zu erheben. Um aber auf das zu kommen, worauf wir hinzielen, so geben wir dir davon Kenntnis, daß einige Ordensleute als Abgesandte eines uns bekannten adligen Klosters zu uns gekommen sind. Sie haben uns inständig gebeten, daß ihnen jene Schwester, die sie erbitten und die im Ordensgewand bei dir lebt, gemäß stattgefundener Wahl als Äbtissin zugestanden wird. Demgemäß gebieten wir kraft der Autorität unseres Vorsteheramtes und unserer Vaterschaft, ja wir legen es dir befehlend auf, daß du sie den gegenwärtig Bittenden und Verlangenden für das Vorsteheramt überlässest... Tust du das, so wirst du unsere Gunst, die du bisher erfahren, fürderhin in noch höherem Maße spüren. Wenn nicht, so werden wir es erneut, und zwar noch schärfer, befehlen und nicht davon ablassen, bis du unser diesbezügliches Gebot durch die Tat erfüllt hast.»[425]

Die hl. Hildegard antwortet unerschrocken deutlich. Sie bringt keine menschlichen Bedenken vor. Einmal sieht sie in der Besetzung geistlicher Stellen aus adelspolitischen oder adelsverwandtschaftlichen Gründen ein Zuwiderhandeln gegen Gottes Willen, der seine Kirche geistlich geführt sehen will. Sie steht hier gegen die Verschacherung geistlicher Ämter aus weltlichen Interessen. Zum andern aber schreibt sie aus ihrer geistlichen Schau eine deutliche Absage. Ihr ist durch innere Erleuchtung gewiß, daß Richardis von Gott nicht zum Äbtissinnenamt berufen ist, also keine gute Äbtissin werden kann, weil sie für dieses Amt nicht geschaffen ist. Demgemäß lautet ihre in prophetischem Geist geschriebene Absage an den Erzbischof:
«Der durchsichtige Quell, der nicht trügerisch ist, sondern gerecht, spricht: ‹Die Gründe, die für die Erhebung jener Nonne (zur Äbtissin) vorgebracht werden, haben bei Gott kein Gewicht. Denn ich, der Hohe und Tiefe und Umkreisende, der ich das einfallende Licht bin, habe sie nicht gesetzt und gewählt, sondern aus der ungeziemenden Verwegenheit einsichtsloser Herzen sind sie entstanden.› Alle Getreuen sollen es hören, mit aufhorchenden Ohren des Herzens, nicht mit den Ohren, die nur von außen hören, wie das Tier, das zwar den Klang vernimmt, nicht aber das Wort. Der Geist Gottes spricht in seinem Eifer: ‹O Hirten, klagt und trauert in dieser Zeit, denn ihr wißt nicht, was ihr tut, wenn ihr die in Gott begründeten Ämter um Geldbesitz an die Torheit schlechter Menschen, die Gott nicht fürchten, verschleudert. Darum darf man euren verfluchenden, böswilligen und drohenden Worten kein Gehör schenken. Eure in solchem Hochmut erhobenen Zuchtruten sind nicht im Namen Gottes ausgestreckt, sondern (kehren sich) in Bestrafung der Vermessenheit eures (eigenen) schändlichen Willens›.»[426]
Der tiefe Schmerz und die Sorge der hl. Hildegard um die Verweltlichung der Kirche, die auch im Handeln und Schicksal des Mainzer Erzbischofs deutlich vor ihren Augen lag, spricht aus diesem Brief. Der an sich noch nicht so schwer wiegende Einzelfall wird für die hl. Hildegard Anlaß für eine grundsätzliche Verteidigung der geistlichen Maßstäbe in der Kirche Gottes. Dieser frühe Brief ist, wie viele weiterhin, ein prophetisches Wort einer von Gott beschlagnahmten Frau an die Kirche ihrer Zeit.
Menschlich bewegender, aber in gleicher Weise prophetisch ist der Brief, den die hl. Hildegard etwa zur gleichen Zeit an die Mutter ihrer Nonne Richardis schreibt:
«Ich beschwöre und ermahne dich: Bringe meine Seele nicht derart in Aufruhr, daß du meinen Augen bittere Tränen entlockst und mein Herz mit grausamen Wunden verletzest wegen meiner vielgeliebten Tochter Richardis, die ich jetzt leuchten sehe im Morgenrot, geschmückt mit einem Perlengeschmeide von Tugenden. Hüte dich also, ihren Sinn und ihre Seele von dieser erhabenen Schönheit durch deinen Willen, Rat und Beistand abzulenken. Denn die Äbtissinnenwürde, die du (für sie) begehrst, ist sicher, ja sicher nicht

von Gott, noch ist sie zum Heil ihrer Seele. Wenn du also die Mutter dieser deiner Tochter bist, so hüte dich, der Untergang ihrer Seele zu sein, damit du nicht dereinst unter bitteren Seufzern und Tränen Schmerz erleidest, weil du vorher keinen Schmerz erleiden wolltest. Gott erleuchte und stärke deinen Sinn und deine Seele in der kurzen Zeit, die du noch zu leben hast.»[427]
Eine Ankündigung wie die vom baldigen Tod finden wir auch in anderen Briefen und wissen von ihrer Erfüllung. Der sehr ernste Brief änderte nichts an der Absicht der Verwandtschaft, die Nonne Richardis im Äbtissinnenrang zu sehen. Richardis konnte nicht mit Zwang festgehalten werden. Sie verließ das Kloster Rupertsberg.
Hildegard aber hörte nicht auf, um die Seele ihrer Nonne zu kämpfen. Sie wandte sich an den Bruder, den Erzbischof Hartwig von Bremen. Aus diesem Brief erfahren wir, daß Abt Kuno vom Disibodenberg, dem das Kloster Rupertsberg noch rechtlich unterstellt war, und Pfalzgraf Hermann von Stahleck aus weltlichen Adelsrücksichten auch die Erhebung der Nonne Richardis in die Äbtissinnenwürde gefördert hatten. Wiederum geht es bei der Briefschreiberin entscheidend darum, daß der heilige Wille Gottes in seiner Kirche allein maßgebend sein darf.
«O preiswürdige Persönlichkeit, die uns Menschen nottut, du stehst als Bischof in der vom höchsten Gott gesetzten Amtsnachfolge. Dein Auge schaue daher auf Gott, dein Verstand erkenne seine Gerechtigkeit, und dein Herz brenne in Liebe zu Gott, auf daß deine Seele nicht dahinschwinde. Beharre vielmehr darauf, den Turm des himmlischen Jerusalem zu erbauen. Dazu gebe dir Gott als Gehilfin die mildeste Mutter, die Barmherzigkeit. Sei ein lichter Stern, leuchtend in der nächtlichen Finsternis schlechter Menschen. Sei wie der schnelle Hirsch, der zur Quelle des lebendigen Wassers eilt. Beachte, daß in dieser Zeit viele Hirten blind und lahm und Räuber des todbringenden Geldes sind und die Gerechtigkeit Gottes ersticken.
O teurer, deine Seele ist mir sehr lieb, mehr noch als dein Geschlecht.» Dem Adelsgeschlecht derer von Stade fühlte sich die hl. Hildegard in Liebe und Verehrung verbunden. Aber darüber steht für sie das geistliche Schicksal der Menschen. «Nun höre auf mich, die ich in Tränen und Trübsal zu deinen Füßen niedergeworfen liege. Denn meine Seele ist sehr betrübt, weil ein gewisser schrecklicher Mensch in der Angelegenheit unserer geliebten Tochter Richardis meinen Rat und Willen und den meiner Schwestern und Freunde mißachtet und sie durch seinen verwegenen Willen aus unserm Kloster entführt hat. Denn der allwissende Gott weiß, wo Hirtensorge nottut. Daher soll der gläubige Mensch nicht umherschweifen und nach einem Vorsteheramt trachten. Wenn einer unruhigen Geistes danach verlangt, Meister zu sein und dabei mehr nach Macht strebt als auf den Willen Gottes schaut, ist dieser Amtsträger ein räuberischer Wolf. Niemals sucht seine Seele gläubig das Geistliche. Das ist Simonie.

Deshalb war es für unsern Abt nicht notwendig, eine heilige, aber unerleuchtete und unwissende Seele in das, was geschehen ist, und damit in so große Unbesonnenheit und Geistesverblendung hineinzubefehlen. Wäre unsere Tochter ruhig geblieben, so hätte Gott sie zubereitet zu dem, was er an Ruhm für sie wollte.
Darum bitte ich dich, der du nach der Ordnung des Melchisedek auf dem Bischofsstuhle sitzest, und beschwöre dich bei dem, der sein Leben für dich hingab, und bei seiner edelsten Mutter: Sende meine geliebte Tochter zu mir zurück! Denn eine Wahl Gottes übergehe ich nicht, noch widerspreche ich ihr, wenn immer eine solche vorliegt.
So möge also Gott dir den Segen geben, den Jakob seinem Sohn gab, er segne dich mit dem Segen, den er Abraham um seines Gehorsams willen durch seinen Engel gab. Höre auf mich: Verwirf meine Worte nicht, wie deine Mutter und deine Schwester und Graf Hermann sie verworfen haben. Ich tue dir nicht Unrecht, denn ich erkenne (in deiner Forderung) nicht den Willen Gottes und das Seelenheil deiner Schwester. Doch bitte ich, daß ich durch sie und sie durch mich Trost finde. Was Gott angeordnet hat, dem widerspreche ich nicht. Gott schenke dir den Segen vom Tau des Himmels, und alle Chöre der Engel mögen dich segnen, wenn du auf mich, die Dienerin Gottes, hörst und den Willen Gottes in dieser Sache erfüllst.»[428]
Erzbischof Hartwig ließ sich durch dies Schreiben nicht umstimmen. Seine Schwester blieb Äbtissin in Bassum. Auch ein letzter Versuch, durch Papst Eugen III. eine Rückbeordnung der Richardis in das Kloster auf dem Rupertsberg zu erreichen, führte zu nichts.
Tief menschlich ist der Brief, den Hildegard daraufhin an ihre ehemalige Nonne schrieb, ein bewegender Ausdruck der schmerzvollen Erfahrung, einen Menschen zu verlieren, mit dem man auf der Grundlage vollen Vertrauens verbunden war, und aus dessen Dasein man täglich eine reine, beglückende Freude empfing. Wahrhaft groß aber ist, wie die Äbtissin Hildegard ihren menschlichen Schmerz beiseite schiebt und die Fortgegangene unter den Segen Gottes stellt, dabei sich schuldig bekennend, weil sie sich fälschlicherweise, umschattet von menschlicher Liebe und Sorge, hilfesuchend an hochgestellte Menschen wandte, statt den Lauf der Dinge ganz der Führung des allmächtigen und ewigen Gottes anheim zu stellen. Sie schreibt:
«Höre, Tochter, mich, deine Mutter, die ‹im Geiste› zu dir spricht: Schmerz steigt in mir auf. Der Schmerz tötet das große Vertrauen und die Tröstung, die ich in einem Menschen besaß. Von nun ab möchte ich sagen: Besser ist es, auf den Herrn zu hoffen, als auf Fürsten seine Hoffnung setzen. Das heißt: Der Mensch soll ihn, den Hohen, Lebendigen, schauen, ohne irgendeine Umschattung der Liebe und ohne die schwache Zuverlässigkeit, wie die luftige Feuchtigkeit der Erde sie nur für ganz kurze Zeit bietet. Der Mensch, der so auf Gott schaut, richtet wie der Adler sein Auge

auf die Sonne. Und darum soll man nicht sein Augenmerk auf einen hochgestellten Menschen richten, der wie die Blume verwelkt. Hier habe ich gefehlt aus Liebe zu einem edlen Menschen.
Nun sage ich dir: Jedesmal, wenn ich auf diese Weise sündigte, hat Gott mir diese Sünde entweder durch irgendwelche Ängste oder Schmerzen offenbar gemacht. So geschah es auch jetzt um deinetwillen, wie du selbst weißt.
Nun sage ich wiederum: Weh mir Mutter, weh mir Tochter! Warum hast du mich wie eine Waise zurückgelassen? Ich habe den Adel deiner Sitten geliebt, deine Weisheit und deine Keuschheit, deine Seele und dein ganzes Leben, so daß viele sagten: Was tust du? Nun sollen alle mit mir klagen, die Schmerz leiden gleich meinem Schmerz; die aus Gottes Liebe in ihrem Herzen und Gemüt Liebe zu einem Menschen trugen, wie ich sie zu dir gehabt – einem Menschen, der ihm in einem Augenblick entrissen ward, so wie du mir entrissen worden bist.
Gottes Engel schreite vor dir her, es schütze dich Gottes Sohn, und seine Mutter behüte dich. Gedenke deiner armen Mutter Hildegard, auf daß dein Glück nicht dahinschwinde.»[429]
In einer Art von plötzlichem Überfall muß die Nonne Richardis aus dem Kloster Rupertsberg, mit eigener Zustimmung, entführt worden sein, tränenlos die einer hohen Zukunft Entgegeneilende, tränenüberströmt die ins Herz getroffene geistliche Mutter. Erschütternd und erhebend zugleich ist, was nun weiter geschieht.
Anfang November 1152 erhielt die Äbtissin Hildegard folgenden Brief:
«Hartwig, Erzbischof von Bremen, Bruder der Äbtissin Richardis, entbietet Hildegard, in Christo Meisterin von Sankt Rupertus, an Stelle seiner Schwester, und mehr noch als diese, Gehorsam.
Ich melde dir, daß unsere Schwester, meine, nein deine – meine dem Leibe, deine dem Geiste nach –, den Weg allen Fleisches gegangen ist und daß sie die Ehre, die ich ihr verschafft, gering geschätzt hat. Während ich zum irdischen König ging (als geistlicher Reichsfürst mußte er an der Reichsversammlung in Würzburg teilnehmen), hat sie dem König des Himmels gehorcht. Sie hat eine heilige und fromme Beichte abgelegt, ward nach der Beichte mit dem heiligen Öl gesalbt und hat alles empfangen, was die christliche Kirche bereit hält. Auch hat sie sich unter Tränen aus ganzem Herzen nach deinem Kloster zurückgesehnt und sich dem Herrn durch seine Mutter und den hl. Johannes empfohlen. Unter dem dreimaligen Zeichen des Kreuzes hat sie sich zur Dreieinigkeit bekannt und ist – des sind wir gewiß – im vollkommenen Glauben an Gott, in der Hoffnung und in der Liebe zu ihm, am 29. Oktober gestorben.
Daher bitte ich dich, wenn ich dessen würdig bin, so sehr ich vermag: Du wolltest sie lieben, so sehr, wie sie dich geliebt hat. Und scheint sie

irgendwo gefehlt zu haben, so gedenke wenigstens – da dies nicht auf sie, sondern auf mich zurückzuführen war – ihrer Tränen, die sie über das Verlassen deines Klosters vergossen hat; dessen waren viele Zeugen. Und wenn der Tod sie nicht daran gehindert hätte, wäre sie nach der eben erhaltenen Erlaubnis zu dir zurückgekehrt. Da sie aber durch den Tod davon abgehalten wurde, so wisse, daß ich statt ihrer, so Gott will, kommen werde. Aber Gott, der Vergelter alles Guten, möge dir hier und in Zukunft nach deinen Wünschen alles Gute vergelten, das du allein ihr unter allen und vor allen Verwandten und Freunden erwiesen, wofür sie Gott und mir gedankt hat. Deinen Schwestern wollest du für alle ihre Wohltaten Dank sagen.»[430]

Hildegard hatte in ihrem Brief an Richardis bekannt, daß sie sich dieser ihrer Mitschwester gegenüber nicht nur als verantwortliche und gebende Mutter empfand, sondern auch als empfangende Tochter, ihr also viel geistliche Weisheit verdankte. Das spricht sie noch einmal in dem Brief aus, den sie nach Empfang der Todesnachricht an Erzbischof Hartwig schrieb. Wie fern ist dieser Brief unserem heutigen, als menschlich gerühmten Empfinden, tatsächlich aber viel tiefer und wahrer! Wie klärend und hilfreich ist diese Wahrheitsliebe und Ewigkeitsausrichtung für alle Beteiligten!

«Hildegard an Erzbischof Hartwig von Bremen.

Oh, wie groß ist das Wunder bei der Rettung jener Seelen, auf die Gott so geschaut hat, daß sein Ruhm in ihnen nicht verdunkelt wird! Doch Gott wirkt in ihnen wie ein starker Streiter, der danach eifert, daß er von niemand überwunden werde und sein Sieg Bestand habe. Nun höre, o Teurer: Also geschah es mit meiner Tochter Richardis, die ich meine Tochter und zugleich meine Mutter nenne. Denn mein Herz war voll von Liebe zu ihr, weil das lebendige Licht in einer starken Schau mich lehrte, sie zu lieben. Höre: Gott hatte mit solchem Eifer von ihrer Seele Besitz ergriffen, daß die Lust der Welt sie nicht zu umgarnen vermochte; sie kämpfte vielmehr ständig dagegen, obgleich sie wie eine Blume erschien in der Schönheit und Zier und Symphonie dieser Welt. Doch als sie noch im Leibe weilte, hörte ich in einer wahren Schau von ihr sagen: ‹O Jungfräulichkeit, du stehst im königlichen Brautgemach!› Denn im jungfräulichen Reis ist sie eingereiht in die hochheilige Ständeordnung. Darüber freuen sich die Töchter Sions. Und doch wollte die alte Schlange sie durch den hohen Adel ihres menschlichen Geschlechtes von dieser seligen Ehre abziehen. Da aber zog der höchste König diese meine Tochter an sich und schnitt allen menschlichen Ruhm von ihr ab. Darum hegt meine Seele großes Vertrauen zu ihr, obgleich die Welt ihre Schönheit und Klugheit liebte, als sie noch in der Welt lebte. Doch Gott liebte sie noch mehr. Darum wollte er seine Geliebte dem feindlichen Liebhaber, der Welt, nicht überlassen.

Nun erfülle, o teurer Hartwig, der du Christi Stelle einnimmst, den Willen

der Seele deiner Schwester, wie es die Notwendigkeit des Gehorsams erheischt. Und wie sie allezeit für dich besorgt war, sei du es jetzt für ihre Seele und verrichte gute Werke, wie sie es (für dich) erstrebte. Auch ich verbanne aus meinem Herzen den Schmerz, den du mir bereitet hast mit dieser meiner Tochter. Gott gewähre dir durch die Fürsprache der Heiligen den Tau seiner Gnade und den seligen Lohn in der künftigen Welt.»[431]
Hildegard war vierundfünfzig Jahre alt. Das Kloster stand, die Anfangsschwierigkeiten waren vorbei, die Äbtissin und ihre Schwestern hatten das Nötige zum Leben, Wirtschaft und Verwaltung spielten sich ein. Das *Scivias*-Buch war 1151 abgeschlossen worden. Durch das Jahrzehnt hindurch danach kamen weitere Schreibaufträge verschiedenster Art. Aber die Angelegenheiten des Klosters mußten eine endgültige Regelung erfahren, denn Gottes Ziel mit dem Rupertsberg war noch nicht erreicht.
Zwischen dem Disibodenberg und dem neuen Kloster wurde die Verbindung, wenn auch anscheinend mühsam, aufrecht erhalten. Der Mönch Volmar, Hildegards Sekretär, vertrat auf dem Rupertsberg auch die Stelle eines Propstes. Aber die Frage der alten Besitztümer des ehemaligen Frauenklosters auf dem Disibodenberg und der daraus anstehenden Einkünfte war noch nicht geklärt. Der Disibodenberg hielt seine Hand darauf. Abt Kuno, der immer noch auch Abt für den Rupertsberg war, scheint das Kloster längere Zeit nicht besucht zu haben. Der Ruf der Prophetin vom Rupertsberg drang in die Lande, die Kunde von ihrem fertiggestellten *Scivias*-Buch, und auch schon ihr Ruhm als Hymnendichterin. Nun liegt dem Disibodenberger Abt daran, davon für sein Kloster Nutzen zu ziehen, und er schreibt einen Brief. Die Demutsformulierungen gehörten wohl zum Stil der Zeit, aber die Bekenntnisse über seinen inneren Zustand sind sicherlich ernst zu nehmen.
«Kuno, unwürdiger Abt vom Disibodenberg, wünscht, so wenig es bedeutet, seiner Herrin und geliebten Mutter Hildegard vom Rupertsberg die Gnade Gottes.
Da ich bisher durch mannigfache Beschäftigungen verhindert war, habe ich eine Zeitlang unterlassen, euch zu besuchen, zu begrüßen und zu sprechen. Jetzt aber ergreife ich die günstige Gelegenheit des Augenblicks und empfehle mich um so eifriger euren Gebeten, je mehr ich leider einsehen muß, daß ich weit mehr an Sündenwachstum altere als an irgendwelchem Fortschritt in der Gerechtigkeit. Weil aber eure Heiligkeit, vom Geiste begabt, in dem, der nicht trügt und nicht betrogen wird, sehr viele Geheimnisse schaut, so bitte ich: Wenn Gott euch über unsern Schutzpatron, den heiligen Disibod, etwas geoffenbart haben sollte, so eröffnet es mir, damit ich nicht zögere, ihm dafür mit meinen Brüdern frommen Lobpreis darzubringen. Da ich jedoch gänzlich außerstande bin, die mir innewohnende Nachlässigkeit aus eigener Kraft von mir abzuschütteln, so bitte ich erge-

benen Herzens sowohl um euer fürbittendes Gebet wie um das der übrigen Töchter Gottes, die mit euch das klösterliche Leben führen. Ich empfehle in euer aller Gebet nicht nur meine geringe Person, sondern auch die mir anvertrauten Brüder und unser Kloster, wie ich es ja auch, wenn ich bei euch bin, mündlich öfter zu tun pflege.»[432]

Der Antwortbrief der hl. Hildegard ist beispielhaft für ihre Briefe überhaupt. Er spricht die schneidende Sprache des göttlichen Gerichtes über das ungute Handeln des angesprochenen Menschen, bietet ihm aber auch die rettende Gnade an und beschenkt ihn mit geistlichem Zuspruch. Zwischen den Zeilen lesen wir, wie der Disibodenberger Abt die Neupflanzung Gottes auf dem Rupertsberg durch den Druck wirtschaftlicher Schwierigkeiten und rechtlicher Behinderungen unter seiner Gewalt zu halten suchte und der von ihm mit ehrfürchtigen Wendungen umtanen Hildegard in Wahrheit bedrückende Herzenskümmernisse bereitete. Sie antwortet:

«Wie groß ist die Torheit in dem Menschen, der nicht sich selbst bessert, sondern sucht, was im Herzen des andern ist, und die Missetaten, die er darin findet, gleich gewaltsam ausbrechenden Wassern nicht zurückhält. Wer so tut, vernehme die Antwort des Herrn!

O Mensch, warum schläfst du und hast an den guten Werken, die vor Gott wie eine Symphonie erklingen, keinen Geschmack? Warum entsagst du nicht durch Erforschung deines Herzenshauses deiner kecken Ausgelassenheit? Du schlägst mir ins Gesicht, wenn du meine Glieder in ihren Wunden zurückstößest, ohne auf mich zu schauen, der ich doch den Irrenden zur Herde zurücktrage. Du wirst dich dafür vor mir verantworten müssen über das Haus deines Herzens und die Stadt, die ich geschaffen und im Blute des Lammes gewaschen habe (das Kloster Rupertsberg). Warum scheust du dich nicht, den Menschen zu zerbrechen, den du nicht erschaffen hast? Du salbst ihn nicht, da du ihn weder schützest noch pflegst. Gewaltsam willst du ihn bessern. Jetzt aber ist für dich die Zeit deines Dahinscheidens gekommen. Doch Gott, der dich erschaffen hat, will dich nicht verloren gehen lassen. Das also erkenne! (Abt Kuno starb schon bald, im Frühsommer 1155). Nun, Vater, komme ich auf deine Bitte zurück, dir zu schreiben, wenn ich etwas über euren Schutzpatron, den heiligen Disibod, geschaut und erkannt hätte. Folgendes sah und hörte ich in einer Schau des Geistes.»

Es folgt ein Hymnus auf den von Gott in das vorbildliche und begnadete Leben eines Heiligen erhobenen Disibod. Die hl. Hildegard hat diesen Lobgesang später selbst vertont und als Antiphon, Responsorium und Hymnus mit ihren Nonnen gesungen.

Der Brief an Abt Kuno schließt mit den Worten:

«Du aber, Vater, der du mich armseliges Gebilde hierum gebeten hast, handle so vor Gottes Angesicht, daß, wenn deine Tage in dieser Welt für

dich dahingeschwunden sind, deine Zeit in der Ewigkeit glückselig weiterläuft und du als Erlöster unter den Gerechten stehst.»[433]
Es gab auf dem Disibodenberg neben einer Schar anderer auch Mönche, die der Äbtissin auf dem Rupertsberg in aufrichtiger Verehrung zugetan waren und ehrlich ihren geistlichen Zuspruch suchten. Ihre Stimme erkennen wir in dem Brief des Priors Albert an die hl. Hildegard.
«In weit entfernte Gegenden sendet ihr eure Mahnungen und erfüllt Unzählige mit dem Verlangen nach dem rechten Wege. Darum sind wir erstaunt, daß ihr uns, die wir euch doch von Kindheit an kennen und bei denen ihr so viele Jahre verweilt habt, Worte der himmlischen Schauungen, nach denen wir so sehr dürsten, vorenthaltet.»
Hier erfahren wir von der staunenswerten Tatsache, daß jetzt schon und durch die Jahre hindurch zahlreiche Männer- und Frauenklöster sich von der hl. Hildegard prophetische Deutung ihres wahren Zustandes, Zurechtweisung und helfende Weisung erbaten.
Prior Albert erinnert Hildegard daran, wie Gott die in der Disibodenberger Klause Aufgewachsene und Ungelehrte erleuchtet hat und wie es den Disibodenberger Mönchen schwer gefallen ist, sich in Gottes Willen zu fügen, der ihnen die Begnadete wegnahm. Aber da nun viele andere aus dieser Begnadung Segen empfingen, dürften ihre früheren Klostergenossen doch wohl auch Anteil daran erbitten.
«Deswegen bitten wir inständig, obgleich wir Sünder weit davon entfernt sind, Heilige zu sein: Seid unser eingedenk, sowohl um der Ehre des Herrn willen als auch im Hinblick auf das alte, zu Recht bestehende Freundschaftsverhältnis. Schenkt uns Worte des Trostes und kommt uns bei Gott zu Hilfe, so daß es Gott gefallen möge, das, was uns mangelt, durch die Verdienste eurer Worte zu ergänzen. Lebt wohl!»[434]
Wir wissen bei manchen Wendungen des Antwortbriefes, wie auch sonst in dem reichen Briefwechsel der hl. Hildegard, nicht immer, was dahinter steht. Aber das ist gewiß, daß die Briefschreiberin aus Berichten oder aus ihrer geistlichen Fernschau ein deutliches Bild des jeweiligen Zustandes hatte, und daß die Empfänger der Briefe wußten, worauf der Pfeil der Worte zielte. Immer wieder steht «Gerechtigkeit» als Leitwort für die hl. Hildegard da. Es meint einerseits die Erfüllung der von Gott gewollten Gerechtigkeit im Leben und Handeln der Menschen, andererseits die unfehlbare, alles richtigstellende Gerechtigkeit im Handeln Gottes selbst. Unter diesem Leitwort steht auch der Brief, den die Disibodenberger Mönche empfingen.
«In einer wahren Schau hörte ich eine Stimme sprechen wider das Unrecht, das sowohl Geistliche wie Laien gegen die Gerechtigkeit begehen:
O Gerechtigkeit, du bist heimatlos und fremd in der Stadt derer (im Kloster der Disibodenberger Mönche), die sich Gleichnisse zurechtmachen

und aussuchen über die ihrem eigenen Willen zustehende Aufgabe. Sie sehnen sich nicht nach deinen Geheimnissen noch nach deiner Freundschaft. – Ach, ach, o Adler (ihr zu hohem geistlichem Leben berufenen Mönche)! Jetzt schlaft ihr und seid wie stumpfsinnige Tiere, die bald vorwärts, bald rückwärts laufen, bald beim Gehen durcheinander geraten.
Doch von diesem Berge der Gottessöhne sah ich im mystischen Hauch noch folgendes:
Ich sah einen Berg von gewaltiger Höhe. Auf seinem Gipfel saß ein großer Mann. Mit beiden Händen hielt er das Gesetz Gottes. Zu Füßen des Mannes war eine Menschenmenge wie umwallt von geistlicher Beschneidung. Sie alle nahmen seine Gesetzesvorschriften mit Freude auf und sprachen seufzend: O Herr, unser Gott, wann werden wir zu Dir kommen? Gern werden wir Dir gehorchen. Manchmal gab es viele Missetaten unter ihnen, die sie jedoch unter vielen Tränen in der Besprengung mit dem Blute Christi Jesu abwuschen. Unterhalb dieser Menge sah ich eine andere Schar von Menschen, die von einer leuchtenden Wolke umgeben war. Sie hatten schöne Gesichter und schauten gen Himmel. Mit ihrer Spitzelei nach unnützen Dingen gingen sie zuweilen, fetten Stieren gleich, bis zur Dreistigkeit, da sie, den Blick auf den Himmel gerichtet, ihre Bogen spannten und Pfeile gegen ihn abschossen. Auch mit Bleiknüppeln schlugen sie auf ihn los. Daher kam Donner über sie, Hagel prasselte auf sie nieder, und viele Nebel hüllten sie ein. Und sie murrten, warum solche Unwetter sie umlagerten.
Da gab die Gnade Gottes ihnen folgende Antwort: ‹Ich habe euch zu großer Seligkeit zusammengeführt. Aber in eurer Verwegenheit verwerft ihr Mich und fragt, wer an euch heranreichen, welche Rede euch besiegen, welche Höhen oder Bäume euch umwerfen könnten.› Noch eine andere Schar sah ich. Vor ihren Augen hing in goldfarbenen Dornen ein Widder, den sie im Duft von Myrrhe und Weihrauch leuchtenden Auges erblickten. Und nun flossen von den Händen des großen Mannes, der auf dem Gipfel des Berges saß (Christus), Bächlein auf ihre Brust herab. Mit lauter Stimme riefen sie zum Herzen der Weisheit empor: Gott hat uns einst zu vielen Opfern zusammengeführt. Doch wir alle haben gegen viele Vorschriften gefehlt. Deshalb werden wir auf die Kelter gestellt.»
Die hl. Hildegard schaut den kritischen Zustand ihres einstigen Heimatklosters: Zwiespältigkeit, Unsicherheit, um aufrichtige Frömmigkeit bemühte Mönche neben anderen, die sich in theologischer Überheblichkeit klüger dünken als der Himmel, und auch solche, die bereit sind, sich den gerechten Züchtigungen Gottes zu unterwerfen. Der geistliche Zustand dieses Klosters, das unter den Augen der hl. Hildegard zu einem großartigen Baukomplex gewachsen war und ruhmreich dazustehen schien, begann sehr schnell deutlich zu sinken. Es scheint, daß ein Teil der Mön-

che das notvoll spürte und sich darum an die von ihnen als wahrhaftige Zeugin Gottes geachtete Äbtissin Hildegard wandte. Hildegards Brief schließt mit der Mahnung: «Nun möge der erste Ruf, der euch zum Lobe Gottes zusammenführte, euch gut machen in der Wurzel, wie die ersten (Mönche), die in den Mauern dieses Tempels geweiht wurden. Du aber, o Berg (Disibodenberg), höre auf die Ermahnung Gottes: Gott hat dich erstellt, wie den Berg Sinai, damit du ihm das Opfer des Lobes darbringst. Jetzt kehre dich um zu deinem Gott, und sei ein Leuchter des Königs, auf daß du nicht zu erröten brauchst in der Urwurzel, wie die Rechte Gottes dich gepflanzt.»[435]

Inzwischen geschah etwas mit der hl. Hildegard, das den Anstoß dazu gab, die Beziehungen zwischen dem Rupertsberg und dem Disibodenberg endgültig zu klären. Sie selbst hat darüber in ihren Aufzeichnungen berichtet. «Ich schaute in einer Vision und wurde belehrt und genötigt, meinen geistlichen Oberen kundzutun: Daß unsere Stätte mit allem ihrem Zubehör von dem Ort, an dem ich Gott geweiht worden war, losgelöst werden müsse; daß wir außerdem den Dienern Gottes Gehorsam und Unterwürfigkeit schuldeten, solange wir bei ihnen echtes Vertrauen uns gegenüber vorfänden. Ich vertraute es meinem Abt (Kuno) an, der aber infolge seiner Krankheit nichts mehr unternahm und auch schon einige Tage danach starb. Als aber die Angelegenheit an seinen Nachfolger (Abt Helenger) und an den Erzbischof (Arnold) von Mainz sowie an die Oberen der Kirche gelangte, nahmen sie in Glaube und Liebe sie auf und ließen schriftlich festlegen und besiegeln, daß es so geschehen sollte.»[436]

Doch dies alles geschah nicht so schnell und unbeschwert, wie es in dieser Zusammenfassung der Dinge erscheint. Wie immer scheute die hl. Hildegard vor dieser neuen göttlichen Forderung zurück. Sie mußte erst gezwungen werden. Danach dann hat sie mit realistischer Abwägung aller Umstände und in Erkenntnis der menschlichen Unzuverlässigkeit die Verhandlung mit den zuständigen Stellen geführt und rechtliche Abmachungen erreicht, durch welche die geistliche Selbständigkeit und wirtschaftliche Unabhängigkeit ihres Klosters sichergestellt waren. Der Vita-Schreiber weist darauf hin, daß Hildegard im Unterschied von vielen anderen Klöstern keinen weltlichen Adeligen als Vogt für die Wirtschaftsverwaltung ihres Klosters haben wollte. «Da sie ihn (den Rupertsberg) frei erworben hatte, teils durch Bezahlung, teils durch Tausch, entschied sie, daß er auch für immer frei bleiben sollte, d. h. nur der Schutzherrschaft der Mainzer Kirche unterstellt, sollte er keinen anderen Schutzherrn als den Erzbischof dieses Sitzes haben. Denn es sollte nicht so scheinen, als ließe sie mit einem Vogt aus dem Laienstand den Wolf in den Schafstall ein, weil unter diesem verbreiteten Mißstand viele Kirchen auf dem Erdkreis leiden und daran zugrunde gehen.»[437] Diese Vögte und Schutzherren machten sich allzuoft zu Nutznießern und anmaßenden Herren der ihnen anvertrauten Klöster.

Eine deutliche göttliche Weisung zwang die hl. Hildegard auf diesen Weg. «Denn da unsere Jungfrau», so berichtet die Vita, «durch eine innere Offenbarung erkannt hatte, daß sie sich in dieser Angelegenheit zu dem genannten Kloster (Disibodenberg) begeben müsse, sich aber doch, wie Jona, zögernd zurückhielt, traf sie die Geißel der göttlichen Strafe, und sie erkrankte auf den Tod. Dieser Schlag war ihr eine Mahnung. Sie ließ sich in das Oratorium tragen und gelobte, dorthin zu gehen, wohin Gott befahl, wenn die Strafe nachlasse. Dann ließ sie sich auf ein Pferd setzen, an den Händen halten und vorwärts führen. Kaum war sie eine ganz kurze Strecke weit geführt worden, da kehrten ihre Kräfte zurück, und sie ritt freudig voran. Als sie auf dem Disibodenberg angekommen war, erklärte sie, was sie hierher getrieben habe.»[438]

Unangemeldet, unerwartet erschien sie vor dem Abt und seinen Mönchen. Wie es dabei zuging, erfahren wir aus einem Schriftsatz der hl. Hildegard für ihre eigenen Nonnen und aus einem Brief, den sie kurz darauf an den Abt schrieb. Dieser hatte sogar Anspruch auf die dem neuen Kloster gemachten Stiftungen erhoben und anscheinend, um Druck auszuüben, für den Fall einer Ablösung des Klosters mit der Abberufung des Sekretärs Volmar gedroht.

Hildegard beschreibt und rechtfertigt ihr Handeln vor ihren Nonnen in dem Schreiben, das sie später, gewissermaßen als ihr Testament, für sie aufgesetzt hat: «Diese Stätte, den Ruheort der Überreste des heiligen Bekenners Rupertus, zu dessen Patronat ihr eure Zuflucht genommen, erkannte ich nach Gottes Willen unter augenscheinlichen Wundern als eine Opferstätte des Lobes. Mit Genehmigung meiner Vorgesetzten kam ich hierher und habe sie für mich und alle, die mir folgten, unter Gottes Beistand frei in Besitz genommen. Hernach begab ich mich dann auf Gottes Mahnung zum Disibodenberg, den ich mit Erlaubnis verlassen hatte, und stellte vor all seinen Bewohnern den Antrag: Nicht nur unsere Wohnstätte, sondern auch der ihr als Schenkung gegebene (neue) Grundbesitz sollte von ihnen nicht abhängig, sondern gelöst sein. Bei dieser nützlichen Verhandlung hatte ich aber nur das Heil der Seelen und die Sorge für die von der Regel gebotene Zucht im Auge.

Wie ich in wahrer Schau vernommen, sprach ich zum Vater dieser Stätte, dem Abt (Kuno): Das hellstrahlende Licht spricht: ‹Du sollst Vater über den Propst (Volmar) und das Seelenheil der geheimnisvollen Pflanzstätte meiner Töchter sein. Die ihnen gemachten Schenkungen gehören weder dir noch deinen Brüdern. Hingegen soll eure Stätte ihnen Zuflucht sein.› »

Die Äbtissin Hildegard mahnte also den Abt und seine Mönche, ihre geistliche Verantwortung mit der erforderlichen Hilfeleistung wahrzunehmen,

8.6.1969. Eigentum: Verlag A. Engelhardt, Bingen / Rhein

anstatt auf angemaßte Rechtsansprüche zu pochen. Sie fuhr in ihrer Ansprache fort: «Wollt ihr aber in eurem Widerstand verharren und gegen uns mit den Zähnen knirschen, so werdet ihr den Amalekitern gleichen und dem Antiochus, von dem geschrieben steht, daß er den Tempel des Herrn beraubt hätte. Haben einige von euch in ihrer Unwürdigkeit gesprochen: Wir wollen ihren Besitz verringern, so spreche Ich, der Ich-Bin: ‹Ihr seid die schlimmsten Räuber! Wenn ihr aber versuchen solltet, den Hirten der geistlichen Heilkunst den Nonnen zu entziehen, dann sage ich euch ferner: Ihr seid den Söhnen Belials gleich und habt die Gerechtigkeit Gottes nicht vor Augen. Deshalb wird Gottes Strafgericht euch vernichten›!»
Das scheinen Worte einer tapferen, unerschrockenen Frau zu sein. Aber es wäre völlig abwegig, die Äbtissin Hildegard in solchem menschlichen Licht zu sehen und zu rühmen. Sie berichtet weiter: «Als ich armseliges Gebilde mit diesen Worten die oben bezeichnete Freiheit des Ortes und die Besitzungen meiner Töchter vom obgenannten Abt forderte, gestanden alle sie mir durch schriftlichen Eintrag in einen Codex zu. Alle, die dies sahen, hörten und wahrnahmen, Große wie Geringe, brachten der Sache größtes Wohlwollen entgegen, so daß diese nach Gottes Willen schließlich festgelegt wurde. Dies sollen alle, die Gott anhangen, erfahren und hören und wohlwollend diese Rechtssache bestätigen, durchführen und verteidigen, damit sie jenen Segen empfangen, den Gott Jakob und Israel gab.»[439]
Das überraschende Erscheinen der Äbtissin Hildegard in ihrem alten Kloster muß dort einige Aufregung verursacht haben, und ihre Ansprache an den Abt und die Mönche brachten zunächst eine stürmische Auseinandersetzung in Gang, bevor die Mönche zur Besinnung kamen und man zu ersten schriftlichen Festlegungen über die Besitztumsverhältnisse des neuen Klosters kommen konnte. Die innere Erschütterung der um die Erfüllung des Gotteswillens kämpfenden Äbtissin klingt nach in dem Brief, den sie kurz danach dem Abt Kuno sandte.
«O Vater – der Würde nach! Wie gern sagte ich: Vater in der Tat! Ich kam an jene Stätte, wo Gott dir den (Hirten-)Stab seiner Stellvertretung gegeben hat. Einige aus der Schar deiner Brüder tobten wider mich wie gegen einen finsteren Vogel und ein schreckliches Untier. Und sie spannten ihre Bogen gegen mich, damit ich vor ihnen fliehe. Ich weiß aber in Wahrheit, daß Gott um seiner (mir anvertrauten) Geheimnisse willen mich von jener Stätte entfernt hat. Denn durch seine Worte und Wunder war meine Seele derart erschüttert worden, daß ich fast vorzeitig gestorben wäre, wenn ich dort geblieben wäre. Nun sei denen, die mich dort in Ergebenheit aufnahmen, Heil und Segen! Denen aber, die den Kopf über mich schüttelten, gewähre Gott Gnade nach seiner Barmherzigkeit. Wehe, wehe, o meine Mutter, in beklagenswertem Verdruß hast du mich aufgenommen!»[440]
Die hl. Hildegard hat den geistlichen Notstand ihres Mutterklosters

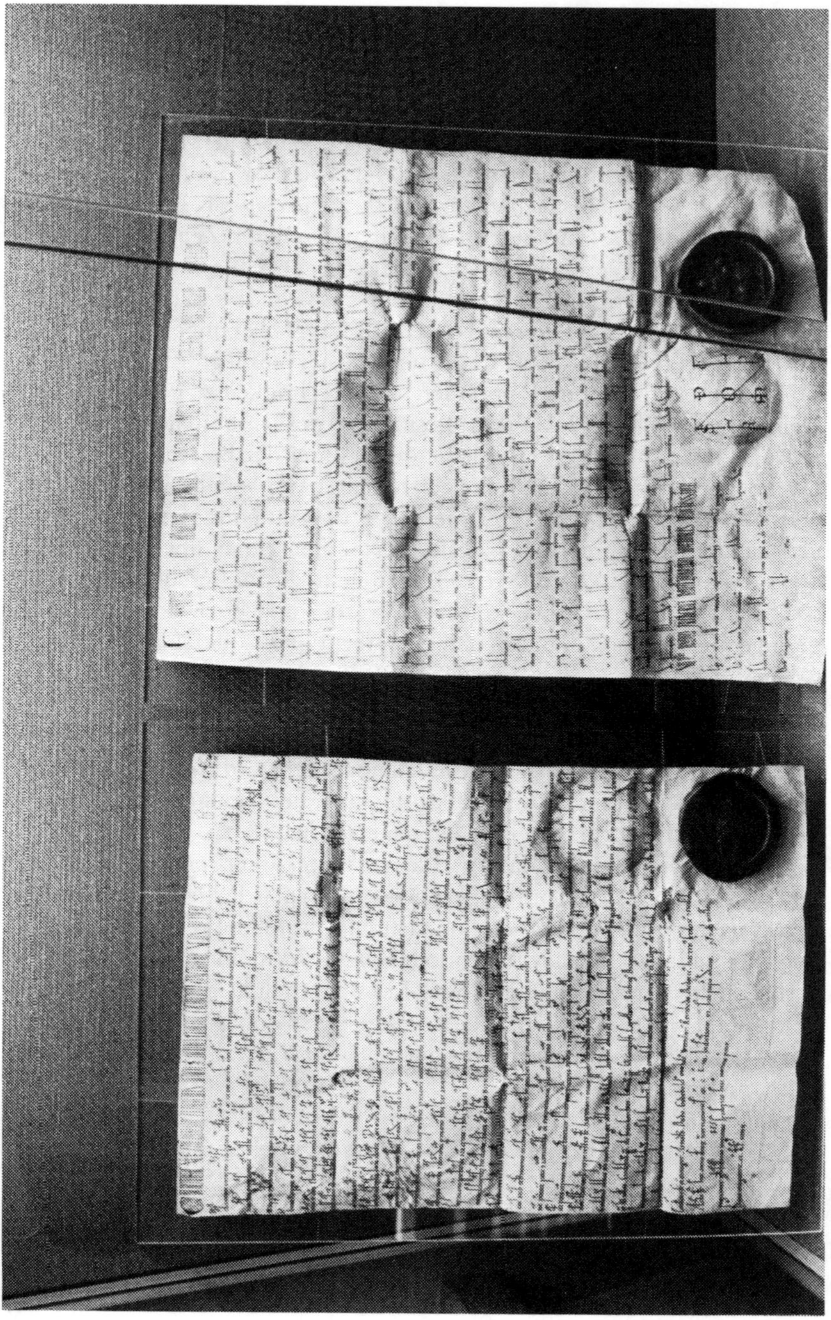

schmerzvoll erlebt und, wie ihre Worte aussagen, tief darunter gelitten. Abt Kuno starb bald nach Hildegards Besuch und Empfang dieses Briefes. Mit dem Nachfolgeabt Helenger nahm Äbtissin Hildegard die Verhandlungen wieder auf, denn die Fragen der früheren Disibodenberger Besitzungen und der geistlich-rechtlichen Stellung des neuen Klosters mußten endgültig geklärt und bei dem Mainzer Erzbischof urkundlich gesichert werden. Dies geschah nach etwa dreijährigen weiteren Bemühungen im Mai 1158 in zwei von Erzbischof Arnold und anderen Zeugen unterzeichneten Urkunden, deren eine dem Rupertsberger Kloster alle seine neuen Besitzungen bestätigte, deren andere die Auseinandersetzung um die früheren Besitzungen abschloß und die geistlichen Beziehungen zwischen beiden Klöstern und die Rechte des neuen Klosters festlegte.[441]

Hildegards Klugheit und Empfinden für Gerechtigkeit zeigen sich in ihren Abmachungen über den früheren Besitzstand des Disibodenberger Frauenklosters, das ja durch viele Jahre hindurch unter der Betreuung durch das Disibodenberger Mönchskloster gelebt hatte. Die Vita berichtet darüber: «Sie führte die Loslösung ihrer (neuen) Wohnstätte mit dem dazugehörigen Landbesitz von dem Mönchskloster herbei. Dabei überließ sie ihnen den größten Teil ihrer (früheren) Besitzungen, die ihr und den Schwestern bei der Aufnahme übergeben worden waren, und noch dazu eine nicht geringe Geldsumme, damit es keinen berechtigten Anlaß zur Klage mehr geben könne.»[442]

Für die geistliche Selbständigkeit des Rupertsberger Klosters war entscheidend, daß es nur dem Erzbistum Mainz unterstand, und daß den Nonnen die freie Wahl ihrer Äbtissin zugestanden wurde. Für die geistlichen Beziehungen zwischen dem Ausgangskloster und der Neugründung wurden von der hl. Hildegard gute Regelungen erreicht:

«Den Äbten des Klosters, das sie verlassen hatte, unterstellte sie im Gehorsam sich und ihre Töchter nur in folgendem: In geistlichen Fragen, die das Leben nach der *regula* und die monastische Profeß betreffen, wollten sie sich eher an sie als an andere wenden. Soweit Umstände und Zeit es erforderten, sollten sie von diesem Kloster Priester erhalten, die sie nach eigener freier Wahl erbitten würden: Diese sollten sie sowohl in der Sorge für die Seelen und beim Gottesdienst, als auch bei der Verwaltung der zeitlichen Güter unterstützen.»[443]

Obwohl nun alle Dinge für die beiden Klöster geordnet waren, kam es vorerst noch nicht zu einer inneren Versöhnung zwischen den Disibodenberger Mönchen und der hl. Hildegard. Auf der einen Seite bewunderten diese die geistliche Begnadung ihrer früheren Nonne, auf der andern Seite empfanden sie noch immer eine innere Abwehr ihr gegenüber. Diese Zwiespältigkeit hinderte aber den im Grunde ehrlichen Abt Helenger nicht, über den Disibodenberger Eigenschatten zu springen und aufrichtig bei der von Gottes Geist geleiteten Äbtissin Hilfe zu suchen. Dieser Briefwechsel aus den nun folgenden Jahren ist beispielhaft für das der hl. Hildegard in dieser Zeit von vielen Menschen in Kirche und Welt entgegengebrachte Vertrauen und zeigt, in welch geistlicher Vollmacht diese solches Vertrauen beantwortete. Aus ihm erfahren wir auch, daß die Spannung zwischen dem Disibodenberg und der Äbtissin endlich überwunden wurde.

Einige Jahre nach den beschriebenen Abmachungen schrieb Abt Helenger den Brief an die Äbtissin, in dem er offen seinen wahren Zustand darlegte, hoffend, sie werde ihm ein hilfreiches Wort sagen können:

«Während die ganze Welt in wahrem Lobpreis kündet, daß ihr mit der Freude des Heiligen Geistes begabt seid, habe ich, der ich doch der erste hätte sein sollen, auch andere zu eurer Seligkeit einzuladen, bisher in trägem Widerwillen mich verkrochen. Doch jetzt fühle ich mich, von Furcht ergriffen, endlich gezwungen, euch zu grüßen.

Leider eifere ich danach, mehr vorzustehen als vorzusehen, und suche das, was mir und nicht den andern nützt. Aber dennoch habe ich bis jetzt, wenn auch lau, des Tages Last und Hitze im Weinberg des Herrn getragen und mit Gottes Hilfe mich entschlossen, auszuharren, bis ich einmal den Denar empfangen werde.

Jetzt aber, meine Mutter, ist mir bei der Hochzeit des Herrn der geistliche Wein ganz ausgegangen, weil der Eifer für das monastisch-geistliche Leben fast erloschen ist. Denn weder die Mutter Jesu ist dabei noch Jesus selbst. Auch seine Jünger sind nicht geladen. Daher ballt sich alles Widerwärtige um uns zusammen. Es ist nicht nötig, euch mit weitläufigen Reden hinzuhalten. – Ich weiß es, meine Mutter, ich weiß es: Vom Scheitel bis zur Sohle ist nichts Gutes an mir. Richtet daher ein Trostschreiben an meine Niedrigkeit, damit das Buch des ewigen Lebens euern Namen enthalte in Sion. Lebt wohl!»[444]

Die um Trost angerufene Äbtissin antwortet:

«In einer geistigen Schau, die von Gott ist, hörte ich folgende Worte: ‹Es ist höchst notwendig für den Menschen, der danach verlangt, sein Leben zu finden, daß er die bösen Werke des Fleisches ertötet und sich die beseligende Erkenntnis zu eigen macht, wie er leben muß, nämlich so, daß seine Seele Herrin, das Fleisch Magd ist, wie der Psalmist sagt: Selig der Mensch, den Du unterweisest, Herr, und über Dein Gesetz belehrst. Und wer ist dieser Mensch? Der, der seinen Leib als Magd und seine Seele als geliebte Herrin betrachtet. Nun höre und lerne, damit du errötest, wenn du in deiner Seele schmeckst (was ich jetzt sage): Zeitweise hast du die Art eines Bären, der insgeheim oft bei sich selber murrt, zuweilen auch die Art eines Esels: denn du bist nicht fürsorglich in deinen Pflichten, sondern verdrießlich und auch in manchen Dingen ungeschickt. Deshalb bringst du zuweilen die Bosheit des Bären in ihrer Gottlosigkeit nicht zur Durchfüh-

rung. Ebenso hast du auch die Art gewisser Vögel, die weder zu den höheren noch zu den niederen gehören, so daß die höheren über sie hinwegfliegen, die niederen ihnen nicht schaden können.›
Auf ein solches Verhalten antwortet der himmlische Hausvater: ‹Weh, weh, diese Unbeständigkeit deines Wandels ist nicht nach meinem Willen... Wenn du gute Einsicht in dir hast, so betest du zwar eine kleine Weile, verfällst aber bald wieder in Überdruß, so daß du dein Gebet nicht vollendest. Doch den Weg, der deinem Leibe zusagt, gehst du mit Vergnügen und schneidest ihn nicht ganz von dir ab. Zuweilen aber steigen auch deine Sehnsüchte zu Mir in einen Bereich, der nicht durch und durch heilig ist im Tun, sondern nur auf einem gewissen Wunschglauben fußt. Dennoch habe Ich solche Menschen hin und wieder von der Unbeständigkeit ihres Wandels gesondert, um aus den Tönen ihrer Vernunft zu hören, was sie bei sich selber denken. Doch erwiesen sie sich dabei als untauglich und gingen zugrunde. Nun aber verspotte dein Herz nicht das Werk, das Gott tut, weil du nicht weißt, wann sein Schwert dich trifft.›
Ich armseliges Gebilde aber sehe in dir ein pechschwarzes Feuer gegen uns entzündet. Das sollst du in guter Erkenntnis der Vergessenheit übergeben, damit in deiner Amtszeit Gottes Gnade und sein Segen nicht von dir weichen. Liebe also die Gerechtigkeit Gottes, auf daß du von Gott geliebt werdest, und glaube zuversichtlich seinen Wundertaten, damit du die ewigen Belohnungen empfängst.»[445]
In ihrer meditativen Schau sah die hl. Hildegard das Wesen des Disibodenberger Abtes so deutlich vor sich, daß wir ein Charakterbild dieses nicht mit sich zurecht kommenden Klostervorstehers gewinnen. Die unter Gottes Weisung in aller Demut ausgesprochenen Warnungen der hl. Hildegard sind nicht ohne Wirkung geblieben. Der Abt hat sich mit seinen Mönchen besonnen. Sie sind zu der befreienden Erkenntnis gekommen, daß die Äbtissin eine wahrhaft von Gottes Geist geleitete Frau sei, und Abt Helenger schreibt in seinem nächsten Brief: «Wir haben erkannt, geliebte Mutter, daß eure Heiligkeit uns neulich auf Antrieb des allmächtigen Gottes, des heiligen Tröster-Geistes – also auf Geheiß dessen, der will, daß alle Menschen gerettet werden und zur Erkenntnis der Wahrheit gelangen –, besucht haben.» Anscheinend ist die hl. Hildegard inzwischen noch einmal auf dem Disibodenberg gewesen, denn die Zeit des Anklagebesuches lag ja schon weit zurück. Dieser zweite Besuch muß unter neuen Voraussetzungen stattgefunden haben, denn Abt Helenger schreibt weiter: «Deshalb bringen wir ihm, dem Tröster, nach unserm Vermögen, obwohl ungenügend, unablässig Dank dar. Denn wir haben – das müssen wir gleich bekennen – die Glut und Berührung seines Lichtes aufs stärkste unter uns und in uns verspürt, da wir allen Zunder des Hasses und der alten Feindschaft, der sich schon durch Jahre hindurch festgesetzt hatte, einmütigen Sinnes abge-

schüttelt und uns in aufrichtiger Liebe zu voller Einheit zusammengefunden gleichwie zu einer Einheit von Leib und Seele. Darum klopfen wir mit beharrlichen Bitten bei der Liebe eurer Heiligkeit an, ihr möget aufschauen zu dem euch durch Gottes Gnade verliehenen Glanz, durch den eurer Liebe das, was den übrigen Sterblichen verschlossen und verborgen ist, den Augen eures Herzens aufgetan wird.»

So bitten Abt und Mönche denn, Hildegard möge ihnen weiterhin kundtun, was bei ihnen im Gegensatz zur göttlichen Majestät steht, und ob bei ihnen nun in der Wurzel ein neuer Anfang gemacht sei. Weiter bitten sie um eine Niederschrift über das Leben ihres Schutzpatrons Disibod, damit «mit dem Lobe dieses unseres Vaters das Gedenken an eure Heiligkeit lebendig bleibe.»[446] Die Bitte der Mönche wurde erfüllt. Sie empfingen bald mit einem ausführlichen Begleitschreiben die Vita des hl. Disibod mit der Geschichte des Disibodenberger Klosters.

Aus verschiedenen Stellen der angeführten Briefe erhielten wir Hinweise darauf, daß das Kloster Rupertsberg eine starke Ausstrahlungskraft gewonnen hatte und viele Menschen anzog. Wer damals zu Schiff, auf Wagen und Pferd oder zu Fuß die Rheinstraße zog, sah an der Einmündung der Nahe das hoch zum Berghang hinaufgebaute Kloster, einen eindrucksvollen, von der Kirche überragten Gebäudekomplex. Die meisten wußten schon längst: Hier hat die berühmte Äbtissin Hildegard ihre Stätte. Denn der Nachrichtenverkehr ging damals zwar nicht so schnell wie heute in unserer technischen Zeit, war aber genau so intensiv. Man ist sogar erstaunt darüber, in wie kurzer Zeit damals Nachrichten über wichtige Ereignisse durch die Länder eilten. Es gab ständig auf der Wanderschaft lebende Klosterbriefboten, die einen Rucksack voller Schreiben und Schriften trugen und in bestimmter Folge von einem Kloster zum anderen zogen, Briefe austauschten und mündlich alles Neue berichteten, was sie unterwegs erfahren hatten. Daher ist es nicht verwunderlich, daß das Kloster Rupertsberg schon bald kaum jemals ohne Rat und Hilfe suchende Besucher war.

Die Vita berichtet darüber: «Auf diese Weise wurden Ströme von guten Werken gleich den Paradiesesflüssen nicht nur in die Nachbarschaft, sondern auch durch das ganze deutsche Reich geleitet. Und von allen Seiten strömten Scharen von Menschen, Männer und Frauen, zu Hildegard, denen sie mit Gottes Gnade reiche, ihrem Leben angepaßte Ermahnungen gab. Zum Heil ihrer Seelen legte sie ihnen Fragen aus der Heiligen Schrift vor und löste sie. Sehr viele erhielten von ihr Ratschläge für die körperlichen Gebrechen, an denen sie litten. Nicht wenige wurden auch durch ihren Segen von ihren Leiden befreit. Da sie aber durch ihren prophetischen Geist auch die Gedanken und Absichten der Menschen erkannte, wies sie einige, die verkehrten und frivolen Herzens zu ihr kamen, zurecht;

und da sie dem Geist, der aus ihr sprach, nicht widerstehen konnten, mußten sie, getadelt und gebessert, von ihrem schlechten Vorhaben absehen. Aber auch Juden, die mit Fragen zu ihr kamen, widerlegte sie durch ihr eigenes Gesetz und ermahnte sie mit gütigen Worten zum Glauben an Christus. So ist sie nach dem Apostelwort allen alles geworden. Auch zu den Fremden, die zu ihr kamen, selbst zu den tadelnswerten, sprach sie gütig und liebevoll, so wie es ihr zuträglich für sie erschien.»[447]

Im ersten Jahrzehnt auf dem Rupertsberg entstanden nach Abschluß des *Scivias*-Buches weitere Schriften. Die Vita berichtet darum kurz zusammenfassend: «So vollendete die heilige Jungfrau dort, wohin sie nach göttlicher Schau übergesiedelt war, ihre Visonsschrift, die sie auf dem Disibodenberg begonnen hatte. Auch offenbarte sie in prophetischem Geist einiges über die Natur der Menschen, der Elemente und der verschiedenen Geschöpfe, und wie durch sie dem Menschen zu helfen sei, und viele andere Geheimnisse. Es ist auch bekannt, wie geistvoll sie auf Briefe, die aus verschiedenen Ländern an sie gerichtet wurden, geantwortet hat, wenn man den Inhalt der aus göttlicher Offenbarung gesprochenen Worte in Betracht zieht... Wer aber würde nicht darüber staunen, daß sie Gesänge mit schönsten Melodien in wunderbarem Zusammenklang komponiert und bis dahin nicht gesehene Schriftzeichen in einer früher nicht gehörten Sprache aufgezeichnet hat? Außerdem hat sie einige Evangelien ausgelegt und symbolische Erklärungen verfaßt.»[448]

Von alledem wird nun weiter zu berichten sein. Wir erleben ein erstaunlich arbeitsreiches Jahrzehnt dieser körperlich so belasteten und mit dem Äbtissinnenamt betrauten Frau.

Konventssiegel vom Hildegard-Kloster St. Disibod.

VI. Offen für alle Wunder der Welt. 1150–1158

1. Naturwelt und Heilkunde

Rückblickend auf die vergangenen acht Jahre schrieb Hildegard 1158 im Vorwort zu ihrem Buch vom verdienstvollen Leben: «Es war das erste Jahr, nachdem dieses Gesicht (die wahre Schau) mir folgende Schriften zu erklären gegeben hatte: Die Feinheiten der verschiedenen Naturen der Geschöpfe, die Sinfonie der Harmonie der himmlischen Offenbarungen, und die unbekannte Sprache.»[449] Natur, Komposition und Sprache beschäftigten diese, wie manche sagen, allseits interessierte geniale mittelalterliche Frau. Aber das entspricht nicht der Wirklichkeit. Gewiß, die Rupertsberger Äbtissin war eine geistig sehr lebendige Frau, und über alles, was sie bewegte, sprach sie mit ihren Nonnen.[450] Doch darf man nicht übersehen, daß sie alle Dinge in einem großen Zusammenhang schaute. Was überhaupt Hildegard schrieb, und daß sie schrieb, kam nicht aus persönlicher Initiative und wissenseifriger Interessiertheit, wie etwa bei dem Wissenschaftler Albertus Magnus. Sie schrieb aus der ihr eigenen «Schau», aus einem Schreibauftrag, oft genug unter Zwang von oben gegen ihre körperliche Schwachheit und ihre seelischen Hemmungen ankämpfend.

«Die Geheimnisse Gottes heißen mich, im Schatten der göttlichen Schau folgendes zu sagen», so oder ähnlich leitet Hildegard ihre Briefe ein, und im Vorwort ihres letzten theologischen Buches sagt sie ausdrücklich über ihre Schreibwerke der fünfziger Jahre, daß sie auf die gleiche Weise zustande gekommen seien wie ihre großen theologischen Bücher: «Als ich begann, blickte ich erwartungsvoll empor zum wahren und lebendigen Licht, was ich schreiben sollte, weil ich alles, was ich vom ersten Beginn meiner Visionen an geschrieben hatte, oder was ich danach zu wissen bekam, wachen Körpers und Geistes mit den inneren Augen meines Geistes auf die Weise himmlischer Mysterien schaute.»[451]

Das bedeutet nicht, daß keine in den Gehirnzellen der Schreiberin gestapelten Erfahrungs- und Wissensstoffe eingeflossen und verwertet seien. Aber es besagt, daß diese dann in einen höheren Mitteilungszusammenhang gestellt worden sind.

Wenden wir uns zunächst den medizinischen Büchern zu. Leider ist uns keine Originalhandschrift oder Abschrift erster Hand erhalten geblieben.[452] Aus der Vita erfahren wir, daß es zunächst ein Buchganzes war mit dem Titel *liber subtilitatum diversarum naturarum creaturarum,* d. h. Buch

von den Wesensfeinheiten der verschiedenen Naturen der erschaffenen Wesen. Nach Hildegards Tod wurde das Buch aufgeteilt und unter den Titeln «Buch der einfachen Medizin» und «Buch der zusammengesetzten Medizin» zur Durchführung des Kanonisationsprozesses mit dem gesamten Hildegardschrifttum nach Rom geschickt. Auch diese Fassung ist verschollen. Später wurden die Titel wieder verändert in *physica,* «Naturkunde», und *causae et curae,* Pathologie und Therapie. Außerdem finden sich Veränderungen, Zusätze und Umstellungen in den Texten, die aber im wesentlichen als echt angesehen werden können. «Maßstab der Echtheitsfrage ist:Übereinstimmung in den Handschriften, ob der Text in der Sprache Hildegards geschrieben ist, ob der Inhalt dem Gedankengut Hildegards entspricht, und ob keine Fremdwörter vorkommen, die Hildegard fremd sind.»[453]
Hildegard ist unabhängig von der medizinischen und naturkundlichen Literatur ihrer Zeit. Frühere Versuche, solche Abhängigkeiten nachzuweisen, haben sich als verfehlt erwiesen. «Von alledem ist Hildegard unberührt geblieben.» Das gilt auch für ihr Edelsteinbuch. «Die Überlieferung fällt als Quelle außer Betracht. Ebenso können mit Sicherheit eigene Forschungen auf diesem Gebiet ausgeschlossen werden.» So ist es nicht zu verwundern, wenn der Herausgeber des Edelsteinbuches erklärt: «Man ist versucht, der präfatio des *liber vitae meritorum* zu folgen, Hildegard habe ihr Wissen aus wahrhaften Visionen geschöpft. Das Ergebnis geht nicht auf, wenn man eine Übernahme aus der medizinischen Lithologie verschiedenen Alters und verschiedener Herkunft nachzuweisen sucht.» Und im Blick auf das Ganze der Hildegardmedizin erklärt der Herausgeber der Heilkunde: «Bei aller nüchternen Beschreibung der Erscheinungen in der Natur und am Menschen darf gleichwohl nicht vergessen werden, daß Hildegards enormes Naturwissen weniger der Überlieferung entstammte – obwohl sich auch hier immer wieder traditionelle Grundzüge nachweisen lassen –, als vielmehr jenem visionären Habitus, den sie mit ihren eigenen Worten beschrieben hat.»[454] Weiter steht fest, daß sie keine eigene medizinische Praxis ausgeübt hat und keine medizinischen Forschungen betrieben hat. Das gilt z. B. für ihre ausführlichen Beschreibungen der verschiedenen männlichen und weiblichen Sexualtypen und deren konstitutionelle, organische, säftehaushaltsmäßige und kosmische Bedingtheit. Die Hildegardische Sexuallehre unterscheidet sich grundsätzlich von den Anschauungen ihrer Zeit. Die Originalität ihrer Krankheits- und Gesundheitslehre wird heute immer deutlicher gesehen, und es überrascht nicht, wenn festgestellt wird, daß sie die erste universale christliche Anthropologie geschrieben hat.[455]
So ist es wiederum nicht verwunderlich, daß Hildegards Naturschrifttum in ihrer Umwelt und Nachwelt unbeachtet blieb. Die Behandlung schon

dieser Hildegardschrift im Kloster Rupertsberg fällt auf. Warum fehlt das den anderen großen Hildegardbüchern stets vorangestellte, die Niederschrift begründende Vorwort? Warum fehlt eine Bezugnahme in der Vita? Warum ließ das Rupertsberger Kloster in dem gleich nach Hildegards Tod zusammengestellten Riesenkodex aller Hildegardschriften ausgerechnet und allein das Medizinbuch weg? Wußte man mit ihm nichts anzufangen, distanzierte sich vielleicht sogar von ihm? Hildegards Medizinbuch ging eben über das Begreifvermögen ihrer Zeit weit hinaus.[456]

In unserer wissenschaftsdurstigen Neuzeit hat sich zunächst das historische Interesse an diesem Schrifttum entzündet. Man bewunderte die erste deutsche Ärztin und Naturforscherin und suchte nach den Quellen ihres Wissens. Man bewunderte auch neuestens ihre Krankheits- und Gesundheitslehre, doch ihre Heilmittelangaben hielt man dabei für praktisch wertlos, für überholte alte Volksmedizin.

Das ist nun allerdings anders geworden. Es wird mit genauer Beachtung der Medikamente und Anwendungsanweisungen Hildegards erfolgreich praktiziert, ihre Heilpflanzen werden nach ihren Vorschriften gesammelt, verarbeitet und in bestimmten Apotheken bereitgehalten. Das medizinische Wissen Hildegards wird erforscht und in Beziehung gesetzt zu unseren heutigen medizin-wissenschaftlichen und naturheilkundlichen Erkenntnissen und praktisch ausgewertet.[457] Man erfährt erstmalig praktisch, daß Hildegard für die leidenden Menschen geschrieben hat.

Der erste Teil des Hildegardischen Medizinbuches wird nicht mehr als eine «Naturkunde» gelesen, soviel auch beschreibende Darstellungen der Pflanzen, Elemente, Bäume, Edelsteine, Fische Vögel, Tiere und Metalle darin zu finden sind. Hildegard betrachtet alle Teile der Natur auf ihre Beziehung zum Menschen hin und fragt: «Wie sind sie seiner Gesundheit förderlich oder nachteilig, helfen ihm gegen seine Gebrechen und heilen ihn, und wie sind sie dafür anzuwenden?» Hildegard schrieb gewissermaßen eine Naturheilapotheke für jedermann.[458]

Anders steht es mit dem zweiten Teil, dem für den Arzt bestimmten Buch über die Ursachen und Behandlung der Krankheiten, also Pathologie und Therapie. Der Mensch kann nicht isoliert als Individuum behandelt werden. Deshalb steht am Anfang die großartige Schau der Schöpfung, des dynamischen Kosmos, in dem eins das andere beeinflußt, alles aufeinander abgestimmt und einander zugeordnet ist. In dieser vielfältigen Verflochtenheit lebt der Mensch, selbst ein Gebilde vielfältiger Verflechtungen. Ein Grundsatz Hildegardischer Welterkenntnis heißt: «Es gibt keine Kreatur, die nur durch eine einzige Eigenschaft bestehen kann, wenn sie nicht mehrere besitzt.»[459]

In breiter Ausführlichkeit wird sodann vom Menschen und allen seinen körperlichen, seelischen, konstitutionellen, charakterlichen und geistigen

Zerrüttungen gehandelt. «Die ganze Pathologie der sogenannten erbsündlichen Umwandlungen wird im einzelnen geschildert, wobei alle Krankheiten letztlich auf die gestörten urmenschlichen Strukturen zurückgeführt sind.»[460]

Der Säftehaushalt des ursprünglich heil erschaffenen Menschen ist in Unordnung und Verwirrung gebracht. «Es ist die Folge jener ersten Sünde, die der Mensch zuerst auf sich lud, weil, wenn Adam im Paradiese geblieben wäre, er die erfreulichste Gesundheit neben dem besten Aufenthalt haben würde. Statt dessen und im Gegensatz dazu hat jetzt der Mensch Gift und Phlegma in sich und allerorten Krankheiten.» Aus kristallinischer Klarheit im Innern des Menschen wurde die Schwarzgalle mit allen ihren Folgen, seelischen und charakterlichen Verstörungen, und wenn vorher sein Geist von der Wahrheit durchleuchtet war, wurde er jetzt von der Lüge durchsetzt.[461] Nicht nur der Mensch selbst wurde durch den Sündenfall verändert, auch seine kosmischen Beziehungen gerieten in Unordnung. «Wenn der Mensch so handelte, wie er eigentlich müßte, würden alle Jahreszeiten und die Luft in den Jahreszeiten gleich bleiben.» Der Mensch würde in einer harmonischen Umwelt leben. «Weil aber der Mensch in seinem Ungehorsam sich über die Furcht vor und die Liebe zu Gott hinwegsetzt, überschreiten auch alle Zeiten und Elemente ihre Rechte.»[462] Daher «liegen die wahren Ursachen vieler Krankheitsausbrüche in der kosmischen Verflochtenheit der menschlichen Gesundheit».[463]

Wieder erkennen wir einen Grundsatz der Hildegardmedizin: Die Zerrüttungen und Störungen der menschlichen Existenzweise sind Folgen seiner in Vererbung fortwährenden Auflehnung gegen seinen Schöpfer und sind daher auch nicht aus der Welt zu schaffen.

Dennoch gibt es eine Hildegardmedizin! Denn Gott will das Heil des Menschen. Er will seine Schöpfung und in ihr den Menschen erhalten und sie zuletzt durch eine machtvolle Verwandlung wiederherstellen. Denn Gott liebt seine Schöpfung und er liebt den Menschen, den er ja für die Ewigkeit erschaffen hat. «Die Seele des Menschen, die von Gott in den Menschen vom Himmel herab kommt, ihn belebt und ihm seinen Verstand gibt, stirbt nicht, wenn sie den Menschen verläßt, sondern wandert, ewig lebend, entweder zum Lohn für ihr Leben oder zu den Qualen des Todes.»[464]

Darum hat Gott dem Menschen in der ihn umgebenden Schöpfung die Fülle der Heilmittel für jedes Gebrechen bereitgestellt. Über zweitausend Rezepte aus allen Bereichen der Natur bietet Hildegards Therapie an. Erstaunlich ist die oft hohe Zahl verschiedener Medikamente und Behandlungsmethoden für ein und dieselbe Beschwernis oder Krankheit, unter Berücksichtigung der verschiedenen Konstitution oder Disposition oder Symptomatik des Leidenden, auch wohl der Jahreszeiten und des Vorkommens der Heilmittel. Weiter gibt die Hildegardtherapie eine Fülle von Anweisungen für Inhalation, Bäder, Auflagen, Packungen, Salben, Aderlässe und Schröpfungen, Tee, Pillen und Küchlein. Hinzu kommen die ausführlichen Ratschläge und Anweisungen für eine gesunde Lebensführung über den Tag, das Jahr und den Lebenslauf hin, und eine bis in die Einzelheiten aufgeführte Ernährungslehre, was gerade heute von großem Interesse sein dürfte. Erst ein Bruchteil dieses überreichen Angebotes ist praktisch ausgewertet, allerdings mit erstaunlichem Erfolg.

Bei der Anwendung der Mittel ist zu beachten, daß Hildegard für ihre Wirkung zu unterscheiden weiß zwischen lindern, bessern, helfen und heilen, und daß sie einen letzten Vorbehalt kennt, nämlich den Willen Gottes über den betreffenden Menschen. Weiter ist zur Kenntnis zu nehmen, daß die Hildegardtherapie hohe Ansprüche an den Arzt, den Apotheker und den Patienten stellt. Der Arzt kann seine Aufgabe nicht darin sehen, für eine bekannte Krankheit eine bekannte Medizin zu verschreiben, sondern er hat sich ganz dem individuellen Menschen in seiner Wesens- und Krankheitseigenart zuzuwenden und das derzeit gerade für ihn in seiner Verfassung geeignete Rezept auszusuchen. Der Apotheker der Hildegardmedizin kann nicht fertige Industriemedikamente anbieten, sondern er muß sich gemäß den Hildegardrezepturen die erforderlichen Rohstoffe beschaffen und sie anweisungsgemäß zu einer anwendbaren Medizin verarbeiten. Und der Patient? Er muß sich als ein um seine Gesundheit bemühter Mensch persönlich beteiligen. In manchen Anweisungen spricht Hildegard den Patienten direkt an: «Wenn du – dann mußt du –.» Immer aber muß sich der Betreffende die genaue Einhaltung der Vorschriften gefallen lassen, muß Verzichte, Selbstüberwindung, unter Umständen Schmerzbereitschaft oder sogar Todesbereitschaft aufbringen. Manchmal wird ihm auch gesagt, welches Gebet er bei der Anwendung sprechen soll.

Den dritten Hauptabschnitt ihres Lehrbuches leitet Hildegard mit dem Satz ein: «Die nachfolgend angegebenen Arzneien sind von Gott gewiesen und werden den Menschen entweder gesund machen, oder aber er muß sterben, oder Gott will nicht, daß er von seiner Krankheit befreit werde.»[465] Bei der zweiten Niederschrift des gleichen Satzes warnt Hildegard vor nicht ordnungsgemäßem Gebrauch der Medizinen durch Kranke oder Gesunde, weil dies leicht zum Schaden gereichen würde. Die angebotenen Medizinen können also wirklich, von Gott dafür gegeben, helfen und heilen. Der Arzt aber findet seine Grenze dort, wo Gott den Tod des Menschen beschlossen hat. Das beugt den Menschen unter einen höheren Ratschluß. Es kann aber auch sein, daß die Medizin nicht entscheidend hilft, daß der Mensch sein Leiden, seine Beschwerden, seine Schmerzen weiter tragen soll, wiederum nach Gottes Willen. Aus welchem Grund? Als Warnung, zur Lebensreife, zur Demütigung, als Antrieb zur Liebe für

andere, als Sühne? Alle diese Möglichkeiten werden im Hildegardschrifttum erwähnt, und der Arzt sollte darum wissen, auch der Patient.[466]
Abschließend sind noch einige weiterführende Bemerkungen zu machen. Leider ist in dem Hildegardbuch manches für uns nicht verstehbar, weil wir nicht wissen, was sie mit ihren Bezeichnungen meint. Man kann nur hoffen, daß es erhellt wird, wenn ihre Begriffssprache weiter erforscht ist oder uns neue medizinische Erkenntnisse zur Erklärung helfen. Denn andererseits stellt man mit Erstaunen fest, daß vieles in ihren Ausführungen über Krankheitsentstehung und Krankheitsablauf, das ihrer damaligen Zeit unverstehbar war, heute durch modernste medizinwissenschaftliche Forschungen bestätigt wird. So finden wir bei ihr eine Fülle von Ausführungen über den unterschiedlichen Säftehaushalt und Säftestrom im menschlichen Organismus, über Stoffwechselvorgänge und chemische Prozesse, über hormonale Geschehnisse, über elektrische (feurige) Leitungs- und Anregungsvorgänge, über Transportsysteme, Steuerungssysteme, Rückkoppelungen und Regelungsvorgänge im Organismus, über Kleinstlebewesen im Organismus des Menschen und ihre Wirkungen, heute kennen wir sie als Viren, Bakterien und wuchernde Zellen (Krebs und Tumore).
So wird uns manches damals Unverstehbare durch neuere Forschungsergebnisse begreifbar und in unsere Begriffssprache transponierbar. Es würde sich also lohnen, das aus der geheimnisvollen Schau gewonnene medizinische Wissen dieser Frau, das in vielen kürzeren oder längeren Einzelstücken niedergeschrieben wurde, systematisch zu durchforschen und zu ordnen. Neben den Ärzten für innere Medizin hätten dann Fachspezialisten für ihre Gebiete, Nervenkrankheiten und Psychopathologie, gichtisch-rheumatische Erkrankungen, Herzerkrankungen, Sexualkunde und Frauenleiden die Möglichkeit, Hildegardische Therapieangaben mit modernen zu vergleichen und sie zu erproben.[467]
Ob die Ernährungs- und Gesundheitslehre der Rupertsberger Äbtissin in ihrem eigenen Kloster beachtet wurde, erfahren wir aus Hildegards Auslegung der Benediktregel nicht. Sie war von ihren geistlichen Töchtern um eine Deutung verschiedener Abschnitte gebeten worden und leitete ihre Niederschrift mit dem Satz ein: «Ich armselige Weibsgestalt, ungelehrt in menschlicher Wissenschaft, schaute, weil ihr danach verlangtet, auf zum wahren Licht und zur Gestalt des seligen Benedikt, damit mir das, was in seiner Regel dem Begreifen der Menschen zu schwierig und zu dunkel erscheint, durch Gottes Gnade eröffnet würde. Und ich hörte die Stimme vom wahren Licht, die zu mir sprach!» Treffend und kennzeichnend für Hildegards eigene Einstellung ist die Charakterisierung des Ordensgründers: «Er war eine verschlossene (eingefaßte) Quelle, die in gottgeschenktem Unterscheidungsvermögen ihre Lehre ergoß. Er schlug den scharfen Nagel der Belehrung weder zu hoch noch zu tief, sondern genau in die

Mitte des Rades, so daß ein jeder, ob stark, ob schwach, nach seinem Vermögen angemessen aus ihr zu trinken vermochte.» Angemessen, nach Vermögen, wie es dem einzelnen und der Gemeinschaft körperlich, seelisch und geistig zuträglich ist, sollen alle Dinge des täglichen Lebens geordnet sein. Das gilt für die Dauer der Schweigezeiten und freien Sprechzeiten, damit keine seelischen Stauungen entstehen, das gilt für die Dauer und Durchführung der gottesdienstlichen Zeiten an den Feiertagen und im Jahreszeitenwandel, damit die Gottesdienste in Freude, mit innerer Beteiligung und ohne Widerwillen gehalten werden können, das gilt für eine gesunde Einhaltung von Schlafzeiten und Wachzeiten, gilt für Speise und Trank, für Schwache und Starke, gilt für die Kleiderordnung gemäß Jahreszeiten und Anstand. Auch psychologische Schwierigkeiten werden beachtet, welches Maß und welche Art von Strafe einem Menschen nach einer Fehlhandlung je nach seinem Verhalten und Wesen angemessen ist, wie die Schwierigkeiten zu berücksichtigen sind, die es einem vorher selbständig leitenden Menschen bereitet, sich in eine Klostergemeinschaft gehorsam einzuordnen, wie die Übung in der Demut die beste Medizin für ein gutes menschliches Verhalten in der Gemeinschaft ist, und daß man bei einem Menschen erst etwa vom fünfzehnten Lebensjahr an Entscheidungsfähigkeit für ein Lebensziel und die bindende Übernahme aller Folgen erwarten kann.[468]

2. Die Symphonie der Schöpfung und Erlösung: Die Lieder und das Singspiel

Die hl. Hildegard war ein durch und durch musikalischer Mensch, sie erfuhr die sie umgebende Welt, die sichtbare und die unsichtbare, die irdische und die überirdische als eine immerwährend und auf die vielfältigste Weise tönende Welt. Alles tönt, und jedes Ding und Wesen und Geschehen hat seinen eigenen Ton und klingt harmonisch in der großen Symphonie der Schöpfung und des Heils. Auch Hildegard selbst lebte in Tönen und in Harmonie. Sie sang Lieder, dichtete Worte und gab ihnen ihre ihnen zugehörige Melodie.

Hildegards Töchter bezeugten nach ihrem Tod, daß ihre Meisterin wie verklärt, wie von einem Heiligenschein umflossen im Kreuzgang auf und ab gewandelt sei, ihr Lieblingslied *o virga et diadema* singend. Sekretär Volmar beklagt in einem Brief an Hildegard 1170, daß den Nonnen «der Klang ihrer unüberhörbaren Melodien» fehle.[469] Schon früh war der Ruf Hildegards als Liedschöpferin in die Welt gedrungen, Klöster empfingen mit Dank Gesänge auf ihre Namensheiligen, die Mönche des Klosters Villers, denen Hildegard 1175 eine Abschrift ihrer Lieder zugesandt hatte, schrieben ihr, sie hätten das Buch mit Freude empfangen, studierten es eifrig und hätten es stürmisch in ihr Herz geschlossen. Wibert von Gembloux, Hildegards letzter Sekretär, bezeugt: «Diese Gesänge, die zum Lob Gottes und zur Ehre der Heiligen komponiert sind, werden öffentlich in der Kirche vorgetragen. Wer hat je ähnliches von einer Frau gehört?»[470] Hildegards Liedwerk umfaßt siebenundsiebzig Lieder und das geistliche Singspiel *ordo virtutum,* das in kürzerer Fassung schon den Schluß des *Scivias*-Buches bildete.

Im Vorwort zu ihrem Buch vom verdienstvollen Leben, vor dessen Abfassung das Liederbuch zusammengestellt wurde, nennt Hildegard dessen Titel: *Symphonia harmonicae caelestiarum revelationum,* Symphonie der Harmonie der himmlischen Offenbarungen.[471] Das ganze Hildegardische Schreibwerk ist durchwirkt von Musikbezogenheit. Schier unzählbar sind die Stellen, an denen «die Heilige Bilder und Vergleiche aus der Welt des Klanges bringt. Weit über die dem Mittelalter geläufige Symbolik der Instrumente hinaus, geht sie bis in die urtümlichen Gebiete des Schalles, der Stimme, des Hörens. Die Musikinstrumente erscheinen in immer neuen Vergleichen, werden sehr oft in ungewohnter, neuer Symbolik herangezogen. Doch geradezu ohne Grenzen ist der Bereich, der im einzelnen symbolische Deutung findet. Der ganze Kosmos, Tier und Mensch, die Eigenschaften des Körpers und der Seele, die Kirche, die Heiligen, die Engel und böse Geister, die Gottesmutter, die drei göttlichen Personen: Alles wird im tönenden Symbol erfaßt und vollendet sich in der himmlischen Harmonie.»[472]

Hildegards musikalische Erfahrung und Auffassung der Welt geht also weit über das hinaus, was wir als die von der Antike übernommene Lehre der Sphärenharmonie kennen. Gott ist der Schöpfer der harmonikalen Gesetze seiner Schöpfung und hat eine in allen ihren Bereichen und Teilen in Musik schwingende Schöpfung gebildet. Gegen das mißtönende Lärmen der Dämonen stellt Hildegard die Selbstaussage Gottes: «Ich bin die Vernunft, die nicht von einem anderen den Ton empfing, sondern von der alles Vernunftbegabte den Lebenshauch besitzt. Ich habe diesen Lebenshauch in preisende, klingende Harmonie gebracht. Denn wie der Donner erschallt meine Stimme, mit der ich den ganzen Erdkreis bewege durch die lebendigen Klänge aller Geschöpfe.»[473] Ähnlich schreibt Hildegard in ihrem Buch von den göttlichen Schöpfungswerken. Nach dem Satz, daß Gott alle Geschöpfe als Spiegel erschaffen habe, in welchen er die unerschöpflichen Wunder seiner göttlichen Weisheit anschaut, schreibt sie: «Und diese Spiegelwesen habe ich so erschaffen, daß sie in Lobpreisungen miteinander singen. Denn ich habe eine Stimme wie Donner, mit welcher ich den ganzen Weltkreis im lebendigen Ertönen aller Kreaturen in Bewegung halte.»[474]

Diese Aussagen Hildegards über die harmonikale Schöpfung sind Schlüssel zu ihrem Liederwerk. Die Mönche von Villers stellten der greisen Hildegard als siebenundzwanzigste ihrer langen Liste die Frage: «Welches und was für eine ist jene Harmonie der Elemente, über die geschrieben steht: Während sich die Elemente um sich drehen, wird wie bei einer Orgel der Ton gewandelt, und dabei bewahren alle ihren eigenen Ton?» Hildegard antwortete: «Vom flammenden Lauf des höchsten Äthers, durch den das Firmament aufgewölbt wird, erklingt jauchzend und herrlich der Klang der Elemente, wie ja auch die symphonisch erklingende Stimme des Menschengeistes süß ist während seiner Lebenszeit. Denn jedwedes Element hat, so wie es von Gott festgelegt ist, seinen Ton, die wiederum alle wie das Tönen der Saiten und der Zither zur Einheit verbunden sind. Die Musik des Himmels aber trägt nicht bei zur Harmonie der Elemente, die mit dem Menschen in Einklang ist, wie ja auch die Sonne, die im Firmament ihren festen Ort hat, nur für diese Welt, nicht aber für den höchsten Himmel leuchtet.»[475] Hildegard unterscheidet also die Harmonik der himmlischen Welt um Gott und die der materiellen Welt. Die Harmonik dieser dem Menschen zugeordneten Welt ist zwar von ihrem Ursprung her noch der Schöpfung eingegeben, aber sie ist gestört, muß gereinigt und wieder in völligen Einklang mit der himmlischen Harmonik gebracht werden. Dem entspricht, daß Hildegard in ihrem Brief an die Mainzer Prälaten, die durch ihr Interdikt das Hildegardkloster zu musikalischem Stummsein verurteilt hatten, darlegt, daß das menschliche Singen und Musizieren ein von Gott gnädig belassener Nachklang des Paradieses sei, noch ein Widerhall aus dem Urklang des dreieinigen Gottes, und daß die Musik im Menschen die Sehnsucht nach dem verlorenen Paradies wecke.[476]

Nicht nur die Elemente und die verschiedenen Gebilde in Gottes Schöpfung haben ihren je eigenen Ton, sondern auch die Epochen des geschichtlichen Heilshandelns Gottes. «In mystischer Schau und im Lichte der Liebe sah ich und hörte ich diese Worte über die Weisheit, die niemals vergeht: Fünf gottgesandte Töne der Gerechtigkeit erklingen dem Menschengeschlecht. Auf ihnen beruht das Heil und die Erlösung der Gläubigen. Und diese fünf Töne sind erhabener als alle Menschenwerke, da alle Menschenwerke von ihnen genährt werden. Der erste Ton wurde durch das gläubige Opfer, das Abel Gott darbrachte, im Werk vollendet. Der zweite, als Noah nach dem Gebot Gottes die Arche baute. Der dritte durch Mose, als ihm das Gesetz der Beschneidung gegeben wurde, das der Kern der Beschneidung Abrahams war. Beim vierten Ton aber stieg das WORT des höchsten Vaters in den Schoß der Jungfrau herab und nahm Fleisch an. Der fünfte Ton aber wird erschallen, wenn alles Irren und Täuschen ein Ende hat, und dann werden alle Menschen erkennen, daß niemand etwas wider Gott zu tun vermag. So wird in den fünf gottgesandten Tönen das Alte und das Neue Testament vollendet und die wunderbare Vollzahl der Menschen erreicht.»[477]

Das wunderbare Heilshandeln Gottes zur Erlösung des Menschengeschlechtes und zur Befreiung seiner geschädigten Schöpfung erweckt immer neu die Lobgesänge der Engelchöre und die himmlische Musik. An vielen Stellen spricht Hildegard davon in begeisterten Worten. «Die Heerscharen der guten Engel schauen auf zu Gott und bringen ihm mit der umfassenden Symphonie ihrer Lieder ihre Anerkennung dar. Mit den lebendig schwingenden Tönen ihrer herrlichen Stimmen verkünden sie die Göttlichkeit Gottes, reicher als die Vielzahl aller Töne, die aus der Vielzahl aller Lebewesen zu ihm emporsteigen, und strahlender als aller Glanz, der durch Sonne, Mond und Sterne in Gewässern schimmert, erhaben über alle ätherische Musik, welche durch die die Elemente bewegenden und festigenden Winde erweckt wird. Und doch, mit allem ihrem Stimmenjubel können die seligen Geister Gottes Gottheit nie endgültig fassen. Darum heben sie auch mit ihren Stimmen immerfort von Neuem an.»[478] Nie kann sich die überirdische Welt und die sichtbare Schöpfung aussingen im liebenden und ehrfürchtigen Lobpreis Gottes. Als Glied des mystischen Leibes Christi, der Kirche, beginnt der Mensch, der durch den Sündenfall seine rein tönende Stimme verloren hatte, wieder zu singen, einzustimmen in die Chöre des Himmels. Denn Gott hat den Menschen ursprünglich als das Wesen mit der «symphonischen Seele» erschaffen, «durchweht vom großen Zusammenklang alles geschöpflichen Seins», im Gleichklang mit den Chören der Engel und der Musik der überirdischen Welt. «Anima hominis symphoniam in se habet et symphonizans est», die Seele des Menschen trägt Symphonie in sich und nimmt teil an aller Symphonie.[479] Diese Symphonizität wurde durch den Sündenfall gestört. «Adam kannte vor dem Sündenfall den Gesang der Engel und alle Art der Musik und hatte eine Stimme, klingend wie der Ton des Monochords. Beim Sündenfall aber schlich sich durch die List der Schlange in sein Mark und in seine Lende eine Art von Wind ein, der auch heutzutage noch in jedem Menschen steckt. Durch diesen Wind werden unpassende Fröhlichkeit, Lachen und rohes Gelächter im Menschen ausgelöst. Es wandelte sich die Stimme der himmlischen Freude, die Adam besessen hatte, in die entgegengesetzte Art des Lachens und rohen Gelächters um.»[480]

Doch die Berufung des Menschen zu Harmonie und Symphonizität ist durch den Sündenfall nicht aufgehoben. Geblieben ist ihm die Gabe zu musikalischem Schaffen, und das Hören harmonischer Musik erfüllt die Seele mit Wehmut und Sehnsucht.[481] Nach der endgültigen Erlösung werden die erneuerten Menschen wieder vollen Anteil haben an der wunderbaren harmonischen Symphonie der Musik und der Chöre der neuen Gotteswelt, in der Himmel und Erde eins geworden sind.[482]

PAX
IC
XC

Nur mit Schauder spricht Hildegard davon, daß der Teufel und alle ihm dienstbaren Geister keine Musik haben, sie auch nicht ertragen können, daß sie Gegner aller Harmonie und Symphonie sind, ständig bestrebt, sie in Disharmonien zu verkehren. Lärm, Getöse, Geschrei und Geheul stoßen die vom Exorzismus bedrohten Geister aus.[483] Schreihälse nennt Hildegard die satanischen Geister, die mit ihren Verführungsversuchen die Menschen verwirren «und im gewaltigen Getöse ihrer ausgelassenen Stimmen durcheinanderschreien». «Die bösen Geister wollen die himmlische Symphonie lächerlich machen.»[484] Die von Gott symphonisch geschaffene Welt endgültig in totale Disharmonie zu stürzen, das ist das empörerische Ziel Luzifers.

Hildegard hörte innerlich die Musik ihrer Lieder. Dem steht nicht entgegen, daß die Musikforschung Ähnlichkeit mit der musikalischen Umwelt der Hildegardzeit erkennt. Aber auch ein etwa möglicher Nachweis von Übernahme vorgegebener Melodieformung schmälert nicht die Originalität des Hildegardischen Liedwerkes. «Das originale musikalische Werk steht einmalig in seiner Größe da. Umso beachtlicher ist es, daß Hildegard diese Schöpfungen – wie alle ihre Schriften – nicht als eigenes Werk, geschweige denn als eigene Leistung ansieht.» Sie spricht von ihrer gottgeschenkten Klangdurchdrungenheit: «Ich, die ich daniederliege in furchtsamer Kleinmütigkeit, töne zuweilen ein wenig wie ein schwacher Ton vom lebendigen Licht.»[485] Zu der Biographie und ihren Liedern auf den Schutzpatron ihres Klosters, den hl. Rupert, vermerkt Hildegard: «Weil der selige Rupert wahrhaft selig und heilig ist, habe ich dies in himmlischer Harmonie gehört und vernommen.»[486] In ihren selbstbiographischen Aufzeichnungen erklärt sie: «Auch Lieder und Melodien zum Lobe Gottes und der Heiligen verfaßte und sang ich ohne Belehrung eines Menschen, obwohl ich niemals Neumen noch Gesang erlernt hatte.»[487]

Das alles beherrschende Zentrum dieser siebenundsiebzig Antiphonen, Responsorien, Hymnen und Sequenzen ist das Mysterium der Menschwerdung des Gottessohnes, die Inkarnation des ewigen WORTES. Alles, von der ersten Schöpfung bis zur Neuschöpfung, über Erschaffung des Menschen, Sündenfall und seine Folgen, Heilsgeschichte, Erlösung des Menschen und Erbauung der Kirche, hat gemäß Gottes ewigem Plan seinen Brennpunkt in der Inkarnation. Davon wird in Hildegards Liedern lobpreisend gesungen, in frohlockender Anbetung und direkter Anrede, in weit ausschwingender, lebendig strömender Melodik. Die wunderbare Vielfalt des göttlichen Wirkens verleiht den Hildegardliedern ihren geistlichen und poetischen Reichtum.[488]

Lob der Dreieinigkeit!
Denn Klang und Leben ist sie,

auch Schöpferin alles dessen, das da Leben hat.
Und auch der Engelscharen Lob ist sie,
und Wunderglanz der göttlichen Geheimnisse,
die uns Menschen unerkennbar sind,
und das Leben ist sie in allem, was da ist.

Der Mensch ist das wunderbare, besondere Wesen, auf das Gottes schöpferisches Handeln von Anbeginn zielt:[489]

O wie wunderbar ist des Gottesherzens Vorherwissen,
das jegliches Geschöpf vorausschaute!
Denn da Gott erblickte das Angesicht des Menschen,
den er gebildet,
da sah er all sein Werk
noch unversehrt in diesem Menschgebilde.
O wie wunderbar ist dieser Anhauch,
der den Menschen so zum Leben weckte.

Durch die Verführung Luzifers geriet das Menschengeschlecht ins Unglück und die Schöpfung in Verwirrung. Gott aber, seine ewige Vorausplanung verwirklichend, erwählte die Jungfrau Maria zur leiblichen Mutter seines inkarnierten Sohnes. So stieg das Morgenrot einer erneuten Schöpfung auf:[490]

Da noch das Werk des Gottesfingers,
geformt nach Gottes eigenem Bild,
geboren aus gemischtem Blut,
zog auf dem Mühsalsweg des Adamsfalles,
da gewannen neu die Elemente Lebensfreude
unter morgenrotem Himmel,
o preisenswürdige Maria,
und in Lobgesängen tönen sie dir zu.

Der von der gnädig erwählten und von Gott dafür zubereiteten Jungfrau Maria geborene Gottessohn ist die Sonne des neuen Tages für das belastete Evageschlecht:[491]

O knospendes Reis, daß du erblühest,
hat Gott vorausgeschaut am ersten Tage seiner Schöpfung,
und durch sein WORT hat er den goldnen Schoß erschaffen,
o preisenswerte Jungfrau.
Darum erklingt in Fülle himmlische Musik,

die ganze Erde steht in Staunen, preiswürdige Maria,
weil Gott dich über Maßen liebte.
O wie sehr ist zu beklagen, zu bejammern,
daß seit dem Sündenfall, durch Schlangenlist vollführt,
der Trauer Strom das Weib durchflutete.
Denn jenes Weib, das Gott zu aller Mutter machte,
verdarb selbst ihren Schoß durch Wunden ihres eitlen Trachtens,
und Leidesfülle brachte sie über ihr Geschlecht.
Doch, o Morgenrot, aus deinem Schoß
stieg eine neue Sonne auf,
sie wischte alle Schuldenlasten Evas weg,
und reicheren Segen brachte sie durch dich,
als je den Menschen Eva hätte schaden können.
Nun, o Heilerin, die du dem menschlichen Geschlecht
ein neues Licht hervorgebracht,
nun sammle auch die Glieder deines Sohnes
zur Himmelsharmonie.

Heilung und neues Leben wird durch den von Maria Geborenen den Evaskindern geschenkt, die sich, um Fürbitte bei ihrem Sohn flehend, an die Gottesgebärerin wenden:[492]

O lichterhellte Mutter heiliger Arznei,
du gossest Salböl aus durch deinen heiligen Sohn
in klageschwere Todeswunden,
die Eva grundgelegt zur Qual der Seelen.
Du bautest ab den Tod,
da du das Leben auferbautest.
Bitte für uns zu dem von dir Geborenen,
Meerstern du, Maria.
O lebenspendend Instrument und Glückbereiterin,
du Wohlgeschmack all jener Wonnen, die dir nie versiegen,
bitte für uns zu dem von dir Geborenen.

In den Epochen der Heilsgeschichte und in der Erbauung seiner Kirche verwirklicht Gott seinen Heilsplan. Darum singt Hildegard Preislieder auf Propheten, Apostel, Heilige und Märtyrer. Sie alle gaben die Heilsbotschaft weiter, durch ihr Vorbild sind sie Ansporn, und durch ihre Fürbitte verwirklichen sie die von Gott gestiftete Gemeinschaft der triumphierenden mit der noch kämpfenden Kirche.
Der sehr jung gestorbene hl. Rupert war ausgezeichnet durch seine frommen Pilgerwallfahrten und durch hingebende Wohltätigkeit und ist jetzt

Bürger der Stadt Gottes. «O Jerusalem, geschmückt mit Königspurpur», beginnt die lange Sequenz auf ihn, in der Hildegard dann weiter singt:[493]

O Jerusalem, dein Fundament wird aufgebaut
mit brüchigen Steinen,
mit Zöllnern nämlich und mit Sündern.
Verlorene Schafe waren sie, jedoch von Gottes Sohn gefunden,
eilten sie dir zu und sind nun in dich eingemauert.
Drum blitzen deine Mauern von lebendigen Steinen,
die kraft höchsten Eifers guten Willens
wie Wolken hoch im Himmel flogen.
Und deine Türme, o Jerusalem,
erglühen golden, strahlen hell
von Purpur und vom Glanz der Heiligen,
von allen Gottesherrlichkeiten,
die dir nimmer fehlen, o Jerusalem.
Darum, o ihr Geschmückten und Gekrönten,
die ihr Wohnstatt habet in Jerusalem,
und du auch, Rupert, Genosse du der in ihr Wohnenden,
eilt uns zu Hilfe, uns dienstbaren Geschöpfen,
die wir noch im Exil uns mühsam quälen.

Den Mönchen des Eucharius-Klosters in Trier schenkte Hildegard eine Sequenz auf ihren Schutzpatron, die sie an dessen Festtag singen sollten:[494]

O Eucharius, wahrhaft glücklich warst du,
als Gottes WORT im Feuerbrand der Taube
dich durchströmte,
da du der Morgenröte gleich erstrahltest,
und wurdest so der Kirche
Fundamenterbauer.
Durch deinen Mund bringt immer neu hervor
die Kirche alt und neuen Wein,
das ist der Kelch der Heiligkeit.
Und weiter noch: Durch deine Unterweisung
ward die Kirche in Erkenntnis stark,
so daß sie ihre Stimme über Berge hin erhob,
daß nun die Hügel und die Bäume sich herniederneigen
und an ihren Brüsten saugen mögen.
Jetzt bitte du mit deiner klaren Stimme
den Gottessohn für diese (Mönches-)Schar,
daß sie in ihren Gottesdiensten nicht erlahme,

vielmehr vor Gottes Altar werde
zum brennenden lebendigen Opfer.

Zwei kurze Bittrufe mögen noch die eindringliche Sprachkraft der Hildegardlieder spüren lassen:[495]

O Hirt der Seelen,
o erste Stimme,
durch welche wir zusamt geschaffen sind,
nun mög' es dir, o dir gefallen,
daß du dich dessen würdigest, uns zu befreien
aus unserm Elend, unsern Siechtumsleiden!

Und das letzte Lied der Hildegardschen Liedersammlung:[496]

O blutiges Blutvergießen, das im Himmel dröhnte,
da alle Elemente sich verwirrten
in lautem Klaggeschrei und zitternd bebten,
weil ihres Schöpfers Blut auf sie herniedertropfte,
heil uns von unsern Siechtumsleiden!

«Will man tiefer eindringen in die innere Aussagekraft der Gesänge, dann bedeutet das, sich einer Klangwelt öffnen, die in ihrer Herbheit und Kühnheit oft fremd erscheint und aufhorchen läßt. Zum eigentlichen Erlebnis kann nur das gesungene Lied selbst führen.»[497] Hildegards Gesänge zeichnen sich aus durch die Weiträumigkeit des Singens und die Weite des Tonraumes in Höhen und Tiefen, durch große Freiheit und Beweglichkeit der Melodiegestaltung, der jede Schematik fremd ist. Man darf wohl sagen, daß Hildegards Lieder und Musik ein Ausdruck ihrer Offenheit für die Weite und Vielfalt des göttlichen Wirkens sind. Das Urlebendige, Dynamische der Hildegardischen Weltschau erreicht in diesen Liedern seine wunderbarste Erfüllung.
Dies alles gilt auch für das Singspiel *ordo virtutum,* Kampfordnung der göttlichen Tugendkräfte, der von Gott dem Menschen zugewiesenen Heiligungskräfte. Der lateinische Titel ist in der Weite seiner Bedeutung schwer übersetzbar. Im *Scivias*-Buch ist zu der kürzeren Erstfassung dieses Singspieles ausdrücklich vermerkt, daß die Melodien von Hildegard auch in Vision empfangen wurden.[498] Dies dramatische Spiel unterscheidet sich in seiner Originalität von aller Art sonst im Mittelalter beliebter Spiele. Sein Thema ist die Auseinandersetzung zwischen Gott und seinem empörerischen Gegenspieler, konzentriert auf die entscheidend wichtige Stelle, an welcher der Kampf stets von neuem ausgetragen werden muß, die Seele

eines jeden Menschen als eines Einzelnen vor Gott, der trotz seiner Sünde von Gott nicht allein gelassen ist, und der in die heilige Gemeinschaft der ewigen Kirche, des Leibes Christi, als lebendiges Glied für immer aufgenommen werden soll.

Die Hauptgestalten dieses Spieles sind: Auf der einen Seite die Gotteskräfte, als deren Königin die Demut, mit ihr Gottesfurcht, Glaube, Liebe, Hoffnung und viele andere; auf der anderen Seite der Teufel, der Empörer und Verführer; und zwischen ihnen, hin und her gerissen, die arme, schwache Menschenseele. Von Patriarchen und Propheten begrüßt, betreten die Gotteskräfte die Bühne dieser Welt. Weiß gekleidet erscheint die Seele unter ihnen, seufzend über den Fremdlingsweg ihrer Adamsnachfolge, sich sehnend nach dem verlorenen Gotteserbe, klagend über die Last der göttlichen Gehorsamsforderung, sich windend unter den Ermunterungen der Gotteskräfte und den lockenden Umgarnungen durch den mit lautem Geschrei auf der Bühne auftretenden Teufel. Verzweifelt wirft die Seele das ihr lästige weiße Gewand ab, redet sich selbst ein, es sei keine Sünde, die Welt, die doch von Gott dem Menschen dargeboten sei, in vollen Zügen zu genießen. «Schau auf die Welt, sie wird dich mit großen Ehren aufnehmen», triumphiert der Teufel.

Die Gotteskräfte, die über den Irrweg der Menschenseele Klage erheben, schreit der Teufel an, Gott wegen seiner Ohnmacht und sie wegen ihrer Dummheit verhöhnend: «Welches ist denn jene Macht, die sagen könnte, daß niemand wahrhaft seiend sei außer Gott? Ich aber sage: Wer mir und meinem Willen folgen wollte, alles werde ich ihm geben. Du aber, Demut, denen, die dir folgen, nichts hast du, was du ihnen bieten könntest. Und ihr? Ihr wißt ja nicht einmal, was ihr seid!»

Erregend und bedrückend erleben die Zuschauer, wie sich der Teufel dreist, ungehindert, listig umherschleichend, auf der Bühne der Welt zwischen den Gotteskräften bewegen kann. Häßlich tönend, höhnisch herausfordernd schreit er sie an, die sich im Reigen singend bewegen und ihre ihnen von Gott geschenkten Fähigkeiten rühmen: «E-u, e-u! Wo steckt denn diese große Gottesfurcht, und wo beweist sich diese große Gottesliebe! Wo ist der Kämpfer, wo bleibt der Vergelter? Ihr wißt ja nicht, was ihr anbetet!»

Die Gotteskräfte schreiten weiter ihren Reigen, singen weiter Gott zu Lob in wunderbaren Melodien, wie eine jede der Menschenseele helfen möchte. Aber im Unterschied zum Teufel bedrängen sie die Seele nicht, lassen ihr die Freiheit der Entscheidung.

Endlich löst sich die gequälte Seele aus ihrer sie umdunkelnden Verwirrung, entzieht sich den Umgarnungen des Teufels und fleht die Gotteskräfte um ihre Hilfe an. «Ich sündiger Mensch, der ich das Leben floh, voller Wunden komme ich zu euch, daß ihr mir den Schutzschild der Erlösung bötet. O du, du Königin der großen Kriegerschar, und ihr, der Demut weiße Lilien im Purpurschimmer, neiget euch mir zu, denn euch entfremdet lebte ich in der Verbannung. So helft mir denn, daß ich im Blut des Gottessohnes mich erheben könne.»

Die Gotteskräfte begrüßen und ermutigen mit ihren wunderbaren Stimmen die verzagte Seele. Dann fesseln sie den Teufel, der noch immer zwischen ihnen umgeht und die Seele, weil sie einmal ihm gehörte, wieder an sich binden will. Auch der Gefesselte begehrt noch auf und verhöhnt mit widerlichem Schreien die Gotteskräfte, weil sie in ihrer Dummheit nicht erkennten, wie sie sich selbst um den von Gott doch dargebotenen Lebensgenuß betrögen. Noch in seinem Untergang brüllt der Teufel als der große Lügner, der «Illusionist» von Anfang an. Die Gotteskräfte aber preisen jubelnd Gott: «O Gott, wie wunderbar bist du, der du in dir selbst diesen ewigen Ratschluß trugest, der den höllischen Verderbenstrank vernichtete in Zöllnern und in Sündern. Jetzt leuchten sie in überirdischer Rechtschaffenheit. Drum, o König, Lob sei dir!»

Das Singspiel schließt mit dem Epilog: «Im Anfang grünten alle Kreaturen, in der (Zeiten-)Mitte blühten Blumen. Danach schwand die Grünkraft hin. Solches sah der Mann, der Kämpfer (Christus), und er sprach: Dieses weiß ich. Doch die goldene Zahl ist noch nicht voll. Du also, mein Vater und mein Spiegel, sieh, in meinem Leibe leide ich Ermattung, auch werden meine Kleinen schwach. Nun sei eingedenk, daß die Fülle, die im Uranfang erschaffen wurde, nicht hätt' vertrocknen sollen, und damals trugest du in dir den Ratschluß, daß dein Auge niemals von mir lassen würde, bis daß du meinen Leib erblicktest im Vollschmuck seiner Edelsteine. Denn es quält mich sehr, daß alle meine Glieder ins Gespött abgleiten. Sieh, Vater, meine Wunden biete ich dir dar!

Nun denn, all ihr Menschen, beugt vor dem Vater eure Knie, daß er euch seine Hand darreiche.»

Weltenschöpfung aus ewigem Gottesplan, Weltendrama der Auseinandersetzung zwischen Gott und dem Empörer auf der Menschheitsbühne, nach notvollen Leiden Weltvollendung um der Wunden des inkarnierten Gottessohnes willen, das ist das alle menschliche Vernunft übersteigende Thema dieses Mysterienspieles. Sein Auftrag ist und bleibt, die Menschenseele aus ihrer Verirrung zurückzurufen zu ihrem Schöpfer, zum wahren Leben.

3. Geheimnis der Sprache

Eine Arbeit dieser Jahre fällt zunächst für den Leser aus dem Rahmen allen Schrifttums der hl. Hildegard heraus, das Buch von der unbekannten Sprache. Die Klostergemeinschaft des Rupertsberges hielt es für so wichtig, daß es dem gleich nach Hildegards Tod zusammengestellten Riesenkodex ihrer Schriften eingefügt und auch in den Kanonisationsakten mehrfach erwähnt wurde. Der Vitaschreiber bemerkt: «Wer würde nicht darüber staunen, daß sie bis dahin nicht gesehene Schriftzeichen in einer früher nicht gehörten Sprache aufgezeichnet hat?»[499] Der Mönch Volmar klagte in dem im Namen der Schwesternschaft sorgenvoll an die schwerkranke Äbtissin geschriebenen Brief: «Was wird dann (nach dem Hinscheiden) sein mit der Verkündigung der nie gehörten Sprache?»[500] Hildegard muß also ihren Töchtern oft davon gesprochen haben, und sie müssen mit großem Interesse davon gehört haben. Hildegard selbst bezeugt, daß diese Aufzeichnungen ihren Ursprung in den ihr zuteil gewordenen Schauungen haben. Im Vorwort zu ihrem Buch vom verdienstvollen Leben zählt sie zu den ihr durch eine «wahre Schau in wahrhaften Visionen» zuteil gewordenen Offenbarungen auch «die unbekannte Sprache». In den Visionen der himmlischen Freuden, die sie im sechsten Teil des gleichen Buches beschreibt, hörte sie die Sprache der überirdischen Welt: «Sie verstanden eine fremde Sprache und wußten von ihr und sprachen sie, eine Sprache, die kein anderer kennt noch sprechen kann.»[501] Für wie wichtig Hildegard selbst dies ihr Hören und Niederschreiben der unbekannten Sprache hielt, geht aus einer Bemerkung in ihrem 1154 an Papst Anastasius geschriebenen Brief hervor: «Er aber, der ohne Minderung groß ist, hat jetzt ein kleines Zelt berührt, damit es Wunder schaue, unbekannte Buchstaben bilde und eine unbekannte Sprache erklingen läßt.»[502]

Das Manuskript der «unbekannten Sprache» enthält die Aufzeichnung des fremden Alphabetes unter den entsprechenden lateinischen Buchstaben, weil zu der Sprache ein eigenes Schriftbild gehört, und in langen Listen über tausend Wörter, bei denen jeweils dem unbekannten Wort die Bedeutung in lateinischer Sprache gegenübergestellt ist. Die Wörter sind nicht in alphabetischer Reihenfolge aufgeschrieben, sondern nach Sachgebieten zusammengestellt. Die Liste beginnt mit Gott, Engel, Teufel, Mensch. Wortreihen aus dem heilsgeschichtlichen Bereich schließen sich an, aus dem menschlichen Bereich, kirchliche Personen und Einrichtungen, weltliche Stände und Einrichtungen, Zeitangaben, Ortsangaben, berufliche und handwerkliche Begriffe, häusliche Gegenstände, Weinbau, Pflanzen, Tiere. Es handelt sich also um einen verhältnismäßig reichen Wortschatz aus allen Wirklichkeitsbereichen.[503] Aber es gibt keine geschriebenen Sätze, und es fehlen die Tätigkeitsworte. Allerdings zeigen sich Möglichkeiten von Wortverbindungen. Jedenfalls wäre es unsinnig anzunehmen, Hildegard hätte nur Vokabeln aufgeschrieben und ihren Nonnen nur diese Vokabeln aufgezählt. Die immense Arbeit der Aufzeichnung der fremden Worte in fremder Schrift kann nur die Grundlage für anderes gewesen sein, nämlich für das Darüberreden und das wirkliche Sprechen. Alle

Zitate beweisen auch, daß es sich nicht nur um Buchstaben und Worte, sondern um eine ignota lingua, eine unbekannte Sprache handelt. Was und wieviel Hildegard ihren geistlichen Töchtern in dieser Sprache und über diese Sprache gesagt hat, warum sie nicht mehr darüber geschrieben hat, wir wissen es nicht. Wir müssen annehmen, daß diese Wortlisten gewissermaßen die Informationsgrundlage dieser Sprache darstellen.

Aber welchen Sinn hat diese unbekannte Sprache, der immerhin ein bedeutendes Gewicht gegeben wird? Eins ist von vornherein ausgeschlossen, daß diese Sprache aus Spielerei erfunden worden wäre. Es geht hier auch nicht um eine spielerische oder gezielte Geheimnistuerei, etwa um die Möglichkeit chiffrierter Aufzeichnungen oder Nachrichtenübermittlung.[504] Denn dann müßten die Zielpersonen ja auch die Liste zur Entschlüsselung besitzen, und eine solche Mitteilungsweise paßt nicht zur Gestalt der hl. Hildegard.

Es gibt nur eine Erklärung: Hildegard spricht hier die in hörender Vision empfangene Sprache der überirdischen Welt, zumindest glaubt sie dies selbst. Sie hat in ihrem gesamten Schrifttum oft und viel über die Bedeutung des gesprochenen Wortes, also der Sprache geschrieben. Die Engel haben ihre eigene Singsprache. Nur wenn sie als Boten zu den Menschen gesandt werden, sprechen sie deren jeweilige Sprache. Die Himmelssprache ist also in jede zeitgebundene Menschensprache übersetzbar, wie auch in der überirdischen Welt jede Menschensprache unmittelbar verstanden wird, sowohl von den Heiligen, wie von den Engeln, wie von Gott.

Die Sprache der Engel aber ist von ihrem Ursprung her die Sprache ihres ewigen Schöpfers, die Schöpfersprache Gottes. Immer wieder erklärt Hildegard, daß alles in der Schöpfung durch schöpferisches Wort, schöpferisches Sprechen geworden ist. Solches Sprechen setzt voraus, daß der Schaffende um den genauen Begriff dessen weiß, was er schaffen will, und um die sinngerechte Verbindung der zu erschaffenden Gebilde. Hildegard drückt das dadurch aus, daß sie sagt, Gott habe jedem geschaffenen Ding seinen eigenen Namen gegeben und seine eigene Zahl, sein meßbares Verhältnis zu anderen geschaffenen Dingen, und Gott habe alles von ihm Geschaffene von Ewigkeit her in seinem Vorherwissen getragen. Im Wissen getragen kann es aber nur werden als in Sprache Gedachtes und Gewußtes und dann dem in der Schöpfung Verwirklichten Eingeprägtes.

Von dem Menschen sagt Hildegard, daß er vor dem zeitlich von uns heute überhaupt nicht festzulegenden und erdgeschichtlich nicht zu lokalisierbaren Sündenfall die überirdische Sprache verstand, kannte und selbst sprach. «Adam kannte vor dem Sündenfall den Gesang der Engel und alle Art der Musik und hatte eine Stimme, klingend wie der Ton des Monochord.»[505] Ja, Adam verstand die Sprache Gottes. «Mit engelgleichen Worten sprach der allmächtige Gott zu Adam, der die Engelsprache gut kannte und verstehen konnte. Durch seine ihm von Gott geschenkte Vernunft und den Geist der Prophetengabe besaß Adam alle Sprachen, die später von den Menschen erfunden wurden, in seinem Wissen.»[506] Adam, der ursprünglich von Gott geschaffene Mensch, besaß also die Ursprache, die Grundstruktur aller Sprachmöglichkeiten, die noch unzertrennt, ohne Disharmonie in seinem Innern ruhten. Erst in der sündigen Menschheitsgeschichte bricht diese Harmonie auseinander, und es entsteht die Sprachverwirrung als Ausdruck der innermenschlichen Disharmonien. Aber so wie durch den Sündenfall nicht die Berufung des Menschen zum wahren Menschsein aufgehoben wurde, so wurde auch nicht das Grundwesen der Sprache aufgehoben. Unter Anwendung von Mühe und unter Bereitschaft zu gegenseitigem Sichverstehen sind alle Sprachen in alle Sprachen übersetzbar geblieben. In der Rationalität des Menschen bleibt die Möglichkeit der Einheit des Sprechens gewahrt.

Wie aber gewann der Mensch die Sprache? Hildegards Antwort ist aus ihrem Schrifttum abzulesen. Gott gab als Schöpfer dem Menschen die für das Sprechen im irdischen Dasein erforderliche körperliche Konstitution, Gehirn und Sprachorgane, und er lehrte diesen als Leib-Seele-Geistwesen geschaffenen Menschen das Sprechen, indem er selbst dies Wesen ansprach, in ihm das Sprechen erweckte. So wie die Propheten im alten Bund von Gott direkt angesprochen wurden und dadurch ihr Sprechen erweckt wurde, so wurde Adam, dem Hildegard die prophetische Begabung zusprach, von Gott direkt angesprochen und zum eigenen Sprechen erweckt. Hildegard sieht in der Sprachbegabung des Menschen eine Gabe des Heiligen Geistes. «Der Heilige Geist ist wahrhaft unauslöschliches Feuer, das nie erlöschen kann. Er schenkt alle Güter, entzündet alle Werte, erweckt alle Güte und lehrt alles Gute, und Er gibt in seiner Flamme den Menschen die Sprache.»[507] Die Sprachfähigkeit gehört zur Gottebenbildlichkeit des Menschen. «Mein kleines Werk, das der Mensch ist, habe Ich aus Meiner Vernunft geistig ausgestattet und in ihm Meine Möglichkeit ausgezeichnet, ähnlich wie der Geist des Menschen in seiner künstlerischen Fähigkeit durch Namen und Zahl alles begreift. Nicht anders als durch Namen (Wort, Begriff) kann der Mensch das Wesen eines Dinges erfassen und nicht anders als durch Zahl (Verhältnisbestimmung) die Vielfalt der Dinge erkennen.»[508] So kann Hildegard auch davon sprechen, daß der Mensch, ähnlich wie Gott, Dinge in seinem Vorauswissen trägt, die er dann sprechend in der sichtbaren Welt verwirklicht.

Für Hildegard ist also der Mensch von seinem Ursprung her das geistige, sprachfähige und auf vernünftige Weise sprechende Wesen, das durch den Sündenfall zum Unguten hin verändert wurde. Für sie wäre es eine unmögliche, menschen- und gottwidrige Vorstellung, daß der Mensch erst sehr langsam aus einem tierhaft sprachlosen Wesen über die Bildung von Urlau-

ten und Vorformen von Worten und Wortzusammenhängen zu wirklicher Sprache gekommen sei. Dann gäbe es keinen Sündenfall und dessen böse Folgen, sondern nur eine im Grunde ziellose Aufwärtsentwicklung beziehungsweise Fehlentwicklung, und das wahre geistige Wesen der Sprache würde verleugnet.[509]
Es bleibt noch die Frage, warum Hildegard mit ihren geistlichen Töchtern öfter über diese unbekannte Sprache gesprochen hat. Sie waren um Christi willen Jungfrauen geblieben, hatten so in gewisser Weise in ihrer Ganzhingabe an Gott engelgleich gelebt, und Hildegard wußte aus ihrer Schau, daß Selige des jungfräulichen Standes in der himmlischen Welt teilhaben an den Lobgesängen der Engel zu Ehren des Lammes und die Engelsprache in diesen Lobgesängen singen. So wollte Hildegard ihnen wohl hier auf Erden im Kloster die Vorfreude der Teilhabe an dieser Himmelssprache schenken.[510] Vor allem aber ist zu sagen, daß diese Hildegardaufzeichnungen ein Zeugnis ihrer Gesamtschau der Wirklichkeit darstellen. Sie drükken aus, daß Hildegard in der ganzen Schöpfung Geistigkeit erkennt, den Ursprung alles Geschaffenen in Sprache erkennt. Alles ist nur da durch das Wort Gottes, weil Gott ihm in seiner Himmelssprache den Namen gab und es sprechend ins Dasein gerufen hat. Wenn Hildegard ein eigenes Alphabet für diese Sprache aufschreibt, so ist dies Alphabet gewissermaßen die festgelegte Zahl der Urchiffren, der letzten Informationsteilchen, aus denen alle Worte und alle Sätze aller Sprachen und damit alle Dinge durch unendlich viele Zusammensetzungsmöglichkeiten gebildet werden können. Es ist das Alphabet des schöpferischen Geistes Gottes![511] Daher ist Hildegards Blick geöffnet für die unendliche Vielfältigkeit des schöpferischen göttlichen Handelns und gleichzeitig seine zielstrebige Geistigkeit.

Papst Eugen III. nannte Hildegard «Rauchsäule in der Wüste». Auf der Synode in Trier im Jahre 1147/48 hat er die Sehergabe Hildegards nach eingehender Prüfung offiziell anerkannt.

VII. Äbtissin auf dem Rupertsberg und Wirken in die Weite: 1150–1165

1. Die verantwortungsbewußte Äbtissin

Sehen wir zurück auf dies halbe Jahrhundert Menschenleben, das sich vor uns ausbreitete, dann stehen wir staunend vor einem kaum glaublichen Reichtum an Erleben, Wirken und Schaffen. Wir sehen einen Menschen, der offen und empfänglich ist für die überirdische Welt wie nur wenige, der zugleich allen Kreaturen der sichtbaren Welt fühlend, empfindend, erkennend und beurteilend zugewandt ist, und der in dieser Welt unablässig handelnd wirksam ist, bauend, wirtschaftend, erziehend, leitend, hörend, schauend, schreibend.
Bei alledem ist es nicht verwunderlich, daß über diese in ihrer Art einmalige Frau auf eine Weise gesprochen wird, die sie menschlich weit über jedes gewöhnliche Maß hinaushebt: Genial, imponierend, außerordentlich, geistig schöpferisch, faszinierend, hinreißend, hochgebildet, souveräne Kennerin, in allen Wissenschaften zuhause, sich auskennend in Wirtschaft, Rechtsfragen, Naturkunde, Ackerbau, Viehzucht und Fischereiwesen. «Auf nahezu geniale Weise beherrschte und durchdrang sie das damalige Wissen: Philosophie, Theologie, das medizinische Wissen und alle andern Bereiche der Naturwissenschaft.»[512]
Und doch sind alle solchen Urteile und Lobesworte verwunderlich, weil die hl. Hildegard selbst völlig anders von sich spricht, nicht aus gespielter oder pflichtgemäßer Bescheidenheit, sondern aus genauer Kenntnis und Erfahrung ihrer eigenen Lebenswirklichkeit. Wir haben schon genügend solche Selbstbeurteilungen kennengelernt, und wir werden ihnen weiterhin dauernd begegnen. Daß ihr Schöpfer ihr ein Nervensystem und ein Gehirn mitgegeben hatte, ungeheuer sensibel, fein- und fernfühlig, empfänglich für und reagierend auf das, was «in der Luft liegt», fähig, alles zu speichern und bereit zu haben, was diesem Aufnahmeorgan aus der ihr allseitig offenen Welt nahekam, äußerst fähig, Verbindungen zwischen allem Kreatürlichen, geistigem wie materiellem, wahrzunehmen, zu erkennen und nachgestaltend zum Ausdruck zu bringen, das wußte die hl. Hildegard wohl damals so nicht. Aber hätte sie es gewußt, so hätte sie sich um so mehr vor der Gefährdung durch Überheblichkeit gefürchtet und um so mehr um die demütige Einsicht gerungen, daß sie in Wahrheit alles, was sie wußte und konnte, Gott verdankte.
Ihr Leben lang ist die hl. Hildegard bemüht, jedes menschliche, sie heraus-

hebende Fehlurteil über ihre Person abzuwehren und immer auf Gott hinzuweisen, der sie zu seinem Werkzeug gemacht und sie zu Erkenntnissen befähigte, die sie von sich aus nicht gesucht hätte und weithin nicht hätte haben können, und der sie dazu noch nötigte, oft geradezu zwang, diese an andere weiterzugeben. Ihre Umwelt hat das damals begriffen und sie die prophetissa teutonica, die deutsche Prophetin genannt, teils erschrocken, teils dankbar auf sie gehört, sie aber bald wieder vergessen, weil sie nicht recht in den Rahmen der geschichtlichen Entwicklung paßte. Die Zeit ging über sie hinweg.

Sie selbst, so aktiv, selbständig, originell und entschieden sie oft wirkte, hat kaum je aus eigenem Antrieb oder bewußtem persönlichen Unternehmungsgeist gehandelt. Ihre eigene Aktivität bestand darin, daß sie sich in tiefer Demut und in oft aus Angst zögerndem Gehorsam dem zur Verfügung stellte, der sie in seinen Dienst berief, der sie Klöster gründen ließ, als Klostervisitatorin und Bußpredigerin auf Reisen schickte, sie die Wunder und Heilkräfte und Ordnungen der Natur beschreiben und geistliche Lieder dichten und komponieren ließ. Dabei war sie für die Erledigung ihrer Aufgaben und Aufträge unabhängig von der Zustimmung oder Ablehnung der Menschen, an die Gott sie wies. Aber sie fühlte sich immer als das schwache Wesen, das die Liebe, Hilfe, Fürbitte und innere Zustimmung der ihr Nächsten braucht und für jede solche Erfahrung Gott dankt. Wie sehr es sie traf, wenn sie hier Enttäuschung erfuhr, haben wir schon kennengelernt, und wie tief sie litt, wenn Gott ihr einen treuen bewährten Helfer nahm, sprach sie aus, als ihr treuer Sekretär Volmar starb: «Da durchbohrte Traurigkeit mir Seele und Leib, weil ich, durch das Geschick des Todes dieses Mannes beraubt, nun eine Waise war in dieser Welt.»[513]

Von dem Augenblick an, da die hl. Hildegard ihre prophetische Berufung erfuhr, den Auftrag vernahm, zu schreiben, bis zu ihrer letzten geistlichen Auseinandersetzung mit den Vertretern der institutionellen Kirche in Mainz, lebte sie ein Dasein unter Hochspannung. Es war, als müsse sie ständig einen Höhenpfad gehen, der oft zu einem ganz schmalen, scharfen Grat wurde. Aber sie mußte weitergehen, nur dadurch im Gleichgewicht gehalten, daß sie ihre Augen fest auf das hohe ferne Leuchten heftete und ihre Ohren der Stimme aus der fernen Höhe vor ihr offen hielt. Wenn sie bis ins hohe Greisenalter hinein als die heilige, gottgeweihte Jungfrau benannt wurde, dann ist damit ausgesagt, daß sie ihr Leben in ganz besonderer Weise als Ganzhingabe an Gott gelebt hat, unter Verzicht auf alles natürliche, kreatürliche Lebensbegehren.

Wir dürfen auch nicht vergessen, daß ihre in ihren großen Büchern, in den Predigten und Briefen niedergeschriebenen visionären Schauungen der Verderbnis und Gerichtsreife ihrer Kirche und kommender Prüfungen und Gottesgerichte keine intellektuellen theoretischen Darlegungen waren.

Unter geistlichem Zwang von oben und unter schwerem seelischen Druck mußte die hl. Hildegard davon reden, und wir spüren an manchen Stellen, mit welcher inneren Betroffenheit und Erschütterung sie die Worte formte. Es bedeutet ihr eine schwere Last, dies alles sehen und sagen zu müssen.
Wir sollten wohl auch ernstnehmen, und es nicht als zeitbedingte Heiligenlegende der Vita-Schreiber oder als psychologisch-psychosomatisch erklärbare Störungen einer nervlich belasteten und seelisch überforderten Frau abtun, was über die Leiden der hl. Hildegard durch satanisch-dämonische Mächte berichtet wird. Sollte es sich dabei nur um psychologisch aufklärbare rein subjektive Vorgänge gehandelt haben, so wären das zwar auch schon Leiden, die Not bereiten. Für Hildegard aber stand fest, daß die Anläufe Satans sich gegen sie als auserwähltes Werkzeug Gottes richteten, daß sie an exponierter Stelle im Drama der Heilsgeschichte stand, und daß die Mächte der Finsternis versuchten, sie von ihrem Gott loszureißen.
Wenn im Hildegardschrifttum von den quälenden Luftgeistern, den bösen Geistern unter dem Himmel, den Mächten der Finsternis und ihrem Bemühen um geistige Einflußnahme auf Menschen gesprochen wird, dann sind außersubjektive, objektive Mächte gemeint. Wir gehen wohl kaum fehl, wenn wir annehmen, daß Hildegard die Atmosphäre in manchen Lokalen und Veranstaltungen unseres heutigen Gesellschaftslebens als dämonisch, seelenverderbend, erfüllt von den dämonischen Geistern der Luft empfinden würde. Vielleicht sollte man auch darüber nachdenken, daß, dank unserer modernen Technik, an allen Orten und durch alle Stunden des Tages hindurch neben vielen guten auch ständig ungut strahlende Sendungen durch unsern Körper hindurchgehen, die vom Geist der Lüge, der Verführung und Verblendung beherrscht sind. Wir wissen nicht, ob und wieweit unsere körperlichen Nervenantennen davon berührt werden, wir also unwissend dem ausgesetzt sind, was auf diese Weise «in der Luft liegt». Für die hl. Hildegard stand aus dem Glauben an Gottes Offenbarung fest, und auch aus eigener Erfahrung, daß Gottes Gegenspieler jedes natürliche Mittel, also auch die technischen, in seinen Dienst nimmt, um Menschen von Gott loszureißen. In solcher Erkenntnis zu leben, ist belastend. Die hl. Hildegard trug diese Last.
Die andere Last, die oft genug die hl. Hildegard bis zum Erdboden niederbeugte, bestand in ihren vielfältigen, immer wieder auftretenden, oft länger anhaltenden Krankheitserscheinungen. Eine befriedigende diagnostische Erklärung wird es wohl nie geben. Der Versuch, Hildegard als eine ausgeprägte Hysterikerin zu deuten, scheitert an Hildegards klaren Selbstaussagen und kennzeichnet sich selbst als voreingenommene Abwertung dieser großen prophetischen Gestalt. Die hl. Hildegard erfuhr und ertrug ihre Krankheitsbelastungen als die jeweils zugespitzte Grunderfahrung des Menschseins: Beklemmung, Angst, Unsicherheit, Behinderung, zur Ver-

zweiflung treibender Schmerz, Zerstörung, Hoffen und Harren auf Erlösung.[514] Für sich persönlich erkannte sie die ihr auferlegten Krankheitsleiden als Prüfungen und als Erziehung Gottes zur Demut, als Bewahrungsmittel vor jeglicher Art von Stolz oder Überheblichkeit, als Erziehungsmittel zur Geduld und zum Gehorsam. Die Krankheitszustände, die sehr genau beschrieben werden, mußten für einen geistig regen, beweglichen und mit hohen Aufgaben betrauten Menschen, der Leitung ausüben und Vorbild für andere sein sollte, sehr bedrückend sein, beinahe als menschlich entwürdigend empfunden werden. War sie dann doch oft genug eine armselige, sich vor Schmerzen windende oder fast gelähmte Elendsgestalt. Die Vitaschreiber betonen, daß die Heilige unter alledem gelernt hatte, daß die Kraft Christi in der Schwachheit zur Vollendung kommt.[515] So ist es für eine Gestalt wie Hildegard im Grunde selbstverständlich, daß ihre Arbeitsleistung durch ihre Krankheitszustände nur wenig eingeschränkt wurde, und daß sie keine medizinischen Mittel zur Linderung oder Beseitigung ihrer Leiden anwandte oder ausprobierte.[516] Sie trug ihre Last und ging den ihr vorgezeichneten Weg. Es erübrigt sich der Versuch, für die Jahre bis zu ihrem Tod die einzelnen Krankheitszeiten chronologisch herauszustellen. Der grundsätzliche Befund ist immer derselbe.

In ihren leider nur bruchstückweise erhaltenen autobiographischen Aufzeichnungen sagt Hildegard von sich selbst: «Niemals habe ich geruhsam dahingelebt, sondern in vielfachen Trübsalen mich abgemüht, bis Gott den Tau seiner Gnade auf mich herabsandte. Gott verstrickte mich in so viele Unbilden, daß ich nicht mehr zu denken wagte, welch große Güte er mir in seiner Gnade schenken werde, zumal ich sah, in welches Unglück die gerieten, die sich der Wahrheit Gottes widersetzten.»[517]

Aus solchen Erfahrungen heraus konnte die hl. Hildegard sehr ernste, warnende Worte an solche richten, die Nonne, Mönch oder Priester werden wollen, um einen besonderen, sie vor andern auszeichnenden Höhenweg der Heiligung und völligen Hingabe an Gott zu gehen. Sehr nüchtern und realistisch spricht sie von der Gebrechlichkeit und Verführbarkeit des fleischlichen Menschen, von den nicht ausbleibenden Anfechtungen und Kämpfen, vom Straucheln, von der Notwendigkeit der Demut, des Wissens darum, daß Heiligkeit niemals eigene Leistung ist, und schließlich davon, daß allein die unwandelbare Liebe und Treue Christi den vom geistlichen Hochmut gefährdeten Menschen aus dem Fall wieder aufrichten kann.[518]

Die zeitgenössischen Briefschreiber wählten für ihre Anrede an die hl. Hildegard oft große Worte. Sie priesen den Ruhm ihrer Heiligkeit, ihres Erfülltseins vom Heiligen Geist, wodurch sie Kennerin der Geheimnisse Gottes sei, ihrer tiefen Frömmigkeit, ihrer wunderbaren Erkenntnisse und geistlichen Begabungen, wovon überall geredet werde. Es ist kennzeichnend für die innere Einstellung der hl. Hildegard, wie sie über solche anerkennenden oder sie bewundernden Worte hinweggeht, sie als ihr menschlich nicht zukommend beiseite schiebt, gleichzeitig aber in geistlich begründeter Autorität dem Briefschreiber die ihm nötige Antwort und Weisung gibt. Es ist auch zu bedenken, daß die damaligen Bewunderer der hl. Hildegard über sie und durch sie hindurch letztlich die wunderbare Größe und Gnade Gottes preisen wollten, der Menschen erwählt und ausrüstet, damit sie seine Gaben an andere weitergeben. Das fehlt, wenn in unserer Zeit Hildegard von Bingen als der außerordentliche, geistig eminent schöpferische, bedeutende Mensch, dazu noch als Frau in der damaligen Männerwelt, herausgestellt wird.

Vor solcher Rühmung würde die hl. Hildegard erschrecken. Sie führte ihr Leben nicht mit dem Ziel der «Selbstverwirklichung». Nicht etwa, weil man ein solches Lebensziel damals noch nicht gekannt hätte, sondern weil sie ein solches Ziel als Sünde erkannte. In ihrem späteren Buch vom verdienstvollen Leben spricht sie das sehr deutlich aus. Ihre Lebensführung war von anderer Art. Schön berichtet der Vitaschreiber darüber: «Wir können gut sehen, wie die heilige Jungfrau trotz Aufreibung durch körperliche Krankheit, trotz Quälerei durch teuflische und menschliche Nachstellungen stets durch göttlichen Trost gestärkt und gefestigt wurde. Denn da der Heilige Geist seine Gnade, die er über viele ausgießt, in seinem erlesenen Gefäß bewahren wollte, so eiferte er, in ihr mit der Feile der Zurechtweisung jede Spur der Unreinigkeit auszufeilen, damit sie durch die Züchtigung voranschreite und den Willen des Herrn eifrig erforsche. Gemäß dem Apostelwort brachte sie Gott das Opfer eines geisterfüllten Gehorsams (Röm 12, 1) dar und leitete ihr ganzes Leben nach seinem Willen. Er schenkte ihr unverdient seine Gnadengabe, erleuchtete sie durch das Gut der Natur und stattete sie in Überfülle aus mit Gnade und Herrlichkeit ... Daher wurde sie auch auf Erden gezüchtigt, steht ja geschrieben: ‹Gott schlägt jeden Sohn, den er annimmt›, damit sich in ihr die Verdienste mehrten.»[519]

Wie sich dies in ihrem Leben und Wirken als Äbtissin auswirkte, auch darüber berichtet die Vita: «So verlief das Leben der gottgeweihten Jungfrau zwischen Glück und Unglück, sie wurde im Glück nicht vermessen, im Unglück nicht verzagt, sondern bewahrte in beiden Lagen gleiche Kraft. Sie ließ sich weder durch Tadel verängstigen noch durch Lob verführen. Ihren Geist richtete sie wie einen gespannten Bogen auf jegliche Zucht. Sie leitete die Ihrigen, ohne zu erschlaffen, bald mit milder, bald mit strenger Autorität. Ihr Ernst war gewürzt mit Freundlichkeit, und von ihrer Zunge floß die Rede süßer als Honig. In allem vertrat sie eine gesunde Lehre, wenn sie über die Natur des Menschen, den Kampf zwischen Fleisch und Geist oder über das Beispiel der heiligen Väter schrieb, so wie sie es aus der göttlichen Offenbarung empfangen hatte.»[520]

Das Bild der hl. Hildegard wird aber erst vollständig, wenn wir uns daran erinnern, wie gern sie mit ihren Nonnen geistliche Lieder sang, und wenn wir aus dem Zeugnis der Nonne Hedwig von Alzey erfahren, daß sie oft erlebt habe, wie ihre Äbtissin beschwingten Schrittes im Kreuzgang des Klosters hin und her gegangen sei und jubilierend ihr selbstgedichtetes und selbst vertontes Lieblingslied gesungen habe: *O virga ac diadema.*[521]
Nachdem so Person und Wesen der hl. Hildegard im Umriß beschrieben sind, wenden wir uns jetzt ihrem Wirken als Rupertsberger Äbtissin zu.
Der Mönch Wibert von Gembloux, der im Jahr 1177 auf den Rupertsberg kam, nachdem er schon 1175 zu einem kurzen Besuch dort verweilt hatte, war voll Begeisterung über das, was er im Kloster der hl. Hildegard erlebte. Er schrieb darüber einen langen Brief an seinen Freund Bovo. Sicherlich trifft das, was er schreibt, auch für die frühen Jahre zu.
«Ein wunderbarer Wettstreit der Tugenden wird hier (im Kloster) sichtbar. Die Mutter umfängt ihre Töchter mit solcher Liebe und die Töchter unterwerfen sich der Mutter mit solcher Ehrfurcht, daß man kaum unterscheiden kann, ob in diesem Eifer die Mutter die Töchter oder die Töchter die Mutter übertreffen. Diese gottgeweihten Dienerinnen ehren in einmütiger Gesinnung Gott durch ihre Hingabe, sich selbst durch ihre Zucht, sich gegenseitig durch Ehrerbietung und Gehorsam mit solchem Eifer, daß in ihnen durch die Hilfe Christi wahrhaftig der Sieg des schwachen Geschlechtes über sich selbst, über die Welt und über den Teufel zum herzerfreuenden Schauspiel geworden ist. Denn eingedenk der Einladung des Herrn: ‹Machet euch frei und sehet, daß ich Gott bin›, enthalten sie sich an Festtagen der Arbeit, sitzen in geziemender Haltung unter Stillschweigen im Klaustrum, widmen sich mit Eifer der Lesung und dem Erlernen des Gesanges. Und gehorsam dem Apostelwort ‹Wer nicht arbeitet, soll auch nicht essen›, widmen sie sich an Werktagen in geeigneten Räumen dem Abschreiben von Büchern, Anfertigen von liturgischen Gewändern oder anderen Handarbeiten. So erwächst aus der eifrigen Lesung das Licht der göttlichen Erkenntnis und die Gnade der Zerknirschung. Durch körperliche Arbeit wird der Müßiggang, dieser Feind der Seele, vertrieben, und Possenreißerei, die durch müßiges Zusammensein aus leichtfertigem Gerede entstehen kann, unterdrückt.» Nach kurzen Ausführungen über die praktische Einrichtung des Klosters und die vielen dort wohnenden und aus und ein gehenden Menschen heißt es dann weiter: «Diejenige aber, die die Mutter und Führerin einer so großen Heerschar ist, verschwendet sich in Liebe an alle. Die lasterhafte Überheblichkeit, die so häufig aus einer Ehrenstellung entspringt, zertritt sie durch das Gewicht ihrer Demut. Sie gibt die erbetenen Ratschläge, löst schwierige Fragen, die ihr gestellt werden, schreibt Bücher, unterweist ihre Schwestern, richtet Sünder auf, die zu ihr kommen, und ist dadurch voll und ganz in Anspruch genommen. Trotz der Last des Alters und des Krankseins leistet

sie durch Übung aller Tugenden so Großes, daß sie vieles mit dem Apostel sagen könnte, wie zum Beispiel: ‹Allen bin ich alles geworden, um alle zu gewinnen›, und ‹Mit Freuden rühme ich mich meiner Schwachheit, damit die Kraft Christi in mir wohne; denn wenn ich schwach bin, bin ich stark›.»[522]
In der klösterlichen Schreibstube muß mit großem Fleiß gearbeitet worden sein, denn wir wissen, daß Kopien der großen Hildegardbücher sowie ihrer kleinen Schriften und Lieder angefertigt und an andere Klöster weitergegeben wurden. Eine klösterliche Handarbeitsstube hatte immer reichlich zu tun für den praktischen Bedarf aller Klosterinsassen und für die kunstvolle Herstellung aller liturgischen Webereien und Stickereien. Natürlich gab es im Kloster auch, gemäß der Regel St. Benedikts, eine Krankenabteilung mit Schwestern, die für die leibliche und klostermedizinische Betreuung zuständig waren und dafür auch den klösterlichen Kräutergarten und die Klosterapotheke in Ordnung hielten.
Für alle diese Tätigkeiten waren bestimmte Schwestern zuständig, führten sie in Eigenverantwortung aus, unter den aufmerksamen Augen der Äbtissin, und zum Eifer bewegt durch die Fülle geistiger und geistlicher Anregungen, die ihnen von ihrer Meisterin immer neu zukamen.
Gewiß gab es auch eine Klosterschule auf dem Rupertsberg. In den nach Hildegards Tod in Mainz zusammengestellten Kanonisationsakten gibt es zwei Bemerkungen, die Beleg dafür sind. Jedes Kloster mußte ja seinen eigenen Nachwuchs ausbilden. Außerdem gab der Adel seine Töchter gern in klösterliche Erziehung, die nicht mit der Pflicht zum Eintritt in den Klosterstand verbunden war. Die hl. Hildegard hat ausdrücklich abgewehrt, daß in dieser Hinsicht Zwang auf Kinder ausgeübt werden dürfe. Doch ist sicherlich mancher Nachwuchs aus dieser Schar jugendlicher Klosterschülerinnen hervorgegangen. Auch diese Klosterschule unterstand der Eigenverantwortung dafür ausgewählter Schwestern, wurde aber in ihrer Ausrichtung vom Geist der hl. Hildegard bestimmt.[523]
Die Nonnen des Rupertsberges stammten alle, wie auch ihre Äbtissin, aus Adelshäusern. Nichtadelige Mädchen und Frauen wurden als freie Mitarbeiterinnen ohne Gelübde in der Klostergemeinschaft beschäftigt. Sie nahmen am religiösen Klosterleben teil, als geliebte und geachtete Mitglieder der großen Klosterfamilie, zu der ja auch allerhand andere Arbeitskräfte gehörten, mit deren Hilfe eine so große Klosterwirtschaft in Gang gehalten werden mußte. Aber die hl. Hildegard hielt auf dem Rupertsberg streng darauf, anders als nachher im Zweitkloster Eibingen, daß die soziale Geschlossenheit ihres Klosters gewahrt wurde.[524] Sie wußte von der Not mancher Klöster, in welchen die große Zahl von Laienbrüdern die Macht über die kleinere Zahl der geistlichen Mönche und damit über die ganze Klosterführung anstrebte. Deshalb hielt sie die klare Scheidung in ihrem Kloster für notwendig.[525]

Es gab aber auch damals schon den Vorwurf, daß solche soziale Unterscheidung in einem Kloster dem christlichen Liebesgebot widerspreche, und daß die Gleichheit aller Menschen vor Gott in einer Klostergemeinschaft geachtet werden müsse. Die Äbtissin Tengswich des Nonnenklosters in Andernach wandte sich mit dieser Frage an die hl. Hildegard. Nach einer demütig und sehr unterwürfig gehaltenen Briefeinleitung kommt sie auf etwas zu sprechen, das ihr im Hildegardkloster nicht im Einklang mit der Bibel zu stehen scheint. Davon wird später noch zu reden sein. Dann fährt sie fort: «Außerdem – und das scheint uns nicht weniger merkwürdig – gewährt Ihr nur Frauen aus angesehenem und adeligem Geschlecht den Eintritt in Eure Gemeinschaft. Nichtadeligen und weniger Bemittelten hingegen verweigert Ihr fast durchweg die Aufnahme in Eure Gemeinschaft. Auch darüber sind wir geradezu erstarrt und ratlos und in der Unsicherheit starken Zweifelns, da wir im Geiste schweigend überdenken, daß der Herr selbst für die entstehende Kirche unansehnliche und arme Fischer erwählt und der heilige Petrus den damals zum Glauben bekehrten Völkern gesagt hat: ‹In Wahrheit habe ich erfahren, daß bei Gott kein Ansehen der Person gilt.› Auch haben wir die Worte des Apostels an die Korinther im Sinn: ‹Da sind nicht viele Mächtige, nicht viele Hochgeborene, nein, was töricht, was verächtlich ist im Urteil der Welt, hat Gott erwählt.› Alle Anordnungen der früheren Väter, aus denen alle, namentlich die Menschen geistlichen Standes, sich unterrichten sollten, haben wir nach bestem Vermögen genau durchforscht und nichts derartiges in ihnen gefunden. Denn eine solch große Neuerung im Brauchtum, verehrungswürdige Braut Christi, übersteigt bei weitem das Maß unserer bescheidenen Fassungskraft und hat in uns nicht geringe Verwunderung ausgelöst. Wir winzig Kleinen, die wir in der euch schuldigen Liebe uns von Herzen über eure Fortschritte mitfreuen, möchten in Bezug auf diese Sache Genaueres von euch erfahren ... Bitte, uns bald mitteilen zu wollen, auf wessen Autorität hin ein derartiger klösterlicher Brauch gerechtfertigt ist.»[526]

Ein neuer kritischer, in seiner betonten Bescheidenheit gegenüber der von andern so gerühmten Rupertsbergerin fast ironischer Ton klingt hier an: Alles spricht gegen dich, rechtfertige dich, bitte bald! Und ein neuer Geist macht sich bemerkbar! Aus dem: «Gott achtet nicht auf Person, auf Beruf und Stand und Volkszugehörigkeit, er erwählt, beruft und urteilt frei, denn vor seinen Augen sind alle Menschen als Menschen gleich», wird gemacht: «Alle Menschen sind vor Gott gleich, also müssen sie auch auf Erden die gleiche Wertung genießen und die gleiche Chance haben.» Aus einer umgedrehten Wahrheit wird ein soziales Prinzip gemacht, und die hl. Hildegard wird beschuldigt, sie stelle sich gegen die Wahrheit. Rechtfertige dich, bitte bald!

Die Antwort der hl. Hildegard ist sehr ernst. Die persönlichen Bemerkun-

gen der Andernacherin beachtet sie überhaupt nicht. Es geht ihr wahrhaftig nur um die Wahrheit, ob sie nun den Menschen angenehm ist oder nicht. Der Brief der hl. Hildegard hat dadurch noch besonderes Gewicht, daß sie in ihm nicht ihre persönliche Meinung ausspricht, sondern ganz betont darauf hinweist, daß die Ungleichheit der Menschen eine Ordnung Gottes ist, deren Schwierigkeiten wir nicht dadurch beseitigen, daß wir die Menschen über einen Leisten schlagen, ihre Ungleichheit nivellieren, sondern nur dadurch, daß wir das Ungleichsein achten und darin Gott ehren.
Schon der Briefeingang mußte fast bei der Briefempfängerin und wird auch heute noch Anstoß erregen, obwohl seine innere Wahrheit in emotional und revolutionär bewegten Zeiten immer wieder spürbar geworden ist: «Der lebendige Quell spricht: Das Weib halte sich mit großem Zartgefühl verborgen in seinem Gemach. Denn große Gefahren schrecklicher Ausschweifung hat die Schlange dem ersten Weib eingeblasen.»[527]
Nach Ausführungen über ein anderes Thema kommt der Antwortbrief dann auf die brisante soziale Frage der menschlichen Gleichheit und Gleichberechtigung: «Die Untersuchung über die Standesunterschiede steht bei Gott. Er hat acht, daß der geringe Stand sich nicht über den höheren erhebe, wie Satan und der erste Mensch getan, da sie höher fliegen wollten, als sie gestellt waren. Welcher Mensch sammelt seine ganze Herde in einen einzigen Stall, Ochsen, Esel, Schafe, Böcke, ohne daß sie auseinanderlaufen? Darum soll man auch hier den Unterschied wahren, damit nicht die, die aus verschiedenen Volksschichten kommen, wenn sie zu einer Herde zusammengeschlossen würden, in stolzer Überheblichkeit, beschämt über die Standesunterschiede, auseinander gesprengt werden. Vor allem aber, damit, wenn sie sich in gegenseitigem Haß zerfleischen – indem der höhere Stand über den geringeren herfällt und der niedere sich über den höheren stellt –, die Standesehre nicht verletzt werde.
Denn Gott hat dem Volk auf Erden Unterschiede gesetzt, wie Er auch im Himmel Engel, Erzengel, Throne, Herrschaften, Cherubim und Seraphim gesondert hat. Sie alle werden von Gott geliebt und haben doch nicht die gleichen Namen. Dem Stolz sind die Fürsten und Adeligen als Personen von hohem Rang lieb, werden ihm aber verhaßt, wenn sie ihm den Garaus machen. So steht es geschrieben: ‹Gott verwirft nicht die Machthaber, da er selbst der Machthaber ist.› Doch liebt er nicht die Personen nach ihrem Ansehen, sondern die Werke, die nach ihm schmecken, wie der Sohn Gottes sagt: ‹Meine Speise ist es, den Willen des Vaters zu tun›. Wo Demut ist, da hält Christus allzeit Gastmahl. Daher ist es notwendig, die Menschen danach zu sondern, ob sie mehr nach eitler Ehre als nach Demut trachten, da sie nach dem ausschauen, was höher ist als sie. Auch muß man das kranke Schaf wegschaffen, damit nicht die ganze Herde angesteckt wird (Benediktregel Kap. 28).

Gott gieße dem Menschen die rechte Einsicht ein, damit ihr Name nicht ausgetilgt werde. Denn es ist gut, daß der Mensch sich eines Berges nicht zu bemächtigen sucht, den er nicht von der Stelle rücken kann, sondern er verharre im Tal und begreife allmählich, was er leisten kann.
So spricht das Lebendige Licht und nicht ein Mensch. Wer es hört, der schaue und glaube, wer es ist.»[528]
Dieser letzte Satz ist die Antwort auf die Frage der Andernacherin, auf welche Autorität Hildegard ihr Denken und ihr Handeln zurückführe. Ist dieser Antwortbrief nun überheblich oder dumm-beschränkter Ausdruck voreingenommenen und für uns endgültig überholten Standesdenkens? «Hier spricht nicht ein Mensch», wagt die hl. Hildegard zu sagen. Und wahrhaftig, je öfter man diesen Brief liest, desto mehr enthüllt er die Wirklichkeit des menschlichen Daseins unter den Augen Gottes, die Verfehlungen und die Möglichkeiten des menschlichen Zusammenlebens der gemäß Gottes Schöpferwillen immer auf verschiedenen Stufen lebenden Menschen. Im Kloster auf dem Rupertsberg war diese Möglichkeit Wirklichkeit geworden.
Von großer Bedeutung für das geistliche Leben und den inneren Zusammenhalt der Klostergemeinschaft waren die Zusammenkünfte im Kapitelsaal. In den Kapitelsitzungen wurden akute Fragen und wichtige Ereignisse des Klosterlebens besprochen. Wer gegen die Gemeinschaft verstoßen hatte, klagte sich öffentlich an und ließ sich zurechtweisen oder eine Buße auferlegen. Auf erhöhtem Platz saß die hl. Hildegard als die geistliche Mutter aller ihrer Töchter, die aufmerksam zuhörend um sie versammelt waren. Sie wußte, daß sie ihnen mehr zu geben verpflichtet war als das zum täglichen Leben Notwendige, daß sie ihnen geistliche Lehrerin und helfende Seelsorgerin sein mußte. Sie hielt darum besondere Belehrungen zu den großen Kirchenjahresfesten, sie trug Auslegungen der Sonntagsevangelien vor, legte ihren Schwestern immer wieder die Ordensregel aus, und sie mutete ihnen hohes theologisches Mitdenken zu, wenn sie ihnen das Athanasianische Glaubensbekenntnis erklärte. Wir müssen dankbar sein, daß uns ein bedeutsamer Teil der geistlichen Vorträge der hl. Hildegard in den alten Klosterhandschriften erhalten geblieben ist. Daß sie neben all ihrer anderen Tätigkeit als Äbtissin diese Erarbeitungen schaffte, ist ein Beweis für ihren unermüdlichen Fleiß, zu dem sie ihr nie nachlassendes Verantwortungsbewußtsein trieb.
Wie inhalts- und abwechslungsreich diese Lehrstunden im Kapitelsaal gewesen sein müssen, erfahren wir aus einem Brief, den Sekretär Volmar im Auftrag der Schwesternschaft, die um das Leben ihrer Äbtissin bangte, schrieb und der verehrten, geliebten Klostermutter an ihr Krankenlager bringen ließ: «Obwohl wir dich täglich mit unsern Augen sehen und Ohren hören, so wird doch einmal für uns die Stunde der Trennung schlagen. Wir

werden dich unter Tränen suchen und nicht mehr finden. Gibt es ja doch niemand, den der Tod verschont. Wo bleibt aber dann die Antwort auf unsere Fragen? Wo die Auslegung der Schrift? Wo der Ton der noch nie gehörten Melodie? Der Laut der noch nie gehörten Sprache? Wo die Reden an den Festtagen der Heiligen? Wo der Hinweis auf das Los der Verstorbenen? Wo die Unterweisung über Vergangenheit, Gegenwart und Zukunft? Wo die Belehrung über die Wunder der Natur? Welch unermeßliche Gaben hat dir Gottes Barmherzigkeit verliehen; doch du weißt das besser als wir. Deshalb wollen wir Gott bitten, er wolle dir Gesundheit und Geisteskraft verleihen, damit die Gnade, die er über dich ausgegossen hat, der ganzen Kirche zugute komme.»[529] Wir erfahren aus diesen wenigen Zeilen, daß die hl. Hildegard nichts, was sie innerlich bewegte, für sich behielt. An allem, was sie erfuhr, erkannte, denken und schreiben mußte, ließ sie ihre Töchter Anteil haben. Was für eine lebendige, geistig bewegte und interessierte Gemeinschaft muß diese Klostermauern erfüllt und sie, in die Welt ausstrahlend, gesprengt haben!

Die hl. Hildegard war über diesen sorgenden und liebevollen Brief so bewegt, daß sie ihren Töchtern schriftlich antwortete, damit sie die Worte ihrer geistlichen Mutter immer wieder lesen und sich durch sie aufrichten lassen könnten: «O Töchter, die ihr aus Liebe zur Keuschheit den Spuren Christi gefolgt seid und mich Armselige – um der himmlischen Erhöhung willen – in demütiger Unterwürfigkeit zu eurer Mutter erwählt habt, nicht aus mir, sondern aus der göttlichen Schau sage ich euch aus mütterlichem Herzen ...» Was sie dann in liebender menschlicher Zuwendung schreibt, wird durch einige wenige Worte auf eine höhere Ebene gehoben, wird zu einem vollmächtigen Wort geistlicher Verantwortung und Ermahnung. An solch einer Stelle spüren wir etwas von dem gottbegnadeten Wesen dieser Äbtissin.

Nachdem sie für ihre Töchter noch einmal schriftlich niedergelegt hat, daß und wie die Klostergründung auf dem Rupertsberg nach Gottes Willen und unter Gottes Führung zustande kam, antwortet sie auf den Brief: «Ach, welche Klage werden meine Töchter nach dem Tode ihrer Mutter erheben, wenn sie an der Brust ihrer Mutter nicht mehr trinken, wenn sie unter Seufzen und Trauer und häufig unter Tränen so sprechen werden: ‹Ach, ach, gern würden wir an der Brust unserer Mutter trinken, wenn wir sie jetzt noch unter uns hätten!›» (Dies ist mehr als nur bildhafte Sprache, ist Ausdruck für die Erfahrung geistig-geistlicher Lebensübertragung). «Deshalb, o Töchter Gottes, ermahne ich euch, daß ihr einander liebt, wie ich, eure Mutter, von meiner Jugend an euch ermahnt habe, damit ihr ob eures Wohlwollens gleich den Engeln hellstrahlendes Licht und stark in euren Kräften seid, wie euer Vater Benediktus lehrte. Der Heilige Geist schenke euch seine Gaben, denn nach meinem Tode werdet ihr meine

Stimme nicht mehr hören. Doch nimmer gerate meine Stimme unter euch in Vergessenheit, denn oft ertönte sie in Liebe unter euch. Jetzt erglühen meine Töchter in ihren Herzen ob der Trauer, die sie um ihre Mutter empfinden. Sie seufzen und sehnen sich nach dem Himmel. Später aber werden sie durch Gottes Gnade in hellem, glänzendem Lichte erstrahlen und starke Streiterinnen im Hause Gottes sein.»[530]

Bei alledem wußte die hl. Hildegard und ließ nie außer acht, daß auch das beste Kloster kein Himmel auf Erden sein kann. Denn auch Nonnen bleiben Menschen. Sie hatte selbst erlebt, daß aufsässige Nonnen in schwerer Zeit das Kloster verließen, daß also auch das beste Vorbild und die beste geistliche Führung nichts vermögen, wenn der menschliche Wille sich gegen Gott verstockt. Sie mußte die der Welt Verfallenen ziehen lassen.

Sie wußte um die Schwachheit des menschlichen Herzens und Geistes, und daß gerade ein ernstlich um den Dienst Gottes bemühtes Kloster immer ein Ort ist, den die dämonischen Satansgeister zu verwüsten trachten. «In einer wahrhaftigen Schau erblickte ich mit großer Sorge, wie die Luftgeister um uns kämpften.»[531]

Die Nonnen müssen die geistlich-seelsorgerliche Führung ihrer Äbtissin[532] als liebende, freundliche, wo es not tat auch strenge Hilfe erfahren haben. Ethischer, moralischer Rigorismus, Radikalität des Forderns lag der hl. Hildegard fern. Die Nonnen und auch andere Menschen mögen wohl manchmal erschrocken gewesen sein, wenn sie spürten, daß die Äbtissin hinter ihre Stirnen sah und ihre heimlichen Gedanken las. Wo es not tat und die hl. Hildegard dadurch stärker wirken konnte, sagte sie ihre Erkenntnis den Betreffenden offen ins Gesicht und wies sie zurecht. Sie konnte aber auch in großer seelsorgerlicher Zartheit es so in an alle gerichtete Segens- oder Lehrworte einflechten, daß nur die Betroffene die Warnung erkannte und in sich ging.[533] Daß die Äbtissin mit dem begabt war, was wir das Zweite Gesicht nennen, wird in der Vita ausdrücklich berichtet: «Im Geist sah sie das Leben und den Wandel der Menschen voraus, bei manchen sogar das Ende ihres Lebens und, je nach der Beschaffenheit ihrer Lebensführung, auch die Vergeltung, nämlich die Glorie oder die Strafen ihrer Seelen.»[534] Ein Fall scheint den Zeugen in besonderer Erinnerung geblieben zu sein, denn er wurde in die Kanonisationsakten aufgenommen. Während der, wie es die Regel vorschreibt, schweigend eingenommenen Mahlzeit rief die hl. Hildegard plötzlich zwei im Refektorium aufwartende Klosterschülerinnen, Richardis und Gertrud, nah zu sich heran. Alle blickten auf und hörten den mit liebevollem Ernst gesprochenen Satz: ‹Kinder, hütet euch während der nächsten vierzehn Tage sorgsam vor jeder Sünde.› Darauf wurden die Mädchen an ihren Platz zurückgewiesen. Vierzehn Tage danach trauerte man um sie und trug sie zu Grabe.[535] Solche Erlebnisse haben gewiß in den Herzen der Nonnen die geheime

Ehrfurcht gegenüber ihrer Äbtissin vertieft, ohne die aufrichtig liebende Ehrfurcht und die töchterliche Liebe zu gefährden. Viel zu sehr spürten und erfuhren sie, mit welch liebender Aufmerksamkeit und innerer Freiheit ihre geistliche Mutter sich jeder einzelnen zuwandte und jeweils in richtiger, fast natürlicher Weise mit ihr umging. «Wie sie genau wußte, wann es Zeit war zu schweigen, so wußte sie auch, wo und mit wem, warum, wie und wann es Zeit war zu reden. Bei all dem hielt sie fest an der höchsten aller Tugenden, der Demut»[536], berichtet der Vitaschreiber. Hier wird deutlich, wie falsch die Meinung ist, Demut sei so etwas wie nachgiebige, weiche, kraftlose Unterwürfigkeit. In Wahrheit bedeutet sie die Bereitstellung der eigenen Person, ohne Rücksicht auf sich selbst und ohne Wünsche für sich selbst, für den von Gott gewiesenen Dienst an anderen, die wache Aufmerksamkeit für Wesen und Anliegen und Gefährdung des anderen, die Hochachtung vor der Person des anderen, mag sie noch so sehr in Kummer oder Verirrung entstellt sein. Wieviel innere Einsamkeit, wieviel Selbstzucht und Selbstüberwindung von dieser Äbtissin ertragen und geleistet worden sind, bis sie in demütiger, liebender Unterstellung unter ihre der Hilfe bedürftigen Töchter das rechte, vorsichtige, mahnende, weisende oder auch strafende Wort sagte, erfährt man in der Vita zwischen den Zeilen. Eben diese Grundhaltung der heiligen Äbtissin versteht der Vitaschreiber unter dem Wort: «Höchste aller Tugenden, Demut.»

Die hl. Hildegard wollte, daß in ihrem Kloster Freude herrsche. Der Rupertsberg war ein singendes, festlich feierndes Kloster. Die Nonnen sahen nicht nur ihre Äbtissin, ihr Lieblingslied singend, durch den Kreuzgang wandeln. Sie sangen viel, ja sie spielten auch das von ihrer Äbtissin selbst geschriebene und komponierte Singspiel, den *ordo virtutum.* Wie fröhlich muß es in dieser Schar zugegangen sein, wenn sie die Gewänder und bestickten Stirnbänder für die einzelnen Gestalten herstellten, wenn sie für die kirchlichen Hochfeste ihre besondere Festkleidung zubereiteten und sich darin einkleideten, oder wenn die Äbtissin ihre Töchter ihre neuen Lieder und Melodien üben ließ.[537]

Diese fröhliche Freiheit im Kloster der hl. Hildegard erregte Anstoß. Die Andernacher Äbtissin, die schon die Rupertsberger Äbtissin als unmöglich konservativ und unchristlich angegriffen hatte, nahm Anstoß an der Gestaltung der Gottesdienste auf dem Rupertsberg. Es fehlte ihr der radikale christliche Ernst. So schrieb sie denn in ihrem schon zitierten Brief: «Von einem sonst nicht üblichen Brauch bei Euch drang etwas an unser Ohr: Daß nämlich Eure Nonnen an Festtagen beim Psalmengesang mit herabwallendem Haar im Chor stehen und als Schmuck leuchtendweiße Seidenschleier tragen, deren Saum den Boden berührt. Auf dem Haupt haben sie goldgewirkte Kränze, in die auf beiden Seiten und hinten Kreuze und über der Stirn ein Bild des Lammes harmonisch eingeflochten sind.

Auch sollen die Finger der Schwestern mit goldenen Ringen geschmückt sein. Dies alles, obgleich der erste Hirt der Kirche solches verbietet, da er mahnt und sagt: Die Frauen sollen sich sittsam halten, nicht mit Haargeflecht und Gold und Perlen oder mit kostbarem Gewand (sich schmükkend).» Auch für diesen unklösterlichen Brauch soll die hl. Hildegard sich rechtfertigen und angeben, auf welche Autorität sie sich dafür berufen kann.[538]

Die Antwort der hl. Hildegard geht über die Frage nach der Gültigkeit äußerlicher Gebote kühn hinweg, dringt in die Tiefe der göttlichen Verfügung über den Menschen, hier eben der Frau, des Weibes, um dieses im Grunde unentbehrliche, heute ungeliebte Wort zu gebrauchen. Sie unterscheidet zwischen der schöpfungsmäßigen («durch den Finger Gottes») Bestimmung des Weibes, Frau ihres Mannes zu sein, und der gnadenhaften Berufung des Weibes in den Stand der gottgeweihten Jungfräulichkeit. Für die erstere gilt das Gebot Gottes, daß sie in lebenslänglicher Gemeinschaft mit ihrem Manne leben soll und deshalb sich und ihre durch besonderen Schmuck noch erhöhte Schönheit nicht der allgemeinen männlichen Begierde preisgeben soll. Das ist ein Schutzgebot Gottes. Das gnadenhaft in den Stand der gottgeweihten Jungfräulichkeit berufene Weib lebt nicht mehr unter diesem Schutzgebot, sondern steht an ihrem gottesdienstlich geheiligten Ort in der neuen Freiheit, daß sie sich in der Gemeinschaft der Gleichberufenen mit singender Freude und in leuchtendem Schmuck ihrem himmlischen Herrn nahen darf. In dieser neuen Freiheit kann sie allerdings nur bleiben, wenn sie sich in der Bindung an ihren Herrn bewährt.

Man kann dies auch kurz so ausdrücken: Die hl. Hildegard unterscheidet zwischen dem Ordentlichen und dem Außerordentlichen, zwischen dem allgemeingültig Verpflichtenden und der gnadenhaft gegebenen Freiheit, die von einer höheren Bindung her ihren inneren Halt gewinnt. Daß diese grundsätzliche, dem heutigen Denken schwer zugängige Unterscheidung weit über die von der Andernacher Äbtissin speziell gestellte Frage von Bedeutung ist, dürfte wohl bedenkenswert sein. Es sei daran erinnert, daß die hl. Hildegard hier wieder nicht eigene Überlegungen mitteilen will, sondern daß sie ihren Brief mit den Worten beginnt: «Der lebendige Quell spricht.» Hier nun der Text selbst!

«Das alles (was für das Weib als Ehefrau gilt) gilt nicht für die Jungfrau. Diese steht vielmehr in Einfalt und Unversehrtheit wie im schönen Paradies, das nie verdorrt dastehen wird, sondern immer in der vollen grünenden Kraft ihrer Blüte, die dem Reis (Christus) entsprang. Für die Jungfrau besteht nicht die Vorschrift, die Schönheit ihres Haares zu bedecken, sondern aus eigenem freien Willen verhüllt sie in tiefster Demut ihr Haupt. Denn der Mensch soll seine Seelenschönheit verbergen, damit der Habicht des Hochmutes sie nicht raubt. Die Jungfrauen sind im Heiligen Geiste der Heiligkeit vermählt und der Morgenröte der Jungfräulichkeit. Daher sollen sie sich dem Hohenpriester nahen wie ein Gott geweihtes Brandopfer. Deshalb steht es der Jungfrau zu, ein leuchtend weißes Gewand anzulegen – kraft der Ermächtigung und Offenbarung durch den geheimnisvollen Anhauch dessen, der der ‹Finger Gottes› heißt. Es ist die klare Hindeutung auf ihre Vermählung mit Christus. Doch soll sie darauf schauen, daß ihr Geist durch die Unversehrtheit gefestigt werde, im Gedenken daran, wer er ist, dem sie vermählt ist, wie geschrieben steht: ‹Sie tragen seinen Namen und den seines Vaters auf ihrer Stirn geschrieben›, und weiter: ‹Sie folgen dem Lamme, wohin immer es geht.›»[539]

Daß dieser Stand, wie jeder andere, seine Gefährdungen und satanischen Anfechtungen hat, das wußte die hl. Hildegard zur Genüge. Nicht ohne Grund machte sie ihre Visitationsreisen durch so viele Klöster und schrieb so viele Briefe an Äbtissinen.

2. Die unermüdliche Seelsorgerin: Erste Reise und Briefwechsel

Neben der Arbeit und neben der Gründung des Zweitklosters Eibingen über Rüdesheim stehen im siebenten Lebensjahrzehnt der hl. Hildegard ihre großen Reisen im Blickpunkt eines jeden, der sich mit dem Leben dieser einmaligen Frauengestalt beschäftigt. Ihre erste Reise führte sie in den Jahren 1158 und 1159 durch das ganze Maingebiet bis Bamberg und in den Steigerwald. Im Jahr 1160 unternahm sie ihre zweite Reise, mitten in einer dreijährigen Krankheitszeit, quer durch den Hunsrück nach Trier, die Mosel aufwärts bis Metz, ins Lothringische nach Krauftal bei Zabern, und von dort heimwärts. Die dritte Reise unternahm sie in der Zeit zwischen 1161 bis 1163 den Rhein abwärts nach Köln, weiter nach Werden an der Ruhr, und vielleicht noch bis Lüttich. Schließlich unternahm sie nach einer dreijährigen schweren Krankheitszeit mit viel Bettlägerigkeit 1170/71 eine letzte Reise in das Schwabenland, über Maulbronn, Hirsau und Kirchheim bis Zwiefalten. Die hl. Hildegard war fast sechzigjährig, als sie sich zum ersten Mal auf den beschwerlichen Weg machte, und über zweiundsiebzigjährig, als sie von der letzten weiten Reise zurückkehrte.

Es gab zu der Zeit noch keine Reisewagen. Die Straßen waren in schlechtestem Zustand, denn keiner nahm sich ihrer an. Die hl. Hildegard und ihre ein oder zwei Begleiterinnen mußten auf Pferden reiten, die von einem mitreisenden Pferdeknecht betreut wurden. Als Gepäck gab es den Mantelsack, und wohl noch einen Verzehrbeutel. Flußabwärts konnte man

Strecken auf großen Booten zurücklegen, flußaufwärts wurden kleine Boote vom Treidelpfad aus gezogen. Aber ob zu Pferde oder im Boot, die Reisenden mußten das Wetter hinnehmen, wie es über sie kam, stechende Sonne ebenso wie herniederbrausende Regengüsse, milde Luft ebenso wie eisig schneidenden Wind. Um Quartier brauchten sie sich nicht zu sorgen. Die Wegstrecken wurden so bemessen, daß man immer bis zu einem nächsten Kloster kam, in dem man freundliche Aufnahme fand. Doch auch dieser ständige Quartierwechsel hatte, besonders für die kränkliche und schon ältere Äbtissin, seine Beschwerden.

Diese reisende Benediktinerin war eine Absonderlichkeit, denn gemäß der Ordensregel durften Benediktinerinnen, klausurierte Nonnen, ihr Kloster nicht verlassen, um außerhalb des Klosters zu wirken. Noch unerhörter war, daß diese Rupertsberger Nonne und Äbtissin öffentlich auf Marktplätzen oder in großen Kirchen vor Geistlichkeit und Volk Bußpredigten hielt, und daß sie Männer- und Frauenklöster visitierte, Äbte und Äbtissinen zurechtrückte und Konvente wieder in Ordnung zu bringen suchte. Weder von der benediktinischen Ordnung noch vom Kirchenrecht her gab es die Möglichkeit eines solchen Tuns. Dieses apostolische Wirken einer Frau steht einzigartig da in der Geschichte der katholischen Kirche.[540]

Aber es nahm damals keiner Anstoß an diesem Tun, ja, man bat die hl. Hildegard um ihren Besuch, wartete auf ihr Kommen, wenn die Kunde von ihrem Unterwegssein ihr vorauseilte, und in den Städten sammelten sich Klosterleute, Geistliche und viel Volk, um diese von Krankheit und Alter gezeichnete kleine, hagere Frau mit den ernsten, gütigen Augen und dem redemächtigen schmallippigen Mund zu sehen und zu hören. Denn allerorten sprach man von ihr als der Prophetin, der Frau, die Gott erweckt habe, um seiner Kirche den Weg der Buße zu künden. Für eine Prophetin aber galten nicht die für andere bindenden Ordnungen. Daher erkannte man der Rupertsberger Äbtissin diese Freiheiten zu.

Sie selbst beanspruchte dies nicht als eine sie über andere erhebende Freiheit, sondern sah den Auftrag, den sie ohne Rücksichtnahme auf eigene Ängstlichkeit, Schwäche und Unvollkommenheit auf sich nehmen und erfüllen müßte, der ihr die Frage einfach wegnahm, ob sie als Nonne reisen und vor der Öffentlichkeit der Welt reden dürfe. Die Vita sagt darüber: «Vor allem ist bemerkenswert, daß Hildegard, vom göttlichen Geist nicht nur angetrieben, sondern genötigt, nach Köln, Trier, Metz, Würzburg und Bamberg ging und der Geistlichkeit und dem Volke den Willen Gottes kundtat.» Auch in vielen Klöstern «verkündete sie, was das Heil der Seelen betraf, so wie Gott es ihr offenbarte».[541]

In ihren eigenen Aufzeichnungen schreibt sie, nach der Erwähnung ihrer anfechtungsreichen, schweren vierzigtägigen Krankheit: «Inzwischen wurde mir in einer wahren Schau gezeigt, ich solle einige klösterliche

Gemeinschaften von Männern und Frauen aufsuchen und ihnen Worte mitteilen, die Gott mir offenbarte. Als ich mich endlich dazu anschickte, obwohl die Körperkräfte fehlten, nahm die Schwäche ein wenig ab. Ich führte die Weisung Gottes aus und konnte die in den Klöstern bestehenden Zwistigkeiten beseitigen.»[542]

Wir brauchen nicht, um ein Bild von dieser geistlichen Wirksamkeit Hildegards zu gewinnen, Ort für Ort ihre Reisewege zu verfolgen. Von vorausgegangenem Briefwechsel her hatte sie schon Beziehungen zu den Städten und Klöstern. Oft ergab sich nach ihrem Besuch ein Briefwechsel über bestimmte Fragen des geistlichen Lebens. Es kommt darauf an, aus diesem Briefwechsel deutlich zu machen, wie die hl. Hildegard jeweils den Zustand der Briefempfänger klar erkannte, wie sie geistlichen Rat und Wegweisung gab, und wie ihr Wirken aufgenommen wurde. Immer schaut die Briefschreiberin oder Predigerin die christliche Bewohnerschaft einer Stadt, eine Klostergemeinschaft, einen einzelnen Abt oder eine Äbtissin als Glieder der durch Christi Erlösungstat gestifteten Kirche. Als besonders schönes Beispiel sei hier der Brief zitiert, den die hl. Hildegard nach ihrer letzten Reise an den Leiter der Kirchheimer Priesterbruderschaft, den Dekan Werner von Kirchheim, schrieb. Dieser hatte sich, mit seiner Priesterbruderschaft immer noch zutiefst von Hildegards Ansprache bewegt, mit einer Bitte an sie gewandt: «Wir erkühnen uns, euch noch eine Bitte vorzulegen: Versäumt es nicht, in mütterlicher Güte das niederzuschreiben und uns zu übersenden, was ihr, vom Heiligen Geist belehrt, uns und sehr vielen anderen in Kirchheim Anwesenden mündlich über die Nachlässigkeit der Priester beim Gottesdienst eröffnet habt, damit es nicht unserm Gedächtnis entfalle, sondern wir es um so aufmerksamer uns vor Augen halten. Denn da wir leider mehr als nötig nach irdischen und weltlichen Dingen gieren, schlagen wir oft genug bloß gesprochene Worte gleichgültig in den Wind. Eure mütterliche Liebe lebe wohl!»[543] Diese Priester hatten gespürt, mit welch sorgender Liebe diese siebzigjährige prophetische Frau sich ihnen zuwandte, mit einer Liebe, die in Gottes Liebe zu seiner Kirche ihren Quellgrund hatte.

Die hl. Hildegard, immer noch mit einem guten Erinnerungsvermögen und Gedächtnis ausgerüstet, erfüllte die Bitte. In eindrucksvoller, bildkräftiger Sprache beschreibt sie, was sie schaute und hörte, so daß die Lesenden etwas mitempfinden von dem wunderbaren, gottgestifteten Mysterium der Kirche, betroffen sind über die Schönheit und Herrlichkeit der göttlichen Heilsplanung, daß sie aber auch erschrecken über die Verwüstung und Verstörung, welche die zum Dienst im Heiligtum Berufenen anrichten. Die prophetisch Redende spricht das göttliche Gerichtswort über die Ungetreuen aus, aber auch das anerkennende Lob Gottes für die unscheinbar und treu ihren Dienst in Gottes Heiligtum Verrichtenden.

«Hildegard an Werner von Kirchheim.
Als ich im Jahre 1170 nach der Menschwerdung des Herrn geraume Zeit auf dem Krankenbette lag, schaute ich, wach an Körper und Geist, die Gestalt einer sehr schönen Frau. Von auserlesener Anmut, anziehend in ihrer Lieblichkeit, besaß sie solche Schönheit, daß Menschengeist es nicht zu fassen vermochte. Ihre Gestalt ragte von der Erde bis an den Himmel hinan. Ihr Antlitz funkelte von höchstem Glanz. Mit ihren Augen blickte sie in den Himmel hinein. Bekleidet war sie mit einem strahlendhellen Gewand aus weißer Seide und einem Mantel, der mit kostbaren Steinen – Smaragd und Saphir – auch mit Perlchen und Perlen geschmückt war. An den Füßen trug sie Schuhe aus Onyx. Aber ihr Antlitz war mit Staub bestreut, ihr Gewand an der rechten Seite zerrissen. Auch hatte der Mantel seine erlesene Schönheit verloren. Und ihre Schuhe waren von oben her beschmutzt. Mit lauter, klagender Stimme schrie sie zum Himmel hinauf und sprach: ‹Horch auf, Himmel, denn mein Antlitz ist besudelt. Traure, Erde, denn mein Kleid ist zerrissen. Erzittere, Abgrund, denn meine Schuhe sind beschmutzt. Die Füchse haben ihre Höhlen und die Vögel des Himmels ihre Nester, ich aber habe keine Helfer und Tröster, noch einen Stab, auf den ich mich stützen könnte und der mir Halt wäre.›
Und weiter sprach sie: ‹Im Herzen des Vaters war ich verborgen, bis der Menschensohn, in Jungfräulichkeit empfangen und geboren, sein Blut vergoß. Mit diesem Blut, als seiner Mitgift, hat er sich mir vermählt, damit ich in der reinen und einfachen Wiedergeburt aus dem Geiste und dem Wasser (Taufe) die vom Geifer der Schlange Verkrümmten und Besudelten neu gebäre. Meine Pfleger, die Priester, die bewirken sollten, daß mein Antlitz funkle wie das Morgenrot, mein Gewand aufleuchte wie der Blitz, mein Mantel strahle wie kostbares Gestein und meine Schuhe hell glänzten, haben mein Antlitz mit Staub bestreut, mein Gewand zerrissen, meinen Mantel dunkel und meine Schuhe schwarz gemacht. Die mich ganz und gar hätten schmücken sollen, haben mich in allem treulos verlassen. Mein Antlitz besudeln sie, indem sie, behaftet mit der großen Unreinheit ihrer ausschweifenden Sitten, dem argen Schmutz der Hurerei und des Ehebruchs mit reißender Habsucht übelster Art bei Kauf und Verkauf aller möglichen ungeziemenden Dinge, das Mysterium vollziehen und den Leib und das Blut meines Sohnes empfangen. Und sie wickeln es so in Schmutz ein, wie wenn man ein Kind vor die Schweine in den Kot hineinlegen würde.
Die Wundmale meines Bräutigams (Christus) bleiben frisch und offen, solange die Sündenwunden der Menschen offen sind. Eben dieses Offenbleiben der Wunden Christi ist die Schuld der Priester. Sie, die mich strahlend rein machen und mir in Reinheit dienen sollten, wechseln aus maßloser Habsucht (bessere Stellen erwerbend) von Kirche zu Kirche. Auch

mein Gewand zerreißen sie dadurch, daß sie Übertreter des Gesetzes, des Evangeliums und ihrer Priesterpflicht sind. Und meinem Mantel nehmen sie den Glanz, da sie die ihnen auferlegten Vorschriften in allem vernachlässigen. Sie erfüllen sie nicht – weder in gutem Wollen noch in vollbrachtem Werk – durch Enthaltsamkeit, die dem Smaragd gleicht, und nicht durch andere gute und gerechte Werke, mit denen Gott wie mit mannigfachen Arten von Edelsteinen verherrlicht wird. Sie beschmutzen meine Schuhe von oben her, weil sie die geraden, das heißt die harten und rauhen Wege der Gerechtigkeit nicht einhalten und auch ihren Untergebenen kein gutes Beispiel geben. Dennoch finde ich unten an meinen Schuhen – gleichsam von meinem Geheimnis her – bei einigen das Leuchten der Wahrheit.›

Und ich hörte eine Stimme vom Himmel, die sprach: ‹Dieses Bild stellt die Kirche dar. Deshalb, o Mensch, der du das schaust und die Klageworte hörst, künde es den Priestern, die zur Leitung und Belehrung des Gottesvolkes bestellt sind und denen gleich den Aposteln gesagt wurde: Gehet hin in alle Welt und verkündet das Evangelium der ganzen Schöpfung! Denn als Gott den Menschen erschuf, zeichnete er in ihm die ganze Schöpfung, wie man Zeit und Zahl eines ganzen Jahres auf ein kleines Stück Pergament aufzeichnet. Daher nannte Gott den Menschen: Die ganze Schöpfung.›

Und ein andermal erblickte ich armselige Frau ein aus der Scheide gezogenes Schwert, das in der Luft schwebte. Die eine Schneide war gegen den Himmel, die andere gegen die Erde gekehrt. Dieses Schwert war über die Geistlichkeit ausgestreckt, die einst der Prophet vorausgesehen hatte, als er voller Staunen rief: ‹Wer sind diese, die wie Wolken fliegen und wie Tauben zu ihren Schlägen?› Denn diese Menschen sind über die Erde erhoben und von dem gemeinen Volk gesondert. Heilig sollten sie leben und in Taubeneinfalt wandeln und wirken. Und ich sah, daß das Schwert einige Stätten dieser Geistlichen vernichtete, wie einst Jerusalem nach dem Leiden des Herrn vernichtet ward. Doch sah ich auch, daß Gott in dieser Heimsuchung viele Gottesfürchtige, reine und einfältige Priester für sich bewahrte, so wie er dem Elias antwortete, da er sagte, er wolle siebentausend Mann in Israel übrig lassen, die ihre Knie nicht vor Baal gebeugt hätten.

Jetzt aber möge das unauslöschliche Feuer des Heiligen Geistes sich in euch ergießen, auf daß ihr euch dem besseren Teil zuwendet.»[544]

Die hl. Hildegard litt an den Verwüstungen in ihrer Kirche, aber sie verzweifelte nie an ihr oder wandte sich gar von ihr ab. Denn sie schaute im Geist die Gestalt der Kirche so, wie sie in Gottes Geist und Plan von Ewigkeit her und auch jetzt in schon beginnender Verwirklichung dasteht, und sie glaubte an die Kraft des Heiligen Geistes, diese Planung Gottes gegen

alle Sünden der Menschen und Angriffe Satans zu vollenden. Deshalb wurde sie nicht müde, verzagende Äbte und Äbtissinnen, geistlich ermüdete und fast schon verwahrloste Klostergemeinschaften aufzusuchen und sich um die innere Erneuerung dieser Keimzellen der Kirche zu bemühen.
In ihrem Amt versagende und an ihrem Amt verzagende Äbte und Äbtissinnen gab es wohl an manchen Orten, wie die vielen Briefe der hl. Hildegard zeigen. Die Äbtissin Sophia des Benediktinerinnenklosters in Kitzingen, in dem die hl. Hildegard auf ihrer Mainfahrt verweilt hatte, fühlte sich amtsmüde und fragte an, ob sie niederlegen dürfe oder ausharren müsse. Die Voraussetzung, unter der Sophia gemäß Hildegards Antwort ihrem Amt treu bleiben soll, deutet darauf hin, daß sie einen tiefen Einblick in die Situation des Klosters hatte: «O Sophia, in geheimnisvoller Schau sage ich dir: Deine Seele werde durch Gott gestärkt, indem sie mit rechtem Seufzen ihn anrührt. Gut ist es für dich, die Last der Arbeit zu tragen, die du in Gott auf dich genommen hast, vorausgesetzt, daß die Schafe unter deiner Führung die Ermahnung Gottes hören wollen. Wenn auch nur ein einziger Funke in ihnen aufleuchtet, so verlasse sie nicht, damit der Räuber sie nicht raubt. Deine Seele werde hell in Gott, und deine Tage mögen brennen in feurigem Gebet.»[545]
Hildegard, in Fürbitte und innerer Schau mit der geplagten Äbtissin weiter verbunden, erspürte wohl ihre Schwierigkeiten. Denn nach einiger Zeit sandte sie einen zweiten Brief: «In wahrem Licht schaute ich einen Feuerring wie ein Rad in dir kreisen. Und du wandelst den schmalen Pfad, auf dem du zur Sonne aufblickst. Dennoch werden durch Wolkenwechsel Stürme über dich kommen, weil dein Geist umherschweift. Und du schreist: ‹Wann wird Gott mich befreien?› Er antwortet dir: ‹Ich will dich nicht verlassen. Doch ist dies mein Wille: Fasse das Netz so, daß es nicht zerreißt. Denn wenn du es loslässest, dreht es sich in eine andere Richtung, und das ist Gottes unwürdig.› Nun freue dich in Gott und lebe in Ewigkeit. Denn Gott liebt dich.»[546] Daß die hl. Hildegard außerdem an eine einzelne, mit sich nicht zurechtkommende Nonne dieses Klosters schreibt, sie an die treu um sie besorgte Liebe Gottes weist, zeigt uns ihre Sorge um jedes einzelne Glied eines Klosters.[547]
Von wie weit her seelsorgerlicher Rat in ähnlichen Fällen bei der hl. Hildegard gesucht wurde, beweist der Briefwechsel der Äbtissin Sophia von Altwick in Holland mit der Rupertsberger Äbtissin. «Unser Herr», schreibt Sophia, «der nicht will, daß eines von seinen Schafen in die Irre gehe, sondern als guter Hirt wünscht, alle auf den Weg des Heiles zurückzurufen, hat, wie ich glaube, meinem Herzen eingegeben, ich solle die Last der Regierung, an der ich schwer trage, aufgeben und mich in die Einsamkeit einer kleinen Zelle einschließen ... Weil ich also weiß, wie euer Verdienst bei Gott so viel gilt, daß ihr aus der Offenbarung des Heiligen Geistes

erkennen könnt, was dem Menschen zu tun frommt, deshalb flehe ich zu eurer Liebe mit demütigem Herzen: Fraget meinetwegen den Herrn um Rat.»[548]

Bis zu den Klöstern in den Niederlanden hatte es sich also herumgesprochen, daß die Äbtissin auf dem Rupertsberg in prophetischer Vollmacht, auch ohne den Bittsteller persönlich zu kennen und über weite Entfernung hin, zutreffende göttliche Weisung zusprechen könne. Hildegard las den Brief, nahm ihn mit in die Stille betender Versenkung, und antwortete in der autoritativen Gewißheit, dem anderen Menschen den wahren Willen Gottes zu sagen: «Kraft der wahren Schau der Geheimnisse Gottes vernimm diese Worte! O Tochter, hervorgegangen aus der Seite des Mannes, als Gott die Gestalt (des Weibes) baute! Warum härmst du dich ab, so daß dein Geist wechselnden Wolken gleicht, die ein Sturm umherwirbelt, so daß es bald hell ist wie Licht, bald plötzlich sich verfinstert? So ist dein Geist durch die aufsehenerregenden Sitten derer, die nicht leuchten vor Gott. Du aber sprichst: ‹Ich will Ruhe haben und eine Stätte aufsuchen, wo mein Herz ein Nest findet, in dem meine Seele zur Ruhe kommt.› O Tochter, vor Gott hat es keinen Wert, daß du deine Bürde abwirfst und die Herde Gottes im Stich lässest, da du doch das Licht hast, um ihr zu leuchten und sie hinauszuführen auf die Weide. Nimm dich jetzt zusammen, damit dein Herz nicht lodere in jener Weichlichkeit, die durch die Unbeständigkeit weltlichen Lebens dir sehr schadet. Du aber sollst leben, weil die Gnade Gottes dich will. Hüte dich also, dich ihr durch Umherschweifen des Geistes zu entziehen. Gott helfe dir, daß du wach seiest in reiner Erkenntnis!»[549]

Innerklösterliche Schwierigkeiten hatte die hl. Hildegard während ihrer Mainfrankenfahrt auch in dem Benediktinerkloster St. Michael in Bamberg erkannt. Wir wissen über diesen Besuch nichts näheres. Aber einige Jahre später schreibt sie dem Abt Helmrich, der ein hartes, strenges Regiment führte, wodurch es zu schweren Spannungen zwischen den Mönchen und ihrem Abt kam: «Du liebender und besorgter Vater! Zeige deinen Söhnen entschlossen – mit Barmherzigkeit und großer (Ehr-)furcht – die hohen Urteilssprüche und Satzungen Gottes.» Dieser Satz faßt das Wesen der seelsorgerlichen Schreiben der hl. Hildegard aufs kürzeste zusammen: Anerkennung der besonderen Stellung des Angesprochenen, Einsicht in die Notwendigkeit kraftvoller Führung unter jeder Art von Menschen, Achtung vor der Heiligkeit der Gebote Gottes und der Verpflichtung der Menschen ihnen gegenüber, realistisches Rechnen mit der großen Schwachheit des menschlichen Wesens, Betonung der Demut für den, der führen muß, und Beharren darauf, daß Milde und Barmherzigkeit die entscheidenden Voraussetzungen für ein richtiges, gottgemäßes und heilsames Umgehen mit anderen Menschen sind. So schreibt sie nun diesem aus

Sorge um die Klosterzucht zu harten Abt: «Hartes hat Gott (in seinem Schaffen) durch Milde so gemäßigt, daß es tragbar ist. Ahme auch die Barmherzigkeit nach, die alles so ebnet, daß man es überwinden kann. Unterscheide auch die einen Zeiten von den anderen, und berücksichtige die Körperschwäche deiner Söhne nach dem Worte Gottes, der sprach: ‹Barmherzigkeit will ich, und nicht Opfer.› Salbe sie auch mit Öl, damit sie nicht durch Verbitterung dahinschwinden noch aus Unwissenheit in die Irre gehen.»[550]

Die hl. Hildegard schrieb mit gleicher Feder einen Brief an die Mönche des St. Michaelklosters. Der Brief ist, wenn wir an die heute aktuellen Fragen von Autorität, Gehorsam, Gemeinschaftsfähigkeit und sozialer Ordnung denken, von Gewicht. Er geht unserem heutigen Empfinden verquer, wie er vielleicht aber auch den Mönchen damals eine zuerst schwer eingehende Lektüre war. Er ist in allem, genau wie der Brief an den Abt, von dem tragfähigen, elastischen, weitmaschigen, und doch nicht verschwommenen christlichen Realismus geprägt, der alles auszeichnet, was uns von der hl. Hildegard überliefert ist.

«Nun also hört und versteht, geliebteste Söhne Jerusalems, die ihr in dieser Berufung steht! Gleich den Tauben sitzt ihr in Mauerklüften, bekleidet mit dem Gewand Christi, der, als er sich mit der Menschheit bekleidete, das annahm, was er zuvor nicht besaß, und doch Gott blieb. Wandelt also wie er, der sprach: ‹Nicht wie ich will, sondern wie Du willst, Vater!› Dann tragt auch ihr die goldene Fessel des Gehorsams. Nun also, ahmt ihn nach, im Spiegel des Meisters. Wie ein Mensch im Spiegel sein Antlitz schaut, so sollt ihr in eurem Meister (dem Abt) das Antlitz Gottes sehen. Sagt zu ihm (gemäß der Klosterregel): ‹Gebt den Segen› und ‹Herr und Meister, dem Beispiel, das du uns gegeben, wollen wir folgen.› Seht ihr denn nicht und denkt ihr nicht an den ersten gefallenen Engel, der seinen Meister nicht in seiner Ehre belassen wollte, sondern sich über ihn erhob? Die Hand des Meisters aber schleuderte ihn in den Abgrund. Jetzt also nehmt euch in acht, daß ihr nicht der gleichen Züchtigung verfallet, weil ihr nicht richtig zuschaut und ungerecht über euren Meister urteilt. Wenn aber euer Meister in Erregung euch mit der Zuchtrute droht, so demütigt euch vor ihm und sprecht in demütiger Ergebenheit: ‹Vater, Vater, das können wir nicht dulden. Wir bitten dich, uns zu schonen.› Und dann sucht mit geneigtem Haupt in Demut den Rat anderer Meister. Tut es mit großer Zurückhaltung und Selbstbeherrschung, damit ihr nicht von dem höchsten Richter angeklagt werdet. Geliebteste Söhne, nun schaut, mit welchem Eifer ihr zu Anbeginn gepflanzt worden seid, und hütet euch, einander zu verführen! Gott aber rechne euch zu der goldenen Zahl, und die brennende Sonne des Heiligen Geistes lasse euch in allem Guten wachsen!»[551]

Mit welcher Klarheit wird hier der allein tragfähige Grund einer christlichen Lebensordnung benannt: Die alles bestimmende Christusbezogenheit. Wie vorsichtig und zugleich ernst wird auf die Gefahren verkehrten menschlichen Reagierens aufmerksam gemacht, wenn Überdruck und Ungerechtigkeit ertragen werden müssen. Und wie sorgsam wird der Weg gewiesen, wenn auf die Dauer untragbare Verhältnisse geändert werden müssen, weil Menschen ihrem Wesen nach nicht miteinander auskommen können. Nicht lange, nachdem diese Briefe im Kloster eingegangen waren, legte Abt Helmrich sein Amt nieder. Das Kloster bat Bischof Eberhard von Bamberg um Vermittlung eines neuen Abtes.[552]

Vor ihrer Ankunft in Bamberg hatte die hl. Hildegard bei ihrem Ritt durch den Steigerwald in einem nicht genannten Ort eine Begegnung mit dem Abt Adam des bedeutenden Zisterzienserklosters Ebrach. Es muß ein langes, den Abt tief bewegendes Gespräch zwischen diesen beiden außerordentlichen Persönlichkeiten stattgefunden haben. Der Abt konnte dabei von einer inneren Belastung sprechen, für die er Wegweisung suchte, und er konnte der Rupertsberger Äbtissin einen Dienst leisten, indem er in einer bestimmten Sache bei dem Kaiser schriftlich für sie eintrat. Diese Begegnung führte zu einem inhaltsreichen Briefwechsel zwischen dem Abt und der Äbtissin und einigen Mönchen des Klosters.

Auch in einem zuchtvollen, guten, wahrhaft geistlich ausgerichteten Kloster bedeuteten die Aufgaben des Abtes eine ständige schwere Belastung, und sie ließen ihn wenig zur Ruhe kommen. So seufzte Abt Adam über dieses Amt und schrieb der ihm nun so vertrauten «geliebten Mutter»: «Auch bitten wir: Ihr möget für uns beten – da wir um der Sorge um unserer Brüder willen uns tatsächlich in einem Sturm befinden –, damit die Gnade des Heiligen Geistes, die durch Prophetengeist viel Wunderbares in euch wirkt, auch uns anblicke und festige. Überdies bitten wir, ihr wolltet euch würdigen, uns durch euer Schreiben zu trösten und zu stärken.»[553]

In einem langen Brief antwortet die hl. Hildegard. «In wahrer Geistesschau, mit wachem Körper sah ich ... Und ich hörte eine Stimme, die zu mir sprach.» Was sie dem Abt zu sagen hat, wird unterbaut durch Verkündigung der inneren Beweggründe des Schöpfer- und Erlöserhandelns Gottes. Hier stehen die wunderbaren, alle naturwissenschaftlichen Erkenntnisse himmelhoch überfliegenden, sie unendlich übersteigenden Worte: «Gott erstellte in glühendem Liebeseifer alle Seine Werke. Denn die Liebe war im Anfang der Urgrund dieser Schöpfung, da Gott sprach: ‹Es werde!› Und es ward. Wie in einem Augenblick (in einem Augenaufschlagen des alles in eins schauenden Gottesauges) wurde die ganze Schöpfung durch sie (die Liebe) gebildet ... Die Liebe war das Erste. Sie erschuf alles.»[554]

Auch für Hildegard war das Weltall unermeßlich groß, kompliziert in seiner Fülle und Vielgestalt. Aber sie sah diese Welt nicht mit den forschend beobachtenden, sezierenden Augen eines Menschen, der alles wissen und

verstehen will, sondern mit den verwunderten Augen eines Menschen, dem verkündet wurde: Das Prinzip alles Geschaffenen, das Prinzip der ganzen Schöpfung ist Liebe, Gottes Liebe, der sich eine Schöpfung erschafft, weil ihn die Liebe dazu treibt. Deshalb ist Liebe auch das Wichtigste und Nötigste, das es in der Welt geben kann und geben muß.
Diese Schöpfung aber hat sich in ihrer Spitze, dem Menschen, gegen diese göttliche Liebe gestellt. Der Mensch wollte ohne diese Liebe aus sich selber leben. Wieder kommen Worte, die jedes naturwissenschaftliche Denken durch ihre denkunmögliche Tiefe sprengen: «Als das Geschöpf im Anfang das All umkreiste, so daß es in diesem Drang fliegen wollte und fiel, da hoben die Schwingen der Liebe es empor. Das war die heilige Demut. Als nämlich dieses ungeheuerliche Sinnen Adam zu Boden warf, achtete Gott genau darauf, daß er im Falle nicht ganz zugrunde gehe, daß er ihn vielmehr durch die heilige Menschwerdung erlöse. Diese Flügel waren von großer Macht, weil die Demut den verlorengegangenen Menschen aufhob. Das geschah durch die Menschheit des Erlösers. Die Liebe hat den Menschen geschaffen, die Demut hat ihn erlöst.»[555]
Erst nachdem Hildegard das Denken des Abtes Adam bis an den Rand der Schöpfung geführt hat, damit er schaue, was diese Welt trägt und erhält, sagt sie ihm eben von diesem Ort her, was ihm not tut. «Nun aber klopfen diese Gotteskräfte (die göttliche Liebe und die göttliche Demut) an deine Tür, o Mensch, zu dem ich dies spreche, und sagen: ‹O das Zelt dieses Mannes, der in der Frühe bei uns weilt, ist schon schlaff!› Und die ‹Liebe› spricht zu dir: ‹Treuer Freund, wir wollen nicht, daß du dich der Bindung deines Amtes entziehst. Als nämlich Gott im Umkreis des Himmels alle Geschöpfe aussäen wollte, umfingen wir alle seine Werke und wirkten mit ihm. Der Mensch jedoch fiel, und wir weinten mit ihm und verließen ihn nicht, obgleich er uns ins Gesicht schlug.› Und die Demut ihrerseits spricht: ‹O weh, unter welch großen Schmerzen habe ich den Menschen ertragen! Du aber sagst: Ich will fliehen. Du hast jedoch eine Last, die du zum Weinberg tragen sollst, und du stehst und willst nicht gehen. Du hast dich vielmehr in Überdruß verstrickt und schaust auf einen anderen Weg. Wer sich uns anschließt, wird sicher nicht so handeln!›»[556]
Einige Mut machende Worte für den durch Gottes Geist hoch begnadeten Abt schließen den Brief. «Achte mit Sorgfalt darauf, daß durch die Wechselhaftigkeit dieser deiner Gedanken die grünende Kraft, die du von Gott hast, in dir nicht dürr wird. Gib auch Gott die Ehre wegen des Armschmukkes, den dir die ‹Weisheit› gab und um dessentwillen das Volk dir zueilt. Mühe dich mit dem Volk. So wirst du gleich der Sonne Bestand haben.»[557]
Der Mönch Rüdiger in Erbach war durch den Bericht seines Abtes über die Begegnung mit der Äbtissin vom Rupertsberg, dazu anscheinend noch durch manches, was ihm sonst zugetragen worden war, so von Hildegards

Bedeutung als Prophetin überzeugt, daß er sich mit recht eigenartigen Fragen an sie wandte. Er wollte über sein eigenes Lebensschicksal, das des Papstes Eugen und eines seiner Klosterbrüder Bescheid wissen. Außerdem plagten ihn bei der Eucharistiehandlung Zweifelsgedanken über die Möglichkeit der wahren Gegenwart des Leibes und Blutes des erhöhten Christus im Sakrament. Die Antwort ist ein aufschlußreiches Beispiel dafür, wie Hildegard sich zu solchen Fragen stellt, auch dafür, wie bei ihr telepathische Schau, geistliche Erleuchtung, tiefe Menschenkenntnis und klare Urteilsfähigkeit aufs engste, kaum auseinanderlösbar, miteinander verbunden sind. Wie so oft bei ihr, werden auch hier die gottgesetzten Grenzen des menschlichen Wissenkönnens und Wissendürfens festgehalten, menschliche überhebliche Neugier wird abgewiesen, die Zusammenhänge zwischen menschlicher Zweifelsucht und ungezügelter Lebenshaltung werden persönlich angesprochen, und die einzig richtige Haltung gegenüber den Mysterien Gottes wird betont, die Ehrfurcht.
Schon der Eingang des Briefes hat Gewicht, spricht Achtung vor der Person des Empfängers aus und setzt Grenzen: «Die klare Enthüllung spricht in wahrer Schau: Sohn Gottes in deinem Menschsein und in der Treue deiner guten Werke! Achte darauf, daß all dein Vermögen einzig in Gott und durch Gott Bestand hat. Gott weiß alles. Er schenkt sein Wissen keinem Menschen völlig, es sei denn, er sähe voraus, daß es dienlich ist. Denn kein Mensch weiß alles, weder durch Prophetie noch durch Gottes Inspiration noch durch Weisheit, und er sagt nur so viel aus, wie Gott ihm auf wunderbare Weise zeigen will.
Jenes Licht aber, das ich in wahrer Schau in deiner Seele erblickte, besagt folgendes: Du bist ein Sohn der Erlösung. Dennoch lebst du in großer Mühsal, zuweilen in Ermattung und Schwäche des Fleisches und vielerlei Gedanken, die bald in dir nach oben streben, bald auf irdische Händel zielen, bald durch eitle Ruhmsucht dich anfechten – ein wunderbarer Beweis für das, was geschrieben steht: ‹Der Herr kennt die Gedanken der Menschen, daß sie nichtig sind.› Hüte dich aber (nun geht die Äbtissin auf die speziellen Fragen ein), deine Gedanken und Träume verwegen zu befragen, wie lange du auf diesem Wege lebst und wo du einmal enden wirst. Denn über Papst Eugen hat Gott mir keine anderen Zeichen kundgetan. Dich aber sehe ich in starker Fessel, von der du dich in diesem Leben freimachen mußt. Gott hat mir auch nicht die Kürze oder Länge der Tage jenes Bruders kundgetan, über den du mich befragst,weder die Jahre noch die Geschicke. Dennoch geht die ihm belassene Zeit noch nicht dem Ende zu. Er soll mit aller Kraft laufen, denn er ist manchmal lässig, manchmal matt infolge fleischlicher Schwächen. Bisweilen gehen auch seine Gedanken auf Irrwege. Das möge er dem Priester in der Beichte offenbaren.»
Die das Altarsakrament betreffende Frage des Mönches beantwortend, tut

Hildegard zweierlei. Zunächst legt sie ihm ihre Schau des einen großen göttlichen Erlöserhandelns vor, das in gleicher Weise wunderbar schöpferisch ist in der Grundlegung der Erlösung in der Fleischwerdung des Gottessohnes, wie auch in der jeweiligen Anteilgabe an dem Erlösungswirken des Gekreuzigten und Auferstandenen in der Gabe des Altarsakramentes. Das Wunder dieser Selbsthingabe Gottes in seine erlösungsbedürftige Schöpfung hinein wird sich immer wieder fortsetzen, bis es sich nach dem Jüngsten Tag in der endgültig erlösten Schöpfung erübrigt. Diese Gesamtschau führt über unnötige Einzelfragen, die ein Mensch stellen mag, hinaus. Sodann kommt die persönliche Mahnung an den Mönch, seinen umherschweifenden Gedanken, die während der Feier des Altarsakramentes nach der rational verstehbaren Möglichkeit dieses Mysteriums suchen, Einhalt zu gebieten, vielmehr in Einfalt des Herzens den zu ehren, der über all unser Begreifen seine Wunder tut. Die hl. Hildegard schreibt:
«Weiterhin sah ich in bezug auf den Leib Christi, daß jene Kraft, die in den Schoß der Jungfrau hinabstieg, so daß Gottes Wort wahrhaft Fleisch wurde, auch heute noch weiterwirkt, wie geschrieben steht: ‹Mein Sohn bist du, heute habe ich dich gezeugt.› Und die gleiche Kraft wird fortbestehen – von der Zeit an, da das Wort Gottes Fleisch wurde in der Jungfrau – bis zum Jüngsten Tag. Auch sah ich, daß dieselbe Kraft über dem Altar in Feuer und funkelnder Morgenröte erscheint. Und er, der sich im Schoße der Jungfrau Fleisch und Blut bildete, bewirkt jetzt auch, daß auf dem Altar Brot und Wein zu Fleisch und Blut werden.
Nun aber sehe ich, daß du bei der Erhebung deiner Hände wechselnden Wolken gleichst. Deine vielen Gedanken schweifen umher, so daß du zuweilen sogar zu zweifeln beginnst. Laß das fahren! Sieh zu, wer der ist, der auf dem Altare seine Werke wirkt! Und wer ist es, der diese Wundertaten bis ins Letzte zu künden vermöchte? Wenn du so in Einfalt denkst, schaue ich dich rein wie die Sonne. Gott hat Wohlgefallen an deinem Opfer und wird deine Seele retten.»[558]
Die hl. Hildegard war hier auf das analytisch-kritisch-sondierende Denken gestoßen, das rationale Verstehbarkeit und Einordnungsmöglichkeit in den Zusammenhang unseres irdischen Erkennens sucht. Sie sah deutlich die Zweispältigkeit, in die ein frommer Mensch geraten muß, wenn er dieser Denkungsweise nachgibt.
Als weiteres Beispiel sei ein Brief angeführt, den sie in späterer Zeit an den Abt Wolfrad in einer burgundischen Abtei schrieb: «Das klare Licht – beherzigenswert sind seine Worte – spricht: O Mensch, in deiner Gesinnung hast du Vertrauen zum Sohne Gottes. Dennoch trägst du Bedenken, das Brot zu brechen, das zu genießen dein Herz dich drängt. Warum kreisest du (mit deinen Gedanken) abseits, sondierend und von allen Seiten erspähend, wo der Gegenstand der heiligen Handlung zu finden sei?

Warum tust du das? Gott wirkt in jedweder Ursache, die gut und entsprechend ist. Erhebe dich also zum Licht, und du wirst leben in Ewigkeit. Gott bereitet sich ein Ganzopfer in seinem Werkzeug. Selig, wer Gott in allen seinen Wirkursachen festhält. Der Teufel wird ihn nie betrügen. Lebe also, o Mensch, und sei siegreich in dieser düsteren Welt!»[559]

Die hl. Hildegard erkennt auch in geistigen Denkbewegungen teuflische Verführungsmöglichkeiten, nicht nur auf dem moralisch-ethischen Gebiet. Von daher erklärt sich, daß sie den geistigen Hochmut für die schlimmste aller Sünden hält und ständig vor ihm warnt. Der Schlußsatz eines Briefes an den Prior Friedrich im gleichen Kloster lautet: «Halte dich an das klare Gesetz und flieh den Zweifel. Dann wird Gott dich retten.»[560]

Diese Warnungen vor den kritisch analysierenden, grundsätzlich vom fragenden Zweifel ausgehenden oder in das Zweifeln führenden Denkbewegungen des menschlichen Geistes bedeuten nicht, daß die hl. Hildegard ernstem theologischen Denken ausgewichen wäre oder es sogar abgelehnt hätte. Sie stand schon länger in guter Beziehung zu dem Bischof Eberhard von Bamberg. Während ihres Aufenthaltes in Bamberg wird sie manches Gespräch mit ihm geführt haben. Vom kaiserlichen Hoftag in Mainz im Jahr 1163 war er zum Rupertsberg hinübergeritten und hatte die Äbtissin Hildegard besucht. Kurz danach erinnerte er sie in einem Brief an diese Begegnung: «Wir haben, als wir vom kaiserlichen Hofe aus bei dir, die du mit dem Heiligen Geist durchtränkt bist, vorbeikamen, deiner Liebe eine Aufgabe gestellt: Im Vater west die Ewigkeit, im Sohne die Gleichheit, im Heiligen Geist die Verbindung von Ewigkeit und Gleichheit. Dies möchten wir nun gemäß dem, was Gott dir geoffenbart hat, dargelegt sehen. Der Herr sei mit dir und verleihe uns Hilfe durch deine Gebete.»[561] Bischof Eberhard sucht also tiefere Erkenntnis des Wesens des dreieinigen Gottes.

Beachtenswert ist, wie Hildegard ihren langen Antwortbrief einleitet: «O Vater, ich Armselige habe nun auf das wahre Licht meinen Blick gelenkt. Und gemäß dem, was ich in der wahren Schau sah und hörte und was mir dargelegt wurde – um dessen Mitteilung du mich gebeten hast –, übersende ich dir hiermit: aber nicht mit meinen Worten, sondern mit denen des wahren Lichtes, das niemals versagt.»[562]

Hildegard war sich dessen gewiß und sprach es auch in aller Gewißheit aus, daß sie theologische Wahrheit mitteile. Sie erklärte, wie sie zu ihrer theologischen Erkenntnis kam. Sie wandte sich mit der ihr aufgetragenen Fragestellung, hinter der ihr mehr oder weniger bekannte theologische Erwägungen der damaligen Zeit standen, an das wahre Licht selbst. Das heißt, in aufschauendem Beten stellte sie ihre theologischen Fragen in aller Demut («ich Armselige») dem wahrhaftigen Licht (Gott) selbst dar, ließ sich ihre Gedanken von oben her ordnen und empfing die Formulierungen (die Worte) als Gabe von oben. Diese Art und Weise, Theologie zu treiben, möchte wohl als unwissenschaftlich qualifiziert werden. Aber wenn wissenschaftliches Arbeiten in seiner Methode seinem Gegenstand adäquat sein muß, dann dürfte wohl kein theologisches Arbeiten ohne diese Hildegardische Grundhaltung zur Erkenntnis der göttlichen Wahrheit führen. Wir brauchen hier nicht den ganzen Brief wiederzugeben. Charakteristisch für die theologischen Aussagen der hl. Hildegard ist, daß sie, je höher sie steigen, nicht um so mehr in Abstraktionen und logisch aufgebauter Begrifflichkeit enden. Im Gegenteil, sie werden immer mehr von ursprunghafter und überquellender Lebendigkeit erfüllt. Von Gott kann nicht gesprochen werden, ohne von seiner unlösbaren Kommunikation mit dem von ihm geschaffenen Menschen und seiner ewig schöpferischen Verbundenheit mit aller seiner Kreatur zu sprechen.

«Im Vater west die Ewigkeit. Das heißt: Die Ewigkeit darf man nicht verkleinern und nicht vergrößern. Denn die Ewigkeit gleicht einem Rad, das weder Anfang noch Ende hat. So ist die Ewigkeit im Vater vor aller Kreatur, da sie immer und in Ewigkeit war. Und was ist die Ewigkeit? Gott. Ewigkeit ist aber einzig dadurch Ewigkeit, daß sie unendliches Leben ist. Daher lebt Gott in Ewigkeit. Leben aber geht nicht hervor aus Sterblichkeit, sondern Leben west im Leben.

Das Wort des Vaters schuf jegliche Kreatur in seinem Auftrag. So ist der Vater in seiner gewaltigen Kraft nicht untätig. Gott wird deshalb Vater genannt, weil alles von ihm seinen Ursprung nimmt. Und darum west im Vater auch die Ewigkeit, denn er war bereits Vater vor dem Anfang und ewig vor dem Beginn seiner aufblitzenden Werke, die alle im Vorauswissen der Ewigkeit erschienen. Was aber im Vater west, ist nicht wie das im Menschen Wesende: zweifelhaft, vergangen oder zukünftig, neu oder alt; sondern alles, was im Vater ist, ist unwandelbar beständig.

Im Vater ist die Klarheit (claritas, Lichtfülle), und diese Klarheit hat Glanz (splendor, Sohn), und im Glanz ist Feuer (ignis, Heiliger Geist), und sie sind eins. Wer dies nicht im Glauben festhält, schaut Gott nicht, weil er von ihm abschneiden will, was ist. Denn Gott darf man nicht teilen. Selbst die Werke, die Gott erschaffen hat, verlieren, wenn der Mensch sie (begrifflich) aufteilt, den Vollgehalt ihrer Namen.

Im Sohn west die Gleichheit. Auf welche Weise? Alle Geschöpfe waren vor der Zeit im Vater, er ordnete sie in sich, danach schuf sie der Sohn im Werk. Der Vater ordnet, der Sohn wirkt. Denn der Vater hat alles in sich geordnet, und der Sohn hat es im Werk vollendet. Er ist das Licht vom Lichte, das im Anfang war, vor der Zeit, in der Ewigkeit. Dieses (Licht) ist der Sohn, der aus dem Vater aufglänzt und durch den alle Geschöpfe geworden sind. Und der Sohn zog – das war zuvor nicht leibhaftig erschienen – das Gewand der Menschennatur an, die er aus dem Lehm gebildet hatte. So hatte Gott alle Seine Werke im Blick vor sich als «Licht» (Abbil-

der des Sohnes), und als er sprach: «Es werde!», zog jegliches das seiner Art gemäße Gewand an.
Alsdann neigte sich Gott auf sein Werk herab. Und so bleibt auch in dieser Hinsicht die ‹Gleichheit› sogar in bezug auf den Menschen (Christus) im Sohne Gottes bestehen. Denn er zog die Menschheit an, wie auch die Werke Gottes ihre Körper anzogen. Deshalb hat er in der Niedrigkeit des Menschseins sich zum Menschen herabgeneigt. Denn die Gottheit ist so vollkommen, daß Gott – hätte er die menschliche Natur nicht angezogen – am Menschen nichts verschonen würde, was dem Guten widerstreitet.
Im Heiligen Geist west die Verbindung von Ewigkeit und Gleichheit. Der Heilige Geist ist wie ein Feuer, nicht ein auslöschbares, das bald in Flammen aufscheint, bald erlischt. Denn der Heilige Geist durchströmt und verbindet die ‹Ewigkeit› und die ‹Gleichheit› so, daß sie eins sind. Der Heilige Geist ist das Festigende (solidamentum) und das Belebende (vivificatio). Ohne den Heiligen Geist wäre die Ewigkeit nicht Ewigkeit. Ohne den Heiligen Geist wäre die Gleichheit nicht Gleichheit. Der Heilige Geist ist in beiden und eins (mit ihnen) in der Gottheit, ein Gott.»[563]
Noch in der Disibodenberger Zeit hatte ein Magister Odo von Paris, der auf der Trierer Synode über die *Scivias*-Schreiberin Kunde erhalten hatte, sich wegen einer akuten theologischen Frage an sie gewandt. «Viele stellen die Behauptung auf: ‹Vaterschaft› und ‹Gottheit› ist nicht (identisch mit) ‹Gott›. Lege unverzüglich dar, was du in den himmlischen Gesichten darüber erkennst, und laß es uns zukommen.»[564] Die hl. Hildegard spürte, daß sie hier ein Wort sagen mußte, das in die neuen theologischen Denkmethoden ihrer Zeit hineinzusprechen war. In ihrer Antwort spricht sie offen ihre Beklemmung aus: «Ich zittere sehr», und «ich bin nicht mit menschlicher Lehrweise noch mit starken Kräften durchtränkt». Sie stand erst am Anfang ihres Weges als prophetische Lehrerin in ihrer Kirche. Dann aber schreibt sie in der uns bei ihr vertrauten Kühnheit und Gewißheit.
«Ein gewisser Mann (eben der Magister Odo), der von Gelehrsamkeit überströmt, bat mich winziges Wesen, ich möchte hierüber (die genannte Frage) mit besonderer Aufmerksamkeit zum wahren Licht aufblicken. Und ich schaute. Und erfuhr – schauend in das wahre Licht, nicht durch mich und nicht in mir selber forschend – : Daß die Vaterschaft und die Gottheit Gott ist. Denn der Mensch hat nicht die Macht, von Gott zu sprechen wie von der menschlichen Natur des Menschen und wie von der Farbe eines von Menschenhand geschaffenen Werkes.
Das Lebendige Licht also spricht im geheimen Wort der Weisheit: Gott ist ganz und unversehrt und ohne zeitlichen Anfang. Darum kann er nicht – wie der Mensch – durch Reden aufgeteilt werden. Denn Gott ist – wie kein anderer – ein Ganzes. Nichts kann von ihm abgezogen und nichts zu ihm hinzugefügt werden. Denn auch seine Vaterschaft und seine Gottheit ist

Er, der da *ist,* wie gesagt ist: Ich bin der Ich-Bin. Und der da *ist,* besitzt die Fülle. Inwiefern? Im Wirken, Hervorbringen, Vollenden.
Wer immer also sagt, die Vaterschaft und die Gottheit seien nicht Gott, der nennt einen Mittelpunkt ohne Kreis. Und wer einen Mittelpunkt haben will ohne Kreis, verneint den, der ewig *ist.* Wer immer also verneint, daß die Vaterschaft und die Gottheit Gott ist, verneint Gott, da er behauptet, in Gott sei eine Art Leere, was nicht ist. Denn Gott ist die Fülle, und was in Gott ist, ist Gott. Gott kann nicht durchsucht und durchsiebt werden nach Menschenart, weil in Gott nichts ist, was nicht Gott ist. Das Geschöpf aber hat einen Anfang. Daher sucht die menschliche Vernunft Gott in Begriffen zu erfassen, wie sie selbst, entsprechend ihrer Eigenart, von Begriffen voll ist. Nun, o Mensch, höre nochmals das armselige Gebilde, das dir im Geiste sagt: Gott will, daß du gerade Wege gehst, daß du ihm unterworfen und ein lebendiger Stein am Eckstein bist. Und du wirst aus dem Buche des Lebens nicht getilgt werden!»[565]

3. Zweite Predigtreise. Hildegard zwischen Kaiser und Kirche

Hildegard blieb nach ihrer ersten Reise nicht lange auf dem Rupertsberg. Sie muß ihr Kloster in guter Ordnung wiedergefunden haben, denn schon bald bereitete sie die nächste Reise vor. Durch den Hunsrück ritt sie zu ihrem ersten bedeutenden Aufenthaltsort, nach Trier. Seit der päpstlichen Synode dort bestanden gute Beziehungen zwischen der Kirche in Trier und Hildegard, sowohl zu Erzbischof Hillin wie auch später zu seinem Nachfolger Arnold, und vor allem zu dem Benediktinerkloster St. Eucharius, dem ältesten auf deutschem Boden.
Für die hohen kirchlichen Würdenträger, zugleich immer Landesfürsten in ihrem Sprengel, war es nicht leicht, ein geheiligtes Leben zu führen und ihren geistlichen Aufgaben gerecht zu werden. Sie wurden in alle politischen Verwicklungen mit hineingezogen, mußten oftmals besondere Aufgaben im Dienst des Königs oder Kaisers übernehmen, hatten Sitz in den Reichstagen und nahmen an den Heerzügen nach Italien teil. Das Leben im Heerlager, das Feiern des Triumphes in üppigen Festen wie auch der Anblick eroberter und gedemütigter Städte war ihnen nicht fremd. Mancher Bischof und Erzbischof wandte sich, von seinem christlichen Gewissen bedrückt, an die hl. Hildegard.
So hatte auch Erzbischof Hillin von Trier an sie geschrieben: «Mit den vielen, die zum Hafen deines Trostes ihre Zuflucht nehmen, bitte auch ich dich, heilige Mutter, im Vertrauen auf überreiche Erfüllung meines Ver-

langens – ich bitte, sage ich, und beschwöre dein mütterliches Herz um der heiligen Liebe willen, laß ... auch mir Sünder einige Tropfen (geistlichen Zuspruches) zuträufeln.» Die hl. Hildegard, um die Beschwerden eines Kirchenfürsten in ihrer Zeit wissend, antwortet: «Die Weisheit tönt und spricht: Jetzt ist die laue ‹weibische› Zeit ... Wehe, wehe, die gegenwärtige Zeit ist weder kalt noch warm, sondern lau. Nun aber höre, o Hirte: Die Gerechtigkeit Gottes hält dich aufrecht, denn nicht vergeblich hat dich die Gnade Gottes eingesetzt. Doch wenn du gute Werke zu tun beginnst, ermüdest du schnell. Selbst, wenn du zum feierlichen Gottesdienst gerufen, das Gebet leitest, ermattest du bald (d. h. die weltlichen Gedanken verfolgen ihn bis in seine Gottesdienste) ... Dir ist der Turm (in deinem Bistum) zugewiesen. Hüte den Turm und verhalte dich so, daß nicht die ganze Stadt zerstört und aufgelöst wird. Wache also, halte Zucht mit eisernem Zepter und lehre. Salbe die Wunden der dir Anvertrauten.» Mit anderen Worten: Übe dein Bischofsamt so aus, daß du streng bist in geistlicher Zucht, wegweisend in geistlicher Führung und hilfreich in milder Barmherzigkeit.[566]

Es ist erstaunlich, wie solche hochgestellten, in der Welt angesehene Persönlichkeiten spürten, was in ihrem Leben nicht in Ordnung war, und sich nicht scheuten, vor der Rupertsberger Prophetin ihr Herz auszuschütten und Weisung von ihr zu erbitten. Der Konstanzer Bischof Hermann, viel tiefer als der Trierer in Verweltlichung versunken, schrieb sehr ehrlich: «Der Ruf deiner Weisheit, der sich weit- und breithin ergießt und mir durch zuverlässige Menschen zugetragen wurde, hat mich zu dem Wunsche angeregt, aus weiter Ferne bei dir Trost und Aufrichtung zu suchen und mich deinen Gebeten zu empfehlen. Denn es ist hart, daß der, der sein eigenes Leben nicht zu leiten versteht, der Richter fremden Lebens sein soll. Deshalb bitte ich deine Liebe in aufrichtiger Ergebenheit, mir beim Herrn mit deinen Gebeten zu Hilfe zu kommen und mich durch ein Antwortschreiben zu festigen. Denn sowohl mein Eigenwille als auch die Sorge um das Irdische ziehen mich beinahe ganz und gar vom Dienste Gottes ab.»

Bischof Hermann wußte, daß die Rupertsberger Äbtissin ohne persönliche Rücksichtnahme und frei von falscher Weichheit sprach. So wird er wohl einen derartigen Brief erwartet, vielleicht sogar ersehnt haben, wie ihn der Bote in seine Hände gab. «Das gerechte Licht sagt: Klage, o Mensch, dein Herz an, das den Rat der altehrwürdigen Prälaten, die der widrige Sinn der Eitelkeiten nicht berührt hat, durchbricht. O Mensch, was denkst du denn von dir, daß du dich nicht schämst, dir selbst in deinen Werken zu gefallen und so im Finstern zu wandeln? ... Viele Arbeiter (im Gebäude der Kirche) kommen mit ihren Angelegenheiten zu dir und suchen den engen und schmalen Pfad. Du aber redest – gemäß deiner Herzensverfassung – in großspre-

cherischer Aufgeblasenheit und rufst dadurch Entrüstung in ihren Herzen hervor. Wende dich daher aus der Finsternis auf die rechten Wege und erleuchte den Sinn deines Herzens, damit der Vater aller nicht zu dir spreche: ‹Warum steigst du Tor auf eine Säule, die du nicht erbaut hast?› Denn dem wird der Tag verfinstert, dessen Wirken nicht auf geraden Wegstrecken verläuft. Davor hüte dich! Erhebe dich schnell und wandle gerade Wege, bevor die Sonne für dich untergeht und deine Tage ein Ende nehmen.»[567]
Aus sich selbst heraus schrieb Hildegard an Bischof Günther von Speyer. Dieser hatte sich als zuverlässiger Anhänger der Staufenkönige Konrad III. und Friedrich I. bewährt, hatte sich um die Förderung der Klöster Hirsau und Maulbronn bemüht und wurde in letzterem, das er besonders liebte, gemäß seiner Willensverfügung beigesetzt, nachdem er während des Heerzuges Friedrichs in Italien im Jahre 1159 an der Pest gestorben war. Der Brief der hl. Hildegard läßt erkennen, wie sie in die Herzen der damaligen Bischöfe schaute, den inneren Zwiespalt ihres Lebens erkannte, sie aber in ihrer Berufung durch Christus zum kirchlichen Hirtenamt ernst nahm. Einige Sätze aus diesem Brief mögen das zeigen: «Das Licht der höchsten Einhauchung sagt zu dir, o Mensch: Weise die Ermahnung des Heiligen Geistes, die in dir aufsteigt, nicht durch gewohnheitsmäßige schlechte Werke von dir. Denn Gott hält Suche nach dir, weil er von jeher darauf bedacht ist, das verirrte Schaf zurückzuführen ... Gott blickt durch Fenster auf dich, denn er ist gütig und barmherzig. Dessen spotte kein Mensch irgendwie durch ein Wahngebilde seines Willens ... O Mensch, in vielfache Schwärze gehüllt, steh schnell auf nach dem Sturz und baue im Himmlischen ... Noch liegst du in der Schwärze, so daß wegen deiner Werke deine Seele kaum lebt; es sei denn, daß du wenigstens wie durch ein Bild (im unklaren Spiegel) zum anderen Leben aufschaust. Wie lichtes Morgenrot leuchtet dieses Wollen in dir. Dein Geist schüttelt sich in großen Qualen, wenn die feiste Natur dich mit verworrenen Lüsten peinigt. Aus diesem Brodel mußt du heraus! ... Fliehe daher die Ausgelassenheit der schiffbrüchigen, in Unreinheit liegenden Welt.»[568]
Die Einsicht der hl. Hildegard in die seelischen Zusammenhänge innerlich befreiten oder zwiespältigen Lebens tritt besonders deutlich hervor in einigen Sätzen des Briefes, den sie an Bischof Gottfried von Utrecht schrieb. Wunderbar, wie sie von der Heiterkeit des ewigen Lichtes spricht, bedrängend, was sie von der nächtlichen Traurigkeit des gespaltenen Menschen sagt! «Das heitere Licht sagt: Das Gesetz bewirkt Leben, die Finsternis Spaltungen und die Nachtzeit Traurigkeit. Der Mensch, der nach dem Besitz des Lebens verlangt, muß frei sein von Spaltungen. Wenn nämlich der Mensch durch die Eigenwilligkeit seines Verlangens und Strebens sich sündhaft in schwarze Nacht verstrickt, umringt ihn oft Traurigkeit, da er keinerlei Hoffnung mehr auf frohes Wirken hat.»[569]

Wenden wir uns nun wieder dem Aufenthalt der hl. Hildegard in Trier zu! In den Pfingsttagen 1160 hatte sie öffentlich vor Klerus und Volk gepredigt. Ob im Dom, oder ob im Freien, wissen wir nicht. Aber es muß eine große Zuhörerschaft von den Worten der prophetisch redenden Frau tief ergriffen gewesen sein, und die Geistlichkeit hat die Berechtigung der an sie gerichteten Bußpredigt ohne Empörung anerkannt, sich sogar aufrufen lassen, ihrer Kirche besser zu dienen. Denn sie baten bald schon durch einen Briefboten um eine Niederschrift der gehaltenen Predigt. Wir werden später auf die in dieser Predigt vollzogene Auseinandersetzung der hl. Hildegard mit der für die Kirche gefährlichen, eben heraufziehenden sektiererischen Bewegung der Katharer zurückkommen.[570]
Schon vor der Trierfahrt gab es einen Briefwechsel zwischen Abt Bertulf von St. Eucharius in Trier und der Rupertsberger Äbtissin. Während ihres Aufenthaltes in Trier vertiefte sich die Beziehung zwischen dem Mönchskloster und der hl. Hildegard. Schon bald nach ihrer Reise mahnte sie den Konvent, einen wegen seiner inneren Schwierigkeiten entlaufenen Mönch liebevoll wieder aufzunehmen, ja sie schrieb sogar diesem Mönch einen ihm neuen Mut gebenden geistlichen Zuspruch.[571] Interessant ist der Briefwechsel mit dem Mönch Gerwin, der, von einem anderen Kloster als Abt gewählt, gegen Hildegards Rat um der Würde willen die Stelle annahm. Hildegard schrieb darüber: «Gott umfängt diese Wahl nicht mit seiner Liebe, auch sein Zorn ereifert sich nicht über sie, sondern er erträgt sie wie vieles andere, das mit seiner Zulassung geschieht.» Gott läßt dem Menschen seine Freiheit, sieht zu, fordert dann aber, daß der Mensch sich auf seinem selbstgewählten Weg nachher Gottes Willen gemäß verhalte. Gerwin kam als Abt in dem zuchtlosen Kloster in große Schwierigkeiten. Die hl. Hildegard verfolgte seinen Lebensweg und schrieb ihm: «Die Gänge des Klosters, in dem du wohnst und den Stab der Zucht führst, sind finster durch unbeständigen und unruhigen Wandel. Sie riechen nach Begierlichkeit und Ungehorsam, woraus Unruhe und Zwistigkeiten entstehen. O hochgestellter Mann, erachte dich selbst nicht für hoch in Geistesüberheblichkeit! Tobe auch nicht in ausbrechendem Zorn über die Schafe deiner Herde. Salbe sie vielmehr und weise sie zurecht, so gut du kannst, und du wirst ewig leben. Später, wenn Gott es will, wird das Bild der ersten Morgenröte wieder aufleuchten.»[572]
Aus einem Schreiben der Mönche von St. Eucharius erfahren wir, daß sie schon eine Abschrift des *Scivias*-Buches besaßen und das Buch mit großem Gewinn gelesen hatten.[573]
Man staunt immer wieder über den nüchternen Realismus in den Briefen Hildegards, zu dem ihre tiefe Verehrung des menschgewordenen Gottessohnes und ihre Erkenntnis der unwandelbaren Barmherzigkeit Gottes sie befähigen. In einem langen Brief an die Mönche in St. Eucharius erinnert

sie diese daran, daß sie dazu berufen sind, als aus der sündigen Adamsmenschheit Herausgerufene und aufgrund der Menschwerdung Christi zu einem neuen geistlichen Volk Berufene in der Christusnachfolge zu leben. Dringend warnt sie vor dem boshaften Hochmut, aus dem unruhiger Geist, Neid und Haß entstehen. Und dann zeichnet sie das Bild der Mönchsgemeinde, wie sie es «in wahrer Schau» sieht, vier Gruppen, die in ihr leben: Die Gottesfürchtigen, die freudig aus Liebe zu Gott die Vorschriften der Mönchsregel beachten, manchmal aber dem Fleisch nach von der Regel abweichen; sodann die, welche Gott wahrhaft lieben, keine schweren Sünden begehen und sich wegen ihrer leichten Vergehen gern züchtigen; weiter die wie das Licht der Sterne Strahlenden, von Wohlwollen Erfüllten, die sich die Unbeschwertheit kindlichen Wandels bewahren; zuletzt dann die wegen der Gewohnheit ihres unreinen Wandels in der Schwärze Lebenden, ohne Liebe zum geistlichen Wandel, ein Grund häufiger Betrübnis für die drei ersten Gruppen, und öfter die geistliche Ordnung des Klosters gefährdend. Sie alle miteinander bilden die Mönchsgemeinschaft, einander zugeordnet und aufeinander angewiesen. An sie alle ergeht die ermutigende, mahnende und warnende Stimme aus der Höhe.[574]

Die hl. Hildegard blieb mit diesem Kloster in Verbindung, in gegenseitiger Fürbitte und aufrichtiger Freundschaft. Der Mönch Ludwig wurde 1168 in Nachfolge von Bertulf zum Abt gewählt. Hildegard nannte ihn ihren geliebten Sohn und er sie seine geliebte Mutter. Er war es auch, der nach Hildegards Tod den Mönch Theoderich beauftragte, die von dem Disibodenberger Mönch Gottfried begonnene, unfertig gebliebene Hildegardvita zu vollenden.

Von Trier aus ritt Hildegard die Mosel aufwärts. Näheres über die Reise und ihre Zwischenaufenthalte wissen wir nicht, nur, daß sie in Metz Station machte und dort ähnlich wie in Trier zum Volk und zur Geistlichkeit sprach. Der ferngelegenste Ort dieser Reise war wohl das Nonnenkloster Krauftal bei Zabern. Der Besuch in diesem geistlich ermatteten Kloster blieb zunächst ohne Wirkung. Die Äbtissin bekannte in einem Brief, daß sie «die Ausführung dessen, was ich mir auf euren Rat hin vorgenommen hatte, bis jetzt noch verschoben habe». Die hl. Hildegard erinnerte sie daraufhin sehr eindringlich an ihre Verantwortung und schrieb gleichzeitig an die eine kraftvolle geistliche Führung entbehrende Schwesternschar, daß auch sie selbst die Verantwortung dafür trügen, neues Leben in ihrer Mitte zu erwecken: «Das geistliche Leben muß mit viel Hingabe umsorgt werden. Anfangs ist das bitter in seiner Mühe. Denn es fordert die Absage an die Eigenwilligkeit und Lust des Fleisches und Ähnliches. Doch wird einer heiligen Seele, wenn sie sich von der Heiligkeit bestricken läßt, selbst die Weltverachtung süß und lieblich. Nur muß man vorsorglich darauf bedacht sein, daß die Seele nicht verwelkt.» Und zum Schluß ruft sie ihnen zu: «Gott will dich (seinen Weinberg) wieder so haben, wie er dich in deiner ersten Pflanzung erschaute.»[575]

Nur wenige Monate blieb die hl. Hildegard nach der Rückkehr von dieser weiten Reise auf dem Rupertsberg, dann nötigte sie die innere Stimme zu ihrer dritten Reise, die noch 1161 begann, und die sie erst 1163 beendete. Mit welcher Energie und Hingabe diese Frau an der Erfüllung des ihr Aufgetragenen arbeitete, wird offenbar, wenn man daran denkt, daß sie in diesen Jahren des Reisens von 1158 bis 1163 während der freien Zwischenzeiten das Buch vom verdienstvollen Leben, das *liber vitae meritorum,* geschrieben hat. Vieles ihrer Erkenntnisse und Erfahrungen dieser Jahre ist in dieses Buch eingegangen.

Diese dritte seelsorgerliche Besuchsreise führte den Rhein hinunter. Zu vielen Orten, Klöstern und Städten hatte die hl. Hildegard schon längst persönliche Beziehungen, so daß sie Gelegenheiten genug besaß, Station zu machen, so etwa in Boppard, Koblenz, Laach, Bonn und Siegburg. Längeren Aufenthalt nahm sie in Köln, wo der Erzbischof und das Domkapitel für ihr Kommen dankbar waren. Der Erzdechant Philipp von Heinzberg, später selbst Erzbischof, war ihr freundschaftlich verbunden und bewährte sich Jahre danach als Hildegards treuer Helfer. Köln war nicht nur eine bedeutende Handelsstadt, sondern auch die Stadt der vielen Kirchen, Klöster und Stifte, eine Pflegestätte der Kunst und Wissenschaft, aber auch der Ort der geistig-religiösen Auseinandersetzungen der damaligen Zeit. Die sektiererische Bewegung der Katharer hatte in der Kölner Bevölkerung und bei den kirchlichen Stellen große Beunruhigung hervorgerufen. Ein Katharerbischof mit Gefolge war aufgespürt worden, und die wütende Stadtbevölkerung hatte sie alle umgebracht. Im Jahr 1163 wurden einige aus Flamland zugewanderte Katharer auf Anordnung der zuständigen Behörde öffentlich auf dem Judenfriedhof verbrannt. Die hl. Hildegard, die längst auch von dieser Bewegung wußte, auch die Gefährdung der Kirche deutlich erkannt hatte, nahm die Gelegenheit wahr, hier in Köln in ihrer öffentlichen Predigt vor Geistlichkeit und Volk ihr prophetisches Mahnwort zu sagen.[576]

Der entfernteste Punkt dieser Reise war das sehr alte Benediktinerkloster Werden an der Ruhr. Ob die hl. Hildegard noch weitere Klöster im Niederrheingebiet und zur Maas hin besucht hat, wissen wir nicht. Briefliche Verbindungen dorthin bestanden. Mit Sorge im Herzen um ihre Kirche kehrte die Reisende anfangs 1163 zu ihrem geliebten Kloster Rupertsberg zurück.

Bald schon wies Gott ihr eine neue Aufgabe zu, sie mußte ihr drittes großes theologisches Buch schreiben, *liber divinorum operum,* das Buch von den Gotteswerken. Von 1163 bis 1173/74 arbeitete sie daran. Nicht lange nach ihrer Rückkehr tat sie einen wichtigen Schritt zur Sicherung ihres Klosters Rupertsberg. Sie ritt zum kaiserlichen Hoftag nach Mainz und bat Kaiser Friedrich I. um einen kaiserlichen Schutzbrief für ihr Kloster. Dieses am 18. April ausgestellte und von vielen vornehmen Zeugen beglaubigte Schreiben bewahrte wenige Jahre danach das Kloster vor der Verwüstung durch kaiserliche Truppen bei einem Heerzug gegen das Erzbistum Mainz.

An dieser Stelle müssen wir auf den Briefwechsel der hl. Hildegard mit ihrem Kaiser eingehen. Dessen Onkel und Vorgänger, König Konrad III., hatte sich, nach mißglücktem Kreuzzug und vorzeitigem Tod seines zur Nachfolge bestimmten Sohnes zermürbt und innerlich gebrochen, an die hl. Hildegard gewandt: «Wir eilen, obgleich wir ein weltliches Leben führen, zu dir, nehmen zu dir unsere Zuflucht und bitten demütig um Hilfe deiner Gebete und Ermahnungen. Denn wir leben weit anders als wir sollten.» In welch prophetischer Kühnheit und Freiheit die hl. Hildegard den Großen dieser Erde begegnete, beweist ihr Antwortbrief: «Der allen das Leben gibt, spricht: Selig sind die, die in würdiger Weise sich dem Leuchter (-amt) des höchsten Königs unterwerfen. O König, verbleibe darin, und wirf allen Schmutz aus Deinem Geist hinaus. Denn Gott erhält jeden, der ihn in Hingabe und Lauterkeit sucht... Höre: In gewisser Weise wendest du dich ab von Gott. Die Zeiten, in denen du lebst, sind leichtfertig wie ein Weib. Sie neigen sich auch einer leichtfertigen Ungerechtigkeit zu.» Nachdem sie ihm weiter über den wirren Wechsel kommender böser und guter Zeiten geschrieben hat, schließt sie ihren Brief mit der Mahnung: «Und wiederum spricht er, der alles weiß, zu dir, o König: Wenn du dies hörst, o Mensch, reiß dich zusammen gegen deinen Eigenwillen und bessere dich, damit du geläutert in die Zeiten gelangst, in denen du über deine Tage nicht mehr zu erröten brauchst.»[577] Ihm war nur noch eine kurze Lebenszeit beschieden. Am 4. März 1152 wurde der von König Konrad auf dem Sterbebett als gewünschter Nachfolger bezeichnete Neffe Friedrich in Frankfurt zum König gewählt. Eine große, glanzvolle, aber auch von damals kaum lösbaren Problemen und schweren Auseinandersetzungen belastete Zeit zog herauf, die Stauferzeit.

Die hl. Hildegard auf dem Rupertsberg stand als Beteiligte inmitten ihrer Zeit, erlebte auch in nächster Nähe die Auswirkungen des notvollen Problems dieser Epoche, der Verflechtung von weltlicher Macht und geistlicher Autorität. Die geistlichen Oberen bis hinauf zum Papst waren immer zugleich als Landesherren ihres Gebietes Vertreter weltlicher Macht, und die weltlichen Machtträger hatten immer zugleich auf irgendeine Weise in ihrem Gebiet Verfügungsrecht über geistliche Stellen, die mit einem Landlehen verbunden waren. Dies spitzte sich auf höchster Ebene zu, in der Auseinandersetzung zwischen Kaisertum und Papsttum. Friedrich I. Barbarossa fühlte sich berufen, das karolingisch-ottonische Reichskirchensystem zu erneuern und sah sich als Kaiser des Heiligen Römischen Reiches Deutscher Nation nicht nur als Verwalter der höchsten weltlichen Macht, sondern auch als gottgesetzten herrscherlichen Beschützer über die kirchlichen Institutionen. Die Kirche dagegen, vertreten durch ihre Spitze in der Institution des Papsttums und durch ihre landesherrlichen Episkopate, mußte auf die Wahrung ihrer geistlichen und kirchenrechtlichen Eigenständigkeit bedacht sein. Konflikte waren unausbleiblich. Die hl. Hildegard erlebte dies in den Auseinandersetzungen um das Erzbistum Mainz und in den Leiden der Kirche unter dem fast zwanzigjährigen Schisma, d. h. Doppelpapsttum.

Erzbischof Heinrich von Mainz hatte sich bei der Königserhebung Friedrichs in Frankfurt der Stimme enthalten, was der König im Gedächtnis behielt. Mit Friedrich hatte der fähigste der damaligen deutschen Fürsten den Herrscherstab in die Hand genommen. Die hl. Hildegard erkannte das und schrieb ihm schon bald ihren ersten, von Freude, Hochachtung und Zukunftssorge eingegebenen Brief: «Es ist wunderbar, daß der Mensch einer solch anziehenden Persönlichkeit bedarf, wie du, König, es bist. Höre: Ein Mann stand auf einem hohen Berge, blickte in alle Täler hinein und schaute, was jeder darin tat. Er hielt einen Stab in der Hand und teilte alles richtig ein, so daß grünte, was dürr war, und aufwachte, was schlief. Der Stab nahm aber auch die Last des Stumpfsinns von denen, die sich in großem Stumpfsinn befanden. Nun, o König, schau sorgsam zu! Alle Länder sind umdunkelt von den Ränken der vielen, die durch die Schwärze ihrer Sünden die Gerechtigkeit auslöschen. O König, bezwinge mit dem Zepter der Barmherzigkeit die trägen, unsteten und wilden Sitten. Denn schwarz sind die lässigen Sitten der Fürsten, die in Ausgelassenheit und Schmutz daherlaufen. Davor fliehe, o König! Sei vielmehr ein bewaffneter Streiter, der dem Teufel tapfer widersteht, damit Gott dich nicht stürze und dadurch Schande über dein irdisches Reich komme. Wirf also die Habsucht ab und wähle Enthaltsamkeit: Das ist es, was der höchste König liebt.»[578]

Noch im gleichen Jahr wurde Erzbischof Heinrich von Mainz, dem die hl. Hildegard viel zu danken hatte, wegen Veruntreuung kirchlichen Besitzes angeklagt. Die Anklage war sachlich berechtigt. Aber die hl. Hildegard wußte, daß dahinter ungute, treibende Kräfte, Neider und Mißgünstige, ihre Hand im Spiel hatten. Sie wandte sich deshalb an Papst Eugen und auch an die von ihm entsandten Legaten, sprach ihre Erkenntnisse offen aus und bat darum, man möge diesem sonst bewährten Erzbischof Barmherzigkeit erweisen. Doch zu Pfingsten 1153 wurde er auf Betreiben des Kaisers während des Fürstentages zu Worms abgesetzt. Die hl. Hildegard schrieb dem von ihr immer noch geachteten Gestürzten in einem sich um

seine Person sorgenden Brief, er möge sich in seiner Schuld demütigen, Gottes Gericht in seinem Fallen erkennen, und er solle auch wissen, daß seinen schmähsüchtigen Widersachern ebenso Gottes Gericht drohe, vor allem aber solle er sich selbst nun zu Gott erheben. «Du aber steh auf, denn deine Tage sind kurz.»[579] Er starb noch im Herbst des gleichen Jahres.
Friedrich sorgte dafür, daß der bedeutende höhere Geistliche Arnold in Mainz, der unter König Konrad dessen Kanzler gewesen war, zum neuen Erzbischof gewählt wurde. Da dieser versuchte, die erzbischöflichen Besitztümer wieder in feste Hand zu nehmen, kam es zu Auseinandersetzungen zwischen ihm und dem benachbarten Pfalzgrafen. Letzterer fiel in das Erzbistum ein und plünderte Kirchen, zerstörte Burgen und verwüstete Gutshöfe. Durch das Eingreifen Friedrichs wurde Frieden und Ordnung wiederhergestellt.
Inzwischen hatte in der wiederaufgebauten Kaiserpfalz zu Ingelheim 1154 eine Begegnung zwischen Friedrich und der hl. Hildegard stattgefunden. Über Anlaß und Inhalt wissen wir nichts, aber aus einem nach der Kaiserkrönung im Jahr 1155 geschriebenen Brief Friedrichs erfahren wir, daß die Rupertsberger Äbtissin sich dem Herrscher gegenüber sehr aufgeschlossen gezeigt haben muß, und daß Friedrich einen tiefen Eindruck von der geistigen und geistlichen Höhe dieser Frau gewonnen hatte. Wir spüren das aus den Worten dieses Briefes.
«Friedrich, durch Gottes Gnade römischer Kaiser und ständiger Mehrer des Reiches, entbietet Frau Hildegard von Bingen seine Gunst und alles Gute.
Wir machen deiner Heiligkeit bekannt: Das, was du uns vorausgesagt hast, als wir dich bei unserm Aufenthalt in Ingelheim gebeten hatten, vor uns zu erscheinen, halten wir bereits in Händen. Aber trotzdem werden wir nicht aufhören, in allen Unternehmungen uns für die Ehre des Reiches abzumühen. Daher ermahnen wir deine Liebe aufs inständigste, du wolltest mit deinen dir anvertrauten Schwestern für uns zum allmächtigen Gott deine Bitten emporsenden, damit, wenn wir uns in irdischen Geschäften abmühen, er uns so zu sich wende, daß wir seine Gnade zu erlangen vermögen. Du darfst aber auch die sichere Überzeugung haben, daß wir bei jedwedem Anliegen, das du uns vorträgst, weder auf die Freundschaft noch auf den Haß irgendeiner Person Rücksicht nehmen werden. Vielmehr haben wir uns vorgenommen, einzig im Blick auf die Gerechtigkeit gerecht zu urteilen.»[580]
Friedrich I. hatte als Kaiser geschrieben. Denn am 18. Juni 1155 war er in Rom von Papst Hadrian IV. gekrönt worden, allerdings heimlich, denn die Stadt Rom war sowohl dem Papst wie auch dem deutschen Herrscher feindlich gesinnt. Eine Welt voller Spannungen! Papst Hadrian, ein kluger, aktiver, schon in verschiedenen kirchlichen Aufgaben bewährter

Mann, erst seit kurzem im Amt, geriet in Schwierigkeiten mit der Stadt Rom und Sizilien, weil er versuchte, die päpstliche Macht politisch und kirchenrechtlich wieder zu festigen. Eben dies aber führte auch zu Spannungen mit dem deutschen Kaiser, dessen Auffassung von der Stellung des Kaisertums in Welt und Kirche in Gegensatz zu den Bestrebungen Hadrians stand. Die hl. Hildegard wußte darum und schrieb dem Papst in einem Ermutigungsbrief: «Bis zur Erschöpfung bist du all denen preisgegeben, die gegen dich anrennen ... Suche also in deinem Herzen Rettung aus den Wassern, damit du nicht in den Strudel gerätst.»[581]

Hadrian IV. starb am 1. September 1159. Das Kardinalskollegium war zwar in sich uneinig, wählte aber gültig Alexander III. als Nachfolger. Kaiser Friedrich nutzte die Spannungen in Rom aus und setzte Viktor IV. als Gegenpapst ein. Damit begann das siebzehnjährige Schisma. Während dieser Zeit setzte Friedrich noch zwei Gegenpäpste ein, bis 1177 die Versöhnung zwischen Papst Alexander, der alle Gegenpäpste überlebte, und Kaiser Friedrich zustande kam. Die Auswirkungen dieses Schismas, Zerrissenheit der Kirche und Spaltungen im weltlichen Bereich in verschiedene Parteien, erlebt die hl. Hildegard in nächster Nähe. Im Erzbistum Mainz gab es böse Auseinandersetzungen zwischen Erzbischof Arnold und der Stadtbürgerschaft. Letztere verweigerte den Tribut, als Erzbischof Arnold dem Kaiser Heeresfolge nach Italien leistete und auf die Seite des kaiserlichen Gegenpapstes trat. Als Papst Alexander nach der Rückkehr Arnolds nach Mainz 1160 über ihn den Bann verhängte, Arnold aber seinerseits die Mainzer wegen der Tributverweigerung zur Rechenschaft ziehen wollte, kam es zu blutigen Kämpfen, bei denen der Erzbischof von Bürgern, die auf Seiten des Papstes Alexanders standen, vor einem Kirchenportal erschlagen wurde. Die Äbtissin Hildegard hatte ihm noch kurz zuvor einen warnenden Brief geschrieben, der mit den Worten schloß: «Richte dich also zu Gott empor, denn deine Zeit kommt schnell.»[582]

Konrad von Wittelsbach wurde Arnolds Nachfolger, ein charakterfester Mann, darum auch vom Kaiser geschätzt. Er gehörte zu den Unterschreibern des kaiserlichen Schutzbriefes für das Hildegardkloster. Schon 1164 geriet er bei dem Kaiser in Ungnade, da er für Papst Alexander eintrat, und als er sich 1165 auf dem Hoftag zu Würzburg, im Gegensatz zu den meisten deutschen Kirchenfürsten, gegen den nach Viktors Tod aufgestellten neuen Gegenpapst Paschalis III. aussprach, wurde er vom Kaiser seines Amtes enthoben. Er floh zu Papst Alexander. In den Tagen, als es für ihn galt, im Eintreten für das Recht in der Kirche Mut zu beweisen, hatte die Rupertsberger Äbtissin ihm einen stärkenden Brief geschrieben. Sie berief sich dafür auf ihr Schauen und Hören im wahrhaftigen Licht: «O Sohn Gottes, du stehst jetzt im Anruf des Tages. Ergreife also den Schild des Glaubens, und halte die strahlend schöne Gerechtigkeit Gottes liebend in deinem Herzen umfangen ... Im Anruf des Tages höre nicht auf die, die Gott verachten und Seinen Werken widersprechen ... So wirst du das mörderische Schwert der Böswilligen und die ungläubigen Reden derer fliehen, die auf Gott wie ein Hund losfahren.»[583] Hildegards Urteil über die, welche um weltlichen Vorteils willen gegen den rechtmäßigen Papst zum Kaiserpapst hielten, ist hart: Sie sind gegen Gott kläffende Hunde.

Zunächst hatte sich die Rupertsberger Äbtissin dem Kaiser Barbarossa gegenüber abwartend zurückgehalten. Sie hoffte wohl, für ihn betend, daß er auf den Weg der Ehrfurcht gegenüber Gottes Recht zurückfinden werde. Der Brief, den sie nach ihrer Begegnung mit dem Kaiser in Ingelheim geschrieben hatte, ist ein Zeugnis von der hohen Achtung, die sie dem Amt des Kaisers entgegenbrachte: «O Diener Gottes, der du von ihm unter dem ehrenvollen Namen ‹Richter› und ‹Lenker› eingesetzt bist, seine Herde zu leiten und zu schützen. O Diener Gottes, von ihm erschaffen und durch das Blut seines Sohnes erlöst ... ahme auch du den höchsten Richter und Lenker in seiner Barmherzigkeit nach. Fürwahr, den höchsten Richter und Lenker, dessen göttlicher Macht alles unterworfen ist, mußt du fürchten und lieben. Denn alle Gewalt und Herrschaft geht allein von dem aus, der alles in rechter Ordnung verteilt, und empfängt von ihm ihren Namen. Demgemäß sollen die Herrscher die Völker regieren, zurechtweisen und richten. Die Wege der Wahrheit und Gerechtigkeit sollen sie aufzeigen. Wer dies zu tun verachtet, wird dafür von ihm, dem höchsten Richter, zur Rechenschaft gezogen.» Die Rupertsberger Äbtissin hat, in der Gewissheit göttlichen Auftrages, den Mut, den Kaiser an seine Verantwortung gegenüber seinem Auftraggeber, Gott, und an seine Pflichten gegenüber dem ihm anvertrauten Volk zu gemahnen. Der damalige Kaiser hatte sein Amt durch die Wählergunst erhalten, die von manchen Zufälligkeiten und Stimmungen beeinflußt war, und sein Amt ruhte auf schwankendem Boden. Hildegard hatte Recht, wenn sie dem Kaiser schrieb, es komme alles auf seine Bewährung an.

Über ihre Achtung vor dem Kaiser als Träger eines höchsten Amtes hinaus empfand sie eine tiefe, liebende Zuneigung zu dieser jugendlichen, Kraft und Geist ausstrahlenden Gestalt. Mit aufmerksamer, teilnehmender Sorge verfolgte sie deshalb seine Schritte und nahm die Bitte, die er vor ihr ausgesprochen hatte, auf ihr Herz: «Vertraue auf Gott», schrieb sie, «und deine Feinde werden dich nicht überwältigen. Suche seine Gerechtigkeit, beobachte seine Vorschriften auf allen Wegen und bei allen deinen Richtersprüchen und mach ihn dir geneigt durch Almosen und fromme Gebete. Und wisse, daß ich Gott aus ganzem Herzen bitten werde, er möge dich trösten durch einen ihm wohlgefälligen Erben und wunderbar an dir seine Barmherzigkeit erweisen, damit du durch ein gutes und gerechtes Leben in dieser Zeitlichkeit verdienst, nach dem Tode von ihm hinübergeführt zu werden in die ewigen Freuden.»[584] Im Sommer 1164 wurde dem Kaiser der erste Sohn geboren.

Als aber Kaiser Friedrich einen zweiten Gegenpapst eingesetzt und Erzbischof Konrad aus Mainz vertrieben hatte, als ein kaiserliches Militärkommando eine Strafexpedition gegen die zum rechtsgültigen Papst haltenden Mainzer durchführte und in vielen Orten die Flammen zum Himmel schlugen, schrieb die tief enttäuschte Äbtissin in anderer Tonart an den Kaiser: «O König, es ist dringend notwendig, daß du in deinen Handlungen vorsichtig bist. Ich sehe dich nämlich in der geheimnisvollen Schau wie ein Kind, einen unsinnig Lebenden vor den lebendigen Augen Gottes. Noch hast du Zeit, über irdische Dinge zu herrschen. Gib acht, daß der höchste König dich nicht zu Boden streckt wegen der Blindheit deiner Augen, die nicht richtig sehen, wie du das Zepter zum rechten Regieren in der Hand halten mußt. Darauf habe acht: Sei so, daß die Gnade Gottes nicht in dir erlischt!»

Wenige Jahre danach, da der Kaiser seinen einmal eingeschlagenen Weg weiter verfolgte, sandte sie ihm einen letzten Brief. Es ist wohl der kürzeste, den sie überhaupt je geschrieben hat, und der schärfste: «Der da IST, spricht: Die Widerspenstigkeit zerstöre ich, und den Widerstand derer, die mir trotzen, zermalme ich durch mich selbst. Wehe, wehe diesem bösen Tun der Frevler, die mich verachten! Das höre, König, wenn du leben willst! Sonst wird mein Schwert dich durchbohren!»[585] Keine Anrede, kein gutes Wort, nur Drohung des göttlichen Gerichtes über das Stauferkaisertum; so ist dieser Brief ein erschütterndes Dokument für den uns Menschen zumeist verhüllten Widerspruch zwischen Gottes Urteil und glanzvollem Augenschein. Hildegard kann ihn nur mit schmerzendem Herzen und zitternder Hand geschrieben haben. Es scheint aber, als habe sie mit ihrem Kloster trotz allem dem Kaiser und der Kaiserin hohe Achtung und menschliche Zuneigung bewahrt.[586]

Eine der charaktervollsten Gestalten dieser Zeit war Erzbischof Eberhard von Salzburg, ein guter geistlicher und weltlicher Hirte seines weitgedehnten Kirchengebietes, und schon bald nach seinem Tode als Heiliger verehrt. Obwohl er im Reich der tatkräftigste Anhänger des rechtmäßigen Papstes war, achtete Kaiser Friedrich den schon über fünfundsiebzigjährigen Geistlichen und Reichsfürsten wegen seiner Tüchtigkeit und aufrichtigen Gesinnung. Während des Hoflagers 1163 in Mainz hatte Erzbischof Eberhard Hildegard persönlich kennengelernt, ihr seine Sorgen dargelegt und ihr das Versprechen abgenommen, daß sie für ihn beten und seinen Brief beantworten werde. Von Salzburg aus schrieb er ihr: «Ich Sünder, der ich ins Tal der Tränen versetzt bin, aufgerieben von vielen Wirbeln und Stürmen der Welt, habe von innen Furcht, von außen Kämpfe erlitten. Nun bitte ich deine Liebe aufs inständigste: Ergieße deine Gebete für mich, damit die göttliche Barmherzigkeit mir das Innerste ihrer Güte auftue und milde mich allen Trübsalen entreiße. Denn der Kaiser unterfängt sich, wegen des Schismas, das zur Zeit in der Kirche besteht, uns Gewalt anzutun. Gottgeweihte Jungfrau, deine Liebe möge sich erinnern: Als ich im Hoflager bei Mainz war, habe ich mich aufs eifrigste deinen heiligen Gebeten empfohlen, damit durch deine Fürsprache mein inneres Leben Fortschritte im Herrn und glückliche Vollendung erfahre. Deshalb hast du mir Geringem ja auch versprochen, es nicht als Belastung zu betrachten, mir deinerseits nach Empfang meines Briefes darüber zu schreiben, was der Herr dir offenbaren würde. Die Einlösung dieses Versprechens fordert der Geringe nunmehr von deiner Heiligkeit ein.»

In ihrer Einstellung zum Schisma stimmten beide überein; darüber brauchte die hl. Hildegard nicht zu schreiben. Aber sie hatte gespürt und in ihrer Schau deutlich erkannt, worunter dieser treue Hirte seines Erzbistums litt: Es war die Doppelbelastung des geistlichen und weltlichen Amtes, die Verantwortung gegenüber seinen geistlich-seelsorgerlichen Aufgaben an den ihm anvertrauten Menschen und die Mühe um finanzielle, wirtschaftliche, rechtliche und politische Aufgaben in dem ihm übergebenen weltlichen Bereich. Die Aneinanderbindung beider Aufgaben, wenn auch nicht in dem früheren Ausmaße, ist eine Belastung, von der die Kirche nicht frei werden kann, solange sie in irdischen Verhältnissen existieren muß. Die hl. Hildegard wußte, daß auch ihre Klostergemeinschaft nicht in reiner Geistlichkeit bestehen konnte. Die wirtschaftlichen und die rechtlichen Dinge mußten gut verwaltet werden. So ist es nun sehr aufschlußreich, was sie dem greisen, aber noch sehr tatkräftigen Erzbischof Eberhard antwortet. Sie trifft genau die Frage, die nie theoretisch, immer nur in mühsamer, ununterbrochener Praxis gelöst werden kann. Sie schreibt:

«O du, der du in deinem Amt den Sohn des lebendigen Gottes vertrittst, jetzt schaue ich: Dein Zustand gleicht zwei Mauern, die wie durch einen Eckstein verbunden sind. Die eine erscheint wie eine glänzende Wolke, die andere etwas verschattet, jedoch so, daß weder die Helligkeit mit dem Schatten noch dieser mit der Helligkeit sich vermischt. Die Mauern sind deine Mühen, die in deinem Geist (dem Eckstein) zusammentreffen. Denn einerseits seufzt dein Wollen und Sehnen auf engem Pfade zu Gott hin, andererseits zielt der Bereich deiner Mühen auf das dir untergebene Volk: Das eine in Helligkeit, das andere in Verschattung. Die Helligkeit deines Wollens betrachtest du als Hausgenossen, den Schatten der weltlichen Mühsal siehst du als Fremdling an. Du gestattest nicht, daß sie sich miteinander vereinigen und spürst daher häufig Ermüdung in deinem Geiste. Denn dein Streben zu Gott und dein Mühen um das Volk siehst du nicht als Einheit. Und doch kann beides, ob du mit gutem Streben zum Himmlischen aufseufzest oder in Gott für das Volk dich mühst, zu *einem* Verdienst verbunden werden. So hing auch Christus dem Himmlischen an und neigte sich doch zugleich dem Volke zu. – Durchtränke also, o Vater, deine Mühsal mit dem Quell der Weisheit, aus dem zwei Töchter schöpfen, die mit königlichen Gewändern bekleidet sind: Die Liebe und der Gehorsam. Die Liebe spricht zu dir: Wenn du Wunden barmherzig berührst und reinigst,wenn du einfältigen und rechtschaffenen Menschen mit Wohlwollen in Gott begegnest, bin ich in liebender Freundschaft dein eigen. Der Gehorsam spricht zu dir: Ich bleibe bei dir wegen der Bindung des Gesetzes und der Vorschrift Gottes, deshalb umfange mich entschlossen und mit starker Kraft, nicht wie einen Verwalter, sondern wie eine innig geliebte Freundin. – Denn der Urgrund, aus dem ich hervorging, ist die Liebe ... Nun, o Vater, ich armseliges Gebilde sehe, wie dein Wille die Tür zu diesen Gotteskräften ersehnt, die dir offenstehen wird, so daß du in diesen Kräften das zermahlende Werk deiner Leibesaufgabe vollendest. Der da *ist* und alles erforscht, wird dich an Leib und Seele stützen.»[587]

Liebe und Gehorsam befähigen dazu, die verschiedenartigen, ja einander widerstrebenden Aufgabenstellungen zu einem vor Gott einheitlichen Tun werden zu lassen. Dabei sind die Bemerkungen der hl. Hildegard wichtig und zeugen von ihrer tiefen Einsicht, daß Gehorsam seine Wurzel letztlich in der Liebe hat, und daß es auch bei allem göttlichen Beistand für den Menschen ein «zermahlendes Werk seiner Leibesaufgabe» bleibt. Diese Worte der Rupertsberger Äbtissin an einen unter seinem Amt seufzenden Kirchenmann ihrer Zeit bieten eine immer gültige Wegweisung.

4. Hildegard und die Ketzer. Dritte Predigtreise

Wie eine bedrohliche Flutwelle, wie ein fressendes Lauffeuer war in kurzer Zeit die religiöse Bewegung der Katharer vom Osten her, auf den Handelswegen, über das westliche Deutschland hinweg bis zu den Pyrenäen hin vorgedrungen und kam auf mannigfachen Wegen zurück in die Bistümer Köln, Trier und Mainz.[588] Schon zu der Zeit, als Hildegard noch als junge Nonne auf dem Disibodenberg lebte, wurde in Trier das erste kirchliche Verfahren gegen vier Ketzer durchgeführt.[589] Um 1143 berichtet ein Abt Steinfeld über ein Ketzerverhör, bei dem er von deren religiösem Ernst tief beeindruckt war. Sie blieben trotz aller Androhungen dabei, daß sie die wahre Kirche und Gefolgschaft Christi seien.[590] Die von dieser Bewegung ergriffenen Menschen traten stets bescheiden auf, schlicht und demütig; sie lebten besitzlos, Geld und Macht verachtend, pflegten in einfachen Stuben ihre religiöse Gemeinschaft ohne Sakramente und Priester, missionierten still von Person zu Person und breiteten ihre Gedanken und Ziele in allen

Bevölkerungsschichten aus. Angesichts der Verweltlichung der Institutionskirche fanden sie leicht Gehör. Von weltlichen und kirchlichen Instanzen verfolgt, wanderten sie von Ort zu Ort, von Gefahr zu Gefahr, um ihrer Botschaft als «wahre Nachfolger der Apostel» zu dienen. In Köln wurde eine Gruppe von ihnen mit ihrem Führer Arnold aufgegriffen, verhört, zum Widerruf aufgefordert und nach langen Verhandlungen zum Tode verurteilt. Am 5. August 1163 wurden sie auf dem Judenfriedhof verbrannt. Arnold segnete sie und ermahnte sie, dem Märtyrer Laurentius nachzueifern. Ein liebreizendes junges Mädchen rührte das Mitleid der Zuschauer. Man wollte sie überreden und vor dem Feuer bewahren. Sie aber warf ihr Gewand über ihr Haupt und stürzte sich in die Flammen.[591] Über all dies wurde überall im Land gesprochen, und viele mochten wohl fragen, ob diese Menschen nicht die wahre Kirche Jesu Christi seien, so ganz anders als die verweltlichte, allen Sünden der Welt verfallene Institutionskirche der üppigen und mächtigen Prälaten, der weltlich lebenden Geistlichen, des prunkvollen Kultes, der äußerlichen Gesetzlichkeit und des Verschworenseins auf unveränderliche Dogmen. Es mußte sich dem schlichten Volk und vielen Gebildeten aus höheren Ständen der Eindruck aufdrängen, daß diese Leute es ernst meinten und durch die Tat bekräftigten, was sie von sich erklärten: Sie seien die wahren Nachfolger Christi, die *perfecti sive boni homines,* die vollkommenen und guten Menschen, die Reinen (= Katharer), weil sie den radikalen Forderungen des Evangeliums gehorchten. Deshalb bedürften sie auch nicht, erklärten sie, der Hierarchie der Kirche, der kultischen Gottesdienstformen, der Sakramente, der Fürbitte der Heiligen. Sie hatten sogar von dem Erzbischof in Köln verlangt, er solle sich mit seinen Geistlichen ihnen zu einer öffentlichen Disputation stellen. Sie erklärten sich bereit, ihren sogenannten Irrtum aufzugeben, wenn man sie aus dem Neuen Testament widerlegen könne, andernfalls wollten sie ihrer Überzeugung bis in den Tod treu bleiben.[592] Sie waren sich dessen gewiß, daß sie mit ihrem religiös-ethischen Radikalismus über die Institutionskirche triumphieren würden, lebend oder sterbend. Es bestand tatsächlich die Gefahr, daß sich im Land eine Gegenkirche von unten bildete.

Der Erzbischof fand sich nicht zu einer solchen Disputation bereit. Er wußte, daß dies «Öl ins Feuer gießen» bedeuten würde, denn er wußte selbst, in wie vielen Punkten ihrer Anklage gegen seine Kirche die Katharer recht hatten. Aber er wußte auch, daß die Kirche trotz aller Fehler ihrer Glieder göttliche Stiftung ist, und daß er für ihre Bewahrung eintreten mußte. Dafür kam ihm Hilfe von der hl. Hildegard.

Natürlich hatte sie in der weltoffenen Abgeschlossenheit ihres Klosters alle ihr ständig zulaufenden Nachrichten in ihrem Inneren gesammelt und sie in ihren Gebeten immer wieder Gott vorgetragen. Zwei Jahre lang zögerte sie, von der Not der unter dem Doppelpapsttum leidenden Kirche belastet. Doch dann machte sie sich auf den Weg nach Köln, um dort vor den Geistlichen und vor dem Volk Gottes Mahnruf an seine Kirche zu verkündigen.[593] Unerbittlich sind ihre Anklagen gegen die Geistlichen. Auf gute Weise müßten sie dem Volk die Gerechtigkeit (d.h. das Heilshandeln) Gottes predigen, aber ihr aufsässiger Eigenwille hindert sie daran. «Ihr laßt euch treiben von der Lüsternheit eines kindischen Zeitalters und tut, was euer Fleisch will», wirft sie ihnen vor. «Ihr geht Gott aus dem Wege und folgt euerm eigenen Willen. Ihr erkennt Gott nicht, darum habt ihr auch keine Ehrfurcht vor den Menschen und vernachlässigt eure Pflichten ihnen gegenüber.» Sie sollten durch ihre Lehre die starken Eckpfeiler der Kirche sein, denn Gottes Gesetz diszipliniert die Menschen durch Liebe und Furcht. Sie aber entschuldigen ihre Trägheit damit, daß sie sagen, die Zeit sei nicht danach, solches zu predigen, die Leute wollten es nicht hören. Gott, so sagt ihnen die hl. Hildegard, hat durch ihre Diener immer gegen die Zeit gesprochen, und es wurde auf ihn gehört.[594] Daß jetzt die Kirche von den Katharern bedrängt und unsicher gemacht wird, erkennt die hl. Hildegard als notwendige Heimsuchung Gottes. «Diese ungläubigen, vom Teufel verführten Menschen werden die Rute zu eurer Züchtigung sein, weil ihr Gott keinen reinen Gottesdienst darbringt, und sie werden euch solange kreuzigen, bis eure Gerechtigkeiten und Ungerechtigkeiten ins reine gebracht sind.»[595]

Aber nicht nur die Prälaten und Geistlichen klagt sie an. «Daß die Kirche so lange durch Gottes Gericht unter der Bedrängnis des apostolischen Stuhles (Papstschisma) solch schwere Demütigung erleidet, hat einmal seinen Grund in der Sünde des ganzen Volkes, das zum Hohn auf die Gebote Gottes einzig seiner Eigenwilligkeit folgt.» Das Kirchenvolk mit seiner Sucht nach Wohlleben ist vor Gott ebenso verantwortlich wie die Geistlichen und zieht daher die Gerichte Gottes über die Kirche herbei. «Dazu kommt der Unverstand derer, die der Lehre dieser Menschen (der neuen religiösen Bewegung) dadurch zustimmen, daß sie ihr keinen Widerstand leisten.» Auch die schweigend Zusehenden, die keine deutliche Stellungnahme und kein klares Wort wagen, sind vor Gott mitschuldig am Unglück der Kirche![596]

Was hat nun die hl. Hildegard richtungweisend ihrer Kirche zu sagen? Zunächst ist festzustellen: Sie bekämpft, verurteilt, verläßt nicht «die Kirche», sie läuft nicht über zu einer Bewegung, die eine reine, wahrhaft christliche, bessere, vom Materiellen, Weltlichen unbefleckte Geistkirche an die Stelle der verderbten Amtskirche setzen will. Sie glaubt an die göttliche Stiftung ihrer Kirche, ist sich gewiß, daß das Gebäude der Kirche das Werk des dreieinigen Gottes ist. Sie glaubt, daß Gott die Kirche in seine von ihm geliebte Schöpfung, die unter der Sünde der Menschen und durch die Umtriebe Satans leidet, hineingestiftet hat, so wie er seinen Sohn durch die Menschwerdung mit seiner Schöpfung verbunden hat. Aufgrund ihres Glaubens erkennt die hl. Hildegard sofort und klar die Unchristlichkeit dieser neuen, sich wahrhaft christlich nennenden religiösen Bewegung, entlarvt sie als Feinde der Offenbarung, als im Grunde Feinde Gottes. Sie läßt sich durch ihren Radikalismus und ihre Leidensbereitschaft nicht täuschen, denn sie weiß, daß beides niemals Beweis für die Wahrheit der vertretenen Sache ist. Ja, sie erkennt diese Bewegung als teuflische Irreführung, als einen Versuch des Teufels, die Kirche Gottes zu zerstören, unter Gottes Zulassung. Sie sieht, wie diese neuen Prediger sich an weltliche Fürsten heranmachen, um sie gegen die schlechten Geistlichen aufzuhetzen, und daß der Teufel es ist, der diesen Sektierern das absolute Keuschheitsideal anpreist, weil gerade dadurch Eindruck auf das einfache Volk gemacht wird, das an der häufigen Unkeuschheit seiner Priester Anstoß nahm. Hören wir Hildegards eigene Worte, gerichtet an ihre Kölner Zuhörerschaft:

«Dies Volk (die Katharer) tritt auf mit bleichem Antlitz, stellt sich dar, als wäre es in vollendeter Heiligkeit, verbindet sich mit den höheren weltlichen Führungspersonen. Ihnen sagen sie über euch (Geistliche): ‹Warum ertragt ihr sie bei euch, die die ganze Erde mit ihren Ungerechtigkeiten beflecken. Sie sind nämlich trunken und ausschweifend, und wenn ihr sie nicht von euch wegtut, wird die ganze Kirche zerstört.› Das Volk, das so über euch spricht, kleidet sich in billige Kapuzenmäntel, die andersfarbig sind. In ordentlichem Haarschnitt geht es einher, und in all seinen Verhaltensweisen erweist es sich den Menschen gegenüber als friedlich und ruhig. Habsucht liebt es nicht, und in seinen Geheimnissen (Mysterien) beobachtet es eine solche Zurückhaltung, daß kaum jemand von ihnen gefaßt werden kann.

Denn der Teufel steht mit diesen Menschen im Bund, zeigt sich ihnen, indem er seinen Glanz versteckt hält, gibt sich in gewisser Weise den Propheten ähnlich. Er selbst dringt derart in diese Menschen ein, daß er ihnen ihre Keuschheit nicht wegreißt, ja daß er ihnen erlaubt, keusch zu sein, da sie im Stand der Keuschheit leben wollen (die Katharer waren gegen die Ehe als fleischliche Erniedrigung des Geistmenschen). Und wiederum spricht er bei sich selbst: Keuschheit und Enthaltsamkeit liebt Gott, deshalb werde ich mich ihm darin gleichmachen. Und so beeinflußt der alte Menschenfeind durch die Luftgeister (geistige Einflüsterungen) eben diese Menschen, daß sie sich von Unzuchtsünden enthalten. Darum lieben sie auch Frauen nicht, sondern fliehen sie. Und so stellen sie sich den Menschen als wirklich Heilige dar, und mit höhnenden Worte sagen sie: ‹Die andern Menschen, die vor uns in Keuschheit leben wollten, kamen in Glut wie ein gebratener Fisch. Uns aber wagt keine Fleischesbefleckung und

Begierde anzurühren, weil wir Heilige sind, und vom Heiligen Geist werden wir durchströmt.› Weh! Und nun die irregehenden Menschen, sie wissen nicht, was sie tun sollen. Denn die, welche in dieser Zeit im katholischen Glauben schwankend sind, werden jene Menschen voll Ehrfurcht ansehen und ihnen gegenüber zu knechtischem Dienst bereit sein und, soweit sie vermögen, sie nachahmen. Dann wird sich das (Katharer-) Volk über ihre Bekehrung freuen, denn sie erscheinen ihnen nun als Gerechte.»[597]

Die hl. Hildegard kennt die Schwachheit der Menschen und weiß, wie leicht sie durch jegliche Art von Radikalismus und Außerordentlichem zu beeindrucken sind, dabei der Frage nach der Wahrheit gerne ausweichen. Sie beschreibt, wie diese radikalen Geister, kämen sie an die Macht, diese rücksichtslos gebrauchen würden, um alle zu beseitigen, die ihnen entgegenstehen. Sie weiß auch, daß solche übertriebene Geistlichkeit, solch einseitiger Radikalismus leicht umschlägt in das Entgegengesetzte, in sinnliche Zügellosigkeit. «Diese Verführer beginnen ihre irrlehrerische Verführung damit, daß sie den Ehefrauen sagen: Es ist nicht erlaubt, daß ihr mit uns zusammen seid. Weil ihr aber keine rechten Lehrer habt, hört auf uns; und was wir euch sagen und auftragen, das tut, so werdet ihr gerecht sein. Und auf diese Weise binden sie die Frauen an sich und führen sie auf ihren Irrweg. Daher sagen sie dann auch im Hochmut ihrer geschwollenen Seele: Alle haben wir überwunden. Aber hinterher machen sie sich mit diesen Frauen in geheimer Ausschweifung gemein, und so wird ihre Ungerechtigkeit und falsche Lehre enthüllt.»[598]

Der hl. Hildegard geht es bei dieser Auseinandersetzung mit der neuen Bewegung nicht um den Nachweis solcher Irrwege, sondern um die Wahrheit Gottes. Sie erkennt, daß diese Sektierer eine völlig unchristliche Weltschau und Gotteslehre haben, daß sie Gott und seine Schöpfung auseinanderreißen, die Schöpfung, die materielle-biologische Lebensgrundlage, als unrein verachten und eine reine Geistigkeit ihrer Existenz suchen. Durch ihr radikales Leben wollen sie die reine, göttliche Welt auf dieser Erde verwirklichen. In ihrem in dieser Sache an die Mainzer Geistlichen geschriebenen Brief schreibt Hildegard: «Diese sind es, die die ersten Prinzipien leugnen, nämlich daß Gott alle Dinge schuf und sie durch Keimen und Wachsen sich fortentwickeln hieß!» Damit ist die Leugnung der anderen göttlichen Offenbarungswahrheit verbunden, die Leugnung der Menschwerdung des Sohnes Gottes und aller ihrer Folgen in der Gestalt der Kirche. Denn wozu sollte eine solche Fleischwerdung Gottes gut und nötig sein, wenn es doch nur auf das Geistige ankommt! «Diese sind es, die das göttliche Prinzip leugnen, das schon von Ewigkeit her aufschien, daß das Wort Gottes (der Logos) Mensch werden sollte.»[599]

Darum begann die hl. Hildegard ihre Predigt in Köln mit der Verkündigung Gottes als des Schöpfers dieser Welt, und Christi als des wiederkommenden Reinigers und Verwandlers der ersten Schöpfung Gottes. Sie sprach über die Einanderzuordnung aller Dinge in dieser Welt und davon, daß dem Menschen durch die Sinne und die Rationalität die Verbindung mit dieser Welt gegeben ist, so daß er eine *nobile potestas,* eine edle Herrschaft über sie ausüben kann. Gott und Mensch und Schöpfung werden, anders als bei den Katharern, in positiver Verbindung miteinander gesehen.[600]

Weiter ist bedeutsam, daß die hl. Hildegard in ihren die Katharer betreffenden Schreiben nach Köln, Trier und Mainz jedesmal von der Heiligen Schrift her einen Überblick über die Geschichte Gottes mit den Menschen gibt, vom Sündenfall des Menschen an bis zur Menschwerdung des Gottessohnes und seiner Wiederkunft zum Endgericht und zur Welterneuerung. Sie zeigt, daß es eine durchgehende Geschichte des Abfalles, der Gottesgerichte, des Erlösungshandelns, der Buße, neuen Abfalles, neuer Gerichte, neuer Gnadenerweise, neuer Buße und so fort ist, bis Gott den Schlußpunkt setzen wird, nach dem dann die erneute Schöpfung in herrlicher Reinheit vor Gott dasteht. Damit will die hl. Hildegard von Gottes Offenbarung her ihrer Kirche den Blick für die Verblendung der neuen Religiösen öffnen, die nichts von der Geschichte wissen wollen, die meinen, sie könnten plötzlich an einer Stelle einen ganz neuen Anfang machen, das Böse hinter sich lassen und eine gute Menschheit und reine Welt verwirklichen. Sie wollen nicht wahrhaben, daß Gott mit seinem Gnadenhandeln immer in eine sündige Welt hineinwirkt, und daß die Reinigung dieser Welt, das heißt ihre Befreiung von allen Einwirkungen des Bösen, noch aussteht, solange Gott diesen Zustand zuläßt.

Dabei läßt sich die hl. Hildegard auf kein Gespräch mit den Vertretern dieser neuen Bewegung ein. Sie weiß, daß man mit Phantasten und Fanatikern nicht sprechen kann. Sie warnt ihre Kirche. Sie zieht den Trennungsstrich zwischen der Kirche und dieser neuen Weltanschauung. Sie anerkennt sie nicht in geistiger Toleranz als gleichberechtigte Weltanschauung im Raum der Kirche, sie behandelt sie nicht als einen verstehbaren Irrtum in der Geistesgeschichte der Menschen in der Kirche, sondern verurteilt sie als teuflisches Verführungswerk, durch welches der Satan die Kirche und die Lebensordnung der Welt zerstören will.

Geschieht das aus geistiger Engstirnigkeit? Wer könnte dieser nach allen Richtungen hin geistesoffenen Frau geistige Engstirnigkeit vorwerfen? Es geschieht kraft des Unterscheidungsvermögens zwischen Wahrheit und Lüge, und aus der Verpflichtung und dem Mut, diesen Unterschied auszusprechen. Sie verurteilt den Versuch, aus der reinen Geistigkeit heraus eine neue, bessere, geistige Welt zu schaffen. Sie wußte, daß daraus nur Unheil entstehen könnte. In unseren Tagen ist wiederum Gott und seine Schöp-

fung auseinandergerissen. Gott ist ausgestrichen, die Materie allein wird als selbstschöpferische Grundlage alles Existierenden anerkannt, in mannigfach abgewandelten Weltanschauungen. Von ihren Voraussetzungen aus würde die hl. Hildegard heute den Weltgestaltungstraum des reinen Materialismus genauso als teuflische Verführung und Unheilbringer verurteilen wie damals den Spiritualismus. Sie würde wieder ihre Kirche warnen, derartigen Verführungen bei sich Eingang zu gewähren. Sie würde wiederum ihre Kirche ermutigen, Wahrheit und Lüge zu unterscheiden. Denn der radikale Materialismus ist genauso eine Lüge gegen Gott, den Schöpfer, wie der radikale Spiritualismus.
Nicht übertragbar in unsere Verhältnisse hinein erscheint, was die hl. Hildegard an Maßnahmen gegen die Katharer forderte: «Ihr Menschen, die ihr den unverfälschten reinen Glauben habt, schaut auf zu Gott, hört die Stimme dessen, der war und der ist und der kommen wird. Er spricht zu euch: Vertreibt sie (die Irrlehrer) aus den unseligen Höhlen und Schlupfwinkeln, denn sie wollen euch verführen. Ihr könnt vor Gott nicht Meister und Priester, Könige, Herzöge und Fürsten genannt werden, solange ihr ihnen bei euch Wohnsitz gewährt.»[601]
Also Vertreibung außer Landes!
Man muß bedenken, daß damals die geistlichen und weltlichen Regierenden und das ganze Volk die eine Kirche bildeten. In dieser Kirche sollte und konnte kein Freiraum für die kirchenzerstörenden und die Glaubenswahrheit verkehrenden Irrlehrer sein, durften sie nicht gleichberechtigt wirken. In einem heidnischen Land hätte die hl. Hildegard diese Weisung nicht für das Land, sondern nur für die kleinen christlichen Gemeinden geben können: Trennt die Irrlehrer von euch ab! Ähnliches gilt für die gegenüber damals so ganz anderen Verhältnisse unserer heutigen Welt mit ihrem geistigen Pluralismus. Akut bleibt für die Kirche in dieser Welt die Aufgabe, zwischen Wahrheit und Irrtum oder sogar Unwahrheit zu unterscheiden und daraus innerhalb der Kirche Folgerungen zu ziehen.
Die hl. Hildegard hatte es schon erlebt und sah die unheilvolle Entwicklung voraus, daß die erschrockenen und um ihren Bestand fürchtenden Obrigkeiten versuchen würden, die Irrlehrer durch Tötungsmaßnahmen auszulöschen. Dagegen hat sie klar und deutlich protestiert, da auch diese Menschen noch *«forma Dei sunt,* die Gestalt Gottes an sich tragen».[602]
Der in spannungsvoller Zeit erhobene Bußruf der hl. Hildegard an die Kirche hat nichts an Gültigkeit verloren.

VIII. Gründung des Zweitklosters Eibingen und weiteres Wirken: 1165–1177

1. Klostergründerin, Klostervisitatorin und geistliche Beraterin

Im Frühjahr 1165 sahen die Äbtissin Hildegard und ihre geistlichen Töchter vom hochgelegenen Rupertsberg aus mit Entsetzen an verschiedenen Stellen im Mainzer Kirchengebiet Flammen aufzüngeln und Brandrauch aufsteigen. Böse Nachrichten drangen in das Kloster. Kaiser Friedrich Barbarossa hatte, um den zum rechtmäßigen, nicht aber zu dem vom Kaiser aufgestellten Gegenpapst haltenden Mainzer Erzbischof Konrad zu strafen, eine Streitmacht entsandt. Die zu ihrem Erzbischof stehende Bevölkerung mußte den Zorn und die Macht des Kaisers erfahren. Der kaiserliche Schutzbrief vom Jahr 1163 bewahrte das Kloster Rupertsberg vor Verwüstung. Aber in dem oberhalb von Rüdesheim gelegenen Winzerdörfchen Eibingen wurde ein erst 1148 von einer Rüdesheimer Edelfrau gegründetes Kloster gebrandschatzt. Die verjagten Augustiner kehrten nicht zurück, und die ausgebrannten Gebäude standen leer.
Die Rupertsberger Äbtissin, als sie Kunde davon erhielt, handelte sofort. Sie brauchte Raum, um weitere Bewerberinnen in ihre Klostergemeinschaft aufnehmen zu können, hatte aber auf dem ummauerten Rupertsberg keine Ausbaumöglichkeit. So erwarb sie denn von der Rüdesheimer Edelfrau Grundstück und Gebäudereste des Eibinger Klosters, plante, brachte die Renovierungs- und Bauarbeiten in Gang, und noch im gleichen Jahr konnten die ersten Nonnen in einen aufgebauten Seitenflügel einziehen, auch in der wiederhergestellten kleinen Kirche ihre Gottesdienste halten. Im Lauf der Zeit wurden dann auch die drei übrigen Seitenflügel errichtet, und ein geschlossenes Viereck umgab den stillen, der Sammlung dienenden Innenhof des kleinen Klosters.
Gegenüber dem Erstkloster der hl. Hildegard blieb es klein, bot für höchstens dreißig Nonnen Platz und war auch in seiner ganzen Anlage bescheidener. Aber es gab, am Berghang inmitten der Weinterrassen gelegen, mit freiem Blick auf den Rheinstrom, dem weiten Tageslaufbogen der Sonne offen zugewandt, den dort lebenden Nonnen eine mit viel Liebe gehütete irdische und auch überirdische Heimstätte.
Eibingen behielt den Rang eines Filialklosters. Bis in ihr höchstes Lebensalter fuhr Hildegard zweimal in der Woche mit dem Fährkahn über den Rheinstrom und stieg den steilen Hang hinauf, um im Tochterkloster ihre

Äbtissinnenaufgaben zu erfüllen. Sie liebte dieses kleine Kloster und ihre dortigen Töchter nicht weniger als den Rupertsberg. In der Rückschau erscheint diese zweite Klostergründung als geheimnisvolle göttliche Vorsorge für die Zukunft. Denn als 1632 im Dreißigjährigen Krieg der Rupertsberg zerstört wurde, konnten die Nonnen von dort in das Eibinger Kloster übersiedeln und die wichtigen Erinnerungsstücke an ihre Klostergründerin und deren Reliquien hinüberretten. Nach mancherlei Niedergängen und Aufstiegen und neuen Niedergängen wurde das Eibinger Kloster, inzwischen nur noch ein armseliger Rest ursprünglichen geistlichen Lebens, im Jahr 1814 durch den hessischen Landesherrn säkularisiert. Das Gebäude wurde versteigert und bis auf einen Wohnflügel abgerissen. Die Kirche diente längere Zeit als Kanonenschuppen. Die noch stehenden Ruinen des Rupertsberger Klosters wurden im vorigen Jahrhundert ein Opfer des technischen Fortschrittes; sie mußten verschwinden, um Raum für die Bahnlinie ins Nahetal freizugeben. Die Geschichte der beiden Klöster kann man als Beispiel dafür studieren, daß auch die Kirche, wie alles in dieser Weltzeit, dem Verfall unterliegt und das Wunder der Neuanfänge erlebt.[603]

Ein treuer Eibinger Pfarrer bemühte sich im vorigen Jahrhundert um die Wiedererweckung der Hildegarderinnerungen und die Ehrung ihrer Reliquien. Damit war der Anstoß gegeben, daß das Leben und das Werk der hl. Hildegard wissenschaftliches Interesse fanden, und daß sogar für das wieder Lebendigwerden des klösterlichen Geistes der Rupertsberger und Eibinger Äbtissin am alten Ort eine neue Stätte geschaffen wurde. Am Anfang unseres Jahrhunderts stiftete der von Hildegards Geist angerührte Fürst Karl Heinrich zu Löwenstein das einige hundert Meter oberhalb des früheren Eibinger Klosters gelegene, großzügig gebaute, von weither sichtbare neue St.-Hildegard-Kloster. Im Jahre 1904 konnte eine kleine Schar Prager Benediktinerinnen, als Erstlinge einer großen Nachfolgeschaft, feierlich Einzug halten. Name und Geist und Wirken der hl. Hildegard sind in ihrem Heimatgebiet und weit darüber hinaus wieder lebendig geworden.

Wir blicken auf den Anfang zurück. Wahrscheinlich hielt sich die hl. Hildegard zunächst einige Zeit im Kloster Eibingen auf, bis sie gewiß sein konnte, daß ihre Besuche zweimal in der Woche genügten, um der jungen Klostergemeinschaft das zu geben, was sie geistig, seelsorgerlich und geistlich brauchte. Auch die weitere Bauausführung mußte tatkräftig verfolgt werden, und die klösterliche Arbeit und Wirtschaft bedurften der Aufsicht und Anweisung.

Im Jahr 1163 war die wandermüde Klostervisitatorin von ihrer vorletzten langen Reise zurückgekehrt. Sie durfte nun erst eine Reihe von Jahren an ihrem Ort bleiben. In diese Zeit fällt der Beginn der Niederschrift ihres letzten großen theologischen Buches, die Mühsal der Heilung einer Besessenen, von der später noch zu berichten sein wird, eine langwierige dreijährige Krankheit und ein notvoller Briefwechsel mit Klöstern im Schwabenland. Dieser führte dann dazu, daß die über Siebzigjährige im Jahr 1170 noch einmal in den Sattel gehoben werden mußte, zu einer letzten Visitationsreise in den Süden Deutschlands, von der sie nach einem guten Jahr 1171 zurückkehrte.

Die Vita berichtet aus Hildegards eigenen Aufzeichnungen, wie während einer besonders schweren Krankheit, die den langen dreijährigen Krankheitszustand an Beschwernissen weit übertraf, der Ruf an sie erging, Klöster in Süddeutschland aufzusuchen. «Bald nach Befreiung dieser Frau (der Besessenen) ergriff mich wieder eine schwere Krankheit, so daß meine Adern mit dem Blut, meine Knochen mit dem Mark erschlafften, meine Eingeweide sich verzogen und mein ganzer Körper so ermattete, wie das Gras im Winter sein frisches Grün verliert. Ich sah, wie die bösen Geister darüber spotteten und unter Hohngelächter sprachen: ‹Pah! Diese da wird sterben, und ihre Freunde, mit denen sie uns in Verwirrung brachte, werden weinen.› Ich aber sah, das Hinscheiden meiner Seele war noch nicht gekommen. An dieser Krankheit litt ich mehr als vierzig Tage und Nächte. Inzwischen wurde mir in einer wahren Schau gezeigt, ich sollte einige klösterliche Gemeinschaften von Männern und Frauen aufsuchen und ihnen Worte mitteilen, die Gott mir offenbarte. Als ich mich endlich dazu anschickte, obwohl die Körperkräfte fehlten, nahm die Schwäche ein wenig ab. Ich führte die Weisung Gottes aus und konnte die in den Klöstern bestehenden Zwistigkeiten beseitigen. Wenn ich aus Furcht vor den Menschen die mir von Gott gewiesenen Wege nicht beachtete, so nahmen meine körperlichen Schmerzen zu und ließen nicht nach, bis ich gehorcht hatte.»[604]

Eine Flucht vor schweren Aufgaben in die Krankheit gab es für die hl. Hildegard nicht. Bei ihr war es umgekehrt. Gott zwang sie durch Krankheit zum Gehorsam gegenüber den schweren, ihrer Natur zuwider laufenden Aufgaben, und sie gehorchte.

Über ihren Reiseweg und ihre Zwischenaufenthalte wissen wir nichts. Wahrscheinlich folgte sie der Heerstraße über Worms und Speyer und bog dann nach Südosten in den schwäbischen Raum ab. Dort war ihre erste eigentliche Station das Zisterzienserkloster Maulbronn, mit dessen Abt sie schon in Verbindung stand. Das vom Speyerer Bischof sehr geförderte Kloster war noch im Aufbau begriffen. Hildegard mag mit dem Abt und den Mönchen gute Gespräche geführt haben. Von Mißständen dort wissen wir nichts.

Ganz anders war es mit dem Kloster Hirsau im Nagoldtal bestellt, der ersten wichtigen Auftragsstation auf dieser Reise. Nach Jahrzehnten geistlicher

Blüte und Ausstrahlung unter drei bedeutenden Äbten begann unter Abt Mangold, einem milden und lauteren Charakter, aber einem schwachen Mann, in den Jahren 1150 bis 1165 der geistliche Verfall des schon 830 gegründeten Benediktinerklosters. Im Kloster hatte sich unter der schwachen Führung ein Geist der Aufsässigkeit und Zuchtlosigkeit erhoben. Abt Mangold wandte sich brieflich an die hl. Hildegard und erbat ihre seelsorgerliche Hilfe. Sie schrieb ihm, daß er als der von Gott eingesetzte Hirte seiner Herde die Gebote Gottes zu verkünden habe, und erst wenn die Herde die Gefolgschaft grundsätzlich ablehne, müsse man sie verlassen, «so wie auch Christus die ungläubigen Juden verlassen hat». Aber Hildegard sieht das Kloster noch nicht in einem solchen Zustand. Deshalb geht ein weiterer Brief an Abt Mangold: «O Vater und mildester Bruder, ich sehe in dir etwas wie eine untaugliche Neigung zum Erschlaffen und Vergessen. Auch sehe ich in deiner Seele und in deiner Herde das Feuer nicht stark brennen. Doch du sagst: Ich kann ihnen keinen Widerstand leisten. Und so nimmst du eine Geisteshaltung ein, als ob du schliefest. Das darf nicht sein!» In einem nächsten Brief schreibt sie dem Abt, der unter dem Zustand seines Klosters leidet, sich aber nicht zum kraftvollen Durchgreifen ermannen kann: «Wische aus den Augen deines Herzens die Geistesunruhe und schüttle die Traurigkeit in Bezug auf dich und deine Herde ab, denn jetzt ist die Zeit des Kampfes in der Lebensführung der Menschen gekommen, weil sie nicht in der Zucht noch in der Strenge der Gottesfurcht stehen. Du aber sei ohne Angst, denn du bist ein Gefäß des Feuergeistes. Auch darüber fürchte dich nicht, daß du zuweilen Trübsal und Bedrängnis auszustehen hast. Denn der Sohn Gottes hat Gleiches gelitten.»

Die hl. Hildegard weiß, daß ohne den Willen zur geistlichen Zucht und Ordnung und ohne Kampfesmut, und ohne die Bereitschaft, Widerwärtigkeiten zu ertragen, das Leben in der Kirche nicht gesunden und bestehen kann. «Nur mahne ich dich», schreibt sie in einem weiteren Brief, «deinen Jüngern Zügel anzulegen und nicht zu erlauben, daß sie Böses wider dich reden. Das wahre Licht spricht zu dir: Warum schlägst du die nichtsnützigen Knechte nicht, die dir insgeheim nachstellen wie stechende Spinnen? Sei also äußerst wachsam! Das fordert jetzt der sittliche Zustand deines Volkes.» Und wieder in einem nächsten Brief spricht sie ihm Mut zu: «O Vater, du warst der Meinung, in deinen Tagen müsse der Friede gesichert sein. Keineswegs! Wie wäre das in dieser Zeit überhaupt möglich? Helle Tage sind dir beschieden, das heißt Tage, die der schreckliche Geist des Unglaubens und Absinkens nicht umwölkt. Blicke auf Elias, der weinend beklagte, daß fast kein Mensch Gott im Morgenrot des Glaubens erkenne. Lerne doch, welche Antwort er von Gott empfing. Das ist auch die Antwort für dich! In deiner Schar sind viele Seelen, die wie leuchtende Morgenröte funkeln, weil Gott sie sehr liebt. – Jetzt sei gläubig und nicht ungläubig! Denn kein Mensch besitzt einen gesicherten Frieden schon in diesem, sondern erst im ewigen Leben.»

Auch an die Mönche von Hirsau schrieb die hl. Hildegard. «Das Lebendige Licht spricht: O Schar, du ruderst in der schiffbrüchigen Welt, warum schwindest du dahin in den Schwächungen der großen Gefahren übelriechender Leichtfertigkeit durch unbedachte Verfinsterung? Niemand werfe jetzt das Schwert weg von seiner Hüfte, denn gegenwärtig herrscht in der Welt durch Ansturm des schwarzen Tyrannen eine Zeit der Ungerechtigkeit und des Absturzes von der Höhe des glorreichen Sieges.»[605]

Abt Mangold starb schon im Sommer 1165. Liest man die an ihn und an das Kloster gerichteten Briefe, gekennzeichnet von christlicher Nüchternheit, von dem Wissen um die Notwendigkeit kraftvoller geistlicher Führung, und anfeuernd durch die unermüdliche Mahnung zu einem tapferen Glauben in einer dunklen Welt, dann ist man betroffen über die Wirkungslosigkeit. Als die hl. Hildegard 1170 in Hirsau eintraf, residierte dort der energielose und nachgiebige Abt Rupert, unter dem das Kloster mehr und mehr in Verfall geriet. Wahrscheinlich hatte die zuchtlose Mehrheit des Klosters gerade ihn wegen seiner Schwäche gewählt. Wir wissen nichts über die Tage des Kampfes mit dieser Mönchsgemeinde während Hildegards Aufenthalt in Hirsau, nur, daß es, irdisch gesehen, doch wohl ein fruchtloses Bemühen war. Erst gut zweihundert Jahre später erblühte in Hirsau im Zuge einer klösterlichen Reformbewegung neues geistliches Leben mit Ausstrahlungskraft.

Auf der Weiterreise zu ihrer Endstation Zwiefalten verweilte die von Gottes Geist getriebene Mahnerin ihrer Kirche einige Tage in dem kleinen Städtchen Kirchheim. Die dortigen Geistlichen hatten sie um ihren Besuch gebeten. Sie wurde freudig und mit großen Erwartungen aufgenommen, konnte gute Gespräche mit den Geistlichen führen und öffentlich dem zuströmenden Volk und den Geistlichen das leuchtende Bild einer geheiligten Kirche vor Augen stellen und die Priester vor Versäumnis ihrer hohen Aufgaben warnen. Ihre Predigt fiel auf fruchtbaren Boden. Die Priesterschaft erbat sich die Niederschrift der Predigt, um sich immer wieder dadurch ansprechen zu lassen.[606]

Das Endziel ihrer letzten Reise erreichte die hl. Hildegard mit ihrem Besuch in dem Männer- und dem Frauenkloster Zwiefalten. In dem Mönchskloster herrschte seit längerem ein unruhiger Geist. Zweimal schon hatte innerhalb von dreißig Jahren Abt Berthold sein Amt resignierend niedergelegt, andere hatten auch aufgegeben, und jetzt, fast achtzigjährig, mußte er nach einer letzten Amtsübernahme wieder dem Aufbegehren seiner Mönche weichen.

Ein längerer Briefwechsel ging dem Besuch voraus. In einem ihrer Briefe charakterisiert die hl. Hildegard die Mönche: «Feist wie die Stiere in der

Aufgeblasenheit ihres Geistes», dahinlebend im «unbeständigen Wandel der törichten Menschen». Abt Berthold klagt ihr: «Schon seit langer Zeit sehne ich mich nach einem Gespräch mit Euch und wollte persönlich von Mund zu Mund über die Ungerechtigkeiten und Trübsale klagen, die grausame Verfolger mir antun, da sie darauf abzielen, mich zu vernichten.» Die Antwort der hl. Hildegard ergeht als Spruch Gottes an den Verzagenden: «Das Lebendige Licht spricht: Ich sah einen Menschen, den Ich, als schwach und lahm in seinem hohem Vorsteheramt, entließ. Inwiefern? Aus Furcht vor dem Kampf ergriff er die Flucht vor denen, die in der Schwachheit ihres Fleisches wie nackte, schiffbrüchige Empörer waren. Jetzt aber sehe Ich ihn als Vereinsamten, demütig und weinend. Daher blicke Ich auf ihn wie auf einen Sohn der Erbschaft, der mit der Rute geschlagen wurde wegen der Unruhe seines geistigen Wandels. Ich will ihn aber als einen glücklichen Menschen wieder in seine Gemeinde zurückversetzen.»

Abt Berthold, wieder im Amt, muß von neuem klagen, daß seine Klostergemeinschaft nicht auf einen guten Weg finde: «Wir werfen uns flehend und demütig vor Eurem Angesicht nieder und bitten in aller Ergebenheit um den Trost Eures Rates. Denn bei der Reform unseres klösterlichen Lebens umgibt uns ein Abgrund von Verzweiflung, und die Flut der Geistlosigkeit schlägt über unsern Häuptern zusammen. Wir hoffen, Ihr könnt durch unsere Gebete beim Herrn erreichen, daß Ihr uns durch die Offenbarung des Heiligen Geistes gewisse Dinge, die uns von Nutzen sind, verkünden müßt, denn wir werden durch das ungehörige Verhalten etlicher Brüder unter uns oft schwer bedrückt.»

In zwei Briefen wendet sich die hl. Hildegard an die Mönche selbst. Im ersten schlägt sie einen sehr harten Ton an. Sie spricht von der göttlichen Gerechtigkeit, die keine Ungerechtigkeit unbestraft läßt, und dann fährt sie die Mönche an: «Hört also, die ihr ausbrecht in euren Missetaten! Euer Geist gleicht einer sturmschwangeren Wolke: Bald überläßt er sich träge dem Zorn, bald in Ausgelassenheit viehischem Schmutz. Ihr sagt: Wir sind nicht gewillt, uns selbst zu widerstehen; denn wir können die Lenden unseres Leibes nicht gürten, weil wir aus Adam geboren sind. – Warum schämt ihr euch nicht, ihr, die ihr dem Eselsstall entrissen und vom höchsten Herrn in den erhabenen Ehrendienst kirchlicher Feiern gestellt worden seid, wie Dummköpfe wieder in den Eselsstall zurückzulaufen?» Krumme Lügner nennt Hildegard die Mönche, weil sie ihre erbsündliche Schuldverfangenheit nicht ernst nehmen, als bestünde sie für sie nicht.

In einem nachfolgenden kurzen Brief entschuldigt sich Hildegard für ihre Schärfe und erklärt, sie habe damit aber kein letztes Urteil über die Mönche fällen wollen, da Gott in seiner Liebe immer auf die gläubige Umkehr der Menschen warte. «In Gottesfurcht und Demut spreche ich das aus, was

ich sage. Möge also in meinen Worten kein ungerechtes Denken oder Urteilen euer Herz treffen. Ich bitte aber Gott, daß in jeder Lage Seine Gnade mit euch sei und daß Er euch schone in seiner milden Vatergüte.»
Einige Zeit danach erfuhr Hildegard, daß Abt Berthold, achtzigjährig und matt geworden, von seinen Mönchen im Stich gelassen wurde und daß ein Jüngerer ehrgeizig den Abtstab gewinnen wollte, aber von Gottes Gericht getroffen wurde. «Eine grobe Vernachlässigung eurem greisen Vater gegenüber ist bei euch vorgekommen», schrieb sie den Mönchen, riet aber gleichzeitig: «Da seine Kräfte nachgelassen haben, so daß er den Pflichtweg nicht gehen kann, vertraue er sie (seine geliebte Mönchsgemeinde) einem weisen und erprobten Manne an.» In ihrem kurzen letzten Brief nennt sie zwei der Mönche, die zwar auch nur schwache Menschen seien, aber den ihnen von Gott gewiesenen Weg zu gehen sich bemühten. Und dann noch: «Nur diese wenigen Worte sage ich euch jetzt. Aber so Gott will, werdet ihr mich bald persönlich sehen.» Nicht lange danach kam sie zu ihnen.
Wieviel innere Sorge, wieviel geistliche Verantwortung, und welch seelsorgerliches Feingefühl findet in diesen Briefen bewegenden Ausdruck! Die alte, erfahrene Äbtissin, die alle menschlichen Schwierigkeiten einer klösterlichen Gemeinschaft kennt, die geistlich und menschlich mit Bedrängten und Ratlosen zu sprechen weiß, hat ihre Briefe an das Kloster Zwiefalten nicht umsonst geschrieben, nach langer, müde machender Reise ihre Gespräche mit den Mönchen nicht vergeblich geführt. Das Kloster bewahrte eine Abschrift des auf dem Rupertsberg zusammengestellten Briefkodex mit Hildegardbriefen auf, und die dankbaren Mönche trugen den Sterbetag der verehrten Meisterin vom Rupertsberg in ihr Totenbuch ein.[607]
Auch die Nonnen des Frauenklosters in Zwiefalten hatten sich Hilfe und Rat suchend an die hl. Hildegard gewandt. In einem ihrem persönlichen Besuch vorausgehenden Brief hatte sie ihnen in sehr deutlichen Worten geschrieben, daß eine nach dem Mann verlangende Frau nicht für den jungfräulichen, ganz Christus hingegebenen Nonnenstand geeignet sei. «Die Frau, die aus Liebe zu Gott den irdischen Mann zurückweist, schaue auf Gott. Hat sie bewußt den Blick ihres Herzens auf Gott gerichtet, weist sie die Begierde ihres Fleisches zurück, dann schaut sie wie ein Adler in die Sonne.» Aber die hl. Hildegard warnt: «Ein Weib, das derart brennt, daß sie die Welt nicht verlassen kann, soll sich nicht in Gefahr begeben und einen hohen Berg ersteigen, damit sie später nicht in die Tiefe versinkt. Keine Frau möge beginnen, was nicht der Heilige Geist in sie hineingelegt hat, damit sie hernach nicht leer bleibe.» Viele der Nonnen scheinen von dieser inneren Leere bedrängt worden zu sein, denn die hl. Hildegard warnt: «O ihr Jungfrauen, seid doch keine Tänzerinnen, gebt nicht nach

Belieben das Beispiel übelster Sitten! Lustwandelt auch nicht wegen eurer schmutzigen Gesinnung bei offenen Türen, noch winkt aus der Leichtfertigkeit eures ausschweifenden Herzens mit lüsternem Zuwinken, als wenn ihr auf der Straße das liebtet, was ihr in der Umarmung des himmlischen Königs verschmäht, da ihr den gemeinen Mann anstatt den König in eure Arme schließt.»

Aus großer Liebe zu dieser innerlich so verwirrten Frauenschar, von Mitleid mit ihnen und Sorge um sie bewegt, hatte die hl. Hildegard ihnen einen langen Brief geschrieben. Sie wußte ja aus dem Bittbrief der Nonnen, daß diese im Grunde ihres Herzens mit sich selbst unzufrieden waren und sich nach Besserung sehnten. Ermutigend und ermahnend schließt sie ihr Schreiben: «Jetzt, o Jungfrauenschar, erhebe dich rasch zur ersten, königlichen Brautschaft mit deinem ersten, fürstlichen Gemahl. Denn Er ruft dich. Bessere also und mache wieder gut, daß du Ihn beleidigt hast, dann wird Er dich zu ewiger Erlösung aufnehmen, und du wirst leben.» Ob der Brief und die persönlichen Gespräche bei Hildegards Besuch zu einer Wende geführt haben? Wir wissen es nicht.[608]

Wie sehr sich Hildegard auch um einzelne Nonnen Sorge machte und ihnen nachging, tut ein längerer Brief kund, den sie an eine in die Welt zurückgelaufene unbekannte Nonne schrieb, die ohne ihren eigenen Willen schon als Kind in ein Kloster gesteckt worden war: «Geliebte Tochter, in tränenreichem Gedenken bete ich allezeit zu Gott für dich und das Heil deiner Seele. Er möge dich wiedererwecken, wie Er den Lazarus zum Leben zurückgerufen hat.» Diese Nonne hatte sich in früher kindlicher Frömmigkeit im Klosterleben wohlgefühlt. Dann aber war es über sie gekommen. Sie war hinausgestürmt und hatte sich der bindungslosen Mannesliebe ergeben. Sie entschuldigte sich vor sich selbst mit der Anklage gegen ihre Eltern. Die hl. Hildegard aber schreibt ihr: «Obgleich du dich damit entschuldigen willst, dieses Gewand (das Klostergewand) unfreiwillig angezogen zu haben, so bedenke doch: Das Kind wird unfreiwillig ins Taufbad getaucht; wenn es auch weint und schreit, ist es dennoch ein Christ.» Auf mancherlei Weise wird über jeden Menschen auf seinem Lebensweg ohne oder sogar gegen seinen Willen verfügt. Es gibt göttliche Fügungen und Schickungen, die vom Menschen nicht gleich als sinnvoll und richtig erkannt werden. Wenn aber Gott auf seine Weise einmal auf einen Menschen seine Hand gelegt hat, dann gibt es für den Menschen nur einen richtigen Weg: Die Verfügung Gottes anzunehmen und ihr zu folgen. Sonst gerät er in Not und Zwiespältigkeit. «Deine zerquälte Seele», so spricht die hl. Hildegard diese Nonne an. «Daher beschwöre ich dich, geliebte Tochter, ziehe Christus, den du ausgezogen hast, wieder an. Mit gebeugten Knien nimm zu Gott deine Zuflucht, daß er dich vom Tode zum Leben erwecke, bevor der Tag deines Hinscheidens kommt. Denn deine

Tage sind kurz. Der gütige Herr Jesus Christus, der unsere Sünden am Kreuz getragen, möge dir die wahre Reue einflößen und dich so zum Leben zurückrufen, auf daß du ewig lebest.»[609]
Erstaunlich ist immer wieder, mit welch nüchterner, geistlicher Klarsicht die hl. Hildegard die Realitäten des menschlichen Lebens erkennt und beurteilt, und wie sie von dem geheimnisvollen, aber immer gerechten Handeln Gottes zu reden weiß, der auf dem Boden dieser Realitäten verwandelnd und neuschaffend wirkt. Als Beispiel dafür sei aus einem Hildegardbrief an einen ungenannten Abt zitiert. «Die verborgenen Geheimnisse Gottes können nicht begriffen und gewußt werden. Dennoch sind alle Gerichte Gottes gerecht. Denn wie er war und ist, so ist er. Aber die Anlagen im Menschen sind ungleich, wenn sie auch aus ein und demselben Lebenshauch hervorgehen. Vierfach sind die Veranlagungen der Menschen: hart, luftig, stürmisch und feurig. Der Mensch mit harter Veranlagung ist in allem scharf, in all seinen Belangen nimmt er keinerlei Rücksicht auf den andern, sondern berechnet alles einzig im Hinblick auf sich selbst. Und darin gefällt er sich. Wer luftiger Veranlagung ist, dessen Gemüt ist ständig in Schwankung. Dennoch ist Gottesfurcht in ihm. Er hält seine Sünden in Zaum, weil ihm mißfällt, was er tut. Den Menschen von stürmischer Veranlagung fehlt die Weisheit. All ihr Tun mischen sie mit Torheit und werden durch Worte der Weisheit nicht aufgerichtet. Im Gegenteil, sie sind darüber entrüstet und entsetzt. Die Menschen mit feuriger Veranlagung streben allem Weltlichen zu und entfremden sich dem Geistlichen. Sie fliehen den Frieden, und wo immer sie ihn sehen, bekämpfen sie ihn durch ihr weltliches Getriebe. Gott kennt die Anmaßung derer, die nicht durch Gehorsam zu Ihm aufblicken, sondern alles Ihrige auf sich selbst gründen, als ob sie Seiner nicht als ihres Helfers und Meisters bedürften. Er wird sie reinigen mit dem Besen der Ängste und der Unbilden feindlicher Anfechtungen, bis sie sich reuig wieder auf Gott besinnen. Doch von all denen, die solche Veranlagung haben, sammelt sich Gott seine Herde, wenn sie, zur Erkenntnis der Wahrheit gelangt, über das, was ihrem Seelenheil zuwider ist, zu Gott (aufseufzend) in große Furcht geraten.» [610]
Wie wichtig ist diese Erkenntnis: «Von all denen, die solche Veranlagung haben, sammelt sich Gott seine Herde!» Die hl. Hildegard schreibt dem Abt, zu welcher Veranlagungsgruppe er gehört, und daß er in seinem Kloster mit Menschen aller Veranlagungsgruppen seine dauernden Schwierigkeiten hat.
In einem andern Brief schreibt die Rupertsberger Äbtissin einem Abt, es komme für die Führung von Menschen immer darauf an, daß der Führende Zucht und Maß auf die rechte Weise halte. «Denn der Hirte, der den Stab der Zucht ohne Diskretion handhabt, ist Gott nicht wohlgefällig und wird auch von seinen Schafen nicht geliebt, sondern wird ihnen eher Anlaß zum Haß.»

Das von der hl. Hildegard gern gebrauchte Wort Diskretion ist schwer zu übersetzen. Es besagt das Unterscheidungsvermögen, das den Zustand, die Situation und die göttliche Berufung des andern Menschen zu sehen und zu achten vermag und von daher das Maß des erziehenden oder führenden Handelns bestimmt. Dazu müssen dann, dem göttlichen Handeln am Menschen gemäß, noch zwei Grundhaltungen kommen: «Guter Vater, leite deine Herde mit Barmherzigkeit! So ahmst du Gott nach, der die Barmherzigkeit lieber will als das Brandopfer. Bemühe dich auch, alle deine Werke in jener wahren Demut zu tun, durch die die wahre Sonne, Gottes Sohn, von der Burg des Vaters in den Schoß der Jungfrau herabstieg.»[611] Kraft zur Zucht, aufmerksames Achten auf die Eigenart des einzelnen und das ihm zuträgliche Maß an Führung, Barmherzigkeit und echte Demut sind für die hl. Hildegard die Voraussetzung jeder fruchtbaren Menschenführung.
Trotzdem kann diese auf große Erschwernisse stoßen. Darüber schreibt die hl. Hildegard an einen Abt, der sich, über die Mißerfolge seiner ehrlichen guten Bemühungen tief bekümmert, an sie gewandt hatte: «Dein Herz möge sich doch nicht durch allerlei Gedanken über den trostlosen Zustand deiner klösterlichen Gemeinschaft derart von Schmerz niederdrücken lassen, daß du es einzig für deine Schuld erachtest, wenn die, die als deine Helfer die Zügel führen, sie nicht so fest anziehen, wie sie müßten. Durch den Kummer deines Herzens wirst du auch geschwächt, und es häufen sich die Erkrankungen in den Adern, im Mark und in deinem ganzen Körper. Überlaß dieses Gott, auf ihn setze dein Vertrauen. – Bedenke auch, daß es in der heutigen Zeit traurig um die Abgeschlossenheit der Klöster bestellt ist, weil man sich nicht mehr an die Bindung des Gehorsams hält. Daher kommen auch die vielen Gottesgerichte über sie. Denn viele von denen, die in den Klöstern leben, vertrauen stolzen Geistes auf sich selbst. Sie stimmen nicht demütigen Herzens dem Rate der heiligen Väter zu, die Söhne des Gehorsams waren.»[612] Ein Geist der Zuchtlosigkeit, des Ungehorsams, der Autoritätsverweigerung und der Behauptung des Eigenwillens durchwehte die Kirche.
Die hl. Hildegard spürte diesen Geist, und sie wußte, daß man ihm mit wartendem, wachsamem Gottvertrauen begegnen muß und, auf eine Wende durch Gott hoffend, widerstehen kann. Das schrieb sie einem anderen Abt: «Du, der du in deinem Amt als Stellvertreter Christi Seinen Namen trägst, höre! Die jetzige Zeit ist nicht eine Zeit der Heilung. Durch eine Lebensweise gleich der Schlange, die bald mit den Menschen spielt, bald sie beißt, steht unsere Zeit in neuen und alten Wunden voller Schmerzen da. Denn die Kirche hat den Stand der Gerechtigkeit verlassen. Der Nordwind (Nord: die Himmelsrichtung des Bösen) stürmt nämlich über die Kirche hin, rüttelt an ihren Diademen und zerrt an ihren Gewändern, so daß die führende Geistlichkeit herrscherlichen Namens ins Wanken

kommt. – Und doch bewahrt die Kirche das Vertrauen zu ihrem Bräutigam, daß sie durch Ihn wieder den Glanz ihrer Krone und ihres Gewandes zurückerhalten wird.»[613]

An diesem ihrem prophetischen Ruferamt in der Kirche, ihr als schwacher Frau von Gott aufgezwungen, trug die hl. Hildegard schwer, und nur mit ständiger Selbstüberwindung konnte sie ihm gerecht werden. Sie bekennt es einem kirchlichen Oberen: «Ich armselige Frau, die ich der Lehre der Meister gehorche und kaum die Buchstaben der Schrift kenne, fürchte mich sehr, das, was ich in meiner Seele ohne jede Wahrnehmung meiner äußeren Sinne im wahren Lichte schaue, den Meistern – Männern – zu sagen oder zu schreiben. Dennoch sage ich dir ...»[614] So steht sie denn auch in Briefwechsel mit Erzbischof Hillin in Trier und dessen Nachfolger Arnold. Sie haben es schwer mit ihrem Amt, denn «Die Weisheit tönt und spricht: Jetzt ist die laue, weibische Zeit. – Wehe, wehe, die gegenwärtige Zeit ist weder kalt noch warm, sondern lau.» Die Rupertsberger Äbtissin mahnt zum Eifer in der Erfüllung des göttlichen Auftrages und warnt zugleich: «Hüte dich, das Gute – im Geist oder im Werk – so zu tun, als stamme es von dir. Schreibe es vielmehr Gott zu, von dem alle Kräfte ausgehen, wie die Funken vom Feuer. Wer nämlich das Gute, das er in sich erkennt, sich selbst zuschreibt, gleicht einem ungläubigen Menschen, der das Werk seiner Hände anbetet und verehrt.»[615]

Erzbischof Philipp von Köln, ein bedeutender Staatsmann und weltlicher Fürst, zeitweise Reichskanzler, war der hl. Hildegard sehr zugetan und besuchte sie öfter auf dem Rupertsberg, Rat und geistlichen Zuspruch suchend. In einem Brief klagt er ihr: «Insbesondere aber möchten wir dir sagen, daß wir durch die Wirbel und Stürme der weltlichen Aufgaben derart beunruhigt werden, daß wir zuweilen kaum wagen, die Augen unseres Herzens zum Himmel zu erheben.» Die Antwort der hl. Hildegard gibt uns einen Einblick in die seelischen Schwierigkeiten eines damaligen hohen Geistlichen in der Verquickung seiner verschiedenen Ämter. «Du aber, ob deines bischöflichen Amtes ‹Heller Stern› genannt, strahlend im Namen des allerhöchsten Priesters: Verbirg nicht dein Licht – das heißt: die Worte der Gerechtigkeit – vor deinen Untergebenen. Denn oft sprichst du in deinem Herzen: ‹Würde ich meine Untergebenen durch meine Worte in Schrecken versetzen, so wäre ich ihnen lästig. Überzeugen kann ich sie ja doch nicht. Könnte ich mir doch durch Schweigen ihre Freundschaft erhalten!› So zu reden und zu handeln ziemt dir nicht! Du sollst sie nicht mit furchterregenden Worten schrecken und nicht mit Drohworten auf sie einschlagen wie mit einer Keule. Mische vielmehr die Worte der Gerechtigkeit mit Barmherzigkeit und salbe die Menschen mit Gottesfurcht. Stelle ihnen vor Augen, wie verderblich die Bosheit für ihre Seelen und ihre Glückseligkeit ist. Ganz bestimmt! Bestimmt, ganz bestimmt! Dann werden sie dir Gehör schenken. Durch schmutzige und unstete Sitten darfst du dich nicht mit ihnen gemein machen noch darauf schauen, was gefällt oder nicht gefällt. So etwas ziemt sich nicht für dich in deinem Amt. Die Bösewichte würden sich darüber freuen, vollkommene Männer sich aber entsetzen und sprechen: O weh, o weh, was für ein Mann ist unser Bischof! – Entreiße dein Volk dem feindlichen Unglauben (dem Einfluß der Katharer), bekehre es so, daß du nicht ohne den Panzer des Glaubens dastehst, und weise ihm aus der heiligen Schrift den Weg der Gerechtigkeit. – Sei tapfer und stark in der schiffbrüchigen Welt und in den harten Kämpfen gegen die Ungerechtigkeit.»[616]

2. Krankenheilerin und Exorzistin

Wir haben das tiefe Einfühlungsvermögen in die seelisch-geistig-geistlichen Nöte ihrer Zeitgenossen und ihre unermüdliche Bereitschaft kennengelernt, unter Gottes Weisung zu raten und zu helfen. Für sie, die den Menschen immer als gottgeschaffene leib-seelisch-geistige Einheit sah, waren auch die Krankheitsnöte der Menschen ihrer Tage ein göttlicher Ruf und Auftrag zur Hilfe. Von ihm hatte sie den Auftrag zur Niederschrift des Heilmittelbuches empfangen. Und wie ihr die Gaben einer geistlichen Wegweiserin geschenkt wurden, so empfing sie auch die oft ans Wunderhafte reichende Gabe einer leiblichen Heilerin. Der Mönch Theoderich schreibt in der Vita: «Sie zeichnet sich nicht nur durch einen völlig heiligen Wandel und die innere Schau der Geheimnisse Gottes aus, sondern auch durch das Wirken berühmter Wunderzeichen, die so groß sind an Zahl, daß selbst hervorragende Geister sie mit Worten kaum gebührend preisen können. Dennoch seien aus der großen Fülle einige erzählt. Die Gabe der Krankenheilung strahlte so mächtig in der heiligen Jungfrau, daß kaum ein Kranker sich an sie wandte, der nicht sogleich die Gesundheit zurückerhielt.»[617]

Die hl. Hildegard hatte aus göttlicher Offenbarung und eigener Erfahrung ein tiefes Wissen um die positive Bedeutung von Leid und Krankheit als Mittel Gottes für die Erziehung und Formung des Menschen für die Ewigkeit. Daher hat sie nie versucht, von ihren eigenen Krankheiten loszukommen, und in ihrem Medizinbuch schreibt sie ausdrücklich, daß die Mittel nur zur Gesundheit helfen, wenn Gott will. Sie selbst half Kranken, wo und wie Gott es ihr zeigte und ihr den Anstoß zum Handeln gab. Ihre Heilungen erinnern auf vielfache Weise an die Heilungswunder der Bibel.

Die in der Vita aufgrund von glaubwürdigen Zeugenaussagen schon bald nach Hildegards Tod aufgezeichneten Heilungswunder umfassen sehr verschiedenartige Heilungs- und Befreiungsvorgänge, die zum Teil psychosomatisch und parapsychologisch interessant erscheinen. Ob aber von daher Ursacherklärungen für die Heilungen gegeben werden können, oder ob die Heilungsursache auf einer höheren Ebene liegt, das ist mit «wissenschaftlichen» Mitteln nicht zu klären. Zu vieles sprengt den Rahmen des Menschenmöglichen und wissenschaftlich Erklärbaren.

Als das Fieber von einer Nonne in Hildegards Kloster nicht weichen wollte, alle versuchten Mittel nicht halfen, legte die Äbtissin ihr gemäß der Heiligen Schrift «die Hand unter Segensgebeten auf, vertrieb das Fieber und heilte sie». Bei einer Klostermagd, die durch eine Geschwulst an Brust und Hals überhaupt nicht mehr schlucken konnte und dem Tode nahe war, «bezeichnete die hl. Hildegard die kranken Stellen mit dem Zeichen des Kreuzes und gab ihr so die ersehnte Gesundheit zurück». Von einer Blindenheilung wird berichtet: «Als Hildegard einst bei dem Ort Rüdesheim über den Rhein fuhr, um ihr nahe gelegenes Nonnenkloster (Eibingen) zu besuchen, näherte sich ihrem Schiff eine Frau, die einen blinden Knaben in den Armen trug und flehentlich unter Tränen bat, sie möge dem Kind ihre heiligen Hände auflegen. In gütigem Mitleid gedachte sie dessen, der sprach: ‹Gehe an den Teich Siloe und wasche dich›, schöpfte mit der Linken Wasser aus dem Fluß und segnete es mit der Rechten. Dann sprengte sie es dem Knaben über die Augen, und unter dem Gnadenbeistand Gottes erhielt er sein Sehvermögen zurück.»

Der Vitaschreiber berichtet, wie der Ruf Hildegards als einer wunderbaren Heilerin in die Lande drang. «Ein andermal bat ein Mann mit heftiger Fallsucht in seiner Angst die ehrwürdige Jungfrau, sie möge ihm zu Hilfe kommen. Sie spendete ihm einen so heilkräftigen Segen, daß von jenem Tage an die Krankheit ihn nicht mehr belästigte. Als er zu Hause das an ihm geschehene Wunder verkündete, eilten viele zu Hildegard, um von dem gleichen Leiden befreit zu werden, und sie wurden von dem Übel geheilt.» Hildegards Ruf als Heilerin verbreitete sich bald ebenso wie ihr Ruf als prophetische Künderin.

Es ist daher nicht verwunderlich, daß die Vita auch Berichte über Fernheilungen bringt, die an ähnliche Berichte im Neuen Testament erinnern. Ein Mönch, der an einem nicht weichenden Fieber litt, erbat durch einen Boten «ergeben und demütig Hildegards Segen. Er empfing ihn, auf der Stelle wich das Fieber, und der Kranke war gesund». «Ein Mann aus Wackernheim, den sie schon lange kannte, litt so sehr an einem Halsleiden, daß er nur mit Mühe atmen konnte. Weil er selbst nicht zu ihr kommen konnte, erbat er gläubig die Hilfe ihres Gebets. Im Vertrauen auf Gottes Barmherzigkeit sandte Hildegard ihm durch einen Freund geweihtes Wasser. Sobald er davon getrunken hatte, wich mit Gottes Gnade der Schmerz.» Ähnliches geschah mit der Tochter einer Frau aus Bingen.

Von einer eigenartigen seelisch-körperlichen Heilung berichtet die Vita:

«Im Bistum Trier kam Lutgard, ein vornehmes Mädchen, fast um vor leidenschaftlicher Liebe zu einem jungen, sehr schönen Mann. Denn die Obhut, unter der sie stand, machte es ihr unmöglich, ihre sinnliche Leidenschaft zu befriedigen. Ihre Eltern erkannten den Grund dieser Schwäche, erbaten voll Vertrauen durch einen Boten von der heiligen Jungfrau Rat und Hilfe und durften erfahren, daß ihr Herzenswunsch wirksam erhört wurde. Nach vorausgeschicktem Gebet segnete Hildegard unter Tränen Brot von ihrem Tisch und schickte es dem Mädchen. Man reichte es ihr zu essen, worauf die Leidenschaft sofort erlosch.»

An das Neue Testament erinnert folgender Bericht: «Eine Frau namens Sibylla aus der Stadt Lausanne am Genfer See bat durch Boten um Hilfe. Hildegard schickte ihr einen Brief und befreite sie vom Blutfluß. Sie schrieb: ‹Lege diese Worte um Brust und Nabel im Namen dessen, der alles richtig fügt: Im Blute Adams entsprang der Tod. Im Blute Christi erlosch der Tod. In diesem Blute Christi befehle ich dir, o Blut, halte ein in deinem Lauf!› Als man diese Worte aussprach, wurde die Frau von ihrem Übel befreit.»

Beinahe an magische Praktiken erinnert, was die Vita über Heilungen durch Auflegen von Haar- oder Stoffpartikeln der hl. Hildegard berichtet. Anscheinend übergaben die Rupertsberger Nonnen solche Dinge mit der Weisung, sie den Kranken aufzulegen, wenn ihre Äbtissin in der Ferne war, besonders bei Geburtsnöten kreißender Frauen. Ob die hl. Hildegard in der Ferne die Bitten und Anliegen spürte und geistig in ihr Beten einschloß? Daß die Heilende sich bei ihrem Tun materieller Vermittlungsdinge bedient, bestätigt, daß die hl. Hildegard den Menschen als leib-seelische Einheit ernst nimmt, und daß sie weiß, auch die geistig-geistlichen Geschehnisse bedürfen beim Menschen der körperlichen Fühlbarkeit, der leibhaftigen Vermittlung und Aufnahme.

Die Vita bringt zwei Beispiele für Entfernungen überschreitende Wirkungsmöglichkeit der hl. Hildegard als Zeichen der besonderen göttlichen Begnadung und Beauftragung. «Es klingt zwar wunderbar, ist aber nicht zu leugnen, daß es der hl. Jungfrau zu Lebzeiten möglich war, Anwesenden und Abwesenden im Geiste Wohltaten zuzuwenden. Denn um ihre Verdienste (ihr völliges Hingegebensein an den Dienst Gottes) zu offenbaren, hat Christus sie die Wünsche der Menschen erkennen lassen. Ein Soldat lag in der Nähe von Andernach in den letzten Zügen. Seine Freunde besuchten ihn und berieten mit ihm seine Angelegenheiten. Es war gerade die Stunde des Gottesdienstes. Als sie das Glockenzeichen hörten, überließen sie den Kranken der Sorge einer einzigen Frau und eilten zur Kirche. Der Mann war nun der Stille überlassen, er rief aus ganzem Herzen, unter tiefen Seufzern zu Gott und bat inständig, er möge ihm kraft der Verdienste der heiligen Frau die Gesundheit schenken. Es währte nicht lange, da fühlte er sich nach beendetem Gebet durch folgende Vision gestärkt: Es schien ihm, als sähe er die ehrwürdige Jungfrau auf sich zukommen. Sie fragte ihn liebevoll, ob er gesund werden wolle. Er sagte, das sei sein sehnlicher Wunsch. Da legte sie ihm die Hand aufs Haupt und sprach: ‹Im Namen dessen, der gesagt hat: Kranken werden sie die Hände auflegen, und sie werden gesund werden, möge diese Krankheit von dir weichen! Sei gesund!› Nach diesen Worten verschwand die Erscheinung. Der Kranke erhob sich von seinem Lager und war genesen zum Staunen aller, die zugegen waren.»

Und das andere Beispiel: «Was soll man aber dazu sagen, daß die heilige Jungfrau durch ein Gesicht Menschen, die sich ihr im Gebet empfohlen hatten, vor einer Gefahr warnen wollte? Ein junger Mann aus Ederich mit Namen Rudolf übernachtete in einem kleinen Dorf. Als er sich zur Ruhe legte, flehte er um die Fürbitte der heiligen Jungfrau. O wunderbares Geschehen! Sie erschien ihm in einem Gesicht in der gleichen Gestalt und Kleidung, wie sie in Wirklichkeit war, und eröffnete ihm, er sei in Lebensgefahr, die ihm von ihm nachstellenden Feinden drohe, wenn er nicht schnell fliehe. Sogleich verließ er mit einigen Gefährten den Ort, während die Zurückgebliebenen gegen Morgen von einer feindlichen Horde überwältigt wurden. Da erkannten sie ihr törichtes Handeln, weil sie nicht zeitig auf das Gesicht hin geflohen waren.»

Bei allen diesen Heilungswundern ist charakteristisch: Sie sind mit Gebet oder Segnung verbunden, sie geschehen unter Anrufung Gottes, im Gedenken an Christus als den Heiland, und sie stehen in geistiger Verbindung mit den Wundern im Neuen Testament. Sie sind durch die Gott geheiligte Person der hl. Hildegard vermittelt, von der gläubig erwartet wird, daß sie Gott in besonderer Weise verbunden ist. Dabei ist das Handeln der hl. Hildegard sehr unterschiedlich, so daß man annehmen muß, sie handle nach empfangener innerer Weisung immer so, wie gerade der betreffende Mensch es am besten aufnehmen konnte.[618]

Wenn gefragt werden sollte, warum denn solche Heilungen durch die besondere Person der hl. Hildegard vermittelt werden mußten, warum sie nicht unmittelbar von Gott selbst erbeten und erfahren werden konnten, so ist darauf zu antworten: Gott handelt fast immer mittelbar, durch die Vermittlung von Menschen und Dingen. Er würdigt Menschen und Dinge, Vermittler seiner Gaben zu sein. Nur in ganz besonderen Fällen handelt er unmittelbar. Für dieses vermittelte Geben und Handeln werden aber nicht die Vermittelnden gelobt, sondern der höchste Gebende und Handelnde selbst, Gott. Doch die Vermittelnden werden nicht vergessen, sondern es wird Gott dafür gedankt, daß er die hl. Hildegard so außerordentlich begnadete.

In diesem Zusammenhang muß nun auch auf ein besonderes Geschehen,

die Befreiung von Besessenen, eingegangen werden. Daß die hl. Hildegard von der Wirklichkeit der Dämonen überzeugt war und eigene Erfahrungen auf diesem Gebiet hatte, wissen wir bereits. Sie wußte genau zwischen psychischen Störungen und Dämonenwirken zu unterscheiden, wie auch das Neue Testament. Es ist merkwürdig, daß der Mensch unserer Zeit geistbegabte Wesen uns ähnlicher Art im näheren und ferneren Universum vermutet und nach ihnen sogar sucht. Es gilt fast als ungebildet, nicht mit solchen Wahrscheinlichkeiten zu rechnen. Aber daß es geistbegabte Wesen auf nicht biologischer Grundlage, also immaterieller Art, gibt, und daß sie den Erdenmenschen sogar ganz nahe sein könnten, Wesen, die dem irdischen wissenschaftlichen Zugriff entzogen sein könnten, das will der wissenschaftlich Gebildete nicht wahrhaben.
Die hl. Hildegard setzt ihrem kritischen Denkvermögen, das ihr durchaus nicht fehlt, Grenzen, die es nicht überschreiten darf. Aber sie ist durch ihre Gottverbundenheit und ihr Vertrauen auf die Wahrheit der Offenbarung offen für die Erkenntnis natürlicherweise verdeckter Wirklichkeiten. Daher erkennt sie die dämonischen Mächte und kann ihnen unter Anrufung Gottes entgegentreten. Die Rupertsberger Nonnen haben dem Mönch Theoderich, dem Vitaschreiber des zweiten Teiles, mehrere Fälle berichtet, in denen ihre Äbtissin Frauen von Dämonen befreite, durch Gebet und Segnung, durch vollmächtiges Befehlen oder auch durch länger andauerndes geistliches Ringen.[619] Landweit Aufsehen erregte die gut bezeugte schwierige Befreiung der jungen adeligen Frau Sigewize aus Köln im Jahr 1169.[620] Die Vita hat den eigenen Bericht der hl. Hildegard und den in dieser Angelegenheit geführten Briefwechsel aufgenommen.
Nach Erwähnung einer schweren, ein ganzes Jahr währenden Krankheitsheimsuchung heißt es in Hildegards persönlichen Aufzeichnungen: «Inzwischen hatte man mir berichtet, daß weit entfernt von uns in der Gegend des unteren Rheines eine adelige Frau vom Teufel besessen sei. Auch besuchten mich öfters Boten in dieser Angelegenheit. In einer wahren Vision schaute ich, wie diese Frau mit Gottes Zulassung von einer teuflischen Zusammenballung von Schwärze und Dampf besessen und verdunkelt war, die das ganze Sinnesvermögen ihrer vernunftbegabten Seele unterdrückte und selbst das Erheben und Aufseufzen des Geistes verhinderte. So verlor die Frau ihr gesundes Denken und Handeln und rief und tat oft etwas Unziemliches. Wurde aber auf Gottes Geheiß das Übel in ihr gemindert, so fühlte sie sich weniger bedrückt. Als ich darüber nachdachte und wissen wollte, wie des Teufels Gestalt in den Menschen eingeht, sah und erhielt ich die Antwort, daß der Teufel nicht in seiner Gestalt, wie sie ist, in den Menschen eingeht, sondern daß er ihn mit schwarzem Schatten und Rauch umdunkelt und bedeckt. Denn wenn er mit seiner wirklichen Gestalt in den Menschen eindränge, würden dessen Glieder schneller auf-

gelöst, als der Halm vom Winde weggeweht wird. Darum erlaubt Gott nicht, daß der Teufel in seiner wirklichen Gestalt in den Menschen eingeht. Er dringt vielmehr in der beschriebenen Weise in ihn ein und überschüttet ihn mit Unverstand und Unziemlichkeiten. Er schreit durch ihn wie durch ein Fenster und bewegt nach außen hin die Gliedmaßen des Menschen, wenn er auch in seiner wirklichen Gestalt nicht in ihm steckt. Die Seele ist indessen wie eingeschlafen und weiß nicht, was das Fleisch des Körpers tut.»

Die hl. Hildegard erhält noch weitere Einblicke in das züchtigende und strafende Handeln Gottes durch die dämonischen Mächte, die Unheil über die sündigen Menschen bringen. Die intelligenten, in Erfindung von Übeln so wendigen Teufelsmächte sind aber im Grunde dumm. Sie sind erstaunt, wenn Menschen durch die Züchtigungen geläutert werden und neu im Lichte Gottes erstrahlen. Viele Fragen bleiben offen, warum Gott gerade diesen oder jenen Menschen den Dämonen freigibt. Die hl. Hildegard geht solchen Fragen nicht nach. Sie sucht nicht nach Schuld. Sie begnügt sich mit dem Wissen und Vertrauen, daß Gott über allen solchen Vorgängen zulassend und hütend wacht, daß er das Heil jedes Menschen will, daß er immer gerecht handelt, und so ist sie selbst in dem Augenblick zum Handeln bereit, da Gott ihr diese Besessene gewissermaßen vor die Füße legt.

Sie schreibt weiter: «Nachdem jene Frau an vielen Orten zu den Heiligen geführt worden war, schrie der Geist, der sie besessen hatte und der durch die Verdienste der Heiligen und die Gebete des Volkes überwunden war: In der Gegend des oberen Rheines wohne eine alte Frau, durch deren Rat er ausgetrieben werden könne. Als die Freunde der Besessenen dies vernahmen, führten sie die bereits im achten Jahr Leidende zu uns, wie der Herr es gewollt.»

Die Vorgänge im einzelnen erfahren wir aus der Vita. Nach siebenjährigem Leiden hatten die Angehörigen die Frau in das dem heiligen Nikolaus geweihte Kloster Brauweiler gebracht, damit sie dort durch das Gebet der Mönche und die Fürsprache des Heiligen geheilt werde. «Dort erklärte der böse Geist nach erfolgter Beschwörung, er werde sein Gefäß, wie gesagt, nur durch den Rat und die Hilfe einer alten Frau in der Gegend des oberen Rheines verlassen. Er verdrehte ihren Namen und nannte sie spöttisch Schrumpelgardis. Darauf beratschlagte man und sandte folgendes Bittschreiben an Hildegard.»

Abt Gedolph von Brauweiler begründete seine Bitte und sein Vertrauen: «Denn aus Euch leuchtet nicht Menschenwerk, sondern Gotteswerk, die zuvorkommende Gnade, die übermächtige Gabe, die ihren Ursprung nicht im menschlichen Verstand hat, die vielmehr aus dem leuchtenden Quell hervorgeht!» Sodann berichtet er: «Wir alle haben, zusammen mit dem Volk, um die Befreiung dieser Frau schon drei Monate lang auf vielfache

Weise uns abgemüht und haben – dies sagen wir nicht ohne Schmerz – infolge unserer Sünden nichts erreicht. Daher haben wir all unsere Hoffnung nächst Gott auf Euch gesetzt. Denn jener Dämon hat uns eines Tages aufgrund einer Beschwörung endlich verraten, daß die besessene Frau durch die Kraft Eurer Schau und die Größe der göttlichen Offenbarung befreit werden könne. Beabsichtigt Gott mit ihrer Befreiung wohl etwas Großes? Ganz gewiß!»
Der Vitaschreiber fährt fort: «Als die hl. Hildegard diesen Brief empfangen und aufmerksam gelesen hatte, empfand sie tiefes Mitleid mit den Bittenden. Sie forderte alle Schwestern auf, durch gemeinsame und persönliche Gebete für die Not demütig einzustehen. Sie selbst aber hob nach vorausgegangenem Gebet die Augen ihres Herzens zum Herrn und schrieb, was sie in der wahren Schau gesehen und gehört und was ihr durch niemand anderen als durch die unerschöpfliche Weisheit eingegeben ward, in folgendem Antwortbrief nieder.» Vieles ist hier der Beachtung wert, weil es uns heute so fremd und fast verloren ist: Die Beteiligung des ganzen Volkes in Brauweiler und der gesamten Schwesternschaft auf dem Rupertsberg, die dem einzelnen persönlichen und dem gemeinsamen Gebet zugemessene Bedeutung in so schweren Bedrängnisfällen; die sich vorbereitende innere Sammlung; die Betonung der Demut bei dem allen.
In ihrem Antwortschreiben teilt die hl. Hildegard mit, daß sie wegen ihrer «langen und schweren Krankheit kaum imstande» sei, der Bitte nachzukommen. «Folgendes aber rede ich nicht aus mir, sondern aus dem, der da ist!» Und nun erfahren wir, was der hl. Hildegard in der «wahrhaftigen Schau» als Enthüllung über immaterielle geistige Wirklichkeiten für diesen anstehenden Fall enthüllt worden ist. Es gibt in dieser uns fremden, aber umgebenden geistigen Welt spezifische Individualitäten, wie in unserer menschlichen Welt. «Es gibt verschiedene Arten von bösen Geistern. Der Dämon aber, nach dem ihr fragt, hat die Eigenart, sich den lasterhaften Sitten der Menschen anzupassen. Deshalb hält er sich gern unter Menschen auf, kümmert sich auch wenig um das Kreuz des Herrn, die Reliquien der Heiligen und ähnliches, was zum Dienst des Herrn gehört. Ja, er verspottet bisweilen diese Dinge und fürchtet sie nicht sehr. Er liebt sie zwar nicht, verhehlt aber, daß er sie flieht, so wie ein törichter und nachlässiger Mensch die Worte und Drohungen, die Weise ihm zusprechen, gering schätzt. Darum ist seine Austreibung schwieriger als die eines anderen Dämons. Er kann nur durch Fasten, Kasteien, Gebete, Almosen und durch den Befehl Gottes selbst vertrieben werden. Hört also auf die Antwort, die nicht von einem Menschen kommt, sondern von dem, der lebt!» Wieder werden wir an das Neue Testament erinnert. Es gibt solch schwere Fälle satanischer Belastung, daß die Befreiung nur durch den ausdrücklichen

Befehl Gottes erfolgen kann. Gott aber will für die Übermittlung und das Aussprechen dieses Befehles Menschen haben, die ganz ihm zugewandt und zu großen persönlichen Opfern und Verzicht auf sonst erlaubte Lebensgenüsse bereit sind.[621]

Die hl. Hildegard gibt genaue schriftliche Anweisungen, wie sieben bewährte Priester die Frau umstellen und welche Sätze sie nacheinander im Namen Gottes und unter Berufung auf die Glaubensväter des Alten Bundes sprechen sollen, und in welcher Form sie den Austreibungsbefehl erteilen sollen. Als dann bei dieser Handlung der Austreibungsbefehl im Namen der hl. Hildegard gesprochen wurde, «da stöhnte der böse Geist und stieß ein solches Geheul und furchtbares Geschrei aus, daß er den Umstehenden einen gewaltigen Schrecken einjagte. Noch fast eine halbe Stunde lang setzte er dieses Toben fort, dann endlich verließ er nach Gottes Willen das Gefäß, das er so lange besessen hatte. Als die Frau fühlte, daß sie befreit war, reichte sie den Umstehenden die Hände, damit sie sie aufrichteten, da ihr die Kräfte fehlten. Dann warf sie sich vor dem Hauptaltar des heiligen Nikolaus nieder und sagte Gott Dank für ihre Befreiung. Als das Volk dies sah, machte es, wie es so seine Art ist, gewaltigen Lärm. Doch es dankte auch Gott und pries ihn unter Glockengeläut.» Gott aber hatte noch etwas anderes mit dieser Frau vor.

«Während die Brüder den Hymnus ‹Gott, wir loben dich› sangen, da geschah es, o weh, was furchtbar zu sagen ist: der alte Feind kehrte nach Gottes geheimem Ratschluß zurück und nahm das Gefäß, das er verlassen hatte, wieder in Besitz. Die Frau zitterte daher am ganzen Leib. Tobend und schreiend richtete sie sich auf und begann stärker zu rasen als zuvor.»

Die Umstehenden muß das Grausen gepackt haben. Als die Priester zu neuen Beschwörungen ansetzten, schrie der Dämon ächzend, nur in Gegenwart dieser alten Frau könne er ausfahren. Da beschlossen die einsichtigen Ratgeber, Freunde und Beschützer der Besessenen, sie zur heiligen Jungfrau zu führen. «Deshalb», so schrieb Abt Gedolph in seinem Begleitbrief, «schicken wir die Frau zu Eurer Heiligkeit, damit der Herr durch Euch vollziehe, wozu wir wegen unserer Sünden nicht fähig sind.»

Für das, was nun weiter geschah, benutzt der Vitaschreiber wieder Hildegards eigene Aufzeichnungen. «Über die Ankunft der Frau waren wir sehr erschrocken, da wir die sehen und hören sollten, die das ganze Volk so lange in Unruhe versetzt hatte. Doch Gott träufelte den Tau seiner Süßigkeit auf uns hernieder. Und ohne Furcht und Schrecken und ohne männliche Hilfe brachten wir sie in die Wohnräume der Schwestern. Trotz des Entsetzens und der Verwirrung, mit denen der Dämon alle sich Nahenden wegen ihrer Sünden erschreckte, trotz der Schand- und Spottreden, durch die er uns übertrumpfen wollte, trotz seines abscheulichen Blasens wichen wir nicht von ihrer Seite.

Und ich sah, daß er in dieser Frau dreierlei Qualen erlitt: erstens, als die Frau von Ort zu Ort zu den Heiligen geführt wurde; zweitens, als das Volk Almosen für sie spendete; drittens, als er durch die Gebete der Geistlichen gezwungen wurde, auszuziehen. Darum haben wir und die Frauen und Männer unseres Landstriches vom Fest Mariä Reinigung (2. Februar) bis zum Samstag vor dem Osterfest uns durch Gebete, Almosen und körperliche Buße für die Frau abgemüht. In dieser Zeit stieß der durch Gottes Macht gebändigte unreine Geist viele Worte hervor über das Heil der Taufe, das Sakrament des Leibes Christi, die Gefahr der Exkommunikation, das Verderben der Katharer und ähnliches, wobei er zu seiner Beschämung wider Willen vor allem Volk Christus die Ehre gab. Viele wurden daher im Glauben gestärkt, viele erhielten eine größere Bereitschaft, sich von ihren Sünden zu bessern. Wenn ich aber in einer wahren Schau ihn Falsches vorbringen sah, widerlegte ich ihn auf der Stelle. Sogleich verstummte er und wütete gegen mich mit den Zähnen. Sagte er aber Wahres, so hinderte ich ihn des Volkes wegen nicht am Sprechen.
Endlich war der heilige Samstag gekommen. Das Taufwasser wurde geweiht, und auch die Frau war zugegen. Der Priester blies über den Taufbrunnen mit den Worten, die der Heilige Geist den geistbegabten Menschen und den Lehrern der Kirche eingegeben hat. Denn am Anfang der Schöpfung bewegte der Geist des Herrn die Wasser, wie geschrieben steht: Der Geist Gottes schwebte über den Wassern.
Da wurde die Frau von einer gewaltigen Furcht ergriffen und zitterte so stark, daß sie mit den Füßen auf den Boden stampfte und aus dem schrecklichen Geist, der sie überwältigt hatte, häufig ein Blasen ausstieß. Bald darauf sah und hörte ich in einer wahren Schau, daß die Kraft des Allerhöchsten, die die heilige Taufe überschattet hatte und sie immer überschattet, zu der teuflischen Zusammenballung, durch die die Frau gequält wurde, sprach: ‹Weiche, Satan, aus dem Leibeszelt dieser Frau und gib dem Heiligen Geiste darin Raum!› Da fuhr der unreine Geist auf abscheuliche Weise mit Ausscheidung durch die Schamteile der Frau aus. Sie war nun befreit und blieb fortan gesund in ihren Sinnen an Seele und Leib, solange sie auf dieser Welt lebte. Als das Ereignis im Volk bekannt wurde, sprachen alle unter Lobgesängen und Gebeten: Ehre sei dir, Herr!» Die Frau blieb forthin im Kloster. Die hl. Hildegard aber wurde, wie sie selbst schreibt, als Stachel gegen jede Überheblichkeit bald nach der Befreiung der Frau wieder von einer schweren Krankheit befallen.[622]
Der Vitaschreiber hebt hervor, daß die hl. Hildegard «ohne sich etwas zuzuschreiben, sanft, zart, ehrerbietig und demütig» über das Aufsehen erregende Geschehen berichtet habe. Er stellt auch die Frage, warum denn Gott so lange und so verschlungene Wege ging und ausgerechnet die hl. Hildegard als sein Werkzeug zur Heilung dieser Frau benutzen wollte. Er

nennt es «die geheimen, aber immer gerechten Gerichte (Urteile, Entscheidungen) Gottes», und er erwägt: «Der Allmächtige hätte freilich die Bitte der Besessenen auch durch andere Heilige, zu denen man die Frau so viele Jahre herumgeführt hatte, leicht erfüllen können. Doch übertrug er den Ruhm dieses Wunders auf diese heilige Jungfrau, um den Wert ihrer Verdienste (d. h. ihre Bedeutung für die Kirche) in augenfälliger Weise allen zur rechten Zeit zu offenbaren.»[623]

Es gibt keinen Grund, an der Zuverlässigkeit dieser Berichterstattung zu zweifeln. Ob die Deutung auf «Besessenheit» zutrifft, läßt sich mit medizinisch-wissenschaftlichen Methoden weder widerlegen noch bestätigen. Dies ist aber deutlich, daß alle Beteiligten und besonders auch die immer sehr klar sehende hl. Hildegard über die Befallenheit dieser Frau viel tiefer erschrocken waren als über alle sonstigen Erkrankungsfälle, und daß sie erfuhren, wie hier nur durch ganz besonderen Einsatz und in der Bevollmächtigung durch Gott die Befreiung erreicht werden konnte. Für die Wahrheit der Berichterstattung spricht auch, daß im Umkreis der hl. Hildegard nicht nach ähnlich aufregenden Fällen gesucht wird und daß nicht mit theoretischem Interesse darüber spekuliert wird. Tiefes Erschrecken, opferbereites Mitleiden und aufrichtiges Gotteslob sind die Kennzeichen dieses Heilungsberichtes.

3. Wegbegleiter gehen dahin, neue kommen

In dem Jahr nach diesen aufregenden Ereignissen erlebte die hl. Hildegard die Freude, daß ihre Beziehungen zu ihrem Ursprungskloster Disibodenberg endlich in Ordnung kamen. Die Mönche hatten ihr Unrecht eingesehen, ihr Abt bat die Rupertsberger Äbtissin, ihnen eine Vita des heiligen Disibod zu schreiben. Im Jahr 1170 erfüllte sie die Bitte, noch bevor sie die letzte Predigtreise in das Schwabenland antrat. Aber schon drei Jahre später ergaben sich neue Spannungen.

Um die hl. Hildegard begann das Sterben vertrauter und geliebter Weggefährten. Im Jahr 1173 starb ihr treuer und bewährter Propst und Sekretär Volmar. Die Rupertsberger Nonnen und ihre Äbtissin erwählten kraft ihrer rechtlich abgesicherten Privilegien gegenüber dem Ursprungskloster den Disibodenberger Mönch Gottfried als Nachfolger Volmars und erbaten seine Zusendung. Aber die Disibodenberger verhielten sich taub und stumm. Dem Kloster fehlte es an Nachwuchs, das geistliche Leben war zurückgegangen, und sie wollten keinen guten Mönch entbehren.

So stand die Rupertsberger Äbtissin verlassen und allein da. Ihr fehlte der Propst für viele Aufgaben in der Klosterverwaltung und der Sekretär für die Weiterführung ihres letzten großen theologischen Werkes. So wandte sie sich an den ihr sehr nahestehenden Neffen Propst Wezelin in Köln.

Dieser kam als Tröster, Helfer und Berater auf den Rupertsberg. Er übernahm es auch, einen um Hilfe bittenden Brief seiner Tante an Papst Alexander befürwortend weiterzuleiten. «Wir sind in großer Trauer», schreibt die Äbtissin, «weil der Abt vom Disibodenberg und seine Brüder den Privilegien zuwider, gegen unsere Wahl, die uns immer zustand, Einspruch erheben. In bezug auf dieses Recht müssen wir aber stets sorgsam auf der Hut sein, daß es uns nicht irgendwie genommen wird. Denn wenn man uns die gottesfürchtigen und frommen Männer, wie wir sie fordern, nicht zugesteht, wird das klösterliche Leben unter uns gänzlich zerrüttet.» Der Papst soll ihnen nun helfen, daß sie entweder den geforderten Mönch vom Disibodenberg erhalten oder einen geeigneten anderswoher anfordern können.[624] Der Papst bevollmächtigt Propst Wezelin aus Köln, mit dem Disibodenberg zu verhandeln oder notfalls einen geeigneten Mönch aus einem anderen Kloster zu vermitteln. Über dem allen waren Monate vergangen. Da die bedrängte Äbtissin gerade in der Stunde der Not einen Brief mit einer besonderen persönlichen Frage von dem ihr sehr zugetanen Abt Ludwig von dem Kloster St. Eucharius in Trier erhalten hatte, trug sie in ihrem Antwortschreiben auch ihm ihre Notlage vor. «Gott und auch dir, milder Vater, sage ich Dank, daß du dich gewürdigt hast, mit meiner Schwachheit und meinem Schmerz – bin ich doch ein so armseliges Wesen – Mitleid zu haben. Denn ich arbeite jetzt allein, wie ein Waisenkind, am ‹Werke Gottes› (ihrem letzten Buch), da mein Helfer, wie es Gott gefiel, mir genommen ist. Das Buch aber, das ich durch die Gnade des Heiligen Geistes in wahrhaftiger Schau mit seiner Hilfe geschrieben habe und das noch nicht vollendet ist, werde ich dir zum Verbessern vorlegen, sobald es vollendet ist.» Abt Ludwig setzte sich persönlich für die in Bedrängnis Geratene ein und entsandte zwei geeignete Mönche, die den Propstdienst und Sekretärsdienst aushilfsweise versehen sollten.[625] So konnte das letzte große Buch vollendet werden.

Die hl. Hildegard war für die ihr erwiesene Hilfe so dankbar und durch die mit viel Liebe sich um sie sorgende Bemühung so bewegt, daß sie dem abgeschlossenen Buch noch eine Nachschrift über dies alles zufügte. Auch Propst Wezelin scheint ihr zwischenzeitlich als Sekretär gedient zu haben. «In jener Zeit hatte ich in der wahren Schau an der Niederschrift des Buches unter der Mithilfe eines gottesfürchtigen Mönches, der nach der Regel St. Benedikts lebte, gearbeitet. Da durchbohrte Traurigkeit mir Seele und Leib, weil ich, durch das Geschick des Todes dieses Mannes beraubt, eine Waise in dieser Welt war. Denn im Dienste für Gott hatte er alle Worte dieser Schau mit großer Sorgfalt in ununterbrochener Mühe aufgenommen und sie korrigierend durchgesehen. Und immer hat er mich ermahnt, sie nicht wegen irgendwelcher Schwäche meines Körpers aufzugeben, sondern Tag und Nacht an dem, was mir in dieser Schau gezeigt

wurde, zu schreiben und zu arbeiten. Das tat er bis zu seinem Tode und konnte sich an den Worten dieser Schau nicht genug ersättigen. Daher rief ich nach seinem Hinscheiden unter Tränen zu Gott:
O mein Gott, Du hast mit Deinem Diener, den Du mir als Helfer bei diesen Gesichten gabst, getan, wie es Dir gefiel. Jetzt hilf mir, wie es Dir geziemt!
Dann aber war der hochwürdige Abt Ludwig von St. Eucharius in Trier, ein höchst weiser Mann vor Gott und den Menschen, über meinen Schmerz von so großem Mitleid bewegt, daß er mir in ständiger Bereitschaft durch sich persönlich und durch andere kluge Männer zuverlässige Hilfe gewährte. Und weil er selbst den obengenannten Mann seligen Angedenkens sowie mich und meine Schauungen schon früher gut gekannt hatte, freute ich mich in tränenreichem Seufzen so über ihn, als hätte ich ihn von Gott empfangen.
Da war auch noch ein anderer Mann aus adligem Geschlecht, Wezelin, Propst von St. Andreas in Köln, der in großer Beständigkeit einen ehrenhaften Wandel vor Gott und den Menschen führte. Da er in heiligem Verlangen danach strebte, gute Werke zu tun, nahm er alle Worte dieser Schauungen mit sorgfältigem Eifer in der Liebe des Heiligen Geistes auf und schrieb sie nieder. Und so ist dank der Gnade Gottes mit Hilfe der genannten ehrwürdigen Männer die Niederschrift dieses Buches vollendet worden.[626]

Die Vermittlung Propst Wezelins hatte dann doch Erfolg. Abt Helenger vom Disibodenberg ließ den Mönch Gottfried für den Rupertsberg frei. Mit ihm erhielt die hl. Hildegard wieder einen treuen, geistesvertrauten Sekretär, unter dessen Beistand das 1163 begonnene große theologische Werk zu Ende geschrieben werden konnte. Dieser Gottfried war es dann auch, der mit der Niederschrift der so anschaulichen und lebendigen Vita begann. Er konnte aber nur den ersten Teil zum Abschluß bringen, da er schon Ende 1175 oder Anfang 1176 starb. Abt Ludwig in Trier beauftragte kurz nach Hildegards Tod den Mönch Theoderich von Echternach, die Hildegardvita zu Ende zu führen. So beruht also diese Lebensbeschreibung auf nahen persönlichen Kontakten und ist frei von Legendenbildung.[627]

Wieder war die Rupertsberger Äbtissin verwaist. Auf dem Disibodenberg suchte sie keine Hilfe mehr. Der Mönchsbestand im Kloster war zu sehr geschrumpft. Nun nahm man sich vom Erzbistum Mainz aus, dem das Kloster direkt unterstellt war, des Notstandes an. Hildegards Bruder Hugo, höherer Geistlicher in Mainz, durfte das Amt des Propstes auf dem Rupertsberg versehen, und ein Kanonikus von St. Stephan übte das Amt des Seelsorgers aus.[628]

Überraschend klopfte ein stürmischer Bewerber um diese Zeit an die Tür des Rupertsberger Klosters, der etwa fünfzigjährige Mönch Wibert von

Gembloux, einem Kloster in der Nähe von Namur. Längst war ja der Ruf der hl. Hildegard bis nach Belgien und in die Niederlande gelangt. Man hatte dort Kopien ihres theologischen Werkes, und die Bischöfe von Lüttich und Utrecht standen mit ihr in Briefwechsel. Es gab sogar so etwas wie eine Hildegardbewegung. Auch Wibert, ein hochbegabter, in allem Schrifttum gebildeter, sehr wendiger Geist, dazu ein tief frommer Mann, im berühmten Benediktinerkloster Gembloux erzogen und jetzt dort Mönch, war von dem Verlangen erfüllt, geistigen Kontakt mit der vielgerühmten Seherin zu erlangen. Deshalb hatte er schon im Jahr 1175 einen dringenden Brief an sie gerichtet.

In kunstvollem Latein und mit manchen poetischen Wendungen bemühte er sich, ihre Aufmerksamkeit zu erwecken. «Ich bitte dich bei der Milde des allmächtigen Gottes, du wollest mich zu deinen Vertrauten zählen und mir nicht verübeln, daß ich allzeit deiner eingedenk bin. Weil ich aber ein klausurierter Mönch bin und keinerlei Gelegenheit oder Erlaubnis sich bietet, zu dir zu reisen, um mit dir persönlich über das zu sprechen, was ich brennend gern von dir selbst erfahren möchte, so bitte ich, du wollest dem, was ich durch die Überbringerin dieses Briefes vertraulich mitteile, deine ganze Aufmerksamkeit schenken.» Man liest dann allerdings etwas verwundert, was er so dringend von ihr erfahren will. War es nur eine gewisse spezielle Neugier, die ihn trieb? «Wir möchten nämlich wissen – ich und viele andere mit mir –, ob es wahr ist, was bei uns das Gerücht über dich verbreitet – obgleich ich mich nicht leicht davon überzeugen lasse – : Daß deine Visionen, nachdem sie auf dein Geheiß und nach deiner Weisung von den Notaren schriftlich aufgenommen wurden, deinem Gedächtnis entfallen, so daß du dich gar nicht mehr des Gesagten erinnerst. Auch möchten wir wissen, ob du diese Visionen in lateinischer Sprache diktierst oder sie in deutscher Sprache vorbringst und ein anderer sie ins Lateinische überträgt. Auch das möchten wir nicht weniger gern wissen, ob du der Heiligen Schrift durch eifriges Lesen – oder einzig unter Führung der göttlichen Salbung, die ihre Erwählten über alles belehrt – inne geworden bist.» Mit einem Gruß auch des Abtes und des Priors und der ganzen Klostergemeinschaft und dem Erbitten der Fürsprache der hl. Hildegard schließt der Brief.[629]

Die Klosterbriefbotin kam ohne eine Antwort zurück. Der tief enttäuschte Wibert schrieb umgehend schon am 14. August 1175 einen zweiten Brief mit neuen dringenden Fragen. Es fügte sich, daß er sein Schreiben einem befreundeten Ritter aus der Nachbarschaft seines Klosters mitgeben konnte, der sich gerade auf den Weg zum Rupertsberg machte. Die hl. Hildegard muß erkannt haben, daß Wibert nicht von Neugier veranlaßt seine Fragen stellte, sondern aus aufrichtigem Forschen nach der Wahrheit. Sie gab dem Ritter ihr Antwortschreiben mit, den ausführlichen Brief über die Art und Weise ihrer Schauungen. Rückhaltlos breitet sie ihre innersten

Erfahrungen, Erlebnisse und Selbstbeurteilung vor dem ihr persönlich noch fremden, aber durch die geistige Schau vertrauten Mann aus. Wir haben diesen Brief schon früher kennengelernt, als von der Eigenart der Hildegardischen Schauungen gesprochen werden mußte. Hier sollen nur noch einmal Worte aus diesem Brief angeführt werden, mit denen die inzwischen alt gewordene, nicht mehr weit vor ihrem Lebensabschluß stehende hl. Hildegard rückschauend sich selbst kennzeichnet.

«Die Worte, die ich spreche, habe ich nicht von mir noch von einem anderen Menschen, sondern ich sage sie aus der Schau, die ich von oben empfing. – O getreuer Diener! Wenn es Gott gefallen hat, meinen Leib wie auch meine Seele zu (prophetischer) Schau zu erheben, so könnte doch nicht die Furcht aus meinem Geist und meinem Herzen weichen. Denn ich weiß, daß ich ein Mensch bin. – Wie wäre es also zu verstehen, wenn ich Armselige mich nicht erkennen würde? Gott wirkt, wo Er will, zur Ehre Seines Namens und nicht zur Ehre des erdhaften Menschen. Ich aber bin ständig von zitternder Furcht erfüllt. Denn keine Sicherheit irgendeines Könnens erkenne ich in mir. Doch strecke ich meine Hände zu Gott empor, daß ich von Ihm gehalten werde, wie eine Feder, die ohne jedes Gewicht von Kräften sich vom Wind dahinwehen läßt. – Bete auch du für mich, der du diese Worte erfragst, gemeinsam mit allen, die sie gläubig zu hören verlangen, damit ich im Dienst Gottes ausharre.»

«Aber auch du, o Sohn Gottes», beginnt die hl. Hildegard den Schlußteil ihres langen Briefes, in dem sie dem Empfänger in herzlicher Anteilnahme an seinem Leben mahnende, warnende und inneren Auftrieb gebende Sätze schreibt.[630]

Der Briefüberbringer, spät abends nach Hause gekommen, schickte am nächsten Morgen einen galoppierenden reitenden Boten zu Wibert, er solle kommen und sich das Ersehnte abholen. Dieser eilte sofort vom Kloster in die Wohnung des Ritters, empfing, da dieser ausgeritten war, den Brief aus der Hand von dessen Frau, trug ihn, vor Freude zitternd und bebend, in die nahe Kirche und legte ihn dort auf den Altar, brachte ihn also zunächst Gott dar. Er kniete nieder, betete, erflehte vom Heiligen Geist die würdige Verfassung seines Herzens, und erst, als er so zur Stille gekommen war, öffnete er den Brief. Er las ihn, las ihn ein zweites, ein drittes Mal, und geriet fast in Ekstase. Am Abend bat der zurückgekehrte Ritter den Mönch, er möge ihm den Brief aus dem Latein in seine Muttersprache übersetzen. Wibert aber, noch immer aufs äußerste erregt, sah sich dazu nicht imstande und versprach, dies am nächsten Tage zu tun, wenn auch noch andere interessierte Laien und Geistliche dabei wären. Dort nun brach der ehemalige Prämonstratenserabt Rupert, der während des Vorlesens sehr aufmerksam und öfter mit dem Kopfe nickend zugehört hatte, in begeisterte Worte aus, daß hier der Heilige Geist am Werke sei: «Die

scharfsinnigsten Meister Frankreichs bringen so etwas nicht zustande. Sie machen mit trockenem Herzen und aufgeblasenen Backen großes Geschrei, verlieren sich in Untersuchungen und Streitfragen. Aber diese gottselige Frau betont nur das Notwendige, nämlich die Ehre des dreifaltigen Gottes. Sie schöpft aus ihrer inneren Fülle und gießt sie aus, um den Durst der Dürstenden zu stillen.» Ein Wort weisen Unterscheidungsvermögens![631]
Das nun noch viel stärkere Verlangen Wiberts nach einer persönlichen Begegnung fand bald eine glückliche Erfüllung. Im Herbst 1175 hatte ein angesehener Kanoniker aus Lüttich sich vom Kloster Gembloux den Mönch Wibert als Reisebegleiter zum Rupertsberg erbeten. Vier Tage lang beherbergte das Kloster die Gäste, vier Tage, in denen viele Gespräche geführt werden konnten. Bei dieser Gelegenheit lernte Wibert auch Hildegards Sekretär Gottfried kennen. Auf der Rückreise kehrte Wibert in dem ihm gut bekannten Kloster Villers ein und berichtete von allem Erlebten. Die dortigen Mönche, die viel von der hl. Hildegard hielten, gaben ihm Blätter mit achtunddreißig theologischen Fragen mit, damit er sie mit der dringenden Bitte um Beantwortung an die Rupertsberger Äbtissin weiterleite. Von diesen Fragen wird später noch die Rede sein. Vorläufig hielt Wibert sie zurück, leitete sie aber später weiter zum Rupertsberg, und die wissensdurstigen Mönche bedrängten die schwache und geplagte Hildegard rücksichtslos mit dem Verlangen nach Antwort.
Inzwischen hatte Wibert 1176 von Gottfrieds Tod Kunde bekommen. Es gehen weiterhin Briefe zwischen Gembloux und dem Rupertsberg hin und her. Ein nach Belgien gedrungenes Gerücht von Hildegards Tod erwies sich als unwahr. Die hl. Hildegard teilte Wibert mit, daß sie an der Bearbeitung der Fragen arbeite, obwohl sie noch unter einer schweren Erkrankung zu leiden habe. Wibert erreichte bei seinem Abt, sich darauf berufend, er sei um sein Kommen gebeten worden, daß er zum Rupertsberg reisen durfte. Im Juni 1177 traf er dort ein, und bald übernahm er, da Hildegards Bruder und der Mainzer Kanoniker kurz hintereinander gestorben waren, die Stelle des persönlichen Sekretärs und des Seelsorgers auf dem Rupertsberg.[632]
Überglücklich schreibt er seinem Freund Bovo: «Durch Briefe der ehrwürdigen Herrin und Mutter Hildegard hierher gerufen, kam ich durch ihre Gebete, wie ich glaube, glücklich bei ihr an. Nicht nur von ihr, sondern auch von all denen, die ihr untergeben sind, wurde ich freudig aufgenommen. Und nun weile ich bei ihr in der schönen Atmosphäre des Friedens und aller Freude und Wonne. Durch ihre Ratschläge werde ich geleitet, durch ihre Gebete gestärkt, ihre Verdienste gestützt, ihr Wohlwollen getragen und täglich erquickt durch ihre Gespräche.» Er schreibt dann jenen wunderschönen Bericht über das klösterliche Leben auf dem

Rupertsberg, der früher schon angeführt wurde.[633] Welche Bezauberung muß von dieser geisterfüllten, geistdurchstrahlten, herzensoffenen, zarten, alten, ehrwürdigen und menschenfreundlichen Äbtissin ausgegangen sein! Es ist kaum zu glauben, daß andere sich ihr gegenüber wie gefühllose Steine verhalten konnten. Aber sie mußte es in ihrem letzten Lebensjahr noch bitter erleben.

Im Kloster Gembloux entbehrte man den klugen und geistvollen Wibert. Plötzlich erschien im September 1177 Wiberts Abt auf dem Rupertsberg und wollte ihn zurückholen. Bei allen war das Erschrecken groß. Stürmisches Bitten der Nonnen und ernstliche Vorhaltungen des gerade zu Besuch kommenden Lütticher Bischofs und des Kölner Erzbischofs bewirkten, daß der Abt ohne Wibert nach Hause umkehrte.

Der sprachgewandte, einen eleganten Stil schreibende Wibert sah die Arbeit der beiden früheren Hildegardsekretäre mit kritischen Augen. Was war das für ein Latein, wer sollte das mit Freude lesen wollen! Wie sehr dieser gewandte Mann, der es bestimmt gut damit meinte, die demütige und persönlich so bescheidene Rupertsberger Äbtissin zu überzeugen vermochte, erfahren wir aus einem Brief, in dem sie ihr Einverständnis mit seiner Arbeitsweise als ihr Sekretär erklärte. «Ich gestatte gern, daß Du nicht bloß vorstehende Vision über den heiligen Martinus, sondern auch das Übrige, was ich bisher Dir geschrieben habe und noch schreiben werde, unbeschadet des Sinnes, in eine elegantere Form bringst, damit es den Lesern schmackhafter werde. Denn nach Deinen Darlegungen wurden ja auch die Schriften der Propheten und Apostel, die ursprünglich kunstlos in griechischer und hebräischer Sprache vorlagen, später durch die Erklärer und Übersetzer in ein glänzendes lateinisches Gewand gehüllt. Deshalb will ich im Hinblick auf den berühmtesten Übersetzer Hieronymus, der die Schrift nicht Wort für Wort, sondern sinngemäß übertrug, auch Dir die Befugnis erteilen, daß Du mir in meinen Schriften nicht gerade Schritt für Schritt folgst, aber Dich wenigstens nicht von meinen Fußspuren entfernst. Mein geliebter Sohn Volmar verlangte eine derartige Freiheit nicht, sondern begnügte sich, meine Schriften nach den Regeln der Grammatik zu verbessern. Nimm deshalb kein Ärgernis an der Latinität meiner früheren Werke, denn mir ist es nicht gegeben, in klassischen Worten zu sprechen, wie ja auch Moses sich wegen seiner schweren Zunge des Aaron bediente, und Jeremias, der berühmte Bußprediger, zwar nicht der Weisheit, aber der Gabe fließender Rede ermangelte.»[634]

Es war wahrhaft eine Fügung Gottes, daß die hl. Hildegard in ihren beiden ersten Sekretären Männer aufrichtig demütigen Geistes gefunden hatte. Gerade dadurch blieb die kraftvolle Eigenart der Hildegardsprache gewahrt. Zur Zeit Wiberts waren ihre wesentlichen Werke abgeschlossen, so daß nichts mehr verdorben werden konnte. Neue Aufgaben wurden ihr von Gott nicht zugewiesen. Ihre Arbeit auf dieser Erde war getan, ihr Leben neigte sich dem Ende zu. Nur noch ein letzter Kampf um die Wahrung des Wesens der Kirche in ihrem Kloster Rupertsberg stand ihr bevor. Wibert erlebte im September 1179 das Sterben der gerühmten Meisterin, blieb noch kurze Zeit im Kloster und kehrte dann nach Gembloux zurück. Von ihm haben wir merkwürdigerweise nichts Schriftliches über die letzte Lebenszeit und das Sterben der hl. Hildegard.

Alter Stich des Gnadenbildes Maria mit Kind aus dem Kloster Rupertsberg, 13. Jahrhundert. Die St. Hildegard-Abtei in Eibingen besitzt davon eine Kopie.

IX. Bleibende Gaben für die Kirche: Die großen theologischen Schriften der Jahre 1158–1174

1. Die Hildegardethik: Liber vitae meritorum, eine christliche Lebenslehre

In unruhevollen Jahren schrieb die hl. Hildegard unter viel Mühsal ihr zweites großes theologisches Buch, ein Buch, auch selbst voller Unruhe, Kampf und Dynamik. Es ruft die Christenmenschen auf, sich in dieser vom Geist Luzifers durchbrausten Welt um die Ehre Gottes und um die Schöpfung Gottes verdient zu machen, bis Gottes Pläne mit seiner Schöpfung zum Ziel gelangt sind.

Unruhevolle Jahre waren es für die hl. Hildegard, denn sie hatte den Einbruch des luziferischen Geistes in ihr eigenes Kloster erlebt. «In einer wahrhaftigen Schau erblickte ich mit großer Sorge, wie die Luftgeister wider uns kämpften. Und ich sah, daß diese Geister einige meiner adligen Töchter durch verschiedene Eitelkeiten wie in ein Netz verstrickt hatten. Einige von ihnen sahen mich finsteren Blickes an, sprachen insgeheim böse von mir und sagten, sie könnten das unausstehliche Gerede über die reguläre Disziplin, mit der ich sie zügeln wolle, nicht ertragen. Trotz der häufigen Ermüdung durch die Trübsale habe ich durch göttliche Offenbarung den *liber vitae meritorum* mit Gottes Gnade zu Ende geführt.»[635]

Unruhevolle Zeit war es, denn die blutigen Kämpfe zur Festigung der von dem jungen Staufer Friedrich kühn vertretenen kaiserlichen Macht und zur Sicherung des Heiligen Römischen Reiches Deutscher Nation auf deutschem und auf italienischem Boden sollten nie aufhören. Die Auseinandersetzungen zwischen Reichsgewalt und Kirchenautorität rissen die Kirche für Jahrzehnte in zwei Papsttümer und deren jeweilige Gefolgschaft im geistlichen und Laienstand auseinander.

Die hl. Hildegard hatte ihren nie endenden Kampf mit ihrer körperlichen Gebrechlichkeit zu führen und kämpfte reisend und visitierend und Briefe schreibend um die Bewahrung und geistliche Erneuerung ihrer Kirche an allen Orten, an die Gott sie wies. Wie sie es schaffte, wir wissen es nicht, aber sie schrieb, dem göttlichen Schreibbefehl gehorchend, in einem Zeitraum von fünf Jahren ihr zweites theologisches Buch, tief von seiner Notwendigkeit und von seiner Bedeutung für die Christenheit überzeugt. Nicht, weil sie aus sich heraus etwas zu wissen und sagen zu können meinte, sondern im Gehorsam gegenüber der befehlenden Stimme. Darum machte sie auch so genaue zeitliche Angaben über den Erhalt ihres Auftrages, und deshalb erwähnt sie auch, daß das Schreiben für sie eine Mühsal war und ihr nicht die Befriedigung einer gelehrten Arbeitsleistung gab.

«Und es geschah im neunten Jahr, nachdem eine wahre Schau mir, einem einfältigen Menschen, jene wahrhaften Visionen gezeigt hatte, unter denen ich mich zehn Jahre lang abmühen mußte» (das *Scivias-Buch*). Zusammenfassend zählt sie auf, was alles sie in den acht Zwischenjahren hatte niederschreiben müssen. Dann fährt sie fort: «Als ich nun sechzig Jahre alt geworden, erlebte ich eine gewaltige und wunderbare Schau, und auch mit diesem Gesicht hatte ich ein halbes Jahrzehnt hindurch zu tun. Zu Beginn meines einundsechzigsten Lebensjahres also, im Jahr 1158 nach der Menschwerdung des Herrn, da der Apostolische Stuhl bedrängt und Kaiser Friedrich das römische Reich regierte, da hörte ich eine Stimme vom Himmel zu mir sprechen: ‹Du, die du von deiner Kindheit an durch den Geist des Herrn nicht auf leibliche Weise (durch Unterricht oder Studium), sondern geistig in der wahren Schau unterwiesen wurdest, verkünde nun das, was du jetzt siehst und hörst. Denn von Beginn deiner Schau an wurden dir einige Erscheinungen gleichsam wie flüssige Milch gezeigt; andere wieder wurden dir gleich einer erquickenden leichten Speise angeboten; noch andere wurden dir wie feste und vollkommene Nahrung angewiesen. So rede denn auch jetzt wiederum nach Mir, und nicht nach dir, und schreibe Mir nach und nicht dir nach!› Und ich legte Hand ans Schreiben, wie jener Mann bezeugen kann, den ich, wie in früheren Visionen erwähnt, im geheimen gesucht und gefunden hatte, und wie auch ein bekanntes Mädchen bezeugt, das mir behilflich war.»[636]

Die hl. Hildegard legt also größten Wert auf die Zuverlässigkeit ihrer Angaben. Für den aufmerksamen Leser dieser sachlichen, ernsten und eindeutigen Selbstaussagen ist es nicht verwunderlich, wenn der Herausgeber in seinem Nachwort die «unvergleichliche Sonderstellung» dieser «Hildegardethik» im Bereich der mittelalterlichen Literatur unterstreicht. Vergleiche mit anderen mittelalterlichen Darstellungen des Kampfes der Tugenden mit den Lastern, mit moralischen Lehrgedichten, Beichtspiegeln sowie ethischen Systemen zeigen nur Ähnlichkeit in allgemein verbreiteten Ausdrücken und Bildern. Aber die Gesamtschau des luziferischen Kampfes und der göttlichen Bemühungen um das Gottesgeschöpf Mensch, die Kraft der Darstellung, die Schau des Bösen in all seinen Erscheinungsformen und die Dynamik der Zielstrebigkeit des Gotteshandelns in diesem Hildegardbuch sind einmalig.[637]

Welche Bedeutung die hl. Hildegard selbst, nicht aus eigenem Ermessen, sondern im Gehorsam, diesem Buch beimißt, sprechen die Schlußsätze aus. Sie sind nicht Ausdruck menschlicher Anmaßung oder Überheblichkeit.

Spürt man in ihnen nicht das innere Zittern der Schreiberin bei diesen Worten, ihre Angst und Sorge um die Zukunft ihrer Kirche, aber auch ihr tiefes Betroffensein von der Wirklichkeit der überirdischen und göttlichen Einflußnahme in den Lauf der Dinge? An der Schwelle der heraufziehenden Neuzeit mit ihrem Streben nach unbedingter Autonomie und Eigenmächtigkeit, nach Totalherrschaft des Menschengeistes über die Natur und nach radikaler Leugnung jeder unbegreifbaren und unberechenbaren metaphysischen, jenseitigen Wirklichkeiten wird hier die warnende und wegweisende Stimme laut. Die hl. Hildegard muß die Posaune der göttlichen Wahrheit sein. Es ist gut, diese Schlußworte vor dem Lesen des Buches selbst zu hören. Sie wecken unsere Achtsamkeit:
«Dies alles ist die Wahrheit. Sie wurde diesem einfachen Menschen auf verschiedenen Wegen des Wortes wahrhaft gezeigt. Denn Ich, der Ich vom höchsten Vater ausging, um von der jungfräulichen Mutter des Fleisches Grünheit anzunehmen, Ich habe diesen Menschen dazu auserwählt. Er sollte mit ungefeilten Worten und ohne menschliche Unterweisung dieses enthüllen, um es ohne jede verschattende Verdeckung mit Worten vorzutragen, damit das Wissen der Wissenden die Einfalt des Unwissenden bemerke und erkenne den Schöpfer aller Dinge, jenes unvergängliche Licht, das lodert in unauslöschlicher Flamme, auf daß auch der Kleine wie der Mächtige sich vor allen diesen Erscheinungen in Zucht nehme. Selig daher der Mensch, der von des Himmels Höhe durch Gottes Wunderwerke aufgerufen wird. Und ich hörte die Stimme, wie sie vom Himmel sprach: ‹Der Mensch, der dies schaut und im Schreiben weitergibt, sieht und sieht doch nicht; er spürt das Irdische und doch wieder auch nicht. Er trägt Gottes Wunderdinge nicht aus sich selbst vor, ist vielmehr davon so ergriffen, wie eine Saite durch den Spieler ergriffen wird, um ihren Ton nicht aus sich, sondern aus dem Griff eines anderen wiederzugeben. Und alles dies ist die Wahrheit. Und der die Wahrheit selber ist, wollte dies wahrhaftig so gezeigt wissen. Wer daher im überheblichen Geist der Gelehrsamkeit oder in seiner Selbstherrlichkeit etwas Gegensätzliches hinzufügen wollte, der wäre wert, unter die hier beschriebenen Strafen zu fallen. Oder wenn einer aus bloßem Widerspruch etwas auslassen wollte, würde auch er verdienen, der hier gepriesenen Freuden nicht teilhaftig zu werden.› Und ich hörte die Stimme der Menge aus den Geheimnissen der Himmelshöhe antworten: ‹Es sei so! Amen! Amen! Und so soll es sein!› Und noch einmal hörte ich die Stimme vom Himmel, die zu mir sprach: ‹Dies ist von der lebendigen Stimme des lebendigen und unvergänglichen Lichtes vorgetragen und ausgesprochen worden. Und es ist die Wahrheit. Und der gläubige Mensch achte darauf, und er halte es ganz fest im Gedächtnis seines guten Gewissens.›

Es schließt das Buch der Lebensverdienste, die vom lebendigen Licht enthüllt wurden durch einen einfachen Menschen.»[638]
Was ist der Inhalt dieses Buches? Ist es eine mittelalterliche christliche Ethik, schwer lesbar, aber in den Grundzügen noch gültig? Gewiß, es wird in diesem Buch von vielen Dingen gesprochen, die in jedem Aufriß einer christlichen Ethik zu behandeln sind: Menschliches Zusammenleben, Familie, Ehe, Sexualität, Eigentum, Mode, Genußgüter, Lebensfreude, Lebenserfüllung, Umgang mit der Natur, Wissenschaft und manches andere. Aber es fehlt auch vieles, was wir heute von einer christlichen Ethik erwarten. Doch das ist deutlich: Das Grundthema jeder christlichen Ethik meldet sich hier eindeutig zu Wort.
Achten wir noch einmal auf die Schlußbemerkungen! «Dieses alles ist die Wahrheit.» «Ich habe diesen Menschen dazu auserwählt, er solle dies enthüllen!» «Er trägt Gottes Wunderdinge nicht aus sich selbst vor, ist vielmehr davon so ergriffen, wie eine Saite durch den Spieler ergriffen wird.» Wahrheit, Enthüllung, eine Ballade von Gottes Wunderdingen haben wir zu erwarten, wenn wir dieses Buch lesen. Es ist also, als wenn Lichtstrahlen von oben in das irdische Geschehen fallen, auf viele, auf besondere Stellen, und aufleuchten lassen, um was es da unten letztlich geht, worauf das alles abzielt, und was der Mensch wissen muß, beachten soll und zu tun hat, wenn er im Lichte dieser Strahlen die Wahrheit erkennt und des Zieles teilhaftig werden will, das da vor ihm erhellt wird.
Das Licht fällt auf die Bühne des menschlichen Lebensraumes, des Kosmos in seiner zeitlichen und räumlichen Weite, «von Anfang der Schöpfung bis zum Ende der Welt. Nur innerhalb dieses Raumes, aus dem er geschaffen ward und mit dem er enden wird, steht dem Menschen ein Urteil zu».[639] Die dem menschlichen Urteilsvermögen gesetzten Grenzen sind eng, es reicht nicht über die Grenzen seines Lebensraumes hinaus. Es reicht nicht hin, Einflüsse und Einwirkungen von außerhalb dieses Lebensraumes von sich aus zu erkennen und zu beurteilen. «Wie in den Höhen des Weltalls gar vieles ist, das niemand kennt, so herrschen auch in den Tiefen des Abgrunds zahlreiche Mächte, unerkennbar für den Menschen. Gott offenbart ja seine Geheimnisse niemandem vollständig.»[640]
Wenn die hl. Hildegard in überlieferter Weise von dem gestuften Kosmos als Himmel, Erde und Abgrund spricht, dann sprengt sie selbst dieses Weltbild immer wieder, indem sie es der Unermeßlichkeit des überzeitlich und überräumlich handelnden Gottes unterwirft. Der von Gott geschaffene Kosmos ist die Bühne des Geschehens, in das sich der Mensch hineingestellt sehen soll. «Der Weltenball wird von Feuer, Wind und Luft in Bewegung gehalten und jedwede Kreatur ist in ihm geborgen. Der Himmel mit all seiner Pracht nimmt den oberen Teil dieses Weltalls ein. Wo aber wäre der Mensch, der je mit einem Blick hinaufzudringen vermöchte in solche

Höhen? Der Erde weites Rund steht mit den ringsum strömenden Wassern und allem, was oberhalb der Abgründe flutet, gleichsam inmitten der Weltkugel. Auch das vermag kein Mensch jemals zu erfassen. Der Abgrund endlich liegt mit all seinem Wunderbaren gleichsam auf dem Grunde dieses Universums. Und wo wäre der Mensch, der je auf diesen Grund gelangen könnte? Niemand kann dies als Gott allein, der ihn gegründet hat. Der Mensch aber lebt auf diesem Erdball und ist von seinem Kreislauf umschlossen. Daher kann kein Mensch mit seiner Fassungskraft über diese Grenze vordringen. – Alle Lebewesen, die im Himmel, auf Erden oder im Abgrund sind, können Gott nicht begreifen, nicht erkennen, nicht begrenzen ... Er hat jedes Ding weise vorherbestimmt und ihm im Weltall seinen Platz gewiesen, indem Er kraft Seiner Weisheit die einzelnen Wesen voneinander unterschied.»[641]

Diese Sätze über Grenze und Weite, Unfaßbarkeit und Übersichtlichkeit, Geheimnis und Zuordnung aller Dinge tragen ihre Gültigkeit in sich, unabhängig vom Wandel der Kosmosweltbilder. Würde man die hl. Hildegard darauf aufmerksam machen, daß wir inzwischen mit unseren künstlich gesteigerten Sinnen viele Milliarden Lichtjahre weit in die Tiefen des Kosmos und in vergangene Epochen des Weltalls vordringen, ohne jedoch zu wissen, auf welche letzten Grenzen wir stoßen werden, was hinter solchen Grenzen wäre, wie alles anfing, worauf alles zuläuft, dann würde sie vor diesen ungeheuer erweiterten Ausmaßen nicht erschrecken. Sie würde nur noch tiefer ergriffen sein von der Größe, Verborgenheit und Geheimnisfülle des allmächtigen Gottes, und sie würde noch überzeugter sein von der Bedeutung des Menschen, den Gott als Vernunftwesen auf die Drehbühne dieses Universums gestellt hat. Wie sich Gott, sein Schöpfer, und Luzifer, der unheimliche Rebell in der Schöpfung, um diesen Menschen bemühen, und wie der Mensch zwischen diesen geistigen Mächten seinen Entscheidungsweg zu seinem eigenen und der Welt Heil finden soll, darauf lenkt das Buch vom verdienstvollen Leben die Aufmerksamkeit.

Wer sind die Akteure in diesem Geschehen?

Der erste Teil des Buches beginnt mit einer eigenartigen Vision. Die hl. Hildegard schaut Gott in der Gestalt eines die ganze Schöpfung, das Universum überragenden, durchdringenden und durchwirkenden Mannes. Der Kosmos ist das Wirkungsgebiet des alle Kraft in sich tragenden und alles aus sich selbst wirkenden Gottes.

«Ich sah einen Mann von solch hohem Wuchs, daß er von der obersten Höhe der Himmelswolken bis hinunter in die Abgründe reichte. So stand er da: Von seinen Schultern an ragte er über die Wolken hinaus in den strahlenden Äther. Von den Schultern abwärts bis zu den Hüften umschwebte ihn, unterhalb der erwähnten Wolkenschicht eine andere blendend weiße Wolke. Von den Hüften bis zu seinen Knien umspielte ihn

die irdische Luft. Von den Knien bis zu seinen Waden befand er sich in der Region der Erde. Seine Füße schließlich tauchten in die Wasser des Abgrundes, jedoch so, daß er dabei noch über dem Abgrund stand.
So stand er, dem Osten zugewandt, und schaute nach Osten und Süden. Sein Antlitz aber strahlte von solcher Herrlichkeit, daß ich es nicht voll und ganz anzuschauen vermochte. Vor seinem Munde ballte sich eine blendend weiße Wolke zu einer Art Posaune zusammen; sie war erfüllt vom Klang einer geschwind aufbrausenden Musik. Jedesmal, wenn dieser Mann dort hineinblies, sandte sie drei Winde aus: Der eine trug eine Feuerwolke über sich, der andere eine Sturmwolke, der dritte eine Lichtwolke.»[642]
In der Feuerwolke schweben die allen Gotteswillen vollführenden «feurigen Lebewesen», die Engelgeister. In der Sturmwolke warten die schon Seligen, drängend und fragend, auf den Anbruch der neuen Schöpfung, in welcher sie ihre endgültige Wohnung beziehen können. In der Lichtwolke kündigt sich der Sieg des Lichtes durch den Weibgeborenen, den Inkarnierten an. Zorn und Gericht über alle Bereiche des Bösen geht von diesem Mann aus: «Und ich sah, wie der erwähnte Mann ein gezücktes Schwert mit drei Schneiden trug, das mit seinem Griff am Hals des Mannes befestigt war und das wie zum Dreinschlagen hin und her geschwungen wurde. Und dieses Schwert sprach: Zorn des Zornes gegen den Norden (Bereich der Finsternis) trage ich in mir und gegen alles, was in ihm hauset. Wer könnte mich im Streit überwinden? Niemand!»[643]
In der Mannesgestalt erscheint Gott als der ursprunghafte, aus seinem ewigen, vorzeitlichen Ratschluß alles Schaffende, allem Geschaffenen seine Lebenskraft eingebende Schöpfer. «Der Mann aber von solch hohem Wuchse, daß er von der Höhe der Himmelswolken hinab bis zum Abgrund reicht, dieser Mann steht da für Gott. Mit Recht wird Gott ‹Mann› genannt, weil alle Kraft und alles, was da lebt, ausgeht von Ihm.»[644] – «Das Leben, das Er schuf, enthält in sich bereits den fruchtbaren Keim zur weiteren Entwicklung aller Geschöpfe. Dieser Mann gründete im ewigen Ratschluß die Fülle aller Güter. Er fügte das Bauwerk der Kräfte dergestalt, daß keine leere Stelle darin zu finden war.»[645] In der Himmelswelt haben die von seinem Zorneseifer erfüllten Engel schon den Kampf mit dem abgefallenen Engelfürsten und seinem Anhang ausgefochten. «Wer ist wie Gott! Mit diesem Ruf, der einem stürmenden Braus glich, verkündete die ganze himmlische Heerschar, daß der Feind zu Fall gebracht sei. Und lauter Freude herrschte, da nunmehr im Himmel kein Bruch mehr stattfinden konnte. So fiel der alte Feind in die Finsternis: Ohne Licht west er nun und ohne die Freude des Lebens. Doch raffte er seinen Köcher und seine Pfeile noch einmal gegen den Willen jenes kämpfenden Mannes zusammen.»[646]
Damit ist die Erde zum letzten Kampfplatz, zum letzten Schlachtfeld

geworden. Auf ihr soll und muß der letzte Kampf zwischen Gott und dem rebellischen Geist Luzifer ausgetragen werden. Alles menschliche Tun auf dieser Erde bekommt dadurch eine Charakterisierung, die aus dem irdischen Erscheinungsbild des menschlichen Lebens nicht ablesbar ist: Es wird zu einem Wirken auf der einen oder auf der anderen Seite dieser Kampffront. Das soll die hl. Hildegard durch dieses Buch den Christen neu ins Gewissen schreiben.

Gott hat in seiner Schöpfung die Herausforderung zu diesem Kampf angenommen. «Aber der Mann erwies sich mächtig über Seinen Feind, und zwar durch ein anderes Werk, das Er wirkte, durch den Menschen nämlich, den Er geschaffen. Mit dieser Macht begann Er gegen die Schlingen und Bosheiten des listigen Feindes aufs neue zu kämpfen. Als ‹das Wort, das Fleisch geworden›, ergriff Er das Banner dieser Schlacht. Und dieser Streit wird dauern, bis die Zahl der Brüder, das heißt der Seligen, voll ist. Einen erbitterten Kampf wird dieser Mann von neuem mit dem Feinde streiten, so wie Er früher schon im Himmel mit ihm gefochten hatte. Doch wird Er ihn gänzlich zunichte machen.»[647] Die Kampfsituation des menschlichen Daseins, das hin und her Gerissenwerden zwischen Gut und Böse, Höhe und Tiefe, Licht und Finsternis, Lebenserfüllung und Lebensverderben kommt nicht aus einem ewigen, nicht zu überwindenden Dualismus. Die hl. Hildegard erkennt darin nur ein Geschehen auf Zeit. Es ist darum nicht leichter, denn dieser Kampf muß durchgestanden werden, und solange Gott diese alte Welt bestehen läßt, ist der Mensch in diese Auseinandersetzung hineingestellt und in den Kampf gerufen. Gott aber hat ihn dazu berufen, daß er auf der Seite Gottes wirke und kämpfe und an dem endgültigen Sieg Gottes Teil gewinne.

Daß für den «denkenden» Menschen, und als solchen hat Gott ihn geschaffen, hier viele Fragen entstehen, weiß die hl. Hildegard. Aber sie weiß auch, daß hinter sehr vielen Fragen der steht, der dem Menschen unangemessene Fragen eingibt. Ihr ganzes Buch ist eine ständige Auseinandersetzung mit den lügnerischen Fragemethoden, deren letztes Ziel ist, den Menschen zu verführen, daß er seine eigene Autonomie suche und die Autonomie Gottes und die damit gegebene Offenbarungsautorität Gottes leugne. Es geht hier um den letzten Grund christlicher Lebenshaltung, also um eine Grundfrage christlicher Ethik.

Vor und über aller Schau der einzelnen Dinge und einzelnen Geschehnisse auf der Kampfbühne dieser Erde steht für die hl. Hildegard die Schau des absolut autonomen Gottes. «Dieser Mann steht von den Schultern ab über den Wolken im strahlendsten Äther, weil alles das, was vor dem Ursprung der Welt war, Er allein im Geheimnis der göttlichen Herrlichkeit kennt. Denn Gott ist erhaben über alles und in allem, so daß weder die Engel noch die Geister der Gerechten Ihn vollkommen erfassen können. Aus Ihm nehmen alle Lebewesen ihren Ursprung, während Er selber keinen Beginn eines Anfanges hat, sondern allein in sich ruht. Er hat Sein Leben in sich, Sein Können in sich, Sein Wissen in sich. Der, der lebt, der, der kann, der, der weiß – ist Gott! In diesen drei Vermögen sind alle Werke Gottes begründet und vollendet. In Ihm tragen Seine Werke die Möglichkeit ihrer Verwirklichung.»[648]

Gegen diesen Gott versucht der Verführer Luzifer die Menschen aufzuwiegeln. Nachdem ihm der Einbruch in die Existenz des Menschen gelungen ist, bemüht er sich, durch geistige Beeinflussungen den Menschen ganz und für immer von seinem Schöpfer zu trennen. Das erkennt die hl. Hildegard als das eigentliche Geschehen auf der Bühne der menschlichen Geschichte, und sie nennt damit das Thema, das die menschliche Geistesgeschichte und damit auch das menschliche Handeln in der heraufsteigenden Neuzeit mehr und mehr beherrschen wird: Der Mensch soll und will sich selbst zum Maßstab aller Dinge machen.

«Alsdann sah ich von Norden her eine Wolke, die sich ausdehnte. Sie war aller Freude leer und aller Seligkeit bar. Voll war sie von bösen Geistern, die in ihr unruhig herumfuhren, um gegen die Menschen lauter Bosheiten im Schilde zu führen. Und ich hörte, wie die alte Schlange bei sich selber sprach: ‹Alle Kraft meines Vermögens will ich zum Endkampf einsetzen, und ich will losschlagen gegen meine Feinde, so sehr ich vermag.› Und sogleich stieß sie voller Giftigkeit ihren Geifer, und damit alle Laster unter die Menschen aus. Einen ganz abscheulichen Nebelschwaden stieß sie aus, der den ganzen Erdkreis wie mit nachtschwarzem Rauch bedeckte, aus dem ein fürchterliches Gebrüll ertönte. Und sie schrie: ‹Daß ja kein Mensch einen anderen Gott anbetet als den, den er sieht und kennt! Was wäre das auch für ein Unfug, daß der Mensch etwas verehrte, das er nicht einmal versteht!› In diesem Nebel erblickte ich nun in sinnbildlicher Gestalt eine Reihe verschiedenartiger Laster.»[649]

Gebrüll, Geschrei, Nebelschwaden, Verschwommenheit, die Dinge unklar machender Rauch und der Appell an den Stolz des Intellektes, das sind durch das ganze Hildegardbuch hindurch die Charakteristika des Bösen. Alle Verführungslist und alle Laster haben das eine Grundthema: Halte dich als Mensch nur an das, was du verstehen und sehen kannst! Aus diesen Prinzipien mußt du dein Leben gestalten. Sonst treibst du Unfug, machst dich lächerlich. Diesem Geisteskampf sieht die hl. Hildegard den Menschen auf der Bühne der Geschichte ausgesetzt.

Was ist nun der Mensch, von dessen Lebensschwierigkeiten jede Ethik, welcher Art sie auch sei, sprechen muß, dieses wegweisebedürftige Wesen? Folgen wir den Darlegungen des Hildegardbuches!

Der Mensch steht als vernunftbegabtes Wesen in Gottes Schöpfung der Ordnung der Engel nahe, jener vernunftbegabten hohen Geistwesen.

«Gott hat ja Engel und Menschen zu einer einzigen geistigen Wirklichkeit (rationalitas) verbunden.»[650] Auch der abgefallene hohe Engel Luzifer und sein Gefolge gehören zu diesen Vernunftwesen. An ihm ist klar geworden, daß Vernunft wohl eine hohe Fähigkeit, aber nicht die höchste Eigenschaft ist. Sie kann sich in Überheblichkeit und Wahnsinn verkehren, sie kann mit Blindheit geschlagen werden, wenn sie von einem verkehrten Willen beherrscht ist.

Der Mensch ist das in die biologisch-sinnliche Körperlichkeit gekleidete Vernunftwesen, das besondere Wunderwerk des Schöpfers. «Also schafft Er vernünftiges Leben, daß nämlich die Augen sehen, die Ohren hören, die Nase riecht und der Mund seine Rede mit Vernunft hervorbringt.»[651] Der Mensch ist das mit seinen leiblichen Sinnen für die wunderbare Vielfältigkeit der Welt in jeder Beziehung offene und ihr verbundene Vernunftwesen. Wunderbare Sätze schreibt die hl. Hildegard hierüber. «Die Weisheit ist Gottes Auge, mit dem Er alles vorhersieht und alles durchschaut. In dieser Weisheit wird der Mensch die Höhe des Himmels genannt, weil er wie ein Herrscher über alle Welt hinausragt durch die Gabe der Erkenntnis, die das Auge der Weisheit ist. Ebenso gleicht er der Weite der Erde, weil er das Vermögen hat, zu ersehnen und zu wünschen. Wie das zu verstehen ist? Was der Mensch ersehnt, das freut ihn, und so verlangt er das, wonach sein Sehnen geht, und es wird ihm ganz nach seinem Wollen auch entgegenkommen. Wenn er so Gott um etwas bittet, wird Gott ihm Beistand gewähren. Strebt er aber zum Teufel hin, so kommt ihm dieser mit den Einflüsterungen des Bösen entgegen. Auch kennt der Mensch kraft seiner Vernunft diese Sehnsucht, und er verlangt das, wonach er Geschmack empfindet. Was er aber auch ersehnen oder verlangen mag, das erreicht er nicht durch sein eigenes Können, sondern weil Gott es ihm gewährt. Denn Gott ist es, der den Menschen erschaffen hat. Wie nun der Mensch vieles tun kann, so erstrebt er auch durch Sehnen und Verlangen gar vieles. Weil aber der Teufel den ersten Menschen überlistet hat, verführt auch Eva oftmals den Menschen durch die gleiche Einflüsterung. Schließlich gleicht der Mensch noch der Tiefe des Abgrundes, wenn er die Sehnsucht nach dem Guten aufgibt und sich dem Teufel zuwendet. Entsprechend seinem freien Willen unterstützt dann der Teufel sein Verlangen, und Gott läßt es so zu.»[652]

Der Mensch lebt als ein von vielerlei Stimmen, aus seinem eigenen Inneren, aus der Welt um ihn her, aus der Höhe und aus der Tiefe angesprochenes Wesen. Als das mit seiner ganzen sinnenhaften Leiblichkeit in die Fülle der Schöpfung hineingestellte Vernunftwesen ist er dem Himmel, seinem Schöpfer, zugehörig. Aber seit dem Sündenfall ist er dem rebellischen Verführer zugefallen und immer seinen Verführungsversuchen ausgeliefert. Er kann ihm ganz verfallen und ist dann, davon wird in diesem Buch deutlich genug gesprochen, endgültig verloren. Aber immer bemüht sich Gott um ihn, immer dringen die Stimmen aus der Höhe an sein Gewissen, immer umgeben ihn nicht nur die teuflischen Verführungslaster, sondern auch die göttlichen Kräfte der Tugenden eines verdienstvollen Lebens. Von diesen immer angebotenen Möglichkeiten eines verdienstvollen Lebens zur Ehre Gottes, zum Heil der Seelen und auch zum Segen für die göttliche Schöpfung gibt die hl. Hildegard ein unüberhörbares Zeugnis. So lange die Sehnsucht nach dem Guten, nach dem Himmlischen, nach Gott im Menschen lebendig ist, ist der Mensch nicht verloren, und «der Satan weiß nur zu gut, daß Gott den Menschen nicht preisgeben will. Ein solcher Mensch ist nicht mit der Tiefe des Abgrundes zu vergleichen, sondern mit dem Wetter, das bald in leuchtender Sonne strahlt und sich bald in schwarze Wolken einhüllt.»[653]

Das Erschrecken vor der Möglichkeit und Tatsache endgültigen Abfalls des Menschen von seinem Schöpfer wird nicht verschwiegen, die dunkle Seite der menschlichen Existenz: «Wer aber hat je durchforscht und ermessen, was für eine Schmach es bedeutet, daß der Mensch, der über alle Werke Gottes gesetzt wurde, Gott verläßt, um den Teufel nachzuahmen, der seine Herrlichkeit verloren hat, da er sich Gott im Aufruhr widersetzte und so zugrunde ging? Wer kann das Verderben ganz ermessen, das darin liegt, daß der Mensch Gott im Stich läßt und sich den Teufel, diesen niederträchtigen Tyrannen, zum Gott erwählt?»[654] Die Tragweite und die geistige Abgründigkeit dieser Sätze ist schwer zu erfassen. Die abgründige, schmachvolle Bedrohung, die allezeit über dem menschlichen Dasein schwebt, ist unheimlich. Der Teufel, der Geist der widergöttlichen Autonomiesucht, ist eine Realität, mit der die christliche Ethik zu rechnen hat. Gottes Absicht ist es, diesen gefallenen und vom Verderben bedrohten Menschen noch in dieser seiner irdischen Existenz wieder aufzurichten, wiederherzustellen und ihn sogar zukünftig zu einer viel größeren Herrlichkeit zu vollenden. Die christliche Lebenslehre zielt immer auf das Erreichen dieser höchsten Vollendungsstufe, weil Gott es so will.

«Den Menschen, der seinen wirren Werken verfiel, hielt Er fest, damit er nicht gänzlich zugrunde ginge. Durch die unversehrte Menschwerdung und im Lichte der Jungfräulichkeit vertrieb Er die Werke der Finsternis und zeigte wieder auf, was recht ist. Nach seinem Abfall von Gott muß der Mensch durch die heiligen Werke erst wieder zur früheren Herrlichkeit zurückversetzt werden.»[655] «So hat er auch den Menschen, der zwar den guten Anfang nahm, nachher aber ins Elend stürzte, nicht nur zu seinem Ursprung wiederhergestellt, sondern ihm auch mit den Kräften der Heiligkeit eine noch höhere Weihe verliehen.»[656]

Die Gedanken der hl. Hildegard sind immer, auch wo sie von den irdischen guten Werken der Erlösten, also von der geheiligten Lebensführung, spricht, letztlich zur höchsten Höhe gerichtet. Alles Irdische erfüllt sich in seiner Hinwendung zu seinem himmlischen Ursprung. Über dem geheiligten Lebensweg der Menschen erhebt sich das Engellob zum Ruhme Gottes. In dieses Engellob soll der Mensch mit einstimmen, dankbar Gott preisend für die ihm durch Gottes Gnade ermöglichten guten Werke, und in diesem Lobpreis soll der Mensch seine wahre und höchste Ehre finden. «Die Schar der Engel lobt der Menschen gute Werke, und sie läßt wegen dieser Werke keine Stunde und keinen Augenblick vom Lobpreis ab, tönt vielmehr unaufhörlich in diesem Rühmen und findet kein Ende darin. Denn Gott will von den Engeln gepriesen werden, damit ihre Ehre sich mehre. So gefällt es Ihm. Und so will Er auch, daß die Werke der Heiligen im Lobpreis der Engel Ihm dargebracht und aufgezeigt werden. Weil aber der Mensch durch Gottes Hilfe allein Bestand hat, will Gott, wie von den Engeln, so auch von den Menschen gepriesen werden, damit auch ihre Herrlichkeit sich mehre.»[657]

Das sind wunderbare Sätze, ausgesprochen im Blick auf das Sich-Mühen der durch Christus Erlösten um eine geheiligte Lebensführung. Sie bedeuten, daß es in der Nachfolge der hl. Hildegard keine sich auf die innerweltlichen Aufgaben und Lebensziele beschränkende Ethik geben kann. Alles irdische Tun empfängt seine wahre Würde und Ehre erst, wenn es lobpreisend Gott dargebracht wird. Alles ethische Handeln findet seine Erfüllung und Krönung im gottesdienstlichen Lob, wie ja auch die neue Schöpfung ihre Erfüllung und Krönung finden wird im symphonischen Lobpreis des dreieinigen Gottes.

Vor Verwirklichung dieser neuen Schöpfung muß der Kampf zwischen dem luziferischen Gegengeist und dem Schöpfer zu Ende geführt werden und muß die dadurch entstellte, verunreinigte erste Schöpfung gereinigt werden. Die satanischen Angriffe auf den Menschen, das bedeutendste Wesen in der sichtbaren Schöpfung Gottes, schaut die hl. Hildegard verkörpert in den Gestalten der verschiedenen Laster, häßliche, aus Tier- und Menschenteilen zusammengestückelte Zerrgebilde. «Daß du aber in dem Nebel verschiedene Laster in sinnbildlicher Gestalt erblickst, das bedeutet: Der Unglaube hat jede Art von Laster im Gefolge. Du siehst sie in bestimmter Form, weil ihre Gesamtheit dir mit ihren unterschiedlichen Erscheinungen gezeigt wird. Es ist dabei nicht so, als wenn sie in ihrer Gestalt wirklich so wären, vielmehr soll ihre Bedeutung auf diese Weise klar werden. Denn der Teufel hat mancherlei Stricke seiner Bosheit.»[658]

Das gleiche gilt von den schaurigen Bildern der Höllenqualen und der Qualen im Fegfeuer. Wie die mittelalterlichen Maler weiß die hl. Hildegard, daß die bildhafte Beschreibung der seelischen und geistigen Vorgänge symbolische Bedeutung hat. Dadurch wird zum Ausdruck gebracht, daß die satanischen Verführungen, die menschlichen Sünden und die Sündenstrafen eben nicht nur intellektuelle und moralische, irgendwie geistig abstrakte Geschehnisse sind, sondern daß dies alles leiblich-seelisch-geistige Wirklichkeit ist, gebunden an das Geist-Seele-Leib-Wesen Mensch und an seine Einbindung in die sein Dasein ermöglichenden Naturelemente, die sich auch gegen das Leben des Menschen wenden können. Unter diesen Voraussetzungen begreift man dann auch, daß die hl. Hildegard so oft von der Unbegreiflichkeit, unser Fassungsvermögen übersteigenden Art all dieser Wirklichkeiten spricht, und man spürt ihre innere Ergriffenheit von diesen Dingen in einem Satz wie diesem: «Und ich hörte, wie die Stimme aus dem lebendigen Licht zu mir sprach: ‹Was du siehst, ist wahr, und es ist so, wie du es siehst, und es ist noch viel schlimmer›.»[659]

Wenn man sich eingelesen hat in die bildhafte Hildegardische Darstellungsweise, wie man sich ja auch einschauen, einlesen muß in die Bilder der mittelalterlichen Maler, dann erkennt man mit Erstaunen die Genauigkeit, Schärfe und Klarsicht dieser Lebensunterweisung. Die Unterscheidung der Beweggründe, der Verhaltensweisen, der Zielsetzungen im menschlichen Handeln, die Zurückführung aller dieser Verschiedenartigkeiten auf letzte Grundhaltungen, das Aufzeigen der inneren, zwangsläufigen Folgerichtigkeit der sündigen Fehlhandlungen, dies alles erinnert uns daran, daß der hl. Hildegard jedes gleichmacherische, schematisierende Denken fremd ist. Die Fülle der Wirklichkeit ist für sie unfaßbar groß, im Guten wie im Bösen. Aber es gibt, soweit Gott es erlaubt und schenkt, Durchblicke.

So hat auch das Buch vom verdienstvollen Leben einen klar durchschaubaren Aufbau. Jeder der sechs Teile ist nach ungefähr gleichem Grundriß gestaltet. Nach einer Eröffnung treten die Gestalten bestimmter Laster und göttlicher Gegenkräfte auf, theologische Ausführungen zum Thema des betreffenden Teiles führen in die Tiefe, die Laster werden in ihrem Wirken ausführlich beschrieben, der Zorneifer Gottes erhebt seine Stimme, die Strafen und die Läuterungsmöglichkeiten werden beschrieben, und mit einem Mahnwort zur Buße, einem Hinweis auf die von Gott gegebene Heilsmöglichkeit schließt das Kapitel.

Die Teile des Buches stehen in einer klaren Folge zueinander. Beherrschend steht über allen die Schau Gottes als des den Kosmos überragenden, durchwaltenden und gestaltenden Mannes. Die Darstellung gerät in erregende Bewegung, weil der Kosmos im Bereich des Menschen zum Kampfplatz zwischen diesem Mann und dem Rebellen Luzifer geworden ist. Die Abläufe dieses Kampfes werden in den Teilen des Buches verfolgt.

Mit der Menschwerdung des Gottessohnes zur Erlösung der gefallenen Menschen hat die Endzeit begonnen. Die Menschen werden jetzt zur letzten Entscheidung für oder gegen Gott aufgerufen. Gott gibt Luzifer, dem Rebellen, die Bahn frei für seinen wahnwitzigen Endkampf gegen Gott, gerichtet gegen den Menschen, das Spitzengeschöpf der göttlichen Schöp-

fungswerke. Die Eröffnung dieses Endkampfes ist das Thema des ersten Buchteiles. «Ich hörte, wie die alte Schlange bei sich selber sprach: ‹Alle Kraft meines Vermögens will ich zum Endkampf einsetzen, und ich will losschlagen gegen meine Feinde, so sehr ich vermag›.»[660]
Der Kampf entbrennt gegen die Kirche: «Das soll besagen, daß der alte Feind im Hochflug seines Stolzes die verschiedenartigen Laster mit ihren Nachstellungen erfindet, um die Auserwählten Gottes zu bedrängen, so daß er ihnen keinerlei Ruhe vergönnt. Massenweise bringt er ihnen Verführung und Abfall bei.»[661] Das Ziel dieser teuflischen Bemühungen ist die Verführung zum theoretischen und praktischen Atheismus, den es so vor der Entstehung der christlichen Kirche in der menschlichen Geistesgeschichte nicht gegeben hat. Unter der Überschrift «Satan verführt zum Götzendienst» schreibt die hl. Hildegard in diesem Kapitel: «Einen ganz abscheulichen Nebel stößt er aus, der den ganzen Erdkreis mit nachtschwarzem Rauch bedeckt, denn er entsendet vielfachen Unglauben, der die ganze Welt mit der Finsternis seiner Verderbtheit umhüllt. Ein fürchterliches Brüllen ausstoßend, beginnt er zu sprechen: ‹Daß ja kein Mensch einen anderen Gott anbetet als den, den er sieht und kennt! Was wäre das auch für ein Unfug, daß der Mensch etwas verehrte, das er nicht einmal versteht?› In diesem Unglauben boshafter Verführung erwachsen den Menschen gottlose Grundsätze, daß sie keinen anderen Gott verehren als die Götzen, die man sehen und verstehen kann. Und so wenden sie des Menschen Vernunft vom wahren Gott ab, der ja in der Herrlichkeit der Gottheit der menschlichen Schwäche wegen nicht gesehen werden kann.»[662] Darum geht es also in dieser Weltverführung im Zeitalter nach Christi Geburt, daß die Menschen sich abwenden von der Verehrung des Unsichtbaren, Überirdischen, letztlich Unbegreiflichen, aber Normgebenden und Lebenbestimmenden. Sie sollen sich nur noch dem Sichtbaren, Verstehbaren, Immanenten, vom Menschen Bestimmbaren zuwenden und ihm ihre Verehrung darbringen. Das ist dann ihr Götze, ihr selbsterschaffener Gott, unter dessen Führung sie sich freiwillig stellen und von dem sie ihr Lebensheil erwarten. Daß hiermit eine Vernebelung des Denkens, ein geistiger Terror (Brüllen), eine Art Massensuggestion verbunden ist, daß dieser theoretische und dann praktische Atheismus allmählich weltbeherrschend wird, das wird in diesem ersten Kapitel des Hidegardbuches prophetisch ausgesprochen, und die Christen werden gewarnt und, soweit sie diesen Verführungen theoretisch und praktisch verfallen, zur Buße gerufen.
Das zweite Kapitel wird eröffnet mit der Schau des Mannes als eines vielfach geflügelten Wesens, auf dessen Flügeln Bücher Kunde geben von den Planungen Gottes zum Heil der Welt und von der Durchführung dieser Pläne. «Und ich sah, wie der Mann sich nach Westen wandte, so daß er

nun nach Westen und nach Norden schaute. Und siehe, an beiden Schultern trug er einen Flügel, der seine Arme überdeckte. Auch auf dem Rükken hatte er Flügel und ebenso auf der Brust. Sie alle standen aufrecht, zum Fliegen bereit. Mitten auf jedem dieser Flügel erschien ein Buch. Das Buch auf dem Flügel im Rücken dieses Mannes glich einem marmornen, ungeteilten Stein von weißer Farbe, und der Finger Gottes hatte darauf geschrieben: ‹Dies sind die Wunderwerke der Gottheit, die Gott im Menschen wirkt: vorhersehend, aufschreibend, die Zither schlagend und mit den Flügeln der Propheten aufjubelnd.› Das Buch vor dem Brustflügel enthält in weißen Lettern zahlreiche zusammengestellte Schriften, die aus der Tiefe der genannten Bücher (über den Noebund, das Gesetz und die Inkarnation) zusammengedrängt waren, so wie sie die Weisen und Philosophen diesen Büchern entnommen hatten, um mit ihnen die Straßen der Gerechtigkeit gegen den Westen und den Norden hin für Gott zu bereiten.»[663]
Gott durchwaltet planend, kundgebend und handelnd die Geschichte auf sein vorbestimmtes Ziel zu. «Die erwähnte weiße Wolke, in welcher der Mann von den Schultern bis zu seinen Hüften stand, war voll von seligen Geistern. Aus dieser Wolke hörte ich eine Stimme wie mit leichtem Grollen sprechen: ‹Gebt Ehre dem König, der alles regiert, und Ruhm dem lebendigen Gotte!›»[664]
Unter der Überschrift «Gott schuf gegen den Satan den Alten und den Neuen Bund» schreibt die hl. Hildegard: «Und abermals hörte ich die Stimme vom Himmel her zu mir sprechen: Gott hat sich selber mit vieler Art Zeichen und mit den verschiedensten Züchtigungen der Finsternis diabolischer Nachstellungen entgegengeworfen. Er hat den wahnsinnigen Aufstand der Laster derart verdunkelt, daß sie der Seligkeit der Himmelsbürger nicht widerstehen konnten. Da Er selbst aus dem Himmel hervorblickte, hat Er seine Getreuen mit aller Heiligkeit gefestigt. Und so siehst du, wie der erwähnte Mann sich nach Westen wendet, so daß er nun nach Westen und nach Norden blickt, mutig dastehend als ein machtvoller Streiter wider den Teufel; dies hatte er alle Zeit in seinem Ratschlusse, da Er gegen die Finsternisse dieses verfallenden Bauwerkes und gegen die Kälte törichter Unwissenheit alle Mittel des Alten und des Neuen Bundes einsetzte und somit das volle Vermögen der guten Werke.»[665]
«Der Alte Bund hat den Menschen nicht voll und ganz gerechtfertigt noch gar befreit, sondern nur den Weg gewiesen. War er doch nur gleichsam die Stimme vor dem Wort: Das Wort des Gottessohnes aber ist es, welches das neue Gesetz in der Wahrheit schenkte. Gott stellte im Alten Bund den Menschen die Härte entgegen, weil sie sich Ihm gegenüber hartnäckig und nicht nachgiebig verhielten, damit dann im Neuen Bund ihre erweichten Herzen das göttliche Wort aufnehmen könnten.»[666]
Gegen die Anläufe des Teufels und gegen die Überheblichkeit der Men-

schen ist Gott «nach seinem geheimen Ratschluß am Werk und trägt seine Wunderwerke durch die Propheten vor, wo Er will und wie Er will und in wem Er will».[667] «Daher ist dem Menschen das alte und das neue Gesetz gegeben, damit der Mensch im Glauben und im Schauen wie auch in der Anbetung Gott erkenne. Denn Gott ließ den Noe die Arche betreten, Er zeigte dem Abraham die höchsten Werte, Er gab dem Mose das Gesetz, um schließlich in Seinem Sohn die Gläubigen zum Leben zurückzuführen. Dies alles sind wirklich außerordentliche Wunderwerke. Immer wieder von neuem wiederholen die gläubigen Menschen sie in Ehrfurcht. Sie lassen nicht nach, die gewaltigeTiefe in solchem Wirken zu erforschen. Denn da Gott den Menschen schuf, ließ Er ihn wie ein Rad im Geiste des Lebens seinen Kreislauf nehmen, weshalb er auch immer wieder zu Ihm zurückkehrt.»[668]

Gegen solche gläubige Rückkehr des Menschen zu dem seine Heilswunder wirkenden Gott erheben sich die teuflischen Stimmen des Versuchers, der die Menschen auf die doch viel größeren Leistungen hinweist, die sie irdisch unter der Führung Luzifers wirken können. Wir denken dabei an das Rühmen der Wissenschaft und der Technik. «Und ich sah in der erwähnten Menge weitere Geister, die ein Geschrei erhoben und riefen: ‹Luzifer hat doch weit mehr und weit größere Wunder in sich als Gott. Was wir an diesem Luzifer haben, das wissen wir ganz genau. Einen anderen Gott wollen wir gar nicht haben›.»[669] Wir brauchen nur an Stelle des hier genannten Rebellennamens das einzusetzen, was heute fast als Selbstverständlichkeit angesehen wird, um zu begreifen, was die hl. Hildegard meinte: Der autonome, befreite, auf sich selbst gestellte und auf sich selbst vertrauende, sein Leben und seine Welt selbst gestaltende Geist des Menschen, der Wunder vollbringt, an die der gebundene Geist früherer Frömmigkeit nie zu denken gewagt hätte. Die hl. Hildegard hört diesen Geist der Gottlosigkeit sprechen: «Ich will nicht gehorchen: Weder Gott noch irgendeinem Menschen! Würde ich nämlich einem anderen zu Willen sein, um auf seinen Vorteil Rücksicht nehmen zu müssen, so könnte er ja mit mir machen, was er wollte. Er würde meine Interessen nicht mehr im Auge haben. Jede Angelegenheit, die auf meinen Nutzen zielt, will ich selber regeln, so wie dies ein jeder tut, wenn er kein Narr ist.»[670] In welche Knechtschaften dieser gegen Gott rebellierende Geist sich selber bringt, davon spricht die hl. Hildegard sehr deutlich, und das zeigt uns der geschichtliche Lauf der Dinge nicht minder deutlich.[671]

Das Kapitel schließt mit Mahnungen an den schon erlösten, aber immer noch von den satanischen Verführungen bedrohten und betroffenen Menschen. «In der Lauterkeit seines Glaubens soll der Mensch Gott verstehen und zu schauen versuchen. Er soll in seiner Verzweiflung nicht behaupten, er wisse ja doch nicht, wer Gott sei, der ihm zu Hilfe kommen könne.

Dadurch würde er nur in solches Elend eingetaucht, daß er darin keine Lebenskraft mehr und keinen einzigen frohen Tag mehr fände. Denn die Teufelsschar gibt an, Gott sei für die Menschen nicht Gott, sondern nur wie ein Schnitzwerk. Der Mensch aber, der auf sein Heil aus ist, soll auf Gott vertrauen und die satanischen Täuschungen von sich abweisen.»[672]
Das zweite Kapitel spricht von dem Heilshandeln Gottes im Lauf der Geschichte und von dem Vertrauen der Gläubigen auf das unbesiegbare Wirken Gottes als dem guten Werk, das Gott von ihnen erwartet. Das dritte Kapitel stellt den Menschen seinem Schöpfer gegenüber, zeigt ihm das Walten Gottes in den Elementen der Schöpfung und die Verantwortung, die der Mensch für die Störung der Schöpfung trägt. Gott aber will eine gereinigte Schöpfung, in der das Miteinander, Zueinander und Füreinander als Grundordnung für alle Geschöpfarten und Geschöpfstufen verwirklicht ist.
Auch dieses Kapitel wird mit der Schau Gottes als des wirkenden Mannes eröffnet. «Und ich sah, wie der erwähnte Mann sich gegen den Norden wandte, so daß er nunmehr nach Norden und Osten schaute. Die Winde wie auch die Luft und die Grünkraft aller Welt, die sich unter dem Himmelsfirmament befinden, und in denen der Mann von den Schenkeln bis zu seinen Knien stand, sie dienten diesem Manne gleichsam wie ein Gewand, das Hüften und Knie umflatterte. Feuer und Leuchten der Luft aber saßen wie ein Schmuckstück auf diesem Gewand. Aus dem Mark seiner Hüften schwitzten die Kräfte der Elemente, und sie kehrten wiederum in dieses Mark zurück, so wie ein Mensch seinen Atem ausstößt und ihn wieder in sich zieht.»[673] Hildegard schaut das gewissermaßen atmende lebendige Verbundensein der elementaren, grünkräftigen Schöpfung mit ihrem gewaltig erhabenen und starken Schöpfer und Lebensspender. Gott steht nicht als abstrakte, absolute Größe, als denkender Urheber über einer mechanisch oder evolutionistisch ihren Gesetzen folgenden Natur. Der lebendige Gott steht mit seiner lebendigen Schöpfung in ununterbrochener lebendiger Verbundenheit.
Und nun erfährt die hl. Hildegard das Schreckliche, die Klage dieser Schöpfung, die Klage der lebendigen Elemente vor ihrem Schöpfer gegen den Menschen. Der Mensch hinwiederum ist der Getriebene, der sich von dem rebellischen Geist in der Schöpfung dazu mißbrauchen läßt, an der Störung der herrlichen Gottesschöpfung mitzuwirken. Aber der Verführte und Getriebene bleibt vor Gott verantwortlich. Seine Gott anklagenden Entschuldigungsversuche sind nicht stichhaltig, denn er hat die Stimme des Gewissens in sich und könnte die Wahrheit Gottes erkennen. Deshalb muß er für seine Versündigungen gegenüber dem Schöpfer und seiner Schöpfung haftbar gemacht, verurteilt und gestraft werden.
Schauerlich klingt diese Anklage der Elemente. «Und ich hörte, wie sich

mit einem wilden Schrei die Elemente der Welt an jenen Mann wandten. Und sie riefen: ‹Wir können nicht mehr laufen, und unsere Bahn nach unsers Meisters Bestimmung vollenden. Denn die Menschen kehren uns mit ihren schlechten Taten wie in einer Mühle von unterst zu oberst. Wir stinken schon wie die Pest und vergehen vor Hunger nach der vollen Gerechtigkeit›.»[674]

Was wir hier über die Schädigung der Schöpfung durch den Menschen hören, ist uns im Fortgang der beanspruchten Menschenherrschaft über die Natur immer spürbarer geworden, so daß sich für den Menschen schon die Frage nach bleibender Lebensmöglichkeit bedrohend erhebt. Manches in den Worten des Hildegardbuches klingt, als wäre es erst heute, oder zumindest für uns heute geschrieben. «Die gewaltige Stimme aber, die du aus den Elementen der Welt zu diesem Manne rufen hörst, deutet auf die Klage hin, welche die Elemente mit wildem Geschrei ihrem Schöpfer vortragen. Nicht in menschlicher Weise hörst du sie reden, sondern mit allen Zeichen ihrer augenscheinlichen Unterdrückung. Überschreiten sie doch die rechte Bahn, die sie von ihrem Schöpfer gesetzt bekamen, durch ihre fremdartigen Bewegungen und ihren widernatürlichen Kreislauf, verwirrt durch die Sünden der Menschen. Damit bringen sie zum Ausdruck, daß sie ihre Bahnen und natürlichen Funktionen nicht vollenden können, wie ihnen dies von Gott aufgetragen ist, weil sie eben durch die Untaten der Menschen von unterst zu oberst gekehrt werden. Daher stinken sie im Pesthauch der üblen Schandtaten wie auch im Hunger der fehlenden Gerechtigkeit. Denn die Menschen pflegen diese nicht mehr in der rechten Weise, indem sie sich den Rauch der stinkenden Strafen zuziehen und somit am Weltgestank teilnehmen. Die Menschen verkehren ja nun einmal mit den Elementen, wie auch die Elemente mit den Menschen im Verbund sind.»[675]

Es gibt verborgene, uns undurchsichtige Zusammenhänge zwischen gottwidrigem, sündigem Tun der Menschen und Vorgängen in der das Menschenleben tragenden oder bedrohenden Natur. Naturkatastrophen und Naturseuchen sind für die hl. Hildegard nicht nur sachliche, neutrale Vorgänge. In solchen Geschehnissen ist für sie Gott am Werk, richtend und strafend, und die Natur, von Gott als Gerichtswerkzeug benutzt, leidet mit unter den Strafmaßnahmen Gottes gegen die gottvergessenen Menschen. Solche Erkenntnisse stehen hinter den Sätzen über die verdorbenen Früchte der Erde: «Auch die Winde sind durch den äußerst schlechten Gestank der Schandtaten behindert, so daß sie nicht mehr recht mit reiner Luft zu wehen vermögen, vielmehr mit dem Sturm der Gewitter bedrohlich einherziehen. Ebenso speit die Luft den Schmutz der zahlreichen Unreinheiten der Menschen wegen aus, indem sie eine widernatürliche und nicht bekömmliche Feuchtigkeit aussendet, durch welche sie die Grünkraft und die Früchte, die der menschlichen Ernährung dienen sollten, dörren läßt. Mitunter ist diese Luftschicht voller Nebel, mitunter auch voll Schnee, aus welchen Schichten dann häufig schädliche und unnütze Tierchen entstehen, welche die Frucht der Erde verletzen und verzehren, so daß sie nicht mehr zum Nutzen der Menschen gedeihen kann. Haben doch die Menschen Herz und Mund vor der Weisheit und den übrigen Tugenden verschlossen, und sie öffnen sie nicht mehr für das Wahre.»[676] Wie der unweise gewordene Mensch seine eigene Lebensgrundlage zerstört, wird hier langfristig vorausgedeutet. Doch was bedeuten für die hl. Hildegard, die vom Sturz der Zeiten spricht, einige wenige Jahrhunderte!

Die unweise gewordenen Menschen werden von Gott darauf angesprochen, daß sie ihn in seinen Schöpfungswerken wohl wahrnehmen könnten. Den Gottesleugnern «gibt der Herr Antwort, wenn Er sie fragt: Ob sie Ihn denn nicht in der Erleuchtung des guten Gewissens gleicherweise gesehen hätten wie beim Leuchten der irdischen Sonne, als sie das Gute tun sollten. Ob sie Ihn nicht geschaut hätten in der Trübung des Herzens gleicherweise wie im Dunkel der Nacht, als sie Schlechtes zu meiden hatten. Ob sie Ihn denn nie erfahren hätten auf den Wegen der Gerechtigkeit, die im Heiligen Geiste zu immer größeren Fortschritten geleitet würde. Oder ob sie Ihn nicht geschaut hätten, als der irdische Samen in die Erde fiel und mit Tau und Regen durchtränkt wurde, um auf diese Weise zum Wachstum zu kommen. Und ob das alles durch einen anderen geschehen könnte als durch den Schöpfer aller Dinge.»[677]

«Seht ihr Mich denn nicht Tag und Nacht? Seht ihr Mich nicht, wenn ihr sät und wenn die Saat aufgeht, von Meinem Regen benetzt? Jegliches Geschöpf strebt hin zu seinem Schöpfer und erkennt klar, daß nur Einer es hervorgebracht hat. Nur der Mensch ist ein Rebell. Er zerreißt seinen Schöpfer in die Vielzahl der Geschöpfe.»[678]

Von der Bedeutung dieses letzten Satzes wird noch ausführlich zu sprechen sein. Er deutet voraus, daß dem hemmungslos, gottlos, alles analysierend forschenden Menschengeist zuletzt statt der Ganzheit einer Schöpfung unter ihrem Schöpfer nur noch eine zerstückelte, zusammenhanglose Welt bleibt. «Jedes Geschöpf strebt in seiner Lebensaufgabe zu dem hin, der es gebildet hat.» So stehen die Geschöpfe in dem großen Lebenszusammenhang, in den sie der Schöpfer hineingestellt hat, und erfüllen jedes an seiner Stelle seine Aufgabe. «Der Mensch indes, durch zahlreiche Eitelkeiten gebunden und zerstreut, versucht auch seinen Schöpfer zu binden. Denn er sträubt sich gegen dessen schöpferisches Vermögen, zerteilt Ihn vielmehr in lauter Einzelgeschöpfe.» Das heißt, er schafft sich eine in Einzelgegenstände zerstückelte Natur, mit denen er nach Belieben umgehen kann. Auch sich selbst zerstückelt er dabei.[679]

Dahin führt der Weg, seit der Ruf vom Tode Gottes durch die Menschengeschichte hallt. «Ich erblickte in der oben geschilderten Menge andere Geister, die ein großes Geschrei erhoben und riefen: ‹Einmal wird auch Gott tot sein! Und dann wird ein anderer nach ihm kommen!› Diese Geister verführen die Menschen zur Ungläubigkeit, und sie überreden sie, nicht auf Gott zu vertrauen.»[680] Seit die Menschen auf den Ruf vom Tode Gottes hören, sind sie auf dem Wege, die lebendige Schöpfung in eine tote zu verwandeln.

Als erste Lastergestalt schaut die hl. Hildegard in diesem Kapitel von der Bedrohung der Schöpfungselemente durch den sündigen Menschen die Sünde des Hochmutes. «Der Hochmut spricht: Meine Stimme schreit weithin über die Berge. Wer ist's, der sich mit mir messen könnte? Ich breite meinen Mantel über die Hügel und Felder und will nicht, daß auch nur einer mir Widerstand leiste. Ich weiß, daß keiner mir gleich ist.»[681] Die Zeit, da für die Menschen Überheblichkeit als der schlimmste Frevel galt, den die Götter nicht ungestraft lassen würden, ist vorbei, seit Luzifer das Menschengeschlecht zum Endkampf gegen Gott verführen will.

Nach der Mißgunst tritt als dritte Lastergestalt die Ruhmsucht auf, die alles in dieser Welt mit Geschick und Klugheit nur zu ihrer eigenen Ehre und zu ihrem eigenen Glück zu nutzen versteht. Ihr antwortet die Gottesfurcht: «Weil du vor nichts Respekt hast und jegliches Ding gierig an dich reißest, bist du die nichtige Leere eines gar üblen Götzenbildes. Wenn nämlich der Mensch das Rad seiner Erkenntnis in die Selbstverherrlichung dreht, dann tötet Gott ihn. Du aber willst alles tun, was dir nur in den Sinn kommt. Du badest mit schnellfüßiger Eitelkeit in jeder Art von Übel, und was wirklich lebendig ist, das willst du gar nicht haben.»[682] «Und so läuft der Mensch in seiner Sinnlichkeit mit seinen schlechten Handlungen wie ein Mühlwerk um und baut sich doch im Eigensinn seiner vermaledeiten Werke nur eine Ruine auf.»[683]

Gott aber will nicht, daß seine Schöpfung durch die Menschen zur Ruine gemacht werde. Den mit ihrer Anklage gegen den Menschen vor ihn hintretenden Elementen antwortet er: «Mit meinem Besen will ich euch reinigen und die Menschen so lange heimsuchen, bis sie sich wieder zu Mir wenden. In der Zwischenzeit aber werde Ich viele Herzen vorbereiten und hinziehen zu Meinem Herzen. Mit den Qualen derer, die euch verunreinigt haben, will Ich euch reinigen, so oft ihr besudelt werdet. Wer denn wäre Mir gewachsen? Doch nun sind alle Winde voll vom Moder des Laubes, und die Luft speit Schmutz aus, so daß die Menschen nicht einmal mehr ihren Mund aufzumachen wagen. Auch welkt die grünende Lebenskraft durch den gottlosen Irrwahn der verblendeten Menschenseelen. Nur ihrer eigenen Lust folgen sie und lärmen: Wo ist denn Gott, den wir niemals zu sehen bekommen?»[684] Diesem überheblichen Atheismus der die Schöpfung zerstörenden Menschen will der Schöpfer selbst entgegenwirken, und die Menschen sollen es schmerzhaft zu spüren bekommen. Der Gott der hl. Hildegard kann sich in grausamer Härte offenbaren: «So oft auch die Elemente der Welt durch die schlechten Taten der Menschen geschändet wurden, wird Gott sie durch die Qualen und Drangsale der Menschen wieder reinigen, denn Er will, daß alle Welt vor Seinem Angesicht rein sei.»[685]

Das Kapitel schließt mit der Mahnung Gottes an die Menschen, die «die Gnade Gottes im Leben und Denken vernachlässigten und sich der Sünde ergaben», die also die ihnen von Gott zur Verfügung gestellte Schöpfung sündig verletzten, daß sie sich selbst durch Reue und Buße reinigen sollten. Die unbußfertigen Verächter der göttlichen Ordnungen aber will Gott aus seiner Schöpfung ausrotten.

Die Erde ist der Lebensort des Menschen. In der Eingebundenheit in seine irdische Existenz hat der zum Himmlischen berufene Mensch sich in einem verdienstvollen Leben zu bewähren, muß er die teuflischen Versuchungen zu Engherzigkeit, Selbstverschlossenheit, zum Stumpfsinn, Gottvergessenheit und Unbeständigkeit und zum Sichverlieren im nur Irdischen überwinden. Darum richtet der vierte Teil des Buches von den Lebensverdiensten den Blick auf die Erde.

«Ich sah nun, wie der Mann sich nach Süden wandte, so daß er nunmehr nach Süden und Westen blickte. Die Erde aber, in welcher dieser Mann von den Knien bis zu den Waden stand, trug die Feuchte und das Grünen wie auch alle Keimkraft in sich. Sie bildete sozusagen die Blüte und Schönheit seines männlichen Vermögens, gleich als ob seine Tugend durch jene geschmückt wäre. Ist sie, die Erde, doch in den verschiedenen Arten fruchtbar, da alles, was in den irdischen Geschöpfen gebildet wird, von der Erde abstammt. Sie selbst, die Erde, ist auch der Grundstoff des Werkes Gottes am Menschen, der seinerseits wieder die Materie für die Menschwerdung des Gottessohnes bildet.»[686]

Die hl. Hildegard singt geradezu ein Loblied auf dieses Wunderwerk Gottes, die Erde: «Sie erscheint, indem sie den Menschen hervorbringt und ernährt, um dabei alle Welt, die im Dienst des Menschen steht, zu halten und zu hegen, gleichsam als Blüte der Schönheit und als Schmuck der Ehre der Gotteskräfte, da sie alles in ihrer Kraft gut und richtig ordnet. Die Kraft dieses Gottes wird durch die Erde verherrlicht, weil sie es ist, die den Menschen, der Gott zu jeder Zeit loben und ehren soll, in allen jenen Belangen unterstützt, die der Körper braucht. Auch alles übrige, das sich auf den Nutzen des Menschen bezieht, hält sie fest, da sie sich selber allen zum Gedeihen auftut. Die Erde ist aller Mutter, weil alles, was immer Gestalt und Leben irdischer Natur hat, sich aus ihr erhebt, und da schließlich selbst der Mensch, der mit Vernunft und dem Geist des Verstehens beseelt ist, aus der Erde geschaffen wurde.»[687]

Die hl. Hildegard ist weit entfernt von aller übergeistigen, idealistischen Verachtung der Materie. Gott hat den aus Erdenstoff gebildeten Menschen zu einem Geist-Leib-Wesen geschaffen, und darüber hinaus hat er sich selbst in dem inkarnierten Sohn mit dem Erdenstoff geeint. «Diese Erde ist der Grundstoff des Werkes Gottes am Menschen, der wiederum die Materie bildet für die Menschwerdung des Gottessohnes. Aus Erde ist jenes Werk, das Gott als den ‹Menschen› schuf, gemacht, und es ward der Grundstoff jener Jungfrau, die in der lauteren und heiligen Menschheit den Sohn Gottes ohne Makel hervorbrachte.»[688] In diesem Erdenstoff seines Leibes vollbrachte der Sohn Gottes das Gehorsamswerk der Erlösung.[689] In diesem Erdenstoff des irdischen Leibes soll die von Gott eingehauchte Seele des Menschen sich zur Ehre und zum Lobe Gottes bewähren im Vollbringen des guten Gotteswillens.

Die widergöttlichen Geister der Rebellion gegen Gott, so erfährt es die hl. Hildegard, bemühen sich mit «gewaltigem Geschrei», «lautem Kreischen», «eindringlichem Rufen» und «lautem Herumbrüllen», die Menschen zu stumpfsinnigem, egoistischem Dahinleben, zu atheistischer Gottesleugnung und Gottvergessenheit, zu einem unsteten Sichverlieren an die rein diesseitigen Dinge zu verführen. «Wer ist dieser Gott, der uns dermaßen in Konflikte bringt», rufen sie[690], und stürzen selbst die an das Irdische verlorenen Menschen in eine unaufhörliche Unrast, in einen Zustand dauernder Hektik. In ihrer Habsucht, die alles an sich raffen will, aber nicht erreicht, was sie begehrt, verfallen die verführten Menschen in die Zwietracht. Diese «macht es gleich dem Teufel, der mit seinen boshaften Einflüsterungen alles in Unruhe hält und gegeneinander treibt.»[691] So wird dann das Menschenleben auf dieser wunderbaren Erde zu einer kaum tragbaren Qual.

Gott aber ruft den Menschen auf, in diesem Erdendasein dem Himmlischen zugewandt zu sein und dadurch dem Erdenleben Friede und Freude und Glückseligkeit zukommen zu lassen. «Der allmächtige Gott bewegt den Menschen in Seiner Güte dazu, daß er auf das Licht der höchsten Glückseligkeit in der Glut und mit der Liebe wahrer Heiligkeit achte, daß er dieses Licht leidenschaftlich liebgewinne, daß er so die Verblendung und die Verdüsterung der diabolischen Einflüsterungen ganz und gar zurückweise.»[692]

«Ich aber», so spricht die Sehnsucht nach dem Himmlischen, «ich habe in der Höhe meine Heimat. Jedem Geschöpf auf der Welt komme ich in Huld entgegen.»[693] Und die Weisheit spricht: «Ein Mensch, der treu erfunden werden will, lege die weibliche Schwäche ab und greife nach mannhafter Stärke, die er zu seiner zweiten Natur machen sollte. Jedem Mitmenschen wie auch sich selber erwirbt er mit seinem rechtmäßigen Schaffen ein Werk der Treue. Er sucht in allem Tun die Milde wie die Härte, wohl wissend, wo er weich und wo er hart sein muß, da er immerzu eifrig bedenkt, was einem jeden in seiner Haltung wie Handlung wohl bekomme.»[694] Gegen das dumme, sich selbst entschuldigende Gerede, daß der Mensch zugrunde ginge, wenn er nicht ständig und vor allem an die irdischen Dinge dächte, stellt die hl. Hildegard den wunderbaren Satz: «Der gläubige Mensch aber ergreife den Pflug hinter dem Ochsen so, daß er gleichwohl zu Gott aufschauen kann, der da der Erde die Grünheit und alle Frucht verleiht. So trete er nach den Vorschriften des Meisters auf, daß er die Erde pflege, ohne doch das Himmlische zu vernachlässigen.»[695]

Es liegt nicht an der gottgeschaffenen Erde und Natur, wenn in dieser grünkräftigen, keimfreudigen und unermeßlich reichen Welt so schlecht zu leben ist, sondern es liegt am Menschen, der sich von einem fremden, rebellischen Geist zu immer neuer falscher innerer Einstellung und zu daraus folgendem falschen Handeln verführen läßt und dadurch die Grundordnung der Schöpfung angreift.

Davon handelt vor allem der fünfte Teil, der mit der Vision des göttlichen Mannes als des Baumeisters der Welt eröffnet wird. «Und ich sah, wie der Mann rundum ins All blickte. Und die Wasser des Abgrundes, in dem dieser Mann von den Waden abwärts bis zu den Fußsohlen stand, so daß er sich noch über den Abgrund erhob, zeigten gleichsam die Kraft dieses Mannes. Denn sie haben alles an sich zu ziehen, alles zu reinigen, alles zu heiligen, alles zu halten und zu tragen, um so alles auf der Welt mit dem Schweiß ihrer Feuchtigkeit zu durchdringen und alle Geschöpfe so zu festigen, wie die Seele den Leib stark macht. Selbst der Abgrund war gleichsam noch die Kraft seines Vermögens, weil er alle Einrichtungen der Natur trägt, und weil die gesamte Welt ihm eingebunden ist. Als Werkstätte des höchsten Werkmeisters existiert er somit, in der sich alle Werkstücke dieses Meisters befinden. Und siehe: Von den Schenkeln dieses Mannes ging mit dem Schweiße ein Odem aus, der alle Wasser des Abgrundes auf die verschiedenste Weise in Bewegung versetzte. Der Mann selber aber hielt die Kräfte der Weltelemente, die sich oberhalb der Erde, auf der Erde und unter ihr befanden, mit seinen Füßen nieder.»[696]

Diese bildhafte Schau vermittelt die Erkenntnis Gottes als des wunderbaren Werkmeisters, der aus den in der Tiefe verborgenen Werkstücken, Bausteinen, letzten Teilen, über denen er als der geistige Schöpfer und Planer waltet, das vielseitige Universum schafft und es zu einer lebendigen Welt gestaltet. Was unsere Naturwissenschaft in ihrem Forschen nach den letzten Bauelementen der Weltwirklichkeit zu erfahren sucht, in ihrem Suchen nach den allerletzten Teilchen und nach den Gesetzen, in deren Folge unser Universum entstand und besteht, das schaut die hl. Hildegard in diesem Bild: Der über alles Maß hohe Mann, der aus der uns unzugänglichen Abgrundtiefe die Werkstücke, die Bausteine hervorholt, aus denen

er die über alles Maß wunderbare Welt erschafft und im Dasein hält, und die er gegen allen Zerstörungswillen rebellischer Geister bewahren will.
An anderer Stelle wird das noch einmal deutlicher beschrieben: «Dieser Abgrund existiert als die Werkstätte des höchsten Werkmeisters, in der sich alle Werkstücke dieses Meisters befinden. Wie eine Werkstatt nämlich glühende und nicht glühende Dinge enthält, kurzum alles, was seiner Natur nach zu bearbeiten ist, und wie der Schmied, der diese Stoffe bearbeitet, nach dieser oder jener Richtung hin je nach seiner eigenen Vorstellung schmelzt und führt, so ist auch der Abgrund gleichsam die Werkstatt des Weltenschöpfers. Er bewahrt die Natur, aus der die verschiedensten Gestaltungen hervorgehen, indem er die Wasser und die Erde wie auch den Grundstoff der gesamten Natur festhält, damit sie auch nicht die Spur einer andersartigen Natur aufweise als jener, die durch Gottes Macht gehalten wird.»[697]
In diese Grundordnung der Natur hat der Mensch auf das Ende der Neuzeit hin eingegriffen, er hat den Grundstoff selbst in die menschliche Machbarkeit zu nehmen versucht, die letzten Werkstücke, Bausteine der Schöpfung zu erforschen versucht, um sie als autonomer Schöpfer in seine eigene Verfügbarkeit zu bekommen.
Hinter der Eingangsvision dieses vorletzten Teiles der Hildegardethik, wenn man dieses Buch einmal so nennen will, steht eine Drohung, die Drohung des Schöpfers gegen den Menschen, der sich an der Schöpfung vergreift: «Das Wort des Mannes, der ins All schaut. Und er sprach: ‹Wer Ohren hat, vernehme und habe Einsicht! Tut Buße, weil Gott sich euch also zeigt! Wenn ihr das nicht tut, dann werden euch Meine Zuchtruten reinigen. Also möge die Reue vorherrschen im Menschen!› Alsdann erblickte ich in dem erwähnten Nebelfeld, in dem zahlreiche Arten von Lastern hausten, abermals fünf weitere Laster.»[698] Es sind Laster, durch welche die gottgeschaffene Lebensordnung, Naturordnung und Weltordnung gefährdet wird.
Den Anfang macht die zur geistigen Auflösung, zur ethischen Zersetzung führende Spottlust. «Und siehe, ich erblickte andere Geister in der besagten Menge, die insgesamt ein Geschrei erhoben und riefen: ‹Soll das schon etwas Großartiges sein, was Gott da macht? Luzifer, der ist groß, und zu ihm werden wir immer halten!› Diese Geister ermahnen die Menschen zur Spottsucht, und sie machen ihnen vor, für alle Worte und für jedes Tun immer nur ein Hohngelächter übrig zu haben.»[699] Die Menschen werden zum Kult des unabhängigen, sich selbst zum Maßstab aller Dinge setzenden Geistes und seiner imponierenden Überheblichkeit aufgerufen. Und so redet dann diese Spottsucht: «Ich habe meine eigene Ordnung und bilde mir über alles ein Urteil. Wo nur immer ein Fall anfällt, da bin ich zur Stelle, um mitzureden. Täte ich es nicht, so wäre ich ein Tor. Wer wollte

mir deswegen einen Vorwurf machen? Lügen würde ich, wenn ich die einfältigen und albernen Leute auch noch loben sollte. Netze will ich ausspannen mit meinen Worten und alles einfangen, was ich nur kann. Denn auf diese Weise vermehre ich mein Ansehen, so daß alle bei einem Wort schon von mir erröten. Meinen Bogen werde ich weit spannen mit dem Pfeil meiner Sprüche. Was sollte das schon schaden? Nichts will ich verheimlichen, nichts verschweigen; ich gebe vielmehr jedem nach seinem Maß das, was ich habe.»[700] Es soll also keine Tabus mehr geben! «Dieses Laster bringt eine abscheuliche und maßlose Schmutzigkeit in die Gesinnung der Leute, raubt ihnen auf alle nur mögliche Weise die Ehrfurcht und Scham.»[701] Dieses Laster untergräbt auf geistreich spielerische Weise, scheinbar zur geistigen Freiheit führend, alle sittlichen Normen und geistigen Werte und führt so zur Zerstörung der tragenden Grundordnungen eines wahrhaft menschlichen Gemeinschaftslebens. Die Menschen werden innerlich haltlos und manipulierbar für die zielbewußten neuen Herren.

Es folgt das Laster, das zur seelischen Zerfaserung, Zerstückelung, Auflösung des gottgeschaffenen Menschen führt, der ins Haltlose zu fallen droht. Über dieses Laster, das nie zufriedene Umherschweifen, schreibt die hl. Hildegard: «Auch sah ich weitere Laster innerhalb dieser Menge, und ich hörte, wie sie folgendermaßen aufeinander losbrüllten: ‹Unser Machthaber heißt Luzifer, der alles durchdringt und der jedes Ding auf der Welt genau kennt!› Diese Geister machen den Menschen die unstete Lebensart vor, und sie bringen sie dazu, daß sie keinen geordneten Lebenswandel mehr anstreben.»[702] Von den Menschen, die diesem Laster folgen, heißt es: «Sie suchen ihre Zerstreuung auf der Jagd nach immer neuen Vergnügungen und Versuchungen. Überall suchen sie nur, und immer gehen sie irre; überall sind sie auf der Jagd nach dem großen Unbekannten. Keinem können sie recht klarmachen, was sie im Grunde eigentlich wollen. In ihre Eigenheiten verbohrt, bringen sie nur das zustande, was keine heilsame Ruhe und keine wahrhafte Sicherung einträgt.»[703]

Von dieser gefährlichen Grundhaltung des nie zufriedenen geistigen Umherschweifens wird noch in verschiedenen anderen Zusammenhängen des Hildegardbuches gesprochen. Dem Menschengeist sind vor den Geheimnissen Gottes unübersteigbare Grenzen gesetzt. Luzifer, der diese Grenzen kennt, aber seine Einengung nicht zugeben will, verführt den Menschengeist dazu, im Bereich des Sichtbaren grenzenlos zu forschen und hinter allen Erkenntnismöglichkeiten herzulaufen. «Luzifer kennt jedes Ding in dieser Welt genau», riefen die Verführungsgeister. So wird der Mensch zur Maßlosigkeit des Wissenwollens verführt: «Die Maßlosigkeit hat weder im Himmel noch auf Erden eine richtige Heimat, weil jeder ihrer Schritte ins Ungewisse führt. In ihrer Vermessenheit will sie überall dabei sein, indem sie behauptet: ‹Ich wäre nur ein halber Mensch, wenn ich

nicht jedes Ding durch und durch untersuchen könnte.› Doch will sie weder noch ersehnt sie gar den Frieden, weshalb sie auch wie ein Rad immer von neuem herumgedreht wird, um sich in sich selber zu wälzen. Wie Staub im Sturm verweht wird, so wird auch sie zerstreut, da sie in sich nur Unmaß häuft.»[704] Wer dächte bei diesen Worten nicht an die Überschwemmung des Menschengeistes heute durch ein nicht mehr zu bewältigendes Unmaß an Wissensstoffen und Wissensinformationen! Und wie weit ist dieses wissenschaftliche Alleswissenwollen getrieben von eitler Ruhmsucht! «Die Ruhmsucht spricht: Alles, was passiert, untersuche ich auf das genaueste. Ich bin mein eigener Zeuge dafür, wenn ich nach meinen Richtlinien alle Dinge aufs beste zusammenfasse. Was ich so in den Blick und zu wissen bekomme, warum sollte ich nicht das mir selber zur Ehre gereichen lassen? – Aber die Gottesfurcht antwortet: Weil du vor nichts Respekt hast und jegliches Ding gierig an dich reißest, wird dein Kopf hinuntergebogen, während deine Füße nach Gottes Urteil nach oben gezogen werden.»[705] Das heißt, Gott will solchen Menschen den Boden unter den Füßen wegziehen.

Der dem rebellischen Geist der Abwehr Gottes verfallene Mensch sucht sein rasendes Umherschweifen nach grenzenlosem Wissen und Erkennen aller innerweltlichen Dinge damit zu begründen, daß es ja keine andere, transzendente Welt geben könne. Der Mensch, der grenzenlos sein möchte, setzt sich hier selbst seine Grenze. «Das Gottvergessen gibt den Menschen besonders schlimme Gedanken ein und überredet sie zu schwätzen: ‹Woher könnten wir denn etwas wissen von einem Gott, den wir doch nie gesehen haben? Und wieso sollten wir auf etwas achten, das uns nie zu Gesicht gekommen?›»[706] Und der Unglaube spricht: «Ein anderes Leben kenne ich nicht als dieses hier, das ich sehen und fühlen und fassen kann. Welchen Vorteil könnte eine ungewisse Existenz mir bieten? Von diesem Leben aber kann ich ganz genau feststellen: Das ist da, oder es ist nicht da! Und wie ich sonst auch suche und forsche, und was ich auch zu sehen und zu hören und zu wissen bekomme, ich finde keine andere Wirklichkeit. Ich gehe keinen Schritt weit und treibe keine andere Wissenschaft, als in den Bereichen, die ich genau kenne. Ich weiß ja in Wirklichkeit nichts von dem, was alles so daher gesagt wird. Nur das, was ich sehe, das weiß ich. Also will ich nur das tun, was mir den meisten Nutzen verspricht.»[707]

Der zum Atheisten gewordene Mensch mauert sich mit seinem Erkenntnisstreben selbst ein, versucht in dem eingemauerten Lebensraum die Wirklichkeit seiner Welt bis ins Letzte zu erkennen, in nie zur Ruhe kommendem Forschen, und meint, auf diese Weise zur wahren Wirklichkeitserkenntnis zu kommen. Aber welcher Täuschung ist er damit verfallen! Die Worte der hl. Hildegard zur Wissenschaftsethik sind wie für uns gesprochen: «Alle Menschenkinder, die da so großartige Dinge mit gewaltigen

Untersuchungen ausgeklügelt haben, um sie zu erforschen und je nach Vermögen ins Werk zu setzen, sie alle sind eitel. Sie lassen die Wirklichkeit aus den Augen, die Gott ihnen zeigt und gibt, und sie bauen sich dafür mit ihren falschen Götzen trügerische Planungen wie ein Gebirge auf. Überall suchen sie jenen Geschehnissen auf die Spur zu kommen, die uns die Welt doch nur durch Zeichen andeutet. Indem sie so verfahren, halten sie das falsche Wissen für die Wirklichkeit selbst und täuschen sich und andere. Denn was immer ohne Gott gesucht und ohne Gott gefunden wird, geht dem Verderben entgegen.»[708]

Der atheistisch gewordene Mensch sucht in dieser grund- und haltlos gewordenen Welt nach Halt, indem er sich selbst zu ihrem Beherrscher zu machen versucht, und greift nach dem ihm von Luzifer angepriesenen Laster der magischen Kunst, das heißt der Weltbeherrschung durch Manipulation der Natur. «Magische Kunst» ist hier zu verstehen als das, was für uns heute eine auf totale Welterkenntnis und möglichst vollkommene Beherrschung der Natur abzielende, unabhängige, durch keine Gesetze gefesselte Naturwissenschaft bedeutet. Es geht also in diesem Hildegardbuch um Wissenschaftsethik!

«Alsdann erblickte ich weitere Geister in diesem Haufen, und ich hörte, wie sie allzumal ein Geschrei erhoben und mit lauter Stimme grölten: ‹Luzifer ist der Herr, da selbst die Elemente seinem Geheiß gehorchen!› Diese Geister haben sich mit Eifer auf die Kraft der natürlichen Elemente geworfen, sie verlocken die Menschen zu magischen Künsten und überreden sie, es doch einmal mit Zauberei und Giftmischerei (die Küche der Alchimisten und das Labor der Chemo-Physiker) zu versuchen.»[709]

Das Laster dieser magischen Kunst redet auf den Menschen ein: «Von Merkur und anderen Philosophen möchte ich manches erzählen. Mit ihren Forschungen haben sie die Elemente derart unterjocht, daß sie alles, was sie nur wollten, mit Sicherheit entdeckten. Solches konnten die äußerst kühnen und besonders klugen Männer teils mit Gottes Hilfe, teils aber auch über die bösen Geister ausfindig machen. Und was hat es ihnen geschadet? Ich herrsche und befehle in diesen Künsten, soweit ich nur will. Ich beherrsche die Leuchte des Himmels, die Bäume und Kräuter wie auch jedes irdische Grünen. Ich gebiete den wilden Tieren und den übrigen Lebewesen auf der Erde. Wer will mir bei meiner Methode Widerstand leisten? Gott hat alles erschaffen; daher füge ich Ihm mit solchen Künsten und Wissenschaften kein Unrecht zu. Will Er doch selber, daß man Ihn aus den Schriften wie auch aus all Seinen Werken beweist. Was läge darin für ein Nutzen, wenn Seine Werke so blind wären, daß die innerste Ursache ihrer Natur nicht behandelt werden dürfte? Das hätte doch gar keinen Wert!»[710] Man beachte, wie in diesem Text Halbwahrheit und Wahrheit, Wahrheit und Lüge, anmaßende Überheblichkeit und gespielte Sachlich-

keit, moralische Selbstrechtfertigung und absolutes Nützlichkeitstrachten ineinander gemengt sind! Wie verführerisch ist dieses wissenschaftliche Gerede für einen Menschen, der geistig nicht ganz auf der Hut ist.
Der Mensch, der sich solchem Gerede ausliefert, hat das Gefühl, daß ihm immer neue Türen der Welterkenntnis und der Weltbeherrschung aufgeschlossen werden, und sein Dasein geht auf in dem unsteten Jagen nach Erfüllung eines nie zu befriedigenden Verlangens. «Die (der magischen Kunst verfallenen) Menschen stöbern bei der müßigen Durchforschung vieler fernliegender Dinge durch des Teufels List in den Geschöpfen auch recht viel Eitles auf, wobei sie Gott verlassen, um auf jeglichem Gebiet nur das aufzuspüren, was sie wollen. Wer den magischen Künsten nachjagt, erreicht diese am ehesten über die Unstetigkeit.» Daß die Menschen auf diesem Weg der totalen Naturerkenntnis und totalen Nutzbarmachung der Natur immer begehrlicher werden, daß dies zu leidenschaftlichen Erregungen und zu immer neuen Wunschvorstellungen führt, wird hier deutlich ausgesprochen. «Auf diese Weise werden sie aufgeblasen, als wären sie Götter», Götter in weißen Kitteln.[711]
Daß der solcher Verführung erlegene Mensch die Wahrheit der Dinge, die lebendige Wirklichkeit der Schöpfung gar nicht mehr wahrnimmt und erkennt, wird von der hl. Hildegard in vielen Stellen ihres Schrifttums ausgesprochen. Der gottlos, rebellisch gewordene Mensch «zerreißt seinen Schöpfer in die Vielzahl der Geschöpfe», zerstückelt die lebendige Gottesschöpfung in tote Einzeldinge. «Was recht von Gott eingerichtet ist, das zerreden und zerschreiben sie nach ihrem Eigensinn auf verkehrte Weise. Sie zerrupfen alles in ihren Herzen.»[712]
Über die selbstzerstörerische Verblendung solchen atheistischen Wissenschaftsbetriebes schreibt die hl. Hildegard erschreckende Sätze: «Die Menschen, die auf die Geschöpfe wie auf eine lesbare Schrift blicken, und die so aus der Schöpfung gleichsam wie aus Büchern mancherlei herauslesen möchten, verehren statt Gott den Teufel. Ihm stehen sie zu Diensten, weshalb er auch an ihre Seite tritt und spricht: ‹Was ihr auch von mir fordert, ich will es euch geben!› Und so behauptet der Elende, der damit dem Teufel nur dient, bei sich selber: ‹Ich finde all mein Heil in der Natur. Würde ich nämlich immer nur auf Gott schauen, und würde ich mir die Güter nicht aneignen, dann könnte Gott mir alles, was ich besitze, ganz wie es Ihm gefällt, auch wieder wegnehmen. Und was hätte ich dann? Daher versuche ich, alles, was ich will, in der Welt zu erforschen. Daß ich damit eine Schuld auf mich laden könnte, dafür habe ich gar kein Verständnis.› So spricht einer zu sich, der sich auf gar üble Weise selber zum Narren hält, und so setzt er auch seine verkehrten Künste ins Werk. Daher wird er an Leib und Seele vernichtet, weil er dem Fall des ersten Engels nachfolgt, und weil er sich dem Teufel gemein macht, indem er auf die

unvernünftigen Geschöpfe sein Vertrauen setzt. Indem er nämlich mit seinen schlechten Forschungsmethoden immer nur auf die Natur starrt, löscht er den Anblick seiner eigenen Seele aus. Und indem er die schlechten, verkehrten und nichtsnützigen Handlungen und all das, was gegen die Natur und das Heil der Menschen ist, zur Durchführung bringt, schickt er seine eigene Seele in den Untergang.»[713] Wir sprechen heute von seelenloser Naturwissenschaft, seelenloser Medizin, seelenloser Sozialwissenschaft.

Ein erschreckendes göttliches Gerichtswort ergeht über diese gottlose und seelenlose Wissenschaftsmethodik des rebellischen Menschen. «Aus der erwähnten Sturmwolke hörte ich eine Stimme dieser Gestalt (der magischen Kunst) Antwort geben: ‹Was ist wohl Gott angenehmer, wenn man Ihn selbst oder nur Seine Werke verehrt? Die Geschöpfe, die aus Ihm hervorgehen, können doch keinem Ding das Leben verleihen! Und was ist das Leben, das Gott gibt? Es besteht darin, daß der Mensch ein vernünftiges Wesen ist, während die ganze übrige Welt nur aus den natürlichen Elementen besteht.› Du aber, du magische Kunst, hast nur einen Kreis ohne den Mittelpunkt. Gar mancherlei Untersuchung stellst du im Kreislauf der Natur an, aber die Schöpfung selbst wird dir Ehre und Besitz wegnehmen und dich wie einen Stein in die Hölle werfen, weil du ihr den Namen ihres Gottes geraubt hast. Daher werden alle Völker der Erde über dich klagen, denn du verhöhnst sie durch die Lästerung Gottes. In die Irre führst du sie bei ihrer Gottesverehrung, wo sie doch Gott dienen sollten. Daher bleibt kein anderer Lohn für dich übrig als ein Teufelslohn.»[714]

Die Schöpfung selbst wird sich gegen eine atheistisch gewordene, die Schöpfung vergewaltigende und die Völker zur Gottlosigkeit verführende Wissenschaft erheben. Daß der Mensch von Gott selbst zu einer positiven, ehrfürchtigen, die Lebendigkeit und die Geheimnisse der Natur achtenden Wissenschaft befähigt und berufen ist, davon hat die hl. Hildegard an anderer Stelle deutlich genug Zeugnis abgelegt.

Warnen aber muß sie vor der emanzipatorischen, autonomiesüchtigen, jede von oben her einengende Autorität ablehnenden Rebellion des Menschengeistes, der eine absolut freie und ungebundene Wissenschaft verwirklichen will. Vom Teufel, der die Autorität Gottes in der Menschenwelt untergraben will, kommt nun auch die Versuchung zum grundsätzlichen antiautoritären Ungehorsam. «Denn der Teufel ist der Vater des Ungehorsams, und alle, die seinem Rat, ungehorsam zu sein, Vertrauen schenken, verachten die Gebote Gottes und sind, wenn sie darin beharren, Glieder des Teufels. Sie alle werden mit dem alten Verführer vernichtet und ins Nichts zurückgeführt werden.»[715] Die vom Teufel kommende Verführung zur antiautoritären Grundeinstellung wird noch weiter gekennzeichnet:

«Warum sollte unsereins Respekt haben vor den Vorschriften anderer? Was ich mir aber selber vorschreibe, von dem weiß ich genau, was ich daran habe und was es mir nutzt.»[716] «Diese Geister schlagen den Menschen vor, sie sollten nur ruhig alles wegwerfen, was gut und edel ist. Sie sollten vor allem ihren Vorgesetzten Unrecht zufügen und ihnen gegenüber alles mit dreisten Worten und in Unverschämtheit vorbringen.»[717] Die Verführungsgeister reden den Menschen vor, «die Entscheidungen des Gesetzes seien nicht nach dem Recht, sondern lediglich nach dem Wollen und der Herrschsucht der Gewalthaber eingerichtet».[718] «Noch andere Geister erblickte ich in diesem Haufen, und ich mußte ihr Geschrei anhören: ‹Gott allein sollte nicht Gott sein, sondern ein anderer neben ihm wird allmächtig werden!› Diese Geister ermuntern die Menschen zum Ungehorsam, und sie zeigen ihnen, auf welche Weise sie ihrer Obrigkeit Widerstand leisten können.»[719]

Atheismus und Autonomieforderung des Menschen stehen immer beieinander. Der emanzipierte, autonom gewordene Mensch lehnt jede Fremdautorität ab. Gesetzgebende Autorität Gottes aber ist für ihn Fremdautorität, und die Verführung dieses Denkens drängt weiter zur Ablehnung jeder gültigen Autorität oder Ordnung, durch welche das Verlangen nach Autonomie und Selbstverwirklichung und uneingeschränkter Nutzbarmachung aller Dinge eingegrenzt wird. Diese in der Sicht der hl. Hildegard teuflische Verführung verspricht dem Menschen Freiheit, führt ihn aber in Wahrheit in die schlimmste Unfreiheit, in die Knechtschaft gegenüber den Geistern, die ihn aufrufen, jede fremde Autorität abzulehnen. Durch die teuflische Verzauberung führt das dahin, daß die Menschen diesen Betrug gar nicht erkennen, sondern die Prediger der neuen Freiheit bewundern, verehren und gar vergöttern.

Der ohne Gott, ohne die inneren Frieden schenkende Gnade und ohne Hoffnung auf wahre Lebenserfüllung in der himmlischen Welt lebende Mensch, erhoben von dem Bewußtsein, daß ihm durch die selbstherrliche Kunst der Wissenschaft alles möglich sei, verfällt folgerichtig dem Laster der Habsucht. «Der Geiz folgt der magischen Kunst auf dem Fuße, weil diese Eigenschaft deren Art erst voll macht, wie sie auch als Götzendienst erst zur Geltung kommt.»[720] Diese Habsucht tobt sich Völker und Menschenleben zerstörend aus, sie ist die Geißel der Menschengeschichte. «Im Bund mit den Herzen aller Ungläubigen zeigt der Geiz (Habsucht) die Unruhe dieser Welt an. Mit allen seinen Kräften ist er darauf aus, daß sich die Menschen gegenseitig zerfleischen. Menschen, die diesem Laster sklavisch ergeben sind, haben nirgendwo Halt und Sicherheit, sie vertrauen nicht auf Gott, geben sich vielmehr voller Leidenschaft immer nur den sie bedrängenden Nöten des Tages hin. Sie machen nur das, was sie wollen. Sie haben nur noch Sinn für irdische Dinge und achten keine höheren

Werte mehr, ohne noch irgendeine Sorge für das Heil ihrer Seele aufzubringen. Daher begreifen sie überhaupt nicht ihre schlechten Taten.[721]
Wenn aber Habsucht und Geiz und Besitzgier und Lebensgier nicht zur Erfüllung kommen? Folgerichtig tritt dann als letztes Laster im Kampf um die Seele des Menschen der Weltschmerz (die tristitia saeculi) auf. «Die fünfte Gestalt bedeutet den Weltschmerz. Sie folgt sogleich auf die Gestalt des Geizes. Wenn nämlich die Geizhälse nicht das kriegen, was sie wollen, fallen sie in eine Traurigkeit, aus der sie sich nicht leicht erheben können.»[722]
Hier wie an vielen anderen Stellen bemerkt man die erstaunlichen psychologischen Beobachtungen dieses Hildegardbuches. Immer wieder wird auf die fast zwangsläufige innere Folgerichtigkeit der Abfolge der verschiedenen Verhaltensweisen des nicht auf Gott achtenden Menschen hingewiesen. Das bedeutet aber nicht, daß die Verhaltensweisen der sündigen Menschen psychologisch aus den vorgegebenen seelischen Voraussetzungen und den Lebensverhältnissen erklärt und damit entschuldigt würden. Im Hintergrund sieht die hl. Hildegard die geistigen, zielstrebigen und stets folgerichtig handelnden geistigen Verführungsmächte, die ständig mit ihren verlockenden oder auch terrorisierenden Einflüsterungen in das Innenleben des Menschen einzudringen suchen, dabei andere Menschen als Medien benutzend. Und weiter sieht sie auf der Seite des Menschen immer die Willensbereitschaft, den Verführungsstimmen zu folgen, die den Menschen auf einen Weg ohne Gott zu lenken bemüht sind.
Daher heißt es auch jetzt wieder: «Und siehe: Ich erblickte noch andere Geister in diesem Haufen, und ich hörte, wie sie drauflos brüllten: ‹Was ist denn das, daß der da Gott sein will, vor dem wir doch zurückschaudern?› Diese Geister verlocken die Menschen zum Weltschmerz. Sie verleiten sie dazu, in ihrer Traurigkeit dahinzuwelken, sodaß sie gar noch am Dasein selbst zu leiden haben.»[723] Wir sprechen heute von Frustration, Selbstentfremdung, Weltentfremdung, Selbstpreisgabe an die vermeintliche Sinnlosigkeit des Daseins, Anklage gegen die Schwierigkeiten des Daseins, zuletzt Anklage gegen Gott, der das Dasein so unerträglich gemacht habe.
«Wo sich die Menschen dem Weltschmerz überlassen, stürzt die Anfechtung des Gemütes sie in Zweifel, während sie sich doch durch eine geistige Haltung gleichsam wie mit der Rechten gegen den Weltschmerz wehren sollten. Und wo sie die fleischlichen Triebe gleichsam wie zur Linken ablegen sollten, da tritt über die Anfechtung des Geistes die Traurigkeit auf sie zu. Beide aber unterdrücken alles Gewissen und jede Tapferkeit im Bereich der Seele wie des Lebens.»[724]
Die hl. Hildegard sieht solche Seelen auf grausige Weise im Fegfeuer leiden. Denn der Weltschmerz ist vor Gott ein schuldhaftes Verhalten, das gesühnt werden muß, also nicht als aus sozialen Verhältnissen oder beson-

deren Lebenserfahrungen erklärbar zu entschuldigen. Man beachte in dem folgenden Text das hier wie an vielen anderen Stellen vorkommende kleine Wörtchen «weil», das den Menschen immer in seiner Verantwortung festhält. «Vom Fegfeuer für den Weltschmerz: Und ich erblickte eine trockene und wasserlose Wüstengegend, in der es von Gewürm wimmelte, und die von Finsternissen eingeschlossen war. Darin hielten sich die Seelen jener Menschen auf, die sich während ihrer Lebenszeit dem Weltschmerz überlassen hatten. Böse Geister treiben diese Seelen mit feurigen Geißeln durch jene Gegend, hierhin und dorthin, während sie riefen: ‹Warum habt ihr euer Vertrauen nicht auf euren Gott gesetzt?› Sie müssen an diesem Orte verweilen, weil sie nicht in der hoffnungsfrohen Freude auf ihre himmlische Heimat ergrünt sind, sondern die Traurigkeit der Welt in der Verzweiflung ob dieser irdischen Unvollkommenheiten über sich hereinbrechen ließen. Weil sie sich der Verbitterung ihrer Herzen ergaben, mußten sie sich jetzt von diesem Gewürm quälen lassen. Weil sie nichts von der wirklichen und unendlichen Glückseligkeit wissen wollten, litten sie unter dem Zwiespalt dieser Verfinsterungen. Und weil sie in der Not der weltlichen Mißverhältnisse nicht ihr Vertrauen auf Gott warfen, wurden sie nun von den bösen Geistern geplagt.»[725]
Die Auseinandersetzung der Tugend der himmlischen Freude mit dem Laster des Weltschmerzes zeigt die bewundernswerte Klarsicht und die Lebensnähe der Hildegardethik. «Der Weltschmerz spricht: ‹Weh mir, daß ich geschaffen bin! Weh! Was soll mein Leben! Wer wird mir beistehen, wer mich erretten? Wüßte Gott um mich, so könnte mich doch solche Not nicht treffen. Nichts Gutes bringt es mir ein, daß ich mein Vertrauen auf Gott setze. Wenn ich mich auch am Göttlichen freute, so nähme dies doch nicht die Mühsal von mir weg. Zwar hörte ich immer wieder die Philosophen daherreden, was es alles an Werten in Gott gebe; mir jedenfalls hat Gott im großen und ganzen nichts Gutes erwiesen. Wenn Gott auch mein Gott ist, warum verbirgt er alle seine Huld vor mir? Würde Er mir auch nur etwas Gutes erweisen, so hätte ich einen Beweis für Sein Dasein. Ich weiß ja nicht einmal, was ich selber bin. Geschaffen zum Unglück und im Unglück geboren, lebe ich ohne jeden Trost dahin. Ach, was nützt denn das Leben ohne Freude! Und warum bin ich überhaupt auf Erden, wo mir doch nichts Gutes mehr begegnen kann?›
Die himmlische Freude antwortet: ‹O bist du blind und blöd! Du weißt ja nicht, was du daherredest! Gott schuf den Menschen als ein lichtes Wesen, aber wegen seiner Untreue führte ihn die Schlange in diesen See des Elends. Doch blicke nur einmal auf zu Sonne und Mond und zu den Sternen, schau dir doch an die ganze Pracht des irdischen Grünens, und bedenke nur einmal, welches Glück Gott mit all den Dingen dem Menschen schenkt, während dieser doch immer wieder in seiner Verwegenheit

gegen Gott frevelt. Du bist im Grunde nur listig und hinterlistig, bist ohne Ehrfurcht, hast immer nur höllische Gedanken statt Vertrauen, da du nicht siehst und erkennst, wo Gottes Heil liegt. Wer gibt dir denn alle diese leuchtenden und herrlichen Gaben, wenn nicht Gott? Eilt der Tag dir entgegen, so nennst du das Nacht. Steht dir das Glück vor der Tür, so sprichst du von Fluch. Und steht es gut mit allen deinen Angelegenheiten, behauptest du, es ginge schlecht. Daher bist du von höllischer Art.
Ich aber besitze hier schon die himmlische Heimat, da ich alles, was Gott schuf, mit rechten Augen ansehe, während du nur von schädlichen Dingen sprichst. Ich nehme die Blüten der Rosen und Lilien und die ganze Grünheit zärtlich ans Herz, indem ich allen Gotteswerken ein Lob singe, indes du nur Schmerzen über Schmerzen daraus häufst. Denn bei all deinem Tun bist du so trübselig! Darin gleichst du den höllischen Geistern, die mit ihrer ganzen Wirksamkeit nur immer Gott verneinen. So mache ich es nicht. All mein Tun schenke ich vielmehr meinem Gott. Auch in der Traurigkeit steckt noch Freude, und in aller Freude ruht ein Glück. Du stehst nur mit der wertlosen Seite in einem Einvernehmen. Denke also einmal darüber nach, wie töricht und verblendet das ist, was du daherredest!›»[726]
Welches Ziel hat diese Hildegardethik?
Gott will seine Schöpfung gegen den Verwüster verteidigen, der alle Laster einsetzt, um den Menschen und durch den Menschen die Schöpfung Gottes zu verwüsten. Wie ein gewaltiger Totschläger erhebt sich Gott gegen ihn. «Und siehe: Bei dem Manne erschien ein eherner Knüttel, wie der Knüttel eines Totschlägers, der hierhin und dorthin, gleich wie zum Dreinschlagen bereit, geschwungen wurde. Und seine Bewegung verursachte ein Tönen, das sich also vernehmen ließ: O Täuschungen des Verrats, die ihr euch Gott entgegenstellt, im Flug den Gipfel zu erschwingen, wo ihr doch nur in den Abgrund stürzt. Allen Ruhm will ich euch rauben und alles Glück von euch nehmen. Aus dem Mund der alten Schlange brodelt ihr, um die Menschen zu Fall zu bringen. Und so bedrängt ihr sie voll Leidenschaft, die Gerechtigkeit Gottes zu verlassen und Gott verächtlich zu machen. Bei solcherlei Machenschaften ersehnt ihr nichts weiter, als das gesamte Werk Gottes in Verwirrung zu bringen.»[727]
Die Hildegardethik sieht also auf den verschiedensten Lebensgebieten Zerstörungskräfte am Werk, deren Ziel die Zerstörung des Menschen und der guten Schöpfung Gottes ist. Gleichzeitig aber sieht sie, daß Gott dem immer wieder strauchelnden Menschen mahnende, aufrichtende und wegweisende Gotteskräfte anbietet, mit deren Hilfe er in den vielfältigen Lebenssituationen bestehen und Gottes Schöpfung recht verwalten könnte. Durch die Stimme des Gewissens sprechen sie den Menschen an. Ein ganzes Heer von Gotteskräften tritt den Lasterstimmen entgegen: Zucht, Maß, Gerechtigkeit, Tapferkeit, Beständigkeit, Genügsamkeit,

Schamhaftigkeit, Keuschheit, Frömmigkeit, Gottesfurcht, Glaube, Liebe zum Himmlischen, Barmherzigkeit, Freigebigkeit, Geduld, Demut, Wahrheit, Friede, Eintracht. Durch alle diese Gaben will Gott der Zerstörung des Daseins entgegenwirken.
Der auf die Stimme dieser Gotteskräfte hörende Mensch ist im Einklang mit der wunderbaren Lebens- und Grünkraft der Schöpfung. Er kann sich um die Schöpfung Gottes verdient machen. Tieferes und Weitreichenderes als in dieser Hildegardschrift kann darüber kaum gesagt werden. «Wie die Wasser und der Abgrund die Kräfte und Möglichkeiten Gottes aufweisen, so zeigt mit ihren Eigenkräften auch des Menschen Seele, die sich auf Gott hin richtet, Seine Kraft und Möglichkeit bei jedem guten Werke. Die Seelenkräfte erhalten nämlich durch Gottes Beistand Stärkung und Stetigkeit gegen die Künste des Teufels. Wo immer sie den Teufel ablehnen und Gott vertrauen, gewinnen sie alles für die Gerechtigkeit wieder. Wo sie das Schmutzige und jede Berührung mit der Sünde von sich weisen, reinigen sie alles. Wo sie das Übel und die Gefahren des Todes vermeiden, indem sie das, was gut ist, ausführen, heiligen sie alle Dinge. Wo sie im Ausbruch der Tränen das gute Werk durchfeuchten, damit es nicht welke, halten sie alles zusammen. Und wo sie in der Einmütigkeit der seligen Tugendkräfte nicht voneinander lassen wollen, tragen sie das Ganze, weil sie dann nämlich das gute Werk mit einer wahrhaftigen und milden Zerknirschung durchdringen und dieses mit der Sehnsucht nach dem Höheren in gleicher Weise aufs innigste verbinden, wie auch Gott seine Welt zu einer Einheit gemacht hat, damit sie sich nicht mehr auseinander löse.
Diese Seele nun, die durch göttliche Gnade so tapfer die alte Schlange zertritt und die im Werk der Tugenden so tatkräftig Gott nachahmt, sie ist die Kraft Seines Vermögens, denn sie beachtet in rechter Leidenschaft und mit dem richtigen Wollen die göttlichen Gebote und trägt somit gleichsam seine Einrichtungen, weil ja jene Gebote davon abhängig und dazu gegeben sind, daß sie die gläubige Seele tragen und erfüllen. Und so beruhen jene Einrichtungen geradezu auf diesen. In gleicher Weise ist die Seele auch das Bauwerk und der Tempel des ewigen Schöpfers, sozusagen die Werkstatt des höchsten Werkmeisters, in der die gerechten und heiligen Werke gleichsam die Werkstücke dieses Meisters sind.»[728] Die verdienstvollen Werke sind also die Werkstücke, mit denen der göttliche Weltbaumeister die schadhaften Stellen seiner ersten Schöpfung bessert, so daß sie nicht auseinander fällt. Von einer sogenannten Veränderung oder Verbesserung der Strukturen oder Verhältnisse würde die hl. Hildegard keine Besserung der Welt erwarten, denn die alten Laster bleiben. Niemand soll denken, man könne den Satan jemals ausschalten, die Verführungsstimmen der Laster zum Schweigen bringen und die Menschen unverführbar

und gut machen. Gott bessert Schäden aus, aber das soll niemanden zu einer christlichen Weltverbesserungsutopie verführen.

Es ist auch eine Verblendung, von der Vernunft der Menschen eine Besserung der Welt zu erwarten. Die Vernunft, die Gott den Menschen als besondere menschliche Gabe gegeben hat, wird vom Teufel zum Ausdenken und zur geschickten Ausführung jeder Art von Bösem mißbraucht.

Dieses Hildegardbuch gibt keine ethischen Anweisungen für die konkreten Sachfragen der verschiedenen Lebensgebiete. Aber sie fehlen nicht, weil die hl. Hildegard nicht daran interessiert wäre. Ist sie doch sonst überall an allen Einzelerscheinungen des Daseins interessiert, und sie weiß auch von der Bedeutung staatlicher und kirchlicher Ordnung. In diesem Buch aber geht es ihr um die Behinderungen und Voraussetzungen eines verdienstvollen, um Gottes Schöpfung verdienten Lebens.

Zu den Voraussetzungen menschenmöglichen Handelns überhaupt gehört die Gabe des Verstandes, der Vernunft. Aber sie wird hier nicht überschätzt. Sie wird gepriesen als die wunderbare Gabe, die den Menschen gegenüber allen übrigen Naturgeschöpfen auszeichnet. Sie ist das die Dinge unterscheidende, Zusammenhänge klärende, sachlich gliedernde und ordnende Werkzeug des Menschen für seinen Umgang mit allen Dingen dieser Welt.

Aber auch der Satan ist, wie ständig betont wird, ein Vernunftwesen! Mit Hilfe der Vernunft kann der Mensch, wie auch der Satan, für sein Wollen die geeigneten Wege suchen, sein Handeln erdenken, sein Ausführen leiten. Wenn der Mensch sich mit seiner Vernunft von den göttlichen Tugendkräften leiten läßt, findet er auch die richtigen Wege zur guten Ordnung seines Lebens auf der Grundlage der von Gott vorgegebenen Schöpfungswirklichkeit. Läßt sich aber der Mensch mit seiner Vernunft von den teuflischen Lasterkräften verführen und beherrschen, dann führt ihn das zu einem Leben und Welt zerstörenden Handeln, auf das der Teufel immer aus ist. Der Teufel empfiehlt darum immer den Gebrauch der Vernunft, er macht sie nie schlecht. Es ist ein großer Irrtum, von der Vernunft ethische Weisungen zu erwarten. Oft genug ist sie blind, willentlich blind und uneinsichtig.

Es kann nicht erstaunen, so unsympathisch das auch heutigem Denken und Empfinden sein mag, daß dieses Buch in weiten Teilen Abschreckungsethik ist, Drohung mit dem Zorneifer Gottes, Warnung vor den Strafen der Hölle und des Fegfeuers. Meist wird es für unethisch, unter der Würde des Menschen liegend gehalten, den Menschen durch Drohungen vom Tun des Bösen abzuhalten und zum Tun des Guten zu veranlassen. In eigener Autonomie soll der Mensch sittlich handeln. Aber in diesem Buch wird die menschliche Schwachheit ernst genommen. Der verantwortliche Mensch ist ein sehr schwaches, anfälliges und gefährdetes Wesen. Um ihn

zu bewahren, muß Gott wohl oft sehr ernst, gar drohend zu ihm sprechen. Die hl. Hildegard würde sagen: Wehe dem Menschen, der sich das nicht mehr gefallen lassen will, und wehe der Regierung, die auf dieser Erde ohne Gesetze und Strafandrohung meint auskommen zu können.
Laut ertönt die Stimme des Zorneifers Gottes gegen die Verwüster und Zerstörer seiner Schöpfung. «Zur rechten Seite des Mannes siehst du eine Erscheinung in Menschengestalt stehen. Das bedeutet, daß in der Wahrhaftigkeit und Mächtigkeit Gottes Sein Strafeifer hervortritt, die Sünden der Menschen zu reinigen und zu tilgen. Denn der Mensch, geschaffen als Abbild Gottes und begabt mit dem Wissen um Gut und Böse, wird gerichtet durch den gerechten Richterspruch des höchsten Richters, der alles wahrhaft entscheidet. Die Gestalt trägt ein feuriges Antlitz, weil der Strafeifer alles Unrecht in der Glut seiner Gerichte wie mit Feuer verzehrt, nicht allein, daß er alles im Feuer läutert, sondern auch alles Übel austreibt und ins Nichts zurückführt. Er richtet alles, über das er zu Gericht sitzt, nach keiner anderen Richtschnur als nach dem, was gerecht ist.»[729]
Gottes Gerichte ergehen in zweierlei Weise, in großen Gerichtsaktionen über die auf Erden gottlos dahinlebenden Menschen, und im personalen Einzelgericht über die einzelnen, für ihr Tun verantwortlichen Menschen.
Hinter den menschenverheerenden Katastrophen steht der richtende Gott. Die über die Gott beleidigenden Menschensünden empörten Engelgeister greifen in das Naturgeschehen und das politische, geschichtliche Geschehen ein und führen die grausigen Gerichte Gottes durch. «Gott hat in Seiner geheimnisvollen Vorsehung noch andere geheimnisvolle Entscheidungen, welche die seligen Geister mit höchster Aufmerksamkeit erwarten. Wenn Gott nämlich sieht, daß die Menschen Götzenbilder verehren oder auf andere Weise Sein Gesetz übertreten, dann erregt Er durch die feurigen Gesichte der höchsten Himmelsbürger, die in Liebe zu ihm entbrennen, immer wieder von neuem die Flügel der Winde und schickt Blitz und Donner auf die Erde. Er setzt die Völker mit Hungersnöten, Krankheiten und Kriegszügen in Schrecken, und so bringt Er dem ganzen Erdkreis entsetzliche Katastrophen.»[730]
Ist das eine durch vernünftigeres Denken überholte Gottesanschauung? Ist es eine durch christliches Denken überholte alttestamentliche Gottesschau? Aber die Tatsachen dieser Katastrophen sind nicht aus der Welt geschafft, sie werden auch durch allen Fortschritt nicht aus der Welt geschafft. Nur der Atheismus und die menschliche Überheblichkeit lehnen sich gegen diese Deutung der Katastrophen auf.
Auch am Ende der Neuzeit behält die hl. Hildegard Recht mit ihrer Auslegung des Wortes aus der Apokalypse: Herr, Allmächtiger, wahrhaft und gerecht sind deine Gerichte. «Wenn der Mensch so weit gekommen ist, daß er sich über Deine Gebote hinwegsetzt und statt Deines Namens ein

Götzenbild verehrt (heute eine politisch-weltanschauliche Ideologie oder die Technik oder die Wissenschaft), dann kämpfest Du in Deinen gerechten Gerichten gegen Deinen Feind, der von der ersten Täuschung an den Menschen überredet hat, Dich für ein Nichts zu erachten. Dann entsendest Du Blitz und Donner auf die Erde und ergießest überschwemmende Wasser. Du gebietest der Erde, unfruchtbar zu sein, und lässest Krankheit und Kriege über die Menschen kommen, damit sie spüren, daß alles dies nur durch Dich allein geschehen kann, und damit sie erkennen, daß Deine Gerichte gerecht und wahr sind.»[731]

Hinzu kommt das richtende Handeln Gottes an jedem einzelnen Menschen. Denn der Mensch ist in der Schöpfung Gottes das Wesen, das durch Gericht und Strafe gereinigt werden muß, damit er sein Ziel in der zukünftigen neuen Schöpfung, in der Nähe des göttlichen Lichtes, erreichen kann. «Die Menschen, die dazu bestimmt wurden, daß sie ruhigen Gemütes unter Gottes Satzung ausharrten, wird Er nach dem Maß der Billigkeit richten, damit sie in dieser Zeit oder im künftigen Weltalter gereinigt werden, indes die Verächter Seiner Satzung ausgetilgt werden. Da sie die Gnade Gottes im Leben und Denken vernachlässigten und sich der Sünde ergaben, sollten sie sich, um davon frei zu werden, den dementsprechenden Strafen unterwerfen, um möglichst bald in Reue auf Gottes Huld als auf ihr Ende zu blicken, in welcher sie alsdann geläutert zu ihrer Seligkeit auferstehen werden.»[732]

Gott straft nicht, weil sein Zorn ihn mitreißt, um des Strafens willen, sondern um des Menschen willen. Der Mensch muß zur Erkenntnis seiner Verantwortlichkeit, des Gewichtes seines unguten Handelns, und somit zur bejahenden Einsicht in seine Strafwürdigkeit gebracht werden. Dadurch wird er in seinem Menschsein ernst genommen. Ist der Mensch bereit, zu seinem Tun zu stehen, es zu bereuen und dafür, nach seiner Möglichkeit, freiwillig zu büßen, dann ist Gott sofort bereit, ihm mit Gnade und Liebe zu begegnen und ihn auf seinem Weg zu einem guten, Gott gefallenden Menschsein zu fördern.

Der Strafeifer Gottes ist unermüdlich am Werk, «um alles mit Rechtschaffenheit zu durchdringen, was durch die Buße noch nicht gesühnt und geläutert ist. Denn was die Reue reinigt, das prüft Gottes Zorneifer nicht, weil die Reue als solche schon ein Feuer und eine Geißel ist. Was aber die Reue noch nicht durchgekocht hat, das verzehrt dieser Strafeifer.»[733] «Sobald aber ein Mensch sich seiner Sünden wegen straft und zu sündigen aufhört, wird Gottes Strafeifer ihn milder behandeln, weil er sich selber nicht geschont hat, und weil er das von sich warf, an dem er sich zuvor ergötzt hatte. Wenn ein Mensch seine Sünde einsieht und sich von ihr abkehrt, dann erkennt er Gott. Und wann immer er im Seufzen der Seele zu Gott aufruft, schaut er Gott. Wenn er die gerechten und heiligen Werke aufzubauen beginnt, pflegt er die Ordnung der Engel. Der gläubige Mensch eile zu Gott zurück, und Er wird ihm die Ehre aus dem vollen Heil seines Lebens zurückerstatten.»[734] Der reuige, bußfertige Mensch erhält seine Menschenehre zurück!

Mit prophetischer Autorität bezeugt die hl. Hildegard diesen Gnadenwillen Gottes: «Gott allein und kein anderer kann euch frei machen. Mit jener Gewißheit aber, welche die Wahrheit selber ist, verkündige *ich* euch, von der ihr dies mit gutem Willen anhört, daß der Schöpfer aller Dinge in der Kraft Seiner Gnade die gläubigen Menschen wieder aus der äußersten Verhärtung ihrer Ungläubigkeit zu Sich zurückkehren läßt, sie alle, welche die Wahrheit und den wahren Glauben pflegen und Kinder der höchsten Glückseligkeit sein wollen.»[735]

Für die aber, welche in der Rebellion gegen Gott verharren, gibt es keinen Raum in der zukünftigen guten neuen Gottesschöpfung, ihr Ort ist die Hölle. «In ihr gibt es keine Hoffnung auf Freude, kein Hoffen auf Heil, denn die wahre Sonne hellt sie mit keiner Spur von Freude mehr auf, noch läßt sie einen Glanz von Herrlichkeit hierhin leuchten. Alle nur möglichen Arten von Strafen, die es gibt, befinden sich in der Hölle, weil hier die Hochburg der bösen Geister ist, die alle Laster den Menschen, die mit ihnen übereinstimmen, eingießen. Diese Strafen sind derart, daß keine Seele, vom Körper beschwert, sie anschauen oder verstehen könnte, weil sie alles Maß des Menschlichen übersteigen.» Das willentliche Festhalten an der Opposition gegen Gott und die schaurige Bestrafung durch den allmächtigen und heiligen Gott sind Tatsachen, die in das Begreifen des natürlichen Menschenverstandes nicht eingehen: «Und durch den lebendigen Geist sah und verstand ich dieses.»[736]

Gottes Gerechtigkeit tut sich darin kund, daß die Menschen, denen das Licht Christi noch nicht erschienen ist, die zwar in der Erbschuldfolge Adams leben, aber nicht wegen wissentlicher Sünden haftbar zu machen sind, keinen schweren Strafen verfallen. Sie müssen nur die Erkenntnis der Finsternis ihres Unglaubens, und wenn sie böse Dinge getan haben, deren Strafwürdigkeit erfahren und durchkosten, bevor sie in das helle Licht Gottes treten können. Denn auch sie sollen als gereinigte Geschöpfe in seine Ewigkeit eingehen.[737]

Weite Teile des Buches beschreiben die für unser Empfinden grausigen Straf- und Reinigungsprozesse, denen die nicht genügend reuigen Christen unterworfen werden. Unsere so betonte Humanität mag sich dagegen empören, wir mögen das als Auswüchse eines überholten Gottesbildes abtun. Es bleibt aber die Frage, ob hier nicht die Ehre Gottes und auch die Ehre des Menschen höher geachtet ist als in unserer liberal-humanen Weltanschauung. Weil Gott seine Schöpfung liebt, und weil jeder Angriff auf seine Schöpfung ihn ins Herz trifft, deshalb müssen die Frevler an seiner

Schöpfung gestraft werden, so lange und so hart, bis sie zur Erkenntnis ihres Frevels gekommen sind. Wenn sie es in ihrer irdischen Lebenszeit nicht einsehen, müssen sie es drüben, bevor sie vor Gottes Thron erscheinen dürfen.

Wie ernst dies gemeint ist, dafür soll als Beispiel zitiert werden, was die hl. Hildegard über die Strafe für Kindsmörder schreibt. Es geht um den Schutz des von Gott gewollten und geschaffenen Lebens. «Auch sah ich ein äußerst heftiges Feuer, das neben einem Brunnen aus lichtklarem Wasser loderte. In ihm brannten gewisse Seelen, unter denen einige von Würmern, gleich wie mit einem Gürtel, in der Höhe des Nabels umgürtet waren. Andere wieder sogen die Feuersglut ein und gaben sie wieder von sich, so wie ein Mensch Atem holt und die Luft wieder ausstößt. Sie alle mußten im Wasser des erwähnten Brunnens ihre Strafen wie in einem Spiegel ansehen, wodurch ihre Pein nur noch wuchs. Das waren die Seelen jener Menschen, die während ihrer irdischen Lebenszeit das in ihnen keimende Menschenleben ausgelöscht hatten, in dem sie ihre eigenen Kinder aus dem Wege räumten. Die Seelen jener, die bereits die Empfängnis verhindert hatten, brannten ihres Vegehens wegen in diesem Feuer, und sie mußten für ihre Unmenschlichkeit die Umgürtung durch die Würmer erleiden. Die Seelen jener, die ihre eigenen Kinder dem Tod ausgeliefert hatten, wurden ihrer Schlechtigkeit wegen in demselben Feuer gepeinigt. Wegen des unmenschlichen Menschenmordes mußten sie jenes Feuer schlucken und wieder ausstoßen. Wegen der Hartherzigkeit aber, die in solcher Handlung liegt, mußten sie die Steinwürfe der bösen Geister aushalten. Da sie nicht einsehen wollten, was sie zu tun hatten, wurde ihre Strafe noch dadurch erhöht, daß sie in dem erwähnten Wasser dies alles noch einmal anschauen mußten, nicht zu ihrem Trost, sondern zur Vergrößerung ihrer Leiden.»[738]

Es ist eine große Frage, ob die Menschen damals bereitwilliger waren als heute, solche Worte zu hören. Anscheinend nicht, da wir lesen: «Sie wollten nicht einsehen». Eins wird in diesem Abschnitt unmißverständlich ausgesprochen, wie hoch Gott, als dessen Schöpfer, das Menschenleben geachtet wissen will. Gott will den Menschen!

Es sei in diesem Zusammenhang noch eine Frage gestellt. Ist es so, wie es aufgrund von Aussagen klinisch schon Gestorbener, die wieder ins Leben zurückgerufen wurden, dargestellt wird, daß sich für die dem Leib entflohene Seele eine Welt des reinen Lichtes, seliger Harmonie und wunderbarer Leichtigkeit eröffnet? Oder sind die Aussagen der hl. Hildegard wahr, daß viele Menschen nach dem Scheiden aus dem Körper erst noch Straf- und Läuterungsprozesse erfahren müssen? Die klinischen Berichte können keine letztlich gültige und ausreichende Antwort auf die Frage geben, was für den Menschen nach dem Tode kommt. Denn wir wissen nicht, wieweit die vom Körper sich lösende Seele wirklich in jenseitige, überirdische

Bereiche vorgedrungen ist. Weiter wissen wir nichts über die letzten geistig-geistlichen Entscheidungen der befragten Wiederbelebten, und erst recht erfahren wir durch solche Aussagen nichts darüber, wie es etwa, um die Frage durch Namen zu verdeutlichen, einem Adolf Hitler oder Stalin nach ihrem medizinischen Tod erging. Es wäre leichtsinnig, aus solchen medizinischen Berichten den Schluß zu ziehen, für jeden Menschen bedeute das Sterben den Übergang in glückselige Harmonie, und die Aussagen der hl. Hildegard seien Ausdruck eines mittelalterlichen Aberglaubens, also unmenschlich. Von welcher Seite wird das Gewicht der Gedanken, Worte und Taten eines langen Menschenlebens wirklich ernst genommen?

Dazu kommt nun, daß in diesem die Spuren des wirklichen Menschenlebens so unermüdlich verfolgenden Buch auf wahrhaft befreiende Weise die Tür aus dem Dunkel in das Helle aufgestoßen wird. Denn das Reden von den drohenden Läuterungsstrafen soll ja dem Menschen nur dazu helfen, daß er schon während seiner irdischen Lebenspilgerschaft seine Sünden erkennt, herzlich bereut, freiwillig büßt, und so gewissermaßen Gott das Straf- und Läuterungshandeln abnimmt. Der Mensch soll sich nicht zwangsweise von Gott reinigen lassen, sondern sich selbst reinigen. Das bedeutet nicht, er könne sich selbst die Sünde vergeben, sich selbst erlösen. Aber er soll an seiner Selbstreinigung arbeiten, denn die Vergebung und Erlösung macht schmerzvolle Erziehung und Reinigung nicht überflüssig.

«Wie Gott am Jüngsten Tag die Menschen zu unsterblichem Leben auferweckt, so erweckt Er sie auch jetzt schon durch die Buße zum Leben. Denn alle, die während ihres leiblichen Daseins ihr Vergehen beweinen, indem sich ihre Seelen der körperlichen Dinge entledigen, werden schleunigst der Bestrafung entrissen, auch wenn sie eigentlich die Strafen des Fegfeuers verdient hätten.» «Wer sich auf dieser Welt noch nicht völlig entsühnt hat, der wird nach dem Tode vollends erprobt. Denn die Seelen derjenigen, die in der Welt zwar Buße taten, ohne voll entsühnt worden zu sein, da der leibliche Tod ihnen zuvorkam, werden nunmehr außerhalb ihrer Leiblichkeit durch die verdienten Strafen vollends auf die Probe gestellt.»[739]

Nach jedem beschriebenen Laster mit der ihm zukommenden göttlichen Züchtigungs- und Reinigungsstrafe wird von der hl. Hildegard ein kurzer Hinweis gegeben, durch welche Bußübungen der Christ sich hier schon reinigen könne. Nach der Beschreibung der Sünde des Zornes und der sich aus ihm ergebenden weiteren Sünden heißt es zum Beispiel: «Diejenigen, die den Zorn aus Haß zu ihrer zweiten Natur machten, sollen sich, falls sie die erwähnten bösen Geister des Zornes von sich treiben und ihren Strafen entgehen wollen, mit einem Bußgewand und mit Ruten züchtigen sowie ein strenges Fasten auferlegen.»[740]

Für die hl. Hildegard, die den Menschen immer als leib-seelische Einheit sieht, ist es eine Selbstverständlichkeit, daß wahre Reue und Buße nicht nur gedankliche Betätigungen sein können, sondern immer den Menschen in seinem ganzen Sein beanspruchen. Das wird spürbar bei den Bußübungen, die sie je nach Fall verschieden fordert: Seufzen und Tränen, um Verzeihung bitten, kniegebeugtes inniges Beten, die begangenen Laster fliehen, zeitweises Sichzurückziehen in Einsamkeit oder gar Dunkelheit, rauhes Bußgewand, Enthaltsamkeit in Speisen und Getränken, Fasten, Selbstgeißelung, Almosen geben, also Geld opfern, sich um Arme kümmern, schwere körperliche Arbeit. War der mittelalterliche Mensch seelisch und körperlich robuster, daß ihm solches alles abverlangt werden konnte? Oder ist unsere Entfremdung solchen Bußübungen gegenüber darin begründet, daß wir die Frömmigkeit intellektualisiert haben, die leib-seelische Einheit des Menschen verloren, und daß daher die inneren Regungen bei uns keinen leibhaftigen Ausdruck mehr finden können? Wie vernünftig die hl. Hildegard bei all ihren diesbezüglichen Anweisungen ist, erkennt man daraus, daß sie die Bußübungen immer an ein weisendes Gespräch mit einem Seelenführer bindet. Sie gibt kluge Hinweise für das Verhältnis zwischen diesem und den ihm Anvertrauten. Außerdem fordert sie angemessene Rücksichtnahme auf die Konstitution des Büßenden: «Bei jeder Buße aber, die der Richter auferlegt, muß auch die Leistungsfähigkeit und die Schwäche der menschlichen Natur berücksichtigt werden.»[741]

Immer beachtet die hl. Hildegard das Miteinander, Zueinander und Füreinander in aller von Gott gestifteten Geschöpflichkeit. Das gilt auch über die Todesgrenze hinaus. Gott hat es in seiner Barmherzigkeit und Menschenliebe so geordnet, daß die noch Lebenden nicht nur für ihre Mitmenschen durch Fürbitte und freiwillige Opfer (Almosen) helfend eintreten und Gottes Barmherzigkeit erwirken können. Das stellvertretende Füreinandereinstehen ist auch über die Todesgrenze hin möglich. «Jenen Seelen, die nicht in der Vergessenheit sind, sondern noch im Gedächtnis höherer Glückseligkeit lebendig, eilen die Gebete und Almosen und andere heiligmäßigen Handlungen der noch Lebenden zu Hilfe, und sie bringen denen das Heilmittel der Erlösung, die da noch in den Strafen des Fegefeuers weilen.»[742] Ausdrücklich heißt es: «Wenn ein Mensch sich in der Gnade des Heiligen Geistes allerhand mühselige Arbeit für die Lebensnotwendigkeit der Lebenden wie auch für die Ruhe der Abgeschiedenen in gerechter und geziemender Weise auferlegt, dann nimmt Gott auch geziemend und gerecht seine Anfechtungen auf.» Oder: «Wenn ein Mensch aus einem Eigentum, das er vor Gott in Besitz hat, Almosen anbietet, dann erinnert sich Gott an die Opfergabe des Abraham, und wie Er dessen Sohn geschont hat, so schont Er auch jene, für die dieser Mensch ein Almosen anbietet, je nachdem, was sie wert sind. Denn an all diesem hat Er Seine Freude, weil Er selbst den Menschen geschaffen hat und ihm alle Werte gab, wie Er ihm auch gönnte, daß es ihm aber auch an keiner Lebensnotwendigkeit fehle.» Und dies ist dann der schönste Satz in diesem Zusammenhang: «Für alles dies ist Gott selber die Grundlage, und Er nimmt sie auf, weil Er sich davon anrühren läßt. Denn der Mensch wird von Gott gar sehr geliebt, wenn er Ihm im Eifer dient.»[743]

Mit diesem Hinweis auf das verdienstvolle Füreinandereintreten schließt im Grunde das Buch vom verdienstvollen Leben. Denn das letzte Kapitel schaut hinüber über die Grenze der Zeit, dorthin, wo alles zu seiner Erfüllung gekommen ist.

«Alsdann sah ich, wie der Mann sich gleichsam als Ganzes mit den vier Zonen der Erde bewegte. Und siehe: An seinem linken Schenkel erschien ein Einhorn (Symbol Christi), das seine Knie leckte und sprach: ‹Was geschaffen ward, wird wieder zerstört werden, und was nicht ist, wird aufgebaut. Die Sünde wird im Menschen geprüft, und das Gute wird in ihm im rechten Werke vollendet. Mit seinem guten Ruf wird es in das andere Leben zurückkehren.› Ich achtete nun darauf, ob wohl noch weitere Laster oder vielleicht ähnliche Gestalten, wie ich sie vorher erblickt hatte, erscheinen würden, aber ich bekam jetzt nichts weiteres, das diesen Gebilden ähnlich war, zu sehen.

Und wieder hörte ich die Stimme vom Himmel zu mir sprechen: ‹Der gewaltig starke Gott, der Macht über alles hat, wird Seine Gewalt am Ende der Welt zeigen, wenn Er diese Welt zu einem neuen Wunderwerk wandeln wird.›

‹Daß du siehst, wie dieser Mann sich als Ganzes mit den vier Zonen der Erde bewegt, bedeutet, daß Gott am Ende der Welt Seine Macht mit den Kräften des Himmels zeigen wird. Er wird alle Grenzen der Welt erschüttern, und eine jede Seele wird sich zum Gericht vorbereiten.›

An seiner linken Hüfte erscheint ein Einhorn. Denn der in Seiner heiligen Menschheit dem Satan widerstand und der ihn mit dem Schwert der Keuschheit niederstreckte, der Sohn Gottes nämlich, Er wird in der Gestalt eines Menschen erscheinen. Das Einhorn leckt Seine Knie und nimmt damit die Richtermacht von Gott, dem Vater, an. Laut ruft es nun, daß die ganze Welt in Feuer gereinigt und in eine andere Seinsweise verwandelt werde. Und so sei auch die Verkehrtheit der Menschen in Seinem Gericht zu prüfen und die Heiligkeit im guten und gerechten Tun des Menschen zur Vollendung zu führen, und dies so sehr, daß die Seelen der Gerechten nunmehr in höchster Glorie und größter Freude hinübergehen werden in die Seligkeit des ewigen Lebens.

Wenn Gott dann das Vermögen Seiner Kräfte im Menschen vollendet haben wird, dann wird sich Seine Macht in den Wolken erheben. Er wird alsdann die Asche, durch welche die Weltelemente verdüstert sind, wegfegen, und dies vollführt Er unter solchen Erschütterungen, daß alle Dinge

der Erde in eine Katastrophe geraten und jede Schuld, die noch am Menschen haften könnte, getilgt wird. Dann wird Gott auch den Nord und alle Macht im Norden vernichten.
Alsdann werden ein rötlich schimmernder Himmel und eine geläuterte Erde erscheinen, da sie beide über die Weltelemente gereinigt wurden. Dann wird der Mensch, falls er unter der Zahl der Seligen ist, in diesen Elementen gereinigt, dem goldenen Kreis eines Rades gleichen. Im Geiste und am Leibe wird er alsdann ausgereift sein, und alle Verschlossenheit der tiefen Geheimnisse wird offenstehen. So werden die Seligen Gott anhangen, und Er wird ihnen die Freude in Fülle schenken.
Die Welt hat aufgehört, in der Weise zu existieren, in welcher sie zuvor bestand. Jetzt gibt es nicht mehr dieses ausschweifende Wesen der Laster. Niemand braucht ihnen mehr, wie zuvor, Widerstand zu leisten. Die Erinnerung an die Laster ist von der Erde vertilgt. Alsdann werden alle Dinge in die Ewigkeit hinübergehen, herausgehoben aus der Unbeständigkeit und Gebrechlichkeit, unter denen die Welt und alles auf der Welt jetzt noch leiden. Sie werden hinübergeführt in eine unerschöpfliche Verwandlung.»[744]
Rückschauend wird noch einmal vom Wesen und von der Macht des Bösen gesprochen und von dem Gericht über alle, die ihm anhangen.
Auch an die Berufung des Menschen zu einem verdienstvollen Leben wird noch einmal erinnert. Dabei wird das Wirken der Gotteskräfte im Menschen in Verbindung gesehen mit dem Wesen und Wirken der vier Elemente Feuer, Luft, Wasser und Erde. «Im Menschen hat Gott alle Seine Werke vollendet. So trägt der Mensch in seiner Leiblichkeit die ganze Welt, indem er alle irdischen Dinge in seiner Existenz überwindet.»[745]
Danach wird der Blick für jene Welt geöffnet, in welcher die erlösten Menschen zur Vollendung gekommen sein werden. «Und ich sah eine gewaltige, unermeßliche Herrlichkeit, deren Glanz so mächtig strahlte, daß ich sie als solche und was in ihr war, nur wie in einem Spiegel wahrzunehmen vermochte. Doch wußte ich, daß sich darin jede Art von Süßigkeiten aller Blüten und der lieblichste Duft der verschiedensten Wohlgerüche mit unzähligen Wonnen befand. In dieser Herrlichkeit hielten sich die Seelen der Seligen auf, die während ihrer hinfälligen Erdenzeit Gott mit redlichem Streben angerührt und Ihn mit rechten Werken verehrt hatten.»[746]
In dieser himmlischen Vollendungswelt schaut die hl. Hildegard vielerlei Grade und Abstufungen der Herrlichkeit der Vollendeten. Das aus Neid, Stumpfsinn, Trägheit und Kritik an der gottgesetzten Schöpfungsvielfalt geborene Streben nach Gleichmacherei gibt es nicht mehr. Sie erkennt die bußfertigen Sünder, die im Gehorsam gegen Gott in ihren innerweltlichen Aufgaben bewährten Weltkinder, die Bekenner und Büßer, die Lehrer und Seelenführer, die Märtyrer und die jungfräulich ganz Gott Hingegebenen.

Sie alle leben in einer Welt voll wunderbarer Musik und herrlicher Gesänge, an denen sie je auf ihre Art beteiligt sind.

Die geschaute Herrlichkeit steigert sich vor Hildegards Augen über alle Maßen. «In dieser so oft schon erwähnten Herrlichkeit nahm ich nun eine noch viel größere, unermeßliche Herrlichkeit wahr. Wie ich darauf achten wollte, wurde mir klar, daß der Glanz ihres Strahlens eine solche Schönheit in allem Schmuck, eine solche Lieblichkeit aller Lieblichkeiten und Wonne über Wonne an Glückseligkeit in sich trug, daß kein Auge es sehen, kein Ohr es hören, noch je es im Herzen eines Menschen aufsteigen könnte, solange er im gebrechlichen und vergänglichen Leibe weilt. Daher wurde mir auch eine Art von Siegel vorgesetzt, durch das mir weitere Erscheinungen und noch mehr Wonnen solcher Art verborgen wurden, als ich sie schon zuvor gesehen.» Sie hütet sich vor jeder zügellosen Phantasie! «Lediglich so, wie ich dies sah, wurde es in mir zurückgeworfen. Und ich sah dies und verstand es durch den lebendigen Geist.»[747]

Die Wahrheit ihrer Schau wird ihr noch einmal ausdrücklich bestätigt: «Und aus dem lebendigen Licht hörte ich abermals die Stimme zu mir sprechen: ‹Das, was du siehst, ist wahr, und es ist so, wie du es siehst, und es ist noch viel mehr.›»[748]

Eine christliche Lebenslehre im Sinn der hl. Hildegard muß in ihrer letzten Abzielung auf das Himmlische ausgerichtet sein, auf die zukünftige neue Welt Gottes. Zu tief ist der Schaden der gegenwärtigen Welt, die von selbst schadhaften Menschen nicht gebessert werden kann. Die christliche Motivation dazu, in dieser zum Untergang bestimmten Welt aktiv und positiv im Sinn des Willens Gottes zu handeln, wird aus der göttlichen Zusage gewonnen, daß es immer noch seine geliebte Schöpfung ist, daß er selbst dieser Schöpfung nach Ausschluß alles Bösen eine neue Gestalt geben wird, und daß er den Menschen dazu berufen hat, in der alten wie in der zukünftigen Welt das höchste ihm dienende Geschöpf zu sein. Der Mensch ist dazu berufen, sich um Gottes Schöpfung verdient zu machen, wie es die Stimme des Menschensohnes am Ende dieses Buches ausdrücklich bestätigt.

«Und siehe: Ich hörte den äußerst süßen und lieblichen Klang einer Stimme, die mich wie Balsam durchträufelte und zu mir sprach: ‹Ich bin die Kraft der Gottheit vor aller Ewigkeit und vor aller Zeit. Keinen Ursprung einer Zeit trage Ich in mir. Denn Ich bin der Gottheit Kraft, durch die Gott alles aus Seiner Entscheidung und mit Seiner Bestätigung erschaffen hat. Ich bin auch der Spiegel der Vorsehung für alles. Mit allgewaltiger Kraft ertönte Ich, in der Ich das tönende Wort bin, jenes ‹Es werde› nämlich, durch das die ganze Welt hervorging. Mit lebendigen Augen habe Ich die Zeiten der Zeit unterteilt, wohl bewußt, was sie sein könnten und wie das alles sei. Mein Mund gab Meinem eigens berufenen Werk den Kuß, jenem

Gebilde, das Ich aus dem Erdenlehm machte. In einzigartiger Weise habe Ich dieses Werk liebend umarmt. Und so habe Ich es durch den feurigen Geist verwandelt zu einem Leibe. Und ihm gab Ich alle Welt zu Diensten.›[749] ‹Ich, der Baumeister der Welt, gab Meinem Werk, dem Menschen nämlich, mit jener Wissenschaft, die Ich in ihm anlegte, die Möglichkeit, seine eigenen Taten zu wirken, auf daß er mittels der Erde und des Wassers, über die Luft und das Feuer, aus denen auch er selber besteht, seine Werke zur Vollendung brächte. Immer, wenn er Gutes wirkt, wird ihm der Schmuck aus seinen guten Taten in der Herrlichkeit des unausschöpflichen Lichtes auf ewig vorbereitet.›»[750]

Ganz kurz werden auf den letzten Seiten die Irrwege, Wege und ewigen Ziele des von Gott in die Welt gestellten Menschen noch einmal benannt. Das Buch der christlichen Lebenslehre schließt mit einer Warnung vor jener «Gattung von bösen Geistern, die durch bestimmte Zeichen sich als von göttlicher Natur ausgegeben», die also scheinbar Gutes wirken wollen. Mit einer schier undurchschaubaren Mischung von Wahrheit, Halbwahrheit und Lüge versuchen sie die Gläubigen zu verführen. Der Christ bleibt nur dann «fest in der Kraft der Wahrheit stehen», wenn er «ihre Versuchungen Fall für Fall überprüft».[751] Was für ein bedrängender Satz am Schluß einer christlichen Lebenslehre! Und dann noch zuletzt die schon früher zitierte Autorisierung der prophetischen Schreiberin dieses Buches: «Dies alles ist die Wahrheit.»

Auch dieses zweite theologische Buch der hl. Hildegard blieb im Fortgang der Kirchengeschichte ohne Nachwirkung.

2. Die Hildegardtheologie: Liber divinorum operum, die umfassende Schau des Schöpfungs- und Erlösungshandelns Gottes

Auch für das letzte der drei großen theologischen Werke der hl. Hildegard haben wir von ihr selbst genaue Zeitangaben.

«Und so geschah es: Im sechsten Jahr, nachdem die eine wahre Schau des nie erlöschenden Lichtes mir, einem zuhöchst unwissenden Menschen, wunderbare und wahrhaftige Schauungen, die Unterschiedlichkeit der verschlungenen menschlichen Verhaltensweisen betreffend, dargeboten hatte, eine Arbeitslast von fünf Jahren, da wurde dies zum ersten Jahr, zum Anbruch der hier vorliegenden Schauungen. Also, als ich in meinem fünfundsechzigsten Lebensjahr stand, schaute ich eine Vision von solch hoher Geheimnis- und Machtfülle, daß ich in meinem ganzen Sein erbebte und daher, infolge der Gebrechlichkeit meines Körpers, krank zu werden

begann. Diese Vision nun, endlich nach siebenjährigem Schreiben, konnte ich sie mit Mühe zum Abschluß bringen. Demnach im elfhundertdreiundsechzigsten Jahr der Fleischwerdung des Herrn, als die Bedrückung des apostolischen Stuhles noch nicht behoben war, unter dem römischen Kaiser Friedrich, geschah der Anruf vom Himmel her an mich.»[752]
Auch über ihren Schreibauftrag gibt die hl. Hildegard wieder genaue Auskunft. Sie hörte, wie die Stimme aus der Höhe in ihr Inneres hinein sprach: «O du armseliges Gebilde, die du doch nur die Tochter übermäßiger Mühsale bist, von vielen und schweren körperlichen Gebrechen ausgekocht! Aber dennoch, von der Unermeßlichkeit der Mysterien Gottes überschüttet, das, was du mit den inneren Augen siehst, und was du mit den inneren Ohren der Seele vernimmst, das vertraue der es festhaltenden Schrift an, zum Nutzen der Menschen, damit sie durch dies Geschriebene ihren Schöpfer erkennen und sich nicht länger dem entziehen, ihm in gebührender Ehrfurcht zu huldigen.»
Sodann wird die Schreiberin ermahnt, nur ja gehorsam zu sein: «So schreibe denn, nicht, wie es dein Herz möchte, sondern gemäß Meinem Zeugnis, der Ich ohne Anfang und ohne Ende das Leben bin, nicht, was du aus dir heraus dir ausdenkst, noch, was von irgend einem anderen Menschen vorher erdacht wurde, sondern das, was von Mir vor Beginn der Welt schon voraus festgelegt ist. Denn wie Ich den Menschen schon vorauswußte, bevor er als Geschöpf da war, so sah ich auch die Dinge voraus, die ihm nottun.»[753]
Am Beginn ihres neuen Schreibens stand die sie überwältigende, sie in ihrer Existenz erschütternde visionäre Erleuchtung über den Prolog des Johannesevangeliums. In blitzhaft erhellender Klarheit hatte sie erfahren, daß hier die ganze Fülle der göttlichen Offenbarung zusammengefaßt und entschlüsselt ist. Der Vitaschreiber hat aus Hildegards eigenen Aufzeichnungen festgehalten: «Einige Zeit später sah ich eine geheimnisvolle, wunderbare Schau, so daß ich zuinnerst erschüttert wurde und die Empfindungen meines Körpers erloschen. Denn mein Bewußtsein wurde derart gewandelt, als ob ich mich selbst nicht mehr kennte. Und wie sanfte Regentropfen träufelte es aus dem Hause Gottes in das Erkennen meiner Seele, so wie der Heilige Geist den Evangelisten Johannes erfüllt hat, als er an Jesu Brust die tiefgründige Offenbarung empfing, wobei sein Geist von der heiligen Gottheit derart berührt wurde, daß er die verborgenen Geheimnisse und Werke offenbarte, da er sprach: Im Anfang war das WORT usw. Jedes Wort dieses Evangeliums, das vom Anfang des Werkes Gottes handelt, lehrte mich die genannte Schau und ließ es mich auslegen. Und ich sah, daß diese Auslegung der Anfang einer anderen Schrift sein müßte, die noch nicht offenbar geworden war. In ihr sollten viele Fragen der göttlich-geheimnisvollen Schöpfung untersucht werden.» – «Nachdem die Schau mich die Reden

und die Worte des Johannesevangeliums gelehrt hatte, sank ich auf das Krankenlager.»[754]

In der Einleitung zu diesem letzten Buch heißt es: «Ich also, armseliges und schwächliches Gebilde, von so vielen Krankheiten zerrieben, brachte endlich zitternd meine Hände zum Schreiben.»[755] Dieser Zustand und das Händezittern wichen nicht. Im Epilog des Buches schreibt die hl. Hildegard über sich selbst: «Sie existiert kraft der Eingießung des Heiligen Geistes als dienende Person. Zu aller Zeit ist ihr das Schwachsein so angeheftet, daß sie niemals körperliche Sicherheit in sich fühlen kann, weil anders die Inspiration des Heiligen Geistes in ihr nicht zu Hause sein könnte.»[756]

Während des Schreibens ist sie ganz dem zugewandt, der sie in seinen Dienst nahm. «Da ich nun meine Hände für das Schreiben bereit machte, richtete ich mein Augenmerk empor zu dem wahrhaftigen und lebendigen Licht, in Erwartung dessen, was ich schreiben sollte. Denn alles, was ich als Vision niederschrieb, das sah ich mit den inneren Augen meines Geistes, hörte ich mit den inneren Ohren, und das nicht im Schlafzustand, auch nicht in Ekstase.»[757]

Nicht selbständig geistig planende und schaffende, sondern aufmerksam hörende Schreiberin will sie sein. Glaubt man ihren Worten, dann darf man wohl nicht sagen, sie habe nach Art der wissenschaftlichen Theologen ihrer Zeit gearbeitet. Natürlich hatte sich im Speicher ihres menschlichen Gehirns gesammelt, was sie schon aufgenommen hatte, natürlich knüpfte dieses menschliche Gehirn Verbindungen. Dies alles stand dem in ihr wirkenden Heiligen Geist zur Verfügung. Aber die hl. Hildegard schrieb hörend, empfangend, gehorchend. Warum sollte man dies Prophetische leugnen? Der Wahrheitsanspruch ihrer Aussagen aber sucht seinen Rückhalt nicht in diesem Prophetischen, sondern in dem vorausgegebenen Offenbarungswort Gottes, das jetzt prophetisch verkündet wird.

Die hl. Hildegard war sich der philologischen Mangelhaftigkeit ihrer Schreibsprache bewußt, die später von Humanisten als der Würde des Heiligen Geistes nicht angemessen beanstandet wurde. Deshalb erlaubt sie in ihrem Epilog, daß man an ihrem Text Ausbesserungen des Schreibstiles vornehme, «der bei der Inspiration durch den Heiligen Geist auf sehr einfache Weise behandelt wurde.»[758]

Aber nur das! Denn: «Wer sich aber je anderes vorgenommen haben sollte, gegen den Heiligen Geist versündigt er sich!» Die hl. Hildegard weiß, daß man sie als ungebildet beurteilen muß. «Sie besitzt nicht das Wissen von dem Bauwerk jener Schriften, die der Heilige Geist zur Unterweisung der Kirche öffentlich erstellt hat, und die von ähnlicher Bedeutung sind wie eine schützende Mauer um eine große Stadt. – Aber das Buch des Lebens, das ist die Handschrift des WORTES Gottes, durch welches alle Kreatur ins Dasein trat, und welches das Leben aller Geschöpfe gemäß dem Willen und der Vorsehung des ewigen Vaters aus sich heraushauchte, hat wunderbarerweise diese Visionschrift veröffentlicht, durch keinerlei Lehrunterweisung in menschlicher Wissenschaft, sondern durch ein einfältiges und ungelehrtes Frauenwesen, so wie es ihm gefiel. Deshalb soll keiner unter den Menschen so tollkühn sein, daß er den Worten dieser Schrift irgendetwas hinzufüge, in der Meinung, sie zu mehren, noch etwas weglasse, um sie einzugrenzen, damit er nicht aus dem Buch des Lebens getilgt werde und alles Glückes unter der Sonne verlustig gehe.»[759]

Die Rupertsberger Äbtissin weiß, daß sie Posaune Gottes ist, und daß aus dieser Posaune die mahnende Wahrheit Gottes tönt. Diese Gewißheit kam der hl. Hildegard, weil sie höchste Achtung vor der discretio (dem geistigen Unterscheidungsvermögen) und der rationalitas (der göttlich erleuchteten Vernunft) hatte. Diese beiden Geistesgaben auf all ihr Tun anwendend, hatte sie sich stets unter Selbstkontrolle.[760]

Angesichts dieses prophetischen Charakters des Hildegardbuches muß man damit rechnen, daß ein Nachforschen nach literarischen Quellen, außer Liturgie und Heiliger Schrift, wenig zum Erfassen beiträgt. «So verborgen Hildegards Quellen bleiben, so dunkel ist auch ihre Wirkungsgeschichte», bestätigt der Herausgeber der deutschen Ausgabe ihrer Werke, und er hat Recht mit dem Rat: «Am besten sollten wir nicht nach historischen oder philosophischen Kriterien suchen, sondern dem Text selber Raum geben und Hildegard so hören, wie sie sich – deutlich genug – in jeder der zehn folgenden Visionen vernehmbar gemacht hat. Diese Einstellung allein verbürgt einen legitimen Eingang in die Welt der hl. Hildegard.»[761]

Daß dies wegen der visionären, bildhaften Darlegungen an die Hingabe des Lesers Anforderungen stellt, Überwindung eines vorwiegend intellektualistischen Denkens verlangt, muß ertragen werden. «Schwierig ist das Lesen auch wegen der stellenweise ermüdenden Weitschweifigkeit des Stils und bei den scheinbar uferlosen Wiederholungen im Gedankengang gerade dieser Spätschrift.»[762] Es gilt zu bedenken, daß meditatives, bildhaftes Denken wandert, von einem Punkt zum andern, und daß eben dies der Vielfalt, Vielschichtigkeit und Vielseitigkeit des Gotteswirkens entspricht. Man kommt nie damit zu Ende, muß immer wieder neuen Anlauf nehmen.

Die Auslegung des Johannesprologes hat die hl. Hildegard an den Schluß der vierten Schau gestellt. Da dieser Text aber gewissermaßen der Schlüssel des ganzen Buches ist, beginnen wir mit ihm. Eine zusammenfassende Übersicht ist vorausgestellt: «Auslegung des ersten Kapitels des Evangeliums nach Johannes, von der Stelle an, wo geschrieben ist ‹Im Anfang war das Wort› bis zu dem ‹voller Gnade und Wahrheit›. In dieser hier gebotenen Auslegung wird verhandelt über die Ewigkeit des WORTES Gottes, über die erschaffenen Wesen, wie sie im schöpferisch-künstlerischen Wissen des Schöpfers, ohne an Seiner Ewigkeit teilzuhaben, schon da waren, bevor sie in ihrer Eigenexistenz hätten dasein können. Über die Erschaffung der Engel und das Strafhandeln des Eifers Gottes gegen die abgefallenen Geister, über den Ratschluß der Menschenerschaffung nach dem Bilde Gottes, und wie Herrschaftskraft und Weisheitslicht des Schöpfers sich in dem kleinen Wirkungskreis des menschlichen Körpers widerspiegeln. Über die Fleischwerdung Gottes sowie die Worte der Lehre und die Beispiele der Gerechtigkeit, welche Er der Welt darbot. Schließlich über die Wiederherstellung des gefallenen Menschen und dessen Glückseligkeit nach diesem Leben.»[763]

Für die hl. Hildegard ist *Welt* nur begreifbar als Schöpfung, als von einem höchsten Künstler erschaffene Welt, Werk des ursprunglosen und anfanglosen Schöpfers.

«Im Anfang war das Wort. Was offenbar so zu verstehen ist: Der Ich ohne Anfang bin, und von dem alle Anfänge ihren Ausgang nehmen, und der Ich der Alte der Tage bin, Ich sage: Ich bin aus mir selber Tag, der Ich nicht aus der Sonne hervorging, sondern von dem die Sonne entzündet wurde. Ich bin die Vernunft, die nicht von einem anderen her ertönt, sondern aus der alle Vernünftigkeit ihren Atem hat. Zur Anschauung Meines Angesichtes habe Ich daher Spiegel erschaffen, in denen Ich alle nie aufhörenden Wunder Meiner Altersweisheit prüfend betrachte, und eben diese Spiegel habe Ich so zubereitet, daß sie in Lobgesängen harmonisch zusammenklingen, weil Ich eine Stimme wie von Donnerklängen habe, mit welcher Ich den ganzen Erdkreis in lebendigen Klängen aller Kreaturen erklingen lasse.»[764]

Die Welt hat ihren Ursprung in ewiger Vernünftigkeit und ihren Sinn in dem ihrem Schöpfer antwortenden harmonischen Zusammenklang.

«Im Anfang war das Wort, und das Wort war bei Gott, und Gott war das Wort. Das ist so zu verstehen: Im Anfang jenes Beginnens, als Gottes Wille sich schon zum Hervorbringen der Geschöpferschaffung geöffnet hatte, da war das Wort ohne einen Anfang jenes Beginnens, und das Wort war bei Gott, so wie Wort in Vernünftigkeit ist, da Vernünftigkeit Wort in sich hat und in Vernünftigkeit Wort ist, und diese beiden sind nicht voneinander zu trennen. Denn ohne Anfang vor dem Anfang der Geschöpfe, und auch in deren Anfang war das Wort, vor dem Anfang und in diesem Anfang der Kreaturen war es bei Gott, und auf keine Weise von Gott getrennt, da ja Gott sprechend Seinen Willen kundgetan hatte, daß Sein Wort alles erschüfe, wie Er es vor den Weltzeiten bestimmt hatte.

Und warum wird es das WORT genannt? Weil es mit tönender Stimme alle Geschöpfe erweckte und sie zu Sich rief. Denn was Gott (der Vater) sprechend vortrug, das hat das WORT (der Sohn) befehlend ausgerufen, und was das WORT befahl, das hat Gott sprechend vorgetragen. Und so war das Wort Gott. Denn das WORT war in Gott, und Gott hat in ihm allen Seinen Willen im Verborgenen vorgetragen, und WORT ertönte, und führte alle Geschöpfe hervor, und so sind WORT und Gott eins. Da aber das WORT Gottes ertönte, rief es alle Kreaturen zu sich, die vor aller Zeit in Gott vorherbestimmt und im voraus geordnet waren, und durch Seine Stimme wurde alles zum Leben erweckt.»[765]

Im innertrinitarischen, vernunfterfüllten Gespräch zwischen ewigem Vater und ewigem Sohn war alle Kreatur im göttlichen Vorherwissen da, bevor sie durch das befehlende Wort des Sohnes aus dem Nichtsein ins Sein gerufen wurde. «Als nämlich das gesprochene Wort Gottes ertönte, da wurde dieses Wort in jeder Kreatur offenkundig, und dies Ertönen war in aller Kreatur das Leben.»[766] Alles in Raum und Zeit gestalthaft Vorhandene war vordem in Gottes Wissen als geistiger Entwurf existent, und es wurde durch das Schöpfungswort «Es werde» ins Dasein gestellt, diesem Daseienden als Information, wie wir heute sagen würden, eingegeben.

Dadurch ist aller Kreatur die Fülle seiner Wachstums- und Werdemöglichkeiten mitgegeben. «Durch das Wort Gottes ist alle Kreatur, sowohl sichtbare als auch unsichtbare, geschaffen, die in jenem wirksamen Sein (essentia), nämlich des Heiligen Geistes, als Grünkraft oder als Wirkkraft, ihren Bestehensgrund hat.»[767] Nicht losgelöst von ihrem Schöpfer, nur aus sich selbst, hat die Kreatur die ihre Entwicklung ermöglichende Grünkraft, sondern aus der sie im lebendigen Dasein erhaltende Kraft des Heiligen Geistes. Alles Geschaffene ist und bleibt Werk des trinitarischen Gottes. «Denn Gott ist das einzige Leben, das nicht seinen Anfang von jenem Leben empfing, das Anfang war. Dieses war in Seinem Vorherwissen, obschon es in seinen Gestaltungen noch nicht zeitlich dagewesen war. Und wie das, was in der Schöpfung gemacht worden ist, in Gott Leben ohne Erlöschen wurde, weil es erschaffen werden sollte, so fehlte der erschaffenen Kreatur nichts, da sie die Fülle ihrer Fortschrittsmöglichkeiten in ihrer Wachstumsmöglichkeit in sich trug.»[768]

Das, was wir die Natur nennen, ist nicht völlig durchschaubar und erklärbar. Alles trägt ein unauflösbares göttliches Geheimnis in sich. «In allen Kreaturen, nämlich in den Tieren, Reptilien, Vögeln, Fischen, in den Pflanzen und Fruchtbäumen liegen gewisse geheime Mysterien Gottes verborgen, die weder der Mensch noch irgend eine andere Kreatur weiß oder fühlt, wenn nicht, soweit es ihnen von Gott gegeben ist.»[769] «Gemäß den drei Kräften, die im Namen (des dreieinigen) Gottes enthalten sind, besteht jede Kreatur, die einen Namen hat, aus drei Kräften, deren eine gesehen wird (durch die sinnliche Wahrnehmung), die andere wissend erkannt wird (durch die analysierende und synthetisierende Vernunft), die dritte aber nicht gesehen wird. Die Gestalt nämlich eines lebensfähigen

Dinges wird gesehen, und was wächst, kann man wissend erfassen, aber wodurch es lebensfähig ist, wird weder erkannt noch gesehen. – Auch des Menschen Körper und seine Werke werden gesehen. Aber viel mehr ist in ihm, nämlich das, was weder gesehen noch (rational) erkannt wird. Aber wenn schon solche Dunkelheit im Menschenwesen liegt, wie sollte dann jener handgreiflich offenbar sein, der ihn erschaffen hat? Denn von ihm kann kein in dieser Weltzeit lebender Mensch wissen, wie er in Wahrheit ist.»[770] Immer bleiben Geheimnisse, letzte Erkenntnisgrenzen. Die Welt ist Gottes, ihres Schöpfers Eigentum. Über den Sinn ihrer Existenz gibt es nur Erkenntnis, soweit der Schöpfer durch Offenbarung darüber spricht.

«Er kam in Sein Eigentum, denn Er hatte die Welt erschaffen, und Er hatte das menschliche Fleisch angezogen. Daher offenbaren alle Kreaturen Ihn wie eine Münze ihren Herrn aufweist. Denn Gott hat die Welt geschaffen, die Er dem Menschen als Wohnsitz (Tabernakel) zubereiten wollte. Und weil Er das Menschenwesen anziehen wollte, deshalb hat Er den Menschen nach Seinem Bild und Gleichnis geschaffen.»[771]

Der auf einer für ihn zubereiteten Erde lebende und somit im universalen Kosmos existierende Mensch ist kein kurzzeitliches Produkt einer neutralen, sinnleeren Natur. Das Menschsein hat einen vom Schöpfer vorgegebenen ewigen Sinn. Für die Erkenntnis dieses Sinnes sind die raum-zeitlichen Maßstäbe der uns bekannten Welt nicht zureichend.

Die visionäre Schau der Worte des Johannesevangeliums öffnet der hl. Hildegard den Blick für den unbegreiflichen Reichtum der Schöpfung. Sie ist eine Welt der Besonderheiten, der qualitativen und dimensionalen Unterschiede. Durch den wunderbaren Zirkelschlag des Schöpfers werden sie zu einer Lebensgemeinschaft zusammengeschlossen oder sogar trotz dimensionaler Unterschiedlichkeit zu einer Lebenseinheit zusammengebunden: Die Engel als Geistwesen, die Fülle der verschiedenen materiellen Kreaturen, der Mensch als Lebenseinheit aus Fleisch und Geist, der inkarnierte Gottessohn als Lebenseinheit des Gott-Menschen, und schließlich der von Gott erneuerte Mensch auf ewige Zukunft hin.

«Und die Welt ist durch Ihn gemacht, das heißt, daß die Welt von Ihm her, nicht Er von der Welt her entstanden ist, da die Kreatur durch das Wort Gottes ins Dasein trat. Es gibt Kreaturen, die weder gesehen noch mit Händen berührt werden können, andere aber sind sehbar und anfaßbar. Aber der Mensch hat beides in sich, nämlich Seele und Leib.»[772]

Der dimensionale Unterschied im Bereich des Geschaffenen tritt im Menschen deutlich hervor. «Gottes Sohn spricht: Was geboren ist aus Fleisch, das ist Fleisch, und was geboren ist aus Geist, das ist Geist. Weil Gott Geist ist, sind durch ihn alle Geistwesen entstanden, und weder kann Geist in Fleisch, noch Fleisch in Geist verwandelt werden. Aber durch die Verbindung von Fleisch und Geist ist der Mensch als Mensch vollendet, andern-

falls wäre er nicht Mensch.»[773] Der Mensch als Leib-Geist-Wesen ist aus der Evolution der Natur nicht begreifbar.
Die Einung des dimensional unendlich Unterschiedenen wird in der Inkarnation geheimnisvollste Wirklichkeit. «Und das WORT ward Fleisch und wohnte unter uns. Denn das WORT, das bei Gott vor aller Zeit war, und das Gott war, nahm durch die Glut des Heiligen Geistes Fleisch aus dem Schoß der Jungfrau an. So zog das WORT Fleisch an, daß nämlich WORT und Fleisch eines sind, doch nicht so, als wäre eines in das andere verwandelt, sondern daß sie eines in der Einheit der Person seien. So ist ja auch beim Menschen der Leib das Kleid der Seele, und die Seele hat mit dem Leib Wirkensgemeinschaft. Der Körper aber ohne die Seele, nichts wäre er, und die Seele ohne Körper, nicht wirkungsfähig wäre sie. Daher sind sie eins im Menschen, und so ist das Gotteswerk, nämlich der Mensch, zum Bild und Gleichnis Gottes gemacht. Wenn nämlich der Geisthauch des Menschen ihm von Gott zugesandt wird, dann wird dieser Geisthauch und das Fleisch als der eine Mensch hervorgebracht. Das WORT Gottes aber nahm aus dem ungepflügten Fleisch der Jungfrau Fleisch an, so, daß das WORT WORT blieb, und das Fleisch Fleisch blieb, und sie doch eins sind, weil das Wort, das zeitlos vor der Zeit im Vater war, sich nicht verändert hat, sondern nur Fleisch anzog.»[774]
Ist und bleibt schon der Mensch, aus dimensional Verschiedenem zur Einheit seiner Existenz erschaffen, immer letztlich ein Geheimnis, wieviel mehr dann das menschgewordene ewige Wort! «Und es wohnte unter uns. Mensch geworden ohne Sünde, wohnte es als Mensch unter uns, unser Menschsein nicht verschmähend, da ja auch wir mit dem Hauch des Lebens als Menschen existieren, nach seinem Bild und Gleichnis geschaffen.»[775] Es bleibt ein unendlicher, dimensionaler Unterschied zwischen dem Gottmenschen und jedem Menschen bestehen. Der Mensch ist nur Gleichnis, Bild. Der Menschgewordene, Christus, ist die Wirklichkeit, das Original. Es kann keine Christologie von unten her geben, sondern umgekehrt, es kann nur eine Anthropologie von der Christologie her geben. Wesen, Sinn und Ziel des Menschen sind letztlich nur vom menschgewordenen ewigen Wort, dem inkarnierten Gott her zu verstehen. Das bedeutet, daß der Jesus Christus des Neuen Testamentes für alles menschliche Verstehenwollen immer ein Geheimnis bleibt, psychologisch und geistig nie mit menschlichen Maßstäben restlos entschlüsselbar.
«Und wir sahen seine Herrlichkeit, die Herrlichkeit als des Eingeborenen vom Vater!»[776] Vor dieser Herrlichkeit stößt der irdische Mensch, also auch der neutestamentliche Wissenschaftler, an Grenzen seiner Verstehungsmöglichkeit, zumal ja auch der Wissenschaftler als Mensch in die Gliedschaft der Erbsündigen eingebunden ist, zur «Welt» gehört.
«Die Welt ist durch Ihn gemacht, und die Welt hat Ihn nicht erkannt. Er

kam in Sein Eigentum, und die Seinen nahmen Ihn nicht auf. Denn sie waren die Seinen, weil Er sie erschaffen hatte, weil Er sie in Sonderheit zu Seinem Bild gemacht hatte. Aber dennoch mißachteten sie Ihn, da sie nicht anerkennen wollten, daß Er ihr Schöpfer sei, und sich nicht als von Ihm allein Erschaffene erkennen wollten.»[777] Dieses Sichauflehnen gegen das Geschöpfsein ist die eigentliche Sünde.

Diese Auflehnung hatte zu Beginn der Schöpfung im Engelbereich begonnen, aber Gott hatte Luzifer und seinen Anhang in die Tiefe gestürzt. «Denn nur einer allein ist Gott, und ein anderer kann nicht sein.»[778] Diese Auflehnung gegen den Schöpfer, die Negierung Gottes, hat im Sündenfall des Menschen auf die sichtbare Welt übergegriffen und ist nun in der Menschengeschichte ständige Wirklichkeit. Der Wille, die innere Zielrichtung des Menschen ist dadurch verändert, nicht aber sein Wesen, seine Bestimmung, sein Geschaffensein zum Gleichnis und Ebenbild Gottes. Der Mensch blieb das von Gott ausersehene und geliebte Gefäß für die göttliche Menschwerdung. Doch war der Inkarnierte frei von der Sünde, von dem Willen zu Eigenmächtigkeit und Selbstherrlichkeit. Der Mensch aber ist vor Gott das erlösungsfähige und verwandlungsfähige Wesen geblieben, das auch in der zukünftigen Welt Mensch bleiben wird, aber an Leib und Geist erneuert. «Darauf (auf den in der Ewigkeit verherrlichten Menschen) zielte Gott, als Er in Adam durch die Einhauchung des Geistes Fleisch und Blut kräftigte, weil Er damals jenes Fleisch im Auge hatte, mit dem Er sich bekleiden wollte, und so schenkte Er ihm seine brennende Liebe.»[779]

Der Mensch ist in Gottes Schöpfung das herrscherliche und das sprechende Wesen. «Gott hat alle Seine Werke in der Gestalt des Menschen zum Ausdruck gebracht. Im Rund des Hirnschädels des Menschen weist Er auf seine Herrscherstellung hin, weil das Gehirn den ganzen Körper in Besitz hält und regiert.» Durch das Seh- und Hörvermögen öffnet Gott dem Menschen den Zugang zu seiner ganzen Schöpfung. «Durch den Mund (das Sprachvermögen) des Menschen bezeichnet Gott Sein Wort, durch das Er alles geschaffen hat, wie ja auch alles durch den Mund in vernunfthafter Lautgebung hervorgebracht wird, weil der Mensch das meiste durch Laut-(Wort-)bildung hervorbringt, wie es auch das Wort Gottes in liebesumarmendem Schaffen getan hat.»[780]

Über die Bedeutung des Menschen in der Schöpfung Gottes erfährt die hl. Hildegard: «Ich habe das kleine Werk, das der Mensch ist, in Mir vorgesprochen, und Ich erschuf es dann zu Meinem Bilde und zum Mirähnlichsein, so daß es in gewisser Beziehung nach Meiner Weise am Werk ist, weil ja Mein Sohn im Menschen im Fleischesgewand verborgen sein sollte. Jenes Geschöpf habe Ich aus Meinem Vernunftsein als Vernunftwesen erstellt, und in ihm habe Ich das, was Mir möglich ist, aufgezeigt, wie ja die

Vernünftigkeit des Menschen in ihrer (künstlerischen und wissenschaftlichen) Fähigkeit alle Dinge durch dieNamen (Begriffe, Wesensbezeichnungen) und durch Zahl (Maße und Beziehungen) begreift, weil der Mensch keine Sache auf andere Weise als durch Namensgebung unterschiedlich erkennt, noch kann er die Größenunterschiedlichkeit der Dinge erkennen, wenn nicht durch Anwendung von Zahl.»[781]

Im Vorausblick auf den menschgewordenen Sohn hat Gott den Menschen als ein durch das Wort schöpferisches Wesen erschaffen. «Der Mensch hat beides in sich, nämlich Seele und Leib, weil er nach Bild und Gleichnis Gottes gemacht ist. Daher gebietet er durch das Wort und wirkt mit den Händen. So hat Gott den Menschen nach Seinem eigenen Wesen geordnet, weil Er wollte, daß Sein Sohn vom Menschen her eingefleischt würde.»[782]

Wie Gott durch das Wort die vorausgeplante Kreatur ins Dasein ruft, «so hat Gott es auch im Menschen aufgezeigt, der das Wort in seinem Herzen heimlich ausspricht, bevor er es aus seinem Munde gehen läßt, das im Aussprechen noch bei sich selbst ist, und so ist das innere Voraussagen des Wortes im (gesprochenen) Wort. Als nämlich das gesprochene Wort Gottes tönte, da wurde dies Wort in jeder Kreatur offenkundig, und dies Ertönen war in aller Kreatur das Leben. Daher wirkt auch aus dem gleichen Wort heraus die Vernünftigkeit des Menschen ihre Werke, und aus dem gleichen Tönen bringt sie ihre Werke tönend, rufend und singend hervor. Denn durch den Scharfsinn ihres künstlerischen Geistes bringt sie Zithern und Tamburine zu klingendem Tönen. Denn der Mensch ist nach Gottes Bild durch die lebendige Seele ein Vernunftwesen.»[783]

«In seiner Nachkommenschaft von Adam her als leibliches Wesen sieht er, fühlt er, denkt und wünscht er, und in seinem Wissen berechnet er alles, was er wirkt. Denn der Mensch ist das Wunderwerk Gottes, und darum ist es angemessen, daß er von den Wundertaten Gottes Zeugnis gibt.»[784] Das ist der dimensionale Unterschied zwischen dem nach allen Seiten und vertikal nach oben hin geöffneten Menschen und dem auf seinen engen Lebensraum fixierten Tier.

Die Bezogenheit auf seinen Schöpfer ist dem Menschen eingeprägt und tut sich kund in der Stimme des Gewissens. Der Schöpfer gab dem Menschen «die Flugkraft des Gewissens, um das Gute statt des Bösen zu wählen. Wie der Mensch mitsamt den anderen Kreaturen ohne die Himmelslichter in seinen Lebensfunktionen wie ein Blinder wäre, und wie sein Körper nicht ohne den Geist leben könnte, so vermöchte der Mensch auch nicht ohne die Flügel des Gewissens zu erkennen, was für ein Wesen er eigentlich ist.»[785] Auch nach dem Sündenfall ist der Mensch in dieser Beziehung Mensch geblieben. «Die Finsternisse haben den Willen (des Menschen) nicht so mit Beschlag belegt, daß sie ihm das Wissen um das Gute (das

Gewissen) wegnehmen könnten, denn er weiß das Gute, wie sehr auch er es nicht tut.»[786]

Der Schöpfer stellte den Menschen in den Gesamtzusammenhang der Schöpfung. «Er war das wahre Licht, das jeden Menschen erleuchtet, der in diese Welt kommt. Denn dieses Licht durchdringt jeden Menschen aus Fleisch und Blut mit dem Hauch des Lebens, jeden, der in diese Welt mit ihrer Wechselhaftigkeit von Wachsen und Schwinden eintritt. Sobald die Sonne ihn mit ihren Lichtstrahlen aufgerichtet hat, soll er die Kreaturen genau betrachten und erkennen.»[787] «Gott hat den Menschen mit allem seinem Anhang unter der Sonne erschaffen, damit er nicht auf der Erde allein sei, wie ja auch Gott im Himmel nicht allein ist, sondern in allen himmlischen Harmonien verherrlicht wird.»[788] «Der Mensch ist gleichsam das Licht für die übrigen auf der Erde weilenden Geschöpfe, die ihm oft zulaufen und ihn liebevoll belecken. Daher hat der Mensch dies auch gern von der Kreatur, zu der er sich in Liebe hingezogen fühlt, und gern und öfter sucht er sie auf.»[789] «Wie der Mensch ohne die Verknüpfung der Gefäße (in seinem Körper) nicht Mensch wäre, so könnte er auch nicht ohne die anderen Geschöpfe leben. Und weil er sterblich ist, kann er dem von ihm Geschaffenen kein Leben geben, weil er selbst Lebensanfang aus Gott ist; Gott aber gibt Seinem Werk Leben, wie Er selbst Leben ohne Lebensanfang ist. – Keiner sonst ist Schöpfer als allein Gott.»[790] Der Versuch, diese Grenze durch technische Mittel zu überschreiten, wird nie gelingen. Auch der intelligenteste Computer bleibt Maschine, erreicht nie die Fähigkeit zu glauben, zu hoffen und zu lieben, und der Mensch erniedrigt sich selbst, wenn er ihn als von ihm erschaffenes Ebenbild des Menschen ansieht.

Der durch die Empörung Luzifers in der Welt der lichten Geistwesen entstandene Riß setzte sich in der sichtbaren Schöpfung fort durch den Sündenfall des Menschen. Denn «er trat auf die Gegenseite über, indem er auf den Rat der Schlange hörte. Deshalb auch glaubte diese Schlange, daß der Mensch ganz und gar zugrunde gehen würde, was aber Gott nicht wollte, der das Weltexil für ihn vorbereitet hatte, in welchem der Mensch nun seine Kinder in Sünden empfängt und hervorbringt. So mit seinem ganzen Geschlecht sterblich gemacht, ist er durch die Empfängnisweitergabe des Sündensamens in morsches Wesen verwandelt, bis zum Jüngsten Tage.»[791]

Daher sind die Menschen auch blind gegenüber der Herrlichkeit des Inkarnierten. «Und die Welt hat Ihn nicht erkannt. Denn die Kinder der Welt, welche dem Weltwesen in ihrer Lebensführung folgen, haben wegen der Blindheit ihrer Unwissenheit Ihn bei Seinem Kommen nicht wahrgenommen noch Ihn in Seinem Wirken erkannt. – Und die Seinen nahmen Ihn nicht auf. Denn die Ungläubigen nahmen Seine Menschheit nicht an, noch erkannten sie wegen der Verblendung ihrer Ungläubigkeit Gott in der menschlichen Gestalt.»[792]

Nur durch diesen menschgewordenen Gottessohn ist den Menschen der Weg zu einem neuen, zukünftigen Menschsein eröffnet, zu einer höheren Lebensstufe, da Leib und Geist und Heiliger Geist zu einer bleibenden Lebenseinheit verbunden sein werden. «Wie das WORT des Vaters den Menschen fleischliches Leben gab, da Es sie erschuf, so zeigte es ihnen auch die Möglichkeit geistlichen Lebens, da es sein Gewand anzog, damit sie nun durch ein anderes Leben, nicht nach Fleischesart, durch ihren Eingang in die Scharen der geistlich Lebenden, sich ausbreiteten.»[793] Dieses Neuwerden des Menschen beginnt schon in seinem noch irdischen Christenstand: «Die nicht aus dem Blut noch aus dem Willen des Fleisches, noch aus dem Willen eines Mannes geboren werden, sondern aus Gott geboren sind. Allein aus dem Geschenk der göttlichen Offenbarung in der Waschung der Taufe und in der feurigen Ausgießung des Heiligen Geistes empfangen sie, wie sie aus Gott geboren werden und zu Erben Seines Reiches gemacht werden. – Gott in Seiner Freude am Verlangen des Menschen nach guten Werken flößt diesem zuerst vorsichtig gleichsam Milch ein, sodann gießt er den Strom Seiner Gnade in ihn, durch den er tapfer von Tugend zu Tugend aufsteigt. Und auf solche Weise ist jener in solcherart (gottgewirkter) Tugend bis zu seinem Hinscheiden ein immer neues Wesen.»[794]

Dieses Neuwerden hat ein von Gott vorgesehenes Ziel weit über das Hinscheiden hinaus. «Wieviele Ihn aber aufnahmen, denen gab Er Macht, Kinder Gottes zu werden. Allen Menschen beiderlei Geschlechtes, die Ihn in dem Glauben aufnahmen, daß Er Gott und Mensch sei, weil zuerst Gott im Glauben erfaßt wird, danach aufgenommen wird, daß Gott Mensch geworden ist, denen gab Er machtvoll in Seiner Machtvollkommenheit diese Kraft, daß sie in ihrer eigenen Willensentscheidung Söhne ihres Vaters im himmlischen Reich würden. Das bedeutet, daß sie für sich, zu Erben Seines Erbteils gemacht, Anteil hätten an Seinem Reich, und das durch die Vollmacht, durch die ein Sohn als Erbe seines Vaters dasteht.»[795]

Dieses Erbteil aber ist die zukünftige neue Welt, in welcher der menschgewordene Gottessohn schon als der Verherrlichte lebt. «Dann wird der Mensch keinen Mangel an Speise und Trank und Leben mehr kennen, denn dann schreitet er einher in den Kräften der Gottheit, ohne alle wechselhafte Veränderlichkeit, weil er jetzt im Guten Glied Christi ist.»[796] «Nach der zukünftigen Auferstehung bedarf der selige Mensch dessen nicht mehr, daß er heranwächst oder von irgendwem genährt wird, weil er dann in jener Klarheit dasein wird, die niemals vergeht noch verändert wird. Mit dieser Klarheit wird nämlich der Mensch dann von der Heiligen Dreieinigkeit bekleidet, und er schaut den, der keine Begrenzung durch einen Anfang oder ein Ende je gehabt hat; und darum wird der Mensch

von keiner Alterslast und keinem Überdruß mehr befallen, weil auch er immerwährend und immer neu lobsingend die Zither schlagen wird.»[797]
Noch einmal bestätigt sich, daß der Mensch nur von Christus her wahrhaft begriffen werden kann: Anthropologie von der Christologie her. Von seiner materiell-biologischen Seite her hat der Mensch keine Zukunft, weder als Einzelwesen noch als Menschengeschlecht. Allein das menschgewordene WORT eröffnet dem Menschen Ausblick auf eine Zukunft, welche alle materiell-biologischen Gesetzlichkeiten unendlich hinter sich gelassen hat.
Die Auslegung des Eingangs des Johannesevangeliums schließt mit dem gewichtigen Satz: «Gottes Wille hat alles vorbereitet, was das WORT geschaffen hat. Jeder Mensch daher, der Gott fürchtet und liebt, öffne diesen Worten die ehrerbietige Verehrung seines Herzens, und er soll wissen, daß sie sowohl zum Heil der Leiber wie auch der Seelen der Menschen nicht von irgendeinem Menschen, sondern durch Mich, der Ich bin, verkündet sind.»[798]
In der ältesten, noch zu Lebzeiten der hl. Hildegard auf dem Rupertsberg entstandenen Handschrift trägt ihr letztes Buch den Titel *De operatione dei,* vom Schöpferhandeln, vom Werkwirken Gottes. In den nachfolgenden Handschriften ist der Titel, ob mit Willen der Verfasserin wissen wir nicht, geändert: *Liber divinorum operum,* Buch der göttlichen Schöpferwerke.[799] Der erste Titel bringt die Dynamik, der zweite die Vielgestalt und Gesamtheit der Werke zum Ausdruck.
Das Buch ist unterteilt in drei Hauptteile. Der erste deutet in vier Schauungen die Stellung des Menschen in dem auf diesen und zu Gott hin geschaffenen, durch sündige Empörung gestörten, von Gott durch den menschgewordenen Sohn wiederherzustellenden Kosmos.[800]
In der ersten Vision schaut die hl. Hildegard die feurige Lichtgestalt des den Satan niedertretenden Sohnes Gottes. Seine Stimme tönt: «Ich, höchste und feurige Kraft, die alle Lebensfunken entzündete, nichts Sterbliches aushauchte, Ich entscheide über alles, daß es sei. Dem umgreifenden Weltallzirkel, mit Meinen Flügeln, das ist mit Meiner Weisheit ihn umfliegend, gab Ich ihm rechte Ordnung. Und wiederum Ich, feuriges Leben göttlichen Urwesens, flamme hin über die Schönheit der Ackerfluren, leuchte in den Gewässern, brenne in Sonne, Mond und Sternen. Mit luftigem Windhauch, unsichtbarem, die Fülle erhaltendem Leben, lasse Ich alles zum Leben schwellen. Luft ja lebt in Grünkraft und Blüten, Wasser fließen wie lebendig dahin; Sonne auch lebt in ihrem Licht, und ist der Mond dahingeschwunden, wird er vom Licht der Sonne entzündet, daß er aufs neue lebe. Auch die Sterne erglänzen in ihrem eigenen lebendigen Licht. Die den ganzen Erdenrund tragenden Säulen, Ich habe sie errichtet, dazu auch die Windkräfte, die milden und die gewaltigen. – Ich also bin die verborgen in

diesem allen ruhende feurige Kraft, sie alle brennen durch Mich, wie das Atmen ohne Unterlaß den Menschen belebt und wie im Feuer sich brausende Flamme erhebt. All dies lebt in seinem eigenen Sein, kein Tod ist darin, denn Ich bin Leben. Auch bin Ich Vernunft, verfügend über den Hauch tönenden Wortes, durch welches alle Kreatur geschaffen wurde, und in alle blies ich Meinen Hauch, damit keines ihrer in seiner Art der Sterblichkeit verfallen sei, weil Ich das Leben bin. – Da nun Gott Vernunft ist, wie wäre es möglich, daß Er nicht werkwirkend wäre, da Er all sein Werkschaffen aufblühen läßt (im Menschen), den Er nach Seinem Bild und Gleichnis schuf und in den Er aller Kreaturen Maß einzeichnete. Denn schon immer in Ewigkeit stand fest, daß Gott Sein eigentliches Werk, den Menschen, erschaffen sehen wollte, und da Er dies Werk vollendet hatte, übergab Er ihm alle Kreaturen, damit er mit ihnen sein Werk wirke, wie auch Gott selbst Sein Werk, eben den Menschen, gemacht hatte.»[801]

Nicht gestalterfindende und schaffensfreudige Vernunft und auch nicht auf Taten drängende Allmacht sind es, die Gott zu seinem schöpferischen Tun drängen, sondern das Unbegreiflichste: Seine Liebe.

«Gott, der alles geschaffen hat, bildete den Menschen nach Seinem Bilde und Gleichnis, und Er kennzeichnete in ihm sowohl die höheren wie auch die niederen Geschöpfe, und ihn umfing Er mit solch großer Liebe, daß Er ihn für den Platz bestimmte, von welchem der stürzende Engel vertrieben war. – Was du im Geheimnis Gottes als wunderbares und schönes, menschengestaltetes Bild erblickst, kündet die Liebe des himmlischen Vaters. Sie stellt sich in Menschengestalt dar, da der Sohn Gottes, als Er Fleisch als Sein Gewand annahm, im Dienst der Liebe den verlorenen Menschen erlöste. Daher ist auch Sein Antlitz von solcher Schönheit und Klarheit, daß du leichter in die Sonne als in dies Antlitz blicken kannst. Denn die Freigebigkeit der Liebe ist so übervoll im Reichtum und Glanz ihrer Gaben, daß sie alle Erkenntnis menschlichen Wissenkönnens, das der Seele die Erkenntnis der verschiedensten Dinge ermöglicht, übersteigt, so sehr, daß sie diese auf keine Weise in ihrem Begreifen zu fassen vermag.»[802] – «Nur der über den Erdkreis ausgebreitete katholische Glaube begreift in aller Ehrfurcht das Übermaß an Freigebigkeit dieser wahrhaftigen Liebe.»[803]

Nach der in gottgegebener Freiheit gewagten Empörung der wunderbaren höchsten Lichtwesen wandte Gott seine Liebe der Erschaffung des Menschen zu. «Da wirkte Gott, daß eine andere Art Leben entstand, das er mit Körper bekleidete: Der Mensch. Ihm gab er Platz und Ehre des gefallenen Engels, damit er unter Lobpreisung Gottes vollende, was jener nicht leisten wollte. Als Träger des Menschenangesichtes werden nun jene bezeichnet, die in ihrer Leiblichkeit der irdischen Welt zugewandt sind, in ihrem Geiste aber beständig Gott dienen.»[804] «In Erkenntnis der Liebe Gottes wird dieser Mensch mit Leib und Seele zur Fülle der Unversehrtheit geleitet,

obwohl er sich allzuoft vom Stand rechter Beständigkeit abwenden läßt.»[805]
«Die in den Werken des Sohnes Gottes wirkende Liebe hat die alles überstrahlende Milde wahren Glaubens ans Licht gebracht, da sie aus Zöllnern und Sündern Märtyrer und Bekenner und Büßer erwählte, aus Gottlosen Gerechte machte, aus einem Saulus einen Paulus, damit sie alle wie auf Windesflügeln sich in die Himmelsharmonie erhöben.»[806]
Gott hat die durch die Tücke Satans verführten Menschen nicht mehr losgelassen. Seine Liebe zerbrach nicht über ihrer Sünde. Zwar verlor der Mensch, da er sich von Gott ab- und der Stimme des Verführers zuwandte, seine ursprüngliche Herrlichkeit. «Aber dadurch, daß Gott gleich danach sprach ‹Adam, wo bist du›, zeigte Er vorausdeutend an, daß Er eingedenk bliebe, wie Er den Menschen nach Seinem Bild und Gleichnis geschaffen habe, und daß Er ihn wieder zu sich zurückholen wolle.»[807] Gott hat den von ihm geschaffenen Menschen nie preisgegeben und wird ihn auch nie preisgeben. «Wie Adam der Erzeuger des ganzen Menschengeschlechtes ist, so ist auch durch den Sohn Gottes, der in jungfräulicher Natur Fleisch geworden ist, ein geistliches Volk hervorgegangen, wie Gott es dem Abraham durch den Engel verheißen hat.»[808]
Der letzte Abschnitt dieser ersten Schau weist auf den geheimnisvollen Zusammenhang zwischen der Erlösung des Menschen und seiner neuen Hoffnung auch für die Natur, die materielle Lebensgrundlage des Menschen. «Aus Abrahams Geschlecht erwählte Gott schlafende (träumende, unberührte) Erde, die ganz ohne Erfahrung jener Lüsternheit war, mit welcher die alte Schlange das erste Weib betrog. Diese Erde aber war die Jungfrau Maria. – Als sie hoch vom Throne die Botschaft empfing, daß der höchste König in der Verschlossenheit ihres Schoßes wohnen wolle, da schaute sie nieder zur Erde, aus der sie erschaffen worden war, und sagte, daß sie Magd Gottes sei.» Durch den aus dieser Erde Geborenen erstand dann in dieser Weltzeit das neue, nicht zu zählende Volk eines neuen Menschengeschlechtes, «das in die Vollzahl der himmlischen Erbengemeinschaft aufgenommen werden sollte».[809]
So ist nun in dieser ersten Schau Ursprung, Sinnmitte und Ziel des göttlichen Schöpferwillens aufgezeigt, zum Heil der Leiber und der Seelen, wie es im letzten Satz mahnend heißt.
Die zweite Schau kündet von der Einanderzuordnung aller Kräfte in den Schöpfungsordnungen Gottes und davon, wie der Mensch in seinem Eingebundensein in diese Naturkräfte und in der Verbundenheit mit den Gaben und Kräften des Heiligen Geistes leben soll.
In visionärer Schau sieht die hl. Hildegard das von der glühenden Liebesallmacht des dreieinigen Gottes umfaßte und gehaltene Rad der Schöpfung. Im Inneren dieses vielschichtigen Radreifens steht, in Kreuzesgestalt

aufgerichtet, der Mensch, von verschiedenen Windkräften angehaucht, von Planetenkräften angestrahlt, von sprudelnden Wassern umflossen.
«Und wiederum hörte ich die Stimme, die vom Himmel her zu mir sprach: Gott, der zum Ruhme Seines Namens das Weltall aus Elementen zusammenfügte, durch Windkräfte kräftigte, mit Sternen alldurchdringend durchlichtete, auch mit sonstigen Geschöpfen reichlich füllte, Gott hat den Menschen, ihn in diesem Weltall mit diesem allen umschließend und (in seinem Dasein) sichernd, in jeder Beziehung mit höchster Kraft durchströmt. Dies Ganze sollte ihm in allen Dingen zur Verfügung stehen, an seinem Werkschaffen beteiligt sein, so daß er in Verbundenheit mit diesem sein Werk wirke, weil ja der Mensch ohne sie nicht leben noch überhaupt bestehen kann.»[810]
Die hl. Hildegard weist an dieser Stelle zurück auf ihre Welterklärung im *Scivias*-Buch. Damals sollte durch das Bild der Eigestalt des Weltalls auf die unterschiedlichen Seinsschichten in der Schöpfungswelt hingedeutet werden. Jetzt dient das Symbol des Rades dazu, «daß der immerwährende Umlauf und die rechte Ausgewogenheit der Elemente aufgezeigt wird. Denn keines dieser Bilder kann die Weltgestalt in wahrer Wiedergabe insgesamt fassen, da sie ja allenthalben in voller Kraft in sich kreisend dasteht. Daher kann ein in nie schwindender Kraft kreisender Globus am ehesten in jeder Beziehung zur bildhaften Vorstellung der Weltgestalt dienen.»[811]
Eine Festlegung der hl. Hildegard auf das antike Weltbild ist also nicht möglich. Immer verharrt sie in Ehrfurcht vor der unser menschliches Fassungsvermögen übersteigenden Gewalt und Dynamik der göttlichen Schöpfung, die wir nur in ihren Wirkungen erfahren, aber nie in ganz zutreffenden Bildern beschreiben können. Das gilt nun auch, wenn die hl. Hildegard den gottgeschaffenen Kosmos nach innen hin dynamisch durchwirkt schaut von ineinander gefügten Kreisen verschiedener Art, lichthelles, alle Kreaturen mit Lebensfreude durchdringendes Feuer, dunkles, Gottes Gerichte wirkendes Feuer, reinigender und in allem rechtes Maß wirkender Äther, ein Ring von der Art wässeriger, reinigender Luft, ein weiterer Ring starker, weißer, lebendige Spannkraft wirkender Klarluft, und zuletzt ein aus allen vorigen Kreisen hervorgehender Ring zartfeiner Luft, «die sich gleichsam durch das ganze zuvor beschriebene Weltenrad zu ergießen scheint, da alles, was in der Welt ist, von ihr belebt und aufrecht gehalten wird».[812] Von allen diesen Wirkkräften im All ergeben sich für die hl. Hildegard Deutungslinien zu entsprechenden Verhaltensweisen im sittlichen und geistigen Leben des Menschen. Kosmos und Mensch stehen in durchgehender Zuordnung und Verbundenheit. Der Mensch gehört der Naturwelt und ebenso der sittlich-geistigen Welt zu.
«Der Mensch ist gewissermaßen das Wesen am Scheideweg, so daß er, wenn er im Licht das Heil von Gott erstrebt haben sollte, es auch empfängt,

wenn er aber das Böse erwählt hätte, dem Teufel folgend, dem Strafgericht verfällt.»[813]

Der Mensch ist durch Gottes Fügung die Mittelgestalt des Kosmos. «Daß aber in der Mitte dieses Weltenrades das Bild des Menschen erscheint, das weist darauf hin, daß in der Struktur der Welt, gleichsam in ihrer Mitte, der Mensch dasteht, weil er herrscherlicher existiert als die übrigen in ihr dahinlebenden Geschöpfe. Lächerlich klein zwar von Gestalt, aber an Seelenkraft groß, trägt er sein Haupt hoch, steht mit den Füßen fest auf der Erde, setzt die Elemente, sowohl die hohen wie auch die niedrigen, in Bewegung, mit seinen rechter oder linker Hand gewirkten Werken durchdringt er das All, denn kraft der Fähigkeiten des inneren Menschen hat er die Vollmacht, solches zu wirken. – Die den Körper umfassenden Kräfte der Seele reichen weit über ihn hinaus, denn über den ganzen Erdkreis strecken sie sich aus. – Der gläubige Mensch, wie er mit seinen leiblichen Augen allenthalben jedwedes Geschöpf erschaut, so nimmt er im Glauben überall den Herrn wahr, ihn erkennt er vermittels der Geschöpfe, da er weiß, daß Er ihr Schöpfer ist.»[814]

An vier Stellen des Weltenrades schaut die hl. Hildegard Tierköpfe, die Winde in das All blasen. «Diese Tierköpfe wehen ihren Hauch in das zuvor beschriebene Weltenrad und auf die Menschengestalt darin zu, denn diese Winde halten mit ihrem Strömen die Welt im Gleichmaß, und den Menschen bewahren sie in seinem Tun zum Heil. Denn weder würde das Weltall Bestand haben, noch könnte der Mensch leben, wenn sie nicht durch das Wehen dieser Winde ständig belebt würden.»[815] Mit dieser Schau der alles dynamisch durchdringenden Ordnungs- und Lebenskräfte steht die hl. Hildegard den Erkenntnissen unserer heutigen Naturwissenschaft näher als dem antiken Weltbild. Das gilt auch für die Schau der Zusammenhänge zwischen der biologisch-materiellen Welt und der geistig-sittlichen Welt.

«Alle diese Kräfte haben ihre Existenz im Wissen Gottes, drängen auf Erkenntnis des Schöpfers, stehen dem Menschen sowohl in seinen leiblichen wie auch geistigen Lebensnotwendigkeiten bei. Inspiriert den Menschen die Gottesfurcht, dann beginnt der Mensch aus sich selbst Gott zu ehren und geht einen klugen Lebensweg, indem er gute und rechtschaffene Werke vollbringt. Wenn der Mensch aber die lebenspendende Grünkraft dieser Tugenden aufgibt und sich der dürren inneren Gleichgültigkeit hingibt, so daß ihm Saft und Kraft guter Werke fehlen, dann schwinden die Kräfte seiner Seele und verdorren. Läßt er sich sogar von gieriger Lust wie von einer Flut überschwemmen, dann zerfließt auch sein Geist auf solch schlüpfrigem Lebensweg.»[816] Der die sittlichen und die Naturordnungen des Schöpfers mißachtende Mensch «zerstört die Schöpfung und kennt weder diese noch sich selbst wahrhaftig. Gott entzieht ihm Seinen Schutz, von dämonischen Geistern wird er zugrunde gerichtet und von den guten Engeln verlassen».[817] Der die geistig-sittlichen Ordnungskräfte Gottes mißachtende Mensch wird von Gott als seinem Richter durch Geschehnisse in der physikalisch-biologischen Welt gerichtet und in Zucht genommen, wie er andererseits, wenn er sich bemüht, dem göttlichen Willen gemäß zu leben, von diesen Kräften aus dem Naturbereich gekräftigt und gefördert wird. Je nach dem sittlich-geistigen Verhalten des Menschen wendet sich die Natur ihm zu oder gegen ihn.[818]

Die hl. Hildegard verdeutlicht das an Einwirkungen der Gestirne auf das menschliche Dasein. Denn alles in der Schöpfung steht in durchgehendem Zusammenhang. «Kreatur wird durch Kreatur beieinandergehalten, und die eine wird durch die andere in ihrem Bestand erhalten.»[819] «Wenn irgendwann die Elemente unter der Sonne durch stürmische Katastrophen durcheinander gebracht werden, das Sonnenfeuer verdunkelt wird, dann deutet das hin auf Irrwege der Menschen, da Herzen und Sinne der Menschen sich im Irrtum verkehren, so daß sie nicht rechter Weise nach Gottes Gesetz wandeln, sondern sich gegenseitig in vielfachen Streitereien bekämpfen.»[820] Der Mensch, hinter ihm stehend und ihn antreibend der große Verführer, der Satan, ist das störende Element in der Harmonie der gottgewirkten Schöpfung. Eben diesem Menschen stehen aber auch die kosmischen Kräfte nach Gottes Willen immer wieder helfend bei und sind dann in Übereinstimmung mit den wahres Leben spendenden Gaben und Kräften des Heiligen Geistes.

Am Ende dieser Schau der göttlichen Kosmosordnung stehen herrliche Worte über die Liebe. «Aus der reinen Kraft der wahren Liebe, die in ihrem Wissen den Umlauf der Welt wahrt, geht hervor die überaus kunstsinnige, überhell strahlende Ordnung dieser Welt, alles zusammenhaltend und alles fest miteinander verbindend. – Die Liebe ist es, welche die Kräfte der Elemente und anderer höherer Zierwerke, die zum festen Bestand und zur Zierde der Welt dienen, und das ganze Gliedergefüge des Menschen, der in dieser Welt als der Herrscher dasteht, schicklich unterscheidet und mit angemessenem Maß mißt. Aus dieser wahren Liebe auch, die durch und durch göttlich ist, hat das Gute, kostbarer als alles sonst Wünschenswerte, seinen Bestand, und sie kommt einher, alle nach dem Guten Suchenden zu sich sammelnd und an sich ziehend. Sie mißt auch alles aus Liebe zu Gott getane Menschenwerk mit gerechtem Urteil.»[821] Über der kosmischen Weltordnung waltet die Liebe Gottes, die höher ist als alle Vernunft.

Die dritte Schau dieses letzten Hildegardbuches konzentriert den Blick auf den Menschen, das höchste, aber zwiespältigste Geschöpf Gottes.

Noch einmal kommt die hl. Hildegard auf die Windkräfte zu sprechen, physikalische, biologische und psychische Kräfte, die den Erdkreis durchwehen und deren Wirkungen der Mensch ausgesetzt ist. Wir sprechen heute von Sonnenwinden, elektromagnetischen Feldern oder Wellen, klimatischen Einflüssen und geistigen Strömungen. «Ich sah auch, daß durch die verschiedene Qualität solcher Winde und Luft, wenn diese in ein Mißverhältnis zueinander geraten, die Lebenssäfte im Menschen krank gemacht und verändert werden, da sie deren Qualität in sich aufnehmen.»[822] «Wenn irgendwo durch Überhitzung im Sonnenlauf oder durch Gottes besondere Fügung solch ein Windhauch der Erde eine Bedrohung zuträgt, dann berührt er auch den Menschen, und je nach Art dieses Windes beeinflußt er auch die Lebenssäfte in ihm, so daß sie entweder zur Schwächung oder zur Kräftigung hin verwandelt werden.»[823] Diese Einwirkungen treffen den Brustraum, die Leber, den Solarkomplex, Milz, Lunge, Herz, Blutgefäße, Nieren, sie können übermäßige und vielfältige Grübeleien verursachen, können auch auf die Gemütsbewegungen und Erkenntniskräfte einwirken.

Über diesen lebendigen Zusammenhang Mensch und Natur sagt die hl. Hildegard: «Wiederum hörte ich die Stimme, die vom Himmel her zu mir sprach: Alle Kreatur, die Gott sowohl in den höheren wie in den niederen Bereichen schuf, richtete Er aus auf das Wohl der Menschen. Wendet sich dieser umstürzlerisch bösen Taten zu, dann läßt Gott diese Kreaturen strafend über ihn hereinbrechen. Und wie sehr sie dem Menschen in seinen leiblichen Bedürfnissen Beistand leisten, so gilt auch nicht weniger, daß sie auf das Heil seiner Seele Bezug haben.»[824]

Der Mensch, das Geist-Leib-Wesen, muß seinen Lebensweg gehen, indem er richtig reagiert auf die Einwirkungen aus dem Naturbereich und aus dem Bereich der göttlichen Gnade. Der von Gott ausgehende Geisteshauch «bewirkt, daß die geheimnisvollen Gaben des Heiligen Geistes ihn berühren, wenn er in Weltekel geistig zu erlahmen beginnt, und daß er sich nun aus seiner Lähmung aufrüttelt und sich entschlossen der göttlichen Gerechtigkeit zuwendet. Solches fällt allerdings oft dem menschlichen Geist recht schwer, weil er den Leib, an den er durch göttliche Fügung gebunden bleibt, kaum zum Gehorsam veranlassen kann. Denn oft stimmt er mit ihm, als seinem Gehäuse, in den fleischlichen Wünschen überein, so daß die Anhauchung der göttlichen Gaben dem menschlichen Willen öfter entgegensteht».[825] Die hl. Hildegard weiß um den Kampf zwischen körperlichen Bedürfnissen nach Schlaf, Ruhe, leiblicher Erquickung und anderen, leib-seelische Befriedigung gebenden Dingen auf der einen, und den Anforderungen des Heiligen Geistes an Selbstüberwindung, Selbstzucht, Entsagung und Verzichtleistung auf der anderen Seite. Sie weiß auch, daß dieser Lebenszwiespalt im Christdasein nicht durch einseitigen Rigorismus überwunden werden kann. Der Mensch muß als Christ immer den Weg der einzelnen, oft mühsamen Entscheidungen gehen. «Wenn der

Mensch um Gottes Willen sein Fleisch vernünftig zügelt, dann erhebt er seinen Geist zur Glückseligkeit.»[826]

Aber wie weit ist der Mensch zumeist davon entfernt! Die wechselnden unruhigen Säfte im Menschen selbst, die wechselnden, widersprüchlichen Regungen und Gedanken in seinem Inneren bewirken, daß der Mensch hin und her gerissen wird zwischen Gutem und Bösem, Wahrheit und Trug, innerer Erhebung zu Gott und Verzweiflung. «Oft wechseln dieser Art die Säfte im Menschen, indem die Gedanken des Menschen, durch solche Stürme und andersartige Einflüsse immer wieder verändert, ihn jetzt in rechte Sicherheit versetzen, dann zur Verzweiflung bringen, manchmal aber auch ihn zu richtiger Verehrung Gottes emporheben.»[827]

Wie realistisch ist doch dies christliche Menschenbild, fern jedem Versuch, den Menschen aus einem einzigen Prinzip zu deuten, sei es das idealistische oder das materialistische. Das macht das Eigentliche am Menschen aus, daß er unter einer ewigen Berufung steht. Wenn er dieser Berufung folgt, wird er immer den Beistand seines Schöpfers erfahren. «Der gläubige Mensch richte sich auf zu Gott, werfe seine Sünden von sich, lasse alles Böse hinter sich, lechze mit seinem Verlangen nach dem Himmlischen, erbitte Hilfe für seine guten Werke von Gott! Hält er beharrlich fest an solchem Bitten, wie der am Weg sitzende blinde Bettler tat, dann wird schon bald Gottes Gnade auf ihn niederschauen, in allem ihm beistehen und ihm eingeben, was gerecht und heilig ist.»[828]

Der in Demut aufrichtig Gott bittende Mensch findet seinen Weg. Wer aber in religiös-ethischem Rigorismus und Idealismus sich seinen eigenen Weg zu erzwingen sucht, zerstört sich selbst, wie ein ehrgeizig sich überanstrengender Bergsteiger. «Wenn der Mensch den Weg der sittlichen Rechtschaffenheit, ohne Maß zu achten, erstürmen will, dann verkrümmt ihn die Maßlosigkeit solchen Vorgehens zu aller Art von Unpäßlichkeit, führt ihn in seinem Enthaltsamkeitskrampf in einen Zustand übertriebener Gewissenhaftigkeit, so daß er sich dann schließlich, da er sich in seiner Maßlosigkeit auch zur Enthaltung von durchaus Erlaubtem zwingt, in den Ekel gegenüber den wirklichen Tugenden verrennt.» «Selbstbeherrschung, die in rechter Feinfühligkeit für Gottes Willen geübt wird, erfährt Festigung durch die Kraft der göttlichen Gerechtigkeit.»[829]

Als Folgen zuchtlosen oder rigoristischen Fehlverhaltens nennt die hl. Hildegard: Zu nichts Gutem führende Gedankenschweiferei, innere Erschlaffung und Bedrückung, Herzensverwirrung, Abstumpfung des inneren Gehörs für die Mahnungen des Guten, sinnleere Traurigkeit, Gewissensverwirrung, innere Widerstandslosigkeit und Auswirkungen im körperlichen Bereich.

Gottes Ziel für den Menschen ist seine leib-seelisch-körperliche Gesundheit, die sich im ewigen Heil verwirklichen wird. «Wenn die vorher

genannten Säfte in ausgeglichenem und miteinander übereinstimmendem Maß durch die Glieder des Menschen strömen, dann bleibt er in seinem Körper gesund und ist lebenskräftig in der Erkenntnis des Guten und Bösen. Wenn die Gedanken des Menschen in Bezug auf das, was vor Gott und vor Menschen ehrenhaft ist, in guter und schicklicher Harmonie stehen, dann machen sie den Menschen in seinem leiblichen Befinden zu einem durch Gewöhnung ausgeglichenen und zu einem in seinem Gewissen feinfühligen Wesen, das, von den so vielen Tugendkräften unterstützt, nach den himmlischen Freuden lechzt. Über ihm gilt das Wort der Schrift: Du, der du in deinem nach Gott lechzendem Herzen Freude verspürst an guten Werken, in Ihm hast du auch die Hoffnung des ewigen Lebens, die in dir freudig aufstrahlt wie der Aufgang der Morgensonne.»[830]
Die vierte Schau erweitert die vorausgegangenen Ausführungen über den Menschen, der von seinem Schöpfer, den er letztlich nie ganz vergessen kann, zum Kampf gegen die Mächte des Bösen und zur herrscherlichen Stellung in der Schöpfung Gottes berufen ist.
Die jetzige Schöpfung zeigt in den Vorgängen im Naturbereich ein Doppelgesicht: Festigende Ordnung und schreckenerregende katastrophale Eingriffe. Beides zielt auf den Menschen. Er soll sich seinem Schöpfer wieder zuwenden und dadurch sein Heil finden. «Gott, der Schöpfer aller Dinge, hat das Höhere so angelegt, daß Er vermittels seiner das Untere in seinem Bestand sichern wie auch durch harte Eingriffe von den Folgen des Bösen reinigen könne, und daß Er das jeweils Zugeteilte in dem Gebilde ‹Mensch› zum Heil von dessen Seele gereichen lasse.»[831]
Durch Naturvorgänge übt der allmächtige, alles Begreifen übersteigende Gott und Schöpfer sein Erziehungswerk am abgefallenen Menschen aus, um ihn zur Einsicht zu führen. «Die Verblendung des Herzens, aus dem schmecklerischen Willen des Fleisches entspringend, verdunkelt die klare Erkenntnis, so daß sie sich herausnimmt, alles tun zu können, was sie nach ihrem eigenen Willen nur mag. Daher bleibt sie auch so lange blind, bis sie selbst die Blindheit aus den bösen Folgen spürt, so daß sie, mit sich selbst unzufrieden, danach trachtet, wie sie wieder Stand finden könne, da sie von Gott abgewichen ist.»[832]
Mit der Erschaffung des Menschen hatte Gott Großes vor. Denn im Menschen und durch den Menschen wollte er den im Kosmos entbrannten Geisteskampf zwischen Luzifer und Gott ausfechten. «Gott schuf den Menschen nach Seinem Bilde und Gleichnis, weil Er wollte, daß dessen Gestalt die heilige Gottheit (im Menschgewordenen) einhüllen sollte. Und darum gab er auch allem Geschaffenen im Menschen einen zeichenhaften Ausdruck.»[833] Der in seiner Leiblichkeit ursprünglich vom Schöpfer wunderbar gebildete Mensch hat durch den Sündenfall in seiner Natur Schaden erlitten. Nun gehen von seinem leiblichen Organismus Behinderungen,

Störungen, Irreleitungen aus, unter denen die Seele leidet. «Solange Seele und Leib miteinander verbunden leben, stehen sie in einem heftigen Konflikt miteinander. Das Fleisch ergötzt sich an Sünden, und die Seele leidet Schmerz.»[834]

Zum Erstaunen der Satansgeister, die nicht zur Umkehr fähig sind, bleibt der Seele stets die Umkehrmöglichkeit zur Bußgesinnung offen. Mit den ihr zuerschaffenen geistigen Fähigkeiten des Begreifens, Erkennens und Handelns vermag sie unter Gottes Gnade ihr Leben umzugestalten. So tief ist ihr das Wissen um ihre Herkunft vom Schöpfer eingeprägt, daß sie, wenn auch oft in falschem heidnischem Glauben, den Namen Gottes anruft und ihm durch zuchtvolles Verhalten Verehrung darzubringen sich bemüht. Aber aus sich selbst findet sie in der Welt nach dem Sündenfall nicht den Weg aus ihrer Zwiespältigkeit. «Wie die Erde Nützliches und Unnützliches hervorsprossen läßt, so gehört zum Menschen das Seufzen nach oben und das Schmecken der Sünde.»[835]

«Wenn die Seele, vom Körper dazu gezwungen, gemeinsam mit ihm Böses wirkt, dann wird ihre Kraft, da ihr das Licht der Wahrheit fehlt, verdunkelt. Fühlt sie dann aber, wie sie von den Sünden belastet wird, dann erhebt sie sich wieder gegen das Wollen des Fleisches. – Wenn nun auf diese Weise das Fleisch gebunden wird, dann bewirkt die Seele, daß es mit ihr zusammen nach dem Himmlischen verlangt, und weil es so mit ihr im Geist der Tapferkeit gestärkt ist, unterwirft sie es nun schnell der Furcht Gottes. Die Seele unterstützt das Fleisch und das Fleisch die Seele, da ja jegliches Werk gemeinsam durch Seele und Fleisch ausgeführt wird. Daher lebt auch die Seele wieder auf, wenn sie gemeinsam mit dem Fleisch gute und heilige Werke vollbringt. Das Fleisch aber wird öfter von Überdruß befallen, wenn es mit der Seele wirkt. Deshalb kommt dann die Seele dem Fleisch entgegen, erlaubt ihm, sich in irgendwelchem Tun zu ergötzen, wie eine Mutter ihr weinendes Kind zum Lachen bringt. Und dieserart wirkt das Fleisch mit der Seele manche guten Werke, denen jedoch die Sünde beigemischt ist. Solches duldet die Seele, damit das Fleisch nicht überlastet wird. Denn wie das Fleisch von der Seele her sein Leben hat, so lebt auch die Seele wieder auf, wenn sie mit dem Fleisch Gutes wirkt, ist sie doch tief beheimatet im Wirken der Gotteshände.»[836]

Feinfühlig muß die Seele den Leib regieren, so wie es auch der menschgewordene Gottessohn in seinem Erdenleben tat, «so daß der Leib des Menschen weder durch böse Taten zuschanden wird, noch auch durch übersteigertes Verlangen nach Himmlischem über seine Möglichkeiten hinausgetrieben wird. So liebt die Seele in allen Dingen das rechte Maßhalten, weil alles mit unterscheidendem Maß getan werden muß. Denn der Mensch kann nicht ständig in himmlischen Höhen leben. – Der Teufel aber will solches Maßhalten nicht. Er strebt immer ins Übermäßige, sei es das Höchste, sei es das Niedrigste.»[837]

Dem immer wieder in Sünde fallenden Menschen ist von Gott die Gabe der Reue und Buße verliehen. Von dieser tröstlichen Wahrheit weiß die hl. Hildegard nie genug zu schreiben. «Lichtspenderin für die Seele ist die Buße, Seufzer entströmen ihr und Tränen fließen. Schnell löscht sie im Menschen die Schulden. Durch den Geist der Kraft und der Furcht Gottes werden die Tugenden erweckt und erleuchten wirksam den gläubigen Menschen.»[838]

Diesem zur Buße fähigen Menschen hat Gott, «der allerhöchste Künstler des Weltgefüges«, seinen Platz in der Schöpfung zugewiesen. «Er hat ihm die Kräfte der Elemente und der übrigen Geschöpfe eingeprägt, damit er durch sie gegen den Norden (den Bereich der dunklen Bosheitsmächte) sein Werk vollbringe und mit allen Schöpfungskräften den Michaelskampf gegen die Schlange führe. So hat Gott den Menschen mit der Kraft aller Geschöpfe gestärkt, ihn mit ihnen wie mit einer Rüstung bekleidet, so daß er durch das Sehen die Kreaturen erkenne, durch das Hören begreife, durch das Riechen unterscheide, durch das Schmecken sich von ihnen nähre und durch das Berühren Herrschaft über sie ausübe. Und so sollte der Mensch den wahren Gott, den Schöpfer aller Kreaturen, erkennen und in seinem Wissen tragen. – Wie Gott das große Weltgefüge mit ausgewogenem Maß abgemessen hat, so hat er auch dem Menschen in seiner kleinen und kurzlebigen Gestalt seine Maße gegeben.»[839]

Merkwürdige Parallelen zwischen dem Leibesorganismus des Menschen und dem Tätigsein seiner Seele stellt die hl. Hildegard fest. Wie das Mühlwerk der Zähne dem Leibe die Speise aufnehmbar zubereitet, so verarbeitet die Seele die Fülle der Gedanken, damit sie dem Menschen zum Guten gereichen. Wie Magen und Blutgefäße dem Organismus die Nahrungskräfte zubereitet zuführen, so versorgt und durchdringt auch die Seele den Menschen mit den nötigen Kräften. Sie «zerkaut alle Werke des Menschen und übergibt sie dem Gedächtnis, so daß nichts von ihnen ohne innere Verarbeitung bleibt. Wie die Speise von den Zähnen zermahlen wird, so zerteilt und beurteilt die Seele mit ihrem Geisthauch die Taten des Menschen und schreibt sie auf, und dies Aufgeschriebene hält sie nachdenkend fest, damit der Mensch erkenne, von welcher Art sein Tun sei.»[840]

So offenkundig das Zusammenwirken von Leib und Seele zu sein scheint, ist es doch in Wahrheit ein tiefes Geheimnis. «Die vernünftige Seele, in bleibender Gleichheit als unendliches Leben existierend, nimmt weder durch Wachstum des Körpers zu noch nimmt sie durch seinen Abbau Schaden, weil sie ein Hauch des allmächtigen Gottes ist. Sichtbar ist, wie sie den Leib bewegt, dem sie durch die Kraft ihres Schöpfers unsichtbar eingegossen wurde. Ihn belebend verweilt sie in ihm, selbst unsichtbar, wie auch

Gott alle zum Dienst des Menschen geschaffene Kreatur aus der unsichtbaren Kraft Seines Vermögens schuf, aus Grünkraft der Erde, aus Wärme der Luft und Feuchtigkeit des Wassers sie in ihrem Bestand festigend. So hat Er auch ebendieser Seele ihr Gewand, nämlich den Leib, gegeben, der ihrem Wesen etwas Unbekanntes und Fremdartiges ist und bleibt.»[841]

Die hl. Hildegard versucht nicht, dies Geheimnis rational zu erklären. In gläubiger Ehrfurcht nimmt sie dies Wunder Gottes wahr und lebt in ihm. Man muß hinnehmen, daß ihre sprachliche Begrifflichkeit dieser als geheimnisvoll erfahrenen Doppelwirklichkeit nicht voll genügen kann. Im Hintergrund steht immer als das Eigentliche das seinem Schöpfer gegenüber verantwortliche eine Wesen, das mit dem so undurchsichtigen und vieldeutigen Wort benannt wird: Der «Mensch». Der Mensch ist die gottgeschaffene Einheit aus Leib und Seele.

«Der Schöpfer aller Dinge, der die Erde als Stätte des Wirkens gegründet hat, hat die Seele, durch welche der Mensch alle seine Werke wirkt, auf sich hin, Gott selbst, ausgerichtet. Sie wird mit dem Menschen, der eben dieses Gottes Werk ist, bis zum Jüngsten Tag wirken, wie auch die heilige Gottheit unsichtbar existiert. Nach dem Jüngsten Tag aber, wenn der Mensch ganz und gar als Geistwesen geschaffen sein wird, dann wird er die heilige Gottheit und alle Geistwesen und Seelen auf vollkommene Weise schauen können.»[842]

Seit dem Sündenfall ist der Mensch als Leib-Seele-Wesen der Zwiespältigkeit ausgeliefert. Er soll aber aus ihr wieder in die Geradheit Gottes zurückgeführt werden. «Der Mensch, der durch die Kräfte der Seele Gottes Bestimmung gemäß mit aller Kreatur wirkt, ist selbst gemäß der Natur dieser Erde, die zum einen Teil weich, zum anderen Teil hart ist, in seinem Wesen gleichzeitig hart und weich. Bei solcher Weichheit wird die Seele durch das Verlangen des Fleisches tief betrübt, wenn dieser Mensch, durch die Natur überwunden, nicht mehr mit ihr übereinstimmt.»[843]

«Gleich wie der Widerstreit von Tag und Nacht, einmal hell strahlendes Licht, dann Schwinden des Lichtes in Finsternis, so erfährt auch der Mensch den Widerstreit zwischen Leib und Seele. Wegen des Fleischesbegehrens ermangelt er des Guten, durch das Begehren der Seele macht er fröhliche Fortschritte in ihm.»[844] «Diese Gegensätzlichkeit seines Handelns trägt der Mensch immer in sich.»[845] Darüber wächst das Menschengeschlecht nie hinaus, und es prägt seine Geschichte.

Als erbsündig Geborener ist jeder Mensch in dies Sosein gestellt. «Die Seele kann sich nicht selbst vom Sündigen lossagen, weil ja der Mensch so empfangen wurde und nun durch seine Seele rechter Hand Gutes, linker Hand Schlechtes wirkt. Der Mensch also, in seinem guten Gewissen strebt er zu Gott hin, in seinem schlechten Gewissen aber neigt er sich zum Bösen. Und wie öfter eine Herrin durch ihre Magd gekränkt wird,

so wird auch bisweilen das gute Gewissen von dem bösen überwunden.»[846]
In dem sich selbst nicht ganz begreifbaren, sich selbst entfremdeten Menschen wohnt die Seele und erhebt ihre ermahnende Stimme. «Die Seele, als lebendiger Geisthauch von Gott in den Leib entsandt, unterweist den Menschen, daß er in Geduld Gottes Geboten in diesem mühseligen Leben gehorche. Wie Himmel und Erde voneinander Abstand haben, in solch tiefer Unterscheidung wohnt und bleibt die Seele im Menschen, der mit seinem Erkenntnisvermögen nicht voll erfassen kann, was für ein Wesen er ist, das in der Mühsal seines Lebenskampfes mit Geduld und Gehorsam zu seinem Schöpfer zu gelangen trachten soll.»[847]
Diesem erbsündigen Menschen ist auch sein Dasein in der Geschichte, seine Existenz als geschichtliches Wesen, verschleiert. «Der Mensch ist infolge der Erbsünde in dem, was Vergangenheit und was Zukunft ist, blind. Daher hat er nur schattenhaft Erkenntnis von ihnen.» Er hat kein klares und wahres Bild von dem, was Geschichte und was ihr Sinn ist. «Dieser Mensch auch, weil er überhaupt keine Sicherheit (in seinem Leben) besitzt, verdorrt wie Gras, denn ihm schwebt letztlich all sein Tun im Ungewissen.»[848]
Dieser völlig aufs Unsichere gestellte Mensch findet Halt, wenn er sich unter seinen Schöpfer beugt, wenn er gottesfürchtig wird. «Beständigkeit und Sicherheit im Menschen gründet die Seele auf die Furcht des Herrn. Das ist ihr der richtige Weg. Wenn der Mensch Gott fürchtet, dann begegnet ihm unter der Zeit das Glück, unter anderer Zeit die Widrigkeit, doch er darf aufrecht seines Weges gehen, so daß er weder um seines Glückes willen sich zu hoch erhebt, noch durch die Widrigkeit sich zu tief drücken läßt. Mit dem Geist der Tapferkeit wappnet er sich, in allen Umständen beweist er sich als stark. Die Furcht des Herrn ist Fundament und Schutzschild aller anderen Tugenden.»[849]
Es kann dann auch beglückende Höhenerlebnisse geben. «Wenn der Mensch dem wahren Begehren seiner Seele bisweilen innerlich ganz zustimmt, dann brennt er ganz in Gottesliebe, fliegt von Tag zu Tag im Frohsinn ewiger Freude, ergötzt sich am beschaulichen Glaubensleben und an der Weisheit der heiligen Schriften. Von ihrer Süße läßt er sich unsichtbar nähren und stärken, wie ein Fisch, der von Luft und Wasserströmung gekräftigt, eine Zeitlang ohne Nahrung im Wasser leben kann.»[850]
Daß jedoch dieser Höhenflug für den erbsündigen, vom Teufel verfolgten Menschen auch Gefahr bedeutet, darf nie vergessen werden. «Wenn einmal die Seele mit ihrer feurigen Kraft den Menschen so überwunden hat, daß er sich durch Enthaltung von fleischlichen Wünschen und eigenem Wollen mürbe macht, dann wird ihm durch Einflüsse des Teufels Hochmut eingeblasen, und mit verächtlichem Blick auf die andern sagt er dann

oft: Ich bin heilig! Ich habe verdient, von anderen gelobt und verehrt zu werden.» Die Folge kann nur sein, daß diese Seele aus ihrer Verblendung in tiefe Verwirrung stürzt. «Darum soll der Mensch, der ja nicht durch Fleisch und Blut, sondern nur durch die Kraft der Gott erkennenden und ihm verbundenen Seele Gutes wirken kann, sich auf das äußerste bei seinen guten Werken vor Überhebung hüten. – Die Seele, die den Leib belebt und die Gott in seiner dreifaltigen Einheit wahrhaft kennt, ist ein demütiger Geist.»[851]

Hochmut ist die höchste Gefahr für den Menschen, Demut der einzige Weg zu seiner Erhöhung. «Die Seele, die doch nur auf der Leiter der Demut zur Bergeshöhe des himmlischen Jerusalem aufsteigen kann, mahnt ständig den Menschen, von Hochmut zu lassen und sich der Demut zuzuneigen, damit er nicht durch Betrug der alten Schlange zugrunde gerichtet werde. – Allein wenn ihre guten Werke durch die Demut wie durch eine Mauer abgeschirmt sind, entgeht die Seele dem Verwirrwerk des Teufels und gelangt in das himmlische Vaterland.»[852]

Das Einssein des Menschen als Leib und Seele bleibt nach Gottes Schöpferwillen auch über die Erdenzeit hinaus bestehen. Die gottgeschaffene Ganzheit wird in der Ewigkeit vollendet. «Der Mensch, der in seiner Kindheit, in seiner Reife und im Alter glücklich auf vielfältige Art das Gute gewirkt hat, dessen Seele steigt mit diesen Taten helleuchtend, wie mit Edelsteinen geschmückt, vor Gottes Angesicht empor, und der Leib, der durch sie wirken konnte, kann es kaum erwarten, daß sie vereint in der freudvollen Himmelswohnung ihre Bleibe haben.»[853] Die Leiblichkeit wird dann allerdings von anderer, neuer Art sein. «Wenn der Leib mit seiner lebendigen Seele erneuert werden wird, was nach dem Jüngsten Tag geschieht, dann wird er ganz leicht sein und fliegend wie ein beschwingter Vogel.»[854]

Dann wird alle innere Zwiespältigkeit und das Sichselbstnichtkennen verschwunden sein. Dann ist die Schöpfung im Menschen und um den Menschen geheilt. «Wenn die Seele, endlich aus dem Arbeitshaus ihres Leibes herausgeführt, vor das Angesicht Gottes gekommen sein wird, dann erkennt sie wahrhaft, was sie selbst ist, und was ihr anhing, solange sie im Leibe weilte. Und weil sie dann den Glanz ihrer hohen Würde erkennt, wird sie ihre Leibeshülle zurückverlangen, damit auch diese sich mit ihr ihrer Herrlichkeit bewußt werde. Daher schaut sie begierig nach dem Jüngsten Tag aus, weil sie von ihrer geliebten Bekleidung, nämlich ihrem Leibe entblößt ist. Ist er ihr wiedergegeben, so wird sie in ihm mit den Engeln das glanzvolle Angesicht Gottes in Fülle schauen.»[855]

Aber noch lebt dieser Mensch, das im Schnittpunkt des gesamten Schöpfungshandelns Gottes stehende Wesen, auf dieser Erde und ist sein Leben lang an sie gebunden. Diese Bindung zeigt sich in vielfältigen Übereinstimmungen im Jahreslauf der Erdnatur mit dem Lebenslauf des Erdenmenschen. Mit der Beschreibung dieser Beziehungen beschließt die hl. Hildegard die vierte Schau.

«Wie Gott die ganze Kreatur im Menschen abgebildet hat, so hat Er auch die Jahreszeiten in ihm aufgereiht. Mit dem Sommer gibt Er einen Hinweis auf den wachenden, mit dem Winter auf den schlafenden Menschen. Der Winter birgt in seinem Schoß, was der Sommer freudvoll hervorbringt. So wird der schlafende Mensch im Schlummer gestärkt, damit er wachend mit seinen Kräften zur Ausübung eines jeglichen Werkes bereit sei. Auch die Monate hat Er in seinem Lebenslauf abgeteilt, indem Er ihre Qualitäten und Vermögen in ihm unterschiedlich festlegte.»[856]

Der Januar ist der Monat des erwachenden Lichtes. Er weist hin auf die erwachende Kindheit des Menschen, der aber «schon bald die Freude seiner kindlichen Unschuld verliert und wie ein aus seinem Vaterland vertriebener Fremdling in die große Traurigkeit dieser Welt gestürzt wird.»

Der zweite Monat, Februar, ist in seiner Natur der Monat der Reinigung und erinnert daran, daß der Mensch sich bußfertig von seinen Sünden reinigen soll.

Der März ist der Monat der heraufziehenden Unruhen, die Verderben heraufführen, aber auch die Keime in der Erde in Bewegung bringen. Vom Wirbel dieser Naturkräfte wird der Mensch in der Mitte seiner Jugend überfallen. «Der Mensch leidet dann unter den Stürmen seiner unruhigen Strebungen, überlegt, was er nun eigentlich tun soll. Die Seele erhebt in ihm trübselig und klagend ihre Stimme, mehr und mehr leidet er unter seinem mannigfachen Versagen. Doch ein Mensch verlangt mehr, als ihm zusteht, nach lobender Anerkennung, täuscht sich mehr und mehr über sich selbst, indem er sich schon für einen Weisen hält, während er doch in Wahrheit wegen seiner Verwegenheit und seines hochfahrenden Wesens einer eiternden Wunde gleicht. Er verfällt der Lügenhaftigkeit, da ja der angemaßte Ruf einer ehrenvollen und guten Lebensführung bei ihm gar nicht in Erscheinung tritt. Dabei fällt dann die Seele in tiefe Traurigkeit. Wenn aber, nach Überwindung solcher Auswüchse jugendlichen Denkens, der Mensch sich unter Gottes Gnade von seinen Sünden reinigt und zum Besseren wendet, dann regt sich auch die vorher traurige Seele wieder und bewegt die Menschen zur Buße, und so bewirkt sie, daß sich der Mensch wegen der ihm gelungenen guten Werke freut, als wenn er im Paradiese wäre.»[857]

Der April «ist voller Grün und Duft, auch wenn es in ihm bisweilen erschreckend donnert». Der in diesem Monat grünenden und duftenden Erde gleicht der Mensch, in dem das Tun des Guten zum Lobe Gottes ergrünt und durch dessen Verhalten sich Wohlergehen ausbreitet. Wie die Frühlingsunwetter den Grundcharakter dieses Monats nicht zum Bösen

verändern können, so besteht auch dieser Mensch gegen die Anfechtungen des Bösen.»[858]
«Der fünfte Monat, Mai, ist voll süßen Blumenduftes, macht die Menschenherzen fröhlich, denn alle die Früchte der Erde, an denen der Mensch seine Freude hat, sprießen hervor. Auch lernt der Mensch mit seinen sich öffnenden Augen allen guten Gebrauch der natürlichen Dinge auf natürliche Weise kennen, und mit scharfsichtigem Verstand unterscheidet und scheidet er zwischen den Dingen, die er wahrnimmt.»[859]
Der Juni, «der sechste Monat, bringt trockene Hitze, beim Wachsen der Früchte aber erhebt er sich mit jener (milden) Luft, die den Früchten das Reifen zuträgt. Manchmal aber ergießt er auch Wasserfluten im Übermaß.» Das deutet die hl. Hildegard auf den tätigen Menschen, der sich mit seinen Schultern der Arbeit unterzieht. Das Hören auf den Klang aller Dinge in der Erscheinungswelt weckt in der Seele das Verlangen nach sich ausweitender Erkenntnis, die, in Worte gefaßt, festgehalten, ins Geschriebene gebracht und dann zu Tat und Wirkung geführt wird.[860]
«Der siebente Monat, Juli, entwickelt unter brennender Sonnenglut gewaltige Kräfte, macht die Früchte der Erde reif und trocken, ist voll Hitzigkeit im Wechsel seiner Glutwinde und Regenstürme.» Dementsprechend wendet sich der Mensch, in der Beweglichkeit seiner Gelenke, allen Naturdingen zu, sie darauf prüfend, wie sie für die Erhaltung seiner eigenen Natur von Nutzen sind, scheidet Schlechtes aus, sammelt das Gute. Der Reifungsmonat erinnert an das Reifen des Menschenlebens unter der Wirkkraft der sieben Gaben des Heiligen Geistes und unter den Erschütterungen der Reue über schlechte Lebensfrüchte.[861]
«Der achte Monat, August, steht da in seiner vollen Kraft wie ein großer Fürst, der in Fülle alles in seiner Macht bewahrt. Darum auch strahlt er Freude aus, und wenn er auch in Sonnenhitze brennt, bringt er doch schon den feuchten Morgentau. Schrecklich kann er sein in seinen Gewittern, da sich die Sonne schon zum Niedergang neigt. Die Eigenschaften dieses Monats tun sich in des Menschen Händen kund, die jegliches Werk vollbringen, alle Leibesfähigkeiten in sich tragen und alles ihnen Mögliche auch an sich ziehen.» Dieser Monat erweckt im Menschen den das Gesunde und Ungesunde unterscheidenden Geschmack und die Fähigkeit, sein eigenes Wesen künstlerisch auszudrücken. Die Seele drängt in leidenschaftlichem Lauf Gott entgegen, erschüttert über Sünden, hält sie dem Menschen das Kreuz Christi vor Augen und leitet ihn an, in Reue wieder kraftvoll voranzuschreiten.[862]
Der September, «der neunte Monat, ist die Zeit der Reife, erschreckt nicht durch Gewitter, zieht aus den Früchten, die gut zu essen sind, das Ungute heraus, und wie in einem Sack bewahrt er den Ertrag in Sicherheit!» Er fordert vom Menschen, daß er kraft seiner Sinnesausstattung prüfe, was aus-

gereift und was seinem Säftehaushalt dienlich ist, und daß er maßvoll damit umgehe. Der Mensch kommt zu voller Reife durch die Tugend maßhaltender Geduld, die in Demut alles gute Werk Gott dankt und für alle Sündenschuld Gottes Barmherzigkeit sucht.[863]

Der Oktober, «der zehnte Monat, gleicht einem sitzenden Menschen. Er schwingt sich nicht mehr auf mit seinen Kräften zu grünender Lebensfrische, gibt keine Wärme mehr, plündert die Äste der Bäume und schwitzt Kälte aus.» Der entlaubende und an den kahlen Zweigen Reif ansetzende Oktober deutet auf die heraufziehende Alterskälte des Menschen, bei der es gilt, das von Gott Empfangene in Weisheit zu bewahren.[864]

Der November «geht gebückt und führt die Kälte hoch, nicht mehr Sommerfreude, sondern Winterschwermut bringt er an den Tag. Er läßt Kälte auf die Erde fallen und läßt sie in Schmutz versinken.» Der verkrümmte, schwach gewordene Mensch denkt in seiner Alterstraurigkeit an die Armut seines Lebensanfangs. Er sucht Wärme, erinnert sich der fernen Sommerfreude und ist in Gefahr, sich unzufrieden jammernd in erträumte Lüste zu verlieren. Da tut es ihm not, die Seufzer seiner Seele zu achten und sich von ihr mahnen zu lassen.[865]

«Der zwölfte Monat ist machtvoll in seiner Kälte, fesselt die Erde in starrendes Eis, überzieht sie mit Kälteschauern und macht das Leben auf ihr häßlich und beschwerlich.» Dieser bedrückende Monat ist das Warnbild für den Menschen, der sich der erneuernden Glut des Heiligen Geistes verschließt, sich innerlich verhärtet, verbittert wird im Haß gegen Gott und gute Menschen, und zuletzt dann unfähig ist, sich noch zu himmlischen Dingen aufzuschwingen. Wer zu solch einem Wintermenschen geworden ist, der ist verloren.[866] Gott aber gibt im Lauf der Schöpfung je wieder ein neues Jahr, als Anruf und Trost für den Menschen.

Es folgt die fünfte Schau. Ihr Thema ist die Transzendierung, das Durchsichtigwerden der jetzigen Schöpfung, alles Naturhaften und alles Geschichtlichen, auf die in ihr wirksame Zerstörungsmacht des Bösen hin, und ebenso auf die Macht des Schöpfers, der in der Kirche schon durch den inkarnierten Gottessohn die Neuschöpfung vorbereitet.

In einer bildhaften Darstellung sieht die hl. Hildegard die Welt aufgeteilt in gegeneinander deutlich abgeteilte, aber gleichzeitig zueinander durchlässige Bezirke: Das Gebiet des menschlichen Wirkens, das Gebiet der qualvollen Läuterungsstufen, und das der dunklen Bosheitsmächte. In dieser Welt lebt «der unbehauste Mensch, der keine wahre Erkenntnis über die Bedeutung seiner Leiblichkeit, seiner Seele und seines Handelns hat, noch in sich selbst ein richtiges Maßhaltevermögen besitzt». Damit diesem Menschen seine Lebenswelt erhalten bleibe, hat der Schöpfer verschiedene Schutzwälle errichtet. «Abwehr der Finsternismächte, Verteidigung der Erde, wie die Wände ein Haus einsturzsicher zusammenhalten.»[867]

In dieser Welt bestehen qualitative Unterschiede der Bereiche und der Zeiten. So unterscheiden sich die Zeit vor und nach der Sintflut, vor und nach der Menschwerdung des Gottessohnes. Es gibt von Gott gewirkte Zeiten und Räume des Heils, aber auch von Gott zugelassene Wirkungszeiten und Wirkungsbereiche des Bösen. Es gibt Gnaden- und Gerichtszeiten. In ihrer Darstellung beweist die hl. Hildegard ihr geistig-geistliches Unterscheidungsvermögen. Über allen diesen Wandlungen aber sieht sie immer das eine Gottesziel: Das durch die Menschwerdung in der neuen Eva, der apokalyptischen Frau, über dem Horizont der alten Welt aufsteigende Heil.

Von diesem Ausblick her eröffnet sich der hl. Hildegard das Verstehen des Schöpfungsberichtes. Alles Sichtbare hat für sie die Perspektive ins Unsichtbare und Zukünftige, weil Gottes Planungsperspektive über das Erstgeschaffene hinausgeht zum endgültig Geschaffenen, Vollendeten. Das Zukünftige, Ewige, leuchtet schon im Zeitlich-Räumlichen auf, nimmt hier schon seinen nur dem Glauben geoffenbarten Anfang.

Aus dieser Schau gibt die hl. Hildegard jedem Schöpfungstag eine dreifache Deutung: Die wörtliche, die allegorische in Bezug auf Gottes Heilswirken, und die moralische in Bezug auf das durch Gottes Geist gewirkte neue Tugendleben in den Gläubigen.

«Im Anfang schuf Gott Himmel und Erde.» Bei der wörtlichen Deutung fällt hier auf, wie die hl. Hildegard das antike Weltbild weit hinter sich läßt. Sie sieht am Anfang das unbegreifliche, überwältigende, ungeheuer dynamische Dasein einer unauslöschlichen Energie und einer zu gestaltenden Materie. Im Anfang ist weder Raum noch Zeit. Der Raum und Zeit überlegene, ursprunglose Gott schafft sich durch sein erstes Befehlswort den Stoff für seine Schöpfung. «Im Anfang, das ist im Werdebeginn aller in Gottes gestaltendem Wissen vorbedachten Dinge, schuf Gott Himmel und Erde, nämlich die Materie aller himmlischen und irdischen Schöpfungen, den Himmel, das ist die Lichtmaterie, und die Erde, das ist die noch verworrene, ungeordnete Materie.»[868] Das erinnert an Aussagen heutiger Forschung über den Beginn des Universums.

Für die hl. Hildegard steht alles Schöpfungshandeln Gottes, weil aus ewiger Planung entsprungen, in durchgehendem Zusammenhang. Von der ersten Schöpfung her eröffnet sich daher der Ausblick auf die in der Kirche beginnende Neuschöpfung, und so ergibt sich die allegorische Deutung des ersten Schöpfungstages. «Im Ursprung der beginnenden Zeit, da Gott durch Sein Wort alles erschuf, schuf Er Himmel und Erde, das ist: Die erste Materie, in der alle himmlische und irdische Kreatur noch verborgen schlief, die durch das Wort Gottes ins Dasein treten sollte. Gleicherweise handelte Gott bei der Erschaffung der Kirche, bevor Er sie aufbaute. Er setzte den Anfang, indem Er mit dem Werdeprinzip begann, nämlich Sei-

nem Sohn: Durch die goldene Pforte der Jungfrau, in der Verschlossenheit ihrer Keuschheit, sandte Er ihn hinein in die Welt (und einte ihn mit ihr).[869]
Das Aufleuchten des Lichts in der ersten Schöpfungstat Gottes deutet die hl. Hildegard in ihrer moralischen Auslegung darauf, daß seit der Erschaffung der Kirche das Licht der apostolischen Verkündigung leuchtet und in den wüsten und leeren Menschenherzen das Streben erweckt, «von Tugend zu Tugend aufzusteigen».[870]
Das Wunder des zweiten Schöpfungstages ist die Erschaffung des Firmamentes. Wieder sprengt die Schau der hl. Hildegard das alte Weltbild. Denn «Firmament» ist für sie zum Symbolwort geworden. Es bezeichnet bei ihr das in seinem Ursprung und Wesen nie ganz zu begreifende Wunderwerk Gottes, die allem Geschaffenen eingegebenen Maße, Ordnung und Stabilität sichernden Gesetze. Dieser das All zusammenhaltende Kräftehaushalt ist für die hl. Hildegard das Firmament und trägt mit Recht den Namen Himmel, weil er die göttliche Welterhaltungsordnung ist, eine dynamische Wirklichkeit, kein statisches Gebilde.[871] In ihrer allegorischen Deutung bezeichnet die hl. Hildegard den durch den Heiligen Geist gewirkten Glauben als das neue welterhaltende Firmament. Denn aus den Gläubigen erbaut Gott das himmlische Jerusalem als die lebendige Mitte der neuen Schöpfung. Die moralische Deutung erkennt die Firmamentschaffung Gottes darin, daß der Heilige Geist dem instabilen und immer unruhigen Menschen die Gabe der Diskretion schenkt. Sie ist das Maß setzende und Ordnung bewahrende Unterscheidungsvermögen, mit dessen Hilfe der Mensch den richtigen Weg zwischen Oben und Unten, Überschwang und Sturz, Himmlischem und Irdischem zu finden vermag.[872]
Am dritten Schöpfungstag erweckte das schöpferische Befehlswort Gottes in der Erde das Keimende, Wachsende, sich immer neu Vermehrende in all seinen verschiedenen Arten und Abwandlungen. So entstand die ihm willig dienende, von Lebensfreude erfüllte und ihm zugewandte Welt. Die allegorische Deutung: Das soll geistlich so gedeutet werden, daß Gott das unter den Heiden bedrängt und zerstreut lebende Volk der Christenmenschen in der einen Kirche gesammelt hat, und nun wurde diese wahrnehmbar als die Erde der Lebendigen. «Das Wort Gottes weckt die schlafenden Menschen auf, die Gnade des Heiligen Geistes pflügt sie mit dem Pflug des Glaubens um und bereitet sie zur Erde der Lebendigen, die in fruchtbringender Grünkraft blüht und volle Frucht hervorbringt.» Moralisch gedeutet heißt das: Die durch Diskretion geregelte, nach jeder Richtung hin rechtes Maß haltende, darin frohe und heitere Lebensweise entspricht dem Schöpferwillen des dritten Tages. Gott will eine natürlich, geistlich und sittlich grünende und glückliche Welt.[873]
Am vierten Schöpfungstag ließ Gott über der Erde die Lichter des Sternenhimmels aufleuchten, das Tagesgestirn und die Nachtgestirne. So bereitete

er dem Menschen seine Lebensordnung als Tag- und Nachtmensch, dem Überirdischen und dem Irdischen zugewandt. Für die allegorische Deutung besagt die Erschaffung des großen Tageslichtes und des kleineren Nachtlichtes und der vielen noch kleineren Gestirne: Gott schuf zwei große Lichter, die für das Bestehen der Kirche nötig sind, nämlich die geistliche Leitung der Kirche und die weltliche Regierung zur Aufrechterhaltung der irdischen Ordnung. Diesen beiden sind viele Träger niedrigerer Vollmachten zugeordnet. In der moralischen Auslegung deutet die hl. Hildegard das große Licht auf das größte Gebot der Gottesliebe, das kleinere Licht auf das Gebot der Nächstenliebe. Dazu gab Gott dann noch als die vielen kleineren Lichter die vielerlei Anweisungen, die den Menschen helfen sollen, das Gute zu ergreifen und das Böse zu meiden.[874]

Gott wollte eine von vielfältigstem Leben erfüllte Welt. Deshalb gebot er am fünften Schöpfungstag durch sein lebendiges Wort, daß Wasserwesen, Fische und Kriechtiere, und Luftwesen, die Vögel, hervorgebracht würden. Wie der grünenden Kreatur, so gab er auch ihnen die nicht aufhörende Vermehrungs- und Entfaltungsmöglichkeit. Munter und beweglich wie ein Fisch im Wasser, überall geistig hinfliegend wie ein Vogel unter dem Himmel, so hat Gott sich den Menschen erdacht. Vom Hochflug der Vögel her kommt die hl. Hildegard auf die allegorische Deutung. «Gott sprach zur Kirche: Wir wollen jetzt höhere Lebensanweisungen geben, die durch Übung und Enthaltsamkeit feiner gewebt sind, mit Nachtwachen, Fasten und Gebetsübungen in einem gläubigen Christenleben, nicht mehr den weltlichen Dingen zugewandt sind. Unter dem Himmelsfirmament, das ist Christus, fliegen sie in der Kraft der höheren Schwingen, der Tugenden, und erstreben das Himmlische.» Für die moralische Deutung gilt, daß der Mensch nicht als geistlicher Überflieger über das ihm Ertragbare hinausstreben soll, noch in sturer Verfolgung der irdischen Dinge in von Gott nicht gewollte Tiefen hinabsteigen darf. Die Diskretion soll das ihn festigende Firmament sein.[875]

Der sechste Schöpfungstag offenbart den Willen Gottes zur Vielgestalt seiner Kreaturen und zur Aufgipfelung seiner Schöpfung im Menschen. «In Seinem unauslöschbaren Wort befahl Gott, daß die Erde hervorbringe lebendige Tiere in je eigener Art, das heißt unterschiedliche Arten von Tieren in ihnen zugehöriger Eigengestalt, den Menschen dienstbare Zugtiere, Reptilien, bei deren Anblick der Mensch die Gottesfurcht lerne, auch Raubtiere, die ihm Gottes Ehre darböten. Diese Schöpfung erfüllt sich darin, daß der Mensch in ihr den ganzen Reichtum seines Lebens finde, sich das aussuche, was seinem Lebensbedarf dienlich ist, das beiseite lasse, was ihm schädlich wäre, und auf diese Weise sollte ihm seine ganze Ehre zukommen.» Erst die von Ewigkeit her geplante Menschwerdung des Gottessohnes macht das Wesen des Menschen und seine Stellung in der Schöpfung wahrhaft begreifbar. «O was für eine große Freude: Gott hat sich dessen gewürdigt und sich dazu herabgelassen, Mensch zu werden. Göttlich erweist sich Sein Wesen in den Engeln, menschlich in den Menschen.» Die Erschaffung des Menschen, so sagt die geistliche Deutung, zielt auf die Errichtung der Kirche. In dieser Kirche «soll der Mensch die irdischen Dinge mit seiner Einsicht verwalten, unter genauer Beachtung des von Gott gegebenen Evangeliums und unter dem Einsatz seiner zum Guten strebenden Kräfte.» Gemäß der moralischen Deutung soll der Mensch, als Vernunftwesen über der Tierwelt stehend, in dieser Welt göttliche Gerechtigkeit wirken. Menschen, die aus der Kraft der gottgeschenkten Tugenden leben, sind in dieser Welt «Wirkkräfte aus der Pflanzung des Heiligen Geistes».[876]

Der siebte Tag deutet auf die Vollendung der Wege Gottes. «Der Tag Meiner Ruhe ging strahlend in der Kirche auf. Diesen siebenten Tag segnete Ich in der Rettung der Seelen und heiligte ihn, da Ich Meinen Sohn zur Fleischwerdung in den Leib der Jungfrau entsandte. – Mein Sohn, Mein siebentes Werk, aus dem Leib der Jungfrau in Menschlichkeit hervorgehend, vollendet all mein Werk im Heiligen Geist. – Jetzt hat Gott in Seinem Sohn den Eintritt in die überirdische Freude freigegeben, da Er durch eben diesen Sohn dem Menschen jedwede Schuld, die er aus reumütigem Herzen bekennt, vergibt.» Das Tor zum Eintritt in die neue Schöpfung ist geöffnet.[877]

Der dritte Teil des Buches von den Gotteswerken kündet von der Verwirklichung des göttlichen Schöpfungsplanes in der Weltgeschichte und in der Kirche.

Die hl. Hildegard sieht in der sechsten Schau eine große, von Licht und Finsternissen umgebene Stadt, über ihr einen überaus hell strahlenden gewaltigen Felsenberg, ähnlich einem feuerspeienden Berg, über den sich eine fliegende Taube erhebt. Unter zornesgewaltigem Brausen wird eine dunkle Wolke durch eine lichtweiße in den Abgrund gedrängt. Posaunen verkünden den Sieg über alle Überheblichkeit.[878]

Die Stimme aus dem Himmel erklärt die Vision. «Gott, alles hat Er in Seinem Vorauswissen erkannt. Denn bevor die Kreaturen in ihrer Vielgestalt wurden, sah Er sie in Seinem Vorauswissen, und nichts ist Ihm verborgen geblieben, was von Anbeginn der Welt bis zu ihrem Ende vor sich geht. Das ist's, was dir diese Vision klarmacht.»[879]

Die Menschwerdung des Sohnes führt die Wende im Heilshandeln Gottes herauf. «Als Gottes Sohn das Fleischgewand anzog, das nun der heiligen Gottheit (unlösbar) anhaftete, durch welches Er selbst Sein noch unvollendetes Werk in Seiner Menschlichkeit zur Vollendung bringen wollte, da erhob Er sich zum staunenden Verwundern der Engel, voller Kraft auffahrend, mit den Menschen. Er heiligte sie durch Sein Fleischesgewand, damit sie, zu Ihm aufblickend, der Behauptung ihres eigenen Ichs absagten und mit ausgebreiteten Flügeln sich zusammen mit Ihm zu den ersehnten himmlischen Gefilden erhöben.»[880] In nie endenden, unablässig variierten Lobgesängen preisen die Engel das ihr Fassungsvermögen übersteigende Heilshandeln Gottes und stehen, soweit das Gottes Wille ist, den Menschen als dienstbare Geister zur Seite. So sind sie beteiligt am Kampf Gottes gegen die Finsternismächte.[881]

In der siebenten Schau empfängt die hl. Hildegard Einblick in das in unterschiedlichen Epochen, von Gerichten zu neuschöpferischen Gnadenhandlungen, von Verheißungen zu Erfüllungen fortschreitende Heilshandeln Gottes.

Nach dem Sündenfall «erwuchs ein Menschengeschlecht ohne Gesetz, voll bestialischer Wildheit und Laster, in Gottvergessenheit nur den eigenen Willen auslebend». Das Klima der Erde war anders als heute. «Sonne, Mond, Sterne und die übrigen Gestirne wirkten nach Adams Fall vor der Sintflut aus zu starker und mächtiger Glut in stürmischen Wellen auf die Erde. Doch die Menschen hatten damals in ihren Körpern eine solche Widerstandskraft, daß sie solche Glut ertragen konnten. Angesichts dieser entarteten Menschen sprach der Teufel bei sich selbst: ‹Was ist das doch für ein Wesen, das der da oben gemacht hat? Denn es stimmt ja mehr meinen Absichten zu als den seinen. Darum werde ich in seinem eigenen Gebilde über ihn triumphieren.› Gott aber spricht: ‹Nachdem die Erde voll geworden ist von solch widerwärtigem Volk, konnte Ich, der Ich bin, diese verbrecherischen Frevel nicht mehr ertragen. So beschloß Ich, daß das Menschengeschlecht in Wasser ersäuft würde, bis auf einige wenige, die mich anerkannten.›»[882]

Nach diesem menschenvernichtenden Gottesgericht entstand eine veränderte, geschwächte Erde und darauf ein verändertes, in seiner Leibeskraft geschwächtes Menschengeschlecht. Aber, «erschreckt durch das miterlebte schreckliche Gottesgericht, entbrannten sie in Gottesfurcht und begannen, Gott zu ehren, ihm Opfer darzubringen». Der Teufel erfand neue Methoden, dieses neue Menschengeschlecht zu verführen. Gott aber begann das Werk der Heilsgeschichte. So zog, zwischen Sintflut und Menschwerdung des Gottessohnes, die Zeit der Gottesverheißungen, Gottesbünde und göttlicher Gesetzgebung herauf. Gottes Gerichte wurden zu Erziehungsmaßnahmen, aber sie waren nicht mehr allumfassend und alles zerstörend.

Mit dem Eintritt des Inkarnierten in die Welt beginnt die End- und Erlösungszeit, wirksam in der vom Heiligen Geist gewirkten apostolischen Verkündigung. «Alles, was vor Ihm im Gesetz, oder auch noch vor dem Gesetz da war, hat Er in sich selbst zur Erfüllung gebracht. Alles hat Er zum Besseren gewandt, die Taten der Patriarchen, die Worte der Prophe-

ten, die Dokumente und Schriften aller Gelehrten überragt Er, und in Seinem Menschsein erhebt Er sich über alle Kreatur, die im Menschen gipfelt.» Dem Menschen ist der Weg zu einer neuen Menschwerdung durch den Heiligen Geist in Christus eröffnet.[883]
In der achten Schau erblickte die hl. Hildegard drei Gestalten hoch über der Stadt Gottes. Sie stehen auf den Wassern eines Brunnens, dem Symbol Gottes, denn Gott spricht: «Ich bin ein lebendiger Brunnen, da alles Erschaffene (vor seiner Entstehung) wie ein Schatten in Mir ist.» Die erste der drei Gestalten spricht: «Ich, die Liebe, bin des lebendigen Gottes Verherrlichung, die Weisheit hat zusammen mit mir ihr Werk gewirkt, und die Demut, die im lebendigen Brunnquell ihre Wurzel hat, ist immerdar meine Gehilfin, und Friede ist ihr Gefährte.» Vor der Schau der Schrecken der Endzeit erfährt die hl. Hildegard, welches die Bewegkräfte im Handeln Gottes sind: Liebe, Demut, Friede, wobei die Weisheit mitwirkende Gehilfin ist. «Alle Gotteswerke haben ihren Ursprung im Geist Gottes als dem lebendigen Brunnen. Von Ihm leben sie, von ihm haben sie ihre Lebendigkeit, und es gibt keins unter den Geschöpfen, das handgreiflich den Ursprung seines Lebens erkennen könnte. Es fühlt nur, daß da etwas ist, durch das es lebendig ist.» Die Kreaturen sind sich selbst ein Geheimnis, das nur Gott erhellen kann. Darum spricht die Liebe: «In meiner, der Liebe Kraft, gibt alles seinen spiegelnden Widerschein, und in Kraft der Demut, welche meine Gehilfin ist, ging auf Befehl die Kreatur hervor, und in eben der gleichen Demut neigte sich Gott mir zu, damit Er die zu Boden gefallenen welken Blätter wieder zu solcher Seligkeit erhebe, mit der Er alles von Ihm Gewollte zu tun vermag.»
Welch eigenartiges Licht fällt hier auf die Weltwirklichkeit! Kräfte, die wir wissenschaftlich forschend und denkend überhaupt nicht wahrnehmen, mit denen wir auch nicht rechnen können, erkennt die hl. Hildegard als die Ausschlag gebenden. Sie hört die vom Himmel her zu ihr sprechende Stimme: «Alles, was auch immer Gott gewirkt hat, das hat Er in Liebe, in Demut und in Frieden geschaffen. Deshalb sollte auch der Mensch die Liebe von Herzen erstreben, die Demut ergreifen und den Frieden festhalten, damit er nicht mit jenem in den Untergang gleite, der gleich bei seinem ersten Auftreten diese Tugenden verhöhnte.» Gott offenbarte seine Liebe und Demut in der Schöpfung, in der Erschaffung des Menschen, in der Inkarnation seines Sohnes, und «da Er aus Seiner höchsten Höhe auf die tiefe Erde hinunterschaute und sich aus einfachem Volk Seine Kirche sammelte».[884]
Im Fortlauf der Weltgeschichte auf die Endzeit und ihre Schrecken zu handelt der allem Geschaffenen in Weisheit und Allmacht unendlich überlegene Gott. In der neunten Vision schaut die hl. Hildegard die glänzenden Gestalten der göttlichen Weisheit und Allmacht und erkennt ihre Bedeu-

tung für den Gang der Dinge. In Weisheit hat Gott die Welt erschaffen und ihr ihre Ordnung gegeben, den Menschen als die Schlüsselfigur der ganzen Schöpfung gebildet, zur Erlösung des gefallenen Menschen und der durch ihn geschädigten Schöpfung die Inkarnation gewirkt und den sündlosen inkarnierten Gottessohn am Kreuz leiden lassen. Denn nur der Sündlose konnte die sündigen Menschen erlösen. «Kein Mensch kann dies ins Begreifen fassen, was nicht einmal die Engel begreifen können. Denn bevor sie waren, war Ewigkeit schon im ewigen Gleichmaß von Wollen und Wirken, keines Dinges bedürfend, immer in sich selbst erfüllt.»

Der Weltlauf ist den Geschöpfen unbegreiflich, Geheimnis, es sei denn, Gott offenbart durch Propheten und den Sohn die Wege seiner Weisheit. Gott ist in seinem Welthandeln unbeeinflußbar, denn in der Kraft seiner Allmacht führt er, unter Überwindung jeden Widerstandes, alle Dinge zu dem von ihm vorgesehenen Ziel. Zielpunkt und Schlüsselfigur ist dabei der Mensch. «Gott wirkt Seine Wunder im Menschen. Den Erdkreis hat Er ihm für seine Leibesbedürfnisse anvertraut. Der über den Erdkreis zerstreuten Kirche hat Er festen Halt gegeben, die durch keinen Ansturm ihrer Feinde aufgerieben werden kann, obwohl sie durch allzu viele Verwirrungen allzu oft mitgenommen wird. Ohne Unterlaß vollbringt Gott Seine Wunder in ihr, und Er läßt nicht davon ab, bis die Zahl Seiner Auserwählten in der Himmelsharmonie ihre Fülle erreicht hat.»

Die hl. Hildegard wird nicht müde, das Wunder zu preisen, daß Gott um des Menschen willen seinen eingeborenen Sohn Mensch werden ließ. Auf sich allein gestellt, ist der Mensch in seiner Gottvergessenheit ein armseliges Wesen. Der geistigen Verwirrung verfallen, gleitet er in die Finsternis der gottfernen Abgründe. «Der Mensch, auf dem Wege der Torheit wandelnd und die Weisheit der alles erschaffenden Gottesweisheit verachtend, verdammt sich selbst. Kein Maß kennt er im Bösen, über ein zukünftiges Leben denkt er nicht nach, will nicht einmal wissen, ob es ein anderes Leben gibt, und wie er selbst veränderbar sei, darüber will er keine Klarsicht haben. Seine Lebensstufen, Kindheit und Knabenalter, Jugend und Lebensreife, das vermag der Mensch wohl kaum zu fassen. Was aber nach abgelebter Zeit aus ihm wird, oder wie er verwandelt werden könnte, davon kann er nichts begreifen. Daß er einen Lebensanfang hat, das sagt ihm wohl sein Verstand. Aber wie das geschehen soll, daß seine Seele nicht stirbt, und daß er selbst kein Ende nimmt, das kann er aus sich heraus weder wissen noch begreifen.»

An diesem gefallenen, aber mit der wunderbaren Gabe des Geistes ausgerüsteten Menschen vollbringt Gott das Wunder der Verwandlung. «Und so erkennt der Mensch, Schlüssel und Prüfraum aller Gotteswunder, Gott mit den Augen des Glaubens, umarmt Ihn mit dem Kuß seines Wissens,

Ihn, den er doch mit leiblichen Augen nicht sehen kann, und beginnt ein Leben des gottgemäßen Wirkens.»[885]
Dieses Wesen, der Mensch, ist nun durch Christus zum Glied der Kirche Gottes geworden, in die Auseinandersetzungen der Endzeit hineingestellt, letzten Prüfungen ausgesetzt. Davon handelt der Endteil des Buches von den Gotteswerken. In der zehnten Vision sieht die hl. Hildegard inmitten des Rades des machtvoll fortschreitenden Gotteshandelns die Gestalt der Liebe. Die verschiedenfarbige Flächenaufteilung des Radkreises deutet auf die Zeitabfolge und Verschiedenartigkeit des Gotteshandelns. Aber «so vollendet auch Gottes Macht sich alles unterwirft, auf dem Grunde Seines Willens, mit diesem innig verbunden, ruht die Liebe, denn die Liebe bringt den ganzen Gotteswillen zur Vollendung».[886] Dieser Satz darf beim Lesen der Beschreibung der Endzeitereignisse nie vergessen werden.
Vorbereitet wurde das Endgeschehen durch zwischenzeitliche Gottesgerichte, von denen das Alte Testament kündet, durch die prophetischen Verheißungen, durch den Beginn der Endzeit in der Menschwerdung des Sohnes Gottes und die Gründung der Kirche durch ihn, und schließlich durch die vom Heiligen Geist erweckte Verkündigung der Apostel. So kam es zum ersten, mannhaften Zeitalter der Kirche. «Es war notwendig, daß der Sohn Gottes am Ende der Zeiten kam, weil die alte Schlange durch Betrug, Spott und Lästerung den Menschen durch und durch versehrt hatte. – Der Heilige Geist befruchtete den Schoß der Jungfrau. Mit Feuerzungen kam er über die Jünger des Sohnes Gottes und wirkte danach mit diesen Jüngern und ihren Nachfolgern viele Wunder. Deshalb wird auch diese Zeit, von Tugend zu Tugend aufsteigend, die mannhafte Zeit genannt. Kraftvoll gefördert, hat sie durch viele Jahre fortgedauert.» Die Gestalten der ersten Apostel erstehen vor den Augen der Schreiberin und werden in ihrem Wesen und Wirken gezeichnet.[887]
«Dann aber stieg die Grünkraft der Kirche von ihrer Stärke herab, verkehrte sich in weibische Schwäche, ließ alle Gerechtigkeit hinter sich, unterwarf sich der Torheit menschlicher Gewohnheiten, denn in jenen Tagen tat jeder, was ihm selbst gefiel.»[888] «Die Gerechtigkeit Gottes erhebt Klage über die Berge hin, und ihre Stimme tönt zum Himmel empor, weil der Anfangsgipfel hoher Heiligkeit in der Kirche niedergerissen am Boden liegt: Der Glanz meiner Krone ist durch den Zwiespalt irrläufiger Geister umwölkt, denn jeder setzt sich nach eigenem Willen selbst sein Recht. Die noch Lehrer brauchten und Erziehung nötig hätten, regieren sich selbst, nennen gut, was sie gerade selbst erwählen, und leben so als Ungläubige dahin, weil sie ihr Vertrauen nur auf sich selber setzen.»[889] Die Diener der Kirche werden zuchtlos, die geheiligten Ordnungen der Kirche geraten ins Wanken, die Träger der kirchlichen Institutionen suchen ihren eigenen Vorteil, Freudlosigkeit breitet sich in der Kirche aus. Einzelgerichte Gottes

ergehen, Gott schaut abwartend zu, weil die von ihm vorgesehene Zahl der Gläubigen und Märtyrer noch nicht erreicht ist.
Eine ungeheure geistige Spannung bebt durch diese Beschreibungen. Im innersten Wesen des dreieinigen Gottes wird dies alles mitleidend und es zu einem heilsamen Abschluß führend durchgesprochen und bewältigt. Während das Drama auf der Erde abläuft, wendet sich im Himmel der ewige menschgewordene Sohn an den ewigen Vater: «Du Vater, in dem sich alle Göttlichkeit und aller Glanz der himmlischen Heerscharen spiegelt, sieh an und zeige an, wieviel Ungerechtigkeiten Ich von denen erleide, die Mich mißachten. An Meinem Leibe, das ist in Meinen eigenen Gliedern, die Mir in Gerechtigkeit anhangen sollten, aber in Bosheit gegen Mich ausschlagen, muß Ich ihre Mich immerdar quälende Perversität ertragen.» Die Leidensgeschichte des Sohnes Gottes endet erst mit dem Jüngsten Tag.[890]
Wie im *Scivias*-Buch werden die aufeinander folgenden Zeitabschnitte unter den Zeichen von Tiersymbolen beschrieben. Wieder wird deutlich, daß das Geschichtsdrama kein geistesgeschichtlicher Fortschritt und Aufstieg ist, sondern eine Abfolge von Szenenwechseln, in denen allen es immer um das Gleiche geht: Die Auseinandersetzung zwischen Gut und Böse, den Kampf zwischen Gott und Luzifer auf der Bühne des menschlichen Daseins. Eine Entwicklung zum geistig Höheren hin wird nicht sichtbar, nur das Hindrängen der Geschichte auf den letzten Empörungssturm Luzifers gegen seinen Schöpfer und dessen Werk. Auf dem Wege dahin wird es eine vorübergehende Kampfpause geben. Nach einer Zeit göttlicher Reinigungsgerichte über Kirche und Welt wird eine Epoche des Friedens heraufziehen. «Ganz neue und bis dahin unbekannte Ordnungen von Gerechtigkeit und Frieden werden eintreten, so daß die Menschen verwundert miteinander darüber sprechen, weil man früher solches weder gehört noch selbst gekannt hat. – Jener Weltfriede, welcher der Erscheinung der Menschwerdung des Sohnes Gottes den Weg bereitet hatte, wird in jenen Tagen ganz verwirklicht werden. Kraftvolle Prophetengestalten werden auftreten, so daß aller Samen der Gerechtigkeit unter den Menschensöhnen und Menschentöchtern aufgehen und erblühen wird.»[891]
Alle Friedenssehnsucht scheint erfüllt zu werden. «In jenen Tagen werden so milde Wolken und Lüfte über die Erde streichen, daß Grünkraft und Fruchtbarkeit überquellen, weil sich die Menschen ganz auf ein Leben in göttlicher Gerechtigkeit umstellen. – Die Regierenden und das Volk werden sich an die Ordnungen Gottes halten, alle Mordwaffen verbieten und nur noch Pflugscharen und Handwerkszeug zulassen. Wer dem zuwiderhandelt, wird enthauptet und in die Abdeckerei geworfen. Wie milder Regen fruchtbringendes Keimen wirkt, so wird auch der Heilige Geist den Tau seiner Gnade auf das Volk herniederträufeln, Prophetengabe, Weis-

heit und Heiligkeit, so daß es in seiner Lebensführung ganz verwandelt ist.»[892] «Die Menschen jener Tage werden wieder ehrenhaft und wenden sich wieder der Zucht und Ordnung der guten Alten zu. Dann wird jeder König und Fürst und geistliche Würdenträger sich durch das ihm vor Augen stehende Vorbild der andern in Zucht nehmen lassen, und ein Volk wird vom andern lernen, das Gute zu verwirklichen und sich zur Rechtschaffenheit zu erheben.»[893]

Werden dann die Wunschträume von einem Zeitalter des Heiligen Geistes erfüllt? Hat die Menschheit die Höchststufe wahrer Humanität endlich erreicht? Die bibelgebundene hl. Hildegard weiß, daß solches nicht zu erwarten ist. «Zwar werden sich dann die Gerechten, die es nach dem Lande der Verheißung verlangt, freuen, sie, die in der Erwartung des ewigen Siegespreises leben. Aber sie können keine vollkommene Freude empfinden, weil sie das zukünftige Weltgericht nahen sehen. So führen sie ihr Leben denn nach Art der Pilger, die ihrem Vaterland zustreben und keine volle Freude kennen.»[894]

Nichts hat auf dieser Erde Dauer. «Gerechtigkeit und Frömmigkeit werden absinken und ihre Kräfte wieder erheben, der Geist der Bosheit wird sich rühren und wieder nachlassen, Kriege, Hunger, Seuchen und Sterblichkeit werden sich ausbreiten und wieder aufhören. Nichts von alledem wird sich lange halten, alles ist in Bewegung, jetzt ist's da, dann verschwindet es.»[895]

Die erbsündigen Menschen können nicht einmal in Zeiten des Friedens und des Wohlstandes wahrhaft glücklich sein. Dauern solche Zeiten länger, dann «wird sich Leichtfertigkeit der Sitten, Überheblichkeit der Geister, ein Übermaß an Vergnügungen und anderen Eitelkeiten, unter Verlust jeglicher Ehrbarkeit, allenthalben unter den Menschen breitmachen. Denn in solch einer Friedenszeit werden sie schläfrig, ersticken im Überfluß der Güter, werden durch keine Kriegsdrohung aufgescheucht noch durch Mangel an Lebensmitteln in Zucht gehalten. Sie erheben für sich selbst jeden Anspruch, aber Gott, von dem doch alle guten Gaben kommen, verweigern sie die schuldige Ehre. Deshalb wird auf solche Zeit des Friedens und Überflusses eine Zeit voller Gefahren folgen, wie man sie früher noch nicht erlebt hat. Menschenmord und Unrecht werden für nichts geachtet.»[896] «Die Würde und Machtstellung der staatlichen Ordnungen wird ins Wanken kommen, die Ordnungen und Einflußbereiche der kirchlichen Institutionen werden verletzt, Irrlehren werden sich ausbreiten, die Christen werden in Bedrängnis durch die Heiden geraten, und all dies deutet darauf hin, daß sich die Zeit des Antichrist naht.»[897]

Dann erhebt die Kirche klagend ihre Stimme: «Ich, die Kirche, die ich, o Vater, Braut Deines Sohnes sein müßte, selbst arg geschwächt, erhebe meine Stimme zu Dir und bitte, Du mögest nicht aufhören mir zu helfen.

Meine Glieder, die doch die Glieder Deines Sohnes sind, sind auf dem Wege in den Verfall und Zerfall. Neige die Augen Deiner Barmherzigkeit, verteidige mich und sie, damit wir nicht, von Dir vergessen, ganz zugrunde gehen.»

Und mit der Kirche erhebt im Himmel der Sohn Gottes seine Stimme: «O Vater, immer war Ich bei Dir, und Du hast Mich gesandt, Mich mit dem Fleischesgewand bekleidend, und so bin Ich auf der Erde gewandelt, und was Du Mir befohlen hast, das habe Ich ausgeführt, weil Ich Deine Wahrheit bin. – Wende Mir Deine Hilfe zu, errette Mich von Meinen Feinden, denn Ich wandle über Schlange und Otter. Achte Mein sorgendes Bemühen um Meine Glieder, denn das ganze von Dir gewollte und Mir aufgetragene Werk habe Ich zum Gelingen geführt. Und so bin Ich in Dir, und Du in Mir, und eins sind wir. Nun denke daran, daß die im Ursprung festgelegte Vollzahl nicht gemindert werden darf, denn Du hast im Anfang der Welt das Ende der Welt vorgesehen. Schon damals, als Du den Menschen erschufst, stand es für Dich, das heißt in Deinem uralten Ratschluß fest, daß Dein Auge, nämlich Dein Wissen, alles vollkommen vorausschaut, alles richtig disponiert und niemals von dem abweicht, was in Dir zuvor festgelegt worden ist. Das bedeutet, daß das Menschengeschlecht nie wegen seiner Unbeherrschtheit ganz zugrunde gehen noch die Erde vergehen sollte, bis Du Meinen Leib in Seinen von Dir vorgesehenen treuen Gliedern ganz mit Edelsteinen geschmückt sähest. Denn dann ist er vollendet in all denen, die durch Mich auf Dich vertrauen und Dich verehren.»[898]

Die Unverbrüchlichkeit der göttlichen Planung und der von Gott selbst zugelassene Spielraum der Freiheit machen den Ablauf der Geschichte aufs äußerste spannungsvoll.

Das steigert sich noch in der heraufziehenden Epoche des Antichrist. Dann wird eine Zeit der Zweifel, der religiösen und geistigen Verunsicherung kommen, auch der Verunsicherung in den Naturvorgängen, so daß die Menschen von Ängsten überfallen werden. «Ihr, die ihr Gottes seid und die ihr seinen Worten glaubt, seid auf der Hut, damit ihr nicht durch jederart von aufkommenden Schrecken in euren Herzen erschüttert werdet.» Satan wird mit wissenschaftlichen Verführungskünsten arbeiten. Er wird nachzuweisen suchen, daß die christliche Lehre gegen die Natur des Menschen gerichtet sei und das Menschenrecht auf Autonomie einengt. «Jener Mensch, den ihr Christen euern Meister nennt, hat euch Gesetze gegeben, die das Menschenmaß überschreiten. Er hat euch getäuscht, in keiner Weise geholfen. Ich aber lehre euch, daß ihr zunächst einmal Selbsterkenntnis lernt und daß ihr wißt, was eurer Natur gemäß ist. Jener hat all sein Wirken einem anderen zugeschrieben, sprach nichts aus sich selbst, da er auch nichts aus sich selbst vermochte. Ich aber spreche von mir selbst, und alles vermag ich durch mich selbst.» Triumphierend werden dann die schnell gewonnenen Vertreter dieser Grundsätze «mit absoluter Sicherheit behaupten, daß sie keinen Schaden davontrügen, wenn sie die Gottesgebote beiseite schöben.»[899]

Satan weiß, welche Bedeutung die auf ihre Kultur stolzen Menschen allem Geschriebenen beimessen. Deshalb bedient er sich, genau wie Gott mit seiner heiligen Schrift, auch des Geschriebenen, um die Menschen in seinem Sinne zu beeinflussen. Das von Satan inspirierte Schrifttum, glänzend und überzeugend geschrieben, erhebt den Anspruch, die letzte und wahre Wissenschaft und Lebensweisheit anzubieten, den Menschen erst wirklich zum Menschen zu machen, ihn auf die Höhe geistiger Erkenntnis und Freiheit zu führen, die ihm durch das Schrifttum des in seiner Unterwürfigkeit gegen Gott niedrigen sogenannten Gottessohnes vorenthalten werde. Gegen die Verkörperung Gottes in den Demutsgestalten des menschgewordenen Gottessohnes und seiner Nachfolger stellt Satan die Verkörperung seiner Überheblichkeit und seines Empörergeistes in der glänzenden Gestalt des von ihm besessenen Antichrist und seines selbstgewissen Anhangs.

So sieht die hl. Hildegard ein antichristliches Schrifttum heraufkommen und die Welt überschwemmen. «Wie Luzifer im Himmel gegen Gott kämpfte, so versucht er auch nun auf der Erde durch diese verruchte Menschengestalt gegen das Menschsein des Sohnes Gottes (die christliche Humanität) zu streiten. Und das tut er durch jenes Schrifttum, in dem er Gott und den Schöpfer aller Dinge verneint. Darin verspricht er, den Seinen höhere geistige Erleuchtungen zu vermitteln als Christus sie den an ihn Glaubenden zukommen ließ. Dieses Schrifttum ist Luzifers eigenem Geist entsprungen, und er bringt es so listvoll an den Tag, daß er dadurch die Menschen verführt, ihren Schöpfer nicht mehr anzuerkennen. So sehr betört er die Menschen durch dieses Schrifttum, daß sie nur noch für das Verehrung aufbringen, was ihrem Verführer gerade gefällt.» An die Stelle des christlichen Menschenbildes setzt er eine neue Deutung wahrer Humanität. Der Mensch ist nicht Mensch als Gottes Geschöpf. Er wird es erst dadurch, daß er ein autonom wissenschaftlich denkendes Wesen wird. «Dieser Sohn des Verderbens behauptet: Ein abgehauenes Stück Holz wird gelagert, bis ein Künstler es bearbeitet und zum Kunstwerk macht, das von allen bewundert wird. Ebenso sei auch der Mensch nicht schon durch sein Als-Mensch-Geborensein etwas Besonderes, sondern erst, wenn er durch dieses Schrifttum zur Höhe wahren Menschseins erhoben werde. Denn in diesem sei mehr Heilsvermittlung und schöpferische Kraft wirksam als in der bloßen leiblichen Erschaffung des Menschen.»

Gott gibt also diesem die Menschheit überflutenden Schrifttum zunächst freien Wirkungsraum; schließlich aber «wird Gott alle Verführungsbemühungen dieses Schrifttums mitsamt ihrem Autor zunichte machen. Das durch den Heiligen Geist vermittelte Schrifttum aber wird nicht untergehen. Doch zu der Zeit, wenn der Verführer beginnt, durch solche falschen Zeichen aus dem ganzen Menschengeschlecht seinen Anhang zu sammeln, dann werden die Heiligen und Gerechten von großer Furcht geschüttelt werden.»[900]

Der geistige Terror, der behauptet, er vertrete und bringe erst die wahre Humanität, und der mit solcher Propaganda so überlegen aufzutreten weiß, bewirkt in den Herzen der Gläubigen Entsetzen. Wissen sie doch, daß solches allein von Gott ermöglicht ist. «Denn der Antichrist-Mensch hat Seele und Leib nicht vom Teufel, sondern von Gott, wie ja auch er selbst, der alles Gute hassende unglückseligste Herausforderer der alten (ersten) Verführung, sein lebendiges Dasein von Gott empfangen hat. Denn jeglicher Hauch und alles, was lebt, wird durch Ihn bewegt, da Er allein Anfang ohne Anfang ist.»[901] Jeder Böse hat seine Existenz als Existierender von Gott. Sein empörerisches, gegen Gott und dessen Schöpfung gerichtetes Bösesein hat er aus sich selbst, weil und so lange Gott der Freiheit zum Bösen Raum gewährt. Diese schockierende Wahrheit kann nur von Gläubigen ertragen werden, die den Glauben an Gott unbedingt festhalten.

Gott selbst hilft seinen Gläubigen in solchen Bedrängniszeiten dadurch, daß er treue Glaubenszeugen erweckt, deren Verkündigung und gottgewirkte Zeichen den Antichrist zum Gespött werden lassen. Aber dann wird Satan dem geistigen den physischen Terror hinzufügen. Denen, die den großen Glaubenszeugen freudig zuströmen, wird er das Martyrium bereiten, und «es wird soweit kommen, daß die Mörder aus lauter Ekel die übergroße Zahl der Umgebrachten schon nicht mehr zählen, denn wie ein Wasserstrom fließt die Fülle ihres Blutes dahin. Der Sohn des Verderbens wird Befehl geben, jene Glaubenszeugen, die auf keine Weise geistig zu überwinden sind, durch ein grausames Martyrium zu vernichten und ihr Gedächtnis auszulöschen. Es soll fortan auf dieser Erde keinen Menschen mehr geben, der ihm noch Widerstand zu leisten wagt.»[902]

Viele Gläubige werden in der Zeit des Antichrist den geistigen Verführungen und dem physischen Terror nicht gewachsen sein und zu Fall kommen.

Das Entsetzen steigt bis zum Himmel auf, und der Sohn Gottes wendet sich in einem erschütternden Gebet an seinen himmlischen Vater: «O wie es Mich quält, der Ich nach Deiner Anordnung ins Fleischesgewand gekleidet worden bin, daß Meine Glieder, die durch das Sakrament der Taufe mit Mir verbunden worden sind, sich jetzt von Mir lösen und dem Verführungsspiel teuflischer Verhöhnung verfallen, indem sie dem Sohn des Verderbens Gehör schenken und ihm Ehre erweisen. Die Gefallenen hole Ich Mir aus dieser Schar wieder zurück, die Rebellierenden aber und die im

Bösen Beharrenden verwerfe Ich. Vater, da Ich doch Dein Sohn bin, schaue hin in jener Liebe, aus der Du Mich in die Welt sandtest, und sieh an Meine Wunden, durch welche Ich Deinem Befehl gemäß den Menschen erlöst habe. Dir zeige ich sie, damit auch Du Dich jener erbarmest, die Ich erlöste, und nicht zulassest, daß sie aus dem Buch des Lebens getilgt werden. Durch das Blut Meiner Wunden hole sie reumütig zurück zu Dir, damit nicht jener, der Meine Fleischwerdung und Meine Passion verhöhnt, sich in ihrem Untergang als Herr erweise.»

Der Gott der hl. Hildegard ist nicht der Gott der Philosophen und der Idealisten, sondern der Gott der Bibel, der lebendige Gott. Und der Sohn dieses Gottes ist nicht nur eine durch Lehre und Vorbild bis heute wirksame geschichtliche Größe, sondern der immer noch leidend im Himmel um das Heil der Menschen ringende Gekreuzigte. «Diese Wunden des Sohnes Gottes werden so lange offen bleiben, so lange noch ein Mensch auf dieser Erde bleibt und sündigt. Darum auch fordert eben dieser Sohn Gottes von den Menschen, daß sie ihre Knie vor Seinem allmächtigen Vater beugen, so oft sie Seinen Urteilsspruch verdienen, damit Er sie um Seiner im Fleisch erlittenen Wunden willen, die Sein Vater immer vor Augen hat, von allem Bösen befreie.»[903]

Dieselbe hl. Hildegard, die von den Gotteswundern in der Schöpfung zu singen weiß, die ein Medizinbuch für allerlei Krankheiten schrieb und Anweisungen für eine gesunde Lebensführung gab, die praktisch in dieser Welt tätig war, wo immer es sich ihr als notwendig erwies, wollte nicht, daß sich die Gläubigen über den Lauf dieser Welt täuschen. Mit brutalem Realismus beschreibt sie im Schluß ihres Buches von den Gotteswerken die letzten verblendeten Auflehnungs- und Zerstörungsversuche der bösen Macht, die letzten furchtbaren Geschehnisse in der alten, ihrem Untergang zueilenden Welt, die Entlarvung der Lügenhaftigkeit und tatsächlichen Ohnmacht des Bösen und seine endgültige Verwerfung. Das Handeln Gottes zielt auf Endgültigkeit.

Wunderbar erhebt sich zuletzt über allen Greueln des Bösen der Triumph Gottes, der Triumph seiner Barmherzigkeit und seiner Allmacht. In Gnaden nimmt er die an, die schwach geworden sind, die der Teufel schon ganz in seiner Hand zu haben meinte, die aber endlich doch noch reumütig zur Erkenntnis ihrer Sünde gekommen sind. Herrlich erweist sich der Triumph Gottes in den Glaubenszeugen und Märtyrern, die alle Verführungskünste und alle Terrorakte Satans siegreich überstanden haben. Und glorreich triumphiert der dreieinige Gott, wenn die Macht des Bösen endgültig beseitigt ist und eine erneute Schöpfung, vom ewigen Licht durchstrahlt, ihren Gott lobpreist.

«Jetzt, da der Teufel endgültig besiegt ist, sein Sohn, der Antichrist, niedergeschmettert daliegt, ist gemäß höchster göttlicher Verfügung das Heil verwirklicht: Keine teuflische Gefährdung ist mehr zu befürchten, all seine Macht ist ganz aufgerieben, das Reich herrscht über alle, die der Regierung unseres Gottes unterstehen, und die Macht liegt in der Hand des unbesiegbaren Christus, Seines Sohnes, den Er als wahren Priester für das Heil der Seelen eingesetzt hat.»[904]

Das Buch von den Gotteswerken schließt: «So ist in solcher Weise der Krieg des Sohnes des Verderbens beendet. Er wird hinfort in keiner Kultur mehr auf den Plan treten. Darum freuet euch, die ihr im Himmel und auf der Erde eine Wohnstatt habt. Nach dem Untergang aber des Antichrist wird die Glorie des Sohnes Gottes in alle Weite strahlen.»[905]

Ein wunderbarer Ausblick eröffnet sich. Wir kennen nur Kultur, in der auf alle nur mögliche Weise neben dem Guten das Böse mit im Spiel ist. Auch in der zukünftigen Welt wird es Kultur geben, aber sie wird frei sein von allem Bösen. Es wird eine Kultur sein, aus einer Gott ehrenden, ehrfurchtsvollen geistigen Grundhaltung erwachsen, die alles Wirken des neuen Menschen prägt. Diese Kultur wird ein freudvolles, schöpferisches, gestaltendes und pflegerisches Handeln des zu seiner Vollendung geführten Menschen in der ihm anvertrauten neuen Schöpfung sein, ein auf gegenseitiger Achtung und Liebe gegründetes Miteinander der Menschen und aller übrigen Kreaturen. Die hl. Hildegard sieht in dieser von ihr geglaubten und erwarteten Zukunft verwirklicht, was im letzten Kapitel der Heiligen Schrift über die erlösten Menschen geschrieben steht: «Sie werden mit Ihm regieren von Ewigkeit zu Ewigkeit.» Dieser Glaube bestimmte sie ihr Leben lang in allem ihrem Tun.

Hildegard in der Darstellung eines mittelalterlichen Buchmalers. Sie schöpft ihre Erkenntnisse nicht aus sich selbst, auch nicht aus Büchern oder aus dem Laboratorium, sondern «von oben», von ihrem «lebendigen Licht». Aus dem «Liber divinorum operum», «Die Inspiration der hl. Hildegard», Handschrift, Lucca, 13. Jahrhundert.

X. Letzter Kampf und Sterben einer Heiligen: 1177–1179

1. Quälende Frager und quälende Auseinandersetzung mit den Mainzer Prälaten

Wir wenden uns nun den letzten Lebensjahren der hl. Hildegard zu, die von einer schweren Auseinandersetzung mit ihrer Kirche als Institution, vertreten durch den Mainzer Episkopat, überschattet waren.
Not hatte sie auch mit den Mönchen des belgischen Klosters Villers, die ihr durch die Vermittlung von Wibert von Gembloux achtunddreißig theologische Fragen zugesandt hatten und wiederholt auf Antwort drängten. Zwischenzeitlich schrieb die Äbtissin ihnen: «Soviel ich mit der Gnade Gottes vermochte, habe ich an der Lösung Eurer Fragen gearbeitet. Obgleich beschäftigt mit einer (anderen) Schrift und trotz einer schweren Krankheit, durch die ich nach Gottes Willen lange aufgehalten wurde, habe ich doch von diesen Fragen vierzehn Lösungen fertig geschrieben. Und so gut ich mit Gottes Hilfe kann, werde ich gern an den übrigen weiterarbeiten.»[906] Sie hat das dann auch getan. «Gern.» Es ist erstaunlich, mit welcher Aufmerksamkeit die hl. Hildegard auf die teils bedeutsamen, teils aber auch mehr spitzfindigen und neugierigen Fragen der Mönche einging. Sie nahm diese in ihrem Eifer um das Verstehen der Heiligen Schrift ernst und versagte sich ihnen deshalb nicht. Wußte sie doch, daß die Mönche sich an sie nicht als an eine wissenschaftliche Theologin, sondern als geistbegabte Künderin der göttlichen Wahrheit wandten.[907]
In vielfältiger Weise bewegte die Mönche die Frage nach Hergang und Wesen der Schöpfung, sowie nach den möglichen Verbindungen zwischen den sichtbaren und unsichtbaren Bereichen der Schöpfung, Leib – Seele, Mensch – Engel, und zwischen den erschaffenen Wesen und ihrem Schöpfer. Die Antworten der hl. Hildegard zeigen die Vielschichtigkeit und Dynamik ihres Weltbildes, ihren Sinn für die wunderbare Größe der gesetzten Ordnungen, wie auch ihre Offenheit für die ungeheure Vielfalt und Unterschiedlichkeit in den Bereichen der Schöpfung. Die ihr zur Verfügung stehenden Begriffe, wie Schöpfungstage, Materie, Wasser, Masse, Ordnung weiten sich aus und werden transparent auf gewaltige dynamische Vorgänge hin, auf uns vertraute Begriffe wie Grundstoff, Energie, Urknall, Entfaltung, Entwicklung. Einige Beispiele seien herausgegriffen.
«1. Frage: Wie ist zu verstehen: Der in Ewigkeit lebt, erschuf alles

zugleich, da doch berichtet wird, Gott habe seine Werke auf sechs Tage verteilt.
Lösung: Der allmächtige Gott, der ohne Anfang und ohne Ende Leben ist, und der alles in Seinem Wissen auf ewige Weise gegenwärtig hatte, hat die Materie aller irdischen und aller himmlischen Geschöpfe zugleich geschaffen, den Himmel nämlich als leuchtenden Stoff (Lichtmaterie), und die Erde, welche noch ungeordnete Materie war. Aber dieser leuchtende Stoff blitzte aus der Klarheit, welche Ewigkeit ist, wie ein weit ausgedehntes Licht, das auch über der ungeordneten Materie leuchtete, weil es ihr verbunden war. Und diese beiden (Arten von) Materie sind zugleich erschaffen worden, damit sie sich als ein in sich geschlossener Ring bewährten. Denn bei dem ersten ‹Es werde› gingen die Engel aus der vorerwähnten Lichtmaterie mit ihrem Wohnbereich hervor. Und weil Gott ‹Gott und Mensch› ist, hat er die Engel dem Angesicht des Vaters zugewandt erschaffen, und den Menschen, in dessen Gewand Er sich kleiden würde, bildete Er zu Seinem Bild und Gleichnis. So auch trat, als Herrschaftsbereich des allmächtigen Gottes, bei Seinem ‹Es werde› jegliche Kreatur aus der ungeordneten Materie ihrer Art gemäß ans Licht. Sechs Tage, das sind sechs Werke. Denn Anfang und Vollendung jedes einzelnen Werkes wurde Tag genannt. Nach der Erschaffung der ersten Materie trat keine Pause ein, sondern gleich, wie in einem Augenblick, schwebte der Geist des Herrn über den Wassern, und auch danach war keinerlei Pause, sondern Gott sprach auf der Stelle: ‹Es werde Licht›.»[908]
Die hl. Hildegard schaut im Bau des Kosmos, des Universums, verschiedene Art Qualität der Materie. Der für beide gebrauchte Begriff Wasser, Wasserstoff besagt, wie ihr ganzes Schrifttum ausweist, die wunderbar lebendig-bewegte, energiegeladene materielle Grundlage alles Lebendigen. Firmament ist für sie nicht eine Art Kuppel über der Erde, sondern das alles zusammenhaltende Ordnungsgefüge alles Geschaffenen. Darum geht es in der Beantwortung der zweiten Frage.
«2. Frage: Was bedeutet das: Gott teilte die Wasser, die unter dem Firmament waren, von denen, die über dem Firmament waren? Soll etwa geglaubt werden, daß materielle Wasser über dem Firmament seien?
Lösung: Gott hat die Wasser, die über dem Firmament waren, unterschieden, daß, wie Wasser niedriger Art den irdischen Zuständen (Einrichtungen) zugeordnet sind, so auch Wasser höherer Art den höheren Zuständen zugeordnet seien. Denn in den Wassern höherer Art ist nichts, was wächst oder schwindet, wie in jenen Wassern niederer Art, in denen alles, was lebt, auch wie der Mensch wächst oder schwindet. Jene höheren Wasser aber bleiben beständig in ihrem ersten Stand, so wie Gott sie geordnet hat, und sie fließen in ihrem (ihnen einmal zugewiesenen) Kreislauf, und sind (auf ihre Weise) materiell, aber nicht wie die Wasser niederer Art, da sie ja viel

feiner und unserem Sehen ganz und gar unsichtbar existieren, durch deren Feuchte und dort sich entwickelnde Feuershitze das obere Firmament seine Festigkeit behält, wie der Körper durch die Seele standhaft ist, damit er nicht aus den Fugen geht. Die Wasser aber der niederen Art sind ein Spiegel der himmlischen Lichter, zum Beispiel der Sonne, des Mondes und der Sterne, und sie bergen unzählige Lebewesen der verschiedenen Arten, die in ihnen geboren werden und ihren Bestand haben. So sind also die Verrichtungen der Wasser höherer und niederer Art insgesamt ungleichartig.»[909]

Daß bei aller Vielfalt und Unterschiedlichkeit der Welt kein Chaos besteht, sondern eine wunderbare Ordnung aller, in ihrer je eigenen Gestalt ebenso wunderbar geordneten Einzelwesen, durchzieht das ganze Schrifttum der hl. Hildegard und wird in einer ihrer Antworten ausgeführt.

«26. Frage: Wie ist das von der Schrift Gesagte zu verstehen: Alles hast Du in Gewicht und Maß und Zahl festgelegt (geordnet).

Lösung: Gott hat alle Gehäuse unserer Körper so in rechtem Maß eingerichtet (geordnet), daß nichts von ihnen das, was in ihnen wohnt, durch Gewicht oder Ausdehnung überschreitet, wie auch Sonne, Mond, Feuer, Luft, Wasser, Erde im Firmament (in der festen Ordnung der Schöpfung) mit angemessenem Gewicht, Zahl und Maß festgelegt sind, wie auch der Mensch, der alle Kreatur in sich darstellt, in rechtem Maß festgelegt ist. Denn alle seine Glieder sind so von der Seele durchdrungen, daß er, so lange die Seele in ihm ist, weder verdorren noch dahinschwinden kann. Die Überheblichkeit aber, die über alles, was Gott als Ordnung festgelegt hat, hinausfliegt, und die den Herrn verachtet, will ihn weder kennen noch anbeten. Über alle Kreaturen hebt sie sich hinaus, tödlich ist sie, und hat kein rechtes Maß, denn alles, was Gott in seiner Voraussicht und Weisheit richtig verteilt und festgelegt hat, das reißt sie auseinander.»[910] Für spätere Jahrhunderte geschriebene Sätze!

Sichtbare Ordnung bedeutet spürbare Harmonie. Die Schöpfung ist für die hl. Hildegard eine in Harmonie tönende Welt. Über dieser Schöpfungsharmonie schwebt, auf einer höheren Ebene, als Harmonie einer höheren Welt, die Musik des Himmels. Beiden soll die Menschenseele zugewandt sein.

«27. Frage: Welche und was für eine ist jene Harmonie der Elemente, über die geschrieben steht: Während sich die Elemente um sich drehen, wird wie bei einer Orgel der Ton gewandelt, und dabei bewahren alle ihren eigenen Ton. Bezieht es sich darauf, was der Herr sagt: Und die Musik des Himmels, wer bringt sie zur Ruhe?

Lösung: Vom flammenden Lauf des höchsten Äthers, durch den das Firmament aufgewölbt wird, erklingt jauchzend und herrlich der Klang der Elemente, wie ja auch die symphonisch erklingende Stimme des Menschengeistes süß ist während seiner Lebenszeit. Denn jedwedes Element hat, so wie es von Gott festgelegt ist, seinen Ton, die wiederum alle, wie das Tönen der Saiten und der Zither, zur Einheit verbunden sind. Die Musik des Himmels aber trägt nicht bei zur Harmonie der Elemente, die mit dem Menschen in Einklang ist, wie ja auch die Sonne, die im Firmament ihren festen Ort hat, nur für diese Welt, nicht aber für den höchsten Himmel leuchtet.»[911]

Fragen nach den menschlichen Erkenntnismöglichkeiten und ihren Grenzen sowie nach der Verständigungsmöglichkeit zwischen der himmlischen Welt und den Menschen haben die hl. Hildegard immer beschäftigt, und so gab sie denn auch den belgischen Mönchen Antwort.

«4. Frage: Welcher Sprache bediente sich Gott und auf welche Art erschien Er dem ersten Menschen, da Er ihm das Gebot gab, und auf welche Weise, da Er nach dem Sündenfall im Paradies wandelte.

Lösung: Der allmächtige Gott hat in der Engelsprache zu Adam gesprochen, die dieser gut kannte und verstand. Denn durch seine von Gott empfangene Weisheit und durch prophetischen Geist hatte er damals alle Sprachen, die später von den Menschen erfunden wurden, in seinem Wissen, und die Natur aller Geschöpfe kannte er vollkommen. Gott erschien ihm auch in unvergleichlicher Lichtherrlichkeit, der keine Gestalt irgendeiner Kreatur anhaftet, und dann, nach dem Sündenfall, im Paradiese wandelnd, erschien Er in einer Feuerflamme.» Es hat also eine Veränderung im Menschen selbst und in seiner Verbindung mit der höheren Welt stattgefunden.[912] Dem entsprechend reden die drei Abraham besuchenden Engel nicht mehr in der Engelsprache zu ihm, sondern bedienen sich der menschlichen Sprechweise.[913]

Wir stoßen bei dieser Frage wieder auf die von der hl. Hildegard so betont gemachte Unterscheidung zwischen den sinnenvermittelten und den wortvermittelten menschlichen Erkenntnismöglichkeiten.

«32. Frage: Ob mit geistigen Augen Leibliches gesehen wird und andererseits mit leiblichen Augen irgendwelches Geistige erkannt wird.

Lösung: Die geistigen Augen sind das vernünftige Wissen der Seele, sie können niemals Leibliches, so wie es ist, sehen, so wie ein Blinder nicht mit äußeren Augen sieht, sondern nur durch Hörensagen versteht und kennt er das, was zu sehen ist. Die leiblichen Augen ihrerseits haben auch nicht die Fähigkeit, daß sie Geistiges richtig sehen. Sondern wie die Gestalt eines Menschen im Spiegel, in dem er selbst nicht ist, gesehen wird; so sieht und erkennt der Mensch das, was geistig ist, durch das Hören der Worte im Glauben.»[914]

Abschließend sei noch die tröstliche Antwort der hl. Hildegard auf eine diesbezügliche Frage der Mönche zitiert: «Die Heiligen, die im himmlischen Vaterland sind, wissen alles, was sich auf Erden zuträgt: Weil näm-

lich alles, was auf Erden getrieben wird, entweder im Urteil Gottes oder in den tönenden Lobpreisungen der Engel vor Gott in Erscheinung tritt.»[915]
Die belgischen Mönche haben die Antworten der hl. Hildegard nicht erhalten. Die Handschrift blieb, als die Schreiberin gestorben war, auf dem Rupertsberg.
Die vielleicht schwerste geistliche und seelische Belastung hatte die hl. Hildegard, gemeinsam mit ihrem ganzen Kloster, in ihren beiden letzten Lebensjahren durchzustehen.
Ein junger Edelmann und sein Freund waren wegen einer begangenen Freveltat vom Mainzer Episkopat exkommuniziert worden. Der eine dieser beiden hatte, von einer tödlichen Krankheit befallen, Buße getan, von einem Binger Priester die Absolution und die Sterbesakramente empfangen und war auf seinen und seiner Familie Wunsch auf dem Klosterfriedhof des Rupertsberges, also in geweihter Erde, beigesetzt worden. Priester, Verwandte, viele Binger Bürger und das ganze Kloster hatten an der feierlichen Grablegung teilgenommen. Der den Sterbenden betreuende Priester hatte aber versäumt, wohl wegen der Dringlichkeit, die Mainzer Kirchenbehörde hinzuzuziehen, so daß keine offizielle Aufhebung der Exkommunikation von dort her geschenen war. Einige sich an das Vorleben des Toten erinnernde und über die feierliche Bestattung empörte Binger Frauen fragten sofort in Mainz an, ob dies so rechtens sei.
Schon zwei Tage nachher erhielt die Rupertsberger Äbtissin vom Mainzer Episkopat – der Erzbischof weilte bei Kaiser Friedrich in Italien – die briefliche Anweisung, den Begrabenen sofort wieder auszugraben und draußen in nicht geweihter Erde zu verscharren, da einem Exkommunizierten der Platz auf dem Klosterfriedhof nicht zustehe. Bei Nichtbefolgung, so hieß es, trete sofort das Interdikt über dem Kloster in Kraft.
Interdikt bedeutete: Untersagung jedes öffentlichen Gottesdienstes. Die Nonnen durften nur in der verschlossenen Kirche, ohne zu lobsingen, mit leiser Stimme die Psalmen und Lesungen sprechen. Der Kommunionempfang war untersagt, und die Kirchenglocken mußten schweigen. Die hl. Hildegard gehorchte und gehorchte zugleich nicht. Sie gehorchte, indem sie sich mit ihrem ganzen Kloster unter die Verhängung des Interdiktes beugte. Bedrückende Stille breitete sich aus, und die Binger Bürger auf der anderen Seite des Flusses spürten, welche Macht die Rechtskirche hatte. Aber sie erfuhren auch sofort von dem Ungehorsam der heiligen Äbtissin. Diese ließ den Toten in der geweihten Erde ruhen, segnete die Grabstelle durch ein Kreuzschlagen mit ihrem Äbtissinnenstab, nahm einen Reiserbesen und verwischte die Spuren des Grabes so, daß nicht mehr festzustellen war, wo der Tote seine Ruhe hatte, die ihm nicht gestört werden sollte.
Was bewog die hl. Hildegard, ihrer Kirchenbehörde zugleich zu gehorchen und Widerstand zu leisten?

Kirchenrechtlich waren die Mainzer Prälaten im Recht. Eine Exkommunikation galt erst als aufgehoben, wenn dies von der zuständigen Kirchenbehörde öffentlich verkündigt war. Die Dinge des menschlichen Lebens müssen eben ihre Ordnung haben, wenn sie nicht der Willkür ausgeliefert sein sollen. Das anerkannte die hl. Hildegard dadurch, daß sie sich mit ihrem Kloster dem Interdikt unterwarf. Sie handelte niemals revolutionär. Sie war sich aber auch dessen gewiß, und dafür hatte sie Zeugen, daß ihrem Toten vor Gott sein Ruheplatz auf dem Rupertsberger Gottesacker zustand, denn er war nach Beichte, Absolution und Sakramentsempfang unter Gebet und Segen des Priesters in sein Grab gelegt worden. Dies alles mußte seine Gültigkeit haben. Für die hl. Hildegard ging es um die Gültigkeit der göttlichen Gnadenzusage, um die Wahrheit und letztlich um die Ehre Gottes.

Ein letztes Mal erfahren wir, daß die hl. Hildegard von Natur aus ein zaghafter, unentschlossener, beinahe passiver Mensch war. Wenn aber Gott ihr ein deutliches Zeichen gab, daß sie etwas versäume, oder daß sie etwas Schwieriges tun müsse, dann gehorchte sie sofort und setzte ein Maß an Energie ein, wie man es bei diesem schwachen und nun schon im Greisenalter stehenden Menschen kaum für möglich gehalten hätte.

Nachdem die Äbtissin und ihr Kloster monatelang die Bedrückung durch das Interdikt getragen hatten, gab Gott der hl. Hildegard das Zeichen, das sie sofort verstand. Er schickte ihr eine schwere Krankheit, und sie handelte. Im Jahr 1179 schrieb sie darüber, nachem sie vergeblich in Mainz Hilfe gesucht hatte, an ihren Erzbischof nach Italien: «Als wir eine zeitlang, nicht ohne großen Schmerz und tiefe Traurigkeit, den Gottesdienst eingestellt hatten, begab ich mich, durch wahrhaftige Schau meiner Seele (belehrt) und vom höchsten Richter, dessen Gebot ich nicht zu widerstehen wagte, durch das Gewicht einer schweren Krankheit gezwungen, zu unsern Prälaten nach Mainz.»[916]

Eines Tages also, nach monatelangem Erdulden, hatte die hl. Hildegard zur Feder gegriffen und ein langes Schreiben aufgesetzt, das sie persönlich dem Mainzer Prälaten vorlesen wollte. Sie schrieb: «In der Schau, die meiner Seele schon vor der Geburt vom Schöpfergott eingeprägt wurde, sehe ich mich gezwungen, hinsichtlich der uns von unseren geistlichen Oberen auferlegten Bindung folgendes zu schreiben:

Es handelt sich um einen Toten, dessen Überführung und Begräbnis auf unserem Friedhof durch seinen Priester widerspruchslos stattgefunden hat. Als unsere Oberen wenige Tage nach seiner Beisetzung uns befahlen, ihn aus unserem Friedhof zu entfernen, wurde ich darob von einem nicht geringen Schrecken befallen und habe, wie gewohnt, zum wahren Licht aufgeschaut und mit wachen Augen in meiner Seele folgendes gesehen:

Würde gemäß ihrer Vorschrift der Leib dieses Toten ausgegraben, so würde durch die Entfernung unserem Orte große Gefahr drohen und uns umlagern gleich der schwarzen Wolke, die Sturm und Gewitter anzuzeigen pflegt. Deshalb maßen wir uns nicht an, den Leib des Verstorbenen – da er ja gebeichtet, die Salbung und Kommunion empfangen hatte und ohne Widerspruch bestattet worden war – herauszuholen. Auch stimmten wir nicht dem Rat oder der Vorschrift derer zu, die uns dies rieten oder befahlen. Nicht als ob wir dem Rate bewährter Männer oder der Vorschrift unserer Prälaten nicht das gebührende Gewicht beilegten, sondern wir wollten nur das Schauspiel vermeiden, daß den Sakramenten Christi, mit denen der Mann in seinem Leben gestärkt worden war, von erregten (Binger) Frauen Schmach angetan würde. Um aber nicht als ungehorsam zu erscheinen, haben wir bis jetzt gemäß dem Interdikt den Gesang des Gotteslobes eingestellt und uns der Teilnahme am Herrenleib, den wir jeden Monat zu empfangen pflegen, enthalten. Ich selbst und alle meine Schwestern wurden darob von großer Traurigkeit befallen. Da endlich, fast erdrückt von so schwerer Last, vernahm ich folgende Worte in meiner Schau:

Es ist nicht gut für euch, um menschlicher Worte willen die Mysterien Meines mit der menschlichen Natur bekleideten WORTES, das als euer Heil in jungfräulicher Natur aus der Jungfrau Maria geboren wurde, zu unterlassen. Ihr müßt deshalb von euren Prälaten, die euch diese Bindung auferlegt haben, die Freiheit erbitten.»[917]

Das von der hl. Hildegard empfangene Wort anerkannte also den Rechtsstand der kirchlichen Ordnung. Es soll alles auf ordentliche, nicht empörerische Weise geklärt werden. Geistliche Freiheit und geistlicher Gehorsam werden aneinander gebunden, auch wo geistliche Obere engstirnig und nicht gottgemäß handeln. Der Rupertsberger Äbtissin wird aber zugleich von oben her deutlich gesagt, daß sie selbst durch ihre lange Passivität an dem Notstand ihres Klosters mitschuldig ist, weil sie nicht sofort die nötigen vernünftigen und sachlichen Schritte unternommen hat. «In der gleichen Vision hörte ich, ich sei schuldig geworden, weil ich mich nicht in aller Demut und Unterwürfigkeit zu meinen geistlichen Oberen begeben habe, um von ihnen persönlich die Erlaubnis zum Kommunizieren zu erbitten. Und dies vor allem deshalb, weil wir uns durch die Aufnahme des Toten in keine Schuld verstrickt hätten. Denn er sei mit allem versehen, was einem Christen zusteht, von seinem Priester unter dem Geleit von ganz Bingen bei uns bestattet worden, ohne daß irgendjemand Einspruch erhoben habe. Dies euch Herren Prälaten zu künden, wurde mir von Gott auferlegt.»[918]

Den Prälaten ihrerseits hält die hl. Hildegard vor, daß sie durch ihr Interdikt das Gotteslob unterbunden und dadurch dem Teufel gedient hätten, der auf jede mögliche Art versucht, das Gotteslob auf Erden zum Schweigen zu bringen. Singen und Musizieren sind Gaben Gottes und schenken dem Menschen die Übereinstimmung mit dem Singen und Musizieren in der oberen Welt.

«Auch schaute ich etwas darüber, daß wir bis jetzt im Gehorsam gegen euch den Gesang des göttlichen Offiziums unterlassen haben und es nur mit leiser Rezitation verrichteten. Und ich vernahm eine vom lebendigen Licht ausgehende Rede über die verschiedenen Arten beim Gotteslob. – Vor seiner Übertretung im Stande der Unschuld stand Adams Stimme in nicht geringem Einklang mit den Stimmen der lobsingenden Engel. Sie, die allezeit vom Geiste, der Gott ist, dazu angefeuert werden, verharren kraft ihrer geistigen Natur in dieser Chorgemeinschaft. Adam aber hatte den Gleichklang mit der Stimme der Engel, den er im Paradies besaß, verloren. – Gott aber durchströmte die Seelen der Auserwählten mit dem Lichte der Wahrheit. – Damit sie nicht aus der Erinnerung an Adams Verbannung lebten, sondern im Gedenken an die himmlische Seligkeit und den Lobpreis, deren Adam vor seinem Fall sich mit den Engeln in Gott erfreute, und damit auch sie zum Gotteslob angeregt würden, verfaßten die Propheten, von dem gleichen Geist belehrt, nicht nur Psalmen und Lieder, sondern sie erfanden auch verschiedene Musikinstrumente zu klangvoller Begleitung. All dies im Hinblick darauf, daß sowohl durch die Form und Eigenart dieser Instrumente als vor allem durch den Sinn der Worte, die dabei vorgetragen wurden, die Zuhörer, von außen her angeregt und in Schwung gebracht, sich innerlich am Sinn (der Lieder) erbauen. In Nachahmung dieser Propheten haben eifrige und weise Männer auch ihrerseits durch menschliche Kunstfertigkeit vielerlei Musikinstrumente erfunden, um in Herzensfreude singen zu können, so daß sie auch hierin sich Adams erinnerten, der durch den Finger Gottes, den Heiligen Geist, gebildet war und dessen Stimme vor dem Sündenfall in vollem harmonischem Klang die Lieblichkeit aller Musikinstrumente in sich trug.

Als aber sein Betrüger, der Teufel, hörte, daß der gefallene Mensch auf Gottes Eingebung hin (wieder) zu singen begann und dadurch sich eingeladen sah, an die lieblichen Gesänge des himmlischen Vaterlandes zu denken, spürte er, daß seine trügerischen Ränke vereitelt werden könnten. Darüber erschrak er, und mit dem unaufhörlichen Lügengeschwätz seiner Bosheit sinnt und sucht er deshalb ohne Unterlaß, den Lobpreis Gottes und die Schönheit der geistlichen Lieder nicht nur durch böse Einflüsterungen unreiner Gedanken und vielerlei Zerstreuungen aus den Herzen der Menschen, sondern, wo immer er nur kann, auch durch Zwietracht, Ärgernisse oder ungerechte Unterdrückungen aus dem Munde der Kirche in Disharmonie zu bringen und zu verbannen.»[919]

Der lobpreisende Mund der Kirche war auf dem Rupertsberg zum Schwei-

gen gebracht worden! Diese Worte drücken aus, wie tief die hl. Hildegard und ihre Schwestern durch das Interdikt getroffen waren. Daraus erklärt sich dann auch die Schärfe ihrer Anklage gegen die Prälaten.
«Deshalb müßt ihr und müssen alle geistlichen Oberen mit größter Behutsamkeit vorgehen. Ehe ihr den Mund einer Kirche, das heißt derer, die das Lob Gottes singen, durch Urteilsspruch schließt und ihnen den Vollzug und Empfang des Sakramentes untersagt, müßt ihr die Gründe für diese Maßnahme aufs sorgfältigste prüfen und untersuchen. Ihr müßt darauf bedacht sein, euch einzig vom Eifer der Gerechtigkeit Gottes, nicht aber von Entrüstung und ungerechter Geisteserregung oder von Rachsucht lenken zu lassen. Auch müßt ihr beim Fällen des Urteils euch ständig in acht nehmen, daß Satan, der den Menschen den himmlischen Harmonien und den Wonnen des Paradieses entriß, euch nicht umzingelt. – Diejenigen also, die der Kirche in bezug auf das Singen des Gotteslobes Schweigen auferlegen, werden, da sie auf Erden das Unrecht begingen, Gott die Ehre des ihm zustehenden Lobes zu rauben, keine Gemeinschaft haben mit dem Lob der Engel im Himmel, wenn sie das nicht durch wahre Buße und demütige Genugtuung gutgemacht haben. – Das härteste Gericht wird über die Prälaten ergehen, wenn sie nicht ihr Vorsteheramt mit Sorgfalt führen.»[920]
Die Rupertsberger Äbtissin hatte ihre eigene Versäumnisschuld offen bekannt. Bei aller Demut aber wußte sie sich in ihrer Kirche bevollmächtigt, in ehrerbietiger Weise, mit sachlicher Begründung und unnachgiebigem Ernst den Kirchenoberen ihre Schuld darzutun. Sie hatten voreilig Gottes Ehre in seiner Schöpfung geschmälert.
Mit diesem Brief machte sich die über achtzigjährige Greisin auf den Weg nach Mainz. Die Prälaten begrüßten die berühmte Äbtissin würdevoll, setzten sich und hörten mit ernsten, fortschreitend eisiger werdenden Gesichtern die Vorlesung des Briefes an. Was die hl. Hildegard dort erlebte, hat sie in ihrem letzen Brief an ihren Erzbischof Christian nach Italien geschrieben: «Ich legte ihnen die Worte, die ich im wahren Licht geschaut, wie Er selbst mir befohlen hatte, in einem Schriftstück vor, damit sie daraus den Willen Gottes in diesem Rechtsfall erkennen sollten. Unter bitteren Tränen bat ich die Anwesenden um Verzeihung und flehte sie klagend und demütig um Erbarmen an. Da aber ihre Augen so verfinstert waren, daß sie auch nicht einen Blick des Erbarmens für mich hatten, ging ich unter vielen Tränen wieder von ihnen weg. Doch waren gar viele Menschen von Mitleid zu uns bewegt. Sie wollten, aber sie konnten uns nicht helfen.»[921] Dieser letzte Satz deutet an, was für Szenen sich in den Gängen und vor dem Tor des erzbischöflichen Palais und nachher in der Mainzer Herberge um die weinende alte Frau abgespielt haben.
In ihr Kloster zurückgekehrt, ermutigt sie ihre niedergeschlagenen Töch-

Kamm der hl. Hildegard (7.–8. Jh.)
Vitrine 3: Bayerisches Nationalmuseum München

ter. Denn sofort sandte sie nun einen «Notbrief»[922] an ihren Erzbischof, der im Frühjahr 1179 in Rom weilte. Von ihm erwartete sie Hilfe, die sie bei den Mainzer Prälaten nicht hatte finden können. Was machte diese Männer so hart gegen die Äbtissin, die als flehende Bittstellerin vor ihnen auf den Knien lag? Zwischen den Zeilen erfahren wir es aus dem Briefwechsel. Eifersucht auf den Ruhm der Rupertsberger Nonne spielte mit. Als Männer waren sie geneigt, dieser so selbständig handelnden Äbtissin einmal einen Denkzettel zu erteilen und sie zum Beigeben zu zwingen. Außerdem schien ihnen die Gelegenheit günstig, sich an ihr zu rächen, weil sie sich immer zu dem rechtmäßigen Papst Alexander bekannt hatte und dadurch den zum Stauferpapst haltenden Mainzer Bischofssitz in ein ungünstiges Licht brachte.

Der «Notbrief» ließ die erste Hilfe auf den Plan treten. Erzbischof Christian bat von Italien aus den Hildegard sehr gewogenen Erzbischof Philipp von Köln, die böse Angelegenheit zu regeln. Philipp nahm den Freund des verstorbenen Edelmannes und den Priester, der dem toten und auch dem noch lebenden Ritter die Beichte abgenommen hatte, als beweiskräftige Zeugen mit nach Mainz. Darauf erteilten die Prälaten, das Einverständnis des fernen Mainzer Erzbischofs voraussetzend, die Erlaubnis, bis zu dessen Rückkehr «in Sicherheit und Frieden die Mysterien zu feiern».[923]

Diese Freudenbotschaft weckte die bedrückten Nonnen des Rupertsberges zu neuem Leben auf. Die Eucharistie wurde wieder gefeiert, die Kirchenportale standen wieder offen für Menschen von nah und fern, und die Glocken sandten wieder ihren Ruf einladend und an die Gebetszeiten erinnernd über das Nahetal.Doch inzwischen hatte sich einer der Prälaten auf den Weg nach Rom gemacht, um am Laterankonzil teilzunehmen. Dort trug er seinem Erzbischof vor, daß es dessen Autorität Abtrag tue, wenn in einer so heiklen kirchlichen Rechtssache ein anderer, nicht zuständiger Erzbischof eine Entscheidung treffen dürfte. Zurückkehrend brachte er den Bescheid mit, daß das Interdikt sofort wieder in Kraft treten müsse. Die Nachricht schlug auf dem Rupertsberg ein wie ein verheerender Blitz. Wieder lähmte dumpfes Schweigen das Klosterleben. Die Äbtissin gehorchte der ihr übermittelten erzbischöflichen Anweisung, aber sofort nahm die Schmerz- und Altersgebeugte das Schreibwerkzeug zur Hand und wandte sich mit ihrem letzten auf dieser Erde geschriebenen Brief an ihren immer noch in Italien weilenden Erzbischof.

«Gütigster Herr und Vater, der du an Christi Stelle als Hirte über die Schafe deiner Kirche gesetzt bist! ... Demütig dir zu Füßen geworfen, eröffnen wir, deine Dienerinnen, die in Trübsal und Niedergeschlagenheit dasitzen, unter Tränen in lauterer Wahrheit dir den Grund unseres untragbaren Schmerzes, im Vertrauen, die feurige Liebe, die Gott ist, werde dir eingeben, die Klagestimme, mit der wir Notgebeugten zu dir rufen, mit väterlicher Liebe erbarmungsvoll zu erhören.» Nach einer sehr ausführlichen Darstellung der Geschehnisse klagt die hl. Hildegard über die Not, in die sie gestürzt wurde, als der Prälat von Rom die Neueinführung des Interdiktes mitbrachte, «das du – so hoffe ich zuversichtlich von deiner väterlichen Liebe – niemals erlassen hättest, wenn du den wahren Sachverhalt gekannt hättest. Und so befinden wir uns, mildester Vater, durch deinen höchsteigenen Befehl in noch größerem Schmerz und noch größerer Trauer in der früheren Bindung. Daraufhin erhielt ich in der Schau meiner Seele den Auftrag, aus Herz und Mund zu sagen: Besser ist es für mich, in die Hände der Menschen zu fallen, als das Gesetz meines Gottes zu verlassen. Also, mildester Vater, ich beschwöre dich bei der Liebe des Heiligen Geistes, um der Güte des ewigen Vaters willen, der zum Heil des Menschen in zarter Erweckungskraft Sein Wort in den Schoß der Jungfrau sandte; du wolltest nicht die Tränen deiner betrübten Töchter verachten, die wir aus Furcht vor Gott die Trübsale und Nöte dieser ungerechten Bindung ertragen. Der Heilige Geist gebe dir ein, daß du von Erbarmen über uns ergriffen werdest und dafür selbst nach Ablauf deines Lebens Barmherzigkeit erlangest.»[924]

Ein wahrhaft geistlicher Brief! Vieles zeichnet ihn aus: Achtung vor dem als gottgesetzt anerkannten hohen kirchlichen Amt, hoffendes Vertrauen auf die Rechtlichkeit seines Trägers, unerschrockene Offenheit diesem gegenüber ohne erregtes Pochen auf eigenes Recht, demütige Bereitschaft, einen Bittgang zu tun, die Einsicht, daß es nur unter Beistand des Heiligen Geistes zur Lösung einer so gespannten Situation kommen kann, wenn ein Anhauch göttlichen Erbarmens und göttlicher Liebe das Herz eines Mächtigen bewegt, und über dem allen das Bekenntnis, daß die Gottesfurcht den Vorrang vor aller Menschenfurcht haben muß.

Erzbischof Christian war eine weit über den Durchschnitt hinausragende Persönlichkeit. Einem thüringischen Fürstengeschlechte entstammend, eifriger Anhänger und Kanzler Kaiser Friedrichs, war er von diesem mit dem Erzbistum Mainz belehnt worden. Nun Reichsfürst, bewährte er sich im Dienst des Kaisers in England, Frankreich und Griechenland als ausgezeichneter Diplomat, erfocht in Italien als guter Feldherr einen glänzenden Sieg über die Übermacht der Römer, und trug im Jahr 1177 durch kluges Verhandeln wesentlich mit bei zur Aussöhnung zwischen dem Kaiser und dem rechtmäßigen Papst Alexander III.

Der Antwortbrief dieses weltlich und geistlich bedeutenden Mannes ist ein ausgezeichnetes Beispiel bischöflichen Briefstiles, ehrlicher und neidloser Anerkennung der gottgegebenen Größe eines anderen Gliedes der Kirche, klaren und sachlichen Denkens, entschlossenen Handelns, und der seltenen Fähigkeit, eigene Schuld offen zuzugeben und um Verzeihung zu bit-

ten. Dies Letztere ist wohl der höchste Beweis für die innere Größe eines hochgestellten Menschen.
Der Erzbischof schreibt: «Die offenkundigen Kennzeichen deines heiligen Wandels und staunenswerten Zeugnisse der Wahrheit halten, in Christo teuerste Herrin, unsere Seele so im Bann deiner Befehle, um nicht zu sagen deiner Bitten, daß wir mit Recht unser Herz auf alles ausrichten und hinneigen müssen, wovon wir je erfahren, es entspreche deinen heiligen Wünschen. Wir hoffen und setzen nächst Gott auf deine Heiligkeit das größte Vertrauen, daß wir durch den heiligen Duft deiner Gebete die zuvorkommende und nachfolgende Gnade Gottes erlangen, und daß unsere sündige Seele die so ersehnte Milde ihres Schöpfers durch die Vermittlung deiner Heiligkeit erfahre. Daher kommt es, daß wir mit der Trübsal und Bedrängnis, die der geweihte Konvent zusammen mit dir wegen der Suspension des Gottesdienstes erleidet, um so innigeres Mitleid haben, je klarer sich uns in dieser Sache eure Unschuld darstellt. Es stand aber für die Kirche als wahr fest, daß bei eurem Gotteshaus ein Mann begraben worden war, der zu seinen Lebzeiten der Strafe der Exkommunikation verfallen war, und zwar zu einer Zeit, da die Kirche über seine Absolution noch im ungewissen war. Im Hinblick auf die nicht zu umgehenden Satzungen der Väter war es für euch höchst gefährlich, den Einspruch der Geistlichen zu mißachten und das Ärgernis vor der Kirche zu verheimlichen, bis durch das beweiskräftige Zeugnis rechtschaffener Männer vor dem Angesicht der Kirche der Nachweis seiner Lösung vom Bann erbracht war.
Selbstverständlich haben wir herzlichstes Mitleid mit eurem Kummer und richteten daher an die Kirche von Mainz ein Schreiben folgenden Inhaltes: Wir bestimmen, daß, wenn durch eine der Wahrheit entsprechende Aussage bewährter Männer die Absolution des Verstorbenen nachgewiesen ist, der Gottesdienst bei euch gefeiert werden soll.
Zugleich bitten wir eure Heiligkeit inständig und flehentlich: Wenn wir euch in dieser Angelegenheit durch unsere Schuld oder Unwissenheit zur Last gefallen sind, so entzieht euer Erbarmen nicht dem, der um Verzeihung bittet. Bittet auch den Vater der Barmherzigkeit, daß Er uns gesund und wohlbehalten zu eurer Heiligkeit und zur Mainzer Kirche zurückführe, Gott und eurer Gemeinschaft zur Ehre und zum Heil unserer Seele. Der Herr erhalte euch Gesundheit und Heiligkeit.»[925]
Über dem Hin und Her der Briefe war der Sommer des Jahres 1179 heraufgezogen. Die Glocken des Klosters läuteten nun wieder über dem Nahetal und erinnerten die Menschen bei ihrer Ernte- und Weinbergarbeit an die Gebetszeiten. Die Lobgesänge der Nonnen klangen von neuem hell durch das Gotteshaus und die Klostergebäude. Die hl. Hildegard atmete befreit auf, da ihr Kloster wieder ungehindert seine Bestimmung erfüllen konnte, der Preisung des Schöpfers und Erlösers zu dienen.

2. Sterben und Weiterwirken

Doch nur noch für einige Wochen konnte sie sich dessen auf dieser Erde freuen. Ihre Kräfte waren aufgezehrt. Hildegards damaliger Sekretär Wibert schrieb einem Freund über ihren Zustand: «Völlig abgemagert, so schwach, daß sie beim Aufstehen von zwei Nonnen gestützt werden mußte, seufzte sie unter der Last der ihr noch obliegenden Klosteraufsicht. Augen, Lunge und Magen bereiteten ihr Beschwerden, sie sehnte den Tod herbei und sagte ihren geistlichen Töchtern ihren Sterbetag voraus.»[926]

In den frühen Morgenstunden des 17. September 1179, an einem Montag, nach einer Nacht der Gebete und des stillen Wartens, schlief Hildegard ein. Das Sterbeglöcklein rief die Klostergemeinschaft an das Lager der Toten und verkündete über das Nahetal und das Rheintal hin den Heimgang der geliebten und bewährten, ja heiligen Äbtissin.

Die Vita berichtet über das Sterben der Heiligen: «Wir wollen nun, da wir dem Schluß unseres Werkes zueilen, noch schauen, mit welchen Wunderzeichen Gott auch das Lebensende der Heiligen auszeichnete, wie ihre Schwestern es beschrieben haben. Sie berichten: Nachdem die heilge Mutter viele mühsame Kämpfe mit Hingabe vollführt hatte, empfand sie Überdruß am gegenwärtigen Leben und wünschte täglich, aufgelöst zu werden und bei Christus zu sein. Gott erhörte ihren Wunsch und offenbarte ihr, wie sie es vorher gewünscht hatte, in prophetischem Geist ihr Ende, das sie auch ihren Schwestern voraussagte. Sie wurde einige Zeit von einer Krankheit heimgesucht und ging in ihrem zweiundachtzigsten Lebensjahr am 17. September in einem seligen Sterben hinüber zu ihrem himmlischen Bräutigam. Ihre Töchter, deren ganze Freude und Tröstung sie gewesen, nahmen unter bitterem Weinen an dem Heimgang der geliebten Mutter teil. Denn obwohl sie nicht daran zweifelten, Hildegard werde für sie bitten und ihnen Gnade erwirken, so wurden sie doch beim Hinscheiden derjenigen, durch die sie stets getröstet worden waren, von tiefer Herzenstrauer erfüllt.»[927]

Daß eine Heilige in die Ewigkeit eingeführt worden war, dafür schenkte der himmlische Herr den im Erdenkampf zurückgelassenen Schwestern ein sie im Glauben stärkendes Zeichen. Es gibt keinen guten Grund, an der Wahrheit des Berichtes zu zweifeln. Manches andere Heiligenleben hat durch ähnliche, unbezweifelbar bezeugte Zeichen seine göttliche Bestätigung erfahren, nicht zur Bekämpfung des Unglaubens der Welt, sondern zur Stärkung des Glaubens der angefochtenen Kirche. Die Vita fährt fort: «Gott aber zeigte deutlich bei ihrem Hinübergang, welche Verdienste sie bei ihm hatte.

Über dem Gemach, in dem die heilige Jungfrau bei der ersten Dämmerung der Nacht ihre glückliche Seele Gott zurückgab, erschienen zwei überaus

helle Bögen von verschiedener Farbe am Himmel. Sie nahmen eine große, weite Strecke ein und dehnten sich nach den vier Weltgegenden aus, der eine ganz von Norden nach Süden, der andere von Osten nach Westen. Im Scheitelpunkt, wo die zwei Bögen sich kreuzten, strahlte ein helles, mondförmiges Licht. Es leuchtete weithin und schien die nächtliche Finsternis vom Sterbebett zu vertreiben. In diesem Licht sah man ein rotschimmerndes Kreuz, das zuerst klein war, dann aber zu ungeheurer Größe anwuchs. Dieses Kreuz war umgeben von unzähligen verschiedenfarbigen Kreisen, in denen einzelne kleine rotschimmernde Kreuze mit eigenen Kreisen sich bildeten. Die kleineren waren jedoch früher sichtbar. Als sie sich am Firmament ausgebreitet hatten, dehnten sie sich weiter nach Osten hin aus und schienen sich zur Erde auf das Haus hin, in dem die heilige Jungfrau heimgegangen war, zu neigen und hüllten den ganzen Berg in strahlendes Licht.
Wir müssen wohl glauben, daß Gott durch dieses Zeichen offenkundig machte, mit welcher Lichtfülle er seine Geliebte im Himmel verherrlicht hat.
Auch fehlte es vor ihrem Begräbnis nicht an Wundern, die das Verdienst ihrer Heiligkeit bezeugen. Denn zwei Menschen, die ihren heiligen Leichnam in gläubiger Hoffnung zu berühren wagten, wurden von schwerer Krankheit geheilt.
Die Beisetzungsfeier wurde von hochwürdigen Männern ehrfürchtig vollzogen und der Leichnam an heiliger Stätte begraben, wo allen, die mit gläubigem Herzen bitten, durch Hildegards Verdienste viele Wohltaten erwiesen werden.
Auch stieg aus ihrem Grab ein wunderbarer Duft auf, der Sinne und Brust vieler Menschen durchdrang. Daher hoffen und glauben wir ohne Zweifel, daß bei Gott ihr Andenken unsterblich ist, der ihr schon in diesem Leben den besonderen Vorzug seiner Gaben verlieh, wofür ihm Preis und Ehre sei von Ewigkeit zu Ewigkeit. Amen.»[928]
Anscheinend wurde die Äbtissin nicht, wie sonst bei Klostergründern üblich, vor dem Altar ihrer Kirche beigesetzt, sondern nur an geweihter Stätte, also auf dem Klosterfriedhof. Schon bald aber muß, wohl wegen des Zustromes vieler Pilger zu ihrem Grabe, eine Umbettung stattgefunden haben, vor den Hauptaltar der Kirche. Da nun aber immer mehr Menschen zum Grabe der Heiligen kamen, um diese um Fürsprache für ihre Nöte zu bitten, und da dies Kommen und Gehen die Chorgebete der Nonnen im Altarraum störte, wandten sich diese um Hilfe an ihren Mainzer Erzbischof. Dieser kam zum Rupertsberg, trat vor das Grab und gebot der Heiligen in feierlicher Form, hinfort keine Wunder mehr zu tun. Die Heilige gehorchte. Es geschahen keine Wunder mehr, und die Pilger blieben aus.[929]

Geheimsprache

Dem Kloster lag daran, daß seine große Äbtissin, schon zu Lebzeiten als Heilige geehrt, von der Kirche offiziell in die Zahl der Heiligen aufgenommen würde. So stellte das Kloster den Antrag auf Heiligsprechung. Der Papst beauftragte 1227 die Mainzer Geistlichen, Leben und Schriften der Heiligen zu untersuchen, glaubwürdige Zeugnisse über die geschehenen wunderbaren Heilungen beizubringen und alle nötigen Unterlagen nach Rom zu senden. Die Prälaten scheinen nicht besonders an der Heiligsprechung der großen Äbtissin interessiert gewesen zu sein, denn erst 1233 schickten sie ihre Aufstellungen nach Rom. Wegen Unvollständigkeit und festgestellter Fehler schickte die Kurie alles 1237 nach Mainz zurück mit dem Auftrag, eine zuverlässige neue Eingabe zu machen. Wiederum zögerten die Mainzer, so daß sie 1243 vom Papst angemahnt werden mußten, den Heiligsprechungsprozeß unverzüglich und mit genauen Angaben zu beantragen. Das bis heute erhaltene korrigierte Aktenmaterial zeigt, daß sie sich an die Arbeit machten. Aber anscheinend ist keine Reinschrift mehr nach Rom gesandt worden, zumal dann schon bald das Exil der Päpste in Avignon die kirchliche Tätigkeit lähmte. So verlor sich die Durchführung des Heiligsprechungsprozesses der hl. Hildegard in Vergessenheit, wie auch ihr schriftliches Werk in der Kirche über viele Jahrhunderte ohne Einfluß blieb.

Nur das wurde festgehalten, daß sie eine prophetische Frau und eine bedeutende Heilige gewesen war. In vielen Klöstern wurde ihr Sterbetag als Fest der heiligen Hildegard begangen. Auf Geheiß des Mainzer Erzbischofes wurde in Gegenwart der damaligen Äbtissin und des Konventes 1489 und 1498 die Gruft geöffnet und die Unversehrtheit der Reliquien überprüft und protokollarisch festgehalten. Schon im Beginn des 15. Jahrhunderts war der Name der hl. Hildegard in das kirchliche Kalendarium aufgenommen worden, und im 16. Jahrhundert wurde er, ohne daß eine offizielle Heiligsprechung stattgefunden hätte, im römischen Heiligenverzeichnis, dem Martyrologium Romanum, vermerkt.

Bei der Verwüstung des Klosters Rupertsberg im Dreißigjährigen Krieg retteten die Nonnen die Hildegard-Reliquien und bewahrten sie weiterhin in der Eibinger Klosterkirche. Das Rupertsberger Kloster blieb als Ruine stehen, bis diese wegen der in das Nahetal führenden Bahnlinie abgerissen werden mußte. Die Tradition der hl. Hildegard wurde hinfort nur noch in dem armselig gewordenen Kloster Eibing weitergeführt. 1683 mußte die dortige Klosterkirche wegen Baufälligkeit abgerissen werden. In dem Neubau fand der Hildegardschrein eine würdige Stätte.[930] Infolge der durch die Französische Revolution entstandenen Veränderungen wurde das Eibinger Kloster säkularisiert. Die noch übrig gebliebenen wenigen alten Nonnen, Rest einer einstigen Geschichte göttlichen Handelns auf dieser Erde, fanden irgendwo Unterkunft. Die Kirche diente als Kanonen-

schuppen, die Reliquien und Erinnerungsstücke an die hl. Hildegard wurden heimatlos und verloren sich an verschiedene Stellen.
Im Jahre 1831 erwarb die Dorfgemeinde Eibingen das noch stehende gesamte Kloster. Die Klostergebäude wurden als Schule in Gebrauch genommen und die Kirche wurde zur Pfarrkirche erhoben. Den eifrigen Bemühungen des damaligen Eibinger Dorfpfarrers gelang es, die Reliquien und andere zerstreute Erinnerungsstücke zu sammeln. Die Gebeine der Heiligen fanden wieder ihre Ruhestätte im Eibinger Gotteshaus und wurden von dem zuständigen Limburger Bischof neu konsekriert.[931] Dadurch wurde die Verehrung der hl. Hildegard im Rheingau neu geweckt. Der Limburger Bischof Peter Joseph Blum beauftragte den gelehrten Eibinger Pfarrer Ludwig Schneider, sich um die urkundlichen, die Rupertsberger Äbtissin betreffenden Dokumente und die schriftlichen Hinterlassenschaften der hl. Hildegard zu bemühen. Der Eifer dieses frommen Verehrers brachte vieles zusammen, so daß weit über die engere Heimat der Heiligen hinaus die Aufmerksamkeit auf sie gelenkt wurde. So konnte denn auch im vorigen Jahrhundert die umfassende und immer noch brauchbare erste Hildegardbiographie von Schmelzeis geschrieben werden. Seitdem hat es immer wieder neue Anstöße für das Bemühen um die Veröffentlichung und das Verstehen des Schrifttums dieser bedeutenden prophetischen Gestalt des christlichen Mittelalters gegeben. Es hat sich, je länger desto mehr, gezeigt, daß ihr Wort durch die lange Zeit des Verschweigens nichts an Bedeutung und Aussagekraft verloren hat.
Etwas davon ahnten wohl auch die treuen Verehrer der hl. Hildegard, die belgischen Mönche des Klosters Villers, die an die trauernden Schwestern auf dem Rupertsberg einen Trostbrief schrieben. Sie erinnerten die Leidtragenden an das Große, das Gott an ihnen getan hatte, «da Er euch in Seiner Gnade eine solche Meisterin schenkte». Und weiter schrieben sie: «Wenn ihr sie also liebt, freut euch mit ihr, denn sie ging von der Mühsal zur Ruhe, vom Tod zum Leben, von der Welt zum Vater. Und nun, da sie in die Allmacht des Herrn eingegangen ist, kann sie euch durch ihre Fürsprache Anteil geben an Seinem wonnevollen Licht, das sie nunmehr genießt. Und da ihr hier keine bleibende Stätte habt, vielmehr die zukünftige sucht, sage ich nochmals: Freuet euch. Denn es ist euch zum Herrn eine mächtige Fürsprecherin vorangegangen, um euch eine Wohnung zu bereiten. Wenn ihr ihren Spuren und Weisungen folgt, werdet ihr ohne Zweifel an ihrem Los Anteil haben. – Da sie das Wort des Lebens in sich barg und es verkündete, wurde sie zum wunderbaren Leuchter, der strahlende Lichter trug, immer brennend vom Feuer Gottes.»[932] Ein wunderbarer Leuchter, der vom Feuer Gottes strahlende Lichter trägt, ist sie auch wieder für unsere Tage.
An der Stelle des in unserem Jahrhundert durch Brand völlig zerstörten

+ INDVIT ME DOMINVS VESTIMENTO SALVTIS ET INDVMENTO LAETITIAE

alten Eibinger Klosters wurde eine neue Pfarrkirche errichtet. Unter Lebensgefahr hatten Eibinger Bürger die Reliquien aus den Flammen gerettet. Auf dem hohen, 1935 geweihten Hildegardaltar bewahrt jetzt ein kostbarer, von den Maria Laacher Mönchen gestifteter Reliquienschrein die Gebeine der heiligen Rupertsberger und Eibinger Äbtissin. So lädt nun hier der von einstigem Gotteshandeln geweihte Ort auch heute noch zu ehrfürchtigem Gedenken an die hl. Hildegard ein, auf Erden Gottes immer gehorsame Dienerin, in der Kirche weiterwirkend als prophetische Lehrerin, in der oberen Schar der auf Erden noch kämpfenden Kirche teilnehmend zugewandt, mit ihrem ganzen Sein aufgehend in der lobpreisenden Zuwendung zum ewigen Licht.
Das schönste Zeugnis des wiedererweckten Geistes der hl. Hildegard in ihrer Heimat, dem Rheingau, ist das hoch über Eibingen, am oberen Rand der Weinberge gelegene neue Kloster St. Hildegard, das als Stiftung des Fürsten Karl zu Löwenstein in den Jahren 1900 bis 1904 errichtet und im Lauf der Jahre zu seiner jetzigen Größe ausgebaut wurde. Gotteslob, wissenschaftliche, künstlerische und Weinbergarbeit füllen die Tage der Nonnen.[933] Das Kloster steht, wie auch früher der Rupertsberg, offen für die vielen Menschen, die, aus der Welt kommend, dort aus- und eingehen, verweilen und geistliche Besinnung suchen. Der herrliche Weitblick von der Höhe dieses Klosters über Land und Strom ist Sinnbild für den geistlichen und geistigen Weitblick der prophetischen Verkündigung der hl. Hildegard.[934]

Der hl. Bernhard von Clairvaux (1090–1153), der unbestrittene geistige Führer des 12. Jahrhunderts, stand mit der hl. Hildegard in Briefwechsel. Er war es, der ihr an der Synode von Trier zum Durchbruch verhalf, als er Redefreiheit für sie beantragte. Hildegard schrieb an den hl. Bernhard: «Du bist der Adler, der in die Sonne schaut.»
Bildnachweis: Vera effigies Sancti Bernardi. Kathedrale Troyes, 16. Jahrhundert, auf Holz.

St. Hildegard auf Briefmarken

Rüdesheim am Rhein mit Abteikirche St. Hildegard Eibingen (oben rechts)

Werbestempel der Post

oben:
Europamarke des Fürstentums Liechtenstein 1983

links:
Gedenkmarke der Deutschen Bundespost zum 800. Todestag der hl. Hildegard von Bingen.

Hildegard von Bingen am Fernsehen

An Weihnachten 1982 strahlte das Erste Deutsche Fernsehen das von der hl. Hildegard von Bingen verfaßte Sing- und Mysterienspiel «Ordo virtutum – Spiel der Kräfte» aus. Es ist das erste Werk dieser Art, das von einer deutschen Frau gedichtet und komponiert wurde. Es ist erstaunlich, daß dieses Werk einer Nonne aus dem 12. Jahrhundert nach 8 Jahrhunderten am Fernsehen ausgestrahlt wird und auch die Menschen unserer Zeit zu faszinieren vermag. Die Presse war begeistert. So schrieb die «Deutsche Tagespost» in Würzburg unter dem Titel «Ordo virtutum»:

«Der ‹Ordo virtutum›, ein Werk der Hildegard von Bingen, liegt bei harmonia mundi in einer Schallplatteneinspielung vor, die als exemplarisch gelten kann (l C 165 19-9942-3). Eines der bedeutendsten Dokumente mittelalterlicher Musik wird hier durch das Ensemble ‹Sequentia› nach einem Konzept von Barbara Thornton mit allergrößter Sorgfalt dargeboten. Zweifellos: Intensive wissenschaftliche Arbeit zu Musik und Text hat diese Interpretation allererst ermöglicht; aber ihre Qualität erweist sich doch gerade darin, daß sie auch ohne den Blick auf den wissenschaftlichen Kontext zu faszinieren vermag. So gesungen, gesprochen und gespielt, erscheint die musikalische Mystik Hildegards geradezu modern, eigentlich wahrhaft zeitlos. Der Glanz und vor allem die meditative Ruhe, die diese für heutige Begriffe eminent statische Musik ausstrahlt, sprechen unmittelbar an. ‹Sequentia› war sich bewußt, daß der mittelalterliche Notentext der freien Ausgestaltung bedarf, aber diese Freiheit führt hier niemals zu einer Ornamentik um ihrer selbst willen.» pc

Text und Noten zu Ordo virtutum sind zu finden im Werk Hildegard von Bingen, Lieder, Verlag Otto Müller, Salzburg. Der Ordo virtutum beginnt mit folgenden Worten: «Qui sunt hi, qui ut nubes? – Wer sind diese, den Wolken gleich?» so fragen die Patriarchen und Propheten. Die Kräfte antworten: «O ihr Heiligen des Alten Bundes, was staunt ihr uns an? Gottes Wort erstrahlt in Menschengestalt. Da wir die Glieder seines schönen Leibes bauen, leuchten wir in ihm.»

Der Verleger

Bildlegenden:
Auf den folgenden zwei Seiten finden wir zwei Aufnahmen aus der Fernsehübertragung «Ordo virtutum» im Ersten Deutschen Fernsehen, Weihnachten 1982. Seite 422: Die Tugenden oder Kräfte, dargestellt durch allegorische Figuren. In der Mitte die Demut, versehen mit einer Krone, weil die Demut die Königin aller Tugenden ist. Seite 423: Satan umwirbt die Seele. Fotos: Alte Musik, Westdeutscher Rundfunk Köln.

Anmerkungen

1 Vita, zitiert aus der deutschen Ausgabe von Adelgundis Führkötter, Verlag Otto Müller, Salzburg, 2. Auflage, S. 71.
2 Hauck: Kirchengeschichte Deutschlands IV, S. 82.
3 ebd. S. 80/81.
4 Neben der kirchengeschichtlichen Literatur sehr aufschlußreich Karl Bosl: Europa im Aufbruch, Verlag C. H. Beck 1980.
5 Arno Borst: Mönche am Bodensee, Jan Thorbecke-Verlag 1978, S. 109.
6 Vita S. 71. Dies ist wohl auf die Taufe zu beziehen, da zwei Sätze später von der Darbringung für Gott im Kloster die Rede ist.
7 Vita S. 55.
8 Vita S. 73.
8a Vita S. 16.
9 De operatione Dei S. 317, zitiert aus der Ausgabe von Heinrich Schipperges «Welt und Mensch», Otto Müller Verlag 1965.
10 Vita S. 72.
11 Scivias S. 90, laufend zitiert aus der Ausgabe von Maura Böckeler «Wisse die Wege», Otto Müller Verlag, 5. Auflage 1963.
12 Vita S. 71.
13 Scivias S. 89.
14 Scivias S. 15.
15 Joh. May: Die hl. Hildegard, Kempten 1911, S. 9/10.
16 Vita S. 72.
17 Vita S. 71f.
18 Scivias S. 90.
19 Brief an die Galater 1,15.
20 De operatione Dei S. 167.
21 ebd. S. 170.
22 Schipperges: Heilkunde S. 213, zitiert aus der Ausgabe Heinrich Schipperges, Otto Müller Verlag 1957.
23 ebd. S. 213.
24 Scivias S. 93.
25 ebd. S. 313 und Hildegard-Festschrift von 1979, S. 46.
26 Scivias S. 93.
27 De operatione Dei S. 31.
28 ebd. S. 100.
29 ebd. S. 317.
30 Heilkunde S. 21 u. 56.
31 De operatione Dei S. 201.
32 ebd. S. 217.
33 siehe in Hildegards Werken unter dem Stichwort «Rad».
34 Vita S. 53.
35 Monika zu Eltz: Hildegard, Verlag Herder 1963, S. 25ff.
36 ebd. S. 20f. Siehe dazu auch Gerd Zimmermann: Ordensleben und Lebensstandard.
37 Vita S. 53.
38 Vita S. 71.
39 ebd. S. 72.
40 ebd. S. 72.
41 M. zu Eltz S. 45.
42 Zu dem allen ist sehr aufschlußreich Jean Leclerq: Wissenschaft und Gottverlangen, zur Mönchstheologie des Mittelalters. Patmos Verlag Düsseldorf 1963.
43 Briefwechsel S. 277, zitiert nach der Ausgabe von Adelgundis Führkötter, Otto Müller Verlag 1965.
44 ebd. S. 110.
45 Vita S. 59f.
46 Scivias S. 89.
47 Vita S. 72.
48 ebd. S. 72.
49 ebd. S. 72.
50 In: Gisbert Kranz «Herausgefordert von ihrer Zeit» S. 18/19. In dem Band Briefwechsel ist dieser Brief gekürzt.
51 ebd.
52 Vita S. 54/55.
53 Scivias S. 120 und S. 123–126.
54 Monika zu Eltz S. 54 und May s. 31.
55 Vita S. 72.
56 ebd. S. 54.
57 May und Eltz.
58 Vita S. 91.
59 Briefwechsel S. 232.
60 Vita S. 55.
61 ebd. S. 58.
62 Scivias S. 89.
63 ebd. S. 95.
64 ebd. S. 89. Über einen anderen Fall einer solchen in einem Augenblick geschehenden «intellektuellen Erleuchtung», erhellender Durchschau durch die göttliche Wahrheit mit bleibender Fortwirkung im Leben des Empfängers, berichtet Ernst Benz in seinem den Bereich des Visionären im Raum der Kirche ausführlich behandelnden Werk: «Die Vision». Ernst Klett Verlag 1969.

65 Interessant ist der Vergleich zwischen dem Schreibstil des Mönches Volmar, Hildegards Sekretär, und ihrer eigenen Schreibart. Gottfried Hertzka: Das Wunder der Hildegardmedizin, S. 93 ff., Christiana Verlag, 4. Aufl. 1984.
66 Scivias S. 382.
67 Vita S. 72.
68 ebd. S. 72/73.
69 ebd. S. 55/56.
70 ebd. S. 73.
71 ebd. S. 56.
72 Dafür bringt Ernst Benz eine Fülle von Beispielen.
73 Vita S. 73.
74 G. Hertzka übersetzt in seinem Buch «Das Wunder der Hildegardmedizin» den lateinischen Text propter diversitatem verborum hominum: «Wegen der Ausdrucksarmut der menschlichen Sprache». Wörtlicher übersetzt: Wegen der Bedeutungsunterschiedlichkeit der menschlichen Wörter.
75 Richardis von Stade, der Hildegard mit besonderer Liebe zugetan war, an der sie aber eine große Enttäuschung erlebte.
76 Scivias S. 90/91.
77 Im Original: imbuta mystico spiramine, erfüllt von mystischer, geheimnisvoller Anhauchung.
78 Scivias S. 149.
79 Übersetzung des Textes der neuen lat. Scivias-Ausgabe von 1978 S. 111/112 im Corpus Christianum Turnholt Verlag Brepols, herausgegeben von Adelgundis Führkötter. Wo dieser Text weiterhin neu übersetzt ist, wird er zitiert unter Scivias latein.
80 Scivias S. 218.
81 Briefwechsel S. 226 und 227.
82 Scivias S. 180.
83 ebd. S. 244.
84 ebd. S. 272.
85 E. Benz «Die Vision» S. 40 ff.
86 ebd. S. 220 ff.
87 ebd. S. 500.
88 Briefwechsel S. 196 f.
89 ebd. S. 199.
90 E. Benz «Die Vision» S. 255.
91 Briefwechsel S. 227.
92 G. Hertzka: «Das Wunder der Hildegardmedizin» S. 65.
93 Gisbert Kranz: «Herausgefordert von ihrer Zeit», Verlag Friedrich Pustet 1976, S. 10.
94 De operatione Dei, Ausgabe H. Schipperges S. 265.
95 Scivias S. 369 f. Hier in der Übersetzung von G. Hertzka. Das Dynamische des Wortlautes wird besonders spürbar.
96 Briefwechsel S. 30.
97 ebd. S. 30.
98 ebd. S. 30/31.
99 Vita S. 69. Der Brief ist an Papst Anastasius gerichtet. Siehe Briefwechsel S. 40.
100 Christel Meier spricht von «bewußt angestrebter Eigenständigkeit gegenüber der Tradition» durch Vermeiden von Übernahme verifizierbarer Zitate, um den Anspruch neuer göttlicher Offenbarung zu unterstreichen. Festschrift 1979 S. 159.
101 G. Hertzka stellt in seinem Buch über die Hildegardmedizin eine interessante Berechnung über den Fleiß der Hildegardschen Schreibarbeit auf, S. 56 ff. Daß zur Herstellung des umfangreichen Pergamentbedarfes in der Klosterwirtschaft eine große Schafhaltung nötig war, sei nebenbei vermerkt.
102 Briefwechsel S. 227.
103 Lat. Sciviasausgabe im Corpus Christianorum, Turnholt Verlag, Brepols, 1978, S. XVI ff. Weiterhin wird diese Ausgabe zitiert.
104 ebd. S. XVI. Siehe auch oben Anm. 100. Ob man eine derartige Absicht bei Hildegard vermuten darf, erscheint sehr zweifelhaft.
105 Solche Hinweise in der lat. Sciviasausgabe S. XIV ff. Siehe auch Stellenregister in Bd. II S. 653 ff, wobei die Herkunft dieser Stellenkenntnis offen bleibt.
106 E. Benz «Die Vision» S. 431 und 467.
107 Siehe dazu die bemerkenswerten Ausführungen in dem Buch von Jean Leclerq: «Wissenschaft und Gottverlangen, zur Mönchstheologie des Mittelalters», S. 83, 112, 263, 268.
108 Viele Beispiele dafür in E. Benz «Die Vision».
109 Briefwechsel S. 25–27.
110 ebd. S. 27.
111 Vita S. 56–58. Bestätigt wird dies durch den Auszug aus Hildegards eigenen Aufzeichnungen in der Vita S. 73.
112 In der deutschen Sciviasausgabe, die manches ausläßt oder als Textzusammenfassung bringt, fehlen diese Kapitelangaben.
113 Übersetzt aus dem lat. Text der neuen Sciviasausgabe. Ebenso für den zweiten und dritten Teil.
114 Scivias lat. S. XXXIV f.
115 Scivias S. 219.
116 Scivias lat. S. 345.
117 Scivias S. 104.
118 ebd. S. 106.

119 ebd. S. 313.
120 ebd. S. 286.
121 ebd. S. 95.
122 ebd. S. 218.
123 s. Scivias lat. im Stichwortverzeichnis unter mysterium und secretum.
124 Scivias lat. S. 463.
125 ebd. S. 464.
126 ebd. S. 464.
127 ebd. S. 338/339.
128 ebd. S. 339.
129 Scivias S. 158f.
130 ebd. S. 275.
131 Scivias S. 190f. Siehe zu diesem Thema das Buch des Atomphysikers Bernhard Philberth: Der Dreieine. Christiana-Verlag, Stein am Rhein,1970.
132 Briefwechsel S. 39.
133 ebd. S. 126.
134 ebd. S. 141.
135 Scivias lat. S. 146.
136 ebd. S. 130.
137 ebd. S. 267.
138 ebd. S. 130.
139 ebd. S. 466.
140 Welcher Schriftsteller heute wüßte davon so ehrlich und zugleich mitleidsvoll zu schreiben wie Wilhelm Raabe?
141 Scivias lat. S. 13 und 14.
142 ebd. S. 14f.
143 ebd. S. 341 und 342.
144 Scivias S. 128. Siehe zu dem allen Schipperges: Die Welt der Engel bei Hildegard von Bingen. Otto Müller Verlag.
145 Scivias lat. S. 13.
146 ebd. S. 23.
147 ebd. S. 23.
148 ebd. S. 72.
149 ebd. S. 73 und 74.
150 ebd. S. 32f.
151 Hans Dieter Rauh: Das Bild des Antichrist im Mittelalter. Verlag Aschendorf 1973, S. 503.
152 Scivias lat. S. 311f.
153 ebd. S. 312.
154 ebd. S. 314.
155 ebd. S. 319.
156 ebd. S. 588.
157 Rauh: Das Bild des Antichrist S. 522ff. Scivias S. 342. Scivias lat. S. 598.
158 Rauh S. 524.
159 s. hierzu Scivias S. 106 u. 116 u. 338.
160 Scivias lat. S. 591.
161 ebd. S. 591.
162 ebd. S. 154.
163 Schipperges: Die Welt der Engel S. 87.
164 Scivias lat. S. 592.
165 ebd. S. 52. In den späteren Büchern der hl. Hildegard kommen diese Fragen noch öfter zu Wort.
166 s. dafür Erwin Chargaff: Unbegreifliches Geheimnis. Verlag Klett-Cotta, 1980.
167 Rauh: Bild des Antichrist S. 501. Dort Hinweise auf entsprechende Dinge in der Zeit Hildegards.
168 Scivias lat. S. 593ff.
169 ebd. S. 595.
170 ebd. S. 343.
171 ebd. S. 314.
172 Schipperges: Die Welt der Engel S. 73–75.
173 Rauh: Bild des Antichrist S. 520.
174 Scivias lat. S. 593.
175 Rauh ebd. S. 526/527.
176 Schipperges ebd. S. 73.
177 Scivias lat. S. 56.
178 ebd. S. 332.
179 ebd. S. 335.
180 ebd. S. 48.
181 Paul Lüth: Der Mensch ist kein Zufall. Deutsche Verlagsanstalt, 1981. Reinhard Breuer: Das anthropische Prinzip. Verlag Meyster 1981. J. Illies: Schöpfung oder Evolution. Zürich 1979.
182 Scivias lat. S. 48/49.
183 Hildegard von Bingen: Welt und Mensch S. 48. Ausgabe H. Schipperges.
184 Scivias lat. S. 330.
185 ebd. S. 344/345.
186 Die Übereinstimmung der Aussagen des Scivias-Buches mit denen der Hl. Schrift kann hier nicht behandelt werden. Es sei nur auf einige Stellen verwiesen: Röm 8,17. 1 Kor 15,49. 2 Kor 3,18. Phil 3,21. 2 Petr 1,4. 1 Joh 3,2.
187 Über die vielfältige Beziehung Engel–Mensch siehe das schöne Buch von H. Schipperges: Die Welt der Engel.
188 Hildegard-Zitat bei Schipperges S. 96.
189 ebd. S. 180.
190 ebd. S. 97f.
191 Scivias I, 6: Schau der Engel.
192 Scivias lat. S. 103.
193 ebd. S. 108.
194 z.B. E. Wilder Smith: Herkunft und Zukunft des Menschen S. 119f. und andere Stellen. Verlag Hänssler, 4. Aufl., 1978.
195 Hildegard: Der Mensch in der Verantwortung S. 78f. Ausgabe H. Schipperges.
196 ebd. S. 81/82. Über das Menschenkind im Mutterschoß s. Scivias lat. S. 77f.
197 Der Mensch in der Verantwortung S. 82.
198 Scivias lat. S. 221–223. Leider sind diese Seiten in der deutschen Sciviasausgabe ausgelassen.
199 ebd. S. 223.
200 ebd. S. 77/78. Hier wird diese Stelle an-

ders gedeutet als in der deutschen Sciviasausgabe. S. auch Scivias lat. S. 83 Zeile 746 ff.

201 Neuere Beobachtungen über vorgeburtliche seelisch-geistige Aufnahmefähigkeit bestätigen dies. Oda Schäfer berichtet von ihrer vorgeburtlichen Erinnerung in: «Auch wenn du träumst» S. 52, Verlag Piper 1980. S. auch Scivias lat. S. 83 Zeile 723 ff. und S. 78 Zeile 573 ff.

202 Scivias lat. S. 78. Siehe auch im Stichwortverzeichnis unter anima.

203 ebd. S. 79.

204 ebd. S. 79/80.

205 ebd. S. 80/81.

206 ebd. S. 82.

207 ebd. S. 81 f.

208 ebd. S. 83.

209 ebd. S. 430.

210 Auch ein Psychologe wie A. Mitscherlich spricht von der relativen Unabhängigkeit des «Ich» und von der «Dunkelheit der Herkunft seiner Energien». In Zeitschrift Universitas 1982 S. 126/127.

211 Scivias lat. S. 213 ff.

212 ebd. S. 304/305.

213 ebd. S. 304.

214 ebd. S. 262.

215 z.B. ebd. S. 75 f.

216 ebd. S. 61 u. 78.

217 ebd. S. 25.

218 ebd. S. 266.

219 ebd. S. 345.

220 ebd. S. 553.

221 ebd. S. 484–490.

222 ebd. S. 548 f., s. auch S. 379.

223 ebd. S. 486 f.

224 Schipperges: Welt der Engel S. 120 und 101 f.

225 Scivias lat. S. 104.

226 ebd. S. 415. S. auch S. 428 f. und die Ausführungen über die Spannungen zwischen der nach oben strebenden Seele und der sinnenverhafteten Leiblichkeit S. 67 ff. Der Mensch ist ein schier unentwirrbares Geflecht gegenläufiger geistiger Beeinflussungen und innerer Tendenzen.

227 ebd. S. 491.

228 ebd. S. 84.

229 ebd. S. 293. Siehe den ganzen Zusammenhang.

230 ebd. S. 26.

231 ebd. S. 49.

232 Vita S. 97 f.

233 Scivias lat. S. 32.

234 ebd. S. 421.

235 ebd. S. 75/76.

236 ebd. S. 439.

237 ebd. S. 441.

238 ebd. S. 441.

239 ebd. S. 442.

240 ebd. S. 443.

241 ebd. S. 445.

242 ebd. S. 446.

243 ebd. S. 578.

244 ebd. S. 606.

245 Hierzu Josef Pieper: «Über das Ende der Zeit» und «Hoffnung und Geschichte». Kösel-Verlag, 3. Aufl. 1980 und 1967.

246 Scivias lat. S. 585.

247 ebd. S. 586.

248 ebd. S. 349.

249 ebd. S. 370.

250 ebd. S. 371 u. 374.

251 ebd. S. 375.

252 ebd. S. 168.

253 ebd. S. 525.

254 ebd. S. 480.

255 ebd. S. 585.

256 ebd. S. 253 f.

257 ebd. S. 392.

258 ebd. S. 394.

259 ebd. S. 397.

260 ebd. S. 196 «Der Mann existiert als Säer» ebd. S. 19/20. Nach Gottes Willen «wirken Mann und Frau zur Vermehrung des Menschengeschlechtes». Ebd. S. 20.

261 ebd. S. 145 u. 146.

262 ebd. S. 354.

263 ebd. S. 354.

264 ebd. S. 146.

265 ebd. S. 145.

266 ebd. S. 146.

267 ebd. S. 352.

268 ebd. S. 360.

269 ebd. S. 360.

270 ebd. S. 361.

271 ebd. S. 305.

272 Siehe hierzu und zum folgenden Margot Schmidt: Eine Erde der Lebendigen. Zum Kirchenbild bei Hildegard von Bingen. Nr. 16 der Reihe «Aktuelle Information» des Bischöflichen Ordinariats, Mainz.

273 Scivias lat. S. 114.

274 ebd. S. 443.

275 ebd. S. 493.

276 ebd. S. 526.

277 ebd. S. 232.

278 ebd. S. 589. Wie zur Zeit Noes, jetzt aber endgültig.

279 Siehe Zitat 205. Briefwechsel S. 39 u. 40.

280 Scivias lat. S. 578.

281 ebd. S. 578.

282 ebd. S. 589.

283 ebd. S. 600.

284 Siehe hierzu die 5. Schau des III. Teiles, die Vision des Eifers Gottes.
285 Scivias lat. S. 442 Z. 368; S. 536 Z. 722f.; S. 459 Z. 955f.; S. 115 Z. 205f.; S. 34 Z. 746ff.; S. 200 Z. 959ff.; S. 82 Z. 708ff.
286 ebd. S. 188.
287 ebd. S. 339.
288 ebd. S. 607. Die Vorstellung der hl. Hildegard von Wesen und Bedeutung der vier Elemente Feuer, Luft, Wasser und Erde im Bestand und für den Bestand alles in der Natur Vorhandenen braucht hier nicht erörtert zu werden. Es genüge der Hinweis darauf, daß es in der Schau der hl. Hildegard im gesamten Naturbereich nichts Starres gibt, daß alles in der dynamischen und durchdringenden Zuordnung der Elemente seinen Bestand hat. Man spräche daher besser von dem Feurigen, Hauchenden, Strömenden und Stabilisierenden in allen Erscheinungsformen der Natur.
289 ebd. S. 608.
290 ebd. S. 609.
291 ebd. S. 611.
292 ebd. S. 608.
293 ebd. S. 611.
294 ebd. S. 611.
295 ebd. S. 612/613.
296 ebd. S. 606.
297 ebd. S. 175/176.
298 ebd. S. 305.
299 ebd. S. 127.
300 ebd. S. 126.
301 s. die tiefgründige Einführung von Margot Schmidt: Zum Kirchenbild bei Hildegard von Bingen, S. 32.
302 Scivias lat. S. 137.
303 ebd. S. 122.
304 ebd. S. 257. «Die stärkste Medizin für die Wunden der Sünder», S. 502.
305 ebd. S. 367.
306 ebd. S. 103 u. 336 u. 366f.
307 ebd. S. 232. Jede nur historisch-kritische Exegese wird diese Schau als nicht im Text der Passionsgeschichte begründet ablehnen. Aber welcher Exeget könnte sich anmaßen zu behaupten, daß es solche hintergründigen, geheimnishaften Beziehungen zwischen dem ewigen Vater und dem menschgewordenen, am Kreuz leibhaft sterbenden Sohn nicht gegeben haben könne? Er müßte dann schon die Leugnung von Trinität und Inkarnation zur Voraussetzung seiner «wissenschaftlichen» exegetischen Arbeit machen. Andernfalls aber würde er wohl finden können, daß von diesen Glaubensgrundlagen aus sogar erhellende Lichtstrahlen auf die Texte der Passionsgeschichte fallen. Siehe zu diesen Fragen: Joseph Siri, «Gethsemani», Verlag Pattloch 1982.
308 ebd. S. 234/235.
309 Margot Schmidt S. 10.
310 Festschrift S. 180 u. 181.
311 Scivias lat. S. 392.
312 ebd. S. 305.
313 ebd. S. 118.
314 ebd. S. 119.
315 ebd. S. 589.
316 ebd. S. 493.
317 ebd. S. 134–136.
318 ebd. S. 175/176.
319 ebd. S. 163.
320 ebd. S. 494.
321 ebd. S. 140.
322 ebd. S. 576f.
323 ebd. S. 583ff.
324 ebd. S. 589.
325 ebd. S. 522/523.
326 ebd. S. 524.
327 ebd. S. 517/518.
328 ebd. S. 169/170.
329 ebd. S. 168.
330 ebd. S. 495.
331 ebd. S. 141/142. S. auch Margot Schmidt: Maria – materia aurea in der Kirche. Münchener theol. Zeitschrift 1981, Heft 1.
332 ebd. S. 233.
333 ebd. S. 566.
334 ebd. S. 525.
335 ebd. S. 526. S. auch S. 187/188.
336 ebd. S. 177.
337 ebd. S. 441.
338 ebd. S. 590.
339 s. ebd. im Stichwortregister unter doctrina, error, mendacia.
340 Margot Schmidt: Die Kirche, S. 20 u. 35.
341 Scivias lat. S. 179/180.
342 ebd. S. 187.
343 ebd. S. 190.
344 ebd. S. 190.
345 ebd. S. 194.
346 ebd. S. 191f.
347 ebd. S. 194 u. 184.
348 ebd. S. 195.
349 ebd. S. 197.
350 ebd. S. 140. Margot Schmidt: Die Kirche, S. 32.
351 Rauh: Das Bild des Antichrist, S. 491ff.
352 Scivias lat. S. 248. Dort folgt eine ausführliche, schöne Beschreibung der Einsetzung des hl. Abendmahles.
353 ebd. S. 235.
354 ebd. S. 236.
355 ebd. S. 236/237.

356 ebd. S. 240/241.
357 ebd. S. 244/245.
358 ebd. S. 265.
359 ebd. S. 268.
360 ebd. S. 253.
361 ebd. S. 253/254.
362 ebd. S. 235.
363 ebd. S. 250.
364 ebd. S. 259.
365 ebd. S. 246.
366 ebd. S. 259.
367 ebd. S. 301.
368 ebd. S. 296.
369 ebd. S. 587.
370 ebd. S. 268/269.
371 ebd. S. 241. Dazu noch ausführlicher S. 247.
372 ebd. S. 243.
373 ebd. S. 242. Hildegard wußte, daß diese Sündlosigkeit von Menschen nicht festgestellt werden kann. Demgemäß kann die historisch-kritische, wissenschaftliche Exegese allein niemals die Wahrheit Jesu Christi erfassen und aussagen.
374 ebd. S. 247.
375 ebd. S. 268.
376 ebd. S. 247.
377 ebd. S. 278/279.
378 ebd. S. 272.
379 ebd. S. 272 ff. u. 267.
380 Briefwechsel S. 237.
381 Scivias lat. S. 252 f. u. 254.
382 ebd. S. 630 u. 634. Über diese letzte Vision ist später im Zusammenhang mit den Hymnen und der Musik zu berichten.
383 ebd. S. 636 u. 635.
384 Festschrift S. 157.
385 Scivias lat. S. XXXII ff.
386 Schriftwechsel S. 30/31.
387 Festschrift S. 286. Dazu auch Josef Pieper: Scholastik.
388 Festschrift S. 285–291. Rauh: Antichrist S. 525.
389 St.-Hildegard-Kurier 1980, S. 61. A-4880 St. Georgen.
390 Vita S. 58.
391 Rudolf Engelhardt: Rupertus von Bingen. Verlag Engelhardt, Bingen, 1968.
392 Vita S. 58/59.
393 Das gleiche berichtet Ernst Benz über Don Boscos Schau des Ortes und des Gebäudes für sein großes Erziehungswerk. Die Vision S. 116 ff. Es ist abwegig, Hildegards Klostergründungspläne auf menschliche Überlegungen zurückzuführen und ihre Erkrankungen als Druckmittel einer Hysterikerin zur Durchsetzung ihrer Absichten gegenüber dem Abt zu erklären, wie es in der Festschrift S. 62 ff. geschieht.
394 Vita S. 77.
395 ebd. S. 77.
396 ebd. S. 77/78.
397 ebd. S. 59.
398 ebd. S. 60.
399 ebd. S. 59/60.
400 ebd. S. 60/61.
401 Hildegard: Welt und Mensch. H. Schipperges, S. 139/140.
402 Briefwechsel S. 187.
403 May S. 90 ff.
404 Vita S. 89/90.
405 Briefwechsel S. 255 Anm. 3.
406 ebd. S. 187–189.
407 Vita S. 61/62.
408 ebd. S. 78.
409 ebd. S. 78/79.
410 ebd. S. 89 u. 78.
411 ebd. S. 80 u. 90 u. 23.
412 ebd. S. 87.
413 ebd. S. 87/88.
414 ebd. S. 86.
415 ebd. S. 84/85.
416 ebd. S. 88.
417 ebd. S. 79.
418 May S. 90 ff. und Ausführungen darüber bei J. Ph. Schmelzeis, Leben und Wirken der hl. Hildegardis, Freiburg 1879.
419 Schmelzeis S. 122.
420 Näheres darüber bei Schmelzeis, May und Fr. R. Engelhardt «Hildegard von Bingen» sowie in der Festschrift 1979.
421 Festschrift S. 78.
422 ebd. S. 82.
423 Vita S. 79/80.
424 Briefwechsel S. 93/94. Dies zog sich hin über das Jahr 1151/1152.
425 ebd. S. 94/95.
426 ebd. S. 95.
427 ebd. S. 95/96.
428 ebd. S. 96/97.
429 ebd. S. 98. Die dort auf S. 97 ausgesprochene Vermutung, die hl. Hildegard habe eingesehen und sich dessen für schuldig bekannt, die Nonne Richardis zu sehr menschlich geliebt zu haben, hat im Text dieses und der beiden nächsten Briefe keinen Anhalt.
430 ebd. S. 99.
431 ebd. S. 100.
432 ebd. S. 108.
433 ebd. S. 108–110.
434 ebd. S. 110/111.
435 ebd. S. 111–113.
436 Vita S. 82.
437 ebd. S. 62.

438 ebd. S. 62/63.
439 Briefwechsel S. 104/105.
440 ebd. S. 114.
441 Vita S. 152 Anm. 19 u. 20. Schmelzeis S. 126ff. und May S. 101ff. Der dem Kloster neu gesicherte Besitz lag verstreut in zweiundzwanzig Ortschaften im weiten Umkreis im Rhein- und Nahegebiet. Auf dem Rupertsberg und in näherer Umgebung besaß das Kloster außerdem mehrere Weingüter. Alles dies wurde vom Kloster selbst in Eigenbau oder durch Pächter bewirtschaftet. Einen bedeutenden Schritt zur Sicherung ihres Klosters tat die hl. Hildegard, als sie sich 1163 von Kaiser Barbarossa gelegentlich eines Aufenthaltes in Ingelheim einen Schutzbrief ausstellen ließ, der dem Kloster den Schutz des Reiches zusicherte und es von allen Reichsabgaben frei stellte.
442 Vita S. 63.
443 ebd. S. 62.
444 Briefwechsel S. 114/115.
445 ebd. S. 115/116.
446 ebd. S. 116/117.
447 Vita S. 75. Was hier über die Innenschau in die Seele anderer Menschen berichtet wird, finden wir bei vielen Heiligen der Kirchengeschichte.
448 Vita S. 68/69.
449 Schipperges: Mensch in der Verantwortung S. 27.
450 Hertzka: Das Wunder der Hildegardmedizin S. 94.
451 Patrologia Latina von Migne. Hildegard-Band, S. 742. Forthin zitiert unter PL.
452 Siehe dazu: Peter Riethe «Hildegard von Bingen. Naturkunde» und H. Schipperges «Hildegard von Bingen. Heilkunde», beide Otto Müller-Verlag. Weitere Artikel in der Festschrift und Marie-Louise Portmann «Heilmittel», Neuübersetzung des Naturkundebuches unter Berücksichtigung aller Handschriften, Basler Hildegardgesellschaft 1984. Hugo Schulz «Ursachen und Behandlung der Krankheiten», vollständige Übersetzung des Buches causae et curae, Haug-Verlag. 3. Auflage 1982.
453 Riethe S. 170ff. Schipperges S. 39ff. Portmann in den Vorworten zu den verschiedenen Lieferungen.
454 Heilkunde S. 16 u. 43. Festschrift S. 313. Portmann 4. Lieferung S. 8 u. 9. Festschrift S. 369 u. 298.
455 Heilkunde S. 317 Anm. 23 u. S. 25/26. Siehe auch die entsprechenden Stellen bei Schulz.
456 Hertzka S. 60ff.
457 Dr. G. Hertzka, Das Wunder der Hildegard-Medizin, Christiana-Verlag Stein am Rhein, 4. Auflage 1984. Dr. G. Hertzka, So heilt Gott – die Medizin der hl. Hildegard, Christiana-Verlag, 12. Auflage 1985. Dr. G. Hertzka, Küchengeheimnisse der Hildegard-Medizin, Verlag H. Bauer, Freiburg 1984. Dr. G. Hertzka, Die kleine Hildegard-Apotheke, Bund der Freunde Hildegards.
458 Dies wird in der Neuausgabe von M. L. Portmann geboten.
459 Schulz S. 17.
460 Hertzka: Das Wunder der Hildegard-Medizin. S. 135.
461 Schulz S. 63 u. 220 u. 77.
462 ebd. S. 35.
463 Hertzka: Wunder... S. 208.
464 Schulz S. 40.
465 ebd. S. 249 und noch einmal S. 275f.
466 Hertzka: Das Wunder... S. 168ff.
467 Siehe dazu ausführlich Hertzka «Das Wunder...» und Mitteilungen der internationalen Hildegardgesellschaft.
468 PL S. 1053–1066.
469 May S. 155. Festschrift S. 193.
470 Hildegard von Bingen: Lieder. Otto Müller-Verlag 1969, S. 318f. Festschrift S. 195.
471 Festschrift S. 192.
472 Lieder S. 9.
473 Vita S. 119.
474 PL S. 889.
475 PL S. 1049. Es würde sich lohnen, einem Vergleich der vielen Hildegardaussagen über das harmonikale Wesen der Kreaturen mit den Ergebnissen der harmonikalen Forschung nachzugehen; vergl. dazu: R. Haase «Der meßbare Einklang, Grundzüge einer empirischen Weltharmonik», Verlag Klett 1976. Hans Kayser «Die Harmonie der Welt», Verlag Lafite, Wien 1968. Interessant ist, daß letzterer einen Zerstörungsfaktor in der Welt voraussetzt.
476 Briefwechsel S. 240.
477 Vita S. 70/71. Töne sind Zahlenverhältnisse. Ist die für Hildegard so wichtige Vollzahl der Erlösten die von Gott vorgesehene und letztlich erreichte Harmonie, der Vollklang der erlösten Schöpfung?
478 PL S. 959.
479 Festschrift S. 192. Vergl. dazu die Ausführungen von R. Haase über die harmonikalen Übereinstimmungen zwischen Gehirn, Menschengeist und den harmonikal gebildeten Schöpfungsbereichen.
480 Schulz S. 225.

481 Schipperges «Heilkunde» S. 261 u. «Mensch...» S. 210.
482 Schipperges «Mensch...» S. 276 ff.
483 Vita S. 121.
484 Schipperges «Mensch...» S. 72, 76, 70, 73. Was würde Hildegard über die Rock-Festivals und Diskotheken sagen?
485 Festschrift s. S. 208. Lieder S. 16.
486 Festschrift S. 220 Anm. 64.
487 ebd. S. 193. Vita S. 73.
488 Lieder S. 230.
489 ebd. S. 278.
490 ebd. S. 220.
491 ebd. S. 224 u. 226.
492 ebd. S. 216.
493 ebd. S. 256.
494 ebd. S. 294.
495 ebd. S. 278.
496 ebd. S. 298.
497 Festschrift S. 208. Neue Plattenaufnahmen: Gesänge der hl. Hildegard, Psal. 204/040479 PET. Sequenzen und Hymnen der Äbtissin Hildegard von Bingen A 66039 (englisch). Das Singspiel ordo virtutum bei harmonia mundi.
498 Festschrift S. 189. Für das folgende siehe den Text in «Lieder».
499 Vita S. 69.
500 Hertzka «Wunder...» S. 94.
501 Schipperges «Mensch...» S. 27 u. 285 u. 283.
502 Briefwechsel S. 40. Vielleicht hat der dort nachfolgende Satz eine tiefere Bedeutung als nur eine Entschuldigung für Hildegards mangelnde Lateinkenntnisse, ist ein Hinweis auf ihr Sprechen dieser Himmelssprache?
503 Festschrift S. 239 ff. May S. 234.
504 So in Festschrift S. 244 f.
505 Schulz S. 225.
506 Schipperges «Engel» S. 96.
507 Schipperges «Mensch in der Verantwortung» S. 273.
508 Schipperges «Welt und Mensch» S. 169.
509 Die tatsächliche Ursprungs- und Entstehungsgeschichte des Menschengeschlechtes ist heute, gegen manche Behauptung evolutionistisch-materialistischer Forscher, dunkler denn je, wie auch die uns beinahe unheimliche Geschichte unseres Erdglobus und seiner vermutbar vom Menschen miterlebten Veränderungen im Lauf der Erdgeschichte. Das wird jedem unvoreingenommenen Leser der diesbezüglichen reichlichen Literatur bald klar. Siehe hierzu auch Hedwig Conrad-Martius: Schriften zur Philosophie Bd. III. Verlag Kösel, 1965.
510 s. dazu Schipperges «Mensch...» S. 285.
511 Hertzka «Das Wunder...» S. 118 deutet auch in diese Richtung.
512 Rheinischer Merkur 1982 Nr. 37.
513 Vita S. 41.
514 Schipperges: Heilkunde, S. 18.
515 Vita S. 87. Siehe auch das Zeugnis von Wibert von Gembloux in Briefwechsel S. 230.
516 Dies dürfte vielleicht auch der Schlüssel für die Tatsache sein, daß die hl. Hildegard nicht selbst mit ihren Heilkundemitteln praktiziert hat. Die Vitaschreiber, die wahrlich Gelegenheit gehabt hätten, von den gottgeschenkten Heilungserfolgen der Medizinerin Hildegard lobend zu berichten, bringen nur einige wenige Fälle eines besonderen, wunderartigen heilenden Handelns.
517 Vita S. 94/95.
518 Scivias deutsch S. 315.
519 Vita S. 83.
520 ebd. S. 91.
521 Monika zu Eltz S. 182, May S. 155.
522 Briefwechsel S. 232 f.
523 Monika zu Eltz S. 178 f.
524 Festschrift S. 79 u. Briefwechsel S. 204.
525 Siehe auch May S. 266 ff.
526 Briefwechsel S. 200 f.
527 ebd. S. 202.
528 ebd. S. 203.
529 May S. 169/170.
530 Briefwechsel S. 104/105.
531 Vita S. 90. S. auch S. 87 f.
532 ebd. S. 91.
533 ebd. S. 75 u. 76. Ähnliches wird von dem Pfarrer von Ars, von der seligen Anna-Maria Taigi in Rom und dem hl. Konrad von Parzham in Altötting und anderen berichtet.
534 ebd. S. 76.
535 Monika zu Eltz S. 179.
536 Vita S. 76.
537 Gisbert Kranz: Herausgefordert von ihrer Zeit, S. 22.
538 Briefwechsel S. 201.
539 ebd. S. 202 f.
540 Vita S. 39 u. M. zu Eltz S. 223.
541 Vita S. 110 f.
542 ebd. S. 127.
543 Briefwechsel S. 175.
544 ebd. S. 175–177.
545 ebd. S. 205.
546 ebd. S. 205.
547 ebd. S. 205.
548 ebd. S. 210.
549 ebd. S. 211.
550 ebd. S. 136.

551 ebd. S. 137.
552 ebd. S. 138.
553 ebd. S. 139/140.
554 ebd. S. 140/141.
555 ebd. S. 141.
556 ebd. S. 142.
557 ebd. S. 142.
558 ebd. S. 143/144.
559 ebd. S. 149.
560 ebd. S. 149.
561 ebd. S. 67.
562 ebd. S. 67.
563 ebd. S. 68–70.
564 ebd. S. 44.
565 ebd. S. 44/45.
566 ebd. S. 49/50.
567 ebd. S. 58/59.
568 ebd. S. 62.
569 ebd. S. 63.
570 ebd. S. 167.
571 ebd. S. 153–156.
572 ebd. S. 156/157.
573 ebd. S. 158. Auch das niederländische Prämonstratenserkloster Park besaß schon um 1160 eine Abschrift des Scivias-Buches. Ebd. S. 153.
574 ebd. S. 158–162.
575 ebd. S. 207–210.
576 May S. 313f.
577 Briefwechsel S. 80/81.
578 ebd. S. 82.
579 ebd. S. 37f.
580 ebd. S. 83.
581 ebd. S. 41f.
582 ebd. S. 46.
583 ebd. S. 47f.
584 ebd. S. 84f.
585 ebd. S. 86.
586 ebd. S. 87.
587 ebd. S. 72–74.
588 Siehe dazu G. Müller: «Die hl. Hildegard im Kampf mit den Häresien ihrer Zeit», Festschrift S. 171ff.
589 Hauck: Deutsche Kirchengeschichte Bd. IV, S. 88ff.
590 Grundmann: Religiöse Bewegungen im Mittelalter S. 18f.
591 Hauck S. 853ff.
592 Grundmann S. 19ff.
593 Niederschrift der Kölner Predigt PL S. 253B, Patrologia Latina Band Hildegard (PL).
594 PL S. 245–247.
595 PL S. 251C.
596 Briefwechsel S. 219.
597 PL S. 250.
598 PL S. 251A/B.
599 Festschrift S. 180/181.
600 PL S. 244.
601 Briefwechsel S. 173.
602 Festschrift S. 182.
603 Festschrift S. 77ff.
604 Vita S. 126f. u. 157/158 Anm. 51 u. 52.
605 Briefwechsel S. 129–133.
606 ebd. S. 174–177.
607 ebd. S. 123–129.
608 ebd. S. 211–214.
609 ebd. S. 214/215.
610 ebd. S. 180.
611 ebd. S. 179.
612 ebd. S. 181.
613 ebd. S. 182/183.
614 ebd. S. 182.
615 ebd. S. 49 u. 50 u. 53 u. 55.
616 ebd. S. 76 u. 77.
617 Vita S. 100/101. Auch in der Kanonisationsakte sind gut beglaubigte wunderbare Heilungen aufgezeichnet.
618 Vita S. 100–111. Kritischen Vorbehalten gegenüber den Vita-Berichten sei durch Hinweis auf einige Bücher über gottbegnadete Charismatiker unserer Zeit begegnet, in denen ganz ähnliche Geschehnisse berichtet werden: Lüthold Minder, Pater Adelgott Zarn, Christiana-Verlag, Stein am Rhein; Lisl Gutwenger, Severin von Lama, Christiana-Verlag, Stein am Rhein. William Duma: Ein Mann des Gebets. Verlag Schulte + Gerth Asslar, 1982.
619 ebd. S. 129/130.
620 ebd. S. 156.
621 Mk 9,28f.
622 Vita S. 112–126.
623 ebd. S. 123–124.
624 Briefwechsel S. 117–119.
625 ebd. S. 163f.
626 ebd. S. 165.
627 ebd. S. 166.
628 ebd. S. 119.
629 ebd. S. 223–225.
630 ebd. S. 226–228.
631 ebd. S. 225/226.
632 ebd. S. 229–231. Siehe zu diesen Geschehnissen auch May S. 389–414.
633 ebd. S. 231ff.
634 May S. 408/409.
635 Vita S. 90.
636 Zitiert wird weiterhin aus der von Prof. Heinrich Schipperges geschaffenen und herausgegebenen deutschen Erstübersetzung mit dem Titel: Der Mensch in der Verantwortung. S. 27.
637 ebd. S. 295–298. Bedeutsam ist dort der Hinweis darauf, daß nur in den Visionen Dantes und auf den Bildern des Hieronymus Bosch derartiges wieder zu finden ist.

638 ebd. S. 292/293.
639 ebd. S. 40.
640 ebd. S. 44 Nr. 44.
641 ebd. S. 44/45.
642 ebd. S. 28.
643 ebd. S. 37.
644 ebd. S. 39.
645 ebd. S. 39.
646 ebd. S. 40.
647 ebd. S. 40.
648 ebd. S. 40/41.
649 ebd. S. 30.
650 ebd. S. 48.
651 ebd. S. 41.
652 ebd. S. 45.
653 ebd. S. 46.
654 ebd. S. 46.
655 ebd. S. 47.
656 ebd. S. 46.
657 ebd. S. 50.
658 ebd. S. 58.
659 ebd. S. 67.
660 ebd. S. 30.
661 ebd. S. 56.
662 ebd. S. 56.
663 ebd. S. 86.
664 ebd. S. 87.
665 ebd. S. 96.
666 ebd. S. 99.
667 ebd. S. 101.
668 ebd. S. 103.
669 ebd. S. 122.
670 ebd. S. 90.
671 C. S. Lewis: Die Abschaffung des Menschen. Johannes Verlag, Einsiedel 1979.
672 Schipperges S. 132. Wie ein moderner Mensch mit der teuflischen Versuchung zum Atheismus zu ringen hat und sie besteht, erfahren wir aus den Aufzeichnungen der hl. Therese von Lisieux.
673 ebd. S. 133. Siehe auch S. 146.
674 ebd. S. 133.
675 ebd. S. 146f.
676 ebd. S. 147/148.
677 ebd. S. 148.
678 ebd. S. 133/134.
679 ebd. S. 148.
680 ebd. S. 169.
681 ebd. S. 134.
682 ebd. S. 137.
683 ebd. S. 178.
684 ebd. S. 133.
685 ebd. S. 147.
686 ebd. S. 180.
687 ebd. S. 191f.
688 ebd. S. 192.
689 ebd. S. 194.
690 ebd. S. 217.
691 ebd. S. 198–205.
692 ebd. S. 191.
693 ebd. S. 186.
694 ebd. S. 196.
695 ebd. S. 216.
696 ebd. S. 222.
697 ebd. S. 231.
698 ebd. S. 222.
699 ebd. S. 248.
700 ebd. S. 223.
701 ebd. S. 236. Siehe zu diesem Abschnitt wieder C. S. Lewis: Die Abschaffung des Menschen.
702 ebd. S. 249f.
703 ebd. S. 237. Man wird an Pascals Ausführungen über die Langeweile und Zerstreuung erinnert.
704 ebd. S. 97.
705 ebd. S. 137.
706 ebd. S. 212.
707 ebd. S. 140.
708 ebd. S. 73.
709 ebd. S. 252.
710 ebd. S. 224/225.
711 ebd. S. 239 u. 240.
712 ebd. S. 38.
713 ebd. S. 253.
714 ebd. S. 225.
715 ebd. S. 248.
716 ebd. S. 138.
717 ebd. S. 128.
718 ebd. S. 128.
719 ebd. S. 168.
720 ebd. S. 241.
721 ebd. S. 242 u. 243 u. 244.
722 ebd. S. 244.
723 ebd. S. 257.
724 ebd. S. 245.
725 ebd. S. 257/258. Siehe hierzu auch das über die Süchtigkeit nach Leiden und über die Schwermut Geschriebene S. 93 und 128/129, sowie S. 141 u. 171 u. 172 über die Verzweiflung.
726 ebd. S. 228/229.
727 ebd. S. 229.
728 ebd. S. 233.
729 ebd. S. 162.
730 ebd. S. 49.
731 ebd. S. 50.
732 ebd. S. 179. Siehe auch S. 259.
733 ebd. S. 206.
734 ebd. S. 207.
735 ebd. S. 235/236.
736 ebd. S. 55 u. 269.
737 ebd. S. 268f. u. 269f.
738 ebd. S. 78f.
739 ebd. S. 221 u. 85 u. 206. Siehe auch S. 82 Nr. 135.

740 ebd. S. 79.
741 ebd. S. 260f. u. S. 82.
742 ebd. S. 263.
743 ebd. S. 264. Siehe auch S. 67 Nr. 91.
744 ebd. S. 266–268.
745 ebd. S. 274.
746 ebd. S. 275.
747 ebd. S. 285/286.
748 ebd. S. 286.
749 ebd. S. 286.
750 ebd. S. 289.
751 ebd. S. 292.
752 Liber divinorum operum in Patrologia Latina von Migne, Band Hildegard, weiterhin zitiert unter PL S. 741. Zehn Jahre nach Beginn wurde das Buch fertig. Die Ausfallzeiten durch Krankheiten und Reisen sind also nicht mitgerechnet. Die von H. Schipperges unter dem Titel «Welt und Mensch», Otto Müller Verlag 1965, herausgegebene und eingeleitete Übersetzung macht den Zugang zu diesem Hildegardwerk möglich.
753 PL S. 741/742.
754 Vita S. 97/98 u. 112.
755 PL S. 742.
756 PL S. 1038.
757 PL S. 742.
758 PL S. 1038.
759 PL S. 1037/1038.
760 Margot Schmidt: Discretio bei Hildegard von Bingen als Bildungselement. Sonderausgabe der Internationalen Hildegardgesellschaft, S. 92/93.
761 Schipperges S. 334 u. 15.
762 Schipperges hält deshalb in seiner Übersetzung Textkürzungen für notwendig und vertretbar.
763 PL S. 888.
764 PL S. 889.
765 PL S. 890.
766 PL S. 890.
767 PL S. 891.
768 PL S. 892. Hier ist in Kürze ausgesprochen, was Prof. Illies in seinem Buch «Der Jahrhundertirrtum» über Wahrheit und Irrtum der Evolutionstheorie schreibt.
769 PL S. 893.
770 PL S. 897. Was Leben in Wahrheit ist, bleibt für die Biologie ein Geheimnis.
771 PL S. 896.
772 PL S. 895. Selbstverständlich gehören die mit höchsten technischen Mitteln feststellbaren inneratomaren Teilchen und die elektrischen Gehirnströme zu dem, was die hl. Hildegard sichtbar und greifbar nennt, nicht aber der niemals greifbare Geist des Menschen, der dimensional etwas anderes ist als die materiellen Gehirnströme.
773 PL S. 897.
774 PL S. 899.
775 PL S. 900.
776 PL S. 900.
777 PL S. 896.
778 PL S. 889.
779 PL S. 899.
780 PL S. 889–890.
781 PL S. 889.
782 PL S. 895.
783 PL S. 890–891.
784 PL S. 894.
785 PL S. 892.
786 PL S. 893.
787 PL S. 894.
788 PL S. 899.
789 PL S. 895.
790 PL S. 891.
791 PL S. 897.
792 PL S. 895 u. 896.
793 PL S. 892.
794 PL S. 897 u. 898.
795 PL S. 896.
796 PL S. 895.
797 PL S. 899.
798 PL S. 900.
799 Schipperges S. 10.
800 Die einzelnen Visionsbilder können hier nicht beschrieben werden. Sie sind im Buch von H. Schipperges zu finden.
801 PL S. 743/744.
802 PL S. 744.
803 PL S. 745.
804 PL S. 747.
805 PL S. 748.
806 PL S. 748.
807 PL S. 749.
808 PL S. 750.
809 PL S. 750.
810 PL S. 755.
811 PL S. 755/756.
812 PL S. 758.
813 PL S. 760.
814 PL S. 761.
815 PL S. 763.
816 PL S. 764.
817 PL S. 767.
818 PL S. 771 u. 773.
819 PL S. 776.
820 PL S. 777.
821 PL S. 789.
822 PL S. 791.
823 PL S. 791.
824 PL S. 790.
825 PL S. 795.
826 PL S. 797.

827 PL S. 800.
828 PL S. 801.
829 PL S. 803.
830 PL S. 806.
831 PL S. 807.
832 PL S. 811.
833 PL S. 813.
834 PL S. 815.
835 PL S. 819.
836 PL S. 821 u. 822.
837 PL S. 825.
838 PL S. 832.
839 PL S. 844 u. 876.
840 PL S. 849/850.
841 PL S. 836.
842 PL S. 856.
843 PL S. 859.
844 PL S. 849.
845 PL S. 851.
846 PL S. 843.
847 PL S. 863.
848 PL S. 868.
849 PL S. 834.
850 PL S. 847.
851 PL S. 858.
852 PL S. 862.
853 PL S. 840.
854 PL S. 888.
855 PL S. 888.
856 PL S. 877.
857 PL S. 877 u. 878.
858 PL S. 878.
859 PL S. 879.
860 PL S. 879.
861 PL S. 880.
862 PL S. 881.
863 PL S. 881 f.
864 PL S. 883.
865 PL S. 883 f.
866 PL S. 884.
867 PL S. 904 u. 907.
868 PL S. 916.
869 PL S. 918.
870 PL S. 920/921.
871 PL S. 922 f.
872 PL S. 923–926.
873 PL S. 927–932.
874 PL S. 933–937.
875 PL S. 937–944.
876 PL S. 944–953.
877 PL S. 953–956.
878 PL S. 955.
879 PL S. 956.
880 PL S. 957.
881 PL S. 958–961.
882 PL S. 964–966.
883 PL S. 966–979.
884 PL S. 979–983.
885 PL S. 983–998.
886 PL S. 997–1000.
887 PL S. 1002–1012.
888 PL S. 1006.
889 PL S. 1013.
890 PL S. 1016.
891 PL S. 1020.
892 PL S. 1022.
893 PL S. 1027.
894 PL S. 1022.
895 PL S. 1023.
896 PL S. 1023.
897 PL S. 1023–1028.
898 PL S. 1024 f.
899 PL S. 1028–1032.
900 PL S. 1032 f.
901 PL S. 1032.
902 PL S. 1033 f.
903 PL S. 1034 f.
904 PL S. 1036.
905 PL S. 1037.
906 Briefwechsel S. 231.
907 Festschrift S. 53/54.
908 PL S. 1040.
909 ebd. S. 1040/1041.
910 ebd. S. 1049.
911 ebd. S. 1049. Siehe hierzu: Rud. Haase, «Der meßbare Einklang. Grundzüge einer empirischen Weltharmonik.» Auch Prof. Fr. Zipp, Freiburg: «Die harmonikalen Strukturen in der Natur.» Universitas 1983. Man denke bei dieser und der vorigen Frage auch an die den menschlichen Organismus schädigende Diskotheken-«Musik». An anderen Stellen schreibt die hl. Hildegard, daß die Teufelsgeister schreien, brüllen, überlaute Mißklänge erzeugen, also die Schöpfungsharmonien zerreißen. Über die Reaktion des erst wenige Wochen alten Fötus im Mutterleib auf Rockmusik und Mozartkompositionen, wütend abwehrend bzw. friedlich sich einschmiegend, s. DIE WELT vom 4. 8. 1983.
912 PL S. 1041. Die von einigen Wissenschaftlern aufgestellte Vermutung, daß in Verbindung mit kosmischen Erdkatastrophen eine Deprivation einer ursprünglich höheren Menschenart geschehen sei und das gegenwärtige Menschengeschlecht aus einer solchen Katastrophe langsam wieder aufgestiegen sei, findet sich bei der hl. Hildegard an manchen Stellen als Aussage.
913 PL S. 1043.
914 ebd. S. 1051.
915 ebd. S. 1052.
916 Briefwechsel S. 242.
917 ebd. S. 236/237.

918 ebd. S. 238.
919 ebd. S. 238/239.
920 ebd. S. 239/240.
921 ebd. S. 242.
922 ebd. S. 241.
923 ebd. S. 242.
924 ebd. S. 241–243.
925 ebd. S. 243/244.
926 May S. 480 f.
927 Vita S. 131.
928 ebd. S. 131/132. May S. 483 ff.
929 Schmelzeis S. 602.
930 Festschrift S. 376.
931 ebd. S. 378/379.
932 ebd. S. 53/54.
933 Sonderdruck aus «Archiv für mittelalterliche Kirchengeschichte», 32. Jahrgang 1980: Die Benediktinerinnenabtei St. Hildegard zu Eibingen.
934 Seit 1984 werden im Kloster St. Hildegard zu Eibingen jährlich Symposien mit Vorträgen über aktuelle Fragen der Hildegardforschung veranstaltet.

Sancta Hildegardis. Photo: Abtei St. Hildegard, Rüdesheim-Eibingen.

Verzeichnis der Bildtafeln

Farbbilder:

Seite (gegenüberliegend)

Schwarzweißbilder:

Publikationen der Basler Hildegard-Gesellschaft

Die Basler Hildegard-Gesellschaft hat sich zum Ziel gesetzt, die medizinischen Werke der hl. Hildegard interessierten Kreisen zugänglich zu machen. Dieses Ziel dürfte 1991 erreicht werden. Es werden dann im Buchhandel erhältlich sein:

Vom sogenannten Lehrbuch (Causae et Curae)

a) der Nachdruck 1980 der Ausgabe Kaiser von 1903 des lateinischen Textes, 254 Seiten, DM / Fr. 20,–

b) eine ergänzte Ausgabe der ersten vollständigen deutschen Übersetzung durch Hugo Schulz, unter dem Titel «Ursachen und Behandlung der Krankheiten», 373 Seiten, DM / Fr. 22,–

c) eine vollständige neue Übersetzung durch Dr. M. L. Portmann, in Bearbeitung, erscheint voraussichtlich 1992.

Von der sogenannten Physica

Heilkraft der Natur, vollständige und textkritische Übersetzung der Physica von Dr. M. L. Portmann, erscheint März 1991, ca. 544 Seiten, DM / Fr. 39,80

Wörterbuch der unbekannten Sprache

Herausgegeben durch M. L. Portmann und A. Odermatt, Juni 1986, 92 Seiten, DM / Fr. 20,–

Berliner Fragmente

Deutsche Übersetzung des medizinischen Teils der Berliner Handschrift, Mai 1987, 80 Seiten, DM / Fr. 14,30

Die Hildegard-Vertriebs AG führt ein vollständiges Sortiment von Hildegard-Büchern, wie auch zahlreiche Heil- und Lebensmittel nach Hildegard, zum Teil auch aus eigener Entwicklung.

Hildegard-Vertriebs AG, Aeschenvorstadt 24, CH-4010 Basel

Internationale Gesellschaft Hildegard von Bingen

Gegründet am 9. Februar 1980 als Verein. Adresse: CH-6390 Engelberg/Schweiz. Zweck nach Statuten: Das Gedankengut Hildegards erforschen, bekanntmachen und für unsere Zeit anwenden, vor allem in Heilkunde, Ernährung, Lebensführung. Die Gesellschaft ist politisch neutral und konfessionell nicht gebunden; sie verfolgt ausschließlich gemeinnützige Zwecke. Mitgliederbeitrag DM/Fr. 25.– für natürliche Personen, das Doppelte für Fördermitglieder, das Vierfache für juristische Personen. Jahresversammlung: jährlich um den 17. September herum in Engelberg mit Veranstaltungen und Vorträgen bester Referenten. Publikationen: etwa 6 x im Jahr «Mitteilungen» mit etwa 24 Seiten, gratis für die Mitglieder.

Weitere Werke aus unserem Verlag

SIMAS SUZIEDELIS

Der heilige Casimir

94 Seiten, 21 Abbildungen, DM 9,80 / Fr. 8,–

Der heilige Casimir war der Sohn des Königs von Litauen und Polen und einer Habsburgerin und Kronprinz der beiden Länder. Hans Hümmeler hat den heiligen Casimir eine «Verkörperung der schweigsamen Frömmigkeit» genannt. War er deshalb nicht prädestiniert als der Heilige der Jugend und der «Kirche des Schweigens», die heute durch ihr Martyrium vermutlich mehr leistet für die Ausbreitung des Reiches Gottes als wir verweichlichten Christen des Westens? Casimir ist der einzige litauische Heilige und Landespatron der Litauer; er selbst stand schon damals im Konflikt mit Moskau. Unter diesen Aspekten erweist er sich als einer der aktuellsten Heiligen der Gegenwart.

P. JOSEF KOLACEK SJ

Der Heilige der Neuen Welt

Johannes Nepomuk Neumann

Auflage: 10 000 Ex., 212 Seiten, 8 Fotos, DM 14,– / Fr. 12,80

Am 19. Juni 1977 hat Papst Paul VI. Johann Nepomuk Neumann heiliggesprochen. Der neue Heilige war ein Sohn des Böhmerwaldes, der in Prag Theologie studierte, der dann jung nach Amerika kam. In der Neuen Welt entwickelte er eine rastlose Tätigkeit als Missionar, als Seelsorger für die Auswanderer, als Pfarrer und schließlich als Bischof von Philadelphia.

Prof. Dr. FERDINAND HOLBÖCK

Wolfgang Amadeus Mozart

Der Salzburger Domorganist und seine Beziehungen zur katholischen Kirche.

Auflage: 10 000 Ex., 128 Seiten, 4 Fotos, DM / Fr. 7,80

Wolfgang Amadeus Mozart war ein großes Wunder Gottes, ein Wunder an Genialität – kein Musiker war so universal begabt wie er: ein Wunder an Produktivität – keiner hat in einem so kurzen Leben von nur 35 Jahren so viele Meisterwerke geschaffen; ein Wunder an Religiosität – kaum einer hat seinen Glauben an Gott, sein Vertrauen auf Gott und seine Liebe zu Gott in einer so reinen Unschuld und berauschenden Schönheit in Musik umgesetzt wie er. Ein «Ave verum», ein «Benedictus» ist nicht machbar, dazu wäre ein Taufscheinkatholik nicht fähig.

BERCHTOLD VON BOMBACH

Das Leben der hl. Luitgard von Wittichen

Die Heilige des Mutterschosses

20 000 Ex., 160 Seiten, 32 Abb., DM / Fr. 7,80

Die Urfassung der Lebensbeschreibung Luitgards, von ihrem geistlichen Führer, Berchtold von Bombach, verfaßt – lange Zeit verschollen und plötzlich neu entdeckt –, ist von brisanter Aktualität durch den Umstand, daß Luitgard von Christus eine sozusagen chiffrierte Botschaft erhielt, die nachweisbar bis in die Jetztzeit hinein nicht verstanden wurde – eben weil sie verschlüsselt war –, die aber auf dem Hintergrund des weltweiten herodianischen Kindermordes durch eine systematisch gesteuerte Abtreibungskampagne wie ein Menetekel in Flammenschrift über unserer Zeit aufleuchtet. Wer Gottes Handschrift zu lesen versteht, dem wird dieses Buch viel zu sagen haben, aber auch viel neue Kraft und Hoffnung schenken.

WILHELM SCHAMONI

Das wahre Gesicht der Heiligen

6. Auflage, 358 Seiten, Leinen, DM 25,– / Fr. 24,50

Das Buch enthält 113 Biographien und Porträts von Heiligen. Die Heiligen sind Zeugen für die Echtheit des Evangeliums. Sie sind, ein jeder von ihnen, in einer ganz persönlichen Weise Darstellungen Christi: Christus hat in ihnen gelebt. Darum zeigen sie Christus und ziehen zu Christus.

PAUL GOUIN

Mélanie

Die Hirtin von La Salatte. Vorwort von Bischof Graber

Format A 5, 224 Seiten, 16 Fotos, DM 19,80 / Fr. 18,–

Das Hirtenmädchen Mélanie war von der Schönheit der Muttergottes ergriffen, aber noch mehr von ihren Tränen erschüttert. Wir legen hier der deutschsprachigen Öffentlichkeit erstmals eine quellengetreue Lebensbeschreibung vor, die Frucht jahrzehntelanger Forschungsarbeit.

MARIA PETRA DESAING OSU

Angela Merici

120 Seiten, 16 Farbfotos, DM / Fr. 7,80

Angela besaß eine tiefe Sicht der Unversehrtheit um Christi willen, und sie gründete einen Frauenorden, die nach der heiligen Ursula benannten Ursulinen, die sich der Ausbildung und Erziehung der weiblichen Jugend widmen und heute über die ganze Erde verbreitet sind.

Dr. LISL GUTWENGER

Pater Leopold Mandić

112 Seiten, 12 Fotos, DM 9,80 / Fr. 8,–

Pater Leopold Mandić, von Papst Johannes Paul II. am 16. Oktober 1983 heiliggesprochen, der große Beichtvater von Padua, liebte seine Beichtkinder wie ein guter Vater seine Söhne und Töchter. Ausgestattet mit dem Charisma der Herzensschau, nannte er den Beichtenden oft vergessene Sünden, löste ihre seelischen Probleme und half den Notleidenden mit seinem Rat, der sich sehr oft als inspiriert erwies.

JOHANNES MARIA HÖCHT

Von Franziskus zu P. Pio und Therese Neumann

4. Auflage, 544 Seiten, 64 Bildtafeln, Leinen, ca. DM 47,– / Fr. 42,–

In diesem stattlichen Band präsentiert uns Johannes Maria Höcht eine Geschichte der Stigmatisierten, die durch ihre reichhaltige Dokumentation, treffsichere Charakterisierung und kritische Würdigung fasziniert. Die dritte Auflage wurde von Arnold Guillet auf den neuesten Stand gebracht.

ALBERT BESSIERES SJ

Anna Maria Taigi

Auflage: 10 000 Ex., 221 Seiten, 8 Bildtafeln, DM 15,80 / Fr. 14,50

Anna Maria Taigi ist eine echte Seherin und Prophetin – auch für unsere Zeit, besonders durch ihre erschütternde Vision einer dreitägigen Finsternis.

Prof. Dr. FERDINAND HOLBÖCK

Vereint mit den Engeln und Heiligen

Format A 5, 449 Seiten, 26 Fotos, Leinen mit Goldprägedruck, DM 44,– / Fr. 38,–

Das neue Engelbuch von Prof. Holböck bringt die vollständige Lehre der katholischen Kirche über die Engel in allgemeinverständlicher Form und zeigt die Erfahrungen, die große Heilige im Umgang mit Engeln gemacht haben. Es gilt freilich das Wort des berühmten Schweizer Dogmatikers und Kardinals Charles Journet: «Die Engel offenbaren sich, aber nur jenen, die sie lieben und anrufen.»

P. Dr. WALTRAM ROGGISCH OFM

Duns Scotus

Vorwort von Bischof Dr. R. Graber. 80 Seiten, 8 Fotos, DM / Fr. 4,80

Am 15. November 1980 hat Papst Johannes Paul II. in Köln das Grab des führenden Franziskaner-Theologen Duns Scotus besucht. Duns Scotus (1265–1308) aus Schottland, «wohl der scharfsinnigste Denker des ganzen Mittelalters», hat als erster die Lehre der Immaculata, d. h. der Unbefleckten Empfängnis Mariens, theologisch begründet.

P. FIDELIS BUTTER OSM

Jesus

Offenbarungen an Sr. Maria von der Hl. Dreifaltigkeit

296 Seiten, 12 Illustrationen, DM 16,80 / Fr. 15,50

Im ersten Teil des Buches beschreibt sie den Weg ihrer Konversion; sie war die Tochter schweizerischer Eltern, ihr Vater war protestantischer Missionar in Südafrika. Der Hauptteil enthält ihre Aufzeichnungen mit den Offenbarungen und den gelegentlichen Fragen, die sie an Jesus gerichtet hat. Der dritte Teil enthält einen kurzen Lebensabriß, verfaßt von P. Alain Duboin.

P. THOMAS WEGENER

Anna Katharina Emmerick

10. Tsd., Format A 5, 396 Seiten, 4 Farbbilder, 40 Abbildungen, DM 29,– / Fr. 25,–

Anna Katharina Emmerick (1774–1824), von Kindheit an prophetisch begnadet, trug während zwölf Jahren die Stigmata, die Wundmale Jesu Christi. Sie erlitt jeden Freitag seine Passion und sah in ihren Visionen viele Ereignisse aus der ganzen Schöpfungs- und Heilsgeschichte. Der deutsche Dichter Clemens Brentano saß während fünf Jahren an ihrem Krankenlager; seine Aufzeichnungen füllen 40 Foliobände. Weder die kirchliche noch die sehr brutale staatliche Untersuchung konnten ihre Nahrungslosigkeit oder ihre Wundmale als Schwindel entlarven.

Maria – Patronin Europas

Besinnungen und Gebete, 12 × 18 cm, 64 Seiten, 5 Abbildungen, DM / Fr. 3,50

Die marianische Präsenz ist in ganz Europa überaus beachtlich, so daß man von einem «Europa Mariana» sprechen könnte. Lenin hatte, auf die Mariensäule in München hinweisend, Maria als die unbesiegbare Kraft bezeichnet. Europa, das heute sturmreif ist für den Weltkommunismus, tut gut daran, sich unter die Schutzherrschaft Mariens zu begeben und sich in der totalen Bedrohung von innen und außen an ihre «bittende Allmacht» zu wenden. Die vorliegende Meditations- und Gebetshilfe der «Actio Mariae» ist bestens geeignet, die Liebe und das Vertrauen zur Schmerzensmutter neu zu wecken.

Prof. Dr. FERDINAND HOLBÖCK

Die Theologin des Fegfeuers

Auflage: 10000 Ex., 150 Seiten, 8 Fotos, DM / Fr. 9,80

Holböck schildert in diesem Buch Leben und Werk der heiligen Catharina von Genua und bringt im Anhang ihren «Traktat über das Fegfeuer» in einer eigenen Übersetzung.

Dr. SIEGFRIED ERNST

Dein ist das Reich

Vom Plan Gottes mit den Menschen und den Ideologien

Format A5, 200 Seiten, 22 Diagramme, DM 20,– / Fr. 18,–

Das Buch von Siegfried Ernst enthält im Text und in seinen Diagrammen geradezu revolutionäre Erkenntnisse und eine verblüffende Zeitdiagnose und eröffnet damit neue Perspektiven zur Überwindung der materialistischen Ideologien und für eine Wiedervereinigung der Christen.

P. GERHARD HERMES

Herrlichkeit der Gnade

208 Seiten, Paperback, DM 17,50 / Fr. 16,–

Man kann ohne Bedenken sagen: Dieses Buch ist notwendig zu dieser Stunde. «Der große Fehlbetrag unserer Zeit», so hat Franz Werfel gewarnt, kurz vor dem Hereinbrechen der großen Katastrophe, «ist der veruntreute Himmel» – man setze ruhig dafür ein «die veruntreute Gnade»: es ist das gleiche. Von den Wundern, von der Herrlichkeit der göttlichen Gnade spricht der Autor, der in sechsjähriger Kriegsgefangenschaft unter den Sowjets die Gnadenlosigkeit der Gottesfinsternis am eigenen Leib erfuhr.

Dr. LISL GUTWENGER

Severin von Lama

Zwischen Charisma und Dämonen

204 Seiten, 20 Fotos, farbiger Umschlag, DM 15,– / Fr. 13,50

Pater Severin von Lama, Exorzist und Krankenheiler, gehörte zu jenen eigenwilligen Persönlichkeiten, denen die Versuchungen unseres Jahrhunderts nichts anhaben konnten. Sein Durchhaltewille formte Pater Severin von Lama zu einem Pfeiler der Kraft.

Dr. EGON VON PETERSDORFF

Dämonologie

Band I: Dämonen im Weltenplan, Band II: Dämonen am Werk

Format A5, total 1001 Seiten, Kunstleder mit Silberprägedruck, 5 Fotos. Beide Bände DM 68,– / Fr. 58,–. Mit kirchlicher Druckgenehmigung.

AMÉDÉE BRUNOT

Licht vom Tabor

10000 Exemplare, 172 Seiten, 8 Bildtafeln, Paperback, DM 16,50 / Fr. 15,–

«Ich lese begierig die Geschichte dieser Prädestinierten», schrieb der Schriftsteller Julien Green in sein Tagebuch, als er das Leben von Mirjam, der kleinen Araberin, las. Sogar Kardinäle ergingen sich in Superlativen: «Mirjam von Abellin wird in den Annalen der christlichen Heiligkeit ein einzigartiger Fall bleiben», gestand der französische Kardinal Sevin.

P. EUGEN MEDERLET OFM

Die Hochzeit des Lammes

Franziskus und die bräutliche Kirche

188 Seiten, Paperback, farbiger Umschlag, DM 17,– / Fr. 15,–

Ein unerhört tiefes und kühnes Buch, «das einem oft wie inspiriert vorkommt», geschrieben von einem Meister franziskanischer Spiritualität. Ida Friederike Görres schrieb: «Ihr Buch begeistert mich und erst recht Ihre franziskanische Kosmologie. Ich möchte Ihnen sagen, wie sehr mich Ihr wirklich franziskanisches Denken, Ihre franziskanische Theologie freut.»

Prof. Dr. FERDINAND HOLBÖCK

Gottes Nordlicht

Die hl. Birgitta von Schweden und ihre Offenbarungen

348 Seiten, 24 Fotos, davon 8 farbig, DM 28,– / Fr. 25,–

Die große Heilige aus dem Norden, Birgitta von Schweden (1303–1373), hat alle Dimensionen und Stände des Frauseins durchgestanden, als Jungfrau, als Ehegattin, als Familienmutter von vier Söhnen und vier Töchtern, als Witwe, als Ordensgründerin. Durch die Offenbarungen, die Birgitta von Schweden als charismatisch begnadete Frau empfing und im Auftrag Christi niederschrieb, wurde sie zur großen, prophetischen Mahnerin in einem durch Krieg und Niedergang zerrissenen Abendland. Ihre Sprache ist hinreißend, ihre Bilder und Vergleiche sind von visionärer Kraft, der Inhalt ihrer Offenbarungen von bestürzender Aktualität.

RAYMOND PEYRET

Martha Robin

Auflage: 10000 Ex., 179 Seiten, 20 Fotos, DM 11,– / Fr. 9,80

Martha Robin lebte auf dem Bauernhof ihrer Eltern, ganz im Verborgenen, mit der Ausstrahlung einer Katharina von Siena. Über fünfzig Jahre lang lebte sie völlig ohne Nahrung und – was ein Novum darstellt – ohne Schlaf und trug die Stigmata. Wie der Pfarrer von Ars hatte sie z. T. sehr massive Nachstellungen und Quälereien des Teufels zu erdulden. Durch ihr Gebet und ihre Initiative ist in ihrem Dorf das erste Foyer de Charité entstanden, ein Werk, das sich noch zu ihren Lebzeiten über die ganze Erde ausbreitete. Kardinal Jean Daniélou sagte: «Die außerordentlichste Persönlichkeit ist nicht Johannes XXIII. und nicht General de Gaulle; es ist Martha Robin.»

GEORGES HUBER

Johannes Paul I.

Gottes strahlender Meteor

144 Seiten, 10 Farbfotos, DM 12,80 / Fr. 11,50

Sein Lächeln und seine vom Evangelium geprägte Haltung haben Hunderte von Millionen Menschen fasziniert und haben eine weltweite Grundwelle neuer Hoffnung ausgelöst. Das Geheimnis seines Lebens, der Charme seines Lächelns, die schönsten seiner Worte, die Quintessenz seiner Lehre, die schönsten Bilder aus seinem Leben sind in diesem Buch für immer festgehalten. Der Bruder des Papstes, Edoardo Luciani, schrieb nach der Lektüre an den Autor: «Ich habe das Buch in einem Zug gelesen; es deckt sich genau mit meiner Erfahrung und meinen Beobachtungen.»

OTTO GILLEN

Der Mystiker vom Bodensee

Heinrich Seuses Reise von Konstanz nach Köln

124 Seiten, 20 Abbildungen, DM 9,80 / Fr. 9,–

Heinrich Seuse, ein Zeitgenosse von Meister Eckehart, zählt zu den größten Mystikern. Kernstück der Novelle ist die Reise Seuses aus dem Konstanzer Inselkloster über den Schwarzwald und den Rhein hinunter in das «heilige Köln» und zurück, mit allen Begegnungen, Überraschungen und Gefahren, die damals auf den Menschen unterwegs warteten. Der Verfasser hat es meisterhaft verstanden, zeitgeschichtliche Begebenheiten mit einzuflechten: «Die kaiserlose, die schreckliche Zeit»; den im Bau befindlichen Dom zu Straßburg; die Geißler in Köln, die Begegnung mit Meister Eckehart. «In einem Zuge mußte ich die wundervolle Erzählung lesen, die so voll mystischer Tiefe, dramatischer Bewegtheit, plastischer Schilderung der Landschaft und tiefem Eindringen in die Tragik des Lebens ist» (Karl Kohl, Trostberg).

OTTO GILLEN

Der Mensch in Gottes Hand

Religiöse und mystische Erfahrungen in unserer Zeit

158 Seiten, 1 Abbildung, Paperback, DM 12,– / Fr. 9,80

Otto Gillen ist nicht nur Schriftsteller, er ist auch Charismatiker.

KONSTANTIN PRINZ VON BAYERN

Papst Pius XII.

Mit einem Vorwort von Bischof Dr. Josef Stimpfle

42. Tausend, 422 Seiten, Leinen, 56 Bildtafeln, DM 38,– / Fr. 34,–

Papst Pius XII. gehört zu den großen Führergestalten der katholischen Kirche. In der Zeit des Triumphes und des apokalyptischen Zusammenbruchs des Tausendjährigen Reiches und in der entscheidenden Nachkriegszeit war ihm die Leitung der Kirche anvertraut. Als Nuntius für Deutschland überreichte er im Mai 1917 in München König Ludwig III. (dem Großonkel unseres Autors) sein Beglaubigungsschreiben.

Dr. LISL GUTWENGER

Maximilian Kolbe

Der Heilige der Immaculata

64 Seiten, farbiger Umschlag, DM 4,50 / Fr. 3,80

Schon als Kind liebte der Heilige die Mutter des Herrn. Später drang Maximilian Kolbe tief in das Geheimnis der Unbefleckten Empfängnis ein, so daß er allezeit vom Wunsche beseelt war, allen Völkern der Erde die Immaculata nahe zu bringen. Ein unerhört aktuelles Heiligenleben.

Dr. GEORGES HUBER

Machtvoll wirkt sein Arm

222 Seiten, Paperback, DM 22,– / Fr. 18,–

Anhand der Schriften der Bibel, der Kirchenlehrer und der Päpste zeigt der Verfasser auf, daß Gott, Gott allein «der Herr der Geschichte» (Pius XII.) ist, daß er alle Ereignisse, glückliche und traurige, lenkt zum Wohl der Auserwählten und zum Gedeihen der Kirche. Gott ist es, der im Verborgenen die Regierenden regiert, er ist es, der – ohne ihr Wissen – die Einflußreichen beherrscht und jene dirigiert, die glauben, sie hätten alle Fäden in der Hand.

P. EBERHARD MOSSMAIER

P. Anizet Koplin

79 Seiten, farbiger Umschlag, 12 Fotos, DM / Fr. 6,80

P. Anizet Koplin, der Vater der Armen von Warschau, ein stadtbekanntes Original, wurde im KZ Auschwitz durch ungelöschten Kalk bei lebendigem Leib verbrannt. Ein Märtyrerschicksal unserer Zeit.

Prof. Dr. FERDINAND HOLBÖCK

Das Allerheiligste und die Heiligen

445 Seiten, Leinen, farbiger Umschlag, 16 Fotos, DM 33,– / Fr. 30,–

Wer dieses Buch gelesen hat, bekommt eine Ahnung, was die Kommunion mit Christus bedeutet. Er dringt ein in das eigentliche «Mysterium fidei», das «Geheimnis des Glaubens», er beginnt zu verstehen, warum unseren Künstlern bisher kein Dom zu schön, keine Monstranz zu wertvoll, kein Tantum ergo zu ergreifend war, um das Allerheiligste würdig zu bergen und gebührend zu loben. Jeder der 86 angeführten Heiligen bringt neue Saiten zum Klingen, und der Zusammenklang schwillt an zu einem vielstimmigen Chor wie das unsterbliche «Ave verum» von Wolfgang Amadeus Mozart.

Prof. Dr. FERDINAND HOLBÖCK

Ergriffen vom dreieinigen Gott

Trinitarische Heilige aus allen Jahrhunderten der Kirchengeschichte.

399 Seiten, 16 Fotos, Leinen, DM 33,– / Fr. 30,–

F. Holböck von der Universität Salzburg erläutert in diesem Band zuerst die Trinitätslehre aus der biblischen Offenbarung und der Lehre der Kirche und stellt dann Heilige vor, die in ganz besonderer Weise vom Geheimnis der Heiligsten Dreifaltigkeit ergriffen waren.

Prof. Dr. Dr. GEORG SIEGMUND

Der Mensch zwischen Gott und Teufel

Auflage: 10 000 Ex., Format A 5, 62 Seiten, DM / Fr. 4,80

G. Siegmund ist es in dieser Schrift gelungen, die Lehre vom Teufel und seinem Anhang, die sogenannte Dämonologie, durch neue Erkenntnisse und Fakten allgemeinverständlich darzustellen.

ALOIS STIEFVATER

Klaus von Flüe – Der Friedensheilige

7., erw. Auflage, 56 Seiten, 8 Bildtafeln, DM 8,– / Fr. 6,80

In dieser Neuauflage wurden der Lebensbeschreibung noch das betrachtende «Gebetbuch des hl. Bruder Klaus» sowie auch die «Bruder-Klaus-Litanei» angefügt. «Auf wenigen Seiten ist hier ein eindrucksvolles Bild des großen Schweizer Heiligen gezeichnet. Auch die Lebenstaten sind trefflich erzählt. Der Heilige wird nicht auf einsamer Höhe gezeigt, sondern mitten in seiner Zeit stehend.» *Geist und Leben, Würzburg*

Prof. Dr. MAX THÜRKAUF

Christuswärts

2. Auflage: 20000 Ex., 144 Seiten, DM 14,– / Fr. 12,–

Max Thürkauf ist Professor für physikalische Chemie an der Universität Basel; als Naturwissenschaftler war er in der Atomforschung tätig und ist als Miterfinder einer Anlage zur Herstellung von schwerem Wasser hervorgetreten. Mit der ganzen Leidenschaft des Forschers fragt er wieder nach dem Was und dem Wer, nach dem Sinn des Ganzen; er entdeckt die Schönheit der Schöpfung und die kausalen Zusammenhänge. So gelingt es ihm in diesem Buch, denen, die Gott glauben, jene Argumente zu liefern, die sie in einer verblendeten Welt so dringend brauchen.

MAX THÜRKAUF

Die Gottesanbeterin

Zwei Naturwissenschaftler auf der Suche nach Gott

149 Seiten, 4 Abbildungen, DM 14,– / Fr. 12,–

Das letzte Buch, das Prof. Portmann schreiben wollte, sollte «Die Gottesanbeterin» heißen; er konnte es nur noch in Gedanken konzipieren, doch Prof. Thürkauf hat dieses Werk weitergeführt und im Geiste seines Meisters vollendet. Im Wissen, daß es keine Schöpfung ohne Schöpfer geben kann, ringen in diesem Buch zwei namhafte Naturwissenschaftler um letzte Erkenntnisse, um eine Wissenschaft der moralischen Verantwortbarkeit und einen neuen Weg zu Gott.

ARNOLD GUILLET (Hrsg.)

Der Kreuzweg der Ungeborenen

4. Auflage: 70. Tausend, Format A6, 33 Seiten, DM / Fr. 1,–

P. Bernhard Sirch OSB: Plädoyer «Wähle das Leben». Zum Thema Abtreibung. Vater, vergib ihnen, denn sie wissen nicht, was sie tun.

DR. GEORGES HUBER

Mein Engel wird vor dir herziehen

Vorwort von Kardinal Charles Journet

232 Seiten, Paperback, DM 12,80, Fr. 11,–.

Dieses Buch offenbart »ein sehr schönes Geheimnis« (Pius XI.), es führt ein in die Welt der Engel, in eine Welt von faszinierender Schönheit und Größe, die die Weisheit und Allmacht Gottes in ganz neue Dimensionen aufleuchten läßt.

Prof. Dr. Dr. GEORG SIEGMUND (Hrsg.)

Von Wemding nach Klingenberg

Mit einem Vorwort von Bischof Dr. Rudolf Graber, Auflage: 20000 Ex. 177 Seiten, 27 Fotos, DM 12,80/Fr. 11,–.

Bischof Dr. Rudolf Graber, der zu dem Schluß kommt, daß es sich in diesem Buch um echte «Befreiungstheologie» handelt, schreibt im Vorwort: «Wir begrüßen das Erscheinen des Buches und danken Verfasser und Verleger für ihren Mut. Die Wahrheit verlangt immer Mut. Und hier ist die Wahrheit, denn es handelt sich um Tatsachen ... Das ist keine pessimistische Schwarzmalerei, sondern Zeitanalyse, die uns nur deswegen nicht aufregt, weil unsere Sinne abgestumpft sind und wir alles gleichgültig hinnehmen ...» Erst jetzt zeigt sich, von welch bestürzender Aktualität Klingenberg für unsere Zeit ist.

GOTTFRIED HERTZKA

So heilt Gott

Die Medizin der hl. Hildegard von Bingen

12. Auflage: 100000 Ex., 160 Seiten, 12 Illustrationen, 10 Farbtafeln, DM 15,–/Fr. 13,50

Vor 800 Jahren ließ Gott die Benediktiner-Äbtissin Hildegard von Bingen die Geheimnisse der Schöpfung und Erlösung schauen, aber auch die Wunder der Natur, die Funktionen des menschlichen Körpers, die Ursachen der Krankheiten und welche Heilmittel er, der Schöpfer, zur Behebung der Krankheiten in die Natur gelegt hat. Hildegard erhielt von Gott den Auftrag: «Schreibe, was du siehst! Tu kund die Wunder, die du erfahren!» Erst der Autor dieses Buches, ein Arzt, hat die medizinischen Erkenntnisse und Ratschläge der hl. Hildegard neu entdeckt und macht sie mit diesem Buch unserer Zeit zugänglich.

GOTTFRIED HERTZKA

Das Wunder der Hildegard-Medizin

4. Auflage, 250 Seiten, 4 Farbtafeln, Leinen, DM 26,50 / Fr. 24,–

Die hl. Hildegard von Bingen (1098–1179), die berühmteste deutsche Schriftstellerin des Mittelalters, galt bisher allgemein als erste Ärztin und Naturforscherin Deutschlands. In einem geradezu klassischen Plädoyer wird in diesem Buch mit diesen falschen Klischees aufgeräumt und nachgewiesen, daß Hildegard weder selbst experimentiert noch wissenschaftliche Erkenntnisse anderer verarbeitet hat. Hildegard hat alle Erkenntnisse von Gott erhalten, sie durfte sie schauen in einem «lebendigen Licht». Es geht aber in diesem Buch nicht in erster Linie um eine Rezeptsammlung der 2000 Naturheilmittel Hildegards, sondern um konzentrierte Kostproben, Modelle, Hinweise. Das Buch ist ein Geschenk.

Prof. Dr. ERICH BLECHSCHMIDT

Wie beginnt das menschliche Leben

5. Auflage: 55000 Ex., 168 Seiten, 55 Abbildungen, DM 13,50 / Fr. 12,–

Gestützt auf umfassende Forschungsergebnisse, schildert Prof. Blechschmidt den Werdegang des Menschen vom Ei zum Neugeborenen. Auf jeder Seite findet der Leser die erstaunlichsten Feststellungen, so zum Beispiel, daß die vermeintlichen menschlichen Kiemenanlagen in Wirklichkeit Beugefalten sind. Erstmals hat hier der Mensch die Möglichkeit, mit den Röntgenaugen der Wissenschaft einen Blick in die geheimnisvollste aller Werkstätten zu werfen.

Dr. E. B. HEIM

Die Ver-HERR-lichung Gottes

10. Auflage, 260 Seiten, DM / Fr. 9,80

Das hinreißende Zeugnis eines Zürcher Arztes, der dem Menschen zeigt, welches seine erste Aufgabe ist.

BRUNO VONARBURG

Gottes Segen in der Natur

Ein Handbuch der Naturheilkunde

4. Auflage: 25. Tausend, Ex., Format A 5, 384 Seiten, farbiger Umschlag, 151 Abbildungen, davon 15 farbig, DM 28,– / Fr. 25,–

Das Buch bietet eine Einführung in die Gesundheitslehre und erläutert die Kräuter-, Ernährungs-, Erd-, Wasser- und Lichttherapie; es bringt Rezepte, Anwendungen und Erklärungen. Schließlich werden die wichtigsten Heilpflanzen in Wort und Bild beschrieben. Tabellen und Stichwortregister ermöglichen eine rasche Orientierung.

BERNHARD UND KARL PHILBERTH

«Das All»

Physik des Kosmos

342 Seiten, farbiger Umschlag, Paperback, DM 30,– / Fr. 27,–

Dieses Buch enthält eine Weltsensation: erstmals ist es einem deutschen Physiker, Karl Philberth, gelungen, eine Formel zu finden, die über Einstein hinausgeht. Dadurch wird eine ganz neue Sicht des Kosmos möglich! Das Lebenswerk zweier Physiker, das eine neue Phase in der Erkenntnis des Weltalls einleitet. So gewaltig haben Sie die Schöpfung noch nie erlebt. Das Buch enthält nur 18 Seiten harte Mathematik; der übrige Teil ist für gebildete Leser gut verständlich. Die Gebrüder Philberth, ein Name, der aufhorchen läßt, zwei Männer der Wissenschaft, die sich ideal ergänzen; Bernhard Philberth, ein Forscher mit luzidem Verstand, ein Theoretiker, ein Visionär; Karl Philberth, der nüchterne Praktiker und Mathematiker.

BERNHARD PHILBERTH

Der Dreieine

Anfang und Sein – Die Struktur der Schöpfung

7. Auflage, 40. Tsd., 608 Seiten, 145 × 215 mm, DM 33,– / Fr. 30,–

BERNHARD PHILBERTH

Christliche Prophetie und Nuklearenergie

11. Auflage, 55. Tsd., 256 Seiten, Paperback, DM 19,80 / Fr. 18,–

Als Fachmann war Philberth prädestiniert für die literarische Bewältigung der Aufgabe dieses Buches: Die Tatbestände der Atomforschung und Kriegstechnologie den Prophezeiungen von Christus und Johannes Punkt für Punkt gegenüberzustellen. Philberth ist als erstem eine Teildechiffrierung der Apokalypse gelungen.

KAREL CLAEYS

Die Bibel bestätigt das Weltbild der Naturwissenschaft

2. Auflage, 715 Seiten, Leinen, 4 Fotos, 3 Tabellen, DM 58,– / Fr. 52,–

«Nicht nur werden viele vermeintliche Widersprüche zwischen Glauben und Wissen aus der Welt geschafft, es zeigt sich sogar, daß die Bibel bis hin zu neuesten wissenschaftlichen Erkenntnissen up to date ist. Die göttliche Inspiration der Bibel wird in diesem Werk durch viele neue Fakten belegt. Abschließend sei gesagt, daß das Buch in seinem methodischen Ansatz und in seinen Ergebnissen, auch in naturwissenschaftlicher Sicht, sehr zu begrüßen ist.» *Physikprofessor Dr. Hans Rohrbach, Mainz*

Prof. Dr. Dr. GEORG SIEGMUND

Naturordnung als Quelle der Gotteserkenntnis

Neubegründung des teleologischen Gottesbeweises

4. Auflage, 16 × 21 cm, 448 Seiten, DM 50,– / Fr. 42,–

Ein ganzes Jahrhundert hat sich durch den Aberglauben narren lassen, die Welt könne sich selbst durch einen dialektischen Umschlag aus dem Nichts gezogen haben. Heute ist der darwinistische Aberglaube – im Grunde als ein Glaube an den Unsinn – als Illusion und Häresie entlarvt. Eine große Vorarbeit als Philosoph und Biologe hat Prof. Siegmund in diesem fundamentalen Werk geleistet.

CHRISTIANA-VERLAG CH-8260 STEIN AM RHEIN